GESCHICHTE FRANKREICHS

BAND 2

Frankreich im Zeitalter der Lehnsherrschaft

1000–1515

Geschichte Frankreichs

HERAUSGEGEBEN VON
JEAN FAVIER

Beratung der deutschen Ausgabe
Karl Ferdinand Werner

DEUTSCHE VERLAGS-ANSTALT
STUTTGART

GESCHICHTE FRANKREICHS

BAND 1 KARL FERDINAND WERNER
Die Ursprünge Frankreichs
bis zum Jahr 1000

BAND 2 JEAN FAVIER
Frankreich im Zeitalter der Lehnsherrschaft
1000–1515

BAND 3 JEAN MEYER
Frankreich im Zeitalter des Absolutismus
1515–1789

BAND 4 JEAN TULARD
Frankreich im Zeitalter der Revolutionen
1789–1851

BAND 5 FRANÇOIS CARON
Frankreich im Zeitalter des Imperialismus
1851–1918

BAND 6 RENÉ RÉMOND
Frankreich im 20. Jahrhundert
1918 bis zur Gegenwart

Geschichte Frankreichs

BAND 2

Frankreich im Zeitalter der Lehnsherrschaft 1000–1515

VON JEAN FAVIER

Aus dem Französischen übertragen
von Siglinde Summerer und Gerda Kurz

DEUTSCHE VERLAGS-ANSTALT
STUTTGART

LE TEMPS DES PRINCIPAUTÉS
DE L'AN MIL A 1515
erschien als zweiter Band der
HISTOIRE DE FRANCE
erstmals 1984 bei Fayard, Paris.

CIP-Titelaufnahme der Deutschen Bibliothek

GESCHICHTE FRANKREICHS/
hrsg. von Jean Favier. Beratung d. dt. Ausg.
Karl Ferdinand Werner. –
Stuttgart : Deutsche Verlags-Anstalt
Einheitssacht.: Histoire de France ⟨dt.⟩
NE: Favier, Jean [Hrsg.]; EST

Bd. 2 Favier, Jean: Frankreich im Zeitalter
der Lehnsherrschaft 1000–1515. – 1989

FAVIER, JEAN:
Frankreich im Zeitalter der Lehnsherrschaft
1000–1515 / von Jean Favier. Aus d. Franz. übertr.
von Siglinde Summerer u. Gerda Kurz. –
Stuttgart: Deutsche Verlags-Anstalt, 1989
(Geschichte Frankreichs; Bd. 2)
Einheitssacht.: Le temps des principautés
de l'an mil à 1515 ⟨dt.⟩
ISBN 3-421-06452-0

Lektorat: Wolfgang Stammler
Typographische Gestaltung:
Brigitte und Hans Peter Willberg, Eppstein
Gesamtherstellung: Wilhelm Röck, Weinsberg
Printed in Germany

INHALTSVERZEICHNIS

Einführung 13

KAPITEL I DAS JAHR 1000 1000–1050

Das Jahr 1000 21
Der Kapetinger 23
Die Entstehung des Lehnswesens 30
Fürstentümer und Burgherrenschaften 37
Die Kirche 45
Das Wiedererwachen der Stadt 52
Zwischen zwei Renaissancen 55

KAPITEL II NEUE KRÄFTE, NEUE ENTWICKLUNGEN 1050–1095

Die Expansion 61
Neulandgewinnung 65
Der Aufschwung der Städte 69
Abenteuer und Eroberungen 75
Die politische Karte 79
Die Gregorianische Reform 81
Die romanische Kunst 87

KAPITEL III DAS HEROISCHE ZEITALTER 1095–1130

Politischer Aufbau der Gesellschaft 90
Der Kreuzzug 95
Die Chansons de geste 102
Neue Formen des religiösen Lebens 104
Ludwig VI. 108

KAPITEL IV DIE ZEIT DER ORGANISATION 1130–1180

Das neue Territorialfürstentum 115
Herausbildung städtischer Verfassungsformen 119
Die Renaissance des 12. Jahrhunderts 122
Der Aufstieg der Katharer 134
Fehleinschätzungen im Orient 136
Macht und Verwaltung 138
Die organisierte Neulanderschließung 143
Straßen und Messen 148

KAPITEL V FRANKREICH UNTER DEN KAPETINGERN 1180–1226

Die Unabhängigkeit der Krone 153
Der europäische Horizont 161
Krondomäne und Königreich 167
Der Kampf gegen die Albigenser 171
Die Welt der Städte 175
Die Geburt der Universitäten 181
Der lateinische Orient 184
Siegeszug der Gotik 187

KAPITEL VI LUDWIG DER HEILIGE UND SEINE ZEIT 1226–1270

Machtverlust der Territorialfürsten 194
Ägypten und Syrien 203
Der Klerus in der Krise 209
Die Reformen Ludwigs des Heiligen 213
Glanz und Größe der Kapetinger 220
Eine neue Kultur 232
In der Rückschau ein goldenes Zeitalter 237

KAPITEL VII DIE ZEIT DER REIFE 1270–1315

Der Aufstieg der Legisten 243
Das Räderwerk der Macht 250
Grenzen der kapetingischen Expansion 256
Am Vorabend des Hundertjährigen Kriegs 260
Krone und Tiara 267
Clemens V. 275

KAPITEL VIII DIE ZEIT DER KRISEN 1315–1364

Erbfolgeprobleme 282
Wirtschaftskrisen 288
Der Aufbau des Staatsapparats 292
Das Spiel der Feudalherren 296
Der Krieg 303
Das Papsttum von Avignon 308
Der Schwarze Tod 313
Mißgriffe König Johanns des Guten 318
Von der Niederlage zur Erhebung 325
Der Frieden von Brétigny 333

KAPITEL IX ORDNUNG UND ELEND 1364–1392

Die Söldnerkompanien 339
Die Wiederherstellung der Ordnung 342
Appellationen 346
Rückeroberung und »Reiterzüge« 347
Das große abendländische Schisma 353
Revolten 356
Herzöge und »Marmousets« 360

KAPITEL X DAS GETEILTE FRANKREICH 1392–1422

Gegensätzliche Interessen 365
Ein zaghafter Aufschwung 370
Der »Weg der Zession« und das Konzil 374
Das Scheitern des Friedens 377
Vorboten des Bürgerkriegs 379
Die »Cabochiens« 383
Lancasters Sieg 386
Die burgundische Macht 389

KAPITEL XI AUFBAU UND WIEDERAUFBAU 1422–1460

Die Jungfrau von Orléans 395
Die Wiederherstellung der Einheit 401
Das Werk Karls VII. 402
Der Frieden 407
Der »Grand Duc d'Occident« 412
Das Leben an den Fürstenhöfen 419
Die Wiederbelebung der Wirtschaft 423
Das bürgerliche Leben 428

KAPITEL XII AUFBRUCH IN DIE NEUZEIT 1460–1515

Die Monarchie 433
Das Ende des burgundischen Staates 442
Außenpolitische Bilanz und Perspektiven 449
Triebkräfte der Wirtschaft 459
Beginn der Renaissance 464

SCHLUSS 471

Zeittafel 476
Karten
Frankreich nach dem Vertrag von Paris 1259 487
Frankreich zur Zeit Ludwigs XI. (1461–1483) 488
Bibliographische Hinweise 489
Personenregister 514
Ortsregister 535

VERZEICHNIS DER STAMMTAFELN UND TABELLEN

Die Nachfolge Eduards des Bekenners 76
Die Nachfolge in Flandern 114
Bodenbearbeitungszyklus 147
Die Plantagenets 157
Die Erbfolge in der Champagne 202
Die Hohenstaufen 224
Die spanische Politik 258
Die Thronfolge 284
Die Erbfolge des Hauses Artois 301
Die Erbfolge in der Bretagne 304
Das Haus Plantagenet und Lancaster 380
Der burgundische Staat 414
Die Politik Philipps des Guten 418
Die Nachfolge in Anjou und in Lothringen 446

EINFÜHRUNG

Eine Gesellschaft, die ihr doppeltes Erbe lateinischer und germanischer, kriegerischer und christlicher Prägung in einem ungefähr dem heutigen Frankreich entsprechenden Lebensraum zunehmend verschmilzt: das ist das menschliche Fundament der, aus späterer historischer Perspektive, »mittelalterlichen« französischen Kultur.

Die Zeit der großen Völkerwanderungen nach Westen geht zu Ende, die – nach wie vor unvollkommene – Christianisierung stößt an ihre Grenzen, aber nicht deshalb mehr, weil sich der Durchdringung des flachen Landes oder abgelegener Gebiete Widerstand entgegensetzt, sondern weil sich der Wandel von Denkungsart und Gesittung nur überaus langsam vollzieht. Auch im Staatsaufbau hat das alte Westfrankenreich von der Fortführung der römischen *civitas* über das Patrimonialkönigtum und die Verwässerung der Staatsgewalt durch das komplexe Wechselspiel persönlicher Treuebindungen bis zur Monarchie nationaler Prägung alle erdenklichen Experimente hinter sich gebracht. Und ebenso hat die Kirche von der hierarchischen Organisation des Weltklerus über die autarke zönobitische Klostergemeinschaft bis zum anarchischen Eremitentum alle Möglichkeiten nebeneinander durchgespielt und alle damit verbundenen unitarischen Tendenzen und Randerscheinungen durchexerziert.

Fünfhundert Jahre trennen die Anfänge der kapetingischen Monarchie und die institutionelle Verfestigung des Lehnswesens von der erwachenden Wirtschaftsdynamik jener Epoche, die die Entdeckung der Neuen Welt samt allen Folgen für Mensch wie Geldwesen und die bewußte Rückbesinnung auf die ethischen Werte der Antike samt dem damit verbundenen tiefgreifenden Wandel der Lebensformen, der Architektur und der dekorativen Künste erlebt: fünfhundert Jahre zwischen der Entstehung der altfranzösischen epischen Heldenlieder, der *chansons de geste,* und dem Ausklingen der Ritterromane, zwischen frühromanischer und spätgotischer Kunst; fünfhundert Jahre zwischen einem König von Frankreich, der nicht ohne Gefahr für Leib und Leben von Paris nach Orléans reisen kann, und einem, der im Ornat eines byzantinischen Kaisers in Neapel feierlich Einzug hält.

Fünfhundert Jahre, in denen der durch eine fortgesetzte innige Durchdringung nicht mehr als aufgepfropft empfundene germanische Einfluß die Gesellschaft, ihre Denk- und Ausdrucksweisen und ihre Organisationsformen nachhaltig prägt. Wobei die Kultur dieses Zeitabschnitts zwischen karolingischer Renaissance und Renaissance schlechthin von Anfang bis Ende im Zeichen der bei den »Barbarenstämmen« auf der Wanderschaft üblichen mündlichen Überlieferung steht: einer mündlichen Überlieferung, in der das Zeugnis absoluten Vorrang genießt, ob es nun von einem auserwählten Zeugen oder von den kundigen Altvorderen stammt, in einer niedergelegten Äußerung oder in den im kollektiven Bewußtsein verankerten Gebräuchen besteht. Dieser Kultur gilt das Wort als Beweis, die Geste als Verbindlichkeit. Der Ritus wiegt schwerer als sein Anlaß, und die tief im germanischen Erbe verankerte persönliche Bindung spielt im Gesellschaftsgefüge nach wie vor eine tragende Rolle.

Doch diese ganze Kultur stößt unverkennbar an ihre Grenzen. In den erweiterten Lebensräumen erweist sich die mündliche Übermittlung als unzulänglich. Mit der stets vom Vergessen bedrohten Rückbesinnung allein läßt sich in Geschäftsführung und Verwaltung keine rechte Kontinuität erzielen, und da organisierte Schiedsinstanzen fehlen, läuft die Bindung von Mann zu Mann auf ein reines Kräftemessen hinaus. So besinnt man sich allmählich wieder auf das zwar nie ganz vergessene, aber doch weitgehend verschüttete römische Erbe, und zwar nicht nur auf bestimmte Ausdrucksformen des Schönen, Gerechten und Wahren, sondern auch auf die Ordnung und Strukturen der *res publica;* das heißt, die öffentliche Rechtspflege geht ohne viel Aufhebens zu schriftlichen Zeugnissen und Beweismitteln über, der Staatsdienst scheidet sich zusehends vom persönlichen Dienst, und der »Gemeinnutz« beziehungsweise das »Gemeinwohl« rückt in den Mittelpunkt des allgemeinen Interesses. In dieser Zeit, die Aristoteles wieder liest und Justinian neu entdeckt, geht aus der Patrimonialmonarchie eine Monarchie im festen Griff der Krone hervor und aus dieser wiederum ein den Staat verkörperndes Königtum.

Im Laufe dieser fünfhundert Jahre bricht sich Neues Bahn, das zunächst als befremdend, ja störend empfunden wird, nach und nach aber einen festen Stellenwert im Gefüge der relevanten gesellschaftlichen Kräfte erlangt. Räumlich stellt sich dieses Neue als Stadt, gesellschaftlich als Bürgertum dar, das nach außen Beziehungen zur Kriegergesellschaft unterhält und im Inneren seine eigenen Wertbegriffe – Solidarität zwischen Gleichgestellten und moralische Berechtigung von Gewinnstreben und Profit – entwickelt. Im Bereich der Wirtschaft besteht das Neue in der Gütererzeugung für den Markt, in Spekulationen, die neben der Arbeit die Faktoren Zeit und Talent mit einkalkulieren, in der Erschließung eines über die Ortsgemeinschaft hinausgreifenden Handelsverkehrs. Aber nicht nur im politischen Kräftespiel, auch auf dem literarischen und künstlerischen Sektor haben Stadt und Bürgertum künftig ein Wort mitzureden, ja, treten als Protagonisten hervor.

Einen Wandel erfährt auch das klerikale und akademische Denken, das den Übergang von den ersten schüchternen Ansätzen des christlichen Humanismus beim heiligen Bernhard, der mit der Muttergottes dem Menschen auf Jahrhunderte hinaus einen Platz in der Hierarchie der Erlösung zuweist, zu einem Humanismus im Zeichen Platos und Senecas vollzieht. Während ein auf die Aussöhnung von Ratio und Offenbarung ausgehender, kühner Aristotelismus die Umrisse des christlichen Glaubens neu absteckt, neigt der von Theologie und Logik unbeleckte, durch die Krisen der Kirche in seinem persönlichen Glaubensleben erschütterte Christ zunehmend jenem vielfältig abgestuften Skeptizismus zu, den Villons Werk widerspiegelt: Die Reformation ist nahe.

Die Kirche hat in diesen fünfhundert Jahren überall ihre Hände im Spiel. Von der Gregorianischen Reform, durch die sie ihre Unabhängigkeit zurückgewinnt und unter päpstliche Führung kommt, bis zu den vielfältigen Reformbestrebungen der großen ökumenischen Konzilien postuliert sie unbeirrt – und verwirklicht auch zum Teil – ihre spirituellen Bestrebungen und politischen Ansprüche. Ihr beherrschender Einfluß auf die Gesellschaft mag durch die Erhaltung vor allem kirchlicher Archive größer erscheinen, als er faktisch war, wird aber durch das immer dichtere Netz kirchlicher Einrichtungen und die wachsende Zahl der Kirchtürme in Stadt und Land bestätigt. Kirchenamt wird gleichbedeutend mit spekulativem Denken und Gewandtheit im Umgang mit Ideen, das heißt, die Welt des Klerus hat neben der Seelsorge auch die intellektuelle Kompetenz gepachtet. Selbst der sich langsam herauskristallisierende weltliche Staatsdienst bleibt seinem Ursprung und seiner geistigen Verwandtschaft nach mit jener Gesellschaft der »Magister« verknüpft, durch die die Kirche bis zum endgültigen Scheitern ihres politischen Anspruchs gewissermaßen das Monopol auf die Ausbildung der Eliten behauptet. Die Kirche ist im Schulwesen wie im *Conseil royal,* im Staatsrat, präsent, sie teilt die Sorge um die öffentliche Ordnung und gestaltet die Diplomatie aktiv mit. Sie unterhält Grundbesitz und zahlt Steuern, weist dem kriegerischen Tatendrang mit den Kreuzzügen die Richtung, verleiht den Riten der Gesellschaft durch die zunehmende Zahl an Schwüren und Segnungen die geistliche Weihe, wie umgekehrt die mit dem Aufbau der Gesellschaft verknüpften Riten, etwa das Niederknien, Eingang in die Bereiche des Glaubens finden.

Mag auch die Behauptung, das Mittelalter sei die Zeit des Glaubens gewesen, nur ein billiger Gemeinplatz sein – denn wer wollte schon den Glauben messen und mit welchem Maß? –, gegen die Feststellung, der Glaube habe die Verhaltensweisen des einzelnen wie der Allgemeinheit in vieler Hinsicht geprägt, gekennzeichnet und bestimmt, läßt sich nichts einwenden. Der Glaube ist die treibende Kraft hinter so entscheidenden Bewegungen wie der in gewissen Zeitabständen vollzogenen Erneuerung des religiösen Lebens in all seinen Formen und Äußerungen; er bildet das tragende Fundament des gesamten künstlerischen Schaffens, seiner Zielsetzungen und Ausdrucksformen. Und er verhilft dem Bedürfnis nach persönlicher Hingabe und materieller Mildtätigkeit zu einem angemessenen Wirkungsfeld.

In diesen vom Glauben geprägten Jahrhunderten reift außerdem langsam ein Humanismus heran, der sich im Gefüge der sozialen Beziehungen ebenso niederschlägt wie in der Auffassung von den ewigen Werten. Der Standort des Menschen wird zunehmend unter dem Blickwinkel der von den Evangelien verkündeten Erlösung gesehen, die mannigfaltige neue Ansätze für das Glaubensleben liefert. Und ebenso wird dem Individuum nun auch in den verschiedenen Bereichen des literarischen und künstlerischen Schaffens die ihm gebührende Rolle zugewiesen. Aus dem Bedürfnis nach Identifikation einerseits und der Beherrschung der naturgetreuen Wiedergabe andererseits erwächst das Porträt, wie auch die literarische Phantasie mit dem Übergang von der *chanson de geste* zum Roman und vom *fabliau,* dem altfranzösischen Schwank, zur Farce Gestalten von ausgeprägter Eigenart erfindet, die sich vom Idealtypus lösen und mit ihren der Wirklichkeit entlehnten Gesichtern an Lebensnähe gewinnen.

Propheten und Apostel an den Portalen der Kathedralen nehmen über ihre herkömmlichen Attribute hinaus individuelle Züge an, und an die Stelle der hieratischen Muttergottes tritt die lächelnde Madonna mit dem Kind.

Innerhalb der durch ihre Privilegien definierten Gruppe begünstigt dieses neue Gewicht des einzelnen die Herausbildung horizontaler Beziehungen zwischen Gleichgestellten und stellt den unausweichlichen Zwängen den Faktor der persönlichen Fähigkeiten an die Seite. Damit aber wird die Geschichte der politischen, gesellschaftlichen und beruflichen Gemeinschaften durch jenes Wechselspiel bestimmt, das zwischen dem kollektiven Monopol der Handwerker und dem freien Unternehmertum der Kaufleute, zwischen egalitären Satzungen und Konkurrenzkampf zu beobachten ist und das im organisierten Rahmen der Orden wie im Randbereich der persönlichen Vervollkommnung, der häuslichen Frömmigkeit und der Zunftbruderschaft ein Anwachsen des religiösen Partikularismus zur Folge hat.

Die Entwicklung der städtischen Gesellschaft und die Landflucht der bäuerlichen Bevölkerung brechen nach und nach die alten Familienstrukturen auf und führen die neuzeitliche, auf die Zweierbindung gegründete Familie herauf. Diese Einengung, die die Beziehung der Eheleute über die Blutsbande stellt, fällt zeitlich mit der Herausbildung einer Liebesphilosophie zusammen, die die Vereinigung von Mann und Frau idealisiert. Diese Liebe, die sich meist der von der *courtoisie*, vom »höfischen Geist«, entlehnten Formen bedient, also außerhalb der institutionellen Bindung einer noch nicht näher definierten Ehe, nicht selten jedoch in der menschlichen Realität eines Ehelebens gelebt wird, greift auf persönliche Empfindungen und Erfahrungen zurück. In der Lyrik ideal, im *fabliau* realistisch, löst sie sich nach und nach vom lange nachgeahmten Vorbild Ovids. So spannt sich der Bogen von den einer unnahbaren Schönen zuliebe vollbrachten Großtaten und vom frauenfeindlichen Zynismus der – geistlichen – Verfasser des »Rosenromans« bis zu Christine de Pisan, die das Recht auf Liebe, und zu Villon, der im Gegensatz zu den höfischen Artigkeiten das Recht auf Lust betont. Jedem seine Liebe und jedem seine Lust – auch dies ein Sieg des Individualismus, der nun auch der Frau mehr und mehr die Verantwortung für ihr eigenes Geschick überträgt.

Dem Historiker stehen für diese fünf Jahrhunderte recht unterschiedliche Quellen zur Verfügung. Von einer lückenhaften, im wesentlichen bereits veröffentlichten Dokumentation schreitet er fort zur relativen Materialfülle einer Zeit, in der die großen Archivsammlungen einsetzen und wo in Tausenden von Registern ebenso viele Entdeckungen wie Seiten seiner harren. So tritt der Durchschnittsmensch im Lauf der Jahrhunderte immer deutlicher ins Blickfeld. Wir kreisen ihn zusehends ein, lernen ihn in seinem Alltagsleben wie in seiner persönlichen Gesinnung und seiner Gruppenmentalität, im Außergewöhnlichen wie im Mittelmäßigen, in seinen Glaubensüberzeugungen wie in seinen Trinkgewohnheiten kennen. Von einer uns im wesentlichen nur von Ivo von Chartres, Adalbero von Laon und der *»Geste du Roi«* her bekannten Epoche gelangen wir zu einer Ära, über die uns neben dem *»Jouvencel«* und dem *»Bourgeois de Paris«* etliche tausend Gemeinde- und Gerichtsschreiber, Stadt- und Dorfnotare Auskunft erteilen, die die prozessierenden Parteien angehört oder die Anliegen ihrer Zeitgenossen zu Papier gebracht haben, mochte es sich um Klagen über einen Gehilfen, eine Mauer oder einen Betthimmel handeln.

Natürlich erfährt auch Frankreich in dieser Zeit einen Wandel. Nach und nach weitet sich der politische Horizont bis an die Grenzen des Königreichs und darüber hinaus, wie auch der wirtschaftliche Horizont über die Dorfflur oder die Stadt hinausgreift. Durch das Erstarken der Zentralgewalt und ihre Anziehungskraft auf die lokalen Eliten, aber auch durch die Mobilität der Bevölkerung – der Scholaren, der Handwerker, der Bauern – hat ein Rückgang der kulturellen und sprachlichen Vielfalt eingesetzt, und so herrscht am Vorabend der Renaissance zweifellos ein stärkeres Zusammengehörigkeitsgefühl als um das Jahr 1000. Trotzdem decken sich die verschiedenen Faktoren in den hier behandelten fünfhundert Jahren nur sehr bedingt. Es dauert noch geraume Zeit, bis die Einheit durch die Krone, die Einheit durch gemeinsames Handeln – wie bei den Kreuzzügen und in den italienischen Kriegen – und die Einheit der geistigen Gemeinschaft zu einer wirklichen nationalen Einheit verschmelzen.

Dem Historiker bleibt nichts anderes übrig, als sich mit dem unterschiedlichen Quellenmaterial und der unterschiedlichen Weite seines Beobachtungsfeldes abzufinden. In diesem Band ist von Frankreich in seinen heutigen Umrissen die Rede. Der Historiker muß seinen Blick jedoch von der geschichtlichen Wirklichkeit mit ihren sich verändernden wirtschaftlichen und politischen Beziehungen bestimmen lassen. Brügge, damals zu

Frankreich gehörend, ist dem französischen König, aber auch dem Kaufmann aus dem Bordelais gegenwärtiger als etwa Nizza oder Cherbourg. Die Barone Frankreichs nahmen Partei im bretonischen Erbstreit, aber die inneren Zwistigkeiten im elsässischen Städtebund bewegten sie wenig. Geschichtsschreibung hat diese und ähnliche Realitäten widerzuspiegeln, wie der Leser sehr wohl verstehen wird.

KAPITEL I

Das Jahr 1000
1000–1050

DAS JAHR 1000

Der Beginn des Jahres 1000 fiel auf einen Sonntag. Doch außer ein paar Klerikern, die das Zeitgeschehen gewohnheitsmäßig nach dem Jahr der Menschwerdung datierten, merkte niemand, daß da ein neues Jahrtausend begann. Hinzu kam, daß die einen den Jahresanfang auf den ersten März, die anderen auf Mariä Verkündigung, wieder andere auf Ostern oder Weihnachten und nur sehr wenige auf den ersten Januar verlegten und daß sich die Datierung nach den Regierungsjahren des Königs als bequemer erwies.

Die große Angst vor dem Weltende lieferte nicht mehr Gesprächsstoff als gewöhnlich. So oft war das Ende der Zeiten, ihre Erneuerung oder Erfüllung schon beschworen worden, daß jene, die das unmittelbare Nahen des Paradieses auf Erden oder des himmlischen Paradieses ankündigten, kaum noch Beachtung fanden. Seuchen, Hungersnöte, Invasionen waren immer wieder als Vorboten der Apokalypse gedeutet worden. »Die Welt geht ihrem Ende entgegen«, hatte Gregor von Tours schon im 6. Jahrhundert geschrieben, und im 14. Jahrhundert bemerkte ein der Pest entronnener Geistlicher: »Man hätte meinen können, das Ende der Welt sei gekommen.«

Im übrigen waren in diesem Jahr 1000, dessen Beginn niemand genau zu datieren wußte und das deshalb allenfalls vage Befürchtungen weckte, sogar viele Ängste verflogen oder hatten sich doch weitgehend gelegt, so vor allem die von Generation zu Generation neu auflebende Furcht vor den großen Völkerwanderungen nach Westen. Derartige »Invasionen«

standen nicht mehr zu befürchten. Das Entsetzen vor den Normannen war gewichen, seit sie sich am Unterlauf der Seine angesiedelt hatten, von den mittlerweile an der Donau seßhaft gewordenen Ungarn war nicht länger die Rede, und auch der Sarazene ließ sich an den Küsten der Provence nur noch selten blicken.

Als sich dann um 1033 der Tod des Erlösers zum tausendsten Mal jährte, erwarteten wiederum manche das Weltende, bestärkt durch eine Sonnenfinsternis, die als untrügliches Vorzeichen der großen Katastrophen galt. Sonnen- und Mondfinsternisse, Kometen, selbst Seuchen bedeuteten eine Störung der bestehenden Ordnung, woraus nichts Gutes erwachsen konnte. Die Schöpfung war aus dem Lot, vielleicht nahte tatsächlich das Ende der Zeit. Doch nichts dergleichen geschah.

Nach der Jahrhundertmitte beschäftigte dann die wirtschaftliche und politische Expansion die Gemüter so sehr, daß darüber die große Angst ganz in Vergessenheit geriet. Die in einer Phase des Wachstums lebenden Generationen schoben das Jüngste Gericht auf unbestimmte Zeit hinaus – die Darstellungen auf den Tympana der Kathedralen lassen es nicht von heute auf morgen erwarten – und dachten sich für das Los der sündigen Seelen den Mittelweg durchs Fegefeuer aus.

Unterdessen weitete sich die von den Schreibern auf die Urkunden gesetzte Datierungsformel auf *anno Domini millesimo* ... aus (von diesem der korrekten Zeitrechnung halber vor die Jahreszahl gesetzten *millesimo* leitet sich der französische Begriff für Jahreszahl, *le millésime*, ab).

In ihrem täglichen Tun und Treiben sahen sich die Franzosen des Jahres 1000 einer noch feindlichen Umwelt gegenüber. Die bestellten Felder machten im Verhältnis zur Weite des Waldes nur einen kleinen Anteil aus, die Straßen beschränkten sich vielfach auf einfache Trampelpfade. In dieser ständig vom Hunger bedrohten Welt konnten länger anhaltende Regenfälle oder Fröste alle Hoffnungen des Bauern zunichte machen, der selbst in den besten Jahren höchstens mit einer Verdoppelung oder Verdreifachung des Saatgutes rechnen durfte. Zwischen optimalem Ertrag und drohendem Hungertod lag nur ein Schritt, und auch sonst war das Los der damaligen Menschen von allen Seiten Gefährdungen ausgesetzt. Keiner war gegen Gewalt gefeit, und um sich vor Mangel und Not sicher zu fühlen, mußte man schon ein Mächtiger sein.

Nur wenige Städte waren über das Land verstreut, da und dort ein größerer Markt an einer Brücke oder einer Wegkreuzung. Von den städtischen Funktionen der *civitas* waren meist nur noch Spuren vorhanden: der Amtssitz des Bischofs und des Grafen, die Domschule, etliche Handwerker, ein paar Pfandleiher, meist Juden. Doch Bischof und Graf residierten lieber auf ihren Landsitzen, die Klosterschulen befanden sich zum Teil – wie Bec-Hellouin in der Normandie – gleichfalls auf dem Land, und für die Bedürfnisse des Herrenguts sorgten im wesentlichen die Handwerker im Dorf. Verfallene öffentliche Gebäude und Stadtmauern, die aufgrund ihrer Größe niemand instand halten konnte, erinnerten in freier Landschaft daran, daß eine Stadt mehr und etwas anderes war als ein bloßes Nebeneinander von Häusern. In einem ökonomischen System, in dem die Selbstversorgung die Regel war, hatte die Stadt als Handels- und Verwaltungsort ihre Daseinsberechtigung verloren.

Einige Handelsplätze konnten sich allerdings dank dem unerläßlichen Güterverkehr oder ihrer günstigen Lage gleichwohl behaupten. Marseille, Rouen, Arras, Orléans und Paris waren keine ländlichen Märkte. In London traf man ebensogut Kaufleute aus Flandern wie aus der Normandie, Schiffe mit Wein, Salz, Fisch befuhren die Maas, Seine und Rhône flußauf- und -abwärts, und auf dem Markt von Arras wurden nach dem Jahr 1000 Eisenbarren, Schwert- und Messerklingen, Butter und Käse, fremdländische Früchte, Kaninchenfelle, Marderpelze und sogar Sklaven verkauft. Diese in bestimmten Zeitabständen abrollende Aktivität war zwar nur bescheiden, sicherte diesen Zentren aber eine zunehmende wirtschaftliche Ausstrahlungskraft.

DER KAPETINGER

In besagtem Jahr 1000 jährte sich zum viertenmal der Tod Hugo Capets, eines Königs, den seine Bezeichnung als Gründer einer neuen Dynastie gewiß in Erstaunen versetzt hätte. Hugo war der Erbe jener »robertinischen« Linie, deren Begründer, Graf Robert der Tapfere, durch seinen Tod im Normannenkampf im Jahre 866 zu dem aufgerückt war, was die Karolinger ihrerseits immer weniger verkörperten: zu einem Verteidiger von Ordnung und Frieden. Zwei Robertiner hatten bereits über das Westfrankenreich geherrscht: Odo (888–898) und Robert (922–923), deren Großneffe beziehungsweise Enkel Hugo Capet war. Sein eigener

Vater, Hugo der Große, hatte zwar nur den Titel eines Herzogs von Francien geführt, dennoch aber die dem König obliegende Sorge um die öffentliche Sicherheit übernommen und dabei die volle Unterstützung der Bischöfe genossen – ein in jeder Hinsicht bedeutsamer Tatbestand.

Somit war der nach dem Tod Hugos des Großen im Jahre 956 zum Grafen von Paris, Senlis, Dreux und Orléans aufgestiegene Hugo Capet bereits Herr im Königreich, als er sich 981 mit dem deutschen Kaiser Otto II. gegen Frankreichs König, den Karolinger Lothar, verbündete. Doch Hugo überstürzte nichts. Mehr Verhandlungstaktiker als Gewaltmensch, nahm er sich die Zeit, seine Schritte sorgfältig vorzubereiten.

Beim Tod des Karolingers Ludwig V. 987 bot sich schließlich die erhoffte Gelegenheit. Ludwigs nächster Erbe, sein Onkel Karl von Lothringen, stieß seiner Brutalität wegen beim gesamten Adel auf Abscheu. So konnte der Erzbischof von Reims, Adalbero, auf den Versammlungen von Compiègne und Senlis, auf denen ohnehin Hugo Capet als erster unter den Großen den Ton angab, mühelos für den Robertiner Stimmung machen. Außerdem erinnerte man zum passenden Zeitpunkt daran, daß die Krone nicht erblich war – eine Sprache, die die Großen verstanden.

Damit fiel Hugo Capet die Königswürde ohne einen einzigen Schwertstreich in den Schoß. Er brauchte sie bloß anzunehmen und sich am 3. Juli 987 von Adalbero in Noyon zum König salben zu lassen, was natürlich nicht ganz ohne Widerstand abging. Der Graf von Vermandois lehnte sich auf, und der Erzbischof von Sens verweigerte den Treueid. Die meisten Großen jedoch waren es zufrieden, einen der Ihren auf den Thron gebracht zu haben – nicht, weil sie ihm wirkliche Macht über sich einräumen wollten, sondern weil die staatliche Gemeinschaft ohne König unvorstellbar gewesen wäre: So wirksam war noch immer die Denktradition germanischen Ursprungs, die in Gallien seit einem halben Jahrtausend den Aufbau der Macht bestimmte.

Herzöge und Grafen gaben also nicht allzuviel auf ihren neuen König. Im übrigen wurde ihre eigene Autorität durch die gleichen lokalen Vorgänge unterminiert, die auch das Königtum erschütterten. Viele *principes* behaupteten, ihr Fürstentum von Gott allein empfangen zu haben, und stützten sich dabei mehr auf den Komplex ethnischer, geographischer und historischer Bande als auf die dem Grafen vom König übertragene Macht. In manchen Gegenden hatte sogar bereits die Stunde der *châtelains*, der unabhängigen Burgherrn, geschlagen. Aber wenn der neue König im Hinblick auf Territorium und Anhängerzahl auch nicht so stark war wie vordem sein Vater, der Herzog von Francien, so war er doch jedenfalls König, nach dessen Regierungszeit selbst in Südfrankreich und anderen politisch sehr eigenständigen Landstrichen die offiziellen Urkunden datiert wurden. Die Königswürde behauptete sich also zumindest als Idee, wenn sie schon nicht mit allzuviel Macht verbunden war.

Außerdem verstand Hugo Capet die günstige Gesinnung der Großen zu nutzen, um seinen eigenen Sohn, Robert, zum Mitregenten zu machen und so trotz scheinbarem Königswahlrecht die Erblichkeit der Krone aufs neue einzuführen.

Unterdessen aber blieb auch Karl von Lothringen nicht müßig und versuchte seine Rechte als Karolinger durchzusetzen. Er verschanzte sich in Laon, besetzte Reims, kam jedoch nach vierjährigem Konflikt durch Verrat zu Fall und mußte seine Tage im Kerker beschließen.

Danach stand fest, daß die Hauptfigur dieses politischen Spiels, bei dem auch der Erzbischof von Reims, der Bischof von Laon und der Graf von Blois mitmischten, König Hugo bleiben sollte. Zu verdanken hatte er dies vor allem seiner Geschicklichkeit, allgegenwärtig zu sein und seinen Getreuen zu Amt und Würden zu verhelfen. So machte er seinen Ratgeber, den Mathematiker und Domscholaster von Reims, Gerbert von Aurillac, der später unter dem Namen Silvester II. zum Papst des Jahres 1000 aufstieg, zum Erzbischof von Reims, schloß gegen den Grafen von Blois ein Bündnis mit dem Grafen von Anjou, vermählte seinen Sohn mit der Witwe des Grafen von Flandern, versuchte sogar, sich mit Byzanz gegen das deutsche Reich zu stellen, und spielte sein Bündnis mit dem französischen Episkopat gegen den Papst aus, dem der Anspruch des Königs auf die politische Organisation der Kirche im Königreich berechtigte Sorge bereitete. Kurzum, er behauptete seine Rolle, was in Anbetracht seiner Schwäche allein schon ein Sieg war: Das Königtum hatte sich durchgesetzt.

Auch dem zweiten Kapetinger, jenem Robert II. dem Frommen, der sich von 987 an als Mitregent mit seinem Vater in die Herrschaft teilte und nach dem Tod Hugo Capets im Oktober 996 die Alleinherrschaft antrat, fehlte es nicht an Tatkraft. Niemand zog die Thronansprüche dieses frommen, gerechten und gebildeten Mannes in Zweifel, der – wie sein Zeitgenosse Otto III. – eine eines Klerikers würdige Ausbildung genossen hatte und deshalb bei den Gelehrten gut angeschrieben war, die fleißig für ihn Propaganda machten.

Diesen Trend nutzte Robert II., um seine Macht zu festigen. Nicht ganz ohne Druck auf die wahlberechtigten Kanoniker setzte er in den Bistümern seine Gefolgsleute ein und sorgte für einen Anschein von Ordnung auf den Straßen der Krondomäne, deren mangelhaft zusammengefügte Gebiete noch nicht einmal ganz die Ile-de-France, die Beauce, das Gâtinais und das Berry umfaßten und an gegensätzlichen Rechtsgepflogenheiten festhielten. Selbst im Herzen der kapetingischen Kronlande trieben plündernde Burgherren ihr Unwesen, die Territorialfürsten leisteten weder Lehnseid noch Hofdienst, und niemand hätte im Ernst daran gedacht, das gesamte königliche Heer für eine Gemeinschaftsaktion zusammenzutrommeln. Die Herzöge der Normandie und Aquitaniens fühlten sich praktisch unabhängig, allerdings mit dem einen entscheidenden Unterschied, daß sie einen König über sich wußten.

Das zeigte sich deutlich, als Robert II. den Grafen Ott-Wilhelm von Burgund (spätere Franche-Comté) zum Verzicht auf die benachbarte Bourgogne zwang, die unter ihm zweifellos den Schwenk zur politischen Unterordnung unter das ostfränkische, das »deutsche« Reich vollzogen hätte, während sie nun zum wesentlichen Bestandteil der kapetingischen Macht aufrückte.

Ganz ähnlich nutzte der König jede Gelegenheit zur Intervention in Flandern, wo Kaiser Heinrich II. gern freie Hand gehabt hätte. 1006 marschierte das Heer des Kapetingers auf Ersuchen des Grafen Balduin IV. vor Valenciennes auf, 1019 trat es vor Saint-Omer gegen den nämlichen Grafen selber an. Eine Hochzeit beendete schließlich das Tauziehen: Balduin avancierte zum Schwiegersohn König Roberts, der durch einen geschickten Vergleich außerdem noch Cambrai an sich brachte.

Sein eigentlicher Gegenspieler aber war ganz offenkundig der Kaiser. Robert der Fromme hatte das Erbe Karls des Kahlen und seiner Nachfolger angetreten, und da das alte Lotharingien zusehends zerfiel, dehnte sich der Machtkampf zwischen dem alten West- und Ostfrankenreich auf immer mehr Gebiete aus. Die beiden Herrscher rivalisierten nicht nur in Flandern, sondern auch am Rhein, wo der Kapetinger in Köln sein Ränkespiel trieb. Und sie rivalisierten im Königreich Burgund, jenem mittleren Teil des Reiches Lothars I. zwischen Jura und Aostatal, dessen Krone König Rudolf III. schließlich dem deutschen Kaiser vererbte. Desungeachtet fuhr Robert der Fromme fort, dem Kaiser in Italien Knüppel zwischen die Beine zu werfen. Er ermunterte die Lombarden zur Unabhängigkeit und unterstützte die ehrgeizigen Bestrebungen Herzog Wilhelms V. von Aquitanien, die lombardische Krone an sich zu bringen.

Im Grunde nämlich ging es dem König von Frankreich im Machtkampf mit dem deutschen Kaiser nicht nur um Gebietsansprüche, sondern auch um die Festigung und Verteidigung seiner Krone. Hatte sich der über den Westteil des Reiches herrschende Karolinger dem Gesamtreich stets zugehörig gefühlt, auch wenn der Kaiser im Osten oder in Italien residierte, so setzte sich der Kapetinger nun vom Reich der Ottonen betont ab. Ein deutlicher Beweis dafür ist die zwischen Kaiser Heinrich II. und König Robert II. 1023 anberaumte Begegnung, für die Ivois nahe der Grenze gewählt wurde, wo die beiden Herrscher als Gleichgestellte miteinander verhandeln konnten.

Trotz ihres im Alltag an allen Seiten eingeengten Horizontes bewiesen die ersten Kapetinger in wesentlichen Punkten also durchaus Weitblick. Als die Rechtsgelehrten des 14. Jahrhunderts die Behauptung aufstellten, der König von Frankreich sei Kaiser in seinem Reich, stießen sie bei ihrer Beweisführung dank der klugen Umsicht eines Hugo Capet und eines Robert des Frommen auf keinerlei störende Präzedenzfälle. Im übrigen waren Kaiser und König ähnlich schwach, das heißt Robert II. war dem politischen Leben Südfrankreichs ebenso fremd wie Heinrich II. dem des Königreichs Arles oder der Halbinsel Italien.

Nur in dem Bestreben, eine Kirchenreform durchzuführen und dabei ihren eigenen Vorteil zu verfolgen, waren sich Kaiser und König einig. Kein Wunder also, daß nach Heinrichs II. Tod auch der im Jahr 1023 in Ivois geschlossene Frieden wieder zerbrach. Erneut kam es zu Zusammenstößen, die sich allerdings aufgrund der beschränkten Möglichkeiten beider Gegner in Grenzen hielten. Konrad II. bekam sein großes Reich so wenig in den Griff wie seine Vorgänger – was für den Kapetinger natürlich einen kostbaren Zeitgewinn bedeutete.

Aber auch dem Kapetingerreich mangelte der solide politische Unterbau. Die Bedürfnisse der Lehnsfürsten und die Interessen des Episkopats stellten einen Faktor dar, den zu übersehen äußerst gefährlich war. Es fehlte nicht viel, und Robert II. hätte sein Reich durch seine Ehegeschichten selber zu Fall gebracht. Trotz aller Frömmigkeit war er nämlich kein sehr ausdauernder Gatte. Noch zu Lebzeiten seines Vaters hatte er die ihm von diesem bestimmte italienisch-flämische Gemahlin verstoßen und die Witwe des Grafen von Blois, Bertha von Burgund, zur Frau genommen. Die Bischöfe hatten ihre Zustimmung nicht ohne Gegenleistung erteilt. Der Papst hatte den König von Frankreich exkommuniziert und dann aus der Situation Kapital geschlagen, um seine Autorität im Königreich nach Möglichkeit wiederherzustellen. Im Jahr 1003 zeigte sich Robert schließlich zum Nachgeben bereit, zumal der Graf von Anjou, durch die Verbindung des Kapetingers mit dem Hause Blois aufgebracht, das traditionelle Bündnis aufzukündigen drohte.

Robert trennte sich von Bertha und heiratete die Tochter des Grafen von Arles, die Provenzalin Konstanze, eine intelligente, gebildete und eigenwillige Frau, deren Verhalten jedoch Befremden auslöste. Ihr Gefolge weckte das Mißfallen des Hofs, der die südfranzösischen Sitten zunächst exotisch, bald aber anstoßerregend fand. Als Konstanze gar noch versuchte, sich in die Regierungsgeschäfte einzumischen, kam es zum Tumult. Man schlug sich in Anwesenheit des Königs, und der Graf von Anjou nutzte die Gelegenheit, um Graf Hugo von Beauvais, einen einflußreichen Parteigänger der Blois, bei der königlichen Jagd ermorden zu lassen – eine Tat, die man ohne zu zögern der Königin in die Schuhe schob.

König Roberts Versuch, sich durch Konstanzes Verstoßung und Berthas Wiedereinsetzung aus der Affäre zu ziehen, erregte den Zorn des Papstes, während Konstanze bald mit dem einen, bald mit dem anderen immer neue Intrigen anzettelte. Dabei ging es im wesentlichen um die Thronfolge: Zwar herrschte faktisch Erblichkeit der Krone, eine zwingende Notwendigkeit dazu bestand jedoch nicht, und so hatte Konstanze schon im Jahr 1017 die Mitregentschaft ihres ältesten Sohnes Hugo durchgesetzt, gleichzeitig aber für seine faktische Ohnmacht gesorgt. Als König Robert im Jahr 1026 nach dem Tod des Erstgeborenen seinen Zweitältesten, Heinrich, zum Mitregenten krönen lassen wollte, suchte Konstanze dies zu hintertreiben, da sich Heinrich gegen ihre Einflußnahme sperrte. Nach dem vergeblichen Versuch, ihren dritten Sohn, Robert, an die Macht zu bringen, hetzte die Königin schließlich beide Söhne gegen den Vater auf.

Da es zudem auch die Großen in schönem Einvernehmen darauf anlegten, die Macht des alternden Königs zu untergraben, mußte sich Robert der Fromme nach allen Seiten zur Wehr setzen. Vergebens suchte er in Beaugency Frieden mit den Seinen zu schließen. Doch seine Söhne waren sich nur im Widerstand gegen ihn einig gewesen. Nach seinem Tod im Jahr 1031 fielen sie übereinander her, was verschiedene Barone mit dem Grafen von Blois an der Spitze ausnutzten, um an den Grundsatz der Königswahl zu erinnern und dem Jüngeren, Robert, gegen den Älteren die Stange zu halten. Gestützt auf die Normandie, das Anjou und Flandern konnte Heinrich jedoch die Krone für sich retten und seinen Bruder mit dem Herzogtum Burgund abfinden: damit wurden die Kronlande zwar um den wichtigsten Gebietserwerb seit Hugo Capets Thronbesteigung beschnitten, zumindest aber blieb die Erblichkeit der Krone trotz des theoretischen Wahlrechts der Großen in der Praxis unangetastet.

In Wirklichkeit freilich verdankte der Kapetinger die Krone seinen Verbündeten aus dem Feudaladel, das heißt, er war von den die politischen Verhältnisse im Königreich widerspiegelnden Koalitionen abhängig. Im Grunde war Heinrich I. trotz seines Königstitels auch nur einer jener Territorialfürsten, die ihr Verhältnis zum Herrscher nicht unter dem Blickwinkel der Lehnstreue, sondern unter dem der Bündnispolitik betrachteten. Ungeachtet des Zwischenspiels mit Königin Bertha schufen das Bündnis von Anjou und die Feindschaft von Blois die konstanten Voraussetzungen eines für den Fortbestand des Königtums unabdingbaren Kräftegleichgewichts. Das zeigte sich deutlich, als es nach 1049 durch den Bruch mit dem neuen Herzog der Normandie, Wilhelm der Bastard, dem späteren Wilhelm der Eroberer, bedroht wurde.

Nur auf der Grundlage eines solchen Gleichgewichts konnte der Kapetinger seine Blicke über die Grenzen seines Reichs hinaus nach Osten auf das Lothringen Herzog Gottfrieds werfen, dem das Bündnis mit Frankreich nach wie vor den sichersten Rückhalt im Konflikt mit dem Kaiser bot. Mochten die im Jahr 1046 von Heinrich I. erhobenen und durch Einberufung des königlichen Heeres ostentativ unterstrichenen Ansprüche in Wahrheit auch nur ein diplomatischer Schachzug sein, so demonstrierten sie doch unmißverständlich, daß Frankreich nicht daran dachte, die ehrgeizigen Ansprüche des karolingischen Westfrankenreichs auf das lotharingische Erbe aufzugeben.

Doch dabei machte Heinrich I. noch nicht halt. Wie sein Vater durch das Bündnis mit Byzanz eine Rolle für die gesamte Christenheit angestrebt hatte, so griff auch er in seinem Ehrgeiz über Frankreichs Grenzen hinaus: Im Jahr 1051 nahm er die Tochter des Großfürsten Jaroslaw von

Kiew, Anna von Kiew, zur Frau, die ihrem ältesten Sohn den aus der byzantinischen Tradition stammenden Namen Philipp gab, der später in der Dynastie üblich bleiben sollte.

1059 im Alter von sieben Jahren zum Mitregenten erhoben, war Philipp I. bereits ein Jahr später – für die Krone ein schwerer Schlag – ein minderjähriger alleinregierender König.

DIE ENTSTEHUNG DES LEHNSWESENS

Die Karolinger hatten die Staatsgewalt im Rahmen eines fränkischen Reiches verwirklichen wollen, das, wie der Rückfall in ungesicherte Verhältnisse zeigte, zu weiträumig geraten war: Weder war es gelungen, die Ausnahmesituation – die Normannengefahr – zu bannen, noch dem alltäglichen Bedürfnis nach Sicherung der Straßen und Ernten Rechnung zu tragen. So hatten sich im Laufe von zwei Jahrhunderten im Zuge einer allmählichen Anpassung der Schutz- und Unterordnungsbeziehungen an die Verhältnisse eine persönliche Bindung, eine individuelle Verpflichtung und eine vertraglich festgelegte Beziehung herauskristallisiert. Der Dienst des Schwachen war zur Gegenleistung für Schirm und Beistand des Starken, der Gefolgsmann zum Vasall geworden.

Eine Zeitlang hatte die Krone die Vasallität dazu benutzt, die Abhängigkeit zu verstärken oder auch nur um sich den Gehorsam der Amtsträger zu sichern. Der König hatte sich nicht nur als Souverän, sondern auch als obersten Lehnsherrn und den Grafen als Verwalter einer Grafschaft und damit selbstverständlich als seinen Vasallen betrachtet.

Nach Karl dem Kahlen jedoch verflog diese Illusion. Durch den Treueid machte sich der Mann zum Vasallen desjenigen, der ihm unmittelbar Schutz und Gerechtigkeit bieten konnte. Und der Graf vergaß rasch, daß seine Vasallen nur deshalb seine Leute waren, weil er selbst der Mann des Königs war. So trat die Vasallität in Konkurrenz zur Souveränität und stellte diese schließlich in den Schatten.

Da die Vasallen im Gegensatz zu den Gefolgsleuten der Merowinger nicht mehr am Hof ihres Herrn lebten, konnte ihre Entlohnung nur in Ländereien und geographisch festgelegten Einkünften, mit anderen Worten in Marktrechten oder Zöllen bestehen. Eine Bezahlung ihrer Dienste schied in Anbetracht der geringen Menge an umlaufendem Bargeld aus.

Damit aber rückte die ursprünglich keineswegs zwingende materielle Gegenleistung für die Vasallität rasch zur Hauptsache auf. Indem er das vom König gewährte *beneficium* als sein Eigentum betrachtete, wurde der Vasall in seiner Funktion unabsetzbar, obwohl er sie im Grunde nur als Stellvertreter der Krone versah. Einen Grafen wieder aus seinem Amt zu entfernen erwies sich mithin für den karolingischen König zunehmend als Ding der Unmöglichkeit.

Dieses »Benefizium« erhielt vom Ende des 11. Jahrhunderts an die Bezeichnung »Lehen« *(feodum, feudum, fief)*, wobei die öffentliche Aufgabe *(honor)* in ihm aufging. Der Graf empfand sich nicht länger nur als Herr der ihm für seine Treue und zum Entgelt für seine Dienste bewilligten Domänen, sondern als Herr über das gesamte Gebiet, in dem sein Vorgänger im 9. Jahrhundert lediglich als Stellvertreter des Königs aufgetreten war.

Zu guter Letzt betrachteten die Grafen, ja auch die einfachen Burgherren, die *châtelains*, ihre Befehlsgewalt – und Gerichtsbarkeit – als persönliche Eigentumsbefugnisse und vergaßen nur allzu leicht, daß sie sie vom König empfangen hatten: Dieser ferne König erschien allen als eine schwer greifbare politische Figur, nicht aber als tatkräftiger Beschützer und wirklicher Richter. Die Großen, die Territorialfürsten, die Grafen und Herzöge, gründeten ihre Macht auf gegenseitigen Konsens. Für die meisten Menschen war entsprechend der von ihnen erlebten Alltagswirklichkeit derjenige der wirkliche Herr, der Eigentümer eines mit Wall und Graben umgebenen festen Hauses war, der in wenigen Stunden die wehrfähigen Männer der Gegend oder zumindest die Besitzer von Roß und Waffen zusammentrommeln und so den Überfall von Plünderern oder den Angriff des Nachbarn auf der Stelle abwehren konnte.

Wie der Graf sicherte sich jeder Grundherr Treuebindungen und gewährte dafür auf Kosten seines eigenen Grundbesitzes – oder des Benefiziums, das er selber empfangen hatte – Benefizien, die ihm auf kurze Sicht Vasallen einbrachten, seine Mittel mit der Zeit aber durch Schmälerung seiner Einkünfte zusehends erschöpften. Der Übergang zur Erblichkeit, der sich in den mit öffentlicher Macht ausgestatteten Benefizien bereits im 9. Jahrhundert und in den einfacheren Benefizien im 10. Jahrhundert vollzog, untergrub den politischen Wert der Lehnsverleihung und nötigte den Seigneur, den Lehnsherrn, zu immer weiterer

Veräußerung seines Grundbesitzes, um seine Gefolgsleute bei der Stange zu halten.

Darüber hinaus unterminierte die Erblichkeit auch die Treuebindung selbst. Seitdem der Mensch des 10. Jahrhunderts die bewilligten Güter als Hauptsache des Lehnsvertrages betrachtete, machte er sich ohne Bedenken zum Vasallen mehrerer Herren. Der ursprünglich als Bindung von Mann zu Mann gedachte Lehnseid verkam zur einfachen, der Bewilligung eines Benefiziums voraufgehenden Formalität. Anstelle des Einsatzes der eigenen Person setzte man nun bestimmte Dienstleistungen fest: Der Vasall präzisierte genau, welche Gegenleistungen er für sein Benefizium zu erbringen hatte. Selbst ein mächtigerer Herr konnte lediglich die Zusicherung erwirken, daß ihm sein Vasall ungeachtet aller anderen Bindungen Dienst schuldete, oder anders ausgedrückt, daß dieser derartige Verpflichtungen nur »unter Treuvorbehalt« eingehen konnte. Aus diesem gegen Ende des 10. Jahrhunderts eingeführten Treuvorbehalt, den sich der Vasall natürlich mit besonders handfesten Zugeständnissen bezahlen ließ, sollte sich um 1040–1050 der sogenannte ligische Lehnsvertrag *(homagium ligium, hommage lige)* entwickeln, das heißt, die Vielzahl der Lehnsverträge führte dazu, daß einem davon der absolute Vorrang eingeräumt wurde.

Die Gesellschaft organisierte sich um dieses Prinzip der persönlichen Vertragsbindung herum, die die Beziehungen der Freien untereinander entsprechend den Kräfteverhältnissen, die selbst wiederum Ausdruck ihrer Besitzverhältnisse waren, definierte. Im einzelnen griffen die Rechte bereits im 11. Jahrhundert derart kompliziert ineinander, daß die ursprüngliche Logik über den Haufen geworfen wurde. So konnte der Seigneur für ein Lehen der Vasall desjenigen sein, der für ein anderes seiner Lehnshoheit unterstand. Das Lehen war kein abgegrenzter Bezirk wie ehedem die Grafschaft oder die *châtellenie* und später die mit einer Banngerechtsame verbundene oder politische Grundherrschaft. Das Lehen bestand lediglich in einem Gewirr mehr oder minder räumlich fixierter Rechte, mehr oder minder an die Scholle gebundener Menschen, mehr oder minder zu homogenen Einheiten, zu »Domänen« zusammengeschlossener Ländereien.

Neue gesellschaftliche Spaltungen traten auf. Zwar war von Sklaverei kaum noch die Rede, dafür gab es nun diejenigen, die sich auf das Waffenhandwerk verstanden und gewappnet zu Roß in den Dienst des örtlichen

Machthabers stellten; daneben gab es diejenigen, die die Arbeit verrichteten und sich dem Gesetz des Krieges beugen mußten; und schließlich jene, die keine Möglichkeit hatten, über die Bedingungen ihrer Teilhabe an der gemeinsamen Aufgabe zu verhandeln: Zwar ging es nicht um ihre Person, wie etwa beim Sklaven, doch besaßen sie keine Handlungsfreiheit und konnten weder ihre Arbeit noch ihren Ehepartner beliebig wählen. Diese sogenannten Hörigen konnten lediglich ihre Person und ihren Grund und Boden für den Herrn zum Arbeitseinsatz bringen und sonst nichts.

Zur Charakterisierung dieser Gesellschaft wählten Theoretiker wie Bischof Adalbero von Laon (gest. 1030) und Bischof Gerhard von Cambrai (gest. 1048) als erste das Bild vom Gefüge dreier »Stände« oder dreier gottgewollter Gruppen: der Kämpfenden, der Betenden und der Arbeitenden. Die erstgenannten waren zwar offenkundig die Herren von Grund und Boden – der ihr Eigentum oder ihr Benefizium darstellte –, unterschieden sich aber im Rahmen der Schöpfung vor allem durch ihre gesellschaftliche Funktion von den anderen: durch den Kriegsdienst zu Pferd mit den Waffen des Reiters (Lanze und Langschwert), was eine Ausrüstung und Übung voraussetzte, von denen der Bauer, der dann, wenn andere kämpften, seine Feldarbeit verrichten mußte, nicht einmal träumen konnte.

Als schließlich die wirtschaftlichen Voraussetzungen für die Ausübung des Waffenhandwerks erblich wurden, verlor die dazu berufene Gruppe die bisherige Offenheit der alten Kriegeraristokratie. Mit dem aufkommenden Rittertum gewann ein Gesellschaftsstand Gestalt, der um das Jahr 1000 herum die Bezeichnung *noblesse* erhalten sollte. Adlig war, ob Vasall oder nicht, nur derjenige, den seine Herkunft zum Ritterstand befähigte und der lediglich einen in Freiheit bejahten, vertraglich anerkannten Herrn über sich duldete; das heißt, der Adlige hatte zwar aufgrund des geleisteten Treueids einen Herrn, war aber nicht eo ipso als Einwohner einer Grundherrschaft der Mann des örtlichen Seigneurs, dessen lokaler Befehlsgewalt er im Grunde nicht unterstand.

Während in Südfrankreich, wo viele Ländereien keine Lehen waren, die Gleichsetzung Adliger–Vasall lange auf sich warten ließ, breitete sich im Norden die Vasallität rasch allgemein aus und führte zur Entstehung einer auf dem Prinzip der hierarchisch gestaffelten Unterordnung beruhenden Staatsgesellschaft.

Doch hüten wir uns vor allzu vorschnellen Gleichsetzungen. Nicht jeder Vasall war Ritter, nicht jeder Ritter stammte seinerseits von einem Ritter ab, und nicht jeder Rittersproß war Vasall. Viele Vasallen lebten in so ärmlichen Verhältnissen, daß sie trotz der von der Not erzwungenen Vasallität weder den Ritterrang erstrebten noch sich als Adlige fühlen konnten.

Für die Mehrzahl derer, die über die anderen herrschten, stellte sich diese Frage Anfang des 11. Jahrhunderts in der Praxis allerdings kaum. Sie waren dank Erblichkeit und ihrer persönlichen Kraft, die ererbten Vorteile zu wahren, Grundherren und Ritter, und – da sich die Trennungslinie zwischen *honor*, das heißt Ausübung der öffentlichen Gewalt, Benefizium als Lohn für die Treuebindung und Grundbesitz, der ein standesgemäßes Leben sicherte, mehr und mehr verwischten – auch Glied in der Doppelpyramide persönlicher Unterordnung und Landverleihung, wobei ihre Stellung durch die Zahl der abgelegten Lehnseide und der zuerkannten Freiheiten definiert wurde.

In diesem sich herauskristallisierenden Rittertum fanden sich Leute aller Art zusammen: Erben der karolingischen Ministerialen, Domänenbesitzer, tüchtige Krieger, die sich von letzteren ernähren ließen oder ihre Erfahrung im Waffenhandwerk gegen ansehnliche Ländereien verkauften. Das Rittertum definierte sich ebensosehr durch das, was es war – die Gesamtheit der Kämpfer zu Pferd –, wie durch das, was es nicht war: die Gesamtheit derer, die keine Waffen trugen und zur Zeit der Feldbestellung oder Ernte unabkömmlich waren.

Der gemeinsame Wille, die Weitervererbung der mit diesen Definitionen verknüpften Vorteile zu sichern, gewährleistete den Zusammenhalt der Gruppe. Man pflegte den Sinn für Abstammung und Sippe, baute durch Heiratspolitik ganze Bündnissysteme auf und entwickelte eine Ethik, die in den *chansons de geste* ihre Verherrlichung finden sollte, eine Ethik, die sich aus den Verpflichtungen des Mächtigen gegenüber den von ihm Beherrschten und aus den Verbindlichkeiten des Gefolgsmanns, das heißt der Erfüllung der in Freiheit übernommenen Treuepflicht, speiste. Tapferkeit, Großmut und Loyalität machten in dieser Sicht das Wesen der Ehre aus.

Es gab nicht nur einen Treueid, es gab deren hundert, vom Eid, den der freie Bauer in manchen Gegenden für sein Besitztum leistete, bis zum Eid, den der Territorialfürst dem König für seine Grafschaften schuldete, aber zu leisten vergaß. Der Fächer reichte vom Eid, der den Schwörenden zum Gefolgsmann machte, bis zu dem gelegentlich »in der Mark«, das heißt an den Grenzen der Fürstentümer, abgelegten Eid, der den Frieden zwischen Gleichrangigen besiegelte oder zwischen ehemaligen Feinden ernstgemeintes Einvernehmen garantierte. Der typische Treueid jedoch wurde vom Schwächeren dem Stärkeren geleistet. Welche wechselseitigen, vertraglich festgelegten Verpflichtungen dieser die Lehnsgesellschaft zusammenschweißende Treueid enthielt, hat der Bischof von Chartres, Fulbert, in einem berühmten Schreiben aus dem Jahr 1020 umrissen. Gestützt auf seit fast zweihundert Jahren gültige Definitionen führt er die Pflichten des Vasallen auf zwei große Ideen, *consilium et auxilium*, Unterstützung durch Rat und Tat, zurück.

Während der Rat, das *consilium*, die Verpflichtung enthielt, bei Hof zu erscheinen und den Herrn bei politischen Entscheidungen und bei der Rechtsprechung zu unterstützen, bestand die Hilfe, das *auxilium*, im noch nicht klar abgesteckten Waffendienst, der dem Herrn bei drohender Gefahr zu leisten war, und dem enger umgrenzten Dienst, den der Herr in Anspruch nehmen konnte, wenn er in Verteidigung seines Rechts zum Angriff überging. Hierher gehört ferner in bestimmten, zunehmend im Gewohnheitsrecht verankerten Fällen eine finanzielle Beihilfe, die nicht als Pacht für das Lehen, sondern als Ausdruck der Ergebenheit zu betrachten ist. In der Regel zeichnen sich drei Fälle ab: das Lösegeld für den in Gefangenschaft geratenen Herrn sowie die Beisteuer zur Ritterschaft von dessen ältestem Sohn und zur Vermählung von dessen ältester Tochter. Gegen Ende des Jahrhunderts kam noch die Unterstützung des Herrn im Falle des Kreuzzugs hinzu. In den Reichsgebieten waren daneben noch weitere Fälle gebräuchlich, zum Beispiel der Dienst, der dem Kaiser bei der Romfahrt zu leisten war, und mancherorts der Erwerb von Grund und Boden, soweit er die Sicherheit der Grundherrschaft erhöhte.

Die Belehnung erfolgte grundsätzlich unentgeltlich. Der Vasall schuldete Treue, Zeit, Kräfte, Leib und Leben; Geld dagegen spielte nur eine untergeordnete Rolle. Die beim Wechsel des Lehnsbesitzes fälligen Abgaben drückten die Dankbarkeit des Vasallen für die rechtlich nicht selbstverständliche erbliche Belehnung, für die gleichfalls nicht selbstverständliche Verfügungsgewalt über das Lehen aus. Pachtzins dagegen wurde für das Benefizium nicht erhoben. Es sollte den Unterhalt des Vasallen auf Kosten des Herrn sichern, nicht umgekehrt.

Genau darin liegt der große Unterschied zwischen dem Benefizium – und später dem adligen Lehen – und dem bäuerlichen Pachtgut, der *tenure*, wie »frei« es vielfach auch sein mochte. Dieses Pachtgut wurde vom Grundherrn gegen bestimmte Abgaben und Dienste vergeben: Der Bauer schuldete Zins *(census, cens)* in Form von Geld oder Erzeugnissen; er mußte bestimmte, mit der Expansion steigende Naturalabgaben und gewisse, nach Aufgabe oder Zeitaufwand umrissene Leistungen – soundso viele Fuhren, soundso viele Tage Feldarbeit – erbringen. Mit Hilfe dieser Arbeitsleistungen bestellte der Grundherr seine nicht abgetretenen Besitzungen, das sogenannte Herrenland, und bestritt seine eigene Haus- und Hofhaltung.

Die Zinsabgaben wurden ein für allemal festgesetzt, und so wußten Grundherr wie Landwirt, woran sie waren, zumal der Geldwert in jener Zeit bescheidenen Handelsaustauschs im Grunde kaum Schwankungen kannte. Die Arbeitsleistungen waren ebenso genau fixiert, die Hand- und Spanndienste bis ins einzelne festgelegt, so daß die direkte Bewirtschaftung sowie die Bestellung des Hauswesens gewährleistet waren – ein wichtiger Umstand, da die erst allmählich erwachende Geldwirtschaft einen systematischen Rückgriff auf Lohnarbeit noch nicht gestattete.

Letztlich also sind die beiden Elemente der Grundherrschaft, Herrenland und Pachtgut, zwei Seiten ein- und derselben Medaille. Wie der Vasall von seinem Lehnsherrn erwartete auch der Bauer von seinem Grundherrn, dem Domänenbesitzer, eine gewisse Sicherheit, einen gewissen Schutz beziehungsweise eine Regelung des lokalen ländlichen Lebens, die nicht von außerhalb geleistet werden konnte. Er erwartete von ihm die Finanzierung der für die landwirtschaftliche Nutzung unabdingbaren Infrastruktur: Weideland, gemeinschaftlich genutztes Gerät sowie Bau und Erhaltung der Wege. Der Grundherr bedeutete für den Bauern also gleichzeitig Zins und Kelter, Fron und Straße.

Der – weltliche oder geistliche – Grundherr zog einen Teil seines Einkommens aus dem Herrenland, doch die Mittel zu dessen Bewirtschaftung lieferten ihm die Pachtgüter. Die Domäne war nicht nur juristisch, sondern auch in der Bewirtschaftung eine Einheit. Gleichviel, ob als Lehen oder als freies Eigentum, als »Allod«, stellte sie eine Grundherrschaft dar.

Zwischen der großen Domäne mit einem Areal von fünfhundert bis tausend Hektar, das heute für ein oder mehrere Dörfer ausreichen würde, und dem kleinen freien Wirtschaftsbetrieb, wie ihn Aquitanien und das Languedoc noch kannten, lagen viele Abstufungen. So gab es Bauern mit Grundbesitz, aber auch wenig begüterte Grundherren; denn in abgelegenen Gegenden, wo die Domänen die Zersplitterung des Grundbesitzes durch fortgesetzte Erbteilungen widerspiegelten, bestanden die Güter vielfach im Nebeneinander selbständiger Wirtschaftsbetriebe: Ihnen fehlte der innere Zusammenhalt der großen Domänen des weltlichen Adels zwischen Seine und Rhein, der königlichen Besitzungen in den Krongutbezirken *(fisei)*, der Bistümer und Klöster. Und deshalb darf sich der Historiker auch durch die unbestreitbar wertvollen Archive kirchlicher Institutionen (wie Cluny) den Blick nicht dafür trüben lassen, daß es neben diesen klassischen Organisationsformen doch auch eine ganze Reihe schwach strukturierter Betriebe gab.

FÜRSTENTÜMER UND BURGHERRENSCHAFTEN

Die karolingische Krone hatte für die Lokalverwaltung Grafen mit polizeilicher, richterlicher und militärischer Gewalt eingesetzt. Aufgabe der Herzöge oder Markgrafen war es ihrerseits, die Verteidigungsanstrengungen der Grafen zum Schutz des von allen Seiten bedrohten Königreichs zu koordinieren. Mit dem Niedergang der Zentralgewalt aber wurde dieser politische Rahmen gesprengt, oder richtiger, er zerbrach, sowie sich die Idee der Zentralisierung als Illusion entpuppte: Die Karolinger hatten die auseinanderstrebenden Kräfte eines Königreichs unterschätzt, in dem sich das Bedürfnis nach unmittelbarem Schutz mit verstecktem Widerstand gegen die Vormachtstellung der Franken verquickte und die Gegensätze zwischen den rivalisierenden Familien und den Wirtschaftsinteressen der Krieger und der Kleriker unterschwellig immer wieder aufbrachen.

Die Verleihung von Ländereien zum Lohn für geleistete Dienste führte zur Gleichsetzung von Dienstadel und Geburtsadel. Das wiederum hatte zur Folge, daß besonders fest im lokalen Leben verankerte Grafen ihre Macht mehr von der Zustimmung der Regierten – faktisch der Großen – als von der alten Bevollmächtigung durch die Krone ableiteten. Grafschaften gewannen durch Angliederung von Nachbargrafschaften an

Stärke, Herzogtümer bildeten sich heraus, die sich teils, wie in Burgund und Aquitanien um Autun und Poitiers herum, als dauerhaft, teils, wie im eigentlichen Frankreich im Umfeld der robertinischen Grafschaft Paris, als kurzlebig erwiesen. Ihre »Fürsten« aber hatten, wie immer sie sich bezeichnen mochten, dem König nichts zu verdanken: Ihre Macht erwuchs aus der Verbindung von persönlichem Einfluß, Grundbesitz und Regionalpatriotismus – einer Konstellation, die bestimmte Familien wie die eines Bernhard oder Wilhelm, eines Sancho oder Robert geschickt zu nutzen und über Generationen hin aufrechtzuerhalten wußten.

Die meisten nahmen die königliche Oberhoheit hin, der außer für die Kirchen nichts Drückendes mehr anhaftete. Manche suchten, wie Bernhard in Septimanien (Gothien) oder Boso in Niederburgund, im 9. Jahrhundert die Königswürde zu usurpieren, andere mühten sich wie Bernhard Plantapilosa in Aquitanien, die Macht an sich zu reißen, ohne es auf den Titel anzulegen. Dauerhafter Erfolg jedoch war nur einer Familie beschieden: den Robertinern.

Nicht darin aber liegt die Besonderheit der politischen Geschichte um das Jahr 1000, daß statt eines Karolingers nun ein Kapetinger in Frankreich herrscht. Entscheidend ist vielmehr das durch die Zersplitterung der Zentralgewalt bedingte Mit-, Neben- und Gegeneinander von Fürstentümern, deren Größe sie jetzt regierungsfähig, das heißt auch kommunikationsfähig macht und der Entwicklung einer regionalen Solidarität Vorschub leistet, während gleichzeitig einer dieser Fürsten, zum König von Frankreich ausgerufen, zwar einerseits seine Existenz als Territorialfürst weiterhin zu behaupten sucht, andererseits aber auch auf seine Rechte als Herr der Herren, als oberster Lehnsherr, pocht, zumindest jedoch die Erinnerung an eine übergreifende Staatsgewalt wachzuhalten trachtet.

Aus diesem Bestreben heraus behandelt der kapetingische König die Regionalfürsten und den örtlichen Adel wie Vasallen und Herzöge von königlichen Gnaden – was freilich keine große Rolle spielt, denn außerhalb der Krondomäne liegt die öffentliche Gewalt beim Fürsten. Er allein befindet sich auf einer Ebene, auf der sich die Kräfte der politischen Zersplitterung und die Kraft der auf Einheit und Zentralisierung abzielenden Tradition die Waage halten.

Allerdings kann sich im Jahr 1000 keiner dieser Fürsten mehr als Repräsentant eines wirklich alten Nationalgefüges betrachten. Das Herzogtum Burgund oder Aquitanien umfaßt nur noch einen Teil der alten burgundischen oder aquitanischen Nation, nur noch einen Teil des alten Königreichs Burgund oder Aquitanien. Umgekehrt setzt sich die neue Bretagne aus vielen Bevölkerungsgruppen ohne jeden bretonischen Einschlag zusammen, und das zur Krondomäne der neuen Dynastie aufgerückte Herzogtum Francien ist lediglich eine politische Konstruktion ohne ethnische und geschichtliche Wurzeln. Nur die Normandie stellt den Sonderfall eines nach Aufbau, Belehnung und Bevölkerung einheitlichen Herzogtums dar.

Das Fürstentum des Königs, die Krondomäne, umfaßt lediglich die Landstriche an der Mittelseine, am Unterlauf von Oise, Aisne und Yonne sowie an der mittleren Loire um Orléans. Im Südosten von Burgund und im Norden von kleinen Fürstentümern wie Valois und Vermandois eingegrenzt, wird es im Westen von der Grafschaft Blois, am Seineunterlauf von der Normandie und am Seineoberlauf von der Grafschaft Champagne bedroht.

Über die Normandie herrschte um das Jahr 1000 Rollos Urenkel, Herzog Richard II., der, auf seine Verbündeten aus Dänemark und Norwegen gestützt, die Bedrohung durch die Engländer wie die Begehrlichkeit des Grafen von Blois nicht zu fürchten brauchte, der auch zum Kapetinger ohne jedes Zugeständnis gute Freundschaft hielt, kurzum über alle Voraussetzungen verfügte, um eine dynamische Außenpolitik zu betreiben. Er festigte die Verwaltungsstrukturen des Herzogtums und stellte die großen Abteien, vor allem Fécamp, das er zum glanzvollen Mittelpunkt des Geisteslebens und zur Schulungsstätte der Verwaltungseliten erhob, in den Dienst der Politik. Sein Sohn Robert I. (*le Magnifique*), seit 1027 an der Macht, schloß dann das Herzogtum vollends zur Einheit zusammen: Er förderte die Christianisierung der Landgebiete und die wirtschaftliche Entwicklung von Häfen wie Dieppe und Rouen sowie den Ausbau großer Märkte wie Alençon und Caen.

Dessen unehelicher ältester Sohn Wilhelm jedoch, seit 1035 Herzog der Normandie, brach unvermittelt mit der schon traditionellen Politik und kündigte dem Kapetinger das Bündnis auf, das zu einer für die Normannen in keiner Weise nutzbringenden Stärkung der Königsmacht beigetragen hatte. Innenpolitisch dagegen führte er die Politik Roberts I. fort und unternahm alles, um seine Autorität zu festigen, bestellte Mitglieder der Herzogsfamilie zu Grafen und Bischöfen, brachte alle Lehnsbindungen auf einen einheitlichen Nenner, indem er alle Krieger zu direkten Vasallen erklärte und systematisch auf die gleiche Stufe stellte, wodurch er den Prozeß der politischen Zersplitterung abblockte, der zum Kummer so vieler Territorialfürsten zur Verselbständigung der Grafen und Burgherren führte.

Dank der politischen Stärke kehrten in der Öffentlichkeit Ruhe und Ordnung ein, und so erwarben sich die Nachfahren der einstigen Plünderer aus dem Norden schon bald den Ruf der Friedfertigkeit. Tatsächlich konnte die Normandie dank ihrer relativ geordneten Verhältnisse bereits im 11. Jahrhundert mit grundherrschaftlichen, rechtlichen und fiskalischen Einrichtungen experimentieren, die andere Fürstentümer erst im 12. Jahrhundert auf die Beine stellten oder kopierten.

Was Wunder, daß die Normannenherzöge großes Ansehen genossen. Außerdem galten sie als besonnen und gottesfürchtig (Robert I. starb auf einer Wallfahrt ins Heilige Land), und so fanden die klösterlichen Chronisten, wohl wissend, daß sie damit auch den Interessen ihrer Klöster und Prioreien dienten, des Rühmens kein Ende. Ganz anders beim Nachbarn, dem Grafen von Blois und Chartres, Odo II., der zu Recht als wirrster Hitzkopf des Jahrhunderts galt. Die Geistlichkeit mochte ihn nicht, und so sprangen auch die zeitgenössischen Geschichtsschreiber recht unsanft mit ihm um. In Wahrheit war Odo II. vor allem ungeschickt und verzettelte seine Kräfte. Dieser Fürst, der in einem Mitgiftstreit mit Richard II. von der Normandie durch einen Schiedsspruch König Roberts Dreux gewann, der um den Besitz der Touraine einen Dauerkrieg mit dem Grafen von Anjou, Fulko Nerra, führte – und von ihm 1016 in Pontlevoy geschlagen wurde –, sich jedoch 1023 der Grafschaft Champagne bemächtigen konnte, zog sich die Feindschaft all seiner Nachbarn zu: Vom König über den Herzog von Lothringen und den Erzbischof von Reims bis zum Kaiser fühlten sich alle durch die Ambitionen des Grafen von Blois beunruhigt. In der Tat bedeutete sein Übergriff auf die Champagne für manchen, darunter auch den König, eine ernste Gefahr, zumal nicht abzusehen war, wozu Odo noch imstande war.

Er hatte nicht nur von der italienischen Krone geträumt, die dann jedoch – allerdings nur vorübergehend – dem Herzog von Aquitanien zufiel, sondern marschierte auch beim Tod Rudolfs III. 1032 in das »transjuranische« Königreich Burgund ein. Auch schwebte Odo II. sogar die

Kaiserkrone vor, als er 1037 durch Lothringen in Richtung Aachen zog. Doch zwischen Bar-le-Duc und Verdun, in Honol, stellten sich ihm die Lothringer, die Kaiser Konrad II. ergeben waren, in den Weg, und nach hartem Kampf wurde der abenteuerlustige Fürst erschlagen.

Hätte der durch sein Scheitern zum politischen Wirrkopf abgestempelte Odo II. Erfolg gehabt, rangierte er heute als Staatsgründer zwischen Hugo Capet und Wilhelm dem Bastard, der später den Beinamen »der Eroberer« erhalten sollte. So aber wurde selbst das einzige Unternehmen, das Odos Tod überlebt hatte, die Vereinigung von Champagne und Blois, durch die unausbleiblichen Erbteilungen zunichte gemacht und damit eine für die Krondomäne gefährliche Umklammerung gesprengt. Erst hundert Jahre später sollte erneut von einem Zusammenschluß zwischen Blois und Champagne die Rede sein.

Odos Nachbar Fulko Nerra, der nicht minder abenteuerlustige Graf von Anjou, zog sich als Kirchenplünderer und Volksunterdrücker den Haß all derer zu, die bei seinen Angriffen nicht hinter ihm standen und an seiner Seite Beute machten. Wie für Odo von Blois kannten die Kleriker für diesen Fürsten trotz seiner übertriebenen Frömmigkeits- und Reueakte keine Schonung. Öffentliche Geißelungen, zahllose Wallfahrten, darunter vier nach Jerusalem, und mit lautem Schall angekündigte Bußübungen zeugten in ihren Augen eher von Maßlosigkeit auch im politischen Bereich als von echter Frömmigkeit.

Desungeachtet gelang es Fulko Nerra während seiner von 987 bis 1040 dauernden Regierungszeit, ein einheitliches, regierbares und verteidigungsfähiges Fürstentum zu schaffen und zu erhalten. Statt wie Odo von Blois auf ferne Abenteuer auszugehen, blieb er im Land und schob die Landesgrenze hinaus. 992 besetzte er nach dem Sieg über den Grafen Conan von Rennes Nantes und setzte dort einen seiner Gefolgsleute ein, brachte 1016 im Bund mit dem Grafen von Maine einen Teil der Touraine an sich, bemächtigte sich zehn Jahre später vorübergehend der Grafschaft Maine, eroberte Saumur und riß 1037 beim Tod Odos II. Langeais und Montbazon an sich.

Dieser Sonderling erwies sich auf seinem Boden als Realist, der seinen Gebietszuwachs zu verwalten und zu festigen verstand und die strategisch wichtigen Stellungen durch starke Festungen abriegelte.

Sein Sohn Gottfried Martel (1040–1060) vollendete das begonnene Werk mit der gleichen Zähigkeit, doch mit mehr Augenmaß. Noch vor seiner Machtübernahme eroberte er Vendômois und Saintonge und festigte als neuer Graf von Anjou sein Erbe durch die Besetzung von Tours (1044) und die Rückeroberung von Le Mans (1051). Damit hatten Touraine und Maine die Grafen von Anjou zwar dreißig kräfteraubende Jahre gekostet, dafür hatte er das Fürstentum aber auch auf die dreifache Größe erweitert. Die große Grafschaft Anjou bestand nun aus einem Guß und war damit ebenso leicht zu regieren und zu verteidigen wie die benachbarte Normandie.

Doch gerade das Verhältnis zu diesem Nachbarn kippte leicht in Feindschaft um. Durch das jetzt nachteilige Bündnis mit dem Kapetinger war Anjou, als Wilhelm der Bastard die Brücken zum König abbrach, automatisch mitbetroffen. Im übrigen stellte dieses Bündnis die einzige Fehlentscheidung des Hauses Anjou dar, kostete es Gottfried Martel doch die Grafschaft Perche und setzte es damit den Maine der Bedrohung durch die Normannen aus. Doch das war nicht der springende Punkt. Wichtig war vielmehr, daß von nun an der Graf von Anjou auf dem politischen Schachbrett Nordfrankreichs eine eigene Machtposition innehatte.

Nicht ganz so eindeutig lagen die Dinge in der Bretagne, wo sich die Grafen von Rennes weder gegen ihre von Anjou unterstützten Rivalen in Nantes noch gegen die praktisch unabhängigen Grafen von Vannes und La Cornouaille dauerhaft durchsetzen konnten. Seit dem Tod Alans II. Barbetorte im Jahre 952 war die bretonische Einheit kaum mehr als eine Erinnerung an eine ferne Vergangenheit, und mit dem Königstitel allein, den er sich auf manchen Münzen zulegte, konnte Alan III. von Rennes keine echte Oberlehnsherrlichkeit errichten. Wer sich nicht einfügen wollte, wandte sich an die Normandie oder an Anjou oder Blois. Als sich Alan III., ähnlich wie der König von Frankreich im Fall Burgunds, 1034 gezwungen sah, einen Teil seines Fürstentums, die Seigneurie Penthièvre, abzutrennen und einem besonders umtriebigen jüngeren Sohn als Apanage abzutreten, bereicherte er damit nur die ohnehin schon reichlich verwickelte politische Landkarte um einen weiteren Spaltungsfaktor.

Im Gegensatz dazu war die politische Struktur Aquitaniens viel besser entwickelt und gefestigt. Herzog Wilhelm V. (990–1029) konnte sich auf ein starkes aquitanisches Nationalgefühl und das Bündnis mit der Kirche stützen. Die Erinnerung an die aquitanischen Königreiche der Merowinger und Karolinger war nach wie vor lebendig, und die Kirche verfügte dank ihrem hierarchischen Aufbau und ihrem Grundbesitz über eine starke Position. Wilhelm V. von Aquitanien stand in dem Ruf eines hochgebildeten Mannes, der illuminierte Handschriften und kostbare Goldschmiedearbeiten schätzte und als vorbildlicher Christ sein Scherflein ebenso freigebig für gute Werke beitrug, wie er seine Mittel für den Ausbau der Pilgerstraßen verwandte. Vor allem aber bewährte er sich als kluger und umsichtiger Politiker, als gefürchteter Herrscher und angesehener Richter, der seine Unabhängigkeit zu wahren verstand, ohne die Autorität des Königs offen anzutasten. Ihm genügte es, daß er in seinem Herzogtum König war und daß ganz Europa dies wußte, auch wenn er es nicht für angebracht hielt, diesen Tatbestand an die große Glocke zu hängen. Eine Zeitlang liebäugelte er mit einer ausländischen Krone und verfügte sich nach Italien, wo ihm eine Adelspartei die Königswürde angetragen hatte, begriff dann aber rasch, daß er bei diesem Abenteuer alles aufs Spiel setzen würde, und ließ die Finger davon.

Auch die Gascogne bildete inzwischen ein – allerdings nicht sehr straff organisiertes – Fürstentum, in dem die Autorität der Kapetinger lange Zeit kaum wahrgenommen wurde. Die Pyrenäen und die Handelsstraße über den Somport-Paß schloß dieses von der Garonne bis zu den Grenzen des Islams reichende Herzogtum sicherer zu einer Einheit zusammen, als es die noch nicht einmal durch einen wirklichen Treueid verankerte Oberhoheit der Kapetinger vermocht hätte.

Dieselbe Unabhängigkeit genossen auch die Grafen von Toulouse, die seit ihrer Einsetzung durch die Karolinger den Titel Markgrafen von Septimanien (Gotien) führten und mit den Grafen von Barcelona in ständigem Kampf um die Herrschaft über die Mittelmeerküste, Narbonne und Montpellier lagen. Im übrigen nutzte Wilhelm III. Taillefer die durch den Übergang des Königreichs Burgund, zu dessen Zentren Arles zählte, an den deutschen Kaiser ausgelösten Wirren, um sich einen Teil der Provence anzueignen. Gleichzeitig rückte der Graf der Provence zum Reichsfürsten auf, wobei er weder von der Fuchtel des fernen deutschen Kaisers noch von Frankreich etwas zu befürchten brauchte. Gestützt auf einen politischen Partikularismus, der durch die unmittelbar erforderliche Abwehr der Sarazeneneinfälle ständig neue Nahrung erhielt, konnte die Provence ihre Unabhängigkeit lange genug behaupten, um zu einem eigenen Faktor im europäischen Rahmen aufzurücken.

Ganz ähnlich spielte auch der Graf von Flandern Kaiser- und Königreich gegeneinander aus, um seine Unabhängigkeit zu festigen und seinen Besitz zu mehren. 1020 brachte er Cambrai, 1033 Aalst und 1052 den Hennegau in seine Hand. Sein Bündnis mit dem Kapetinger nutzend, ohne deshalb in Abhängigkeit zu geraten, schürte Balduin V. (1036–1067) den Krieg gegen Kaiser Heinrich III., knüpfte ein Netz von Allianzen, in dem er schließlich – wie zwischen Frankreich und der Normandie – die Rolle des Schiedsrichters übernahm und günstige Voraussetzungen für die wirtschaftliche Entwicklung der flandrischen Städte Lille, Gent und besonders Brügge schuf.

Doch in dem Maße, wie die Autorität der Krone durch die den Ursprung ihrer Macht verleugnenden Territorialfürsten erschüttert wurde, so wurde auch die Autorität dieser Fürsten durch den Ungehorsam der Vasallen und die ungesicherte Erbfolge unterminiert. Der Zusammenschluß zwischen der Champagne und Blois sollte Odo II. nicht überdauern, wie auch der Zusammenschluß zwischen Toulouse und der Provence bei der ersten Erbteilung zu Bruch ging. Der Herzog von Burgund – ein Bruder Hugo Capets und Heinrichs I. – mußte gegen die Unbotmäßigkeit der Grafen von Nevers und Auxerre ankämpfen, der Herzog der Gascogne hatte mit Fezensac beziehungsweise Armagnac alle Hände voll zu tun, und selbst der Herzog von Aquitanien mußte sich vor Limoges oder Lusignan in acht nehmen. Selbst Fürsten von geringerer Bedeutung wie die Grafen der Auvergne, des Périgord oder der Marche vergaßen nur allezu leicht ihre eigene Lehnsabhängigkeit, um sich als souveräne Herren aufzuspielen.

Die Bischöfe und Äbte sahen diesem Wettlauf um politische Unabhängigkeit nicht untätig zu, während das aufstrebende städtische Bürgertum es seinerseits verstand, aus der Rivalität der beiden in jeder Stadt vertretenen Exponenten der Macht – Graf oder Burgherr auf der einen, Bischof oder Abt auf der anderen Seite – schon bald seine Vorteile zu ziehen.

So zerbröckelte die Macht auf allen Ebenen: In der Grafschaft Mâcon, die ihre Zugehörigkeit zum Herzogtum Burgund gern vergaß, tagte 986 als erstes Privatgericht das des Abtes von Cluny; 988 erhob dort ein einfacher Grundherr Steuern von Hörigen und Freien, und 1019 erging das letzte Urteil des gräflichen Gerichts gegen einen Burgherrn.

Saß der Graf zu Gericht, assistierten ihm nur noch seine Vertrauten. Für die einfachen Burgherren war die Stunde ihrer Unabhängigkeit gekommen, und die Hüter der kurz zuvor noch königlichen Festungen nahmen von niemand mehr Befehle entgegen. Simple Grundherren wie die Seigneurs von Beaumont-sur-Oise, Roucy und Dammartin verlangten für sich den Grafenrang, wobei der Titel im übrigen nicht viel zu besagen hatte, hielten sich doch die Machtbereiche in der Größenordnung eines heutigen Landkreises.

DIE KIRCHE

In dieser Gesellschaft, in der alle Beziehungen vornehmlich als Abhängigkeitsverhältnisse verstanden wurden, nahm auch die zu den Eliten zählende Kirche eine keineswegs marginale Stellung ein: Der Einfluß des Bischofs hielt dem des Grafen die Waage, und in der Umgebung des Fürsten waren die Kleriker ebenso zahlreich vertreten wie die Krieger.

Wie vordem unter Karl dem Großen, so verband auch die Kirche der Feudalzeit Heiliges mit Profanem und erfüllte die verschiedenen Bereiche des sozialen Lebens zu aller Wohl mit christlichen Werten. Der Treueid, der schon bald die Huldigung begleitete, sowie das Charisma des zum Beschützer und Wohltäter der Kirchen erhobenen Fürsten erwies sich für alle Beteiligten als vorteilhaft. Die Laienwelt stärkte damit ihre Institutionen, untermauerte den Vertrag durch den Eid und machte aus einem Vertragsbruch einen Meineid. Die Aufnahme in die Eliten wurde zur »Ordination« erhoben, die Pflichten des Vasallen und die Gerechtigkeit des Herrn wurden zum Bestandteil des göttlichen Heilsplans gemacht.

Umgekehrt fanden aber auch die weltlichen Riten Eingang in die religiöse Praxis. So traten die eigentlichen Sakramente hinter dem Sakramentalen zurück: Es ist die Zeit der Reliquien, Segenssprüche, Schwüre und Friedensküsse. Wortschatz und Posen des Lehnsrituals färben auf die Kirche ab: Gott ist in erster Linie »der Herr«, vor dem der Gläubige niederkniet wie ein Vasall. Die Spiritualität paßt sich der allgemeinen Denkweise an; ist der Reliquienschrein leer, verliert der Eid seine Gültigkeit, und nur wer sich fleißig bekreuzigt, kann das Heil erlangen.

Der Gedanke, daß Gott sich um die kleinen Geschäfte dieser Welt gar nicht kümmern könne, kommt den Menschen des 11. Jahrhunderts nicht einmal im Traum. Sinnlose Zwistigkeiten werden durch »Gottesurteil« – Feuerprobe, Eisenprobe oder gerichtlichen Zweikampf – entschieden. Gott muß offenbaren, auf welcher Seite sich das Recht befindet. Wie ein guter Lehnsherr der Gerechtigkeit zum Zug verhelfen muß, da sich sonst seine Vasallen von ihm abkehren, so kann Gott es nicht zulassen, daß das Unrecht triumphiert.

Die großen Gestalten der um das Jahr 1000 verfaßten Heiligenleben sind nicht mehr Christen, die sich aus dem weltlichen Treiben zurückgezogen haben, nicht mehr Eindsiedler oder Ordensgründer, sondern Ritter im Dienste Gottes. Das um 1040 in der Normandie entstandene »Alexiuslied« entwirft mit kraftvollen Strichen das Bildnis des vorbildlichen Ritters, der gleichzeitig als Inbegriff weltlicher Tugenden und als Träger jener spirituellen Vorzüge erscheint, ohne die es keine wahre Tapferkeit und Ehre geben kann. Auch die Moralisten beziehen ihre Bilder aus der Welt des Rittertums und schildern den Kampf zwischen Tugenden und Lastern als Waffengang zwischen allegorischen Gestalten.

Kurzum, die Kirche mischte sich in alles ein, sanktionierte alles, saß über alles zu Gericht. Das Leben der Gesellschaft fügte sich in seinen verschiedenen Äußerungsformen in die kirchliche Ordnung ein, die christliche Gesellschaft nahm klerikale Züge an. Auf lange Sicht kam diese Sakralisierung der ritterlichen Gesellschaft vor allem dem König zugute. Er wurde als einziger Territorialfürst bei der Krönung gesalbt, und diese Salbung hob, solange die Kraft des Spirituellen die weltlichen Beziehungen durchdrang, selbst den schwächsten Monarchen über das Alltägliche hinaus. Sein Charisma erfuhr noch eine Steigerung durch das Wunder: Dem angeblich aus der Hand eines Engels zu Chlodwigs Taufe empfangenen Fläschchen mit dem Salböl wurde zunehmend Wunderkraft zugeschrieben, das heißt, der mehr oder minder an der Spitze der Lehnshierarchie stehende König von Frankreich stand folglich außerhalb, genauer gesagt über dieser Pyramide – ein Umstand, aus dem später die Konsequenzen gezogen werden sollten.

Umgekehrt – und das ist die Kehrseite der Medaille – befand sich die Kirche in Laienhand. Durch die Verwischung des Unterschieds zwischen Amt und Benefiz, die nun als zusammengehörig betrachtet wurden, war nicht nur das Grafenamt erblich geworden, sondern auch die Funktion des Bischofs zur einträglichen Charge aufgerückt. Die Bischofswürde gliederte sich in die Welt des Lehnswesens ebenso ein wie das schlichte

Amt des Pfarrers in die kleine Welt der Ministerialen, das heißt der bestallten Diener der Grundherrschaft oder des Hofes. Ohne die Zustimmung derjenigen, die das Verfügungsrecht über die Temporalien hatten, in denen man noch das zur Bischofswürde gehörige Benefizium erblickte, konnte niemand Bischof werden. Mit anderen Worten, da der Bischof auf die Belehnung mit der weltlichen Macht angewiesen war, war er weit eher der Mann des Königs oder des Fürsten als der Erwählte des Klerus.

Dem Handel mit Pfründen waren keine Grenzen gezogen, wobei den Grafensöhnen die Bistümer, den unehelichen Nachkommen des Burgherrn die Pfarreien vorbehalten blieben. Da die Kleriker in aller Öffentlichkeit Konkubinen hielten, wurden die Kirchenämter in regelrechten Klerikerdynastien weitervererbt, das heißt, es herrschte Nikolaismus und, da von der Kirche über die Sakramente bis zu den Reliquien alles käuflich war, Simonie. 1053 ordnete Frankreichs König Heinrich I., ein Erzsimonist, sogar die öffentliche Versteigerung des Bistums Le Puy an. Man stürzte sich in Schulden, um ein Bistum oder eine Pfarrei zu kaufen, und brachte sein Geld durch den Verkauf der Taufe oder der Priesterweihe wieder herein.

Gerechtigkeitshalber sei dazu angemerkt, daß ein solcher Klerus des geistlichen Amts nicht notwendig unwürdig war. Es gab durchaus hochangesehene Bischöfe. So trafen etwa die Normannenherzöge, die bretonischen Grafen und die Fürsten der Gascogne mit der Besetzung der Bischofssitze durch ihre jüngeren Söhne verwaltungstechnisch gesehen oft gar keine so schlechte Wahl. Damit aber wurde die Kirche ins Korsett der weltlichen Strukturen eingezwängt. Eine Reform war von dieser ganz dem Lehnswesen verhafteten Episkopalhierarchie nicht zu erwarten.

Dafür leiteten eigenständige Institutionen wie der Benediktinerorden diese Reform in die Wege. Auch der Normannenherzog betrieb, gestützt auf seine an sich anfechtbare Macht über die Abteien der Normandie, mit allem Nachdruck eine geistliche Erneuerung, für die sich vor allem der Italiener Wilhelm von Volpiano, ein damals bereits berühmter Reformer zahlreicher burgundischer und lombardischer Klöster, unermüdlich einsetzte.

Die wirklichen Träger dieser Reform aber waren zwei außerhalb der Lehnsbindung stehende Kräfte: das Papsttum und seine Legaten einerseits und das Mönchtum mit seinen Möglichkeiten zur Unabhängigkeit andererseits. Fürs erste allerdings blieb Cluny noch eine der beachtlichsten Größen der Lehnswelt des Jahres 1000. Lediglich dem Papst untertan, verfügte der Abt als einer der großen weltlichen Herren über eigene Vasallen, Zinsbauern und Domänen. Unter Abt Odilo (994–1049) entwickelte sich das Kloster sogar zu einem regelrechten Ordensimperium mit einer stark hierarchisierten Rechtsstruktur (seit etwa 1020), die Clunys Oberhoheit über die anderen Cluniazenserabteien und die Hunderte von Cluniazenserprioreien sicherte.

Darüber hinaus nutzte der Abt von Cluny seine Stellung aber auch, um auf die Politik der Fürsten – vor allem des Papstes und des Kaisers – wie auch auf die Beratungen der Konzilien Einfluß zu nehmen. Seine Unabhängigkeit bot einer der geistlichen Kräfte des Abendlands Schutz gegen die weltliche Gewalt wie auch gegen die fragwürdige Macht der Bischöfe, was Odilo jedoch nicht daran hinderte, die weltlichen Fürsten seinerseits für die Reformierung der Benediktinerklöster in ihrem Machtbereich und damit für deren Eingliederung in die riesige, die ganze Christenheit umspannende cluniazensische Ordensgemeinschaft, sprich für die Ausweitung seines eigenen Imperiums, einzuspannen.

Dem Zorn der Bischöfe zum Trotz machten die Fürsten – allen voran der König von Frankreich – von dieser Möglichkeit, ein Gegengewicht gegen die Macht des Episkopats zu schaffen, recht gern Gebrauch und sicherten damit gleichzeitig mehr oder weniger bewußt den Aufbau einer einigenden Kraft, die, wiewohl kirchlicher Natur, doch geeignet erschien, den fortschreitenden Verfall der weltlichen Macht aufzuhalten. In den Augen eines Kapetingers wie eines Herzogs der Normandie war alles nützlich, was der Zersplitterung des politischen Raums entgegenwirkte. Doch dürfen, ohne hier vorgreifen zu wollen, die Rolle vereinzelter Cluniazenser, vor allem Odilos, bei der Definition des Gottesfriedens und der militante Reformismus einiger anderer – wie etwa des späteren Papstes Gregor VII. – nicht zu der Meinung verleiten, der Orden von Cluny habe aus sich heraus die Mißstände, die der Kirche aufgrund ihrer Einbettung in die Welt des Feudalismus anhafteten, bekämpft.

Im übrigen färbte nicht nur die Laienwelt auf die Kirche ab, auch die Anziehungskraft des Mönchtums auf die weltliche Gesellschaft hielt unvermindert an. So ließ man sich, zuweilen in der Mönchskutte, im Chor des Klosters beisetzen, ließ seinen Namen in das von den Mönchen täglich verlesene Seelenmessenregister aufnehmen und stiftete Messen. All das vergalt man »dem Heiligen« mit Ländereien und Geld und unterstrich damit die geistliche Vorrangstellung des Mönchs vor einem Weltklerus, der selbst in den Augen derer wenig Ansehen genoß, die zur Unterminierung seines Ansehens beitrugen.

Doch die Freigebigkeit des Gläubigen stellte auch eine Gefahr dar, denn sie mehrte nur den Reichtum der Benediktinerklöster cluniazensischer und anderer Observanz und veranlaßte den Stifter und seine Nachkommen obendrein dazu, sich in die Belange der Klostergemeinschaft einzumischen und Äbte und Prioren zu ernennen. Der Seigneur, der sein jenseitiges Heil durch Messen sichern wollte, zog aus dem Kloster schon zu Lebzeiten die gleichen Vorteile wie aus den anderen Grundherrschaften. Er erhob den Zehnten und den für die dem Heiligen überlassenen Güter fälligen Zins, deren Eintreibung ganz in Übereinstimmung mit jener großen, die Kirche in die Welt des Lehnswesens eingliedernden Bewegung durch Vergabe der Zehnten als Lehen erfolgte.

Allerdings machte sich zu dieser Zeit, in der das Kloster als Institution seine höchste Blüte erlebte, auch eine gewisse Ernüchterung bemerkbar. Die Abkehr des Mönchtums von der Askese, seine Verstrickung in weltlichen Besitz stieß bei kompromißlosen Geistern auf Mißbilligung. Absage an die Welt und Abkehr von der Kirche als Institution führten zur Entfaltung des Eremitentums, und auch die aus dem byzantinischen Orient stammende Häresie der Manichäer, die den kirchlichen Kult ablehnten, die geistliche Gerichtsbarkeit nicht anerkannten und die Wirksamkeit der Sakramente noch auf dem Scheiterhaufen bestritten, gewann in einem Maß an Boden, daß sich die katholische Hierarchie in der Champagne schon zu Beginn und im Artois in den zwanziger Jahren des 11. Jahrhunderts gezwungen sah, gegen sie einzuschreiten.

Ihren glänzendsten Sieg aber sollte die von weltlichen Herren verwaltete Kirche in einem ganz und gar irdischen Bereich erringen und gerade dadurch ihre geistliche Aufgabe im Schoß der Gesellschaft erfüllen. Da die Vasallität durch ihre Mann-zu-Mann-Bindung die allgemeine Sicherheit nicht garantieren konnte, hielt die Kirche eine andere Antwort auf die durch den Zusammenbruch der öffentlichen Gewalt ausgelösten Ängste bereit: die *institutiones pacis,* Vereinigungen zur Erhaltung des Landfriedens und Gottesfriedens, durch die der Schaden bewaffneter Konflikte für die Gesellschaft in Grenzen gehalten werden sollte.

Der König war nicht mehr in der Lage, den Frieden zu sichern.

Deshalb nahmen sich nun die Bischöfe dieser Aufgabe an. Die schon in spätrömischer Zeit lebendige Idee des Gottesfriedens breitete sich zunächst in Südfrankreich aus und griff von da auf den von der Krone beherrschten Norden über, wo sich die Kirche in den zwanziger Jahren des 11. Jahrhunderts von den noch kurz zuvor gängigen Vorstellungen zu distanzieren begann: Der Krieg wurde zum Übel erklärt, die Gewalt zur Sünde.

Bereits 989 hatte der aquitanische Episkopat auf der Provinzialsynode von Charroux-en-Limousin die nicht kriegführenden Personen, wie Bauern und Geistliche, samt ihren Gütern unter kirchlichen Schutz gestellt, und das im folgenden Jahr abgehaltene Konzil von Narbonne hatte diese Entscheidung bekräftigt. Die Kirche verteidigte also nicht nur den Klerus, sie nahm das Schicksal der gesamten christlichen Gesellschaft in die Hand. Nachdem sich die weltliche Macht fünfhundert Jahre lang in die Kirchenverwaltung eingemischt hatte, stellte sich nun die geistliche Gewalt in den Dienst der öffentlichen Ordnung. Wer den Gottesfrieden verletzte, verfiel der Exkommunikation, und Ausschluß vom religiösen Leben bedeutete bekanntlich Ausschluß aus der Gesellschaft.

In der Folge schlossen sich sämtliche Provinzialsynoden dem Beispiel der Bischöfe Aquitaniens und des Languedoc an. Geistliche und Laien, Kriegsleute und Bauern schworen, den Gottesfrieden einhalten zu wollen. Doch vom Schwur zur Verschwörung ist nur ein Schritt; dieselben, die um das Jahr 1000 in Poitiers den von einem neuen aquitanischen Konzil ausgearbeiteten Friedenspakt durch Eid besiegelten, verschworen sich in der Absicht, sich zum Schiedsrichter und Richter bei Verfehlungen gegen den Frieden aufzuwerfen.

Zwanzig Jahre später drängte die Kirche dann systematisch alle Großen, Vasallen, kurzum alle potentiell Kriegführenden, einen Friedensschwur abzulegen, der einen regelrechten Verhaltenskodex für den Kriegsmann enthielt: Unbewaffnete nicht anzugreifen, Häuser und Mühlen nicht niederzubrennen, das Vieh weder zu töten noch zu rauben, so lauteten die gängigsten Formeln dieser Schwüre, für die das Konzil im burgundischen Verdun-sur-le-Doubs bereits 1016 ein bis in alle Einzelheiten festgelegtes, oft nachgeahmtes Modell aufgestellt hatte. Von dem Verbot, Schaden zu stiften, ging man vor allem in Nordfrankreich zu der Versicherung, keinen Schaden anrichten zu wollen, über, die vom Konzil von Bourges 1038 zur Christenpflicht erhoben wurde.

Das aufstrebende Bürgertum erkannte sehr rasch den Vorteil eines derartigen Friedensschwurs für die Städte – nämlich die Sicherung der Handelsbeziehungen. Der kollektiv geleistete Eid bewahrte die Gemeinschaft vor der Sperrung der Straßen wie vor Vergeltungsschlägen. 1021 regelten Amiens und Corbie ihre Beziehungen durch einen wechselseitigen Eid, der als regelrechter Friedensvertrag gelten kann.

Um dieselbe Zeit kam in Katalonien der »Waffenstillstand Gottes«, die *Treuga Dei (trêve de dieu)* auf. Nachdem die Diözesansynode von Elne 1027 von Samstagabend bis Montagmorgen alle Kampfhandlungen untersagt hatte, gewann die Idee rasch an Boden. Man dehnte die Waffenruhe immer weiter aus, bis die Konzilsväter schließlich mit einem Überangebot an kampffreien Tagen übers Ziel hinausschossen: Man sollte sich weder am Sonntag, dem Tag des Herrn, noch am Freitag, dem Tag der Passion, schlagen; zu Ehren der Himmelfahrt aber auch nicht donnerstags, und eingedenk der Grablegung nicht samstags. Außerdem nicht in der Fastenzeit oder im Advent, nicht an Weihnachten und nicht an Ostern...

Das ging natürlich zu weit. Die Kriegsleute brauchten den Kampf, weil er ihre Aufgabe innerhalb der Gesellschaft war und sie daraus ihr Selbstvertrauen ableiteten, aber auch, weil sich viele Angelegenheiten nur auf diese Weise regeln ließen. Damit aber geriet das Wesentliche des Gottesfriedens rasch wieder in Vergessenheit, wie man sich auch aus der *Treuga Dei* wenig machte.

Eine Vorstellung indessen kristallisierte sich heraus, die Bestand haben sollte: der Krieg als eine Beleidigung Gottes. So rief der Bischof von Le Puy einen Gerichtshof ins Leben, um Verstöße gegen die Friedensordnungen zu richten. Und so sollte die über ihre momentane Wirkung hinaus schwache Friedensbewegung dem wiedererstarkten Papsttum doch immerhin eine Handhabe zur Einmischung in die Auseinandersetzungen der christlichen Fürsten bieten.

Fürs erste aber gelang es der Kirche, die Gewalttätigkeit merklich einzudämmen. Während sich das Königtum außerstande zeigte, die ihm zufallende Rolle als Hüter der Ordnung zu übernehmen, während das auf Gegenseitigkeit der Bindungen beruhende Lehnswesen jede Möglichkeit einer Schlichtung ausschloß, machte die Kirche gleichzeitig von ihren eigenen Mitteln – Schwur, liturgische Zyklen – und von ihren Verflechtungen mit einer Welt Gebrauch, die die Idee des Vertrags über die der öffentlichen Gewalt stellte. Der von den Konzilien verhängte Kirchenbann offenbarte das Versagen der Krone und diente gleichzeitig als Mittel, dieses Versagen festzuschreiben: Die Kirche entzog der Laienwelt eine Funktion von öffentlichem Interesse, die seit Chlodwig das Königtum an sich gerissen hatte.

Wie der zeitweilige Widerstand der ersten Theoretiker der Ständegesellschaft gegen die Friedensbewegung zeigt, stießen sie sich an dieser grundlegenden Aufgabenteilung. Ihrer Meinung nach gingen die Geistlichkeit Krieg und Frieden nichts an. Allerdings befanden sich diese Theoretiker in einer Gesellschaft, in der das Verlangen nach Frieden in der Praxis deutlicher hervortrat als die Strukturen des irdischen Jerusalems, in der Minderheit. Nachdem das karolingische Königtum das Erlösungswerk teilweise an sich gerissen hatte, erhob nun die Kirche ihrerseits den Anspruch, für die Weltordnung mitzusorgen.

DAS WIEDERERWACHEN DER STADT

In dieser Gesellschaft war das städtische Element zwar nicht tot, aber gewissermaßen in einen tiefen Schlaf versunken. Die alte römische *civitas* bestand fort, auch wenn die Bewohner sie aus Bequemlichkeits- oder Sicherheitsgründen an einen anderen Standort verlegt hatten, vom Talgrund auf eine befestigbare Kuppe wie von Cimiez nach Nizza, oder von einer Anhöhe an den Fluß wie das auf der Colline de Fourvière gegründete Lugdunum, der spätere Saônehafen Lyon. In jedem Fall jedoch waren die städtischen Funktionen auf ein Minimum beschränkt, wie auch der Wiederaufbau nach dem Durchzug der Normannen, Ungarn und Sarazenen nur sehr zögerlich begann. Als befestigter Zufluchtsort von ungefähr gleicher Größe wie die *civitas* vor den großen Völkerinvasionen stützte sich die Stadt auf einen festen Punkt hinter den Mauern oder als Teil ihrer Umwallung: auf die Burg des Grafen, des Bischofs oder des Burgvogts. Sie diente nicht nur als letztes Refugium vor siegreichen Belagerern, sondern bot ihrem Herrn darüber hinaus auch bei etwaigen Bürgerunruhen Schutz.

Bisweilen errichteten die in Friedenszeiten vor den Stadttoren erbauten Abteien ihre eigene Umwallung: Saint-Martial in Limoges, Saint-Vaast in Arras, Saint-Front in Périgueux eigneten sich mindestens ebenso gut als Ausgangspunkte für das künftige Wachstum der Stadt wie der alte Stadtkern mit seiner Kathedrale und seiner Burg.

In der Regel beschränkte sich die Aktivität der in der Hauptsache als Zufluchtsort dienenden Stadt des Jahres 1000 noch auf die Sicherung des eigenen Auskommens und Unterhalts. Das städtische Handwerk besaß nur lokale Bedeutung; es beherrschte genau wie die dörfliche Handwerkerschaft einige Grundtechniken und verfügte gerade über den nötigsten Werkzeugbestand. Die Stadt produzierte lediglich für den Eigenbedarf und betrieb noch keinen echten Warentausch. Die bemerkenswerteste Bevölkerungsgruppe stellten darin übrigens die Kirchenleute; das galt namentlich für Zeiten der Gefahr, in denen die Mönche der unzureichend gesicherten Abteien und Prioreien in ihren Mauern Zuflucht suchten.

Gewisse Anzeichen jedoch deuteten um das Jahr 1000 auf eine beginnende Wiederbelebung der Wirtschaft hin, darunter als wichtigstes die Bildung geschlossener Ortschaften ohne dörflich-landwirtschaftlichen Charakter, dafür mit Ansätzen einer städtischen Aktivität. So entstanden an Maas und Schelde seit ein oder zwei Jahrhunderten unterhalb der Städte direkt am Wasserlauf »Häfen«, in denen die für die Stadt bestimmten Versorgungsgüter gelöscht, aber auch unabhängig vom Flußverkehr gewisse Geschäfte getätigt wurden. Damit rückten diese Häfen natürlich mit der Zeit zu Handelszentren auf. Eine gewisse Konkurrenz erwuchs ihnen in Ansiedlungen, die ebenfalls Handelsbedürfnissen dienten und um die Klöster vor den Stadtmauern herum entstanden, denn der Heilige zog Gläubige an, und wo viel Volk zusammenströmt, läßt auch ein Markt nicht lange auf sich warten.

Solche Marktgründungen oder *bourgs* finden sich schon vor dem Jahr 1000 in einer von Anjou über die Dauphiné bis zum Artois reichenden Zone in größerer Zahl, und auch in Südfrankreich tauchen nun erste Ansätze auf: in Narbonne, das bereits über zwei *bourgs* verfügt, in Aquitanien, wo die Entwicklung mit Saint-Vivien vor den Toren von Saintes eingesetzt hat, vor Donzère an der Rhône und vor Le Puy an der Loire.

So brachte die Stadt aus unterschiedlichen Gründen einen oder mehrere *bourgs* hervor – eine Entwicklung, die dann zu Beginn des neuen Jahrtausends unter der Einwirkung des ersten größeren Bevölkerungszuwachses und des auf regionaler Ebene beginnenden Handelsaufschwungs merklich zunahm. Zu beobachten ist dieser Vorgang im Berry und im Poitou, in Burgund und in der Normandie. Aber auch vor Albi entstand ein *bourg* und ebenso vor Forcalquier; 1065 zogen dann Locronan und 1077 Toulouse nach.

Dazu kamen Neugründungen in der Umgebung stadtferner Klöster und Wallfahrtsstätten wie Mont-Saint-Michel oder Cluny, Saint-Jean-d'Angély, Moissac oder Vézelay – kurzum überall dort, wo sich eine neue Bevölkerung angesiedelt hatte, weil der Zustrom der Pilger Profit verhieß. Andere Märkte entstanden oder erweiterten sich im Umfeld ursprünglich freistehender oder nur von vereinzelten Häusern umgebener Burgen. Mochte in diesen Fällen auch mehr die Aussicht auf Sicherheit als der wirtschaftliche Anreiz den Ausschlag gegeben haben, so bedeutete die Burg mit ihrer Garnison doch auch eine eigene Käuferschaft, wie ja auch die gegen den Feind – insbesondere den Nachbarn – bewachten Übergangsstellen zugleich als Passagen für den Handelsverkehr dienten. Das gilt für die in die Zeit vor 1000 zurückreichenden Marktgründungen von Chinon, Châteauroux, Saumur oder Cognac sowie für die in den zwanziger Jahren des 11. Jahrhunderts erbauten *bourgs* von Caen, Nogent-le-Rotrou, Argenton-sur-Creuse oder Parthenay.

Aus diesen zahlreichen städtischen Keimzellen entwickelten sich neue, vielschichtig strukturierte Städte, die bisweilen von einer erweiterten, in der Regel aus einer Palisade und einem einfachen Graben bestehenden Umwallung umgeben waren. Sie ergänzten die alte, meist um die Kathedrale oder gelegentlich auch um die Burg herum gruppierte *cité* sowie den oder die klösterlichen *bourgs*, manchmal auch den Markt einer Burg. Die Wohndichte variierte zwischen den dichtgedrängten Vierteln um die zentralen Anziehungspunkte und Befestigungen und dem menschenleeren Land zwischen den einzelnen Zentren und den Kreuzungspunkten der Straßen. Poitiers zum Beispiel gliederte seinem um die Kathedrale Notre-Dame-la-Grande und den Palast der Herzöge von Aquitanien herum angeordneten Stadtkern die flußaufwärts gelegenen, um das Vorgebirge gelagerten karolingischen Marktgründungen Saint-Hilaire und Sainte-Radegonde mit seinem Flußhafen an; später entstand auf dem gegenüberliegenden Ufer der Marktflecken Saint-Cyprien, und nach 1070 der gleichfalls auf dem rechten Ufer gelegene Markt Saint-Saturnin sowie der ein Stück flußabwärts von der Altstadt entfernte Markthafen Montierneuf.

Nach 1000 bildete sich zwischen diesen vielfach noch recht kleinen Städten allmählich ein Straßennetz heraus, das sich bis zum Bau der neuzeitlichen Fernstraßen halten sollte und im Gegensatz zum römischen Straßennetz weniger strategischen Zwecken als der wirtschaftlichen Erschließung diente. Da es nun nicht mehr darum ging, eine schnelle Verbindung zwischen vereinzelten Garnisonsstädten zu schaffen, paßten sich die Straßen dem Gelände an, überwanden steile Steigungen durch Serpentinen, erreichten auch die Dörfer und liefen strahlenförmig auf die *cités* und *bourgs* zu.

Der Bau von Brücken wie in Amboise, Angers, Tours oder Albi wurde von den Grundherrn finanziert, die auch für den Unterhalt von Straßen aufkamen. Das war in jenen Jahren die Antwort der politischen Machthaber – der Grafen und Bischöfe – auf die neuen Forderungen der Städter. Diese Investitionen zahlten sich durch massive Steuereinnahmen aus – ein Vorteil, den die Herren rasch begriffen.

ZWISCHEN ZWEI RENAISSANCEN

Vom großen intellektuellen Aufbruch des 9. Jahrhunderts, der karolingischen »Renaissance« mit ihrer ganzen politischen und geistigen Regsamkeit, war im Jahr 1000 nicht mehr viel zu spüren. Immerhin existierten noch einige Schulen von regionalem Ruf, so daß auch in den neuen politischen Gebilden für die Vermittlung der Grundkenntnisse und für die Überlieferung der wesentlichen Kulturgüter gesorgt war. In Reims, Chartres, Fleury-sur-Loire und Corbie wurde nach wie vor Grammatik gelehrt, wurden wie gewohnt ausgeliehene Handschriften kopiert, liturgische Bücher mit bunten Miniaturen verziert. Eine ebenso rege Tätigkeit entfalteten verschiedene südfranzösische Klöster wie Saint-Martial in Limoges, Saint-Gilles-du-Gard, Moissac und Saint-Sever. Auch Cluny trug zum vorerst noch zaghaften Aufschwung des Geisteslebens bei, und Saint-Germain-des-Prés begann sich bereits einen Namen zu machen.

Politische Zersplitterung ist nicht gleichbedeutend mit Unbeweglichkeit. Die Zeit war im Gegenteil ausgesprochen reisefreudig. Die Wallfahrt, im Grunde als Läuterung und Prüfung gedacht, war für den Durchschnittschristen zugleich ein Abenteuer, durch das er sich dem ewig gleichen Einerlei der Arbeit und den Verpflichtungen gegenüber dem Grundherrn oder der Familie entziehen konnte. Frömmigkeit, Demut, Angeberei, der Wunsch nach Abwechslung – alle möglichen Gründe bewogen den Pilger, nach Rom, Santiago de Compostela, Jerusalem oder, bescheidener, nach Vézelay, Conques oder Saint-Gilles aufzubrechen. Zwar mußte er mit der Möglichkeit, beim Heiligen Grab oder auf dem Weg nach Santiago zu sterben, rechnen, dafür aber waren ihm, kehrte er in die Heimat zurück, Ruhm und Ansehen gewiß, hatte er doch unterwegs viel gesehen und gehört und allerlei Dinge und Ideen gesammelt.

Neuigkeiten verbreiteten sich schnell von Mund zu Mund, auch wenn sie dadurch der Gefahr der Verzerrung unterlagen. Mündlich wurden auch die von Geschichte und Sage der Karolingerzeit geprägten epischen Stoffe weitergegeben, die die Dichter des 12. Jahrhunderts dann in Gestalt der großen Heldengedichte, der *chansons de geste*, niederschrieben. Der Mensch des 11. Jahrhunderts dagegen, gleichviel ob Geistlicher oder Laie, griff selten zur Feder, und da nur wenige Kleriker noch eine Schulung in Rhetorik genossen hatten, war auch die Zeit der theologischen Streitgespräche vorbei. Man diskutierte nicht mehr über die Trinität, Eucharistie oder Prädestination. Gerbert von Aurillac alias Silvester II., der Papst des Jahres 1000, stellte offenbar eine Ausnahme dar: Seine Abhandlung über den Abakus – die Rechenkunst – schlug eine Brücke zur antiken Wissenschaft, auf der die Renaissance des 12. Jahrhunderts dann aufbauen konnte. Doch Gerberts Kenntnisse stammten aus Spanien, und seine Unterweisung richtete sich an die Großen dieser Welt. Nicht jede Domschule hatte einen solchen Gelehrten aufzuweisen.

Immerhin jedoch bildeten die Schulen auch weiterhin fähige Beamte aus, die ihren logischen Sachverstand in den Dienst der Kirche und teilweise auch der Fürsten stellten. Der Bischof von Chartres, Fulbert, ein im Ruf der Gelehrsamkeit stehender Gerbert-Schüler, machte sich durch seine präzise Analyse der durch das neue politische Kräfteverhältnis geschaffenen Rechtslage einen Namen; ihm hat die Nachwelt die Festlegung der aus dem Lehnsvertrag erwachsenden Rechte und Pflichten zu verdanken.

Kirchliche und weltliche Verwaltung machten vom geschriebenen Wort mit derselben Sparsamkeit Gebrauch. Es gab kaum Kanzleien, die benötigten Urkunden wurden mehr schlecht als recht abgefaßt, und es kam gar nicht so selten vor, daß der König von Frankreich höchstpersönlich den auf Betreiben des Adressaten abgefaßten Dokumenten nachträglich durch sein Siegel Rechtsgültigkeit verlieh. Dieses königliche Siegel erhielt unter Heinrich I. im Prinzip seine endgültige Form. Hatte es sich unter König Robert noch auf ein einfaches Brustbild beschränkt, so findet sich nun die thronende Majestät mit den feierlichen Insignien der Königswürde verewigt. Trotz all ihrer Macht verzichteten die Territorialfürsten darauf, dieses Sinnbild für sich selbst zu übernehmen; als Herren niedrigeren Ranges begnügten sie sich mit dem Adelssiegel, das sie als Ritter, nicht aber als Souveräne auswies. Im übrigen handelte es sich bei den Kanzleidokumenten häufig nur um »Notizen«, die die Erinnerung an einen Rechtshandel, etwa einen Verkauf oder eine Schenkung, wachhalten sollten, jedoch selber keinerlei Rechtskräftigkeit besaßen. Noch triumphierte die germanische über die römische Tradition: Ein Rechtsgeschäft kam, mit dem Willen der Beteiligten, durch Geste und Wort zustande.

Unter diesen Voraussetzungen ist es auch nicht weiter erstaunlich, daß literarische Werke dünn gesät sind und kaum ein abschließendes Urteil erlauben, läßt sich doch der Stellenwert der erhaltenen im Vergleich zu den untergegangenen nicht exakt ermitteln. Ein paar Chroniken oder Weltgeschichten bilden zusammen mit einigen Heiligenleben fast den gesamten Bestand. Immerhin können sie aber als Anhaltspunkte für einen ersten kühnen Anlauf dienen. So schließt das Geschichtswerk des Mönches Radulfus Glaber aus Auxerre die Lücke zwischen den karolingischen Chronisten – wie etwa dem Verfasser der Belagerung von Paris durch die Normannen – und den Geschichtsschreibern aus der Zeit der ersten Kreuzzüge. Und das kurz vor dem Jahr 1000 verfaßte »Leodegarlied« sowie das um 1040 entstandene »Alexiuslied« bilden den Auftakt zu einer literarischen Gattung, die sich als fruchtbar erweisen und die *chansons de geste* beeinflussen sollte.

Bedenkt man, daß im damaligen Frankreich bei der Ausübung der öffentlichen Gewalt einheitliche Richtlinien fehlten und die Entscheidungen den jeweiligen politischen und kirchlichen Strukturen entsprechend nur einen engen regionalen Rahmen betrafen, kann die Mannigfaltigkeit des geistigen Lebens nicht überraschen. Es gab nichts, was die zentrifugalen Tendenzen, die sich im Bereich der Kunst ebenso auswirkten wie bei der Organisation des Rechtswesens, wirklich hätte zusammenhalten können.

Vergessen waren die Kodizes und Gesetze des Frühmittelalters, vergessen die karolingischen Kapitularien. Das Recht kristallisierte sich aufgrund der von den lokalen Gerichten geübten Rechtsprechung heraus, deren Übermittlung und Form von der mündlichen Überlieferung abhingen.

Die gleiche Mannigfaltigkeit machte sich auch im sprachlichen Bereich bemerkbar. Hundert »romanische« Mundarten verteilten sich im damaligen Frankreich, das sich keinen germanischen Dialekt zu eigen gemacht hatte, aber ebenso viele *langues d'oil* und *langues d'oc* wie politische Selbstverwaltungen aufwies.

Ihren deutlichsten Niederschlag fand diese Mannigfaltigkeit in der bildenden Kunst. Doch so mühelos sich auch innerhalb der aufkommenden Romanik regionale Schulen ausmachen lassen, so darf man darüber doch die tiefgründende Einheit dieser Kultur nicht übersehen, die durch den gleichen Glauben zusammengeschweißt und durch eine sehr ähnliche Einstellung zu den Grundbedingungen des sozialen Lebens geprägt wurde. Mochten Burgund und Lothringen auch stärker auf das karolingische Erbe zurückgreifen, Provence und Languedoc dagegen mehr auf das römische, die Einstellung dem Orient gegenüber war da wie dort dieselbe und ebenso auch die hierarchische – ja, monarchische – Vorstellung von Gesellschaft und Jenseits – eine Vorstellung, die in dieser anarchischen Zeit erstaunen müßte, würde man die Kraft der germanischen Überlieferung außer acht lassen. Das nationale Königtum erscheint als Ideal der politischen Organisation.

Die wichtigste, das Abendland überspannende Struktur aber bildete die Kirche mit ihrem Mönchtum, dessen lange vor der Herrschaft Clunys bestehende, tiefreichende Einheit zweifellos das solideste Überbleibsel der karolingischen Reformen darstellte.

Der »weiße Mantel der Kirchen«, den Radulfus Glaber um das Jahr 1000 erblickte, war keine Illusion. Immer besser beherrschten die Baumeister die Gewölbetechnik und entwarfen neue Grund- und Aufrißtypen. Jede Region schloß die orientalischen Beiträge, die westlichen Bautraditionen und die karolingischen Erfahrungen auf ihre Weise zur Synthese zusammen. Vor allem Katalonien, Burgund und die Normandie trugen entscheidend zum Wiederaufleben der Steinbaukunst bei, die mit Saint-Michel-de-Cuxa, Saint-Martin-du-Canigou, dem katalonischen Arles-sur-Tech, dem savoyischen Saint-Martin-d'Aime sowie Châtillon-sur-Seine und Chapaize in Burgund erste herausragende Leistungen vollbrachte. In Saint-Germain-des-Prés, in Auxerre, in Saint-Bénigne zu Dijon, in Tournus knüpfte man ebenso wie etwas später, um die Jahrhundertmitte in Jumièges und in Mont-Saint-Michel, an die großen Klosterbauten an.

Mit der erneuten Hinwendung zum Stein und dem Einsatz verbesserter Eisenwerkzeuge entwickelten die Künstler auch wieder Sinn für das Monumentalrelief, das, wie die antike Plastik, dem technischen Unvermögen der Bildhauer und dem Argwohn der Geistlichkeit gegen alles, was das noch nicht völlig vom Heidentum bekehrte Christenvolk auf theologische Abwege hätte führen können, zum Opfer gefallen war. Elfenbein und Bronze übten auf die Steinbildhauerei weiterhin einen nachhaltigen Einfluß aus, der sich im Entwurf ebenso niederschlug wie in den vielfach dem Metallstecher abgeschauten Methoden körperhafter Darstellung. Neben den aus dem Orient importierten Elfenbeinschnitzereien und den im Maasgebiet seit der Zeit der Karolinger hergestellten Bronzestatuetten und -kästchen, neben den Reliquiaren in Form eines Kopfes, eines Armes oder eines Bauwerks tauchten um das Jahr 1000 nun auch schlecht und recht in die sonst schmucklose Mauer eingelassene steinerne Reliefplatten auf. Insgesamt jedoch blieb die Wand noch ohne Skulpturenschmuck, wie das Relief überhaupt, von vereinzelten Beispielen wie den (heute im Musée de Cluny aufbewahrten) Kapitellen von Saint-Germain-des-Prés abgesehen, in der Baugliederung zunächst eine untergeordnete Rolle spielte. Meist war es nur schmückendes Beiwerk, und dementsprechend fanden diese Platten mit ihrem ausgehöhlten Grund und den gewissermaßen stehengebliebenen erhabenen Partien oder den oft auch nur oberflächlich eingekerbten Darstellungen bald an der Fassade, bald im Chor oder in der Apsis ihren Platz.

Zu den aus dieser Zeit erhaltenen Bildwerken, diesen ersten schüchternen Versuchen, der Plastik ihre Dreidimensionalität wiederzugeben, zählen der um 1020 entstandene, allerdings bereits aus Gründen des Gleichgewichts betonte Türsturz von Saint-Genis-des-Fontaines, die schönen, bis ins 12. Jahrhundert hinein immer wieder nachgeahmten Marmorreliefs von Saint-Sernon in Toulouse und das reiche geometrische Ornament der Kapitelle der Scheinemporen in Vignory, das an die frühmittelalterlichen Reliefplatten der Altarvorderseite erinnert. Bei aller Bescheidenheit erfüllten diese Bildwerke ihre Rolle in dem großen Wettstreit, den die

Fürsten und Kirchen zum Ruhme Gottes und zur Hebung des Ansehens des Heiligen, mit anderen Worten ihres eigenen Prestiges veranstalteten. Uns bleibt es überlassen, hinter diesen Resten die Bewegung zu erahnen, aus der heraus Geistliche und Laien die Künstler beauftragten, dem rohen Stein die Formen eines neuen Zeitgeschmacks zu entringen.

KAPITEL II

Neue Kräfte, neue Entwicklungen 1050–1095

DIE EXPANSION

Begonnen hatte alles lange vor dem Jahr 1000; zutage aber trat die Bewegung in all ihren Aspekten erst nach 1050. Mit einemmal stieg überall die Zahl der Menschen. Mit einemmal wurden allenthalben mit Hilfe technischer und wirtschaftlicher Mechanismen die Voraussetzungen für einen solchen Bevölkerungsanstieg entwickelt.

Dieser Bevölkerungszuwachs, diese Zunahme an verfügbaren Arbeitskräften, gehen den Historikern zufolge auf eine ganze Reihe von Ursachen zurück. So könnte die erfolgreiche Einführung der kirchlichen Friedensordnungen einen Rückgang der gewaltsamen Todesfälle gebracht haben. Vor allem aber wurde durch die Beherrschung und technische Nutzung der Naturkräfte – etwa durch die Mühlen am Bach und später durch die Windmühlen – ein Arbeitspotential freigesetzt, das, statt die Drehmühle oder den Blasebalg in der Schmiede zu bedienen, nun für nützlichere Aufgaben eingesetzt werden konnte.

Die wichtigsten Ursachen jedoch lagen im Ineinandergreifen, in der gegenseitigen Steigerung der inneren Kräfte selbst. So scheint die erhöhte Widerstandskraft gegen Krankheit und Tod bei Erwachsenen und Kindern gleichzeitig Folge einer besseren Ernährung, aber auch unmittelbarer Faktor einer auf das wachsende Arbeitspotential gegründeten Expansion gewesen zu sein. Nachdem die große Hungersnot von 1033 unter größten Opfern überstanden war, wurde Frankreich seltener vom Hunger heimgesucht und sah man der »Übergangszeit« weniger besorgt entgegen. Zwar wußte der Bauer noch nicht, wie Weißbrot schmeckt, und begnügte sich vielfach mit Hirse- oder Bohnenbrei; aber Erbsensuppe ist nahrhafter als Kräutersuppe.

Außerdem lieferte die sich nun herausbildende Dorfhandwerkerschaft, auch wenn sie noch lange bei weitem mehr Holz- als Eisengeräte herstellte, der Landwirtschaft inzwischen robuste Pflüge und sogar bereits vereinzelt Eggen. Aber auch dieser Handwerkerstand erscheint gleichzeitig als Voraussetzung für die gesteigerten Getreideerträge, wie sie durch die tiefere Lockerung des Bodens und den wirksameren Schutz des Saatguts ermöglicht wurden, wie auch als Folge dieser Ertragssteigerung, denn nur so konnte die ländliche Gemeinschaft Arbeitskräfte von der Bodenbearbeitung freistellen. Zudem erlaubten die höheren landwirtschaftlichen Erträge, in bestimmten Regionen mit fruchtbaren Böden genügend Land von der Brotgetreideerzeugung auszunehmen und zum Anbau von Hafer oder als Weideland zu nutzen, um Pferde statt für Kriegszwecke nun zum Pflügen einzusetzen. So führten die höheren Getreideerträge, die den Einsatz von Ackergäulen erlaubten, schließlich zu einer besseren Amortisierung der Geräte. Die Landwirtschaft sah sich zu Investitionen angeregt und erzielte durch all diese Neuerungen eine quantitative und qualitative Hebung der Produktion. Letztlich lief also alles auf dasselbe hinaus: Eisengeräte, tiefere Lockerung des Bodens beim Pflügen, größere Kinderzahl und Erweiterung der Anbaufläche. Solange noch unbestelltes Land zur Verfügung stand, waren Hände, die zupacken wollten – und durch die beginnende Mechanisierung von bestimmten elementaren Arbeiten befreit wurden –, gleichbedeutend mit Wachstum. Waren aber einmal die Grenzen der geographischen Expansion erreicht, bedeuteten sie Arbeitslosigkeit und Rezession.

Damit kam aber noch eine weitere Entwicklung in Gang, deren Folgen man ebenfalls nicht unterschätzen sollte. Sie erwuchs aus dem Verhältnis zwischen dem Grundherrn, dem Seigneur, und seinen Untergebenen innerhalb der Grundherrschaft. Die Forderungen des Herrn, einerseits zwar erst durch die Steigerung der Produktion ermöglicht, waren andererseits doch in mehr als einer Hinsicht selbst ein wesentlicher Faktor dieses Wachstums. So erwartete der Herr nicht nur genügend Weizen für das Weißbrot auf seiner Tafel, sondern auch einen Überschuß für den städtischen Markt, wo sich das edlere Getreide besser verkaufte als Roggen oder Hirse. Außerdem verlangte er Hafer für die Pferde, auf denen seine politische Macht und sein soziales Ansehen beruhten. Weizen und

Hafer aber waren wenig ertragreich, und so mußte der Bauer, um die Forderungen des Herrn zu erfüllen, entweder Abstriche an der eigenen Ernährung machen oder die Anbaufläche vergrößern, das heißt mehr Land unter den Pflug nehmen.

Im Zuge dieser Expansion übertrug der Herr auch dem unfreien Gesinde, das bis dahin in seinem Haus gelebt hatte, Land und damit eine neue, das persönliche Interesse dieser Menschen weckende Aufgabe. Diese wiederum schlug sich in gesteigertem Arbeitseifer nieder, der seinerseits naturgemäß die Bevölkerungsdynamik förderte. Mit dem *casement* oder *chasement* (Häuslichkeit) des Leibeigenen auf einer Scholle, an die er sich und seine Familie band, verschwanden die letzten Spuren der antiken Sklaverei. An die Stelle der Abhängigkeit des im Hause des Herrn lebenden Unfreien trat die Bindung des Menschen an den Boden, die später als Zwang empfunden wurde, auch wenn sie ursprünglich als eine zwar ungesicherte, aber doch durchaus reale Form des Besitzes begrüßt wurde.

Das für die Freiheit so charakteristische Verfügungsrecht über die eigene Person und die eigene Familie war im Falle des Hörigen auch in der Tat noch empfindlich eingeschränkt. Ob er sich zum Beispiel außerhalb der Grundherrschaft verheiraten oder Hab und Gut seinen Kindern vermachen wollte – stets wurde er zur Kasse gebeten: die Heiratsgabe (deutsch *bedemund, baulebung, bauliebe,* französisch *formariage* aus *foris maritagium*) und die Erbgebühr, das *mortuarium,* erinnerten ihn an seine frühere Stellung und schmälerten seinen ohnehin mageren Gewinn. Hatte er sich einen Freien als Ehepartner ausersehen oder entschied er sich fürs Kloster, versperrten ihm andere Verbote den Weg. Die Höhe der regelmäßig fälligen Abgaben stand im Ermessen seines Herrn *(taille à merci)* – kurzum, die Freiheit lag noch in weiter Ferne. Immerhin aber besaß der Hörige die Scholle, auch wenn er an sie gebunden war: Grund genug, zu arbeiten und eine Familie zu gründen, zumal es auch gar nicht im Interesse des Seigneurs liegen konnte, den Hörigen wirtschaftlich zu ruinieren.

Die Kluft zwischen dem Freien und dem Unfreien begann sich allmählich zu schließen. Zu Zeiten der Karolinger hing der Freie nur vom König und dessen Stellvertreter, dem Grafen, ab. Nun war die Autorität näher, der König ferner gerückt. Die lokale Macht des Lehnsgrafen, vor allem aber die des *châtelain,* des Bannherrn, bekam der Freie ebenso zu spüren wie der Unfreie. In einer politischen oder Bannherrschaft, deren Grenzen mehr oder weniger mit dem Horizont des dörflichen Lebens zusammenfielen, verlor das Recht des Herrn über den Hörigen an Gewicht. Solange der Graf im Krieg ein Gefolge aus Freien anführte, bedeutete die Einberufung zum königlichen Heerbann eine Auszeichnung des Freien (von dessen persönlicher Fähigkeit oder Unfähigkeit abgesehen). Doch der königliche Heerbann existierte nicht mehr. Das Heer des Königs setzte sich genau wie das des Grafen und die Truppe der Burgherrn nunmehr nur noch aus Vasallen und deren Kontingenten zusammen.

Zwar hatte der Hörige – gegebenenfalls für sein Land, auf alle Fälle aber für seine Person und seine Familie – drückendere Lasten zu tragen als der Freibauer. Aber eine ganze Anzahl Höriger kaufte sich bereits von der einen oder anderen Verpflichtung frei. Manche zahlten anstelle der Taille eine jährliche Pauschalsumme, die *abonnements.* Ebenso konnte die Erbschafts- und Heiratsabgabe durch eine Gebühr oder eine Vereinbarung abgelöst werden. Ja, sogar die Hörigkeit als solche konnte Gegenstand einer Transaktion bilden. Manche Herren ließen zu ihrem eigenen Vorteil alle Hörigen frei. Andere versprachen ihnen die Freiheit, um einer neugegründeten Stadt den Start zu erleichtern. Die Herren begriffen sehr wohl, wie kurzsichtig es wäre, diejenigen, von denen die Bewirtschaftung ihrer Grundherrschaft abhing, um ihren Teil an der Expansion zu bringen. In einer Zeit, in der der wachsenden Landbevölkerung freier Grund und Boden zu erschwinglichen Preisen winkte und die aufstrebenden städtischen Berufe lockten, gewährte der Grundherr seinen – freien wie unfreien – Bauern lieber auf den alten Feldern und dem neuen Ackerland seiner Grundherrschaft einen handfesten Gewinn, als sie auf Nimmerwiedersehen in die Stadt oder eine andere Gegend abwandern zu lassen.

Die von den Territorialfürsten als Anreiz zur Erschließung neuer Anbaugebiete und zur Gründung von Städten ausgestellten Freibriefe, die *chartes de peuplement,* zeigen deutlich, wie begehrt diese die persönliche Freiheit begründende Konzession bei der arbeitenden Bevölkerung war. Von den Pyrenäen bis zur Nordsee galt: Freiheit für alle, die sich an der Neulandgewinnung beteiligten.

Die Produktionssteigerung kurbelte den Güteraustausch an, der dem Grundherrn andere Besteuerungsmöglichkeiten bot als der Grundzins *(cens)* oder die rechtlich festgelegte Pro-Kopf-Abgabe. Im Arsenal der herrschenden Klasse tauchten neue Zwangsmaßnahmen auf, die mehr abwarfen als die der Hörigkeit. Statt den Leuten durch allzu drückende Abgaben die Lust am Produzieren zu nehmen, besteuerte man nun lieber ihre Produktion. Außerdem hielt sich der Grundherr aufgrund der Finanzierung der Infrastruktur – Straßen und Brücken, Märkten und Messen, Keltern und Mühlen – zur Erhebung einer Benutzergebühr in Form von Banngerechtsamen befugt. Für den Bauern freilich verblaßten diese Leistungen des »Bannherrn« angesichts der Verpflichtung, von diesen Einrichtungen Gebrauch zu machen. Die Macht, Zwang auszuüben – der eigentliche Kern der Bannherrschaft –, ließ Ende des 11. Jahrhunderts an Straßen und schiffbaren Flüssen eine Vielzahl von Zollschranken entstehen – für die Produktionsüberschüsse wie für die Waren des wiedererstarkenden Fernhandels eine betrübliche, aber unvermeidliche Folge der Expansion.

So brachte der Grundherr die zur Hebung der Bodenerträge zugestandenen Vergünstigungen am Ende des Wirtschaftsprozesses wieder herein. In den fruchtbarsten Regionen verloren die alten Grundabgaben wie der Zins ab 1080 für das Einkommen des Grundherrn an Bedeutung und traten gegenüber den auf die obligatorische Benutzung der kollektiven Einrichtungen erhobenen neuen Abgaben zurück.

Diese neue Art der grundherrlichen Besteuerung aber kannte keine Freien und Unfreien mehr, sondern nur noch Bauern. Zwar hielt sich die juristische Unterscheidung mit dem ganzen Gefolge ablösbarer Rechtsunfähigkeiten noch lange, der wirkliche Unterschied aber sollte im kommenden Jahrhundert wirtschaftlicher Natur sein und eine Kluft aufreißen zwischen dem besitzenden Bauern, dem Ackersmann mit Pflug, und dem Tagelöhner ohne Land, dessen ganzer Reichtum in der Kraft seiner Arme bestand.

NEULANDGEWINNUNG

Nun hing aber der Ertrag des Bodens vor allem auch vom Arbeitsgerät des Bauern ab. Auf den meisten mittelmäßigen Böden war noch der räderlose Pflug mit der die Scholle mehr auseinanderreißenden als wendenden, einfachen Schar in Gebrauch. Lediglich auf den Lehmböden des Pariser Beckens wurden bessere Geräte eingesetzt und fortschrittlichere Arbeitsweisen angewandt. Hier kombinierten eifrige Bauern im Bestreben, die Leistung der primitiven Pflüge zu heben, die Pflugschar mit asymmetrischem Streichbrett – das die Erde wendet und dem in manchen Fällen noch ein Sech vorgesetzt wird – mit dem zweirädrigen Vorderkarren, der die schräge Zugrichtung des Gespanns in einen horizontalen Zug umsetzt, so daß der Pflug tiefer greifen kann. Nach dem Pflügen wurden die Erdschollen mit einfachen Eggen zerkrümelt und die Saat mit einer dünnen, luftdurchlässigen, vor Frost und Vogelfraß schützenden Erdschicht bedeckt. In diesen düngerarmen Zeiten, in denen der Mist den Gemüsegärten vorbehalten blieb, stellte das Pflügen, durch das der Boden belüftet und Stoppeln und Gras untergeackert werden, die einzige Möglichkeit der Anreicherung dar. Jeder Fingerbreit, den das Schar tiefer eindringt, bedeutet eine Anhebung des Ertrags.

Dies erlaubte es, etwas Land von der Getreideanbaufläche abzuzwakken und auf den fruchtbaren Böden der Ile-de-France, der Normandie oder der Picardie zum Zugpferd überzugehen. Zwar wollte es gefüttert und beschlagen sein, aber es zog den Pflug schneller und mit mehr Kraft. Die Furche wurde nicht nur tiefer, sondern auch länger, da sich nun pro Tag mehr Land bestellen ließ. Diese Leistungssteigerung ermöglichte die Vergrößerung der Anbaufläche und gewährleistete außerdem, daß der Boden bei Bedarf öfter umgeackert werden konnte.

So schob man in Landstrichen, deren natürliche Fruchtbarkeit die Dreifelderwirtschaft mit einem einzigen Brachjahr erlaubte, zwischen Ernte und Aussaat einen weiteren, dritten Ackergang in den landwirtschaftlichen Zyklus ein. Er ermöglichte neben der Durchlüftung des Schwemmlandbodens die Einführung der Mergeldüngung, die in den fruchtbaren Ebenen des Nordens den Kalküberschuß ausglich.

All das waren erst schüchterne Ansätze. Eisengeräte stellten nach wie vor die Ausnahme dar, von Saatzucht und der allgemeinen Einführung des Sommergetreides war man noch weit entfernt. Kein Mensch kam auf die Idee, die Felder in Schläge einzuteilen und durch diese systematische Aufgliederung der Ackerflur Zeit und Raum zu sparen. Dennoch waren die Voraussetzungen für eine Vergrößerung der Anbaufläche und eine Steigerung der Produktion bereits erfüllt.

In vielen Fällen kam der Anstoß vom Bauern selbst. Jahr für Jahr wuchs die Furche um einen Schritt auf Kosten des Waldes und eines Grundherrn, der vor dieser Dezimierung des Herrenlands (der *réserve*) die Augen verschloß. Seit die Banngerechtsame mehr einbrachte als der Zins, schlug diese Entwicklung zu jedermanns Vorteil aus. Denn so wichtig der aus dem Wald gezogene Gewinn auch war, wurden die riesigen Waldbestände doch keineswegs voll ausgeschöpft. Die von den Dorfbewohnern gezahlten Nutzungsgebühren, also die Abgaben für das Weide- und Einfriedungsrecht, für Bau- und Brennholz, bezogen sich nur auf einen kleinen Teil der Waldgebiete. Eine gewisse Abholzung gefährdete weder das biologische noch das wirtschaftliche Gleichgewicht einer Grundherrschaft, deren Herrenland zwar zum Teil aus Wald und Ödland bestand, deren Einkünfte sich aber aus anderen Quellen speisten. Es lag nicht im Interesse des Grundherrn, die Söhne seiner Bauern zur Abwanderung zu drängen. Wohl geschah die unmerkliche Vergrößerung des Ackerlands manchmal hinter seinem Rücken und vielfach ohne sein Einverständnis, aber jedenfalls nie zu seinem Schaden.

Außerdem ergriff dieser Herr vielfach auch selbst die Initiative, sofern er nicht überhaupt die ganze Bewegung unter seine Kontrolle brachte und seine Bauern – ob hörig oder frei, spielte dabei keine Rolle – zu einem systematischen Angriff auf die Waldfront sammelte. Nicht zufrieden mit einer Vergrößerung des Ackerlandes, strebte er die Schaffung neuer Siedlungszentren an, um bis dahin mehr oder minder unzugängliche Waldgebiete zu erschließen. Um die Anziehungskraft dieser Neugründungen, dieser *villes-neuves* (oder *sauvetés,* wie sie in Südfrankreich hießen), zu erhöhen, gewährte der Grundherr neben rechtlichen Privilegien – wie der persönlichen Freiheit der *hôtes* – auch wirtschaftliche Vergünstigungen wie die Senkung der Abgaben oder die Bereitstellung von Gerätschaften und Saatgut. So wurden gleichzeitig Siedlungsmöglichkeiten, Infrastruktur und ein Bündel von Freiheiten geboten.

Den Rodungswilligen winkte freier, preiswerter Boden, auf dem sie sich nach Maßgabe ihrer familiären Bedürfnisse ein neues Gut zurechtzimmern konnten, was auf den alten »Mansen« (den kleinen Gütern mit Wohnhaus) aus der Karolingerzeit nach drei Jahrhunderten Erbteilung nicht mehr möglich war. Außerdem war die auf diese Weise geschaffene Siedlung mit allerlei Annehmlichkeiten vom Markt bis zur Kapelle ausgestattet.

In dem Maße, wie der Herr in der Hierarchie der politischen Kräfte einen gewissen Rang einnahm, wies er auch der Rodung eine Rolle innerhalb seines grundherrlichen Aufsichts- und Sicherungssystems zu, das heißt, er errichtete die neue Stadt an einem strategisch wichtigen Punkt zur Sicherung einer bedeutenden Handelsstraße oder zur Markierung einer Grenze, bekräftigte also mit der Neugründung sein Herrschaftsrecht.

Im übrigen spielten die Mönche in dieser Frühzeit der Neulandgewinnung nicht die Rolle, die ihnen gelegentlich zugeschrieben wird. Das Ödland wurde nur selten vom Arm eines rodenden Mönches zurückgedrängt. Dafür aber verfügten die Klöster über einen ausgedehnten Waldbesitz, in dem die Äbte, wie andere Grundherren auch, in kluger Berechnung neue Städte gründeten. So war die Kirche an den Rodungen des 11. Jahrhunderts also kraft ihrer grundherrschaftlichen Stellung beteiligt, wobei so manches Bistum oder Kloster dank einer überdurchschnittlich klugen Verwaltung zum Mittelpunkt einer wirtschaftlichen Dynamik aufrückte, die nicht nur neues Ackerland, sondern auch Märkte für den Handel erschloß. Hinter den neuen, in den Tiefen des Waldes verlorenen Städten stand der gleiche Wille zur kontrollierten Expansion wie hinter den Marktgründungen im Umfeld der vor den Toren der Stadt gelegenen Klöster.

Fürsten und Kirche hatten recht unterschiedliche Kräfte in die Waagschale zu werfen, und so taten sich beide des größeren Gewinnes wegen nicht selten zusammen. *Pariages* wurden geschlossen, Teilungsverträge, bei denen der Graf – oder der König – den Grund und Boden für die neu zu gründende Stadt stellte, während der Bischof oder der Abt die Rodung finanzierte und zur Besiedlung aufrief.

Diese Neulanderschließung kam anfangs nur den Bewohnern fruchtbarer Gegenden zugute. Zunächst schrumpfte die Waldfläche in der Picardie, im Valois, in der Beauce und im Pays de Caux, wo die Felder länger, die dörflichen Fluren größer wurden. In Aquitanien und im Languedoc dagegen beschränkte sich das Wachstum auf schüchterne Ansätze, und in Burgund wie in der Auvergne setzte es überhaupt erst später ein. Die Dynamik entspricht der Verlockung, und diese war begreiflicherweise dort größer, wo der Schwemmlandboden dem Ackerbauern sicheren Gewinn garantierte.

DER AUFSCHWUNG DER STÄDTE

Nun darf man aber den Aufschwung der Städte nicht als Parallelvorgang zur landwirtschaftlichen Expansion, geschweige denn als konkurrierende Erscheinung betrachten. Die Stadt war vielmehr eine Folge dieser Expansion, sie war samt ihren Märkten und Gewerbezweigen das Ergebnis des Überschusses an landwirtschaftlichen Arbeitskräften und an absetzbaren Agrarprodukten. Durch die Abgaben an den Grundherrn, vor allem aber durch den (übrigens vielfach gleichfalls von ihm eingezogenen) kirchlichen Zehnten wurden diese Überschüsse gesammelt. Mit der Vergrößerung des Ackerlands aber waren auch die Naturalabgaben gestiegen, so daß der Grundherr nicht mehr, wie ehedem, den Inhalt seiner Scheuern selbst verbrauchen konnte. So wurde ein immer größerer Teil der Ernte für den Markt abgezweigt, auf dem die Nichterzeuger ihren Bedarf deckten.

Das wiederum ließ die Zahl jener Konsumenten ansteigen, die weder Fleisch noch Getreide produzierten: die auf dem sekundären Sektor tätigen Städter. In dem Maße, wie die Stadt aber Maurern, Schmieden und Zimmerleuten dauerhafte Beschäftigungsmöglichkeiten bieten konnte, wuchs sie weiter und entfaltete von selbst neue Bedürfnisse und neue Aktivitäten.

Die neuen Städter waren keine Randfiguren der Gesellschaft, keine heimatlosen Gesellen, die endlich eine Bleibe gefunden hatten. Es waren ehrbare Bauern aus der Umgebung, die der steigende Bevölkerungsdruck von der Scholle verdrängt hatte oder die sich mit Wohlbedacht auf das Wagnis eingelassen hatten, die neue Chance rechtzeitig zu nutzen. In den meisten Fällen gingen ihrer Verwandlung in Städter nicht mehr als zwei oder drei Tagesmärsche voraus. Die Anziehungskraft der mächtig aufstrebenden Städte strahlte kaum über einen Radius von fünfzig oder sechzig Kilometern hinaus.

Vom wiedererstarkenden Handel, der das noch immer knappe, aber doch bereits bevorzugte Geld erneut zum Maßstab und Mittel der über den einfachen Tauschhandel hinausgehenden Geschäfte machte, gefördert, breiteten sich mehr und mehr die Gewerbe aus, die den Lebensstandard der Stadt hoben. Das für das städtische Wachstum unabdingbare Baugewerbe fächerte sich zunehmend auf, und ebenso der herkömmlicherweise von den Juden, nun aber auch von den Christen betriebene Handel mit Luxusgütern. Die aus Indien importierten Spezereien – allen voran der Pfeffer – spielten auf der Tafel der Reichen eine um so größere Rolle, als das nicht ganz koschere und daher bis zur Geschmacklosigkeit zerkochte Fleisch dringend der Würze bedurfte. Byzantinische Elfenbeinschnitzereien schmückten den Einband der kostbarsten Bücher. Persische und syrische Stoffe verliehen dem Aufzug der Großen und Mächtigen Eleganz und bereicherten als ikonographisches Element lange vor den Kreuzzügen die Bilderwelt und Formensprache der Romanik.

Zu dieser Zeit tauchten auch die Wechsler auf. Sie verstanden sich auf die andernorts geprägten Münzen und ihren Wert, vermochten die guten von den weniger guten zu unterscheiden und die falschen auszusondern. Als Orientierungshilfe dienten ihnen dabei die Emissionen.

Darüber hinaus handelten die neuen »Kaufleute« auch mit abendländischen Erzeugnissen. Denn in den Städten wurde die Produktion auf neue Grundlagen gestellt. Hatte die herkömmliche Dorfwerkstatt nur die vom Grundherrn betriebene häusliche Werkstatt fortgesetzt, so führten nun die steigende Nachfrage und die höheren Ansprüche an die Qualität zu einer gewissen Spezialisierung und zur Organisation neuer Infrastrukturen. Besonders in den nordfranzösischen Städten hatten sich bereits Handwerkszweige herausgebildet, die die verschiedenen bei der Tuchfabrikation anfallenden Arbeitsgänge – Weben, Walken und Färben – untereinander aufzuteilen begannen. An die Stelle des von den Frauen auf der Grundherrschaft benutzten kleinen Hochwebstuhls trat nun der große, von Facharbeitern bediente Flachwebstuhl.

Nach und nach lernten sich die Handwerker einer Stadt als Interessengemeinschaft begreifen, gab es, was vor dem Wiederaufleben des Handelsverkehrs unvorstellbar gewesen wäre, nun doch wieder eine Konkurrenz. Gleichzeitig mit ihr kam eine Idee auf, die man wohl in erster Linie als Schutzreflex deuten muß, die Idee einer technischen Reglementierung der Produktion. Um im Wettstreit mit der Nachbarstadt bestehen zu können, fing man an, die Wollfäden zu zählen und eine offizielle Auswahl unter den Färbemitteln zu treffen.

Denn die Städte profitierten in unterschiedlichem Ausmaß von der Wachstumsbewegung. So bedeutete in einer Zeit, in der gute Straßen eine Seltenheit darstellten, ein schiffbarer Wasserlauf einen erheblichen Vorteil. Ebenso die relative Sicherheit, die die lokale Macht eines Territorialfürsten einer auf die Zirkulation der Waren und die Vertrauenswürdigkeit der Verträge aufgebauten Wirtschaft zu bieten vermochte. Und vielfach folgte der Handelsverkehr auch – wie in Moissac, Saint-Jean-d'Angély, Redon, Arras – der Anziehungskraft, die von einem Kloster oder einem Wallfahrtsort ausging.

Angeführt wurde diese städtische Renaissance hauptsächlich von alten Bischofsstädten wie Reims, Châlons, Soissons, Noyon, Tours im Norden beziehungsweise Lyon, Vienne, Narbonne, Bordeaux oder Bourges im Süden. Häufig aber siedelten sich die Kaufleute und Handwerker außerhalb des topographischen und politischen Rahmens der alten Stadt, der *cité,* an, so daß ihr gegenüber eine Neugründung, ein *port* (Hafen) oder *bourg* (Markt) entstand: so im 10. Jahrhundert in Vienne, Le Puy und Saintes, in der ersten Hälfte des 11. Jahrhunderts in Poitiers, Sens und Albi und nach 1050 in Limoges, Reims, Valenciennes und Nîmes. Die Trennung zwischen den beiden Stadtteilen springt ins Auge; sie ist in Périgueux ebenso auffallend wie in Meaux, in Arras ebenso eindeutig wie in Paris: Der Kathedralbereich blieb frei von Geschäften.

Dank ihrer verschiedenen Anziehungszentren waren manche Städte sogar noch vielfältiger unterteilt. Toulouse zum Beispiel besteht aus drei Siedlungskernen, der Bischofsstadt, der Marktgründung Saint-Sernin des Abtes und dem Château-Narbonnais des Grafen. Arles und Caen weisen vier, Bayeux fünf und Poitiers gar sechs Agglomerationen auf.

Dementsprechend rivalisierten mindestens drei Kräfte um die Macht in der Stadt: der Graf – beziehungsweise der König oder der Vogt – und der Bischof oder der Abt, die ihre Macht aus der von den Karolingern eingeführten Aufgabenteilung herleiteten, die sich freilich mittlerweile in eine räumliche Aufteilung der mit der Gerichtsbarkeit verbundenen Vorrechte umgewandelt hatte; und schließlich das aufstrebende Bürgertum, das sich aus den Einwohnern der alten Stadt und der Marktgründung, von *cité* und *bourg*, zusammensetzte. Denn dieses von den alten Machthabern gleichzeitig betreute und besteuerte Bürgertum fühlte sich durch seine wirtschaftliche Rolle so erstarkt, daß es auch in der Politik ein Wörtchen mitzureden begehrte. Die ganz Reichen wollten selber über ihr Tun und Lassen entscheiden, die weniger Reichen zumindest freiere Hand bekommen. Vornehmlich aber wollten alle den Löwenanteil des von ihnen für die Stadt erwirtschafteten Gewinns selbst einbehalten, weniger Steuern zahlen und sich nicht so vielen Zwängen unterwerfen.

Bei diesem Spiel zu dritt konnte es zu Bündnissen, doch ebensogut auch zu Entzweiungen kommen. Die Domherren stellten sich nicht notwendig hinter den Bischof, der Vogt lehnte sich gelegentlich gegen den Grafen auf, Bischof und Abt verfolgten ohnehin in der Regel gegensätzliche Interessen. Durch das Eingreifen des Kapetingers wurde die Lage noch komplizierter, denn der König bezog zum Aufstieg des Bürgertums in den ihm unmittelbar unterstellten und in den anderen Städten eine unterschiedliche Position. Bereits 1027 hatten die Einwohner von Noyon mit Hilfe des Bischofs den Vogt, also den Stellvertreter des Königs, ausgeschaltet. Umgekehrt unterstützte Philipp I. 1074 den Kampf der Einwohner von Beauvais gegen ihren Bischof. Und 1091 nahm der Graf die Bevölkerung von Amiens vor den Ausschreitungen des Vizegrafen in Schutz.

Diese in den letzten Jahrzehnten des 11. Jahrhunderts anlaufende, in unterschiedlichen Institutionen gipfelnde Bewegung hatte letztlich nur eine einzige tiefere Ursache: die mangelnde Anpassungsfähigkeit eines Systems, in dem die hierarchische Staffelung der politischen Verantwortung und der damit verbundenen materiellen Vorteile ausgerechnet jenen keinen Spielraum ließ, die sich für das Leben der Gemeinschaft zunehmend wichtiger fühlten. Die kommunale Bewegung läutete also eine Welt ein, in der sich nicht mehr alles auf die alte Aufgabenteilung der ländlichen Domäne zurückführen ließ.

Dieser Tatsache trugen – ungeachtet gelegentlicher, von den verblüfften Chronisten pflichteifrig berichteter Zusammenstöße – beide Seiten in wachsendem Maße Rechnung. Waren dem Herrn, der Stadtneugründungen und ländliche Rodungen gleichermaßen förderte, die Konzessionen nicht schon zur Gewohnheit geworden? Außerdem kam durch den in der Stadt lebenden niederen Adel ein Faktor ins Spiel, der bisweilen eine eindeutige Frontenziehung erschweren konnte. Nahm dieser niedere Stadtadel denn nicht, vornehmlich im Süden, an der städtischen Aktivität teil, ohne jedoch gleichzeitig an der Ausübung der Bannherrschaft teilzuhaben? So schlug sich dieser Adel häufiger, als die Analyse späterer Zustände vermuten läßt, auf die Seite des damals noch monolithisch verfaßten Bürgertums. Die Kluft zwischen arm und reich, zwischen Meister und Geselle, Rentier und Arbeiter tat sich erst später mit der Vertiefung der wirtschaftlichen Unterschiede auf. Zunächst gab es in der Stadt nur Menschen, die zur Selbstbestimmung entschlossen waren.

Noch lag freilich die Zeit, in der die Stadt als juristische Person anerkannt werden sollte, in weiter Ferne. Es sei denn, man sieht erste Ansätze dazu in einigen Schöffengerichten – die *échevins* des Nordens werden übrigens in Mittelfrankreich *prudhommes* oder *bonshommes* genannt –, bei denen es sich in Wirklichkeit jedoch nur um grundherrliche Gerichte mit bürgerlichen Beisassen handelte. Dafür aber gewannen die Städte in zunehmendem Maß eine politische Existenz. Das 1030 geschlossene Friedensbündnis zwischen Amiens und Corbie entspricht bereits einer regelrechten Allianz. Außerdem kam der Verwaltung und dem Wohlstand des Gemeinwesens zugute, daß die Bürgerschaft seitens der Grundherren und Bischöfe aus Bequemlichkeit als Körperschaft, als neue soziale Gruppe, behandelt wurde. Dieser Umstand verlieh den Bürgern bei Verhandlungen das nötige Gewicht, um Steuerbefreiungen und Handelsvergünstigungen herauszuschlagen: so geschehen 1050 in Saint-Jean-d'Angély oder 1057 in Orléans. Gegen Ende des Jahrhunderts war es dann bereits ganz selbstverständlich, daß die steuerpflichtigen Städter ihren Anteil an den gemeinsamen Pflichten und Lasten selber aushandelten.

Ebenso selbstverständlich wurde es für die Stadtbewohner, sich durch einen gemeinsam abgelegten Eid zum gegenseitigen Beistand zu verpflichten. Dieser Friedensschwur – in Rouen noch 1096 nachgewiesen – war der Wegbereiter des kommunalen Eides als konstituierender Akt einer städtischen Kommune *(commune jurée, coniuratio)*. So sicherte sich der Bürger mit den Mitteln seiner Zeit gegen etwaige Willkür und Gewalttaten seitens des Grundherrn ab.

1070 »verschwor« sich erstmals eine Stadt, Le Mans, um sich als eigene Herrschaft zu etablieren. Gestützt auf die Bauernschaft der Umgebung, ermutigt vom Bischof und seinen Klerikern, wagte die Bürgerschaft erste außenpolitische Versuche, organisierte Feldzüge gegen den benachbarten Feudaladel und eignete sich die Gerichtsbarkeit an. Kurzum, die Bürger setzten sich schlicht und einfach darüber hinweg, daß sie einen Herrn über sich hatten. Dieser Herr hieß Wilhelm der Eroberer, Herzog der Normandie und König von England, und sein Erscheinen genügte, um in Le Mans die Ordnung wiederherzustellen.

Sechs Jahre später begehrte die reiche Handelsstadt Cambrai gegen den Bischof, ihr geistliches und weltliches Oberhaupt, auf. Während sich die Bürger über die erdrückende Besteuerung beklagten, stießen sich die Kleriker an seiner Unterwürfigkeit gegenüber dem Kaiser. In die Enge getrieben, machte der Bischof zunächst gute Miene zum bösen Spiel, um die Stadtbewohner einzulullen, ging dann aber zu gegebener Zeit zu grausamster Repression über. Und als die Bürger dreißig Jahre später einen zweiten Anlauf unternahmen, wurde auch dieser – trotz der Sympathie des Grafen von Flandern, der seine Herrschaft nur allzu gern auf Kosten des Bischofs auf Cambrai ausgedehnt hätte – mit massiver Unterstützung Kaiser Heinrichs V. zunichte gemacht.

Ähnliche, wenn im allgemeinen auch weniger dramatische Vorfälle häuften sich aus den unterschiedlichsten Anlässen und zeitigten die unterschiedlichsten Resultate. So erhielten Saint-Quentin und Beauvais Freiheiten, die sie zu richtigen, auf den gegenseitigen Treueid der Bürger gegründeten und vom Grundherrn juristisch anerkannten Kommunen machten. Den Beleg für diese Anerkennung liefert die mehr oder weniger detaillierte Aufzählung dieser Freiheiten in den Freibriefen, den *chartes.* In Noyon ging man sogar noch einen Schritt weiter: Hier ließ Bischof Baudry 1109 die der Kommune bewilligte *charte* zusätzlich von König Ludwig VI. bestätigen.

Da die Zersplitterung der lokalen Macht dem Königtum zugute kam, eine solche Einmischung in die kommunalen Angelegenheiten mit anderen Worten also nur im Interesse des Kapetingers liegen konnte, nahm der König jede derartige Gelegenheit nur allzu gern wahr. Aus denselben Gründen billigte auch der Graf vom Hennegau den Einwohnern von Valenciennes eine Kommune zu, die ihm die beste Gewähr für die Aufrechterhaltung der öffentlichen Ordnung schien. Mit dem Einzug des Bürgertums in die Politik tauchte demnach in der sozialen Konstellation ein Faktor des Wandels auf, den sich nicht selten auch die ebenfalls eine Änderung der Verhältnisse anstrebenden Territorialfürsten zunutze machten.

Ganz zu Recht also sahen klarblickende Vertreter der Geistlichkeit im Treueid der Kommune eine Verschwörung, ein Komplott, das die göttliche Weltordnung bedrohte. 1099 forderte Bischof Ivo von Chartres, die unter Mißachtung des kanonischen Rechtes gemachten Zugeständnisse für null und nichtig zu erklären. Vierzehn Jahre später schleuderte Guibert, der Abt von Nogent-sous-Coucy, sein berühmtes Anathema gegen die Stadt: »Kommune! Welch verabscheuungswürdiger neuer Name!« Die ganze Gesellschaft geriet ins Wanken; die dreigeteilte Ordnung, gerade erst mühsam hergestellt, stürzte ein. Eine autonome wirtschaftliche Kraft, Adalbero von Laon ebenso unbekannt wie dem heiligen

Augustinus, löste sich vom Grundbesitz, der drei Jahrhunderte lang die unabdingbare Voraussetzung für den Dienst im königlichen Heer und damit auch für einen Platz auf dem politischen Schachbrett gebildet hatte. Neuartige Sozialbeziehungen spielten sich ein, die auf der Solidarität zwischen Gleichgestellten und nicht mehr, wie im Kontrakt zwischen Feudalherrn und Vasallen, auf Treue als Gegenleistung für Schutz beruhten.

ABENTEUER UND EROBERUNGEN

Aber die Dynamik des Bevölkerungswachstums trieb die Menschen nicht nur zur Erschließung neuer Räume jenseits des dörflichen Horizontes, sondern auch zur Eroberung ferner, fremder Horizonte. Sie unterstützte die Bewegung, die die Normannen, die Burgunden, die Bewohner des Languedoc, die Katalanen und viele andere mehr zu Expeditionen in die Ferne aufbrechen ließ. So kündigte sich schon vor den Kreuzzügen ein Ideal der Öffnung und Erneuerung an. Andererseits aber waren diese Expeditionen auch Anzeichen einer gelegentlich vom Glück begünstigten Abenteuerlust und manchmal auch einfach eines Dranges, neue Länder zu erobern.

Den Anstoß dazu gab die »Reconquista«. Bereits 1063 folgten zwei mächtige Barone des Königreichs Frankreich, Guido Gottfried, der Herzog von Aquitanien, und Eble de Roucy von der Champagne, dem Aufruf Alexanders II. und unternahmen einen frühen Kreuzzug nach Spanien. Diesem »Kreuzzug von Barbastro« folgten zwanzig weitere Expeditionen, die, von Gregor VII. tatkräftig unterstützt, die Idee des Kreuzzugs in Frankreich ebenso populär machten wie die der Eroberung. In diesem Sinne vertrugen sich durchaus der Gedanke des Kampfes für den Glauben mit dem der Eroberung und der anschließenden Inbesitznahme des den Ungläubigen abgenommenen Landes durch den Ritter Christi. So stieg Heinrich, ein Enkel des Herzogs Robert von Burgund und eine der wichtigsten Figuren bei der Rückeroberung der Dueroländer durch den König von Kastilien, nach seiner Heirat mit einer kastilischen Prinzessin 1095 zum ersten Grafen von Portugal und sein Sohn später sogar zum König des Landes auf.

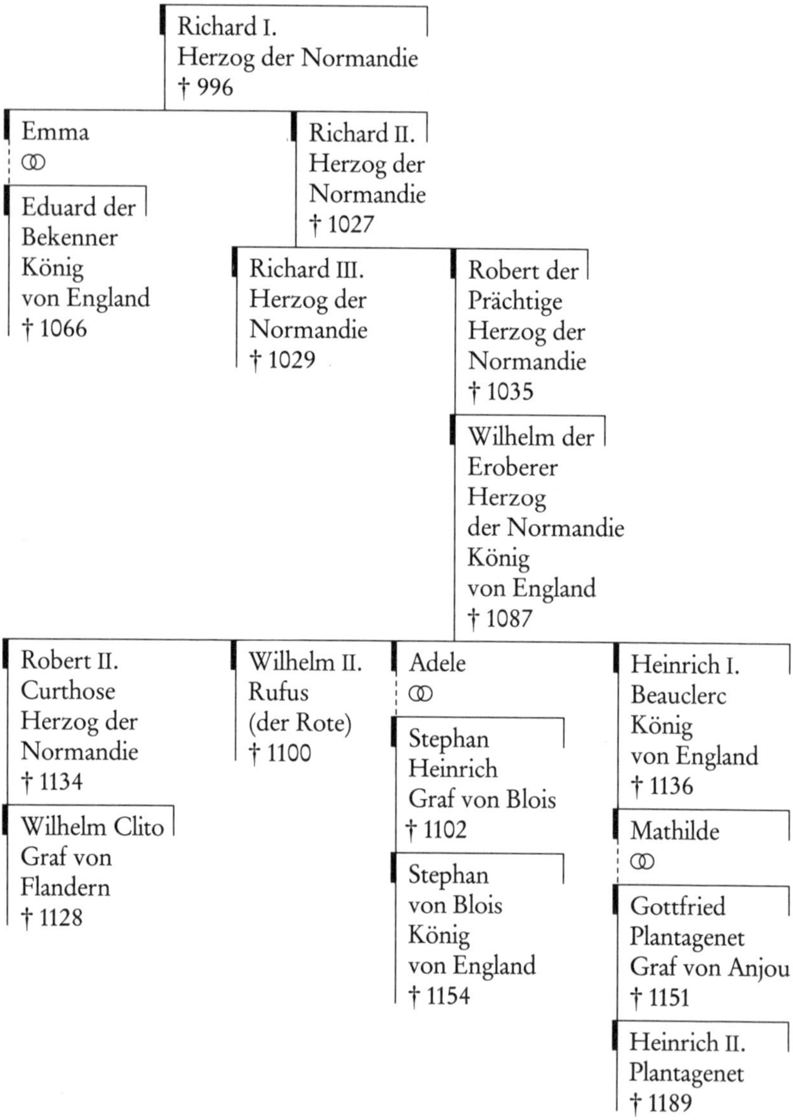
Richard I.
Herzog der Normandie
† 996
Emma
ⵔⵔ
Eduard der Bekenner
König von England
† 1066
Richard II.
Herzog der Normandie
† 1027
Richard III.
Herzog der Normandie
† 1029
Robert der Prächtige
Herzog der Normandie
† 1035
Wilhelm der Eroberer
Herzog der Normandie
König von England
† 1087
Robert II.
Curthose
Herzog der Normandie
† 1134
Wilhelm Clito
Graf von Flandern
† 1128
Wilhelm II.
Rufus
(der Rote)
† 1100
Adele
ⵔⵔ
Stephan Heinrich
Graf von Blois
† 1102
Stephan von Blois
König von England
† 1154
Heinrich I.
Beauclerc
König von England
† 1136
Mathilde
ⵔⵔ
Gottfried Plantagenet
Graf von Anjou
† 1151
Heinrich II.
Plantagenet
† 1189

Andere stießen bereits in den Orient vor. Roussel de Bailleuls Normannen zum Beispiel boten dem byzantinischen Kaiser, obwohl dieser ein Abtrünniger war, bei dem Versuch, die seldschukischen Türken in Kleinasien zum Stehen zu bringen, ihre Dienste an. Und so schliffen sich mit der Zeit gewisse Denk- und Verhaltensweisen ein.

Ganz anders dagegen lagen die Dinge beim italienischen Abenteuer. Mehr plündernde Söldnerhorden als Soldaten Gottes – und das, obwohl ihre Väter durch die Pilgerfahrt zum Monte Gargano mit den Straßen Süditaliens vertraut geworden waren –, trieben Frankreichs Normannen seit dem Beginn des 11. Jahrhunderts im Süden der Halbinsel ihr Unwesen. Hier stießen sie auf vereinzelte Rotten von Skandinaviern, die letzten Vertreter der »normannischen« Expansion der voraufgegangenen Jahrhunderte und eroberten unter Rainulf, seit etwa 1030 fest in Aversa etabliert, Gaeta, besetzten Amalfi und unterwarfen Kalabrien. Eine andere Horde unter der Führung eines Sohnes des normannischen Barons Tankred von Hauteville eroberte Apulien. Weder die einen noch die anderen kümmerten sich im mindesten um die byzantinische Oberherrschaft über diese Gebiete, von denen die Muslime offensichtlich nur einen geringen Teil besetzt hatten.

Ein anderer Sohn Tankreds von Hauteville, Robert Guiscard, lehnte sich 1053 gegen den Papst auf, drängte anschließend den deutschen Kaiser Heinrich IV. zurück, stellte 1084 Gregor VII. unter seinen gefährlichen Schutz und setzte alle Hebel in Bewegung, um den Byzantinern Illyrien zu entreißen. 1059 als Herzog von Apulien und Kalabrien anerkannt, übertrug er 1061 seinem Bruder Roger die Eroberung Siziliens und die Gründung einer Grafschaft, die dessen Sohn Roger II. 1130 mit den übrigen normannischen Besitzungen zu einem Königreich vereinte. Robert Guiscards ältester Sohn errichtete in der Zwischenzeit das Fürstentum Antiochia.

In der Normandie selbst wurden alle Kräfte für eine dynastische Operation mobilisiert, die im übrigen ausgereifter war, als sie auf den ersten Blick erscheint. Denn Wilhelm der Bastard, seit dem Tode Roberts I. (le Magnifique) im Jahr 1035 Herzog der Normandie, schielte schon seit langem begehrlich nach dem englischen Königreich Eduards des Bekenners. Nach den Unruhen während seiner Minderjährigkeit hatte er die Herrschaft fest an sich gebracht. Herr über seine Krieger wie über seine Bischöfe, verfügte er über alle Mittel einer aktiven Außenpolitik:

1051 zeigte er sich in England; 1063 annektierte er praktisch die Provinz Maine, wo er zu Recht als starker Mann galt.

Zwei Kandidaten konnten Anspruch auf König Eduards Erbe erheben: sein Vetter Wilhelm – Eduards Mutter war eine normannische Fürstentochter – und der mächtigste angelsächsische Baron, Harold. Dieser gedachte denselben Weg einzuschlagen, der ein Jahrhundert zuvor Hugo Capet zum Erfolg geführt hatte. Aber Wilhelm war im Vorteil. Der alte König hatte sich mehr oder weniger zu seinen Gunsten geäußert und Harold sich zu allem Überfluß kurz zuvor selbst die Hände gebunden, als er, vom Sturm dem Herzog der Normandie ausgeliefert, Wilhelm den Treueid leistete, um seine Freiheit wiederzuerlangen.

Dennoch griff Harold nach dem Tod Eduards des Bekenners (5. Januar 1066), unbekümmert um den Bruch seines Eids, nach der Krone und hatte bereits wenige Wochen später, trotz der dänischen Einfälle und der vom König von Norwegen unterstützten Rebellion seines eigenen Bruders Tostig, das Königreich fest in der Hand.

Aber das Glück meinte es gut mit Wilhelm, der, wie sich mit einemmal zeigte, erkleckliche Trümpfe in der Hand hatte. Er protestierte gegen die, wie er sich ausdrückte, Usurpation, und es gelang ihm in der Tat, den Papst zur Anerkennung der Legitimität seiner Ansprüche zu bewegen. Außerdem bedurfte es in einer Normandie, in der nur von Eroberungen und Besetzungen ferner Länder die Rede war, keiner großen Mühen, die Vasallen von der Notwendigkeit eines Feldzugs nach England zu überzeugen: Am 29. September 1066 gingen die Normannen jenseits des Ärmelkanals an Land; am 14. Oktober verließen sie als Sieger das Schlachtfeld von Hastings; an Weihnachten ließ sich Wilhelm »der Eroberer« in Westminster zum König von England krönen.

Die Beute wurde aufgeteilt. Während die normannischen Barone Lehen in England erhielten, legte der normannische Klerus die Hand auf die Kirchen. Der anfängliche Widerstand der Angelsachsen war schnell gebrochen, Wilhelms Autorität bald gefestigt und der dänische Feind endgültig vertrieben. Fünf oder sechs Jahre nach der Eroberung herrschte im ganzen Land die von den Normannen eingeführte Ordnung, und Wilhelm konnte sich seiner Lieblingsbeschäftigung widmen: der Organisation dieser Ordnung.

Mit überraschend sicherem politischem Instinkt verstand der neue König die Errichtung der Monarchie mit der Feudalisierung der Gesellschaft zu verbinden, die ihm eine treue Gefolgschaft und den Besitz des Landes sicherte. Mehr noch als in der Normandie war er hier der »Suzerän«, der Herr der Herren. In England stammte jedes Lehen vom König. Fürstentümer, die, wie in Frankreich, als Zwischeninstanzen bei der Ausübung der Staatsgewalt die Stellung des Königs schwächten, gab es hier nicht.

Durch die Einführung einer starken und spezialisierten Verwaltung wurde die Rolle der Barone von vornherein beschnitten. Die *Sheriffs* waren, wie im 13. Jahrhundert die französischen *Baillis,* dem König unmittelbar unterstellt. Eine wirksame Organisation der Finanzen, eine genaue Schätzung der Ressourcen des Königreichs – das 1086 zusammengetragene *Domesday book* – und eine königliche Gerichtsbarkeit, die bei den ihr Unterworfenen schnell Anklang fand: das waren die Pfeiler, auf denen die normannische Herrschaft über das durch das Blutbad von Hastings und die Repressionen in den siebziger Jahren des 11. Jahrhunderts schlagartig jedes eigenen politischen und militärischen Rahmens beraubte angelsächsische Bauerntum beruhte. Eine geschickte Beteiligung an der Reform der Kirche von England – zwischen 1072 und 1085 wurden sechs Konzilien abgehalten – vollendete das Werk. Durch sie erhielt das anglonormannische Regime seine Grundlagen und seine Legitimität.

Indessen behielt der anglonormannische Staat seine beiden Häupter. Nach dem Tod Wilhelms des Eroberers (am 9. September 1087) ging die Normandie, offensichtlich als der wichtigere Teil des Erbes, an den älteren Sohn, Robert »Kurzstiefel« (Curthose), während der jüngere, Wilhelm der Rote, England erhielt. Zahllose Barone dagegen verfügten auch weiterhin beidseits des Ärmelkanals über Besitzungen, was die Geschichte der anglofranzösischen Beziehungen künftig noch schwer belasten sollte.

DIE POLITISCHE KARTE

Die großen Territorien, die sich seit dem Zusammenbruch des Karolingerreichs herausgebildet hatten, schienen demnach gegen Ende des 11. Jahrhunderts einen Gleichgewichtszustand erreicht zu haben. Der Kapetinger seinerseits konnte sich auf eine ausreichende Krondomäne stützen. Da sie sich jedoch über verschiedene Grafschaften verteilte, bot sie kein ausreichendes Mittel zur Ausübung politischer Hegemonie. Wohl vermochte der König die Fürsten in Schach zu halten und gegeneinander auszuspielen; sie zu beherrschen aber gelang ihm nicht. König Philipp I., während seiner Regierungszeit von 1060 bis 1108 unermüdlich auf die Erweiterung seines Besitzes bedacht, brachte zum einen das Gâtinais an sich und schuf somit eine recht günstige Verbindung zwischen den Gebieten von Sens und Melun einerseits und Étampes und Orléans andererseits. Zum andern annektierte er ungeachtet der Gefahr, damit den Herzog der Normandie zu irritieren, das Vexin. Schließlich kaufte er noch die Vizegrafschaft Bourges auf – ohne Zweifel ein beträchtlicher Zuerwerb und gleichzeitig ein schlagender Beweis für die Finanzkraft und militärische Stärke eines Königs, der, mochte er auch erst ein mittelmäßiger Herrscher sein, doch bereits als einer der reichsten Barone des Reiches galt. Allerdings beherrschte der Kapetinger weder die Seine noch die Oise, noch die Somme. Und im Berry fiel seine Grenze bestenfalls mit der Loire zusammen, überschritt sie jedoch nicht, so daß nicht der König von Frankreich die Straße nach Orléans kontrollierte, sondern der Herr von Montlhéry.

Zur gleichen Zeit errichtete im Süden ein Fürst seine Macht, ohne sich groß um die Souveränität des Königs zu scheren: der Graf von Toulouse. Um 1065 vereinigte Raimund IV. von Saint-Gilles die Rouergue und das Gévaudan seiner Cousine Bertha; 1088 fügte er die Grafschaft Toulouse und das Herzogtum Narbonne seines älteren Bruders Wilhelm IV. hinzu. Außerstande, dem Druck seines Halbbruders, des Grafen von Barcelona, auf das Nieder-Languedoc standzuhalten, forderte er mit einigem Erfolg die Markgrafschaft seiner Großmutter Emma, die Provence. Da er sich beim Klerus eines ziemlich schmeichelhaften Rufs erfreute, konnte er weit über die Grenzen seines Fürstentums hinaus als Beschützer der Kirche auftreten.

Das Gegengewicht zur Macht des Grafen von Toulouse bildete im Westen das Herzogtum Aquitanien, das, gestützt auf die Grafschaft Poitiers und die wachsende Stärke des Bürgertums von Bordeaux, unter der Dynastie der Wilhelmiden immer größeren politischen und geistigen Einfluß gewann. 1070 schaltete Wilhelm VI. den Grafen von Armagnac von der Nachfolge in der Gascogne aus. Sein Sohn, Wilhelm VII., Herzog von 1086 bis 1127, erzwang sich den Gehorsam seiner Vasallen und versuchte nach seiner Heirat mit der Tochter des Grafen von Toulouse sogar, Südfrankreich zu vereinigen.

Mit der Zeit begannen die Fürstentümer im Sinne von politischen Einheiten auch den Rahmen für die geistigen Aktivitäten zu liefern. Häufig deckte sich der Einflußbereich der »Künstlerschulen«, so umstritten diese auch sein mochten, mit der jeweiligen politischen Karte. So kann man anhand bestimmter Eigenarten des künstlerischen Ausdrucks oder der Wahl bestimmter Formen oder Techniken von einer normannischen Kunst, einem burgundischen Fresko oder einer für das Aquitanien der Grafen von Poitiers typischen Architektur sprechen. Neue geistige Mittelpunkte blühten auf und entfalteten eine neuartige Ausstrahlung. An die karolingischen Traditionen anknüpfend, bereiteten sie die »Renaissance« des 12. Jahrhunderts vor. Viele dieser intellektuellen Zentren spiegeln im geistigen Bereich die neue Verteilung der politischen Kräfte wider. So verkörpert Angers das junge angevinische Fürstentum, Fécamp und Bec-Hellouin das festgegründete Herzogtum Normandie und Saint-Michel-de-Cuxa das kraftvolle Katalonien, in dem sich die Einflüsse überschnitten und die antike Kultur von der karolingischen Tradition weiter gepflegt wurde, während sich dank der Nachbarschaft des Islams auch die Mathematik und die Astronomie entfalten konnten.

DIE GREGORIANISCHE REFORM

In diesem geistigen Klima reifte auch die Kirchenreform heran, deren erste, noch diffusen Denkansätze bei Laienwelt und Klerus allerdings schon wesentlich früher auftauchten. Sie standen bereits bei der Geburt Clunys im 10. Jahrhundert Pate, innerhalb deren Gemeinschaften sie sich immer weiter ausbreiteten und zur Reife gelangten. Beim Tod Hugos von Semur (von 1049 bis 1109 Abt von Cluny), der, seinerseits schon Erbe eines monastischen Imperiums und einer die Unabhängigkeit der Kirche verfechtenden Tradition, unermüdlich am Ausbau dieses Imperiums gearbeitet hatte, umfaßte der innerhalb des Benediktinerordens autonome Cluniazenserorden knapp 1500 Abteien und Prioreien.

In der Tat wurde Cluny unter diesem Abt zum wirksamen Instrument der Kirchenreform, zumal da als Träger einer solchen nur eine Autorität in Frage kam, die sich nicht, wie die Feudalkirche, im Netz stillschweigenden Einverständnisses verfangen hatte. So stützten sich die Päpste und ihre Legaten bei der Einführung der »kirchlichen Friedensordnungen« und der Befreiung der Kirchen aus ihren weltlichen Verstrickungen auf den Cluniazenserorden.

Reform aber war nicht gleichbedeutend mit Entsagung, Verzicht. Allenthalben begannen die Arbeiten an den großen romanischen Kirchen, und auch Hugo von Semur holte seit 1088 die besten Handwerker der abendländischen Christenheit nach Cluny: Sie sollten eine neue Klosterkirche bauen – die dritte in zwei Jahrhunderten! –, um damit einer Macht ein Denkmal zu setzen, die sich als religiöses Ideal die Verherrlichung Gottes durch die Erhabenheit des Kultes zum Ziel gesetzt hatte. Nicht minder zum Ruhme Gottes und der Kirche gereichte die im selben Zeitraum unter den Cluniazenserpäpsten Urban II. (1088–1099) und Paschalis II. (1099–1118) durchgeführte Reform, die in kirchlichen wie in weltlichen Dingen die Vorherrschaft des Spirituellen anstrebte.

Bereits unter Leo IX. (1049–1054) hatte das Papsttum begonnen, diese Bewegung in die Hand zu nehmen. Als ehemaliger Bischof von Toul mit dem lamentablen Zustand der fränkischen Kirche vertraut, mußte Leo in Rom einen betrüblichen Verfall des Apostolischen Stuhls konstatieren, dessen Unabhängigkeit noch schmerzlicher beschnitten war als die der lokalen Kirchen. Zum Glück konnte er sich auf ein paar tatkräftige Männer wie den toskanischen Mönch Hildebrand, den Abt von Monte Cassino, Friedrich von Lothringen, die späteren Kardinäle Humbert von Moyenmoutier und Petrus Damianus stützen und sie in Anlehnung an die alte karolingische Einrichtung der *missi dominici* als Legaten in die Christenheit entsenden.

Seine Nachfolger setzten noch stärker auf diese Politik päpstlicher Präsenz. Über den lokalen Kirchen und ihren Streitigkeiten stehend, gleichgültig gegenüber den angeblichen Rechten der weltlichen Fürsten, aber nicht gegenüber ihren Usurpationen, erfreuten sich die Legaten einer Unabhängigkeit, die sie hier noch durch das Bündnis mit einem Fürsten wie Wilhelm dem Eroberer in der Normandie und in England, dort durch den Einfluß eines für die neuen Ideen gewonnenen Bischofs zu vertiefen wußten. In den meisten Fällen aber griffen sie auf die Cluniazenserklöster zurück.

Frankreich ließ sich Leo IX. von Anbeginn seines Pontifikates an besonders angelegen sein. Auf dem Konzil von Reims 1049 setzte er die Bischöfe ab, die ihre Ämter käuflich erworben und es vorsichtshalber vorgezogen hatten, gar nicht erst zu erscheinen. Fünf Jahre später entsandte er Hildebrand mit dem Auftrag, den Standpunkt des Theologen Berengar von Tours zurechtzurücken, der die »wirkliche Gegenwart« Christi im Sakrament leugnete. Darüber hinaus aber ließ sich der Legat Hildebrand keine Gelegenheit entgehen, die Reformideen hinsichtlich der Organisation der Kirche, des Kultes und des sozialen Verhaltens der Geistlichen zu propagieren.

Doch dies alles blieb Schall und Rauch, solange sich der Papst nicht selber aus dem Griff der weltlichen Fürsten befreit hatte. Auf der Lateransynode von 1059 endlich erhielt die Reform dann die nötige Grundlage: Die Wahl des römischen Kirchenfürsten wurde zur Sache des römischen Klerus erklärt. Dem deutschen Kaiser wurden hierbei alle Rechte und jede Mitwirkung abgesprochen.

Die Öffentlichkeit schlug sich auf die Seite der Reformatoren. Sie billigte die gegen die verheirateten Priester, gegen das Konkubinat und gegen die Einmischung weltlicher Würdenträger in die Investiturangelegenheiten der Kirchen eingeleiteten Maßnahmen. Dank der Zähigkeit und Ausdauer der Nachfolger Leos IX. – vornehmlich des Italieners Alexanders II. (1061–1073) – und ihrer Legaten konnten diese auch nach und nach in die Tat umgesetzt werden. Es war dann Gregor VII. (1073–1085), der das Werk endgültig zum Abschluß brachte und auf feste Grundlagen stellte.

Dieser Papst, nach dem die Reform später benannt wurde, war der frühere Legat Hildebrand, ein beschlagener Theologe, gewiefter Jurist und gewandter Politiker, der sein Leben dem Kampf um die Unabhängigkeit der Kirche geweiht hatte. Zwanzig Jahre lang hatte er die päpstliche Herrschaft inspiriert oder ausgeübt. Er hatte Rückschläge erlebt und hinnehmen müssen, daß seine aufsehenerregenden Maßnahmen zur Errichtung einer dem Zugriff des Kaisers entzogenen geistlichen Macht im Abendland oft Siege ohne ein unmittelbares Morgen waren. Der Widerstand erlahmte nur zögernd; noch 1074 weigerte sich das Konzil von Paris, den Zölibat einzuführen. Aber Gregor hatte die tiefsitzenden Wurzeln des Übels und die geeigneten Heilmittel erkannt.

Die Quelle des moralischen Verfalls war politischer Natur. Folgerichtig mußte die Hebung jeglicher kirchlichen Moral bei der Investitur beginnen. Zu Recht griff also der Legat Hugo von Die – der Erzbischof von Lyon – die dubiosen Bischöfe an, die ihr Amt nur der Einmischung eines weltlichen Fürsten verdankten, und setzte sie einen nach dem anderen ab. Auf die Dauer sorgte dieses Vorgehen dafür, daß sich Gregor VII. bei der Durchführung und Vollendung seiner Reformen in Frankreich auf einen ihm ergebenen Klerus stützen konnte.

Nur zu gern hätte ihm Philipp I. einen Strich durch diese Politik gemacht, aber er war dazu außerstande. Selbst ein so mächtiger Herrscher wie Kaiser Heinrich IV. mußte nach der Demütigung von Canossa (1077) wohl oder übel das akzeptieren, was ihn allerdings zugleich vor dem Machtanspruch des römischen Pontifex maximus und einer insgeheimen Verquickung zwischen dem Aufstand seiner deutschen Untertanen bewahrte.

Die Laieninvestituren gingen zurück. Die von den Stiftern in Anspruch genommenen Rechte lösten sich in Nichts auf. Die Priesterfamilien verschwanden. Die Simonie starb allmählich aus. Bei der 1095 von Urban II. in Clermont abgehaltenen Synode stand sie noch auf der Tagesordnung; zehn Jahre später war davon schon nicht mehr die Rede.

Der König und die Territorialfürsten konnten als mageres Zugeständnis für die zum Unterhalt der Kirchen bestimmten Güter mit Ach und Krach ihr Recht auf Bestätigung des gewählten Bischofs und seine Belehnung mit dem Zepter retten, die in Frankreich aber erst nach der kirchlichen Investitur mit Ring und Stab, den Symbolen der geistlichen Macht, erfolgen durfte. Gegen Ende des Jahrhunderts baute Bischof Ivo von Chartres die Unterscheidung der beiden Investituren dann zur Grundlage einer kanonischen Theorie aus, die in Wirklichkeit schon dem Entwurf einer politischen »Kohabitation« gleichkam.

Einige Fürsten unterstützten die Reform. So der Herzog der Normandie, Wilhelm der Eroberer, der sich gern zu prinzipiellen Zugeständnissen bereit fand, sofern nur der Papst die von ihm trotz der Reform vorgenommenen Ernennungen in den normannischen Kirchen nicht rückgängig machte. Doch diese Fälle bildeten die Ausnahmen; in der Regel versuchten die Fürsten, die päpstlichen Legaten nach Kräften zu behindern.

Dennoch schien für den Papst die Zeit gekommen, seine geistliche Vorherrschaft über das Abendland zu bekräftigen und von nun an als Oberhaupt einer Kirche aufzutreten, die in den Fürsten auch nur einfache Gläubige sah. Erste Etappe auf dem nach dieser Umkehrung der geistlich-weltlichen Beziehungen eingeschlagenen Weg zur päpstlichen Theokratie stellte der Kreuzzug dar, zugleich Folge der »gregorianischen« Reform und verspätetes Mittel zu ihrer Durchführung. Diese Entwicklung sollte selbst die kühnsten Träume Gregors VII. noch übertreffen.

Während die alte Kirche des fränkischen Reiches und mit ihr die alten Formen des menschlichen Zusammenlebens durch die Reformbewegung abgelöst wurden, suchten die eifrigsten und unabhängigsten Geister für sich nach neuen Wegen zu persönlicher Vollendung. Kennzeichnend für das abendländische Mönchtum war von seinen Anfängen an, trotz der orientalischen und später irischen Zutaten, stets das Gebet und das Wirken in der klösterlichen Gemeinschaft gewesen, genauer, das Gleichgewicht zwischen geistiger Betätigung, körperlicher Arbeit und liturgischem Gebet. Das Leben des Benediktinermönchs war im Grunde ebensosehr dem Lobpreis Gottes wie der spirituellen Vollendung geweiht. Der Schreib- und Illuminiersaal – das *scriptorium* – gehörte ebenso zur Vorstellung vom religiösen Leben wie der tägliche Meßgesang in den immer prächtiger ausgestatteten Klosterkirchen.

Manche Christen – Mönche, aber auch Laien –, die sich strenger an die Worte des Evangeliums hielten, stellten nun neue Werte auf: kollektive Strenge und stille Meditation. Auf das in den menschlichen Lebenskreis eingegliederte, oft sogar innerhalb der Stadt gelegene Kloster folgte nun die Isolierung: »die Wüste«.

Vielen ging es dabei vor allem um eine ganz persönliche Wandlung. Die unkontrollierten Formen religiösen Lebens häuften sich. Im Laufe des 11. Jahrhunderts stieß man immer öfter auf Einsiedler, Geistliche, die mit ihrem Kloster brachen, auf Laien, die sich von der Welt abkehrten. Manche gingen allzuweit, wie die Domherren von Orléans, die 1023 als Häretiker auf dem Scheiterhaufen endeten. Viele nach Vollkommenheit dürstende Seelen aber begnügten sich auch mit Gebet und Kasteiung. Manche traten öffentlich als Prediger auf. Und einige scharten sogar Jünger um sich.

Die Kirche wurde nicht müde, Kleriker und Laien vor den Gefahren des Umherirrens und der plötzlichen Eingebungen zu warnen. Der Wandermönch befand sich in ihren Augen auf dem falschen Weg. Im Kloster war für das Seelenheil besser gesorgt.

Doch trotz aller Vorbehalte bildeten sich neue Formen des religiösen Lebens heraus, die mit der Zeit in Regeln niedergelegt und von der kirchlichen Hierarchie anerkannt wurden. Kleriker schlossen sich zu »Kapiteln« um eine Kollegiatkirche zusammen, ohne damit ihre pastorale

Funktion aufzugeben. Anders als die mehr oder weniger weltabgewandten Mönche machten diese »Domherren« ihre »Stiftskirchen« zu Zentren des christlichen Lebens, zu denen auch die Städter Zugang hatten. Solche Einrichtungen erwiesen sich in den neuen städtischen Siedlungen, vornehmlich in den einfachen Gemeinden, in denen sich das Fehlen eines Bischofs und einer Kathedrale bei der täglichen Kultausübung schmerzlich bemerkbar machte, oft als Segen.

Das neue Mönchtum erhob seine Stimme gegen die weltlichen Einflüsse, denen sich der Benediktinerorden letztlich ebensowenig zu entziehen vermochte wie die hierarchische Kirche der Bischöfe und Pfarrer. Es wandte sich gegen das allgemeine Wohlleben und gegen den von Klöstern wie Cluny getriebenen Aufwand und Luxus, die sich wie Fürstentümer gebärdeten. Bruno, der Domschulmeister von Reims, zog sich mit sechs Gesinnungsgenossen ins Tal der Chartreuse bei Grenoble zurück. Stephan von Thiers errichtete in Grandmont bei Limoges eine Ordensgemeinschaft. Und der Benediktiner Robert von Molesme gründete 1098 in der burgundischen »Wüste« von Cîteaux ein Kloster mit Regeln, die die des heiligen Benedikt, wie sie in Cluny befolgt wurden, an Strenge bei weitem übertrafen.

Noch aber war die Zeit der spontanen Gründungen nicht abgelaufen. Die Stunde der Regeln schlug erst in der nächsten Generation mit Stephan Haudry und Bernhard von Clairvaux in Cîteaux, mit Guigue in der Chartreuse und Robert von Arbrissel in Fontevrault. Ende des 11. Jahrhunderts wurde die wiederentdeckte Grundtugend der »evangelischen« Armut zunächst von den Brüdern nur ganz einfach praktiziert und vorgelebt.

Außerdem fanden die Geistlichen nun wieder Geschmack an der seit der karolingischen Renaissance etwas in Vergessenheit geratenen intellektuellen Spekulation, und zwar an der philosophischen Reflexion ebenso wie an der juristischen Analyse. Ivo von Chartres, der das Wesen der Königsmacht analysierte und die Verpflichtung des Vasallen definierte, und Anselm von Chartres, der die Frage nach der Substanz des Gottessohnes aufwarf, legten die Grundlagen für die juristischen und theologischen Konstruktionen des 12. Jahrhunderts, aber auch für manche Häresie.

DIE ROMANISCHE KUNST

Die Reform war nicht von der »gewöhnlichen« Hierarchie der Bischöfe und Geistlichen, sondern vom Mönchtum ausgegangen. In erster Linie waren es die Klöster, die die Aktion des Papstes und seiner Legaten unterstützt hatten. Folgerichtig erscheint auch die Romanik als Ausdruck und Manifestation der mit der Restauration der kirchlichen Organisationsformen verbundenen Glaubenserneuerung als Werk der Mönche. Denn abgesehen von einigen neuen Kathedralen, die jedoch mehr von der jungen Lebenskraft der Städte als von der Dynamik der Bischöfe zeugen, zeigen vor allem so blühende Abteien und Prioreien wie Jumièges, Cluny, Saint-Sernin, Tournus oder Vézelay die neue Kunstrichtung auf ihrem Höhepunkt.

Viele dieser Klöster waren Wallfahrtsorte. Offensichtlich wurden auf den Pilgerstraßen Erfahrungen ausgetauscht, Ideen verbreitet und der Wetteifer angespornt. Rom und Jerusalem, Santiago de Compostela und die Gruft des Erzengels Michael auf dem Monte Gargano, aber auch zahllose andere Heiligtümer, die im Besitz einer kostbaren Reliquie waren oder ihre Gründung auf eine im Grenzbereich von Geschichte und Wunderbarem angesiedelte Legende zurückführen konnten wie Vézelay, Conques oder Mont-Saint-Michel, strahlten einen fruchtbaren Einfluß aus. Selbst bei weniger berühmten Wallfahrtsorten rechtfertigten eines Tages die Pilgerscharen einen Neubau oder eine Vergrößerung beziehungsweise Verschönerung der Kirche, so daß das Gotteshaus schließlich Dimensionen annahm, die die einer gewöhnlichen Gemeinde- oder Klosterkirche bei weitem übertrafen.

Die romanische Kunst ist eine Synthese. In ihr sind Traditionen, Techniken, Raumvorstellungen und Motive des Nordens, des Mittelmeerraums mit seinem griechisch-römischen Erbe, des fernen Orients, der nahen, im Zeichen des Islams stehenden iberischen Halbinsel und der Steppen zu einer Einheit verschmolzen. Dem Einfluß des Orients wurde durch die westgotischen Eindringlinge, die syrischen und armenischen Kaufleute, die mozarabischen Christen Spaniens und durch die Pilger aus dem Heiligen Land mit ihren mitgebrachten Waren, all den Stoffen, Juwelen, »Souvenirs« aus Eisen, Bronze oder Terrakotta, Tür und Tor geöffnet. Aus dem Orient stammt schließlich neben allen möglichen anderen Anregungen auch die Idee des kirchlichen Zentralbaus in Form eines griechischen Kreuzes, wie sie in Aachen oder Germigny verwirklicht wurde, oder die bei vielen romanischen Kirchen angewandte Konzeption einer Trompenkuppel über der Vierung oder auch der Einfall, Tonnengewölbe querzustellen, wie in Tournus. Aus dem Morgenland kommen schließlich die Vielpaßbogen von Clermont und Le Puy, das Buntglas in den Oberlichtern, die Stilisierung des Pflanzenschmucks oder die rigorose Geometrie bei der Einteilung der Buchseiten.

Nichtsdestoweniger war diese romanische Synthese überall eine eigenständige Schöpfung des lokalen Genius, der sich an den Strömungen seiner Zeit, an den umlaufenden Ideen und Traditionen orientierte, aber auch den technischen Zwängen der Stein-, Ziegel- oder Holzbauweise Rechnung tragen mußte. Man kann immer wieder von einer »Romanik des Poitou« oder einer »Romanik der Auvergne« reden hören, in Wirklichkeit jedoch gibt es nicht zehn, sondern hundert verschiedene Schulen. Von der Romanität geprägt, bildet der mittelmeerische Süden zwar eine Einheit, aber nicht nur, weil er die Kranzgesimse der Antike bewahrt hat, wie sich ja auch der Osten Frankreichs nicht auf die getreuliche Befolgung der karolingischen Überlieferung reduzieren läßt.

In der zweiten Hälfte des 11. Jahrhunderts setzte sich ein wesentliches Merkmal der romanischen Kunst durch: das Steingewölbe. Zögerte man auf dem Mont-Saint-Michel und in Jumièges noch, so überlegte man bei Saint-Ouen in Rouen, bei Sainte-Foy in Conques oder bei Saint-Savin-sur-Gartempe nicht mehr lange. Das Kreuzgratgewölbe – zwei sich rechtwinklig schneidende Tonnengewölbe – ermöglichte außerdem bereits eine weniger massive Gestaltung der Mauer und eine Vergrößerung der Wandöffnungen, durch die von nun an Licht ins Hauptschiff fiel, und das, obwohl der überwölbte Raum aufgrund der ständig wachsenden Scharen von Gläubigen unaufhörlich erweitert werden mußte. Gegen Ende des Jahrhunderts tauchte schließlich erstmals der Spitzbogen, der zur Entlastung des Gewölbes schräg angeschlossene Bogen, auf. Ob vom Orient oder einfach von der Lombardei übernommen oder auch, wie in Moissac, in Vendôme oder in Étampes, zu einem guten Teil dort selbst entstanden, ist er im Grunde zunächst ein unbeholfenes technisches Gestammel. Zu einem Kunst- und Stilmittel rückte er erst im nächsten Jahrhundert auf.

Während die Dimensionen im Grund- wie im Aufriß weiter wuchsen, blieb die neue, nun von Türmen flankierte Fassade bis zur Renaissance das

Wahrzeichen des Sakralbaus. Zum Vorbild dieses für die gotischen Kathedralen später so charakteristischen Bauteils wurde Saint-Étienne in Caen.

Nach und nach wurden die Schmuckelemente in die architektonische Struktur einbezogen. So diente der Bogen, ein entscheidendes Element des romanischen Gleichgewichts, den Bildhauern gleichzeitig als Schmuckmotiv und als Stütze – man denke an die großen Rundstabarkaturen der Normandie oder die skulptierten Wölbesteine an den Portalen im Poitou oder in der Saintonge. Die Skulptur aber war, da die Kunst der Steinbearbeitung noch immer von der Kunst des Bronzegusses, von der Elfenbein- oder Holzschnitzerei ausging, auch um die Wende vom 11. zum 12. Jahrhundert bloß schmückendes Beiwerk. Ganz anders die Fresken, die auf den großen Flächen, die sich durch die Tonnengewölbe, die noch lichtundurchlässigen Mauern und die geräumigen Vertiefungen der Apsiden ergaben, einen wahren Triumphzug antraten.

Überhaupt haftete der Kunst im Dienste des Glaubens und des erneuerten Glaubenslebens vielfach etwas Triumphales an. In einer Zeit, in der sich die Freigebigkeit der Gläubigen wie selbstverständlich dem Ruhme Gottes zuwandte, wuchs der Reichtum der Kirche unaufhörlich. Hatte sich der Fürst, der Herr, früher mit seinen Schätzen bestatten lassen, so vermachte er seine Wertsachen, sein Gold und seine Preziosen, nun der Kirche. Seine Häuser und Ländereien trat er Gott und dem Heiligen ab, um so im Jenseits die üblen Folgen der hienieden begangenen Diebereien und Gewalttaten auszugleichen. Jedes Testament brachte eine Neuverteilung der Güter, bei der die Kirche stets gewann, nie leer ausging. Die Äbte und Prioren wetteiferten miteinander, brüsteten sich mit ihren Gewölben, Türmen und Reliquien. Das Vermächtnis fiel in der Regel dem zu, der mit den am reichsten verzierten Kapitellen und den farbenprächtigsten Fresken aufwarten konnte. Vielfach war der Ruhm des Heiligen wichtiger als der Gottes, wobei der Heilige, wie von den frommen Stiftern schon seit langem, mit seinen Dienern verwechselt wurde. Reichtum des Klosters und aufwendiger Kult gingen Hand in Hand und waren vom Ruhm des Schutzpatrons nicht zu trennen.

Auf diesen Stolz der Klöster, die Gebet und Verherrlichung verwechselten, zielten denn auch die Orden ab, die Ende des 11. Jahrhunderts das religiöse Leben tiefgreifender und gründlicher reformieren wollten als Cluny. So zeichnete sich die Kunst der Zisterzienser von allem Anfang an durch ihre strenge Schmucklosigkeit aus.

KAPITEL III

Das heroische Zeitalter 1095–1130

POLITISCHER AUFBAU DER GESELLSCHAFT

Mit der Organisation der Lehnsgesellschaft bildeten sich im Norden und Süden Frankreichs eine Reihe unterschiedlicher Merkmale heraus. Während dem Norden ein bis in die Zeit der großen Völkerwanderungen zurückreichender, starker germanischer Einfluß seinen Stempel aufprägte und die Unterordnung der Menschen und die Ungesichertheit des Grundbesitzes zur Regel erhob, blieb im Süden das römische Erbe mit der Erinnerung an die grundsätzliche Gleichheit der Bürger und der fest verankerten Vorstellung des unumschränkten Eigentumsrechts lebendig. Es zeigte sich bald, daß der Norden Grund und Boden unter dem Blickwinkel der Lehnbarkeit betrachtete, das heißt entweder als Lehen oder als Pachtland gegen Grundzins, je nachdem, ob der Empfänger zu den Mächtigen dieser Welt zählte oder selber die Scholle bestellte. Im Süden dagegen stand das Recht des Herrn im Vordergrund. Kein Land ohne Herr, lautete die Devise des Nordens, kein Herr ohne Besitzanspruch, die des Südens. Während der Nordfranzose das Erbe des von den umherziehenden Völkerstämmen entwickelten Gefolgschaftsgedankens antrat, berief sich der Südfranzose auf die Rechte des seßhaften Staatsbürgers.

Um 1100 verschwand in der Normandie das freie Eigengut, das der Besitzer von niemandem zum Lehen erhalten hatte, das Allod. Und um die Jahrhundertmitte war dann auch im Anjou, in der Ile-de-France und in Flandern kaum mehr lehnfreies Land vorhanden. Alles verwandelte sich in Lehen, während der Süden an dem freien Grundbesitz festhielt.

Von diesen tiefgreifenden Unterschieden jedoch abgesehen, begannen sich nun überall im ganzen Königreich gleichartige Gesellschaftsbeziehungen und wirtschaftliche Bindungen einzuspielen. Gestützt auf ihre Oberlehnsherrlichkeit förderten König und Fürsten – gewissermaßen zum Ausgleich für ihre schwindende oder fehlende Souveränität – diese landesweite Vereinheitlichung der Gesellschaftsstrukturen an allen Fronten.

Mit der fortschreitenden Entwicklung des Rechts aber traten andererseits auch die Spaltungen innerhalb der Gesellschaft deutlicher zutage, in der das aus dem gemeinsamen Selbstbehauptungswillen entstandene Erbrecht einerseits und die Wirtschaftsexpansion durch ihre Eigendynamik andererseits die Ungleichheit weiter vertieften. Dem von der Neulandgewinnung profitierenden Bauern stand der Landmann gegenüber, der sich aufgrund seiner Armut weder Gerätschaften noch Investitionen leisten konnte – dem Städter an den Schalthebeln der Produktionswirtschaft, der qua Geldgeber bestimmen und sich die Arbeiter aussuchen konnte, der nach Stück- oder Jahreslohn bezahlte Arbeitnehmer, dessen Gruppe auf unvorhergesehene Schicksalsschläge in keiner Weise vorbereitet und ohnehin durch Schulden belastet war.

Auch für die freien Grundbesitzer hatte nun die Stunde des Auf- oder Abstiegs geschlagen. Wem ein ausreichendes Einkommen Zeit und Möglichkeit zur Ausübung des Kriegshandwerks ließ, stieg in den alten, gewissermaßen die karolingische Aristokratie fortführenden Adel auf; die anderen dagegen mußten Sicherheit, so gut es ging, in der Unterordnung suchen. Der kleine freie Grundbesitzer verwandelte sich in den Pächter, der Großgrundbesitzer stieg zum adligen Grundherrn auf. Das aber bedeutete nichts anderes, als daß Mensch und Boden ein Ganzes bildeten.

Wer aber waren die Adligen? Viele entstammten der alten fränkischen Aristokratie, die sich behauptet hatte, Geschlechtern, die die öffentliche Gewalt ausübten und die sich nach 1000 als erste den Titel *miles*, Ritter, zugelegt hatten, um sich vom gemeinen Volk abzuheben. Andere verdankten ihren Aufstieg dem Zufall und dem Kriegsglück oder den Fähigkeiten, die sie im Dienst der Fürsten entfaltet hatten. Noch lag die Definition des Adels durch seine Vorrechte zwar in weiter Ferne, aber er begann sich bereits durch seine Funktion, seine Lebensart und sein sittliches Selbstverständnis von der übrigen Gesellschaft abzusetzen. Das Pochen auf das Alter und den Glanz einer Sippe, auf ihre historischen, ja mythischen Ahnen, zeugt ebenso von der Vorstellung einer aus eigener Kraft aufgestiegenen Schicht wie die Mode der Heldenerzählungen, die der Literatur die ersten *chansons de geste* bescheren sollte. Vorläufig jedoch bildete in dieser harten Gesellschaft der Individualismus noch die Regel und waren bis auf weiteres für den einzelnen seine persönlichen Qualitäten weit wichtiger noch als seine Standeszugehörigkeit, die höchstens die Voraussetzung für die persönliche Bewährung schuf. Denn der Lehnsherr brauchte weniger einen Gefolgsmann von hoher Geburt als einen kampferprobten Vasallen. Allein schon der Titel Ritter *(chevalier)* zeigt, welche Stellung der bewaffnete Krieger in der Gesellschaft um 1100 einnahm.

Gleichviel, ob er seine Berufung familiären, wirtschaftlichen oder körperlichen Voraussetzungen verdankte, unterschied sich der Berufskrieger eindeutig von den anderen Freien, die für das von ihnen bestellte Land Zinsabgaben *(cens)* entrichten und Frondienste leisten mußten. Der auf die Stärke seines Arms, seine Waffen und sein Roß gestützte *miles* dagegen konnte als Entgelt für seine Treue die Abtretung eines Lehens aushandeln. Er war Vasall und Ritter, zwei Eigenschaften, die in der Praxis zusammenfielen, wobei es allerdings neben reich belehnten Rittern auch weniger begüterte gab.

Die Erblichkeit des Lehens führte auch – abgesehen von der Körperkraft – zur Weitervererbung gewisser Fähigkeiten. Wer es sich aufgrund seiner Lehnseinkünfte leisten konnte, mit einem Aufgebot von dreißig Mann zu dienen, übertrug die Berechtigung, dreißig Mann zu rekrutieren, auch auf seinen Erben. Durch die Mann-zu-Mann-Bindung des Lehnsverhältnisses aber blieb der persönliche Charakter dieser rechtlichen Befähigung gleichwohl gewahrt. Somit besaßen all die vielen tausend unter dem Grafen und selbst dem Burgherrn stehenden Krieger, die an der Ausübung der öffentlichen Gewalt keinen Anteil hatten, ein gemeinsames Merkmal: ihre durch die Geburt bestimmte Berufung zum Rittertum. Sowie ihnen aber dieser Tatbestand zu Bewußtsein kam, begriffen sie den Adel als eigene gesellschaftliche Gruppierung.

Es ist die Praxis des Kampfes, die den Krieger macht. Diese nunmehr bewußt empfundene Zugehörigkeit zu dieser sozialen Gruppe wurde nach und nach durch Riten formell bekräftigt. Die Bezeichnung Ritter erhielt Symbolwert, der Ritterschlag wandelte sich von einer schlichten Bewährungsprobe und einer Prüfung der körperlichen Tauglichkeit zur Initiation. Als Zeichen der Aufnahme in die Gruppe wurde er schon bald zu einem durch Gebet und Segnung der Waffen mehr oder minder geheiligten, regelrechten Weiheakt. Nachdem sich der spätere König Ludwig VI. 1097 zum Ritter hatte schlagen lassen, wollte keiner mehr auf diese Zeremonie verzichten.

Dabei hätte der König diesen Schritt getrost unterlassen können. Wie der Ritterschlag der Fürsten belegt, akzeptierte der alte, politisch aktive Adel, der Verwalter der öffentlichen »Ehrenämter«, das heißt des Grafen- und Herzogamtes, die zur freiwilligen Unterordnung des Vasallen und zum Waffendienst des Gefolgsmanns aufgestiegenen Freien ohnehin zunehmend als Gleichgestellte. Diese in verschiedenen Regionen wie etwa im Mâconnais schon vor 1100 einsetzende, um 1300 abgeschlossene Verschmelzung der Aristokraten bezog den Nachkommen eines Waffenbruders Karls des Kahlen ebenso mit ein wie den Sproß eines tapferen, vom Glück begünstigten Kämpen des 11. Jahrhunderts. In ihrem Verhältnis zum aufsteigenden Königtum befanden sich beide in der gleichen Position: Sie waren die Elite und wollten es auch sein. Sie waren der Adel des Königs.

Diese Verschmelzung fand ihren Abschluß, als sich die Krone vom 13. Jahrhundert an stark genug fühlte, um erneut auf ihr Recht zu pochen, Herzöge, Grafen und Barone aus eigener Machtvollkommenheit zu ernennen. Zwar wäre es übertrieben, den Adel in der Folge als abgeschlossenen Stand zu betrachten; daß aber Korpsgeist und ein gemeinsam gepflegtes Überlegenheitsgefühl hinfort den Zugang erschwerten, steht außer Zweifel. Die Aufnahme in diesen Kreis blieb wohl möglich, aber nicht mehr ohne Wissen der bereits Zugehörigen.

Das fundamentale Bindeglied für den sozialen Aufbau der Aristokratie war die Sippe, das heißt die Gesamtheit all derer, die ihre Abstammung auf die gleichen Ahnen zurückführten. Die Bestätigung der Erblichkeit des sozialen Rangs wie der Befehlsgewalt ging naturgemäß mit einem Wandel der Familienstruktur Hand in Hand, kam es doch nun darauf an, die Sippe unangreifbar zu machen. Man beschnitt die Ansprüche der Töchter auf das väterliche Erbe und begrenzte damit Verschiebungen zugunsten anderer Sippen. Man formalisierte das Sakrament der Ehe, die nun mehr der Gründung oder Erhaltung des Geschlechts als der schlichten Fortpflanzung der Art zu dienen hatte, und stufte den Ehebruch als wesentlich schwerere Verfehlung ein, während eine Ehe umgekehrt nur dann Gültigkeit besaß, wenn aus ihr männliche Nachkommen hervorgingen. Der französische König Philipp I. machte die gleiche Erfahrung wie nach ihm sein Enkel Ludwig VII.: besser eine beschämende Scheidung und eine verpfuschte Wiederverheiratung als eine kinderlose oder ausschließlich mit Töchtern geschlagene Verbindung. Außerdem galt es, die Eheschließungen der Söhne, die das Erbe durch übermäßige Teilung bedrohten, durch eine neue »Heiratsstrategie« (G. Duby) zu begrenzen: Besser, man verheiratete die Töchter, konnte man damit doch Bande im unentbehrlichen Bündnisnetz knüpfen, das den aufstrebenden Adel zusammenschweißte.

Völlig andere soziale Beziehungen bildeten sich in der städtischen Welt heraus. Da hier das Einkommen aus Grund und Boden nur eine untergeordnete Rolle spielte, während die Sorge um Schutz und Verteidigung alle anging, verloren Vasallentum und Lehen, die Grundlagen der Feudalgesellschaft, jeden Sinn. Die in Kaufmanns- und Handwerkerkreisen übliche Aufgabenteilung und Form der Arbeitsteilung, durch die sich das städtische Leben vom traditionsverhafteten Landleben unterschied, führte dem Bürger deutlich vor Augen, daß ihm die vor der Expansion der städtischen Wirtschaftsgefüge geknüpften Solidaritätsnetze nicht das geringste nützten.

Was sich in den Städten zwischen den verschiedenen Handwerkszweigen wie innerhalb des einzelnen Handwerks als zwingend notwendig erwies, war ein horizontaler Zusammenhalt. Von einem dauerhaften und übertragbaren Abhängigkeitsverhältnis, wie es sich auf dem Land zwischen dem Grundherrn und dem, der diesen Grund bearbeitete, herausgebildet hatte, war man in der Stadt weit entfernt. Die hier herrschenden Wirtschaftsverhältnisse ließen nur zeitlich und umfangmäßig begrenzte Gelegenheitsbeziehungen – zur Kundschaft oder zum Lohnarbeiter – zu, die sich auf den Verkauf oder die Bestellung nach Stückzahl beschränkte.

Der Aufbau dieses typisch städtischen Solidaritätssystems konnte vielfach auf eine ältere soziale Wirklichkeit zurückgreifen. Nachbarschaftsbindungen waren ebenso bekannt wie Berufsverbände – man denke an die Kaufmannsgilden verschiedener flandrischer Städte. Dazu kam der Gemeinsinn jener Handwerksbruderschaften *(confraternitates, confréries)*, bei denen sich das religiöse Moment vielfach mit ersten Ansätzen gegenseitigen Beistands verquickte.

Die politischen Partner dieses aufstrebenden Bürgertums reagierten sehr unterschiedlich. Während der Bischof von Noyon bei der Krone um die Bestätigung einer von Klerikern, Rittern und Bürgern gemeinsam aufgebauten Kommune nachsuchte und der Graf vom Hennegau den Bürgern von Valenciennes den »Frieden« persönlich schriftlich bewilligte, um die sozialen Beziehungen innerhalb der Gemeinschaft so zu regeln, daß Streitigkeiten tunlichst von vorneherein ausgeschlossen wurden, ließ sich Bischof Gaudry von Laon den Freibrief von den Bürgern bezahlen, um ihn anschließend von Ludwig VI. gegen ein Aufgeld wieder außer Kraft setzen zu lassen. Als er anschließend versuchte, den für diese Annullierung an den König entrichteten Betrag einzutreiben, brach ein Aufstand aus, der ihn das Leben kostete.

Überall trat die politische Bewegung der Städte mit demselben Doppelgesicht auf: Emanzipation der Bürger und Frieden. Ihr Ziel war die Sicherung der Interessen einer neuen Wirtschaftsmacht mit ihrer neuartigen Ordnung der Gesellschaft, deren interne Spannungen sich nicht mehr durch Gewohnheitsrecht oder durch Lehns- und Pachtverträge aus der Welt schaffen ließen.

DER KREUZZUG

Eine weitere Manifestation jener tiefgreifenden Bewegung, die den relativ geschlossenen Gesichtskreis des Abendlands zur Zeit der ausklingenden Karolinger-Ära sprengte, war der Kreuzzug. Bevölkerungszunahme, Tatendrang, Suche nach neuen Betätigungsfeldern, neuerliche Mobilisierung ganz Europas für die Belange der Christenheit – all diese Faktoren kamen gleichermaßen ausschlaggebend ins Spiel. Der Kreuzzug bedeutete Rückeroberung, vor allem aber Bekehrung. Er eröffnete dem Christen einen neuen Weg zur Vollendung und verband die beiden traditionellen Möglichkeiten der Heiligung, die sich dem Laien boten: Wallfahrt und Kampf gegen die Ungläubigen. Der Idee eines gemeinsamen Feldzugs der abendländischen Christenheit gegen die Feinde des Glaubens den Boden bereitet hatten die spanische »Reconquista«, an der sich auch zahlreiche Franzosen, vor allem Burgunder und Aquitanier, beteiligten, sowie der Kampf der Normannen Siziliens gegen den Islam.

Durch das Zusammentreffen zweier Umstände jedoch unterschied sich der Kreuzzug gegenüber den von individuellem Einsatz getragenen vorangegangenen Unternehmungen: Zum einen war durch den Vormarsch der Türken die Pilgerstraße nach Jerusalem plötzlich gesperrt; zum anderen fühlte sich die lateinische Christenheit durch die Gregorianische Reform gestärkt und zum gemeinsamen Handeln unter der Führung des Pontifex maximus aufgerufen. In dem Maße, wie das christliche Morgenland sein Heil von der römischen Kirche erwartete, trat auch die weltumspannende Berufung des Nachfolgers Petri zu Tage. In demselben Maße aber wurden auch die Autonomiebestrebungen des byzantinischen Kaisers und des Patriarchen von Konstantinopel auf ihre faktischen militärischen und politischen Möglichkeiten zurückgeschraubt. So bestand die Hoffnung, daß der Kreuzzug eine Lösung für das Schisma von 1054 – das heißt eine Lösung im römischen Sinne – würde erzwingen können.

Darüber hinaus bot das Unternehmen noch einen weiteren Vorteil im Sinne der Gregorianischen Reform: Es mobilisierte den Kampfgeist der christlichen Ritterschaft und lenkte ihn in nützliche Bahnen. Bereits 1063 hatte Alexander II. die Ritter der Champagne und Burgunds statt zur Pilgerfahrt zum Krieg gegen die Sarazenen aufgerufen. So gesehen erschien der Kreuzzug also als letzte der kirchlichen »Friedensordnungen« – eines Friedens zum Nutzen des Abendlands, versteht sich.

Die Rückeroberung ehemals oströmischer Gebiete, von den Byzantinern im 10. Jahrhundert eingeleitet, hatte einige strategisch wichtige Punkte wieder in christliche Hand gebracht, so 969 Antiochia am Unterlauf des Orontes und 1031 das östlich des Euphrat gelegene Edessa. Der Vorstoß nach Jerusalem jedoch war gescheitert, schlimmer noch, der Besitz der heiligen Stadt zählte mittlerweile zu den Machtsymbolen der ägyptischen Fatimiden. Seit 1050 sorgten außerdem die türkischen Seldschuken für Unruhe. Sie brachten die politische Karte wie das religiöse Gleichgewicht aus dem Lot, ja zielten nach der Eroberung des Iran und des Kalifats von Bagdad sogar auf eine völlige Eliminierung der Christen aus Asien. Sie griffen das christliche Königreich Armenien an, besetzten das byzantinische Kleinasien, schlugen die chaotischen Rückeroberungsversuche des normannischen Abenteurers Roussel de Bailleul und des Armeniers Philaretes zurück und nahmen 1084 Antiochia und 1087 Edessa ein.

Als die Einheit des Seldschukenreiches dann durch Erbteilung zerbrach, verstanden es die Byzantiner jedoch nicht, die daraus sich eröffnende Chance voll zu nutzen: Abgesehen von der Rückeroberung Edessas durch das christliche Armenien im Jahr 1095 blieb alles beim alten.

Dem Abendland wurde dadurch vor allem eines unmißverständlich deutlich: daß sich Wallfahrten zu den heiligen Stätten nach diesen Umwälzungen praktisch nicht mehr durchführen ließen. War die Jerusalemfahrt zur Zeit der Fatimidenherrschaft noch relativ einfach gewesen – ein Fulko Nerra konnte sie gleich viermal in seinem Leben absolvieren –, stellte sie nunmehr ein lebensgefährliches Wagnis dar.

Durch die spanische Reconquista, den Kampf gegen die Araber auf Sizilien und die fortgesetzten Verteidigungsanstrengungen der großen italienischen Häfen gegen arabische Überfälle und Plünderungen bürgerte sich langsam die Idee des Kampfes gegen die Ungläubigen ein: Pisaner und Genuesen standen 1015 auf Sardinien, 1034 in Algerien, 1087 in Tunesien; Aquitanier und Champagner 1063 an der Front von Aragon. Die Reformpäpste unterstützten diese christliche Offensive, bis Urban II. schließlich den entscheidenden Schritt tat und die Kreuzzugsidee entwikkelte.

In der Tat hatte der Kreuzeskult seit einem Jahrhundert zusehends an Boden gewonnen, wobei nicht mehr das immaterielle Kreuz als Sinnbild Christi und seiner göttlichen Sendung, sondern das Kreuz des Leidens im Mittelpunkt stand.

In der Gefühlswelt der Menschen um 1050 hatte das Kreuz mit dem leidenden Christus eine ganz neue Bedeutung erlangt. Als Stein- oder Holzkreuz erhob es sich allerorten, als Goldschmiedearbeit zählte es zu den gebräuchlichsten Instrumenten privater Frömmigkeit. Damit aber wurde aus dem Kampf für den Glauben ganz von selbst ein Kampf für das Kreuz, nähten sich die zu Glaubensstreitern aufgerückten Pilger Kreuze aus Leinwand oder Tuch auf die Gewänder. Das Kreuz diente somit gleichzeitig als Erkennungsmarke, als Zeichen der Gruppenzugehörigkeit und als Ausdruck der Frömmigkeit.

Am 27. November 1095 eröffnete Urban II. auf der Synode von Clermont den versammelten Prälaten seinen Plan, nachdem er zuvor monatelang mit einer Reihe von Bischöfen und sogar einigen fähigen Fürsten wie Raimund von Saint-Gilles, dem Grafen von Toulouse, über die Verwirklichung des Unterfangens verhandelt hatte. Der Papst erklärte seine Absicht in schlichten Worten: Die Christen sollten die heiligen Stätten befreien und das Joch ihrer Brüder im Orient zerschlagen. Er selbst übernahm die Leitung des Unternehmens; Familien und Güter der »Kreuzfahrer« wurden unter den Schutz der Kirche gestellt.

Damit erschien der Kampf gegen Araber oder Türken erstmals als Krieg gegen den Islam, ging also weit über die in Spanien und Sizilien angestrebte territoriale Rückeroberung hinaus. Der Kreuzzug kündigte sich als Antwort auf den »heiligen Krieg«, gewissermaßen als heiliger Gegenkrieg, an. Er war Sache der Kirche. Die Tatsache, daß die abendländischen Herrscher dabei übergangen wurden und zum Teil auch gar nicht daran teilnehmen konnten wie der zu diesem Zeitpunkt wegen seiner unrechtmäßigen Wiederverheiratung exkommunizierte Philipp I., mußte die Zeitgenossen in dem Eindruck bestärken, daß dem Kreuzzug nichts von einem weltlichen Krieg anhaftete. Er war nicht nur Sache der Kirche, sondern Sache des Papstes.

Damit aber fühlten sich viele Christen zur Teilnahme aufgerufen, die ein politischer und territorialer Eroberungskrieg gewiß nicht hinter dem Ofen hervorgelockt hätte. Urban II. hatte an einen gezielten, straff geführten, mit einem Wort erfolgversprechenden Feldzug gedacht. Doch sein Aufruf mobilisierte ein schwärmerisch begeistertes, ahnungsloses, anarchisches Gottesvolk. Nicht das vom Papst erhoffte Heer setzte sich in Bewegung, sondern ein ungeordneter Haufen.

An die Ritterschaft erging der Aufruf, entsprechende Vorbereitungen zu treffen. Zur Beschaffung der erforderlichen Mittel empfahl Urban II. den Grundherrn, ihren Besitz zu verpachten oder auf ihre künftigen Einnahmen vorzugreifen. Es galt also, Verwalter und Darlehensgeber zu finden. Sich neu zu bewaffnen beanspruchte Zeit, ebenso die Abfassung eines Testamentes. Als die Barone endlich bereit waren, waren die armen Leute, die nichts vorzubereiten hatten, längst aufgebrochen.

Bemerkenswerterweise waren es die Klöster, die, weil sie häufig über bares Geld verfügten, zu den Hauptnutznießern dieser Anleihewelle gehörten: Viele Ritter konnten ihre Schulden nicht zurückzahlen und verloren damit die verpfändeten Ländereien.

Überall traten Kreuzzugsprediger auf. Einer der bekanntesten jener Agitatoren, die Handwerker und Bauern, Männer und Frauen, Kinder und Greise zu Tausenden in Richtung Orient in Bewegung setzten, war der damals außerhalb des kirchlichen Rahmens am Rande der Gregorianischen Reform wirkende Petrus von Amiens, genannt der Eremit. Und er blieb nicht der einzige. Sein Gefährte Walter von Habenichts, ein armer Soldat, aber gleichwohl Ritter, kann als Inbild jener Bandenchefs gelten, die die Begeisterung eines Sommers zu Kreuzfahrern machte. Sie strömten zuhauf herbei, waren aber außerstande, sich aus dem Stegreif zum Feldherrn aufzuschwingen.

Schon der Marsch wuchs sich für diese armen Teufel zur Katastrophe aus. Die Kreuzfahrer hatten keine Ahnung, was sie erwartete. Viele sahen in jeder Stadt Jerusalem. Entkräftung, Hunger und Ruhr lichteten ihre Reihen. Vor Byzanz angekommen, wurden sie zwar vom Kaiser mit Proviant versorgt, die Tore der Hauptstadt aber blieben ihnen aus der berechtigten Befürchtung vor Plünderungen verschlossen. Mangelhaft ausgerüstet, brach das Häuflein der Überlebenden zu einem Wahnsinnsmarsch durch Kleinasien auf und wurde am 21. Oktober 1096 von den Türken vor Hersek vernichtend geschlagen. Unter den Flüchtenden befand sich auch Petrus der Eremit.

Unterdessen war der Legat Aymar von Monteil in Europa noch immer damit beschäftigt, den Kreuzzug im Sinne des Papstes zu organisieren. Dabei hatte der zum persönlichen Vertreter Urbans II. aufgerückte Bischof von Le Puy eine doppelte Mission zu erfüllen: Zum einen sollte er die Unternehmungen der Heerführer, das heißt der fürstlichen Kreuzfahrer, koordinieren und zum andern die Führungsrolle des Papstes sicherstellen. Eine schwierige Aufgabe, wollte es doch den Baronen bei aller Kreuzzugsbegeisterung nicht recht in den Sinn, daß Führung und Befehlsgewalt nicht im Rahmen des Feudalsystems organisiert werden sollten. Der Legat mußte also einerseits den politischen Kräften der abendländischen Welt Rechnung tragen und andererseits dem Wiederaufleben der tieferen Beweggründe des militärischen Einsatzes – Eroberung, Besatzung, Bereicherung im Orient – entgegenwirken.

Nun war aber die europäische Christenheit keineswegs einhellig bereit, den Machtanspruch Roms anzuerkennen oder die Gregorianische Reform gutzuheißen, und ebenso unterschiedlich fiel auch die Reaktion auf den Aufruf Urbans II. und die Appelle Aymars von Monteil aus.

Als erste setzten sich Gottfried von Bouillon, der Herzog von Niederlothringen – das sich annähernd mit dem späteren Brabant deckte –, und sein Bruder, Balduin von Boulogne, an der Spitze eines Heeres donauabwärts nach Byzanz in Marsch. Nord- und Südfranzosen folgten in zwei getrennten Heerhaufen, der eine angeführt vom Herzog der Normandie, Robert Curthose (»Kurzstiefel«), dem ältesten Sohn Wilhelms des Eroberers, und dem Grafen von Flandern, Robert II., der andere von Raimund von Saint-Gilles, dem Grafen von Toulouse, dem der Papst ursprünglich die militärische Gesamtleitung hatte anvertrauen wollen. Da dies indessen unterblieben war, hing ein geschlossenes Vorgehen einzig von der Autorität des päpstlichen Legaten ab, der sich die Barone bei wichtigen strategischen Entscheidungen jedoch nicht beugen mochten, und so fehlte bis zum Schluß die nötige Koordination.

In der Zwischenzeit zogen Robert Guiscards Sohn Bohemund von Tarent und sein Neffe Tancred mit einem starken Aufgebot sizilianischer Normannen durch Mazedonien nach Byzanz. Der Weg war ihnen wohlbekannt; sie hatten sich in der Vergangenheit oft genug gegen die byzantinische Herrschaft aufgelehnt – und was scherte Bohemund und seine Mannen schon das Recht von Justinians Erben? Erst zehn Jahre zuvor waren sie auf der gleichen Route gegen den byzantinischen Kaiser ins Feld marschiert.

Dieser aber, schon über die im Jahr 1096 anrückende Horde wenig erfreut, sah dem Anmarsch der Barone nicht freudiger entgegen. Und in der Tat hatte Byzanz vom Kreuzzug das Schlimmste zu befürchten: Bohemund war ein eingeschworener Feind, und was die Rückgabe der Gebiete, die man den Türken abzunehmen hoffte, betraf, so war Raimund von Saint-Gilles und Gottfried von Bouillon gleichfalls nicht recht zu trauen. Rückeroberung der heiligen Stätten für die Christenheit war nicht notwendig gleichbedeutend mit Rückgabe des justinianischen Reichs an Alexios Komnenos. Einem schismatischen Kaiser gegenüber befanden sich die Lateiner in einer völlig anderen Position als die Protagonisten der Reconquista in Spanien.

Im Frühjahr 1097 standen erneut Kreuzfahrer vor Byzanz; im darauffolgenden Jahr nahmen sie Edessa ein. Am 3. Juni 1098 fiel nach siebenmonatiger Belagerung Antiochia in ihre Hand. Und am 15. Juli 1099, als sich schon viele vom Heer abgesetzt hatten, um in den eroberten Gebieten eigene Grundherrschaften zu errichten, führte Gottfried von Bouillon endlich den entscheidenden Sturmangriff gegen Jerusalem. Cäsarea sollte dann 1101, Akkon 1104 fallen.

Der byzantinische Kaiser hatte durch den Kreuzzug einen Teil Kleinasiens wiedergewonnen und damit den türkischen Druck auf Konstantinopel abschwächen können. Bei den übrigen Eroberungen jedoch ging er leer aus, während die Kreuzfahrer die Kolonisation in Angriff nahmen. Nachgeborene Söhne aus allen Bevölkerungsschichten, Kinder der demographischen Explosion ohne große Erbaussichten, ließen sich nun im

Orient nieder, wie andere im Westen rodeten. Bohemund behielt sich das neue »Fürstentum« Antiochia vor, in dem Tancred sein Nachfolger wurde. Balduin von Boulogne schwang sich anstelle des armenischen Fürsten, der ihn unvorsichtigerweise um Hilfe angegangen hatte, zum Grafen von Edessa auf. Bertrand schließlich, der Sohn Raimunds von Saint-Gilles, nahm am 12. Juli 1109 Tripolis ein und errichtete hier seine eigene Grafschaft.

Gottfried von Bouillon, der sich in Jerusalem mit der Autorität des Legaten abfinden mußte, begnügte sich mit dem ebenso bescheidenen wie ehrgeizigen Titel »Beschützer des Heiligen Grabes«. Sein Bruder Balduin von Boulogne dagegen, der 1100 die Nachfolge antrat, zwang dem neuen Legaten Daimbert von Pisa seinen Willen auf und ließ sich kurzerhand zum König von Jerusalem krönen.

Damit war im Orient ein »fränkisches« Reich geschaffen, das nach dem Scheitern aller Verstärkungsbemühungen – den ersten dieser Feldzüge unternahmen 1101 Wilhelm von Nevers, Wilhelm IX. von Aquitanien und Welf von Bayern – zunehmend in Isolation geriet. Nachdem die meisten Kreuzfahrer in die Heimat zurückgekehrt waren, befanden sich um 1100 noch rund tausend Soldaten und schätzungsweise zweihundert Ritter im Heiligen Land, zu wenige, um das Gebiet zu halten, die Städte zu bewachen und die Straßen zu kontrollieren. So war der lateinische Orient dringend auf die im Lauf der Jahre eintreffenden Neuankömmlinge, Pilger, Kaufleute und die Mönchssoldaten der Ritterorden, angewiesen. Doch zwischen den fränkischen Siedlern der ersten Stunde und diesen von der Kreuzzugserfahrung unbeleckten Abendländern mußte es zu Mißverständnissen ohne Ende kommen. So verschärfte dieser Zustrom, statt dem lateinischen Königreich zu dienen und Rettung zu bringen, vor allem die dauernd aufs neue angeheizten inneren Spannungen.

Eine unerwartete Folge zeitigte diese in einem Wurf vollzogene Landnahme, die später keine nennenswerten Fortschritte mehr machte und an der die abendländischen Königshäuser kaum beteiligt waren, gleichwohl: Das von den Kreuzfahrern in jenen Jahren im lateinischen Orient errichtete Lehnswesen sollte bis weit ins 13. Jahrhundert hinein das klassischste, geschlossenste und klarumrissenste aller auf Treueid und Lehnsabtretung gegründeten politischen Systeme bleiben. Das Lehnswesen im Heiligen Land stellte nicht, wie das Europas, das vielgestaltige pragmatische Produkt des Wandels der politischen Macht im Lauf der Jahrhunderte dar; es war eine Idealkonstruktion, die die im abendländischen Europa gesammelten Erfahrungen widerspiegelte.

DIE CHANSONS DE GESTE

Nicht von ungefähr also nahmen in dieser Zeit epische Erzählungen, die um die historischen und mythischen Ursprünge des Kriegeradels und sein Standesethos kreisen, Gestalt an. Das »Rolandslied« führt uns alle innerhalb der Gesellschaft wirksamen Kräfte, vom Glauben als Triebfeder des gemeinsamen Kampfes gegen die Ungläubigen bis hin zum Verrat des Gefolgsmanns, dramatisch vor Augen. Wir erleben Herausforderung, Wette, Verweigerung, Tod, aber auch das Wunderbare, das Eingreifen Gottes in die Belange dieser Welt, das »Gottesurteil«. Das »Wilhelmslied«, ein ausführlicher Spiegel der Vasallenmoral und der Selbsteinschätzung einer Lehnsgesellschaft, die inzwischen zum Gleichgewicht gefunden hat, leuchtet die auf der freiwilligen Vertragsbindung des Lehnseids, auf Treue und Ehre gegründete Gesellschaft von allen Seiten aus, während *»Gormont et Isambart«* das Drama des Renegaten aufrollt, des Christen, der sich von den Versuchungen des Islams verlocken läßt, zu guter Letzt aber, von Gewissensnöten gequält, zum Christentum zurückfindet.

So verschlingen sich in den Epen Pilger- und Abenteuerfahrten, Sippensolidarität und kriegerische Großtaten des beginnenden 12. Jahrhunderts mit dem Stoff und den Heldengestalten sagenumwobener Zeiten. Genau besehen freilich dienen die alten Themen nur als Vorwand: Ein paar Chroniken, einige lateinische Gedichte werden lediglich als Gedächtnisstütze, als Ausgangspunkt für die Improvisation benutzt. Nur scheinbar geht es um die Geschichte von Roncevaux, den ersten Grafen von Toulouse oder die Normanneneinfälle: In Wirklichkeit ist das Gesicht der Heroen vom Ideal der neuen Zeiten geprägt, sind die Helden eine Verkörperung ebendieses Ideals. So erhalten die vielschichtigen, zweifellos überwiegend mündlich überlieferten Stoffe durch die schöpferische Gestaltungskraft des 12. Jahrhunderts eine literarische Form, die die »Renaissance« der Jahrhundertmitte ankündigt und fördert. Das Epos wird christlich und menschlicher.

Das *chanson de geste* ist nicht einfach nur eine poetische Unterhaltung. Es ist Symbol und Mittel des geistigen Zusammenhalts jener durch ihr Ethos definierten Gruppe, die sich zu einem Adelsstand zu entwickeln beginnt. Wohl steht hinter dem Heldenkult und der Pflege des Gedächtnisses glänzender Waffentaten die nostalgische Erinnerung an vergangene Kämpfe; daneben aber sollen sie auch die gemeinsamen Ideale übermitteln.

Um die ersten Heldenlieder ranken sich bald weitere Erzählungen. Wie die Erbfolge in den Adel, so geht die Genealogie ins Epos ein. Man besingt die Sippenzugehörigkeit, wie man ihr im Leben Rechnung trägt. Im Heldenepos wie in der Gesellschaft erringt die Frau ihren Platz, und zur Tapferkeit des Kriegsmannes gesellt sich die höfische Minne, die aus der gleichen Moral entspringt und dieselben Verhaltensmuster entwirft.

Mit der Zeit wuchsen verschiedene Epen zu ganzen Zyklen zusammen. So die an das »Rolandlied« anknüpfenden *»Berthe au grand pied«*, *»Pèlerinage de Charlemagne«*, *»Chanson d'Aspremont«* und andere mehr zur *geste du roi;* so *»Charroi de Nîmes«* und *»Couronnement de Louis«* etc. zum Heldenlied des Guillaume d'Orange, der mit dem Grafen Wilhelm von Toulouse – dem Helden des ersten Liedes – verschmilzt. Dieser im Grunde hochpolitische Zyklus, der das Bild des gegen den Islam streitenden Helden zeichnet und den sanftmütigen Ludwig im *»Couronnement«* mit mancherlei Zügen Ludwigs VII. ausstattet, bringt die ganze Besorgnis der Geistlichkeit über die Schwäche der Königsmacht zum Ausdruck, macht aber andererseits anhand der Feindschaft des wackeren Wilhelm im *»Charroi«* gegen seinen König auch die Bitternis des Lehnsverhältnisses deutlich.

Ebenso umfaßt der Zyklus *»Doon de Mayence«* eine ganze Reihe verschiedener Epen, darunter neben dem alten *»Gormont«* auch neuere Schöpfungen wie *»Girard de Roussillon«* und die bald darauf entstandenen, unter dem Namen *»Renaud de Montauban«* bekannten *»Quatre Fils Aymon«* (»Vier Haimonskinder«).

Der Kreuzzug, der den Glaubenskampf ja nicht nur in der Literatur wiederaufleben ließ, sorgte gerade zur rechten Zeit für neue Heldengestalten. So konnte die Gattung, deren ritterlich-höfischer Erzählfluß ohne die Schwertstreiche und die von aufrechtem Sinn zeugenden Taten des schon halb zum mythischen Helden aufgerückten Gottfried von Bouillon hätte versiegen müssen, zunehmend ausufernd bis ins 14. Jahrhundert fortbestehen, bis sie schließlich mit dem *»Chevalier au Cygne«* doch ein Ende fand. Als eigenständiges Werk ragt aus dieser Gruppe das *»Chanson d'Antioche«* heraus, in dem ein Dichter aus dem Artois die Hoffnungen und Leiden der am ersten Kreuzzug beteiligten Armen schildert.

Auch die eigentlichen historischen Berichte eines Fulcher von Chartres, Raimund von Aiguilhe oder Baudry von Bourgueil vermengen Dichtung und Wahrheit bis zu einem gewissen Grad. Wohl gliedern diese Sammlungen Augenzeugenberichte mit ein, doch wer weiß, ob sich die Augenzeugen der Tragweite ihrer Eindrücke und eigenen Taten wirklich auch immer bewußt waren. In dieser vom Kreuzzug inspirierten Literatur gesellen sich Erzählkunst und epische Erfindung ebenso unbefangen zusammen wie schon ein Jahrhundert zuvor bei der Entstehung der Epen des karolingischen Sagenkreises.

NEUE FORMEN DES RELIGIÖSEN LEBENS

Im Anschluß an die großen religiösen Erneuerungsbewegungen brach nun auch für das Ordensleben die Zeit der Organisation an. Neue Regeln wurden aufgestellt, dauerhafte Einrichtungen geschaffen, bedeutende Bauwerke aufgeführt. Mehrere Orden mühten sich in der Nachfolge Clunys um die Neugestaltung von Gebet und Kontemplation, entwickelten eigenständige Vorstellungen über die Beziehung des Menschen zu Gott und wiesen den nach evangelischer Reinheit dürstenden Seelen neue Wege.

In Fontevrault gründete Robert von Arbrissel zwischen 1099 und 1101 ein Doppelkloster für Mönche und Nonnen, die getrennt unter einer gemeinsamen Äbtissin leben und sich lediglich zum Gebet zusammenfinden. Erstmals in der Geschichte des Ordenslebens wurde damit der bisher immer auf den zweiten Platz verwiesenen und zur Nachahmung des Mannes verdammten Frau eine eigenständige Stellung zuerkannt – ein Vorgang, der wohl nicht von ungefähr mit der Entstehung der höfischen Dichtung zusammenfiel.

In der Chartreuse, der »Großen Kartause« bei Grenoble, entwickelte der Abt Guigue eine Regel, die gewisse Anklänge an das vom orientalischen Vorbild inspirierte frühe Mönchtum aufweist und ein Leben in fast völliger Abgeschiedenheit vorschreibt: Die Mönche hausen in rings um einen Kreuzgang angeordneten Einzelzellen in kaum unterbrochenem Schweigen und versammeln sich lediglich zum Gottesdienst.

Nach dem unvergessenen Vorbild Clunys gründeten auch Grandmont, Fontevrault und die Chartreuse weitere Mönchsgemeinschaften, die ihrerseits zur Entstehung neuer Orden führten.

Doch nur in Cîteaux entfaltete sich ein neues Mönchtum, das umwälzende Veränderungen für die Kirche mit sich brachte. In der 1118 aufgestellten und im darauffolgenden Jahr von Papst Calixtus II. gebilligten Ordensverfassung, der »Charta caritatis«, forderte Abt Stephan Harding, der zweite Nachfolger des Gründers Robert von Molesme, Strenge, echte Armut, individuelle und gemeinschaftliche Buße. Außerdem nahm er die als Weg zum Heil wieder zu Würden gelangte körperliche Arbeit in die Klosterregel mit auf und dokumentierte so, daß der Lobpreis Gottes nicht länger Hand in Hand mit weltlicher Macht ging. Dementsprechend traten die Zisterzienser im Gegensatz zu den Cluniazensern nicht mehr als Grundherren-Kollektiv auf, sondern bestellten selber den Boden, rodeten, pflügten und trieben Viehzucht. Mit Vorliebe siedelten sie sich in abgelegenen Gegenden – vielfach einsamen Waldtälern – an, um sich selbst versorgen zu können.

Von Cîteaux zog 1115 ein Mönch namens Bernhard aus, ein junger Adliger von edlem Charakter und herausragender religiöser und klassischer Bildung, der die politische Gesellschaft ebenso gut kannte wie die Kirche und es sich zum Ziel gesetzt hatte, in einem Tal in der Champagne ein Kloster zu gründen: die Abtei Clairvaux, der im Laufe von achtunddreißig Jahren noch weitere siebenundsechzig folgen sollten. Bei allem Mystizismus und bei aller Bußfertigkeit ein Mann der Tat, propagierte er seine neue Auffassung vom Ordensleben in mitreißenden Predigten, theologischen Kontroversen und Briefen an Fürsten und gewann so zahlreiche Anhänger.

Dabei legte er weniger Gewicht auf Formalismus als auf Liebe, was einen Wandel der ganzen Spiritualität zur Folge hatte. Aber obwohl der Marienkult im Zuge dieser Entwicklung zu einem tragenden Pfeiler des gesamten abendländischen Christentums aufrückte, hob sich Bernhards Frömmigkeit von der der Weltkirche ebenso ab wie von der des cluniazensischen Mönchtums. Er polemisierte heftig gegen den Triumphalismus, dessen politisch bedeutsamster Repräsentant Suger war, der Abt von

Saint-Denis, und leitete die Entwicklung jenes strengen, auf jeden überflüssigen Schmuck verzichtenden Baustils ein, der als »Zisterzienserarchitektur« in die Baugeschichte eingehen sollte. Gleichzeitig zog er gegen die Häresien eines Abaelard und eines Petrus von Bruys zu Feld und wurde von Fürsten und sogar vom Papst als Ratgeber gesucht. Er rettete Innozenz II. vor dem 1130 durch den Gegenpapst Anaklet II. heraufbeschworenen Schisma, lenkte die Politik Eugens III. und rief 1146 in Vézelay in einer aufrüttelnden Predigt zum zweiten Kreuzzug auf.

Entgegen der Absicht der Gründer und ihrem Kampf gegen das hierarchisch gestaffelte Cluniazenser-Imperium mit Mutterabtei und unterstellten Prioreien verwandelte sich auch die Familie von Cîteaux rasch in einen Orden. Cîteaux und seine Tochtergründungen – Clairvaux, La Ferté, Pontigny, Morimond – werden zu Ausgangspunkten weiterer Verzweigungen, wobei jeweils eine Abtei – oder genauer noch ihr Abt – die moralische Autorität über die Neugründungen ihrer Mönche ausübte. So verästelte sich der Baum immer weiter, und schließlich standen Tochtergründungen von Clairvaux wie Savigny und Hautecombe ihrerseits an der Spitze von Kongregationen, die im Falle Savignys siebenundzwanzig, im Falle Hautecombes zehn Abteien umfaßten.

Die Wahrung einer einheitlichen geistigen Linie in Gemeinschaftsleben und Gebetspraxis oblag einem Generalkapitel, das alljährlich unter dem Vorsitz des Generalabtes von Cîteaux zusammentrat und als oberste geistliche Berufungsinstanz und kollektives Aufsichtsorgan durch flexible, aufs Wesentliche beschränkte Forderungen für Einheit von Lehre und Moral und damit für den Zusammenhalt der »Kongregation« selbständiger Klöster sorgte. Beim Tod des heiligen Bernhard im Jahr 1153 umfaßte diese Kongregation bereits dreihundert Abteien, darunter Gründungen in Italien, Deutschland und England. Im Gegensatz zu Cluny, das vielfach bereits bestehende ältere Einrichtungen übernahm, tat sich Cîteaux (auch wenn einige Klöster wie Savigny in der Normandie oder Aubazine im Limousin geschlossen zur Zisterzienserregel übertraten) vor allem durch Neugründungen hervor, das heißt der Wandel seiner Formen hatte auch eine Ausbreitung des Mönchtums zur Folge.

Mit der Geburt des lateinischen Orients kam außerdem eine neue, eigenständige Form der Glaubensbindung auf: der geistliche Ritterorden. Mit ihrer Verbindung von ritterlichem Heldenmut und mönchischer Entsagung wiesen diese Orden den auf Großtaten versessenen, von der Idee des Glaubenskampfes begeisterten Christen einen eigenen Weg zum Heil. Während der älteste, der Johanniter- oder Hospitaliterorden, seine Entstehung jenen Ordensklerikern verdankt, die in Jerusalem lange vor den Kreuzzügen ein Spital für Pilger und Kranke unterhielten und erst später zu Soldaten in der Kutte wurden, geht der Templerorden auf die ungesicherten Verhältnisse in den eroberten Teilen des Heiligen Landes zurück: Kurz nach dem ersten Kreuzzug schloß sich Ritter Hugo von Paynes aus der Champagne mit sieben Genossen zusammen, um die Jerusalempilger mit der Waffe zu schützen.

Die Ritterorden verbanden in ihren Regeln die Mönchsgelübde – Armut, Keuschheit und Gehorsam – mit dem bewaffneten Einsatz für die nach der Rückkehr der meisten Kreuzfahrer in die europäische Heimat schutzbedürftige orientalische Christenheit. Die 1128 auf dem Konzil von Troyes zweifellos unter Mitwirkung des heiligen Bernhard aufgestellte Regel des Templerordens liefert das Musterbeispiel einer in ihrem Aufbau an der Feudalgesellschaft orientierten Ordensgliederung. Ritter, nichtadlige dienende Brüder und Priester erfüllten gemeinsam die vom Orden übernommenen Missionen. So stellte sich das Mönchtum in kluger Anpassung auf eine bis dahin der Laienwelt vorbehaltene Aufgabe ein: die Aufrechterhaltung von Ordnung und Sicherheit. Für den Templerorden war der Gottesdienst zwar wesentlich, blieb aber rudimentär und richtete sich nach der verfügbaren Zeit und den Geistesgaben der vor allem wegen ihrer Tapferkeit und nicht wegen ihrer meditativen Fähigkeiten aufgenommenen Brüder. Die Kasteiung wurde durch den Kampf ersetzt, die Theologie kurzgehalten. Zwar ist der Templer in erster Linie Ordensmann, doch auf den Straßen des Heiligen Landes benötigte man Kriegsleute, nicht Mönche. Als Krieger ohne Vasallenbindung verkörperte die Gemeinschaft der Templer eine der Feudalgesellschaft wohl verständliche, dennoch aber am Rande der allgemein geläufigen Strukturen des Lehnswesens angesiedelte Lebensform: Sie waren Soldaten Christi par excellence.

Dank der dem Orden zum Schutz der heiligen Stätten und damit als Beitrag zum frommen Werk des Kreuzzugs gespendeten Almosen rückten die Templer bereits um die Mite des 12. Jahrhunderts zu einer die gesamte Christenheit umspannenden Wirtschaftsmacht auf. Die von ihnen im Abendland unterhaltenen »Komtureien« dienten gleichzeitig als Landwirtschaftsbetriebe, als Nachwuchs- und Ausbildungszentren und als Ruhesitz für alte oder kranke Brüder. Doch was zunächst die Stärke des Ordens ausmachte, wurde ihm auf die Dauer vom Christenvolk als Schwäche und Fehler angelastet: Da der Orden seine Einkünfte aus dem Westen bezog, seine Aufgaben aber im Orient zu erfüllen hatte, ging er zunehmend zur Banktätigkeit über.

LUDWIG VI.

Als Ludwig VI. 1108 nach dem Tod seines Vaters Philipp I. zum Alleinherrscher aufstieg, hatte er knapp zehn Jahre Praxis als Mitregent hinter sich. Er war mit den normannischen Grenzstreitigkeiten um das Vexin vertraut und hatte seine Erfahrungen mit den unbequemen Feudalherren gesammelt, die sogar in der Ile-de-France, seiner Krondomäne, die Straßen unsicher machten. Der Tod seines Vaters verschaffte ihm endlich freie Hand am Hof, wo Bertrada von Montfort, Philipps letzte, in ihrer Legitimität anfechtbare und auch angefochtene Gemahlin, fortgesetzt Intrigen spann und Komplotte gegen ihn anzettelte. So stand der Verwirklichung seiner Vorstellung von der Macht der Kapetinger nichts mehr im Weg.

Etwa um diese Zeit ging die für das 11. Jahrhundert so typische politische Aufsplitterung, von der es nur wenige Ausnahmen gegeben hatte wie die Normandie, ihrem Ende zu. Starke Fürstentümer bildeten sich heraus, und es setzte eine zentralistische Bewegung ein, von der auch das Königtum profitierte. Für die Zeitgenossen des heiligen Bernhard bedeutete das den Sieg der Fürsten – darunter auch des Königs – über die Burgherren, die *châtelains,* aber noch nicht den Kampf zwischen Fürsten und Krone.

In der Normandie richtete der englische König Heinrich I. Beauclerc (»der schöne Gelehrte«), der jüngste Sohn Wilhelms des Eroberers, der seinem Bruder, Robert Curthose, das Herzogtum in der Schlacht von Tinchebray (28. September 1106) abgenommen hatte, auf der Grundlage eines bereits gut gegliederten Verwaltungs- und Finanzapparates und einer allgemein anerkannten Rechtsprechung ein starkes Machtgefüge auf. Er unterdrückte etliche Aufstände des Lehnsadels, kurbelte die wirtschaftliche Entwicklung der Städte an und förderte die Neulandgewinnung.

Im Anjou schlug sich unterdessen Fulko V. (1109–1129) mit den reichlich selbstherrlichen *châtelains* und sogar mit der Bürgerschaft von Angers herum, um sie wenigstens in Schach zu halten, wenn er sie schon nicht zu unterwerfen vermochte. Dafür konnte er dem Anjou und der Touraine die Grafschaft Maine angliedern, deren Unabhängigkeit unter den Grafen und Bischöfen von Le Mans und deren Beeinflussung durch die Herzöge der Normandie das Fürstentum Anjou bereits seit Fulko Nerra zu brechen versucht hatte.

In Flandern kämpfte Balduin VII. »la Hache« (1111–1119) den gleichen Kampf, nur mit brutaleren Methoden. Galgen und Henkersbeil bildeten hier die Grundlagen der öffentlichen Ordnung, und die kleinen Feudalherren fügten sich. Als die unruhigen Nachbarn Brabant, Boulogne, Coucy sowie verschiedene potentielle Anwärter auf den Grafentitel nach Balduins Tod 1119 die Machtergreifung seines designierten Nachfolgers Karl von Dänemark verhindern wollten, wurden sie von dem neuen Grafen vernichtend geschlagen, der den Feudaladel im Bund mit den Städten anschließend rasch zur Räson brachte: Die gewerbe- und handeltreibenden Städte betrachteten die Fehden der Barone nämlich als Hemmschuh für die Wirtschaftsentwicklung, machte doch das ständige Auf und Ab des politischen Lebens, an dem auch das niedere Volk maßgeblich beteiligt war, die Bemühungen des jungen Bürgertums um eine Sicherung der Handelsabwicklung zunichte. So boten diese wirtschaftlich dynamischen Kreise Karl von Dänemark den nötigen Rückhalt bei der Festigung seiner politischen Autorität. Nach der endgültigen Befriedung der gewerbetreibenden Städte gewann Karl der Gute, wie ihn Geistliche und Bürger nannten, rasch über die Grenzen Flanderns hinaus Popularität: 1125 trugen ihm mehrere deutsche Kurfürsten sogar die Kaiserkrone an, die er jedoch ausschlug, um sein politisches Werk in Flandern zu vollenden.

Aber die Feudalherren gaben nicht auf. Im März 1127 ermordete einer aus ihren Reihen den unbewaffneten Karl in Brügge beim Gebet – ein Vorfall, der den Grafen zum Heiligen machte.

Inzwischen waren die Städte zu normalen Partnern der Zentralgewalten aufgerückt, wodurch das Spiel der Politik beträchtlich aus dem Lot geriet. Denn von nun an stand der Fürst an der Spitze zweier Interessengruppen mit unterschiedlichen Treuebindungen. Das eine dieser Netze rekrutierte sich aus den auf ihren Lehen sitzenden Vasallen, trug also persönlich-realen Charakter; das andere, rein territoriale, in dem die

Lehnsbildung nur als billiger Abklatsch fortbestand, setzte sich aus den neuen Wirtschaftskräften und eigenständigen politischen Strukturen der städtischen Welt zusammen.

Noch verwickelter lagen die Dinge in Südfrankreich mit seiner starken städtischen Tradition und seinen vergleichsweise nur schwach ausgebildeten Lehnsbindungen. Hier verweigerte Wilhelm IX. von Aquitanien dem König schlankweg den Treueid für sein Herzogtum. Mehr noch, er versuchte sogar dem Sohn Raimunds von Saint-Gilles, Alfons Jourdain, der die Grafschaft Toulouse ein halbes Jahrhundert lang (von 1109 bis 1148) regierte, das Languedoc wegzunehmen, um seinen Traum von einem von Poitiers bis Clermont und Montpellier reichenden südfranzösischen Königreich zu verwirklichen. Von 1098 bis 1101 und von 1114 bis 1120 hielt er sogar Toulouse besetzt. Für Alfons Jourdain aber war er nicht der einzige Feind. Der Graf von Toulouse hatte daneben die Vorstöße des Grafen von Barcelona auf die Provence abzuwehren und die ehrgeizigen Pläne der Barone des Pyrenäengebiets zu durchkreuzen. Hätten die städtischen Gemeinden in den Ländern der *langue d'oc* nicht bereits auf eine lange Geschichte zurückgeblickt, könnte er als Vater der städtischen Freiheiten gelten. Darüber hinaus aber suchte er durch Gründung zahlreicher »neuer Städte« *(villes neuves)* wie 1144 in Montauban Gemeinden mit begrenzten Privilegien zu schaffen – in der zweifachen Absicht, das Land aufzugliedern und dem Überhandnehmen von Gemeinden mit praktisch unabhängiger Konsularverfassung entgegenzuwirken.

Ludwig VI. war ein charakterfester und umsichtiger Mann, beging aber zunächst den Fehler, seine Gunst der Familie Garlanda zuzuwenden, vor allem dem Kleriker Stephan von Garlanda, den er zu seinem Seneschall erhob, dessen Politik und Habgier jedoch bei der Geistlichkeit und ihren führenden Köpfen Ivo von Chartres und dem heiligen Bernhard ebenso auf Feindseligkeit stieß wie bei den auf soviel Macht und Reichtum eifersüchtigen Baronen. Mit der Berufung eines so treu ergebenen und fähigen Heerführers wie dem Grafen Rudolf I. von Vermandois und eines so klugen und umsichtigen Verwaltungsfachmanns wie des Abtes Suger von Saint-Denis nach Garlandas Sturz (1127) bewies der König eine glücklichere Hand. Ihren vereinten Anstrengungen gelang es, den Königshof, an dem die Aristokratie der Grafen, Bischöfe und Äbte bis dahin kaum vertreten war, in ein echtes Regierungsorgan umzuwandeln und einen Verwaltungsapparat aufzubauen, der die Macht der Krone bis zu einem gewissen Grad vom persönlichen Ansehen des Herrschers unabhängig machte.

Der Kapetinger, entschlossen, Herr im eigenen Haus zu werden, säuberte in dreißigjährigen militärischen Operationen die Krondomäne von den meist nur als Schlupfwinkel für die Raubritter dienenden Burgen des Feudaladels. Zu diesem Zweck schloß er Bündnisse wie in der Beauce gegen Hugo von Le Puiset, dessen Festung dreimal geschleift werden mußte. Ja, 1114 rief er sogar zum Kreuzzug gegen Thomas von Marle, den leiblichen Sohn Enguerrans von la Fère, des ersten Sire von Coucy, auf, vor dem Barone, Erzbischöfe und befestigte Städte zitterten und dessen endgültige Unterwerfung dem König erst 1130 gelang.

Gegen Ende seiner Regierungszeit konnte sich Ludwig VI. schließlich getrost und unbesorgt von Paris nach Chartres oder Orléans begeben – wie im übrigen auch die Kaufleute, die die veränderte Situation zu nutzen wußten.

Außerdem versicherte sich der König seiner Umgebung, vor allem schritt er gegen die stillschweigende Umwandlung der großen Ämter der Zentralverwaltung in erbliche Pfründen ein. In Wirklichkeit ging es allerdings weniger um die Erblichkeit als darum, daß einige Familien die entscheidenden politischen Funktionen und die wichtigsten Hofämter, die am Kapetingerhof nie säuberlich geschieden worden waren, zunehmend an sich rissen. Lange Zeit war diese Entwicklung durch die vielfältigen Rivalitäten der bei Hof tonangebenden lehnsfürstlichen Sippen wie der Beaumont oder der Montmorency gebremst worden. Als dann aber Ende des 11. Jahrhunderts das aus den Städten und Burgen – aus Senlis, Laon, Montlhéry – stammende niedere Rittertum zusehends an Einfluß gewann, verstärkte sich dieser Trend. Als Gegenmaßnahme umriß Ludwig VI. die Befugnisse der »Großoffiziere der Krone« genauer und sann vor allem auf Mittel und Wege, die durch diese Ämter verkörperte Kontinuität der Macht zu zerschlagen. Den Anfang bildete naturgemäß das Amt, über das Stephan von Garlanda eine regelrechte Machtaneignung versucht hatte: der Posten des Seneschalls, der von 1127 bis 1131 unbesetzt blieb. Diese Politik wurde dann in der zweiten Jahrhunderthälfte systematisch fortgesetzt und sowohl auf das Amt des Connétable *(comes stabuli)* als auch auf das des Kanzlers ausgedehnt.

Während er sich so der Gefahr entzog, eines Tages unter fremde Bevormundung zu geraten, sah sich der Kapetinger erneut imstande, sich in die Belange seiner Großvasallen einzumischen – mit unterschiedlichem Erfolg. 1109 warf er den Aufstand des Sire von Bourbon, Haimon Vaire-Vache, nieder. 1124 führte er nach einer – erstmals – von Baronen und Prälaten aus dem ganzen Königreich besuchten Versammlung einen erfolgreichen Blitzfeldzug durch die Champagne gegen Heinrich V., den letzten fränkischen Kaiser, wobei ihm – gleichfalls erstmals – die größten Barone Nordfrankreichs zur Seite standen. Zwei Jahre später zwang er in der Auvergne Herzog Wilhelm von Aquitanien schließlich doch noch zur Ablegung des Lehnseids. Und 1127 unternahm er eine Strafexpedition gegen die Mörder Karls des Guten, des Grafen von Flandern.

Hier jedoch konnte Ludwig weder seine Vorstellungen ein für allemal durchsetzen noch seinen Kandidaten dauerhaft etablieren. Seine Wahl war auf Wilhelm Clito gefallen, jenen Sohn des Normannenherzogs Robert Curthose, über dessen Ansprüche auf das Herzogtum sich Heinrich I. Beauclerc so beharrlich hinwegsetzte. Im Grunde jedoch war Clito bloß ein Strohmann, über den der König von Frankreich, wie sich nur allzu deutlich zeigte, das Herzogtum in seine Gewalt zu bringen hoffte. Bei seiner Ankunft hatte der Anwärter des Kapetingers den großen Städten – Brügge, Gent, Aire, Saint-Omer – Freiheiten zugestanden, die er, wie sich rasch herausstellte, nicht zu respektieren gedachte. Während seiner knapp zweijährigen Herrschaft brachte Wilhelm Clito durch sein Ungeschick und seine Geldforderungen Adel und Städte gegen sich auf, die in diesem Fall ausnahmsweise gemeinsame Sache machten. Alle Welt wandte sich dem vom König ausgeschalteten Vetter des letzten Grafen, dem für sein politisches Augenmaß und seine Festigkeit bekannten Dietrich vom Elsaß zu. Obwohl sich die Bischöfe ins Mittel legten, mußte Ludwig VI. nach einer sinnlosen Kraftprobe, die Clito das Leben kostete, nachgeben; Dietrich vom Elsaß bewies politisches Fingerspitzengefühl, indem er bereitwillig den Lehnseid für Flandern leistete. Wenn sich die allzu hochgesteckten Hoffnungen des Königs somit auch nicht erfüllten, konnte er in Flandern doch immerhin seine Oberlehnsherrlichkeit festigen – an sich schon ein beachtlicher Fortschritt.

In der Normandie war dem König von Frankreich mit seiner Oberhoheit weniger Glück beschieden. Der Herzog der Normandie und König von England, Heinrich I. Beauclerc, empfand sie als so lästig, daß er in fünfundzwanzigjährigem unablässigem Gerangel mit dem Kapetinger versuchte, das politische Joch abzuschütteln, die Grenze des Vexin festzulegen und den im Mittelabschnitt der Seine errichteten Pariser Riegel zu sprengen. Ludwig VI., der 1113 im Vertrag von Gisors Gebietsabtretungen bewilligen mußte und 1119 bei Brémule in die Flucht geschlagen wurde, der für seine Synode zu Reims zwar Anerkennung erwirken, Papst Calixtus II. aber zu keiner Stellungnahme gegen Heinrich Beauclerc bewegen konnte und zu allem Überfluß durch die verfehlte Unterstützung Wilhelm Clitos in Schwierigkeiten geraten war, erschien als der eigentliche Verlierer der langwierigen Auseinandersetzung um die Normandie, als der Untergang der »Blanche-Nef« dem König-Herzog 1120 jeden Leibeserben raubte.

Die Normandie durchlief daraufhin einige Krisenjahre, bis 1127 ein Eheschluß das politische Gleichgewicht zuungunsten der Kapetinger verschob: Mathilde, König Heinrichs Tochter und letztes überlebendes Kind, heiratete den Sohn Fulkos V., Graf Gottfried den Schönen von Anjou. Der Zusammenschluß von Normandie und Anjou in derselben Hand aber lieferte den König von Frankreich seinen Feinden aus, unter anderen jenem Grafen von Blois, den bislang nur das Bündnis zwischen Kapetinger und Anjou im Zaum gehalten hatte.

Die einzige Chance des Königs, der schwächste Punkt des von Heinrich I. Beauclerc errichteten Gebäudes, lag im ungesicherten Nachfolgerecht, das den Staat Gottfrieds des Schönen in einen Erbfolgekrieg verwickeln konnte. Nicht alle waren von den Rechten Mathildes und damit denen Gottfrieds des Schönen mit dem Beinamen Plantagenet überzeugt. Der Bruder des Grafen von Blois, Stephan, machte die Rechte seiner Mutter, einer Tochter Wilhelms des Eroberers, geltend. Damit aber wurde die Rivalität zwischen Blois und Anjou in der Folge von ihrem Stammland, dem Val de Loire, in die Normandie und nach England getragen.

Nach dem Tod Heinrichs I. Beauclerc im Jahr 1135 griff Stephan von Blois schneller zu und fand außerdem in der Normandie die stärkere Unterstützung. Damit geriet das Herzogtum in seinem Verhältnis zum Kapetinger in eine paradoxe, für die französische Krone darum aber nicht minder gefährliche Situation. Nur der acht Jahre währende Krieg zwischen Blois und Anjou bewahrte Ludwig VI. und nach 1137 Ludwig VII. letztlich vor einem unmittelbaren Zusammenstoß.

Beide Herrscher nutzten die Gelegenheit, um andernorts Pluspunkte für sich zu sammeln. Das wiederum veranlaßte Wilhelm X. von Aquitanien, sich seinem König zuzuwenden: Er hatte nur eine Tochter, schenkte

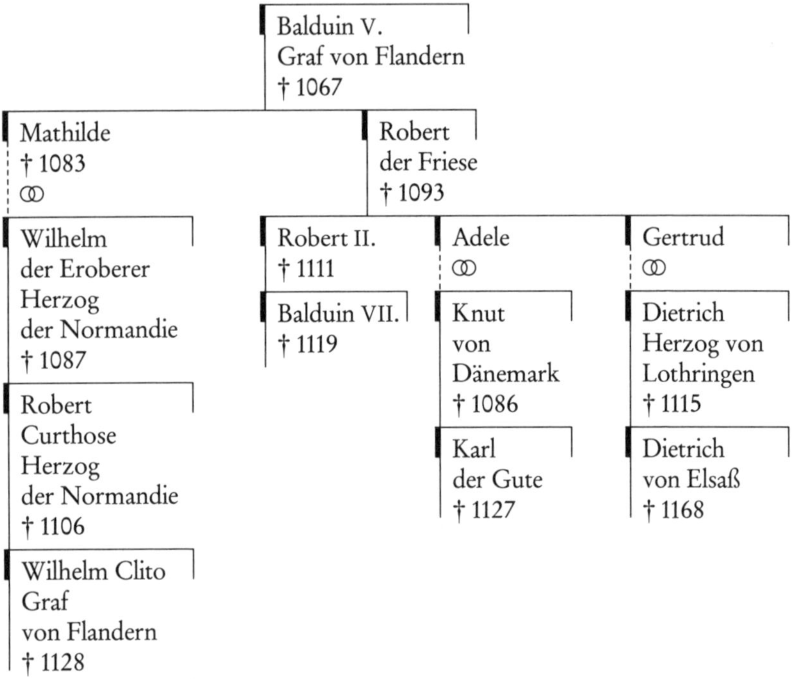

den Vorschlägen eines dem Kapetinger günstig gesonnenen Klerus Gehör und ließ sich von den Fortschritten der Krone beeindrucken. Wenige Wochen vor seinem Tod vermählte Ludwig VI. seinen Sohn, den künftigen Ludwig VII. – der schon sechs Jahre zuvor als sein Mitregent zum König von Frankreich gekrönt worden war –, mit der schönen jungen Eleonore von Aquitanien. Damit schien die Erweiterung der Krondomäne bis zu den Pyrenäen in greifbare Nähe gerückt zu sein.

KAPITEL IV

Die Zeit der Organisation
1130–1180

DAS NEUE TERRITORIALFÜRSTENTUM

Die Zeit der unabhängigen Burgherren war endgültig vorbei. Die neuen lebendigen Kräfte der Gesellschaft wirkten dieser Zerstückelung der öffentlichen Gewalt entgegen, die mit der Neulandgewinnung gekoppelte Bewegung griff über die engen Grenzen der Bannherrschaft hinaus. Landwirtschaftliche Produktionsüberschüsse und neue städtische Produktionszweige setzten einen wirtschaftlichen Austausch in Gang, der die durch die Zersplitterung der Macht und ihrer Befugnisse in Gerichtsbarkeit und Münzwesen aufgerichteten Schranken durchbrach.

Die kurz zuvor von den Grafen und Burgherren usurpierte Banngewalt wurde nun von jenen untergraben, die auf der Stufenleiter der Macht zwar nur die unterste Sprosse einnahmen, dafür aber mit Schwung die Leiter des Profits erklommen. Von Anfang an suchte sich das Bürgertum seine Gesprächspartner auf höherer Ebene, verhandelte mit dem Bischof oder dem Grafen, rief den König an. Wer Fernhandel treiben oder sein Kapital langfristig anlegen wollte, brauchte andere Sicherheiten, als sie der örtliche Burgherr im begrenzten Rahmen der Domänenwirtschaft bieten konnte.

Territorialfürsten, die – wie der Herzog der Normandie oder der Graf von Flandern – verstanden hatten, die Einheit der in ihrem Fürstentum zusammengeschlossenen Gebiete zu wahren, bildeten die Ausnahme. Nun aber schöpften die Fürsten alle vom Erbrecht gebotenen Möglichkeiten aus und scheuten in Ermangelung rechtlicher Grundlagen auch vor Gewaltanwendung nicht zurück, um die Entwicklung zu ihren Gunsten zu nutzen und aus der Größe der Territorialkomplexe wie der Krondomäne oder der großen Lehen Kapital zu schlagen. Die Grafen von Toulouse warfen sich zu nahezu souveränen Herren Südfrankreichs auf. Die Herzöge von Burgund und die Grafen der Champagne gewährten als Förderer des Handels den an- und durchreisenden Kaufleuten Schutz und verhalfen damit ihrem Fürstentum zu einer besonderen Ausstrahlung. Andere wie der Graf von Flandern oder der Graf der Provence knüpften diplomatische Beziehungen zu ganz Westeuropa an.

Das Schicksal der Plantagenets jedoch sprengte den gewohnten Rahmen. Sie bauten in nur wenigen Jahren zum Teil ohne einen Schwertstreich eines der erstaunlichsten politischen Gefüge der mittelalterlichen Welt auf. 1128 vermählte sich der Graf von Anjou und Maine, Gottfried der Schöne Plantagenet, mit Mathilde, der Witwe Heinrichs V., des letzten Kaisers aus dem ein Jahrhundert zuvor von Konrad II. gegründeten fränkischen Herrscherhaus. Diese Witwe aber war keine andere als die Tochter und das einzige überlebende Kind König Heinrichs I. Beauclerc von England, eine für den Grafen von Anjou in jeder Hinsicht vorteilhafte Partie.

Als Heinrich I. 1135 starb, beugte sich Gottfried Plantagenet in England vor Stephan von Blois, machte sich aber gleichzeitig an die Eroberung des Herzogtums Normandie, eine Eroberung, die 1144 mit dem Einzug des neuen Herzogs in Rouen schließlich ihr Ende fand. Die Neutralität Ludwigs VII. hatte Gottfried Plantagenet schlicht und einfach durch Abtretung des normannischen Vexin erkauft.

Einige Jahre später verführte Gottfrieds Sohn Heinrich Plantagenet, einer der einflußreichsten Fürsten am französischen Hof, die Königin, jene Eleonore von Aquitanien, deren Verhalten schon einmal Anlaß zu Klatsch geboten hatte, als sie den für die Reize seiner jungen Gemahlin offenbar wenig empfänglichen Ludwig VII. auf dem zweiten Kreuzzug begleitet hatte. Nach dem damaligen Skandal aber konnte der König ihr Abenteuer mit Heinrich Plantagenet nicht ohne Gesichtsverlust hinnehmen und drängte auf Scheidung. Mühelos fand sich ein Bischofsgremium, das just zum passenden Zeitpunkt die Verwandtschaft der Eheleute entdeckte und die Ehe zwischen den Vettern annullierte.

Zwei Monate später, im Mai 1152, heirateten Heinrich Plantagenet, Herzog der Normandie und Graf von Anjou, und Eleonore, die als Erbin ihres Vaters das Herzogtum Aquitanien mit in die Ehe brachte. Ludwig VII., dazu verdammt, ohnmächtig zuzusehen, konnte sich lediglich mit einigen gleichfalls besorgten Baronen gegen den nunmehr so übermächtigen Vasallen verbünden.

Unterdessen verfolgte Heinrich Plantagenet bereits weitere ehrgeizige Pläne: Er ließ sich beim Tode Stephans von Blois im Jahr 1154 zum König von England küren. Und auch dagegen begehrte niemand ernstlich auf.

Nun konnte der von Heinrich II. Plantagenet in Personalunion vollzogene Zusammenschluß eines Königreichs, zweier Herzogtümer und etlicher Grafschaften – 1158 kommt noch Nantes hinzu – nur ein überaus anfälliges politisches Riesengebilde ergeben. Dennoch gelang es seinem Organisationsgenie, daraus einen von der Pyrenäengrenze bis zum Tweed reichenden, vielgliedrigen, aber zusammenhängenden Staat zu schaffen.

In der Folge freilich drohte dem angevinischen Reich bei jedem Thronwechsel durch innere Machtkämpfe und äußeren Druck der Zerfall. Zunächst aber zwangen gerade die weiten Entfernungen zur Organisation. Dem Plantagenet blieb nur die Wahl, die Herrschaft durch einen sorgfältigen Ausbau der Verwaltung in den Griff zu bekommen oder abzutreten. Als Vorbild diente ihm dabei der ein Jahrhundert früher von Wilhelm dem Eroberer geschaffene anglonormannische Staat. Und in der Tat gelang es ihm, von 1173 an die verschiedenen Regionalgebiete Schritt für Schritt zu integrieren und zu einem vielgliedrigen, relativ gut koordinierten, wenn schon nicht völlig geeinten Staat zusammenzuschließen. Voraussetzung dafür war zunächst einmal eine größere Transparenz des Räderwerks der Macht, die dann auch den Aufbau des Staatsapparates und der Verwaltungstätigkeit beschleunigte.

Nun hätte die Herausbildung dieser großen Fürstentümer dem französischen König auf den ersten Blick schaden können – schließlich erwuchsen ihm durch ihren Aufstieg bedrohliche Rivalen. In Wirklichkeit jedoch profitierte auch der Kapetinger von dieser strafferen Machtausübung, die sich in vielfältigen Zentralisierungstendenzen niederschlug. Der König von Frankreich, der sich durch die Ambitionen Anjous und die traditionelle Autonomie der Normandie gefährdet sah, war nicht mehr mit seinem durch die Umtriebe des Sire de Montlhéry gefährdeten Vorgänger gleichzusetzen. Die politischen Probleme hatten eine neue Größenordnung angenommen.

Neu waren auch die Einsätze in diesem Spiel. Die großen Lehnsfürsten mußten der bequemen Vorstellung entsagen, der König herrsche zwar nach altem Brauch kraft seiner Krönung über ein aus grauer Vorzeit überkommenes Reich, übe aber desungeachtet über sie und ihre Leute keine höheren Machtbefugnisse aus. Bereits Ludwig VI. hatte Herzöge und Grafen wieder in die königliche Lehnsfolge zurückgezwungen. Hatten Normandie, Burgund und Aquitanien 1108 dem jungen Ludwig VI. noch den Lehnseid verweigert, wagte es 1137 niemand mehr, unter Hinweis auf das Gewohnheitsrecht die Huldigung abzulehnen; auch getraute sich keiner mehr, wie noch kurz zuvor der Herzog der Normandie, zu behaupten, seine Ländereien von seinem Vater geerbt und nicht vom König zum Lehen erhalten zu haben.

Hatte Ludwig VI. bei den Erbfolgekämpfen in Flandern nur mit Mühe und Not die Rolle des obersten Lehnsherrn spielen können, kam Heinrich II. Plantagenet 1151 nach zweijährigen Verhandlungen um den von Ludwig VII. erwarteten ligischen Lehnseid nicht mehr herum. Inzwischen hatte sich die vom Kapetinger vertretene Vorstellung durchgesetzt, im ganzen Königreich Frankreich gebe es kein Stückchen Land, das sein Besitzer nicht mittel- oder unmittelbar von der Krone zum Lehen erhalten habe. An der Spitze einer Pyramide, auf deren Stufen jeder dasselbe Spiel spielte (wie der Herzog von Burgund, der seinen Kastellanen nun wieder den lange vergessenen Lehnseid abnahm), warf sich der König zum obersten Lehnsherrn auf und nutzte die daraus erwachsenden Vorteile.

Die Territorialfürsten konnten gegen den König von Frankreich zwar opponieren, ihn aber nicht mehr ignorieren. Er war nun nicht mehr bloß einer aus ihren Reihen, nicht mehr schlicht der durch die Krone ausgezeichnete erste unter den französischen Baronen. Er stand über ihnen und zwar in Theorie und Praxis. So streicht Suger in seiner »Vita Ludwigs VI.« *(»Vie de Louis VI.«)* wie in der Abwicklung der Regierungsgeschäfte für Ludwig VII. den König unermüdlich als den über den großen Lehnsherrn stehenden obersten Gerichtsherrn heraus, der kraft seiner Oberlehnsherrlichkeit als höchste Berufungsinstanz fungiert. Die Kapetinger verstanden aus dieser rechtlichen Sonderstellung in der Folge politisch Kapital zu schlagen und die Oberlehnsherrlichkeit – das heißt ihre Position als Herr aller Herren – in den Dienst ihrer herrscherlichen Ambitionen, genauer gesagt des Staates zu stellen. Unter den Rechtsgelehrten Philipps des Schönen wie Karls V., des Weisen, sollte die Feudaljustiz in der Praxis der Bestätigung des Staates dienen.

Vorläufig jedoch mußte sich der Kapetinger noch an allen Fronten schlagen und nach der Decke strecken: Während Ludwig VII. 1159 dem Grafen von Toulouse gegen die Angriffe Plantagenets zu Hilfe kam, wurde er selbst im Kernbereich der Krondomäne verraten und sah die Anglonormannen vor Paris aufmarschieren. Und im alten Königreich Arelat, dem Gebiet zwischen Besançon und der Mittelmeerküste, aktivierte Kaiser Friedrich Barbarossa noch einmal die Reichsgewalt und schloß mit der Champagne, mit Burgund und der Normandie ein Bündnis, das dem König gefährlich werden konnte.

HERAUSBILDUNG STÄDTISCHER VERFASSUNGSFORMEN

Die in den siebziger Jahren des 11. Jahrhunderts einsetzende kommunale Bewegung war von allem Anfang an Zeichen eines neuerwachten Gemeinschaftsbewußtseins und eines instinktiven Bedürfnisses nach horizontalen Solidaritätsbindungen zwischen freien und gleichen Menschen. Ursprünglich eine Ausformung der mit dem Wandel von Kirche und Gesellschaft verknüpften Friedensbewegung, gliederte sie sich in dem uns hier beschäftigenden 12. Jahrhundert schließlich ins Spiel der Politik ein, ein Spiel, bei dem vielfach die Fürsten die Initiative ergriffen.

Diese drängten durch Bewilligung einer Charta, die das Personenrecht durch genau definierte Freiheiten mehr oder minder vereinheitlichte und das konstitutionelle Leben der Stadtgemeinde organisierte, die freie Willensbildung des Bürgers und die »Eidgenossenschaft« *(commune jurée, coniuratio)* in vielerlei Hinsicht in den Hintergrund. Allerdings waren die Zugeständnisse recht unterschiedlich, so daß einige große Stadtgemeinden wie zum Beispiel Tournai oder Soissons praktisch unabhängig waren, während die meisten Kommunen nur über eine begrenzte Autonomie verfügten.

Trotz starker Vorbehalte der Feudalhierarchie – etwa seitens eines Mannes wie Bischof Gaudry, der die der Stadt Laon bewilligte Kommune im Einvernehmen mit dem Kapetinger unverzüglich wieder abschaffte, sie jedoch 1128 erneuerte – verdankten die meisten Kommunen ihre Entstehung dem gemeinsamen Wollen von Lehnsherrn und Bürgerschaft. Aufstände wie im 11. Jahrhundert in Le Mans oder Cambrai stellten mittlerweile die Ausnahme dar.

Der König von Frankreich bediente sich dieses neuen Elements des politischen Lebens mit großer Geschicklichkeit. Während Ludwig VI. und Ludwig VII. die Bewegung außerhalb und vor allem an den Grenzen der Krondomäne förderten, um hier den Mangel an Autorität auszugleichen, schoben sie ihr im Kerngebiet der kapetingischen Domäne nach Möglichkeit einen Riegel vor. So erhielten Laon, Amiens, Noyon, Corbie, Soissons, Compiègne, Senlis, Beauvais und Mantes eine Charta, die die Bürger als eigene Gruppe mit besonderen Rechten und Pflichten bestätigte. Ähnliche Zugeständnisse machten der Graf der Champagne für Meaux, der Graf von Flandern für Arras und Saint-Omer, der Graf von Ponthieu für Abbeville und der Erzbischof von Reims seiner Stadt. In vielen Fällen verlieh die Charta allerdings lediglich bereits bestehenden, durch Zunftsolidarität und spontan gebildete Interessen- und Ortsgemeinschaften geknüpften Verbindungen Rechtsgültigkeit.

Damit aber nahm die Kommune, gleichviel ob vor der Charta oder erst durch diese ins Leben gerufen, den Charakter eines Lehenssubjekts an. Waren die ersten autonomen Städte noch außerhalb des Lehnswesens gestanden, gliederte sich nun die Kommune durch die Charta in das Lehnssystem ein.

Daneben wurden in zunehmender Zahl aber auch noch andere Konzessionen bewilligt. Sie legten in schlichten »Freibriefen« *(chartes de franchise)* Rechte und Pflichten fest, die vielfach – vor allem auf dem privatrechtlichen Sektor – denen der Kommunen glichen, jedoch, und das ist wesentlich, die politische Identität und den sie begründenden Akt, den gegenseitigen Beistandsschwur, ausklammerten. Die *charte de franchise* erschien somit in vielerlei Hinsicht als sicherstes Mittel, die Kommune zu umschiffen. Orléans erhielt sie bereits 1057, Bourges, Auxerre, Blois und Angers im 12. Jahrhundert – wie viele hundert andere Gemeinden bescheidener Größe, etwa Beaumont-en-Argonne oder Lorris im Gâtinais, zwei Orte, auf deren Freibriefe man lange Bezug nehmen sollte, wobei Beaumonts Stadtrecht sogar außerhalb des Königreichs nachgeahmt wurde.

Namentlich ein Stadtrecht aber fand Beachtung: das von Rouen. Der Herzog der Normandie mußte seine Machtansprüche zwar auf die starke Kaufmannsbourgeoisie abstimmen, behielt aber die Fäden in der Hand.

So verfügte die in den *établissements de Rouen* definierte Kommune trotz fortschrittlicher öffentlicher Einrichtungen nur über eine sehr begrenzte Autonomie. Die herzoglichen Beamten regierten Rouen wie die Beamten des Königs Paris, denn die Hauptstadt des Königreichs besaß keine *charte communale* und sollte auch nie eine erhalten: Als einzige bürgerliche Instanz übte in Paris die »Wassergilde« oder »Pariser Hanse« *(marchands de l'eau)*, das heißt die Vereinigung der auf der Seine Handel treibenden Kaufleute, Machtbefugnisse, mit anderen Worten, eine Handelsgerichtsbarkeit, aus. Doch Paris nachzuahmen fiel niemandem ein, während Rouens *établissements* zahlreichen Stadtgemeinden, vor allem im Herrschaftsbereich der Plantagenets, als Grundlage für ihre Rechtsordnung dienten. Ja, man traf sie bis Saint-Jean-d'Angély in Aquitanien an, obwohl dort die sozioökonomische Lage und Struktur nicht mehr die geringste Ähnlichkeit mit den Verhältnissen in Rouen aufwiesen.

Nach denselben Grundsätzen verfuhr, allerdings weniger systematisch, auch der Kapetinger, der in zahlreichen Kommunen wie etwa in Mantes oder in Compiègne auch weiterhin seine Vertreter, seine Prévôts, unterhielt. Philipp August ging sogar noch einen Schritt weiter und setzte in Amiens, als er es 1185 in die Hand bekam, einen Prévôt ein, obwohl die Kommune bis dahin nie einen besessen hatte.

Demnach bot sich also im Norden und Westen des Königreichs ein recht buntes Bild mit allerlei schwer definierbaren Mischformen zwischen den beiden Verfassungstypen, deren Verteilung weder der Bedeutung der Gemeinden noch dem juristischen Sprachgebrauch völlig entsprach, hatte man doch etwas voreilig behauptet, die Kommune (oder *ville libre*) sei freier als die *ville de franchise*. Um das Kräfteverhältnis zwischen Fürst und Bürgerschaft richtig zu beurteilen, muß man die lokalen Anliegen, die Spannungen innerhalb der bürgerlichen Welt, die politischen Augenblicksnotwendigkeiten berücksichtigen. Und auch im Süden des Landes herrschte nur scheinbar Übersichtlichkeit: Sie erwuchs lediglich aus der Verallgemeinerung eines stark von italienischen Einflüssen geprägten Kollegialsystems, zu dessen charakteristischen Merkmalen die Rolle des – im Norden praktisch von den städtischen Belangen ausgeschlossenen – Adels und die Verwaltung durch eine zwei- bis vierköpfige Exekutive, die sogenannten Konsuln, zählten.

Auch in der Provence und im Languedoc – in Avignon, Arles, Béziers, Narbonne, Nizza, Nîmes und Tarascon – kam es in den dreißiger Jahren des 12. Jahrhunderts (wenn auch unter geringeren äußeren, dafür aber nicht minder aufreibenden inneren Spannungen als im Norden) zur Bildung erster »Konsulate«. Nach 1150 erfaßte die Bewegung dann Toulouse und den oberen Teil des Languedoc und erreichte schließlich das Zentralmassiv.

Durch den schwachen Einfluß des Lehnswesens aber fehlte der Rivalität städtischer Machtinstanzen und militärischer Feudalstrukturen im südfranzösischen Raum die Schärfe, zumal auch die Eidgenossenschaft, die *coniuratio*, hier nur untergeordnete Bedeutung besaß. Die wirtschaftliche Solidarität allerdings war ebenso stark ausgeprägt wie in den Kommunen des Nordens, nur daß sie hier nicht zum Kampf gegen den Feudalismus, sondern häufig zum Kampf der Städte gegeneinander führte: Das Wirtschaftsdenken schlug sich in einer Kommunalpolitik nieder, die auf die Entwicklung der Region abzielte.

DIE RENAISSANCE DES 12. JAHRHUNDERTS

Dreihundert Jahre nach der »karolingischen Renaissance« bricht die »Renaissance« des 12. Jahrhunderts an. Das geschriebene Wort kommt wieder zu Ehren, ein Bedürfnis nach Klarheit und Ordnung macht sich bemerkbar, das sich vor allem in der Kodifizierung des Rechts äußert und in Schriften mit intellektuellen Spekulationen – lauter Vorgänge, die jedoch die Geltung von Geste, Brauch und Gewohnheitsrecht noch nicht beeinträchtigen. Aber mochte diese Renaissance auch nur ein Vorspiel zur Blüte der Universitäten nach 1200 sein, ihrem ganzen Wesen nach zeugt sie doch bereits von einem den politischen Rahmen sprengenden Geistesleben, einer das wiederentdeckte antike Erbe mit einbeziehenden Sicht und einem Schulwesen, das über die schlichte Erneuerung des Lehrstandes hinausging.

Der Elementarunterricht, die Grundlage, auf der alles aufbaut, erfuhr eine Auffächerung. Zwar unterhielt nach wie vor jedes Kloster und jedes Domkapitel seine Schule, doch gab es in den Städten bereits außerhalb des kirchlichen Schulwesens wirkende Lehrkräfte: Schulmeister, die von den Bürgern, den Kaufleuten, den Notaren bezahlt wurden. Um Unterricht im Lesen, in der Grammatik oder im Rechnen zu erteilen, brauchte einer nun nicht mehr Geistlicher zu sein oder diese Laufbahn anzustreben. Vor allem aber äußerte sich die Renaissance im neuerwachten Wissensdurst und dem Bedürfnis nach einem entsprechenden geistigen Rüstzeug, ein Bedürfnis, das sich in Cîteaux ebenso bemerkbar machte wie auf den Messen der Champagne. Es zeigte sich in der Qualität der Urkunden wie in der Eleganz der Schrift, die auf die schlichten, kurz zuvor in den karolingischen Schreibstuben wieder aufgegriffenen Formen der lateinischen Minuskel zurückging.

Durch die neuen Tendenzen des Mönchtums und das rasche Wachstum der Städte verlor die Klosterschule zusehends an Bedeutung, zumal nach der Reform der alten und der Entstehung neuer Orden die Schul- wie die Schreibstubentätigkeit gegenüber dem Gebet zurücktreten mußten. Der ohnedies beschränkte Wissenshorizont wurde zugunsten von Kult und Andacht vernachlässigt, bis dann die Stunde der Volkspredigt schlug, in der man nun die oberste Aufgabe der religiösen Berufung sah.

Obwohl die Lektüre des »Gottesworts« ein wesentliches Mittel der Heiligung blieb und trotz der Lehren, die ein heiliger Bernhard dem Abendland erteilte, bildeten weder Cîteaux noch die Chartreuse Intellektuelle heran. Der Verfall der für den von Cluny reformierten Benediktinerorden kennzeichnenden Ausgewogenheit zog auch den Niedergang jenes christlichen Humanismus nach sich, der fünfhundert Jahre zuvor als Reaktion auf die Auswüchse des aus dem Orient importierten oder von Irland wieder aufgewärmten Mystizismus und Individualismus entstanden war. Im Mittelpunkt des Glaubens stand nun Gott, Gott allein.

Während die neue Ordensreform einen wahren Überfluß mönchischer Vollendung bewirkte, trat nun die Stadt als Hüterin der geistig-intellektuellen Aktivitäten auf. Die Stadt, das heißt genauer die Domschule. Die großen Namen des neuen Jahrhunderts lauteten Chartres und Paris, Laon und Reims, Tours und Orléans. Einige Klöster, die qua Kloster von der bischöflichen Autorität unabhängig und aufgrund ihrer Lage in der oder vor den Toren der Stadt mit dem städtischen Leben verquickt waren, nahmen eine Sonderstellung ein: so in Paris Sainte-Geneviève und Saint-Victor.

Ein neuer Menschentyp trat auf: der professionelle Lehrer, der von seinem Wort und von seinen Schriften lebte. Dieser Lehrer, meist ein Weltgeistlicher, bezog als Domherr oder Pfarrer, das heißt als Inhaber einer kirchlichen Pfründe, zwar ein einigermaßen geregeltes Einkommen, nahm aber insbesondere für seinen Unterricht Schulgeld ein. Die typischsten Vertreter dieser ersten Intellektuellengeneration waren der Philosoph Peter Abaelard und der Theologe Petrus Lombardus, der spätere Bischof von Paris und Verfasser jener die kirchliche Lehre zusammenfassenden »Sentenzen«, deren Kommentar dreihundert Jahre lang die Grundlage der gesamten scholastischen Theologie bilden sollte. Doch daneben traten in dem Zeitraum von 1130 bis 1180 auch noch andere markante Intellektuelle auf, darunter ein Geschichtsschreiber wie Petrus Comestor (der Bücherverschlinger) oder ein so herausragender Humanist wie der englische Kleriker Johannes von Salisbury, der als enger Vertrauter Thomas Beckets dessen Ermordung als Augenzeuge miterlebte und der seine Tage als Bischof von Chartres beschloß.

Insgesamt griff die zweite Renaissance des Mittelalters weit über die Grundlagen des Wissens, über Grammatik und Rhetorik, hinaus und stellte durch die Theologie Stoff für neue Kontroversen und durch die Dialektik ein Denkschema und eine Begründungsmethode bereit.

Das große Jahrhundertereignis schlechthin aber bildete in diesem Zusammenhang die Entdeckung des Aristoteles – nicht des mehr oder minder vom Platonismus mit Beschlag belegten Logikers, den das Frühmittelalter über Chlodwigs Zeitgenossen Boethius kennengelernt hatte, sondern des metaphysischen Denkers. Dieser Aristoteles lieferte die Grundlagen für die Untersuchungen eines Anselm von Canterbury (gest. 1109), der die offenbarte Glaubenswahrheit bereits mit den Mitteln der Logik zu verstehen versuchte. Auf diesen Aristoteles stützte sich auch Peter Abaelard, als er in den Jahren 1135–1140 die Dialektik – das heißt die schlußfolgernde Logik – zur Grundlage des Verständnisses der von der Bibel übermittelten Glaubensinhalte machte.

Anders als im Abendland war das Griechische in der arabischen Welt nicht in Vergessenheit geraten, hatten arabische Philosophen im Maghreb wie in Spanien die vom Altertum überkommenen Werke übersetzt und kommentiert. Über die Aristoteles-Übersetzer und -Kommentatoren Avicenna (Ibn Sina) und Averroes (Ibn Roschd) lernte die abendländische Christenheit den bis dahin nur als Theoretiker der Denkabläufe bekannten Griechen auch als Analytiker der Welt kennen: Reconquista und Pilgerfahrten mit ihrem regen Menschenverkehr verschafften der christlichen Welt Zugang zu diesem Geisteserbe.

Daß es sich dabei um ein naturgemäß arabisch überformtes griechisches Gedankengut handelte, bekamen die allzu rasch verführten abendländischen Magister vor den kirchlichen Tribunalen zu spüren. Dennoch gab dieser noch in den Kinderschuhen steckende Aristotelismus dem auf den ausgetretenen Pfaden des augustinischen Platonismus dahinkümmernden Geistesleben neuen Auftrieb.

Doch nicht nur zu Aristoteles, auch zu anderen bedeutenden wissenschaftlichen Werken bot um die Mitte des 12. Jahrhunderts eine Flut von Übersetzungen plötzlich Zugang. Damit standen den Lesern neben den Hauptwerken der seit dem Frühmittelalter in Vergessenheit geratenen griechischen Autoren auch die Schriften der den vorangegangenen Generationen praktisch noch unbekannten arabischen Gelehrten auf lateinisch zur Verfügung. Aus diesem umfangreichen neuen Leseangebot, das die Mathematiker Archimedes, Euklid, Al Chwarismi, den Astronomen Ptolemäus und die Ärzte Galen, Hippokrates und Râsi alias Rhazes umfaßt, zog das folgende Jahrhundert die Konsequenzen für die Logik des christlichen Denkens: Mit ihm brach die Zeit eines Thomas von Aquin und eines Siger von Brabant an.

Und noch ein weiteres wichtiges Werk des klassischen Altertums tauchte damals wieder auf, das umwälzende Veränderungen im politischen und gesellschaftlichen Leben des mittelalterlichen Frankreich herbeiführen sollte: das auf Anordnung Kaiser Justinians im 6. Jahrhundert zusammengestellte *Corpus iuris civilis,* die umfassendste Sammlung des konsequent vervollkommneten römischen Rechts, ergänzt durch die gedrängten Erläuterungen der römischen Rechtsgelehrten, die *Digesten.* Lange Zeit hatte das Europa der Barbarenvölker diesem in der Handhabung schwierigen *Codex* die einfachere, im ausgehenden 4. Jahrhundert von den Juristen des Kaisers Theodosius zusammengestellte Rechtssammlung (den Theodosianischen Kodex) vorgezogen: einen schlecht und recht den Zeitbedürfnissen angepaßten Abriß des Rechts samt Glossenauswahl. Der Rückgriff auf den *Codex Justinianeus* ebnete nun den Weg für scharfsinnigere Analysen, eine gründlichere juristische Schulung und fruchtbarere Entwicklungen. Die Einschaltung der Rechtsgelehrten ins öffentliche Leben, das Übergewicht der Juristen bis in den kirchlichen Bereich hinein, das Wiederaufleben der Staatsidee und der Idee des Staatsdienstes gingen großenteils auf jenen Aufschwung des Rechtsdenkens zurück, der im neuerlichen Rückgriff auf Justinians *Corpus iuris* seinen sichtbarsten Ausdruck fand. Ebenso entscheidend für das Alltagsleben aber waren das zur gleichen Zeit begründete staatliche Urkundenwesen und die Ausarbeitung eines Handelsrechts.

Die führende Rolle bei der Ausbildung der französischen Juristenkader spielte von nun an die Rechtsschule von Montpellier. Sie stellte vor allem im noch stark vom lateinischen Erbe geprägten Süden des Landes den Fürsten und Städten die benötigten Rechtsgelehrten. Darüber hinaus aber wirkte sich diese Renaissance des Rechtswesens auch auf jene Landesteile aus, deren Gewohnheitsrecht noch stark von den Rechtsgepflogenheiten der Barbarenstämme geprägt war: Das römische Recht beeinflußte hier indirekt die halbamtliche oder amtliche Fassung des Gewohnheitsrechts, mit anderen Worten, des Privatrechts und der Kommunalverfassungen und Zunftsatzungen, die – im Verein mit dem Lehnsrecht – die wesentlichen Sparten des Staatsrechts bildeten.

Gleichfalls kennzeichnend für die Renaissance des 12. Jahrhunderts war der Siegeszug der Monumentalarchitektur als Ausdruck des Glaubens, Demonstration der Macht und Zeichen des Reichtums. Die Klosterarchitektur erreichte mit Vézelay, Saulieu, Fontevrault, Saint-Front in Périgueux, Saint-Sernin in Toulouse und Saint-Gilles-du-Gard ihren Höhepunkt. Während der wirtschaftliche Aufschwung der Städte die Geldmittel für die ersten großen Baudenkmäler der Gotik bereitstellte, trugen die Fortschritte in Bautechnik und Verteidigungstaktik zur Verbesserung der Wehranlagen bei. So zeugen der runde Donjon, bei dem es für die Schützen keinen toten Winkel mehr gab, und die konzentrischen Umwallungen mit ihren Türmen und Gräben von einer intelligenten Verteidigungsstrategie, die mit den massigen rechteckigen Türmen des vorangegangenen Jahrhunderts nicht möglich gewesen wäre. In Wahrheit schlugen sich hier vor allem die Erfahrungen im Heiligen Land nieder, wo mit den Burgen der Ritterorden alle im Westen ersonnenen Techniken einer gemeinsamen Feuerprobe unterzogen worden waren.

Die ersten schüchternen Ansätze einer auf das Kreuzrippengewölbe – die diagonale Überschneidung zweier Spitzbogen – gestützten Architektur stammen vom Ende des 11. Jahrhunderts. Doch erst nach 1130 zog man wirklich die Konsequenzen aus dieser neu erzielten Auflockerung: Der Raum zwischen den tragenden Spitzbögen (die sogenannten Kappen) wurde nun mit dünnem Mauerwerk geschlossen, das Gewölbe verlor an Schwere, die Konzentration des Gewölbedrucks auf die Ecken der Joche, das heißt die Punkte, an denen die Gewölbeanfangssteine auf die senkrechten Widerlager auftreffen, ermöglichten die Auflockerung der Wand und die Erweiterung des Schiffes. Während die Romanik mit Le Puy, Périgueux oder Vézelay ihre letzten Meisterwerke hervorbrachte, breitete sich die neue, später als »Gotik« bezeichnete Kunst, die die freskengeschmückten Wände zugunsten der lichtdurchfluteten Fenster auflöst, sehr rasch in einer räumlich leicht abgrenzbaren Region aus: Sie umfaßt neben der Krondomäne um Paris und Saint-Denis, in der die Kapetinger ihre Dynamik entfalteten, auch das konkurrierende Fürstentum Anjou und die Normandie mit den Zentren Caen und Évreux. Besagte Region zeichnete sich unter anderem auch durch fruchtbare Lehmböden aus, die zur Entstehung blühender städtischer Märkte führten.

Die Kunst trug bereits den Stempel des Königtums und diente der Krone als politisches Werkzeug. Als erstes Wahrzeichen kann die Errichtung der Abteikirche von Saint-Denis unter Abt Suger gelten, jenem tatkräftigen und umsichtigen Staatsmann, den Ludwig VII. während des zweiten Kreuzzugs zum Regenten Frankreichs ernannte. Ab 1163 folgten dann Notre-Dame zu Paris und die Chapelle de la Vierge von Saint-Germain-des-Prés, Vorläufer der Fensterrosen von Chartres und der unter König Ludwig dem Heiligen erbauten Sainte-Chapelle. 1135 begann die Kathedrale von Sens in den Himmel zu wachsen, und in der Folge reihten sich neben Notre-Dame de Paris neue Kathedralen in Noyon, Senlis, Laon und Soissons in die erste Generation gotischer Bauwerke ein. Noch aber waren ihrem Höhenstreben Grenzen gezogen, obwohl es dank der sechsteiligen Rippengewölbe gelang, die Abstände zwischen den seitlichen Stützen zu verringern und damit der Einsturzgefahr vorzubeugen. Immer noch aber waren die Stützsysteme massiv, auch wenn der Seitenschub bereits in verschiedenen Höhen aufgefangen und zum Teil über die hohen Emporenhallen über den Seitenschiffen abgeleitet wurde.

Um die gleiche Zeit brachte auch die Zisterzienserbaukunst ihre eigenständigsten Meisterleistungen hervor. Hier triumphierte die Architektur, war doch den geistigen Söhnen des heiligen Bernhard alles schmückende Beiwerk suspekt. Bei allen Unterschieden der regionalen Tradition lassen Pontigny, Fontenay, Fontfroide und Silvacane den gleichen Willen zum funktionalen Bau erkennen, dessen nüchterne Strenge an sich schon ein Glaubenszeugnis darstellt. Bezeichnend auch die heftige Polemik des heiligen Bernhard gegen Abt Suger, der in Saint-Denis absichtlich den Ruhm Gottes mit dem Ruhm des Kapetingers verwechselte.

Zu diesem Zeitpunkt gewann auch die Plastik ihre monumentale Rolle in vollem Umfang zurück. Sie wurde den Bauteilen nun nicht mehr als simples Schmuckelement aufgesetzt, sondern überhöhte sie ins Grandiose. An Portalen und auf Tumben tauchten erneut bedeutende Plastiken auf, Fassaden und Portale wurden von den Künstlern nun wieder mit großen Kompositionen geschmückt.

Das Bildwerk diente zunehmend einem pädagogischen Zweck. Allerdings richtete es sich aufgrund seines subtilen Symbolgehalts, der die verschiedenen Elemente der Schöpfung in Zeit und Raum vereint, im Grunde nur an die Geistlichkeit. Das einfache Volk nahm diese Bilderwelt schauend in sich auf, die ihm mehr oder minder bekannte Geschichten und Gestalten vor Augen führte. Sankt Martin beim Zerteilen seines Mantels, der Diakon Theophil, die Kindheit Christi, das *»lai d'Aristote«* waren ihm einigermaßen vertraut. Es kannte die Heiligen, namentlich die Schutzpatrone seiner Stadt und seines Bistums und hatte die örtlichen Legenden halbwegs im Kopf. Vor allem aber konnte es bei den steinernen Figurenfolgen des Jüngsten Gerichts der Tympana treffsicher zwischen Paradies und Hölle unterscheiden.

Was wußte es dagegen von der Symbolik des Einhorns, des Greifs oder der auf einem Kapitell in Vézelay dargestellten mystischen Kelter, von den durch die Kapitelle in Cluny versinnbildlichten acht Tönen des gregorianischen Kirchengesangs, vom Zusammenhang zwischen dem Hohenpriester Melchisedek und dem predigenden Christus oder zwischen Jakobsleiter und Paradies? Und was konnte dieses schlichte Christenvolk von den oberen Bilddarstellungen der hohen Kirchenfenster von Chartres überhaupt noch erkennen?

Mochte das Evangelium in dem auf die Gläubigen zugeschnittenen Gottesdienst auch eine vorrangige Rolle gespielt haben, den bildenden Künstlern lieferte es nur wenig Motive. Eine Ausnahme bildet allenfalls die Passion. Die »Kindheit Christi« dagegen stammt nicht aus den in der Messe verlesenen und in der Predigt ausgelegten Evangelien, sondern aus den Apokryphen. Und die Auferstehung der Toten, das Jüngste Gericht, die gerechten Richter und die Alten sind der Apokalypse entnommen, deren überaus schwieriger Text den Gläubigen in Stadt und Land wenig geläufig war. Das Alte Testament schließlich, das die Glaubenswahrheiten durch Symbolgestalten und Allegorien veranschaulicht, stellt die Patriarchen, Könige, Propheten, »Vorläufer« und den »Traum« oder die »Wurzel

Jesse« dar, das heißt den menschlichen Stammbaum Christi, der auf den blauen Glasbildern von Chartres wie in anderen Kathedralen besonders als Motiv für prächtige dekorative Kompositionen mit antikisierendem Rankenwerk dient.

Die künstlerische Formulierung der Glaubensinhalte entsprach der Sicht des Jahrhunderts; gleichzeitig erfuhren diese Inhalte eine Vermenschlichung: Gottvater wird mit Thron und Krone dargestellt; auf dem erstmals um 1170 am Portal von Senlis behandelten Motiv der Verherrlichung Marias erhalten Tod und Himmelfahrt der Muttergottes in der Krönung der Mutter durch den Sohn einen monarchischen Akzent; der Erzengel Michael tritt als Glaubensritter auf, und auch den Heiligen sieht man das Jahrhundert ihrer Entstehung an. Die Geschichte liefert den hierarchischen und zugleich begreifbaren Rahmen für diese Vermenschlichung. Christus trägt nun die Züge des historischen Jesus von Nazareth und wird mit seiner menschlichen Umgebung dargestellt. Statt wie vordem mit seinen vier geflügelten Begleitern, die in der alten Ikonographie die Evangelisten symbolisieren, tritt er nun, wie der Lehnsherr im Kreis seiner Vasallen – bezeichnenderweise findet sich in der Liturgie überall die Anrufung »Herr« – mit Maria und den Aposteln als Gefolge auf. Auf Christus, den Weltenherrscher, auf den Pantokrator der byzantinischen Mosaiken, auf die dem Sichtbaren entrückte zweite Person der Trinität folgte nun, den Bedürfnissen der Verkündigung durch das Bild entsprechend, Christus in seinen verschiedenen Rollen als Lehrer, Richter, Segenspender und Schmerzensmann.

Auch in der Literatur spiegelt sich die dem Kloster entwachsene, den neuen politischen Realitäten – dem wiedererstarkten Königtum, der zur Ethik erhobenen Vasallenbindung und einem triumphierenden, intellektuell zusehends regeren Bürgertum – konfrontierte geistige Aktivität wider. Ebenso löste die Volkssprache nun endgültig das Latein ab; das heißt die *langues d'oil* im Norden und die *langues d'oc* im Süden, jene Nachfahren des vor dreihundert Jahren aus dem klassischen Latein entwickelten Vulgärlateins, entfalteten sich nun mit der ganzen Buntheit unterschiedlicher Dialekte von stark ausgeprägter Eigenart. Das Provenzalische des Limousiners Bernard von Ventadour weicht ebenso von dem des aus Toulouse gebürtigen Peire Vidal ab wie der Dialekt des Normannen Wace vom Sprachgebrauch der Champagne im Werk des Chrétien de Troyes.

Bei der Wahl ihrer Stoffe griffen die Dichter auf ein vielschichtiges Erbe zurück, das die mit leidenschaftlicher Begeisterung wiederentdeckte Antike – Vergil, Ovid – mit den alten, mehr oder minder christlich eingefärbten Heldensagen der karolingischen Welt verband. Die Frau nahm nun rasch die zentrale Stellung ein, die ihr die ersten *chansons de geste* noch versagten, jenen Platz, den die »bretonischen« Romane dann bestätigen sollten und den der im folgenden Jahrhundert entstehende »Rosenroman« endgültig festgeschrieben hat.

Das durch die politische Zentralisierung geförderte Hofleben schuf das geeignete Umfeld für Ideenaustausch, Experimente und Wettstreit. Und es bot mit der den Dichtern gewährten Gastfreundschaft eine elementare Form des Mäzenatentums, die den schöpferisch Tätigen ein Auskommen sicherte, um durch deren Beitrag das eigene Ansehen zu heben. Wie die Kathedralen, so trugen auch Geistesleben und Literatur zur Bestätigung der politischen und wirtschaftlichen Machtverhältnisse bei. Der provenzalische Hof Raimund Berengars IV. und Petronillas von Aragon und der normannische Hof König Heinrichs I. Beauclerc stellten, genau wie der königliche Hof zur Zeit Königin Eleonores von Aquitanien, einen Brennpunkt des literarischen Lebens dar, das auf diese Weise eine große Formenvielfalt entwickelte.

Alle literarischen Gattungen stehen gleichzeitig in Blüte. Während die Gestaltung epischer Stoffe mit so kraftvollen und dabei doch bereits feingezeichneten Werken wie dem »Wilhelmslied« oder dem *»Couronnement de Louis«* fortgeführt wurde, gewann der höfische Roman sehr rasch die Gunst des Kriegeradels wie des intellektuellen Bürgertums. Damals entstanden die ersten Fassungen des *»Roman d'Alexandre«* (»Alexanderroman«), das große Fresko des *»Roman de Thèbes«* (»Thebenroman«) und die beiden Werke des Gautier d'Arras, der orientalisch inspirierte *»Éracle«* und der aus der heroischen Tradition gespeiste Abenteuerroman *»Ille et Galeron«*. Weit bedeutsamer aber sind die keltisch-bretonischen Sagen im Verein mit christlich-mythischen Elementen wie dem Grals- und dem Parzivalmotiv und mit einer vom Ritter- und Vasallentum geprägten Sicht der zwischenmenschlichen Beziehungen und innerhalb dieser vielschichtigen Gruppe wiederum die zahlreichen teils erhaltenen, teils verlorengegangenen Fassungen des Tristanstoffs und Chrétien de Troyes' »Artuszyklus« und »bretonische« Romane.

Den gemeinsamen Rahmen dieser phantasievollen Werke, in denen

Tapferkeit, Ehre und Treue die dramatischen Triebfedern eines Handlungsverlaufs bilden, in dem Liebe und Heldentaten miteinander verschmolzen sind und der von einem völlig kirchenfernen Mystizismus und einem ganz und gar unzeitgemäßen Wunderglauben eingefärbt ist, liefert der keltisch-bretonische Sagenkreis der Insel- und Festlandsbretonen. Diese zum Teil auf uralte Erzählungen zurückgehenden, von Klerikern wie Geoffrey of Monmouth oder von Modeschriftstellern wie Chrétien de Troyes literarisch-kunstvoll aufgebauten »bretonischen« Romane verherrlichten die kulturelle Identität, lieferten der Phantasie Nahrung und stellten gleichzeitig unter der Hand politische und religiöse Leitbilder auf.

Hatte vordem das Wunder den berichteten Heldentaten, von denen der tapfere Ritter nur träumen konnte, den Glanz des Außergewöhnlichen verliehen, so trat es nun zurück: Das Abenteuer nahm menschliche Dimensionen an. *»Tristan et Iseut«*, *»Érec et Énide«*, *»Lancelot ou le chevalier à la charrette«*, *»Yvain ou le chevalier au lion«* stellen zwar noch durchweg Helden, aber doch auch bereits bestimmte Typen vor.

Wie der Roman, so blühte auch das lyrische Schaffen: Chrétien de Troyes bearbeitete Ovids *»Ars amatoria«*, Marie de France verfaßte ihre Lais, und die Frauen sangen bei der Arbeit in den *chansons de toile* von der Liebe. Béroul und nach ihm Thomas gestalteten den Tristanstoff, der Marie de France als Anregung für ihren *»Lai du chèvrefeuille«*, Chrétien de Troyes für seinen *»Cligès«* und einem anonymen Verfasser für die *»Folie Tristan«* diente. Die Liebe rückte zu einer schicksalhaften Macht auf, und auch das Unglück übernahm nun seinen Part in dieser höfischen Welt, in der Minne alles andere als unmittelbare Sinnlichkeit bedeutete.

Ganz andere Züge trägt die höfische Lyrik der Troubadours, die den Dialekten der *langue d'oc* damals ihre reinsten literarischen Meisterwerke bescherte. Der aus dem Limousin gebürtige Bernard von Ventadour – übrigens kein Verwandter des dichterisch gleichfalls nicht unbegabten großen Barons Eble II. von Ventadour – und der aus Toulouse stammende Peire Vidal, der im Périgord geborene Bertrand de Born und der in der Gascogne beheimatete Jaufré Rudel setzten die Tradition eines Marcabru und Wilhelm IX. von Aquitanien (gest. 1127) fort, führten in ihren vertonten oder aus dem Stegreif gesungenen Liedern aber den bis dahin in der romanischen Literatur nicht üblichen Reim ein. Hin und wieder klingen auch politische Themen oder eigene Erlebnisse an, wodurch die höfische

Dichtung Südfrankreichs eine persönliche Note erhält, die den großen aus der Phantasie schöpfenden Werken des Nordens abgeht.

Der Geschichtsschreibung endlich erschlossen sich mit den Kreuzzügen neue Stoffquellen und dank der Verwendung der Volkssprache ein neues Publikum. Die von Benoît de Sainte-Maure im Auftrag Heinrichs II. Plantagenet in Achtsilbern verfaßte »*Chronique des ducs de Normandie*« zeugt als eines der ersten Werke von dieser neuen Vorliebe der Laienwelt für den historischen Bericht.

Diese Verfeinerung des Geisteslebens entzog sich der Kontrolle der Kirche. Ja, in gewisser Weise bereitete sie der rapiden Ausbreitung der Häresie der Katharer in den Gebieten der *langue d'oc* sogar den Boden. Denn mochte der Erfolg dieser Lehre auch in erster Linie dem Scheitern einer allgemeinen Reform beziehungsweise der Sehnsucht nach einer solchen zu verdanken sein, so wurden ihre Ideen doch genau wie die Verfeinerung der Geisteskultur – oder das Eremitentum und der Wallfahrtsgedanke – als Form des Individualismus empfunden und kamen als solche in einem Land, in dem die Unternehmungen der Kirche und die Schöpfungen des Mönchtums oft wie aufgepfropft wirkten, besonders gut an. So darf man in dieser Häresie, in der sich zudem das gleiche Streben nach Vollkommenheit äußerte wie in den neuen Orden oder in konzentrierter Form in der Kreuzzugsidee, also ebensosehr einen Sproß der wiederauflebenden geistigen Aktivität wie der neuen strengen, in Opposition zum traditionellen Klerus tretenden Moral sehen.

Genau genommen nämlich ist die Lehre der Katharer, die die abendländische Sehnsucht nach Reinheit mit den durch zwei Kreuzzüge aus dem Orient importierten Elementen verschmilzt, weniger eine Häresie als eine eigenständige, auf den dualistischen Gegensatz der ewigen Grundprinzipien Gut und Böse, Geist und Materie aufgebaute Religion. In ihr sollten um die Mitte des 12. Jahrhunderts all die seit der Mitte des 11. Jahrhunderts zwischen Alpen und Atlantik entstandenen, durch die Hochspannung der Kreuzzüge völlig in den Hintergrund gedrängten volkstümlichen Häresien aufgehen. Anders als die Waldenser, die sich von der orthodoxen Linie der Kirche nur durch ihre Moral, nicht aber durch ihren Glauben entfernen, lehnten die Katharer Kirche und Gesellschaft, das heißt alle den Geist möglicherweise gefährdenden weltlichen Einflüsse in Bausch und Bogen ab. Sobald sie jedoch begannen, sich zu organisieren und eigene Riten zu entwickeln, eigene Bischöfe einzusetzen und Gemeinschaften von »Vollkommenen« zu bilden, ergriff die Gesellschaft schärfste Gegenmaßnahmen.

Dagegen nahm sie die *courtoisie*, die Ritterlichkeit, als Verhaltensbrevier und als Ritual der Liebeskunst im realen Leben ebenso bereitwillig an wie in der Literatur. Die Regeln der höfischen Minne wurden in der Welt des Adels für die Mann-Frau-Beziehung ebenso bestimmend wie die des Rittertums für das Verhältnis von Mann zu Mann. Die höfische Lebensart stellte eine Reaktion auf die einer Kriegergesellschaft naturgemäß eigene Brutalität dar, verlieh den unvermeidlichen außerehelichen Beziehungen durch die Gegenüberstellung des Besitzanspruchs des Gatten und der Entsagungsbereitschaft des höfischen Liebhabers einen moralischen Anstrich und riß durch Schaffung eigener Gepflogenheiten eine Kluft zwischen Eingeweihten und Masse auf. Kurzum, die Ritterlichkeit trug wesentlich zur gesellschaftlichen Abschottung des Adels bei, als deren Werkzeug und Ausdruck sie gelten kann.

Als gesellschaftliches Verhaltensmuster rückten höfische Minne und *courtoisie*, wie dargelegt, zu einem weit über die Liebe hinausreichenden literarischen Topos auf, dienten umgekehrt aber auch ihrerseits wieder dem höfischen Verhalten als Vorbild. Die Folge dieser gegenseitigen Beeinflussung war jene für die Wortführer der gehobenen Gesellschaft des 12. Jahrhunderts so typische lyrische Feinfühligkeit, die die Tugenden der Selbstlosigkeit und der Hingabe ohne Gegenliebe, den mutigen Einsatz und das würdevolle Ertragen von Schicksalsprüfungen verherrlichte und so den Helden und mit ihm den Autor zum strahlenden Vorbild und moralischen Beispiel erhob.

Im Süden schon Anfang des Jahrhunderts zu einer der schönsten Blüten der geistigen Erneuerung oder Renaissance des 12. Jahrhunderts entfaltet, erreichte die *courtoisie* den Norden zur Zeit eines Chrétien de Troyes. Demnach könnten Eleonore und ihr aquitanisches Gefolge, wie vordem schon Konstanze von Arles und ihre provenzalische Umgebung, dem Hof Ludwigs VII. dieses Erbe vermacht haben.

DER AUFSTIEG DER KATHARER

Die Katharer, die nicht nur (wie schon viele Sekten seit dem Altertum vor ihnen) um eine genauere Definition der geoffenbarten Wahrheit bemüht waren als das Christentum, lehnten darüber hinaus auch die ganze christliche Metaphysik ab. Ja, ihre Anleihen beim alten oriantalischen Manichäismus mit allem, was sich daraus für die Beziehungen zwischen Mensch und Übernatürlichem ergab, erschütterten das Gesellschaftsgefüge bis in seine Grundfesten. Immerhin verdammten sie, von der Unaustilgbarkeit des Bösen und der Notwendigkeit einer bedingungslosen Reinheit überzeugt, unterschiedslos Ehe und Eucharistie, Familie und Klerus, Geld und Lust, erschienen die Sakramente in dieser Sicht doch wirkungslos, die erworbenen Verdienste wertlos.

Ähnliche manichäische Thesen hatte die Sekte des Popen Bogumil bereits im 10. Jahrhundert in Bulgarien und im ganzen byzantinischen Reich verbreitet und trotz Kaiser und römischer Kurie, die eilends Inquisitoren nach Dalmatien entsandt und sogar einen Kreuzzug auf die Beine zu stellen versucht hatte, in manchen Regionen bis zur türkischen Eroberung im 15. Jahrhundert behaupten können. Unterdessen war die manichäische Idee auch im Westen auf fruchtbaren Boden gefallen, wo ihre Anhänger weithin als Ketzer galten und im 12. Jahrhundert mittels Missionen und Konzilien zur Räson gebracht werden sollten. Dabei verfuhr man im übrigen recht oberflächlich, scherte alle religiösen Randströmungen über einen Kamm und versäumte vor allem, eine klare Trennungslinie zwischen manichäischem Dualismus und auf freiwilliger Armut beruhenden Bewegungen zu ziehen, da deren »evangelisches Wirken« – wie im Fall der Waldenser – von der hierarchisch gestaffelten Kleriker- und Laiengesellschaft ebenfalls als Bedrohung empfunden wurde. Noch allerdings schienen nur einzelne Orte bedroht, und so holte die Kirche nur lokal 1022 in Orléans, 1025 in Arras, 1114 in Soissons, 1135 in Lüttich, 1167 in Vézelay und 1172 erneut in Arras mit Ketzerverhaftungen zum Gegenschlag aus.

1148 beauftragte das Reimser Konzil die Zisterzienser mit Billigung des Papstes, das Ketzertum in Predigten anzuprangern und seine Unterdrückung kirchlicherseits vorzubereiten, das heißt, klar zwischen Orthodoxie und Häresie zu unterscheiden, um ein Eingreifen des »weltlichen

Arms« zu ermöglichen. Der heilige Bernhard, durch eine Reise ins Languedoc mit dem Manichäismus persönlich konfrontiert, zögerte nicht, die Angelegenheit selbst in die Hand zu nehmen.

Während die Katharer im Norden des Landes von einer von Mißtrauen und ängstlicher Ablehnung erfüllten weltlichen Gesellschaft in der Mehrzahl zum Scheiterhaufen verdammt oder zumindest in eine Außenseiterrolle gedrängt wurden, profitierten sie im Languedoc von Anfang an von der stillschweigenden Duldung der unterschiedlichsten Kreise. Dazu kam, daß gegen eine solch weitverzweigte Bewegung die klassischen Bekämpfungsmaßnahmen – Predigt, Gottesurteil, Bestrafung – nichts fruchteten, ja, in Verruf kamen. So konnte die Sekte auf dem rechten Ufer von Ariège und Garonne im Bereich von Béziers, Albi, Cahors, Agen und Mirepoix festen Fuß fassen und sich zu einem ernstzunehmenden Gegner der Amtskirche auswachsen. Als das Konzil von Toulouse 1119 die Katharer schließlich als Ketzer verdammte, besaßen sie bereits eine eigene Lehre und ließen sich in ihrer Predigttätigkeit nicht mehr beirren. Ja, der Katharermönch Heinrich fand in Aquitanien, im Langudoc und in der Provence einen solchen Zulauf, daß sich der heilige Bernhard 1145 genötigt sah, höchstpersönlich einzugreifen und von Bordeaux bis Albi Gehorsam und Standhaftigkeit im Glauben zu predigen. Doch der Siegeszug der Katharer war nicht mehr aufzuhalten. Die Öffentlichkeit stand weitgehend auf ihrer Seite, und die lokale Obrigkeit drückte vielfach ein oder beide Augen zu.

Von den sechziger Jahren des 12. Jahrhunderts an baute die Sekte dann ihre eigene Organisation auf, gründete lokale Kirchen und öffnete ihre Versammlungen nach außen. 1167 verblüffte sie die katholische Welt zu guter Letzt sogar durch die Einrichtung von Bistümern, die über eigene Armen- und Krankenpfleger verfügten und sich rasch zu regelrechten Katharerhochburgen auswuchsen.

Auch die Großen schlossen sich der Bewegung bereitwillig an. So ließ sich die Schwester des Grafen Raimund Roger von Foix 1204 in Gegenwart ihres Bruders »trösten«, das heißt in die Katharergemeinde aufnehmen, und umgekehrt zog sich Raimund V. von Toulouse 1178 durch seine politische und militärische Unterstützung der Predigttätigkeit des Abtes von Clairvaux die Gegnerschaft von Baronen wie dem Vizegrafen von Béziers und Carcassonne, Roger Trencavel, zu. Sein Nachfolger Raimund VI. dagegen, seit 1194 Graf von Toulouse, machte mit den Katharern anscheinend ebenso gemeinsame Sache wie Bernhard von Comminges oder Gaston VII. von Béarn. Damit aber mündete, was spontan als Häresie begonnen hatte, in den Jahren um 1200 in eine offensichtliche politische Rebellion.

FEHLEINSCHÄTZUNGEN IM ORIENT

Ebenfalls Sorge bereitete in Frankreich das Schicksal des nach dem ersten Kreuzzug von Gottfrieds Bruder Balduin von Boulogne gegründete, von Fürsten aus französischem Geblüt regierte Königreich Jerusalem, das 1118 an dessen Vetter Balduin II. und nach dessen Tod 1131 an dessen Schwiegersohn Graf Fulko V. von Anjou (den Großvater Heinrich Plantagenets) kam, sowie das Fürstentum Antiochia, dessen Erbin um 1131 den Onkel Eleonores von Aquitanien, Graf Raimund von Poitiers, heiratete.

Zwar waren Kreuzzug und Eroberung den Händen des Papstes und seines Legaten längst entglitten. Dafür aber waren, gewissermaßen als Relikt, im Orient verschiedene Ritterorden zurückgeblieben, die dank des Zustroms aus dem Abendland, vornehmlich aus Frankreich, so etwas wie eine religiöse Macht darstellten, verhalf ihnen dieser Zulauf doch zu einer militärischen Stärke, die sie vom König von Jerusalem und seinen großen Baronen weitgehend unabhängig machte. Während sich der deutsche Ritterorden vor allem um die Ostgrenzen Europas kümmerte und die spanischen Ritterorden mit der Reconquista alle Hände voll zu tun hatten, rekrutierten Templer- und Hospitaliterorden in Frankreich zahlreiche neue Kämpfer für das Heilige Land, wo sie jedoch zwangsläufig in Gegensatz zu den »Füllen«, das heißt den im lateinischen Orient geborenen Christen der zweiten und dritten Generation gerieten, die sich im Laufe der Jahre mit der Nachbarschaft des Islams abgefunden und die Sitten und Gebräuche des unterworfenen Landes angenommen hatten.

Kurzum, es gab genügend Kontakte zum Mutterland, um nach den ersten Erfolgen des Atabeg Sengi (Zengi) in Frankreich für Aufregung zu sorgen. Noch allerdings mischte sich das Abendland nicht ein, als Sengi als Atabeg (d. h. Herrscher) von Aleppo und Mosul das Fürstentum Antiochia und danach das Königreich Jerusalem angriff und 1144 Edessa einnahm, das wieder zurückerobert werden konnte. Als dann aber Sengis Sohn Nur ad-Din (Nureddin) die Stadt zwei Jahre später erneut eroberte und zum befestigten Stützpunkt ausbaute, schickte sich die abendländische Christenheit zum Gegenschlag an.

Im März 1146 rief der heilige Bernhard in Vézelay feierlich zum zweiten Kreuzzug auf, der allerdings unter anderen politischen Vorzeichen stand als das Unternehmen Urbans II. Diesmal setzten sich unverzüglich zwei Herrscher an die Spitze des Kreuzfahrerheers: König Ludwig VII. von Frankreich und der Stauferkaiser Konrad III., während von einem päpstlichen Legaten nicht mehr die Rede war. Rom hatte sichtlich die Zügel aus der Hand verloren. Die Pläne vom Aufbau eines Gottesstaats, die noch ein halbes Jahrhundert zuvor den krönenden Abschluß der Gregorianischen Reform gebildet hatten, waren in weite Ferne gerückt.

In einem Punkt allerdings glichen sich die beiden Kreuzzüge: Die Kreuzfahrer des Jahres 1147 waren über die Feinheiten der politischen Lage im Orient, die sich im übrigen grundlegend verändert hatte, so wenig unterrichtet wie ihre Vorgänger 1096/1097. Ziel der Unternehmung konnte es diesmal nämlich keineswegs mehr sein, den Türken mit Waffengewalt alles abzunehmen. Schließlich beruhte die politische Stellung des fränkischen Königreichs Jerusalem auf einer Übereinkunft mit dem Islam, auch wenn diese die politischen und militärischen Prioritäten des Abendlands über den Haufen warf. So wollte es den neuen Kreuzfahrern denn auch nicht in den Sinn, daß der Ungläubige von Damaskus mit einemmal als Verbündeter zu betrachten sein sollte.

Dementsprechend beschlossen die beiden gekrönten Häupter Europas, anstatt, wie es vernünftig gewesen wäre, den Störenfried Aleppo anzugreifen, auf kürzestem Weg nach Jerusalem zu marschieren und Damaskus zu nehmen – und das entgegen dem Rat des Fürsten von Antiochia, Raimund von Poitiers, der sich durch sein fragwürdiges Verhältnis zu seiner hübschen jungen Nichte, der Königin von Frankreich, beim Kapetinger allerdings jedes Gehör verscherzt hatte. So ergänzten sich Affäre, Trotzreaktion und Unfähigkeit der Kreuzfahrer aufs schönste, um das politische Gleichgewicht im Heiligen Land vollends aus dem Lot zu bringen.

Mit der Niederlage vor Damaskus fand der Kreuzzug (im Juli 1148) sein Ende. Das Kreuzfahrerheer löste sich auf, die Europäer kehrten in die

Heimat zurück. Im darauffolgenden Jahr wurde die Armee des Königs von Jerusalem, der seinen damaszenischen Verbündeten verloren hatte, von Nur ad-Din geschlagen. Raimund von Poitiers fiel in der Schlacht, und 1154 mußte König Balduin III. ohnmächtig zusehen, wie Nur ad-Din im Zuge der von ihm vorangetriebenen Einigung des Islams Damaskus annektierte. So war der von Anbeginn an in die Defensive gedrängte lateinische Orient nach einem halben Jahrhundert bereits auf die Hälfte zusammengeschrumpft. Der Atabeg hielt den östlichen Teil des Fürstentums Antiochia jenseits des Orontes besetzt, und niemandem wäre es auch nur im Schlaf eingefallen, ihm Edessa wieder abnehmen zu wollen. Die Tage des lateinischen Königreichs Jerusalem waren gezählt.

MACHT UND VERWALTUNG

Gleichzeitig mit der Organisation der Staatsgewalt bildeten sich zunächst auf die Verwaltung der lehnsfürstlichen Domänen und des Kronguts beschränkte administrative Strukturen heraus, die bei allen Neuerungen doch an der Vorstellung vom vasallitischen, das heißt rein persönlichen Charakter des Dienens, festhielten: Die Idee der vom Amtsträger abgelösten Funktion konnte sich noch nicht durchsetzen. Immerhin aber begriff man bereits, daß sich eine sachgemäße Verwaltung nicht einfach improvisieren läßt. Und so knüpfte Suger, der politische Ratgeber Ludwigs VI. und Ludwigs VII., mit der Abhandlung *»De administratione sua«*, einem Loblied auf seine eigene Amtsführung als Abt von Saint-Denis, an eine seit der Schrift *»De ordine palatii«* des Erzbischofs Hinkmar von Reims (845–882) in Vergessenheit geratene Tradition an.

War die Domanialverwaltung, das heißt die Ausbeutung des Grundeigentums durch lehnsherrliche Rechte und Banngerechtsame, bis dahin, zumindest an der Basis, im Zeichen territorialer Aufsplitterung gestanden, so wurden durch die Erstarkung der öffentlichen Gewalt einiger Territorialfürsten, vor allem des Königs, die außerhalb der lokalen Beziehungen stark gelockerten persönlichen Bindungen wieder enger geknüpft. Damit wurde die Staatsgesellschaft aufs neue zu einer an die frühe Karolingerzeit erinnernde Pyramide von Treuebindungen zusammengeschlossen und dem in der Domänenwirtschaft allgegenwärtigen Verwaltungsapparat eine höhere Aufgabe zuteil: die Vertretung der Interessen des Fürsten und die Sicherung seiner Macht durch eine Beamtenhierarchie.

Die zentralen Regierungsorgane blieben im großen und ganzen dieselben. Allerdings baute die königliche Kanzlei ihre Rolle und ihren Mitarbeiterstab in dem Maße aus, wie sich im Verwaltungsalltag schriftliche Weisungen und Informationen einbürgerten und wie in den sozialen Beziehungen und in den Rechtsverhältnissen Urkunden und Akten an Bedeutung gewannen und nicht mehr nur als Gedächtnisstützen für Zeugenaussagen dienten. Die Schatzkammer erlangte durch die Erweiterung der Krondomäne und die zunehmend in Bargeld erhobenen oder umgetauschten Zins- und Pachtabgaben eine neue Bedeutung. Aber das höchste Regierungsorgan, der Rat, trat nach wie vor nur auf Einladung des Königs zusammen und rekrutierte sich faktisch auch nach wie vor aus dem Kreis der Barone. Die Präsenz eines Mannes wie Suger – den wir sogar in dem von Ludwig VII. vor Antritt des Kreuzzugs eingesetzten Regentschaftsrat antreffen – darf darüber nicht hinwegtäuschen: Suger spielte zwar eine Schlüsselrolle, stellte aber gleichwohl einen Ausnahmefall dar.

Im übrigen wäre es falsch, die Anwesenheit der Großen bei Hof als Hinweis auf einen schwachen König zu deuten und zu glauben, Ludwig VII. habe sich von seinen Großvasallen unter Kuratel stellen lassen. In Wirklichkeit verhält es sich genau umgekehrt. Mit der Ausweitung seines Einflusses um die Jahrhundertmitte gliederte der Kapetinger in die vordem nur aus Rittern des Kronguts zusammengesetzte *curia regis* zunehmend auch den Hochadel aus dem ganzen Königreich mit ein. Der König von Frankreich brauchte den Beistand der Großen, den er sich durch Einholung ihres Rates verschaffte. Zwischen 1145 und 1147 zog er sie zu den Sitzungen bei, die den Kreuzzug als Gemeinschaftsunternehmen des ganzen Königreichs vorbereiteten. Und nach 1150 bildeten sie dann als Ratsmitglieder jenes dauerhafte und in sich geschlossene politische Gremium, das die Macht der Krone stärkte, ohne sie nennenswert einzuengen. Immer häufiger waren im Rat sogar die Territorialfürsten vertreten, die auf diese Weise, genau wie durch den ein für allemal geleisteten Lehnseid, ein Abhängigkeitsverhältnis anerkannten, das von ihnen selbst noch als Vasallenbindung betrachtet, von der Krone aber bereits zur Herausstellung ihrer eigenen einzigartigen Souveränität benutzt wurde.

Die eigentliche Neuerung vollzog sich an anderer Stelle, nämlich in den Domänen, wo man nun den traditionellen, viele Funktionen erfüllenden Beamten, den Prévôts *(praepositi;* kapetingisches Krongut, Flandern) oder Vizegrafen (Normandie), eine Art Sonderbevollmächtigte überordnete, die vom Hof entsandt wurden und nach Erfüllung ihrer Mission dorthin zurückkehrten. Diese »Baillis« *(baillivi),* die als Aufseher und Richter fungierten, waren in der Normandie schon vor der Zeit der Plantagenets bekannt. Heinrich II. erhöhte ihre Zahl, um den Zusammenhalt seines Staates auf dem Kontinent sicherzustellen. Und auch Philipp II. August suchte in den neunziger Jahren des 12. Jahrhunderts vor seinem Aufbruch zum dritten Kreuzzug die Verwaltungsstrukturen seines Königreichs mit ihrer Hilfe zu festigen.

Mit dem Wirtschaftsaufschwung nahm der wachsende Aufgabenbereich der Domänenverwaltung die Prévôts und Vizegrafen voll in Anspruch, die ihr Amt nun immer häufiger pachteten und sich mehr vom Eigennutz als vom Interesse des Königs oder Herzogs leiten ließen. Um so bereitwilliger ergriff dieser die Gelegenheit, die Entwicklung zu unterbinden, die die auf Besitzaneignung und Vererbung des Besitzes hinstrebenden Beamten zu Faktoren der Zersplitterung zu machen drohte. Zwar trat der Bailli als Vertreter des Fürsten nur zeitweilig, aber dafür in höchster Instanz und mit umfassenden Vollmachten auf. Als Mitglied der *curia* und Exponent der obersten Gerichtsbarkeit verfügte er gegenüber den Freien über eine Macht, die über die Steuereintreibung hinausging. Und da er noch keinen festen Amtssitz besaß, hatten seine Reisen, politisch gesehen, den Vorteil, die adligen Vasallen des Herzogs oder Königs an ihre Treuepflichten zu gemahnen, die, da sie sich im Alltagsleben nicht in Form einer Forderung spürbar machten, leicht in Vergessenheit geraten konnten.

Von vorneherein seßhafter als die Baillis waren ihre im Süden des Landes wirkenden Kollegen, die Seneschalle. Zunächst gab es hier neben dem königlichen Beamten, der als »Großoffizier« für die Koordinierung von Hofdiensten und Zentralverwaltung zuständig war, noch die Seneschalle des Grafen von Toulouse und des Grafen von Anjou. Als Heinrich II. Plantagenet dann die Verwaltung seines Reiches systematisch ausbaute, setzte auch er an die Spitze der verschiedenen politischen und territorialen Einheiten Südwestfrankreichs Seneschalle. So verwandelte er zu einer Zeit, in der im Königreich die letzten Großseneschalle amtierten – 1191 verzichtete Philipp II. August auf einen Nachfolger für den allzu mächtig gewordenen Theobald von Blois – und die Lokalverwaltung sich im Norden auf die Entsendung von Mitgliedern der *curia* stützte, dieses ursprünglich zentralistische Organ in ein Organ der Lokalverwaltung – eine Idee, die der Kapetinger im folgenden Jahrhundert zum eigenen Vorteil nutzen sollte.

Zur selben Zeit versuchten die Fürsten von Flandern, der Normandie und der Krondomäne mit ähnlichen Mitteln die Finanzverwaltung zu reformieren, um sich auf diese Weise einen Anteil am Gewinn der Wirtschaftsexpansion zu sichern. Der Rechnungskontrolle und Zentralisierung der Kapitalbewegung dienende Organe, wie die Renenghe Flanderns, der Echiquier (Rechnungsrat) der Normandie oder die königliche Rechnungskammer, waren zwar noch immer keine ständigen Einrichtungen, wiesen aber trotzdem bereits eine gewisse Tendenz zur Kontinuität auf. Immerhin wurden nun Finanzfachleute ausgebildet und Rechnungsverfahren entwickelt, um den Fürsten vor den Folgen des Währungswirrwarrs zu schützen: Während die Flamen darangingen, die Abgaben (einschließlich der nach wie vor in Naturalien fälligen Leistungen) in Geld umzurechnen, führten die Anglonormannen systematisch ein »Buchgeld« ein, eine Rechnungseinheit, die einem bestimmten Feinmetallgewicht entsprach. Die örtlichen Verwalter mußten ihre Abrechnungen in regelmäßigen Zeitabständen vorlegen, die sich mit den Zahlungsterminen für die laufenden Ausgaben der Schatzkammer deckten. Und überall wurden – unabdingbare Voraussetzung für eine konsequente Verwaltung – die Finanzurkunden nun an einem festen Ort aufbewahrt.

Ein Experiment mit ausgesprochen positiven Folgen jedoch unternahm der Kapetinger allein: 1155 wagte er erstmals, ein Friedensgesetz zu erlassen. Mit anderen Worten, er machte von dem seit den Karolingern etwas in Vergessenheit geratenen Vorrecht des Herrschers, in das geltende Recht einzugreifen, Gebrauch. Natürlich konnte Ludwig VII. diesen Schritt nur mit Zustimmung seiner großen Barone und der tonangebenden Prälaten unternehmen. Gegen den Willen der hohen Gerichtsherrn hätte er sich dieses Vorgehen, das in Wirklichkeit einer Wiedereinführung der königlichen Banngewalt gleichkam, nicht leisten können. Aber konnte er Gesetze auch nach wie vor nicht allein erlassen, so war er doch wieder gesetzgeberisch tätig geworden und hatte damit sein diesbezügliches Recht bekräftigt. Allerdings machte er von diesem seit den letzten großen Kapitularien nicht mehr genutzten Prärogativ auch in der Folge nur vorsichtig Gebrauch und ließ das Privatrecht auch in den nächsten zweihundert Jahren unangetastet.

Zu dieser Zeit – genauer während des zweiten Kreuzzugs – tauchte in der ideologischen Rüstkammer des Königtums ein Begriff auf, den die Rechtsgelehrten der folgenden Jahrhunderte weidlich strapazieren sollten: die französische Krone als politisches Symbol. Mit dieser Personifizierung des Rechtswesens bekräftigten die Juristen Ludwigs VII. die in der Praxis schon von Ludwig VI. eingeleitete Abgrenzung beziehungsweise Definition des Königtums gegenüber den Fürstentümern. Gleichzeitig gewann das Recht in Pariser Intellektuellenkreisen, also an Schulen, bei Lehrern und ehemaligen Schülern, eine ähnliche Bedeutung wie Logik und Theologie. In den sechziger Jahren des 12. Jahrhunderts wurde das *»Décret«* (eine Sammlung von Kirchensatzungen) kommentiert, später das römische Recht in die Überlegungen mit einbezogen, die von der Schule direkt zum königlichen Rat führen sollten.

Während Ludwig VII. die rechtlichen Grundlagen für den Frieden legte, blieb das Privatrecht auch weiterhin eine Sache des von den Theoretikern des 13. Jahrhunderts im Prinzip über den Fürsten gestellten Gewohnheitsrechts. Da es diesem jedoch, bedingt durch die mündliche Überlieferung, an Präzision fehlte und die unterschiedlichen Urteile der Alten ständig zu Widersprüchen führten, die sich seit der Ausweitung des sozialen Horizonts durch Bevölkerungsverschiebungen und Fernhandel immer störender auswirkten, wurde überall, nicht zuletzt in der Verwaltung der Fürstentümer, das Bedürfnis nach einem in sich geschlosseneren Recht für eine weniger zersplitterte Welt spürbar.

Besonders deutlich trat dieses Bedürfnis in einem zentralisierten Staat wie dem Herzogtum Normandie zutage, dessen Richter sich dann Ende des 12. Jahrhunderts auch als erste an die Kodifizierung und Aufzeichnung des Gewohnheitsrechts machten. Mag die *»Très ancienne coutume de Normandie«*, wie man sie nach Abfassung des *»Grand Coutumier«* unter Ludwig dem Heiligen nannte, auch nur eine weder vom Herzog noch vom König genehmigte Rohfassung sein, so gab sie doch zumindest den Auftakt zu jener Bewegung, die die Auslegung des Privatrechts den für das Gemeinwesen Verantwortlichen übertrug.

DIE ORGANISIERTE NEULANDERSCHLIESSUNG

Mit der Beschleunigung des Bevölkerungswachstums und der Hebung der öffentlichen Sicherheit im 12. Jahrhundert machte auch die Eroberung des natürlichen Lebensraums durch den Menschen bisher unvorstellbare Fortschritte. Von nun an nahm der weltliche oder kirchliche Grundherr die Organisation der Neulandgewinnung selbst in die Hand, wählte die urbar zu machenden Wald- oder Heidegebiete aus, kümmerte sich um die für die Bewirtschaftung und Kommerzialisierung erforderliche Infrastruktur und regelte die rechtliche Stellung der Rodungssiedlungen, der *essarts.* Ja, es zeichneten sich sogar bereits erste Ansätze zu einer das ganze Fürstentum umfassenden Erschließungspolitik ab: Entwässerung des Tieflands durch Kanäle, Bau von Deichen zum Schutz gegen Hochwasser sowie Anlage von Verbindungs- und Fuhrwegen.

Durch die Rodungen wurden Löcher in die Walddecke gerissen und vermehrte sich die Zahl der Lichtungen und Weiler um ein Vielfaches. So bildeten sich am Rande der Dorfgemeinden Siedlungen heraus, die sich zum Teil bis zur Mitte des 13. Jahrhunderts in selbständige Pfarreien verwandelten und den bewohnten Raum immer tiefer in die unberührte Natur vortrieben, bis schließlich der Wald den Namen des Dorfes annahm und «la Bière« zum »Wald von Fontainebleau« wurde.

Solange es Land in Hülle und Fülle gab und Arbeitskräfte Mangelware waren, kam dieses Wachstum der Rechtsstellung des Bauern zugute. Beweis dafür sind die Gründungsurkunden der *villes-neuves* (der »neuen Städte«) mit ihren besonderen Schutz- und Freilassungsklauseln. Ebenso versuchte Abt Suger durch eine beispielhafte Politik der Freilassung von Hörigen auf den Domänen von Saint-Denis, zum Beispiel in Vaucresson, wie später im Krongut, das Interesse der Arbeitskräfte am Wohlstand zu wecken. Bei allen regionalen Unterschieden aber wiesen die neuen Formen der Gemeinschaftsorganisation wie *villes-neuves, bourgs-neufs* oder *sauvetés* eine grundlegende Übereinstimmung auf: Durch Gewährung von Vorteilen für den einzelnen und Freiheiten für das Kollektiv, die vom Personenrecht bis zu gewissen Formen des öffentlichen Rechts reichten, stellte man die Besiedlung sicher und schuf dauerhafte Zentren der Bewirtschaftung. Das solcherart geknüpfte Netz erleichterte die Tauschwirtschaft und trug durch Verringerung der unbebauten Zonen zur Sicherung des Friedens bei. Daß sich manche dieser neuen Ortschaften im Laufe der Zeit zu Städten ausweiteten – viele *bastides* sollten im 14. Jahrhundert eine Befestigung erhalten –, während andere einfache Bauerndörfer blieben, ändert nichts daran, daß es den Grundherrn ursprünglich überall um die bestmögliche Ausnutzung der allgemeinen Expansionsbewegung zu tun war, nämlich darum, Arbeitskräfte anzuziehen und dauerhaft in ihrem Gebiet anzusiedeln.

Viele Niederlassungen zwischen Wald und Dorf sollten Familienbetriebe bleiben und sich aufgrund ihrer Lage der Eingliederung in die Dorfgemeinschaft entziehen. Als eigenständige Wirtschaftszellen aber sprengten sie die Einheit der Domäne, zumal die Zahl dieser neuen Lehen *(tenures)* vom ausgehenden 12. bis in die Mitte des 13. Jahrhunderts gewaltig zunahm. Die dörfliche Entwicklung dagegen stockte, da sie zeitlich wie räumlich an ihre Grenzen, oder genauer an die ihr von einer mangelhaften Technik gezogenen Grenzen stieß. Die weiten Entfernungen zu den neu erschlossenen Ländereien ließen sich von der Gruppensiedlung aus schwer bewältigen.

So entstanden in manchen Landstrichen verstreute Siedlungen und formten die Landschaft, die ja stets den Stempel der örtlichen Verhältnisse trägt, teilweise gründlich um. Wo der Waldbestand schon so weit zurückgegangen war, daß er dem bäuerlichen Individualismus keinen Schutz mehr bot, schuf sich dieser durch eingezogene Hecken, die weniger aus klimatischen Gründen als der Mentalität der Bewohner zuliebe angelegt wurden, eine künstliche Buschlandschaft.

Demnach standen sich also zwei Formen der Bewirtschaftung gegenüber. Während sich auf der Dorfflur jene gemeinschaftlichen Praktiken herausbildeten, die zur Fruchtwechselfolge führen sollten, das heißt: das Nutzland der Gemeinde gewissermaßen in einen Topf geworfen und alles zur Hebung der Hauptanbauform, sprich des Getreideertrags, getan wurde, eigneten sich die Siedlerbauern systematisch immer mehr Grund und Boden an, um gänzlich in eigener Regie den veränderten Konsumgewohnheiten der Städter durch Pferde- und Schafzucht sowie Schlachtviehmast Rechnung zu tragen. Welches Verhältnis in den einzelnen Regionen zwischen diesen beiden Wirtschafts- und Landschaftstypen herrschte, war eine Frage des komplexen Zusammenspiels der jeweiligen natürlichen Bedingungen, der Verbrauchermärkte und der alteingewurzelten Denkungsart.

Neue Techniken wurden nur in geringem Umfang entwickelt, dafür aber wurden die Neuerungen des 11. Jahrhunderts nun allgemein eingeführt. Pflug und Egge breiteten sich aus und gelangten fast in ganz Nordfrankreich zum Einsatz. Ab etwa 1150 wurde in Gegenden mit Dreifelderwirtschaft im landwirtschaftlichen Jahreszyklus ein viertes Mal gepflügt und so zu einer Zeit, in der das frei verfügbare Land knapper zu werden begann oder in weiterer Entfernung lag, durch bessere Regeneration der Böden eine leichte Anhebung des Ertrags erzielt. Beim Pflügen wurde der Boden ja nicht nur besser durchlüftet und gelockert, sondern durch Unterackern der Stoppeln bzw. des Unkrauts der Brache auch gedüngt. Das vierte Pflügen brachte dem Bauern folglich mehr und dickere Ähren ein.

Recht aufschlußreich ist übrigens, daß man auf diesen zusätzlichen Arbeitsgang mit dem Pflug bei alltäglichen Getreidesorten wie der Gerste verzichtete. Nur die Felder, die im Zuge der Fruchtwechselfolge für den Weizenanbau vorgesehen waren, wurden in dieser Weise gepflegt. Die Organisation der Landwirtschaft hatte also offensichtlich den städtischen Markt und den Verkauf im Visier, der das Einkommen des Grundherrn erhöhte. Aber auch für den Normalverbraucher war durch den vermehrten Anbau von Sommergetreide gesorgt, das heißt von Sorten, die erst im Frühjahr ausgesät wurden und die, wie die Sommergerste, leicht das Doppelte oder sogar Dreifache des normalen Weizenertrags abwerfen konnten. Gerste verkaufte sich zwar nicht so gut, war dafür aber auch nicht dem unsicheren Herbst- und Winterwetter ausgesetzt, das bei den vor den Frösten ausgesäten Sorten wie Weizen oder auch Roggen starken Schaden anrichten konnte. Besser schlecht als gar nicht gegessen, lautete eine alte Bauernregel.

Der gleichfalls zum Sommergetreide zählende Hafer schuf die Voraussetzungen für die Pferdezucht, die sich immer lohnte, ob man das Pferd nun zu einem guten Preis verkaufte oder es zur Feldarbeit und zur Hebung des Ertrags selber behielt. Im Grunde war der Haferanbau ein Luxus – unerschwinglich für all jene, deren Grund und Boden gerade zur Deckung des täglichen Nahrungsbedarfs ausreichte, dafür um so einträglicher für all jene, die ihn sich leisten konnten.

Doch um kein falsches Bild aufkommen zu lassen: Viele Landstriche mit mageren Böden blieben bei der Zweifelderwirtschaft, bei der die Ackerflur jedes zweite Jahr ruhte. Ebenso beschränkte sich die Dreifelderwirtschaft vielerorts noch um 1200 auf die drei herkömmlichen Bearbeitungen mit dem Pflug, und nach wie vor wurde in Frankreich mehr Roggen als Weizen angebaut. Für den Bauern, der weder über entsprechende Gerätschaften noch über eine ausreichende Anzahl von Söhnen oder Schwiegersöhnen verfügte, blieben die kalendermäßig wiederkehrenden Feldarbeiten eine Schinderei. Viele dieser geschundenen Kreaturen beschränkten sich aufs unerläßliche Minimum und kamen damit aus ihren beengten Verhältnissen nie heraus.

Die kargen Böden des Zentralmassivs oder der Bretagne wurden nach wie vor immer nur für kurze Zeit bestellt, das heißt, man ließ sie nach einer Ernte mehrere Jahre lang als Brache ruhen. Statt Brotgetreide fand sich hier häufig Hirse, und selbst auf verhältnismäßig fruchtbaren Böden baute man gern Mengkorn (Weizen und Roggen) an, um so das Risiko zu verringern und die Investitionen in Grenzen zu halten, sprich, nicht allzu viel von der Ernte als Saatgut wieder abzweigen zu müssen.

So wurde, auch wenn die Landwirtschaft erst eine beschränkte Dynamik entfaltete, der Anbau zusehends besser auf die Boden- und Klimaverhältnisse abgestimmt und der Jahreszyklus sinnvoller eingeteilt; gleichzeitig wurden Fortschritte in den Agrartechniken erzielt und immer häufiger Gerätschaften und Zugtiere eingesetzt. Der französische Bauer begann Gewinn aus den steigenden Erträgen zu ziehen; Grundbesitzer und Landwirt profitierten vom wachsenden Einkommen aus Grund und Boden.

Gleichzeitig gab die Marktwirtschaft den Anstoß zum Anbau von Gemüse, Obst und gewerblich genutzten Pflanzen wie Flachs, Hanf oder Waid, der einen in der Tuchindustrie hochgeschätzten blauen Farbstoff lieferte. Der Weinbau breitete sich dank der gesteigerten Nachfrage des handeltreibenden Bürgertums und des milden Klimas bis in die Picardie aus.

Schließlich kamen die höheren Getreideerträge auch der Viehzucht zugute: Seit der Anbau von Getreide für Brot oder Mus nicht mehr das ganze Ackerland beanspruchte, nahm vor allem im südfranzösischen Languedoc und in bergigen Regionen die Zahl der Schafherden zu, während sich die Bauern in der Umgebung der Städte auf die Zucht von Schlachtvieh verlegten.

PARZELLE A	PARZELLE B	PARZELLE C
	Pflügen	
Pflügen (selten, nach 1300)	*Sommergetreide*	
Pflügen (nach 1150)	Ernte	Ernte
Pflügen	*Brache*	
Pflügen		
Wintergetreide		
		Pflügen
	Pflügen (nach 1300)	*Sommergetreide*
Ernte	Pflügen (nach 1150)	Ernte
	Pflügen	*Brache*
	Pflügen	
	Wintergetreide	
Pflügen		
Sommergetreide		Pflügen (nach 1300)
Ernte	Ernte	Pflügen (nach 1150)
Brache		Pflügen
		Pflügen
		Wintergetreide

Diese Angaben stellen nur Annäherungswerte dar,
die je nach Jahr und Region Schwankungen unterliegen.

STRASSEN UND MESSEN

Nach und nach bekam auch der Handel Aufgabe und Ort in der Gesellschaft zugewiesen. 1179 bestätigte das Laterankonzil diese Eingliederung, indem es die Kaufleute in die Wohltaten des »Gottesfriedens« miteinschloß und den Handelsgewinn als rechtmäßigen Lohn für die der Gesellschaft erwiesenen Dienste rechtfertigte. Um dieselbe Zeit begannen die Fürsten die Rolle der Wirtschaft für die Politik mit anderen Augen zu betrachten. So waren der Graf der Champagne oder der Graf von Toulouse, genau wie der König, nun bestrebt, durch eine kluge Dosierung der Privilegien nicht nur ihre Steuereinnahmen zu erhöhen, sondern auch das soziale Gleichgewicht zu sichern. Die auf dem Markt getätigten Geschäfte boten den Grundherrn eine gute Möglichkeit, ihre Finanzen zu sanieren. Eine Messe war für den Fürsten nicht weniger einträglich als für den Kaufmann. Eine sichere Handelsstraße und ein geregelter Verkehr brachte allen Gewinn, vom König bis herunter zum kleinsten Marktflecken, ja bis zum bescheidensten Zolleinnehmer. Ein Beweis dafür ist die Zunahme der Wege- und Brückengelder nach 1150 (ohne zu verzollende Ware eine sinnlose Einrichtung), deren neue Bedeutung sich zweifelsfrei an den vielen diesbezüglichen Rechtshändeln ablesen läßt.

Vor allem für die Benutzung durch die Kaufleute geschaffen, waren die Handelsstraßen in erster Linie an die geographische Lage der Produktionsstätten und Verbraucherzentren gebunden. Natürlich wurde ihr Verlauf darüber hinaus auch von den Verkehrsverhältnissen, der Höhe der unterwegs erhobenen Zölle, den Kosten des Fluß- und Straßentransports mitbestimmt. So wurden schwere Güter vor allem auf dem Wasserweg befördert, was wiederum zum Aufschwung flußnaher, leicht zugänglicher Weinberge wie im Garonnebecken oder an Loire und Mosel führte. Grob gesprochen aber verliefen die großen Handelsströme von den Produktionszonen (etwa den Salzerzeugergebieten im Niederpoitou und der südlichen Bretagne) wie auch von den Einfuhrhäfen (wie Marseille, Montpellier, Narbonne, Rouen oder Brügge) zu den Städten mit hohen Verbraucherzahlen, den Umschlagplätzen und den großen, in regelmäßigen Zeitabständen abgehaltenen Messen, die für Verteilung und Weiterexport sorgten.

So waren die Gewürz- und Seidenstraßen aus dem Orient in die Städte des Nordens entstanden, so wurde flämisches Tuch nach Paris zum Verbrauch oder zum Weiterexport nach Italien befördert, bretonisches Salz in die Fischereigebiete an der Nordsee oder Wein aus der Gascogne in die sonnenarmen Länder am und jenseits des Ärmelkanals geliefert. Auch die Alpen waren durch Paßstraßen, durch den Großen Sankt Bernhard, den Col du Mont Cenis und den Col de Jougne überwunden worden, und in Südfrankreich machte die Straße über Le Puy den natürlichen, dem Meridianverlauf folgenden Wasserstraßen von Saône und Rhône Konkurrenz.

Zu dieser Zeit entstand in Damme der Vorhafen von Brügge, während derjenige von Rouen im alten Harfleur geschaffen wurde. Die politischen Erfolge des Kapetingers gewährleisteten die Sicherheit der Straße Paris – Orléans, die des Plantagenet erleichterten die Verbindung zwischen Aquitanien und der Normandie.

Mit Unterstützung der Fürsten, deren Politik ganz bewußt darauf abzielte, den Handel anzuziehen, entwickelten sich die Handelsknotenpunkte zu Messeorten. Die Grafen von Flandern traten als Schirmherren der Messen von Lille, Ypern und Brügge auf, die der Champagne hielten ihre Hand über die Städte Troyes, Provins, Lagny und Bar-sur-Aube, die der Handelsverkehr zwischen Flandern und dem Mittelmeer übrigens keineswegs notwendig passieren mußte. Der Graf von Toulouse, Alfons Jourdain, gewährte den Bürgern seiner Stadt Wirtschaftsprivilegien, um die Abhaltung zweier Messen pro Jahr zu ermöglichen. Und auch kleinere Herren riefen Messen ins Leben: So entstand unter anderem die vom Bischof oder vom Abt von Saint-Pierre schon im 12. Jahrhundert geförderte, sehr aktive Messe von Chalon-sur-Saône, die der Herzog von Burgund im darauffolgenden Jahrhundert nur noch weiter auszubauen brauchte.

In der Hauptstadt Paris und ihrer Umgebung bildete sich bereits zur Zeit Ludwigs VI. ein reges Messewesen heraus. 1110 führte Ludwig VI. die Foire Saint-Lazare ein, die sein Enkel Philipp II. August 1181 nach Les Champeaux verlegte und zum ständigen Großhandelszentrum erhob: Hier sollten sich bis in die Mitte unseres Jahrhunderts die Pariser Markthallen, die *Halles,* behaupten. Derselbe Ludwig VI. bewilligte der Abtei Saint-Denis eine Messe pro Jahr im Juni zu Johanni, die Foire du Lendit, die schon bald zu einem der Grundpfeiler des nordfranzösischen Zahlungsverkehrs aufrückte. Um dieselbe Zeit baute der Abt von Saint-Germain-des-Prés seine Ostermesse aus, an der er den König zum Dank für seinen den Kaufleuten gewährten Schutz zu fünfzig Prozent beteiligte.

Die Messen der Champagne waren zunächst regionale Getreide-, Vieh- und Stoffmessen. Um die Mitte des 12. Jahrhunderts stellten sich dann allmählich die Flamen ein, um ihre Qualitätstuche zu vertreiben und Handelswaren aus dem Mittelmeerraum einzukaufen. Und als einige Jahre später auch noch die Italiener auftauchten, war der Aufstieg der vier Champagne-Städte zum Wirtschafts- und Finanzzentrum, zum Treffpunkt der europäischen Handelswelt nicht mehr aufzuhalten.

Den entscheidenden Anstoß dazu gab die Politik der Grafen der Champagne, besonders der kluge Weitblick Heinrichs I. des Freigebigen, eines Zeitgenossen und Kreuzzugsgefährten Ludwigs VII. Die Kaufleute vertrauten dem sicheren Geleit, das ihnen die Grafen gewährten und auch von anderen Fürsten erwirken konnten. Bald wußte Frankreich und die übrige Welt, daß der Besuch der Messen in der Champagne ein Abenteuer ohne sonderliches Risiko darstellte: Die Marktpolizei unterstützte die Gläubiger und gewährte Alleinreisenden Schutz. 1174 erhielten die *gardes des foires*, bis dahin einfache Aufsichtsbeamte, sogar eine echte Gerichtsbarkeit über Kaufleute und Geschäfte.

Zwar war die Messe schon damals auf einen bestimmten Zeitraum beschränkt, dennoch erforderte sie einen Ausbau der ständigen Funktionen der Stadt. Und da die vier Champagne-Städte alljährlich sechs Messen veranstalteten, riß der Zustrom von Menschen und Kapital praktisch das ganze Jahr über nicht ab. Von Anfang Januar bis zur Mittfastenzeit hielten sich die Kaufleute in Lagny und bis Himmelfahrt dann in Bar-sur-Aube auf; im Frühjahr ging es nach Provins und anschließend zur *foire chaude*, zur »heißen Messe« nach Troyes, die von Johanni bis Mitte September dauerte. Dann folgte, wiederum in Provins, die Saint-Ayoul-Messe, und nach Allerheiligen schließlich die *foire froide*, die »kalte Messe« von Troyes. So wurde die Champagne für manche Kaufleute fast zum ständigen Aufenthaltsort; und für die Ausländer lohnte es sich, sich zu eigenen Kolonien zusammenzuschließen.

Der Geldmarkt, bedingt durch die Regelung der Handelsgeschäfte, entfaltete sich unter den gegebenen Voraussetzungen rasch zum Bankmarkt, das heißt zu einem ständigen Markt, wenn auch mit gestaffelten Terminen, der die Geschäftswelt durch Verrechnung und Dreieckshandel von Kreislauf und Rhythmen des Warenverkehrs befreite.

Dank des Besucherzustroms und des Geldumlaufs konnte die Stadt je nach der Reichweite ihres Handelsaustauschs auch ihre Eigenproduktion ausbauen, und da durch Güterzufuhr ein Markt für die örtlichen Handwerkszweige entstand, bildete sich in den Städten der Champagne ein eigenes Tuchgewerbe heraus, dessen Erzeugnisse mit mehr oder weniger Erfolg in Konkurrenz zu den berühmtesten Tuchen Flanderns traten.

Der Geldumlauf beschleunigte sich und griff weit über den Horizont der lokalen Märkte hinaus, die von den örtlichen Münzwerkstätten mit den jeweiligen Zahlungsmitteln beliefert wurden. Die noch um 1100 vorherrschende – wenn auch nie unumschränkte – Autarkie der weltlichen und kirchlichen Grundherrschaften wich Wirtschaftsbeziehungen mittlerer und großer Reichweite, bei denen zunehmend Barzahlungen die Regel bildeten. Grundherren und Bauern begannen in beiderseitigem Einvernehmen den bisher in Form von Getreide oder Geflügel entrichteten Grundzins beziehungsweise gewisse häusliche oder landwirtschaftliche Frondienste in Bargeld umzuwandeln; die aufblühende Stadt konnte ihre Lebensmittelversorgung ohnedies nur mit Geld bezahlen. Auch der Ertrag der landwirtschaftlichen Expansion ließ sich nur in Form von Geld zurücklegen und erneut investieren. Daher wandelte man die Einnahmen selbst dann in Geld um, wenn sie noch in Form von Naturalien erhoben wurden.

Da nun jeder nach diesem Wirtschaftsinstrument trachtete, zumal es auch politischen Symbolwert besaß, schossen die Münzstätten an Straßen und in der Nachbarschaft der Messen und Märkte nur so aus dem Boden. Und da jeder möglichst viele Münzen in Umlauf setzen wollte, beschleunigte sich der bisher langsame Entwertungsprozeß plötzlich erheblich. Zwar nahm die verfügbare Metallmenge gleichzeitig zu: Neben den alten Silberminen im Lyonnais wurden neue in den Vogesen und im Jura ausgebeutet, und neben dem Silber der mitteleuropäischen Bergwerke traf von den italienischen Kaufleuten aus dem Orient importiertes Münzgeld ein; aber dieser Edelmetallzustrom konnte die Inflation nicht bremsen, die seit Beginn des 12. Jahrhunderts eine genaue Angabe der den Berechnungen zugrundegelegten Münzsorten unumgänglich machte. Denar war nicht mehr gleich Denar: Wie jedermann wußte, blieb der Feinsilbergehalt des *denier tournois,* des »Tournois«, um ein Fünftel unter dem des *denier parisis,* kurz »Parisis« genannt.

Trotz des beschleunigten Münzumlaufs war der durch das Wirtschaftswachstum geweckte Geldbedarf auf diese Weise nicht voll zu dekken, und so mußte der König von Frankreich die neue Flut von Münzprägungen hinnehmen, die zwar allen gelegen kam, Ursprung und Wesen des Münzregals aber in Vergessenheit geraten ließ. Fürs erste kam bei dieser Verzettelung der öffentlichen Gewalt und diesem durch die neue Handelswirtschaft herbeigeführten Währungsverfall wohl noch jeder auf seine Kosten; doch zwischen der Thronbesteigung Ludwigs VI. und dem Regierungsantritt Philipps II. August ging der Feinsilbergehalt einer der besten Münzsorten, des »Parisis«, um ein Drittel zurück.

Immer häufiger griff man nun zur Finanzierung der Wirtschaftsaktivitäten auf den Kredit zurück. Die Juden nahmen für kurzfristige Darlehen überhöhte Zinssätze von vierzig bis sechzig Prozent pro Jahr und standen damit nicht allein da: Viele Bürger und auch viele Geistliche legten einen Teil ihres Kapitals kurzfristig ebenso gewinnbringend an, wobei die christlichen Darlehensgeber lediglich gehalten waren, das kirchliche Wucherverbot pro forma zu beachten; anstelle der Pfandleihe machten sie von Hypothekarobligationen jeglicher Art, vor allem von ewigen Renten, Gebrauch. Auch die Klöster übernahmen in vielen Gegenden wie etwa in der Normandie die Rolle regelrechter Kreditinstitute. Erst im 13. Jahrhundert sollten dann, zunächst auf den Messen der Champagne und anschließend in den meisten Großstädten, die »lombardischen« Darlehensgeber auftauchen und zweihundert Jahre lang eine Sonderstellung im menschlichen Panoptikum einnehmen.

KAPITEL V

Frankreich unter den Kapetingern 1180–1226

DIE UNABHÄNGIGKEIT DER KRONE

Philipp II. August, 1179 noch zu Lebzeiten seines Vaters gekrönt, rückte nach dem Tod Ludwigs VII. 1180 zum Alleinherrscher auf. Er kannte die Lage und war sich der ihm von drei Seiten drohenden Gefahr bewußt: Da war einmal das Reich der Plantagenets, das sich von jenseits des Ärmelkanals bis zu den Pyrenäen erstreckte; dann das Doppelfürstentum Blois-Champagne, das Paris nach Südwesten wie nach Osten hin abriegelte; und schließlich die Grafschaft Flandern, in der sich bereits die durch das Aufblühen von Gewerbe und Handel geweckten Wirtschaftskräfte bemerkbar machten. Andererseits mußte der König mit den Unabhängigkeitsbestrebungen Südfrankreichs rechnen, für das der Kapetinger in weiter Ferne residierte, während ein Graf von Toulouse oder ein Graf von Foix nur zu gern als souveräne Herrscher auftraten.

Für die harmlosesten unter seinen Gegenspielern hielt Philipp II. August Adela von der Champagne, die Witwe Ludwigs VII., und ihre vier Brüder, Erzbischof Wilhelm von Reims, Graf Heinrich den Freigebigen von der Champagne, Graf Theobald V. von Blois-Chartres (der obendrein als Seneschall von Frankreich amtierte) und Graf Stephan von Sancerre. Ernster nahm der junge König schon den Grafen von Flandern, Philipp von Elsaß, ja so ernst sogar, daß er es vorzog, ein Bündnis mit ihm zu schließen und zu dessen Besiegelung seine Nichte, Isabella von Hennegau, zu heiraten, zumal sie ihm als Mitgift das Artois einbrachte.

Dergestalt ausmanövriert, versuchten die von der Champagne den Plantagenet auf ihre Seite zu ziehen: Doch Heinrich II. hielt es für vorteilhafter, sich als Beschützer des neuen Königs von Frankreich aufzuspielen, und so schloß er am 28. Juni 1180 mit ihm den Vertrag von Gisors.

Die Fürsten begriffen rasch, daß Philipp August sie hereingelegt hatte und gegeneinander auszuspielen versuchte, um seine Unabhängigkeit zu sichern. So beschlossen Flandern und die Champagne im Frühjahr 1181, gemeinsame Sache gegen die Krondomäne zu machen. Dank Plantagenets Zurückhaltung aber konnte sich der Kapetinger behaupten und abwarten, bis das Bündnis von selber wieder platzte. Zudem verstand es Philipp II. August, genau im richtigen Moment seine Anrechte auf das Vermandois geltend zu machen, die Kriegsgelüste des Grafen vom Hennegau durch die Drohung, Königin Isabella zu verstoßen, zu dämpfen und sich mit Theobald von Blois und dessen Bruder, dem Erzbischof, zu versöhnen. Im Vertrag von Boves vom Juli 1185 wurden dann die Eroberungen der Krone geregelt: Philipp erhielt Amiens und das Vermandois sowie Aussicht auf das Artois und konnte damit die kapetingische Krondomäne erstmals bis zum Meer ausweiten.

Daraufhin machte der König, allen etwaigen Dankesverpflichtungen zum Trotz, gegen seinen übermächtigen Vasallen Plantagenet Front, der ihm lästig, ja gefährlich zu werden begann. Er packte ihn bei seiner Achillesferse: seinen Söhnen, die sich mühelos gegen ihn und gegeneinander aufhetzen ließen.

Der erstgeborene, Heinrich der Jüngere, war 1183 bei einem bewaffneten Aufstand gegen seinen Vater gefallen. Der zweite, Richard Löwenherz, machte aus seiner Ungeduld, an die Regierung zu gelangen, keinen Hehl: Offensichtlich dachte er nicht daran, die Macht mit dem Jüngsten, dem späteren Johann Ohneland, oder seinem nächstjüngeren Bruder Gottfried zu teilen, der Philipp August als Graf der Bretagne als geeignetster Verhandlungspartner erschien, aber im August 1186 starb.

Als der französische König 1187 mit einem Angriff auf Berry die Feindseligkeiten eröffnete, versuchte Heinrich II. durch die Abtretung von Issoudun einen Krieg zu vermeiden, aus Angst, Richard könnte ihm in den Rücken fallen. Als dann aber zur Beilegung des Zwistes eine Ehe zwischen Alix von Frankreich und Johann Ohneland ins Auge gefaßt und erwogen wurde, ihnen Aquitanien und Anjou zu geben, schwenkte Richard trotzdem auf die Seite des Kapetingers über, blieb ihm doch jetzt nur noch die Aussicht auf England und die Normandie.

So hatte Heinrich II. Issoudun und Richard verloren. Und als er im

Dezember von dem Treffen Philipp Augusts und Kaiser Friedrich Barbarossas in Ivois an der Maas zum Zwecke der Präzisierung ihrer Bündnisziele erfuhr, begriff er, daß er mithin endgültig auf verlorenem Posten stand. Bei diesem Handel gewann der Graf vom Hennegau die Grafschaft Namur. Und der König von Frankreich benutzte die Gelegenheit zu einem Besuch im Hennegau, um seinen Einfluß geltend zu machen – eine Geste, die auch durchaus verstanden wurde.

Die Aussicht auf den bevorstehenden Kreuzzug verschaffte dem Plantagenet eine Atempause. Am 21. Januar 1188 trafen die beiden Könige in Gisors ein Abkommen, um Zeit zu gewinnen. Richard Löwenherz nahm das Kreuz, Heinrich II. blieb unter Hinweis auf Alter und Gesundheitszustand zu Hause. Aber Philipp August hütete sich wohl, ihm freie Hand zu lassen.

Ein Aufstand der aquitanischen Barone gegen Richard beschleunigte den Gang der Dinge. Als Richard den Grafen von Toulouse angriff, der die Rebellen unterstützte, forderte Philipp II. August diesen auf, die Sache vor das Hofgericht zu bringen, und marschierte unter dem Vorwand, daß er glaube, Vater und Sohn seien sich einig, ins Berry, Vendômois und Vexin ein.

Bei der nächsten Zusammenkunft der beiden Könige im November 1188 in Bonsmoulins bei Mortagne traf Richard an der Seite Philipps II. August ein. Heinrich II. durchschaute das abgekartete Spiel, das man ihm auch gar nicht zu verheimlichen trachtete. Wieder sprach man über die Vermählung von Alix, nur diesmal mit Richard, der ab sofort die Regierung des gesamten Plantagenetreichs übernehmen sollte. Als sich Heinrich II. weigerte, alles abzutreten, schlug sich Richard ohne zu zögern auf die Seite des französischen Königs und leistete ihm für sämtliche Lehen seiner Familie auf dem Festland den Treueid, womit der Bruch endgültig vollzogen wurde.

1189 brachten Philipp und Richard in beiderseitigem Einvernehmen Anjou, Maine, Perche und Touraine in ihre Hand. Heinrich II., inzwischen ein verbrauchter Mann, gab sich geschlagen und schloß Anfang Juli den demütigenden Frieden von Colombiers und Azay. Als letzte Gunst erbat er die Liste derer, die ihn verraten hatten – und entdeckte obenan Johann Ohneland. Am 6. Juli schloß der Gründer des anglo-angevinischen Reiches als verratener und gebrochener Verlierer in Chinon die Augen.

Der unmittelbare Nutznießer war Richard als Alleinerbe. Philipp II. August erstattete ihm zurück, was er Heinrich II. abgenommen hatte, und Johann blieb weiterhin der »Ohneland«. Der neue König von England gab sich ritterlich und gewährte seinem Bruder einige Lehen, zog dafür aber alle Gebiete wieder ein, die er den gegen seinen Vater rebellierenden Vasallen verliehen hatte.

Erst jetzt begann man sich für den Kreuzzug wirklich zu rüsten. Als Philipp und Richard schließlich im Sommer 1190 aufbrachen, war Kaiser Friedrich Barbarossa, mit dem sie im Heiligen Land zusammenstoßen sollten, bereits in Kleinasien untergetaucht. Nach einem Zwischenaufenthalt auf Sizilien, wo sie sich ungebeten in die inneren Angelegenheiten des normannischen Königreichs einmischten, langten sie endlich, schon halb zerstritten, im Frühjahr 1191 vor Akkon an: Richard hatte unterwegs Zypern besetzt, was ihm der Kapetinger gewaltig verübelte.

Auch im Orient war das christliche Lager zutiefst entzweit. Hier suchte Konrad von Montferrat den König von Jersualem, Guido von Lusignan, mit Unterstützung Richards und der pisanischen Seeleute vom Thron zu stoßen. Guido, durch seine Vermählung mit der Tante des letzten Königs aus dem Hause Gottfrieds von Bouillon zum Herrscher des lateinischen Königreichs aufgestiegen, hatte sich schon sehr bald als unfähig erwiesen. Schlecht beraten und waghalsiger, als es seine Kräfte erlaubten, hatte er nacheinander die meisten seiner festen Plätze dem neuen Herrn Ägyptens, Salah ad-Din, überlassen müssen. Und da er, 1187 bei Hattin geschlagen, auch noch Akkon, Jaffa, Beirut und Jerusalem verloren hatte, fanden die Kreuzfahrer bei ihrer Ankunft vom christlichen Orient nur noch die Städte Tyrus, Tripolis und Antiochia sowie etliche Burgen wie Krak (Crac des Chevaliers) vor.

Guido selbst, von Salah ad-Din – den das Abendland Saladin nannte – wieder auf freien Fuß gesetzt, fanden sie bei ihrer Landung um die Rückeroberung Akkons bemüht. Und als sie, wiewohl ihrerseits von Salah ad-Din belagert, am 13. Juli 1191 den Sieg errangen und das Kreuz erneut über Akkon wehte, schien sich alles noch einmal zum Guten zu wenden.

Aber Akkon war nicht Jerusalem. Salah ad-Din blieb Herr des Heiligen Landes, was Philipp II. August geflissentlich zu vergessen schien. Unter dem wenig überzeugenden Hinweis auf seine angeschlagene Gesundheit gab er seine Heimkehrabsicht bekannt. In Wahrheit jedoch wollte er verhindern, daß die Nachfolge des am 1. Juli vor Akkon gefalle-

DIE PLANTAGENETS

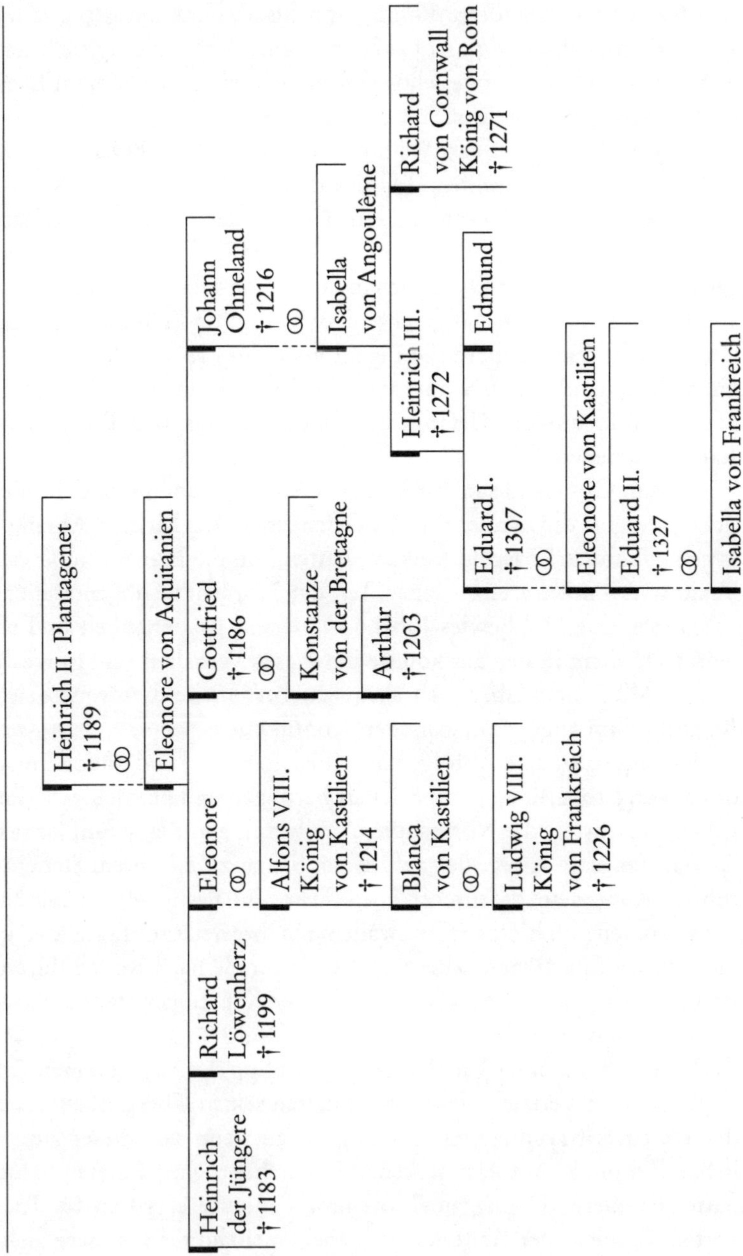

nen Grafen von Flandern, Philipp von Elsaß, ohne ihn geregelt würde. Richard kroch ihm zwar nicht auf den Leim, schob seine eigene Rückkehr aber dennoch hinaus, zweifellos weil er sich mit ganz anderem Ernst für die Befreiung der heiligen Stätten einsetzte.

Philipp II. August, seit Weihnachten in Frankreich zurück, machte sich unverzüglich in seinem Teil des flandrischen Erbes, im Artois und Vermandois, an die Festigung seiner Autorität – wie sich zeigte, ein schwieriges Unterfangen, wäre nicht Richard Löwenherz auf der Rückreise dem Herzog von Österreich in die Hände gefallen, den er zu seinem Unstern vor Akkon beleidigt hatte. Der König von Frankreich nutzte den Zwischenfall, um Richard die Eigenschaft eines Kreuzfahrers abzusprechen (deren Güter unter Schutz standen), und verhandelte offen mit Kaiser Heinrich VI., um die Gefangenschaft des Königs von England in die Länge zu ziehen.

Johann Ohneland sah seine Chance kommen und teilte sich mit Philipp II. August die Ländereien des Gefangenen. Als Richard Anfang 1194 gegen ein hohes Lösegeld freikam, hatten ihm die Franzosen bereits das Vexin und – mit Évreux – einen Teil der Normandie abgenommen.

Dieses eine Mal bewies Johann Ohneland Besonnenheit und unterwarf sich, denn in der Tat konnte ihn dieses Verhalten sein ganzes Erbe kosten. Mit seinem Überwechseln auf Richards Seite aber weitete sich der Konflikt zum anglo-französischen Konflikt aus.

Dieser Krieg, eine Abfolge von Schlachten ohne endgültige Entscheidung, von Eroberungen und Rückeroberungen und kurzlebigen Waffenruhen, verwüstete die Normandie, Aquitanien und Berry fünf Jahre lang. Es war der erste Krieg, der auf beiden Seiten zu erhöhtem Steuerdruck führte. Außerdem brachte er Fortschritte im Festungsbau: Die Städte verschanzten sich hinter Schutzwällen, um ihre neueste Stadtentwicklung zu schützen; der Plantagenet riegelte die Straße nach Rouen durch den Bau der Festung Château-Gaillard ab; der Kapetinger stattete Paris mit einer neuen Mauer aus.

Dennoch nahmen die Dinge für Philipp II. August einen immer ungünstigeren Verlauf. Viele Barone hatten seinen Übergriff auf die Ländereien eines Kreuzfahrers mißbilligt, auch wenn sich dieser zum fraglichen Zeitpunkt in Gefangenschaft eines christlichen Fürsten befunden hatte. Flandern, Hennegau, Blois und Toulouse ergriffen für Richard Partei, der mit seiner Tapferkeit im Orient nicht hinter dem Berg hielt. Als die Kurfürsten 1197 Richards Neffen Otto von Braunschweig zum deutschen König wählten, verschärfte sich das Ungleichgewicht der Kräfte noch.

Philipp verlor mehrere Schlachten nacheinander und mußte einen Teil seiner Eroberungen zurückgeben. 1194 verlor er in der Schlacht von Fréteval einen großen Teil seines Archivs – das er von da an auf Dauer im Louvre unterbrachte – und nicht wenig Geld. Und 1198 schließlich verlor er bei Courcelles das Gesicht durch eine Flucht, die auszuschlachten sich die Propaganda des Plantagenets nicht nehmen ließ, konnte sich doch kein besserer Anlaß finden, daran zu erinnern, wie wenig sich der König von Frankreich an den Kämpfen im Heiligen Land beteiligt hatte.

Um das Schlimmste zu verhüten, schaltete sich im Namen Innozenz' II. der Legat Petrus von Capua ein. Philipp II. August blieb von all seinen Eroberungen nur Gisors, ein wertvoller Erwerb, den Frankreich jedoch teuer bezahlt hatte. Um die Waffenruhe zu bekräftigen, vermählte man den späteren Ludwig VIII. mit Richards Nichte Blanca, der Tochter Alfons' VIII. von Kastilien und einer Tochter Heinrichs II. Plantagenet. Diese Ehe stellte das beachtlichste Ergebnis des Waffenstillstands von Vernon im Januar 1199 dar, auch wenn zu diesem Zeitpunkt noch niemand ahnen konnte, daß die damals elfjährige Blanca von Kastilien ein Vierteljahrhundert lang Frankreich regieren sollte.

Im darauffolgenden Jahr mußte der Kapetinger im Vertrag von Péronne einen Teil des Artois abtreten, was die Krondomäne um rund zwanzig Jahre zurückwarf.

Am 6. April 1199 wurde Richard Löwenherz bei der Belagerung von Château Châlus im Limousin von einem Pfeil, auf den er nicht gefaßt war, tödlich getroffen. »Was habe ich dir denn getan?« konnte er den Armbrustschützen noch fragen, den man ihm vor der Hinrichtung als Gefangenen vorführte. Nach ritterlichem Brauch blieb der Souverän von Anschlägen aus dem Hinterhalt in der Regel verschont.

Nun endlich konnte sich Johann Ohneland das gesamte Erbe der Plantagenets aneignen. Da er aber ebenso unbeliebt war wie Richard geachtet, brachte ihm das Erbe wohl Vasallen, letztlich aber nur wenig treue Anhänger ein, was sein Neffe Arthur, der Sohn seines Bruders Gottfried, nutzte, um mit Unterstützung zahlreicher bretonischer und angevinischer Barone seinen Anteil zu fordern. Philipp II. August wechselte wieder einmal ins andere Lager über und unterstützte nun gleichfalls

Arthur, wiegelte die Lehnsfürsten von Maine und Anjou gegen Johann auf und griff seinerseits die Normandie an.

Doch in diesem Fall hatte sich Philipp verrechnet. Plantagenets Vasallen wollten ihre Unabhängigkeit und nicht einen anderen Herrn, und so entpuppte sich das Bündnis als Schlag ins Wasser. Flugs söhnte sich Philipp im Vertrag von Goulet (22. Mai 1200) auf Arthurs Kosten wieder mit Johann aus, wodurch er das wichtige Évreux und als wertvolle Erweiterung der Krondomäne Berry hinzugewann. Beide Seiten fanden sich zu Zugeständnissen bereit – Johann durch neuerliche Anerkennung seiner Lehnsabhängigkeit vom König von Frankreich, Philipp II. August durch Verzicht auf jegliches Anrecht auf die Bretagne. Damit schien endlich Frieden gestiftet und ein dauerhafter Kompromiß erreicht.

Doch ein so unberechenbarer Mann wie Johann Ohneland konnte seine Getreuen nicht lange an sich binden. So entführte – und ehelichte – er die Verlobte seines Vasallen Hugo IX. von Lusignan, des Grafen der Marche. Am Rande sei vermerkt, daß diese Isabella Taillefer, die Tochter des Grafen von Angoulême, eines Tages als Witwe des Königs von England den Sohn ihres ehemaligen Verlobten heiraten sollte!

Fürs erste jedoch wirbelte die Affäre viel Staub auf. Die Barone entrüsteten sich, etliche wandten sich an den König von Frankreich. Philipp II. August nutzte die willkommene Gelegenheit, um sich erneut für Arthurs Sache einzusetzen und Johann Plantagenet nach Paris vor das Hofgericht zu laden, das im April 1202 die *commise (commissio)* verhängte: die Einziehung sämtlicher Lehen, die Johann Ohneland vom französischen König empfangen hatte. Die Eroberung der angevinischen Lehen wurde von da an legitim.

Blieb nur noch die Vollstreckung des Urteilsspruchs. Als im Juni 1202 die Eroberung begann, stellten sich die Barone geschlossen hinter ihren obersten Lehnsherrn, den Kapetinger, um nicht ihrerseits die Einziehung ihrer Lehen zu riskieren. Lediglich die angevinischen Parteigänger Wilhelms von Roches hatten sich zunächst auf Johanns Seite geschlagen, sich dann aber, seiner bald überdrüssig, ebenfalls eines Besseren besonnen.

Nach wechselndem Kriegsglück wurde Arthur im August 1202 bei Mirebeau besiegt und gefangengenommen und von seinem Onkel zunächst in Falaise, dann in Rouen eingekerkert. Daß dieser ihn gegen Ende 1203 im Gefängnis ermorden ließ, sollten ihm die angevinischen, poitevinischen und bretonischen Barone nie verzeihen.

Im September 1203 nahm Philipp II. August die Belagerung von Château-Gaillard auf, das im März gestürmt wurde. In den folgenden zwei Monaten fiel die ganze Normandie. Der Plantagenet schien wie gelähmt; er wagte des drohenden Aufstandes wegen England nicht mehr zu verlassen. Das war Wasser auf Philipp II. Augusts Mühle, der durch eine geschickte Propaganda die Bevölkerung mühelos auf seine Seite ziehen konnte. Nur Rouen leistete anfänglich Widerstand, bis er von den Bürgern die Übergabe durch Bestätigung ihrer Handelsprivilegien erkaufte.

Danach nahm sich der König Aquitanien vor, das zunächst keinen Widerstand leistete, sich dann aber doch auflehnte und sich zu guter Letzt unterwarf. Gleichzeitig dehnte Philipp II. August seine Macht auf die Bretagne aus. Als das ganze Hin und Her dann 1208 ein Ende fand, war dem Plantagenet von seinem einstigen Reich auf dem Kontinent zwischen Bordeaux und Bayonne nur die um Béarn und Comminges erweiterte Guyenne geblieben.

Der König von Frankreich dagegen war vom Artois bis zur Saintonge Herr des Küstengebiets und hatte der Krondomäne außerdem Berry und die Auvergne einverleibt. Was schließlich die für die französische Krone noch ein halbes Jahrhundert zuvor so bedrohlichen Fürstentümer betraf, so hatte er sie teils – wie die Normandie und das Anjou – an sich gebracht und teils – wie Flandern, die Champagne und Blois – in die Isolation gedrängt und damit die Unabhängigkeit der Kapetinger-Dynastie endgültig gesichert.

DER EUROPÄISCHE HORIZONT

Schon ehe dieser Zustand erreicht war, hatte Philipp II. August eine weitblickende Politik in die Wege geleitet. Der Kapetinger begann auf dem europäischen Schachbrett eine wichtige Rolle zu spielen. Mit seiner Krondomäne und der Besteuerung des neuen Handelsverkehrs hatten seine Einkünfte dergestalt zugenommen, daß er nun über seine unmittelbaren Vasallen hinaus Anhänger finanzieren konnte.

Der Papst zeigte sich mit dem gescheiterten Kreuzzug recht unzufrieden. Um so eher konnte die Affäre um Ingeborg eine der schwersten Krisen in den Beziehungen zwischen Frankreich und dem Heiligen Stuhl heraufbeschwören. Nach dem Tod seiner Gemahlin Isabella von Hennegau hatte Philipp II. August nämlich 1193 die dänische Prinzessin Ingeborg zur Besiegelung des Bündnisses gegen England zur Frau genommen, gleich nach der Hochzeit aber ohne ein Wort der Erklärung wieder verstoßen und sogar in ein Kloster gesteckt, als sie sich weigerte, den Hof zu verlassen. Als dann auch noch der französische Klerus sein Plazet zu einer Scheidung gegeben hatte, die jeder Begründung entbehrte, hatte sich Knut von Dänemark an Rom gewandt.

Die Päpste Cölestin III. und Innozenz III. packten die Gelegenheit beim Schopf, um den Kapetinger zu maßregeln, der ihre Ermahnungen jedoch in den Wind schlug, schlimmer noch, mit Agnes von Meran, der Tochter eines bayrischen Grafen, einen neue Ehe einging, um den Fortbestand seiner Dynastie, bis dahin einzig durch den schwächlichen Prinzen Ludwig, den künftigen Ludwig VIII., gewährleistet, besser abzusichern.

Innozenz III. drohte König und Bischöfen kirchliche Maßnahmen an und verhängte 1198 durch den Legaten Petrus von Capua den Kirchenbann, womit das gottesdienstliche Leben, insbesondere die Spendung der Sakramente, im ganzen Königreich zum Erliegen kam. Damit aber machte sich selbst der beste Fürst beim Volke unbeliebt. Als Philipp August die Bischöfe aufforderte, zwischen dem Papst und ihm zu wählen, zeigte sich, daß sie die Drohung verstanden hatten. Fast einhellig stellten sie sich auf die Seite des Papstes. Das Interdikt wurde aufgehoben, geregelt jedoch war damit nichts.

Letztlich aber wünschte der Papst so wenig einen Bruch, wie der König hinsichtlich der Legitimität seiner Nachkommenschaft ein Risiko eingehen konnte. So wurde Ingeborg 1213 wieder auf freien Fuß gesetzt und in ihrem alten Rang, ja vielleicht sogar in ihrer Rolle bestätigt, und auch der Papst fand sich zu einem Zugeständnis bereit: Da Agnes von Meran inzwischen verstorben war, nahm er keinen Anstoß daran, die beiden Kinder aus ihrer Ehe mit dem König zu legitimieren. Damit fand die Affäre, die zwanzig Jahre lang geschwelt und die persönliche und politische Standfestigkeit des Kapetingers erwiesen hatte, endlich ihren Abschluß.

Kaum hatte Philipp August Johann Ohneland vom Kontinent vertrieben, fühlte er sich versucht, die Verfolgung in England fortzusetzen, wo er auf die Unzufriedenheit der Barone und der Geistlichkeit spekulierte. Zum einen war da Johanns Dauerfehde mit dem Erzbischof von Canterbury, Stephan Langton, die einer Intervention des Auslands regelrecht den Boden bereitete. Und zum anderen waren die Engländer der erpresserischen Geldforderungen der Krone überdrüssig. Dazu kam die Englandfeindlichkeit der Iren und Waliser, und so war es 1209 bis 1212 ein leichtes, Kontakte anzuknüpfen. Plantagenets Gegner tauchten in Frankreich auf, und schließlich beauftragte kein geringerer als der Papst selbst den König von Frankreich, über den Ärmelkanal überzusetzen, um König Johann zu entthronen. Philipps Sohn Ludwig sollte das Kommando übernehmen und anschließend die englische Krone erhalten. Im April 1213 schlossen sich die französischen Barone bis auf den Grafen von Flandern, Ferrand (Ferdinand) von Portugal, in Soissons dem König an.

Heer und Flotte waren bereits in Boulogne zusammengezogen, als das ganze Unternehmen abgeblasen werden mußte. Johann Ohneland hatte eingelenkt und sein Königreich dem Papst übergeben, um es von ihm als Lehen zu empfangen! Sowie Innozenz III. aber zum Herrn und Meister der Krone Eduards des Heiligen aufgerückt war, trat er natürlich als ihr Beschützer auf. Ihre Eroberung stand nicht länger zur Debatte.

So nahm der Heilige Stuhl Rache für die Herausforderung durch die Ingeborg-Affäre. Denn während die englischen Barone im Kampf gegen die Willkür der Krone in eine neue Runde eintraten, die 1215 zur Magna Charta führen sollte, machten auch die französischen Barone ihrem König und seinem Sohn die sinnlose und kostspielige Vorbereitung eines dergestalt ungesicherten Feldzugs zum Vorwurf. Mit einem Wort, die Kapetinger hatten sich blamiert.

Darüber hinaus hatte der Vorgang aber auch die sich anbahnende Entente zwischen Johann Ohneland und Ferrand enthüllt. Der Graf von Flandern, durch die widerrechtliche Besetzung von Aire und Saint-Omer gegen den König von Frankreich aufgebracht, begünstigte bei der Kaiserwahl Johanns Neffen Otto von Braunschweig vor dem Gegenkandidaten Philipp von Schwaben, dem Bruder des 1197 verstorbenen Kaisers Heinrich VI.; im übrigen genau wie der Papst, obwohl dieser an Philipp von Schwaben eigentlich nur eines auszusetzen hatte – nämlich daß er Sohn und Bruder eines Kaisers war. Die faktische Erblichkeit der Kaiserwürde aber, wie sie durch die aufeinanderfolgende Thronbesteigung von zwei Söhnen Friedrich Barbarossas demonstriert worden wäre, hätte dem politischen Führungsanspruch des Heiligen Stuhls erheblich Abbruch getan.

Um Roms theokratische Pläne zu durchkreuzen und die Bäume des Vatikans nicht in den Himmel wachsen zu lassen, ergriff Philipp II. August für den Staufer Philipp von Schwaben Partei, für den er im Grunde nur eines unternahm: Er griff die Normandie an und hinderte damit Johann Ohneland, seinen Neffen tatkräftig zu unterstützen. Als Philipp von Schwaben im Juni 1208 einem Mordanschlag zum Opfer fiel, schlug der Kapetinger zum Verdruß des Papstes, Ottos von Braunschweig und des Königs von England als neuen Gegenkandidaten den Herzog von Brabant vor und zog damit die Angelegenheit weiter in die Länge. 1209 aber empfing Otto IV. ungeachtet des französischen Widerstands in Rom die Kaiserkrone.

Der König von Frankreich schien geschlagen. Doch konnte er zu seiner Genugtuung konstatieren, daß Otto jene Italienpolitik fortsetzte, die schon im vorangegangenen Jahrhundert die Gibellinen in Gegensatz zum Heiligen Stuhl gebracht hatte. Wie sein Vorgänger Barbarossa und wie später dessen Enkel Friedrich II. nahm Otto IV. den Kampf gegen das Papsttum auf und trieb so den Papst automatisch Frankreich in die Arme.

Im Dezember 1212 wurde auf gemeinsames Betreiben von Innozenz III. und Philipp II. August ein neuer Kandidat gewählt – ebenjener Friedrich II. von Hohenstaufen, der seiner Mutter Konstanze, der letzten Vertreterin des normannischen Königshauses, auf dem sizilianischen Thron nachgefolgt war. Vierzehn Tage vor der Kaiserwahl hatten der König von Frankreich und der Staufer in Vaucouleurs die Bedingungen ihres Bündnisses abgesprochen und damit dem übrigen Europa demonstriert, daß Friedrich II. ebenso gut der Kandidat des Kapetingers wie des Papstes war.

Durch den vorzeitigen Abbruch des geplanten Englandunternehmens aber veränderte sich die Lage schlagartig. In logischer Fortführung seines Konflikts mit dem Plantagenet verfolgte Philipp II. August nun den Grafen Ferrand und dessen Verbündeten, Graf Renaud de Dammartin von Boulogne, mit seiner Rache, was zum offenen Kampf mit der in Deutschland von Kaiser Otto IV. angeführten Koalition führte und den Papst, der durch seine Interessen England neuerdings ja ebenso verbunden war wie dem Lager Friedrichs II., zwangsläufig in die Zwickmühle brachte.

Die Teilnehmer dieser 1212 geschlossenen Koalition aber, die sich zusammengefunden hatten wie die neuen Anhänger Johann Ohnelands, verfolgten in Frankreich andere Ziele als im Reich. Viele sahen, wie der

Graf von Boulogne, in dem Zusammenschluß eine Möglichkeit, Rache zu üben; denn durch seine Ambitionen wie durch seine Erfolge hatte sich der Kapetinger viele Neider geschaffen, nicht zuletzt unter denjenigen, die ihm am meisten verdankten. Andere, wie der Graf von Holland oder der Herzog von Limburg, hatten sich vom englischen König mit vielen Sterlingpfunden kaufen lassen. In der Tat wurde das Heer Ottos IV. letztlich vom englischen Steuerzahler finanziert, was natürlich viel böses Blut machte.

Als der französische König, die Initiative ergreifend, seine Flotte zur Blockade vor Damme auffahren und sein Heer nach Cassel, Ypern und Brügge marschieren ließ, machten ihm die Engländer einen Strich durch die Rechnung. Während die Franzosen Gent belagerten, versenkten sie im Mai 1213 ihre Flotte. Die Überreste verbrannte der Kapetinger selbst, um sie den Engländern nicht in die Hände fallen zu lassen. Eine Invasion Englands kam danach natürlich nicht mehr in Frage, aber der Landkrieg in Flandern zog sich noch den ganzen Winter hin. Plünderungen, Brandschatzungen und Massaker schürten den Haß der Bürger und Bauern auf den französischen König, der diese feindselige Ablehnung mit Gewalt brechen zu können glaubte, was ihn indessen teuer zu stehen kam.

Im Frühjahr 1214 beschlossen die Verbündeten, den Gegner zu umzingeln und von Norden durch Otto und Ferrand anzugreifen, während Johann Ohneland seine Streitkräfte in der alten Domäne der Plantagenets sammeln und nach Paris marschieren sollte. Als sich im April die aquitanischen Barone und Städte ihrem ehemaligen Herzog anschlossen, deutete alles auf einen Erfolg der Koalition hin.

Kurz entschlossen setzte sich Philipp II. August an die Spitze eines Reiterheers, um das Gebiet südlich der Loire durch einen Blitzfeldzug einzuschüchtern, wandte sich dann gegen Ferrand und überließ es seinem Sohn Ludwig, den König von England aufzuhalten. Dieser hatte die Loire überschritten, Angers besetzt und mit der Belagerung von La Roche-aux-Moines, jener Schlüsselfestung auf der Zugangsstraße nach Nantes, begonnen. Als aber am 2. Juli Prinz Ludwig mit seinem Heer anrückte, ergriffen Johanns Truppen, wiewohl zahlenmäßig überlegen, die Flucht, denn Johann war unbeliebt, und die Poiteviner verspürten wenig Lust, mit ihrem Bündnis wirklich Ernst zu machen.

Während sich für die Koalition die Lage im Westen entscheidend verschlechterte, verfolgte sie im Norden ihren Plan weiter. Otto von

Braunschweig und Ferrand von Flandern hatten in Valenciennes Stellung bezogen, und als Philipp II. August von Péronne nach Tournai marschierte, um dem Gegner in den Rücken zu fallen und von seinen Häfen abzuschneiden, also um ihn anzugreifen, ehe er durch deutsche und lothringische Kontingente Verstärkung erhielt, besetzte Otto im Gegenzug Mortagne.

Damit aber drohte aus dem Abenteuer Ernst zu werden, und die Franzosen, die ausgezogen waren, die Ländereien eines lehensverräterischen Grafen zu verheeren, nicht aber, um sich hinterrücks abschlachten zu lassen, traten den Rückzug nach Lille an. Otto und Ferrand glaubten schon gewonnenes Spiel zu haben und griffen die Franzosen am 27. Juli bei Bouvines an, als diese auf der einzigen Brücke durchs Sumpfgebiet die Marcq überquerten.

Der Überraschungsschlag der Kaiserlichen, die sich ohnehin in der besseren Position befanden, schien von Erfolg gekrönt. Die angriffsstarke, aber wenig manövrierfähige Infanterie der städtischen Kontingente hatte die Marcq bereits überschritten, und so schwebte Philipp II. August bis zu ihrer Rückkehr eine Zeitlang ernstlich in Gefahr. Um ein Haar wäre Ottos Wunsch, den Kapetinger in einer allgemein als Entscheidungszweikampf zwischen den beiden feindlichen Herrschern betrachteten Schlacht zu töten, in Erfüllung gegangen. Gegen Abend jedoch wandte sich das Kriegsglück. Otto konnte sich nur durch Flucht retten, die Grafen von Flandern und Boulogne gerieten in Gefangenschaft, die Truppen der Verbündeten zerstreuten sich in alle Winde.

Somit hatte der Staufer, ohne einen Finger zu rühren, die Kaiserkrone gewonnen. Otto irrte noch eine Zeitlang umher und zog sich dann nach Braunschweig zurück, wo er 1218 vereinsamt starb. Ferrand verbrachte fünfzehn Jahre im Louvre, wo ihm die Lust an weiteren Abenteuern gründlich verging. Johann Ohneland schließlich vermochte seinen englischen Landsleuten gegenüber die finanziellen Belastungen, die er ihnen aufgebürdet hatte, nicht mehr zu rechtfertigen: Nach einer bewaffneten Erhebung der Barone und der Kommunen mußte er im Juni 1215 die *Magna Charta libertatum* unterzeichnen und in eine starke Beschneidung der königlichen Macht einwilligen. Zur gleichen Zeit leisteten die poitevinischen Barone dem Sieger von Bouvines den Treueid.

Der Kapetinger hatte wie bei einem Gottesurteil alles aufs Spiel gesetzt und die Oriflamme aus dem Kirchenschatz von Saint-Denis holen und sich auf dem Feldzug von den Fußtruppen der Kommunen vorantragen lassen – ein Bild, das zur Legende wurde. Der Sieg brachte Philipp II. August durch das Lösegeld für die zahlreichen Gefangenen vor allem großen finanziellen Gewinn, aber auch einen politischen Vorteil, der über den militärischen Einsatz dieser Schlacht, in der es kaum zu Heldentaten gekommen und außer ein paar Rittern fast nur Fußvolk gefallen war, weit hinausreichte: Er war der erste Kapetinger in der langen, aber an Schlachten armen Geschichte der Dynastie, der einen fremden Herrscher besiegt hatte und durch diesen Sieg zum Schiedsrichter im Wettstreit um die Kaiserkrone geworden war. Außerdem hatte Philipp einen treubrüchigen Vasallen in Ketten gelegt, und so ist es nicht weiter erstaunlich, daß die offizielle Geschichtsschreibung von Saint-Denis und Paris Bouvines schon bald zum Symbol erhob.

KRONDOMÄNE UND KÖNIGREICH

Unter Philipp II. August und Ludwig VIII. nahm die Krondomäne auf Kosten der Territorialfürsten schließlich einen solchen Umfang an, daß Ludwig dem Heiligen später Zweifel an der Rechtmäßigkeit dieses Zugewinns kamen. Selbst aus dem Albigenserkreuzzug wußte der König zur Überraschung des Papstes und der am Kreuzzug beteiligten Barone Kapital zu schlagen. Diese Rolle des Ländersammlers zugunsten des Kapetingers hatte zuletzt Heinrich II. Plantagenet gespielt, und mit Raimund VII. von Toulouse verhielt es sich ähnlich.

Zwar festigten und erweiterten zu dieser Zeit auch andere ihr Erbe. Peter Mauclerc zum Beispiel, Ludwigs VI. Enkel, durch seine Vermählung mit der Schwester des unglücklichen Arthur zum Herzog der Bretagne aufgestiegen, gliederte seinem Herrschaftsbereich Perche und die Grafschaft Penthièvre an. Und ebenso rundeten der Herzog von Burgund und der Graf der Champagne ihre Fürstentümer ab, indem sie hier ein altes Allod in ein Lehen umwandelten, dort einem bedürftigen Vasallen sein Lehen abkauften. Und alle bauten eine leistungsfähige Verwaltung auf, die aus den alten Rechten und den neuen Forderungen den größtmöglichen Nutzen zog. Aber keiner war mehr imstande, sich allein mit dem König zu messen.

Der vierzigjährige Kampf des Kapetingers gegen den Plantagenet und die Bündnisse der Feudalherrn hatte sich also gelohnt. Der König hatte sein Ziel erreicht. Seine Einnahmen aus der Krondomäne und den direkt vergebenen Lehen waren spektakulär gestiegen. Er verfügte über neue Geldeinkünfte und Menschenkontingente und konnte sich Dienste und Gefolgschaft mit Lehen und kirchlichen Pfründen erkaufen. Daneben waren auch die politischen Erfolge nicht zu verachten: der freie Zugang zu drei Meeren, dessen Bedeutung der Kapetinger und seine Ratgeber trotz lückenhafter geographischer Kenntnisse recht gut erfaßten; die indirekte Angliederung der Bretagne; die Beendigung der Abriegelung von Paris; die Sicherheit der Straßen. Sie gestatteten dem König ein anderes Auftreten als zu jener Zeit, da die Reise von Paris nach Orléans noch ein Wagnis bedeutet hatte. Mit einemmal war der Monarch der größte Grundherr im Königreich und verfügte über die meisten Leute und Burgen. Dem mußten die nach Unabhängigkeit dürstenden Lehnsfürsten künftig Rechnung tragen.

Wichtige Veränderungen in der Umgebung des Königs spiegelten dieses neue politische Gleichgewicht. Zwar tagten die Großvasallen und hochrangigen Prälaten auch weiterhin in der *curia regis*, dem königlichen Hofgericht, wie es Recht und Pflicht vorschrieben. Die politischen Entscheidungen aber wurden nicht mehr von ihnen gefällt. Das Pairsgericht trat nur noch viermal im Jahr zusammen, die Territorialfürsten wurden vom König nur noch zu Festlichkeiten und Kriegszügen einberufen. Bei den Regierungsgeschäften stützte sich der König von nun an auf seine engsten und treuesten Anhänger; kleine Grundherren und Kleriker aus der Pariser Region bevölkerten nun Palast und Hof, wo auch die Pariser Bürger eine Rolle zu spielen begannen. Ein neuer Menschentyp – der Verwaltungs-, Rechts- und Finanzexperte – trat auf den Plan.

Dieser neue Menschenschlag in der Umgebung des Königs war von recht bescheidenem Stand, was seine treue Ergebenheit gewährleistete. Er verdiente sich im Dienst des Königs ein Vermögen. Besonders typische Gestalten dafür sind ein Bruder Guérin, der es vom Bürgerlichen und Ritter des Hospitaliterordens zum Bischof von Senlis und unter Ludwig VIII. zum Kanzler brachte, und ein Bartholomäus von Roye, Oberhaupt einer kleinen Adelssippe aus dem Grenzgebiet zwischen Ile-de-France und Picardie, der unter Philipp II. August das Amt des königlichen Kämmerers bekleidete, dann während der Minderjährigkeit Ludwigs des

Heiligen zu den erfahrenen, von der Regentin äußerst geschätzten Ratgebern zählte und den jungen König als politischer Mentor ebenso zuverlässig beriet, wie er schon seinem Vater und Großvater gedient hatte.

Da das Räderwerk der Regierung und Verwaltung vom niederen Adel ohne Rechtsansprüche in Gang gehalten wurde, konnte Philipp II. August daran gehen, sich die lästigen »Großoffiziere«, jene hohen Kronbeamten, die sich aufgrund ihrer Funktion besondere Rechte anmaßten, vom Leib zu schaffen. So ersetzte er 1185 den Kanzler Hugo von Le Puiset durch einen schlichten, jederzeit wieder absetzbaren »Siegelbewahrer« und schaffte beim Tod des Grafen Theobald von Blois 1191 das Amt des Seneschalls von Frankreich faktisch ab. Das heißt, er griff nach drei Jahrhunderten privater Aneignung der öffentlichen Gewalt auf die von Ludwig VI. eingeleitete Politik zurück, die Staatsdiener selber auszuwählen.

Entsprechend dem neuen Umfang der Staatsgeschäfte und des Staatsgebiets mußte auch die Administration ausgebaut werden, auch wenn die Verwaltung der Einkünfte aus Ländereien und Rechten und die Ausübung politischer und gerichtsherrlicher Vorrechte noch nicht getrennt waren. Immerhin aber erschien es Philipp II. August als aufmerksamem Beobachter der Verwaltungspraxis des Plantagenetstaats und möglicherweise auch der Grafen von Toulouse doch bereits angezeigt, den Prévôts – vielfach simplen Pächtern einer Domäne mit ihren Einkünften und ihrer Gerichtsbarkeit – Männer seines Vertrauens, sogenannte »Baillis«, überzuordnen. Diese konnten die Autorität des Königs gegenüber dem niederen Adel der Krondomäne und den Baronen der nahegelegenen Territorialfürstentümer mit größerer Nachdrücklichkeit vertreten und durchsetzen. Sie waren mit höheren Amtsbefugnissen ausgestattet als der Schwarm der Prévôts und hatten vor allem für den geregelten Ablauf des Finanzwesens, das sich nun aufdrängte, zu sorgen, denn die Einkünfte aus Grundbesitz wurden in Geld erhoben oder in Geld umgewandelt und mußten entsprechend den Bedürfnissen der Kriegführung und Verwaltung verteilt werden.

Die ersten Baillis scheinen als Bevollmächtigte der *curia* in unterschiedlicher Mission in die Provinz entsandt worden zu sein. Sehr bald jedoch erhielten Baillis und Seneschalle – wie man sie im Süden weiterhin nannte – einen festumrissenen Aufgabenbereich mit einem festen, der Bevölkerung bekannten Amtssitz und einem zunächst zwar noch sehr kleinen, aber doch bereits ständigen Personalstab. Diese hohen Kronbeamten, deren Zuständigkeitsbereich im 13. Jahrhundert geographisch festgelegt wurde, mußten der *curia* dreimal jährlich Rechenschaft abstatten und eine genaue Abrechnung vorlegen.

Wie der unablässig über die Ausschreitungen und Übergriffe dieser Beamten Beschwerde führende niedere Adel ganz richtig erkannte, übten Baillis und Seneschalle neben ihrer Verwaltungstätigkeit auch eine politische Funktion aus. Und in der Tat waren sie trotz der Bedenken eines Ludwig des Heiligen und trotz des Amtsmißbrauchs, der in der Ära Philipps des Schönen zur Regel werden sollte, während des ganzen 13. Jahrhunderts die Hauptstützen des politischen Zusammenhalts eines Reiches, das das Königtum wiederentdeckte. Oder anders gesagt, letztlich waren sie *die* Ordnung und Einheit schaffende Kraft im Kapetingerstaat.

Mit dem wachsenden Einfluß der Verwaltung, die die Territorien nun in einem hierarchisch gegliederten Netz überzog, gewann auch die Hauptstadt in ihrer bis dahin eher impliziten politischen Rolle an Gewicht. Als Sitz zentraler Einrichtungen, die, wohl aus der *curia* hervorgegangen, nun aber zum Wohl der Verwalter wie der Verwalteten seßhaft geworden waren, da man auch nicht länger ohne subalternes Personal und ohne Archiv zu Rande kam, verdankte Paris seine einzigartige Stellung im Königreich nicht länger der Anwesenheit des Monarchen. Folgerichtig war der in den neunziger Jahren des 12. Jahrhunderts vor den Toren der Stadt erbaute Louvre auch weniger als Residenz denn als politisches Symbol gedacht. Wohnsitz, Geldschrank und Gefängnis in einem, war er vor allem der Turm, von dem aus die Lehen der Kronvasallen »verwaltet« wurden. Um dieselbe Zeit – vielleicht nach dem Verlust des Archivs bei Fréteval im Jahr 1194 – richtete der König auch einen dauerhaften Archivdienst ein. Somit verkörperte die Hauptstadt also in erster Linie Beständigkeit und Permanenz.

Schon jetzt gaben Paris und das Herz der Krondomäne den Ton an. Die Macht lag bei der Ile-de-France; sie stellte die Staatsbeamten. Aber auch die neue Kunst in Mittelfrankreich, die Gotik, erschien als Kunst der Kapetinger, und es war auch Paris, wo die kühnen Polyphonien des Organisten Pérotin zum Gewölbe der neu errichteten Kathedrale Notre-Dame emporstiegen, erste stammelnde, aber bereits geniale Versuche auf dem Weg zu den großen Kompositionen der Renaissance.

DER KAMPF GEGEN DIE ALBIGENSER

Bis zum Ende des 12. Jahrhunderts hatte die Ausbreitung des Katharertums im Languedoc lediglich die Kirche beunruhigt. Zwar hatten Ludwig VII. und Heinrich II. Plantagenet 1178 einen Kreuzzug gegen diese Häresie ins Auge gefaßt, aber nach dem Scheitern des Plans hatte man sich mit Predigen begnügt. Als dann jedoch die Großen begannen, sich allen Anstrengungen der Kirche zum Trotz mehr oder weniger offen zum Katharismus zu bekennen oder ihn zumindest stillschweigend zu dulden, witterte der König von Frankreich seine Chance, die Verantwortung der Krone für die Verteidigung des Glaubens herauszustellen und gleichzeitig seine Präsenz zwischen Rhône und Garonne zu demonstrieren. Denn so unzweifelhaft der Kreuzfahrer Philipp II. August die Feinde Gottes zerschmettert sehen wollte, so unzweifelhaft war er doch darauf bedacht, die Initiative an dieser neuen Front der Christenheit nicht dem Papst allein zu überlassen, zumal die königliche Oberhoheit über das Languedoc wenig gefestigt war.

Die südfranzösischen Barone, allen voran der Graf von Toulouse, pochten nachdrücklich auf ihre Selbständigkeit, ihre praktisch unumschränkte Unabhängigkeit, so daß ihnen der König den Partikularismus nicht auch noch in Glaubensdingen durchgehen lassen konnte. Die tolerante Haltung Raimunds VI. von Toulouse, die stillschweigende Duldung Raimund-Rogers von Foix, der Übertritt einiger kleinerer Barone und bürgerlicher Notabeln stellten eine ernstzunehmende Gefahr dar.

Der Papst seinerseits setzte alle Hebel in Bewegung und appellierte, da er den französischen König für einen Drückeberger hielt, an die dynamischen Kräfte jenseits der Pyrenäen, die Zisterzienser zu unterstützen, die etwas außer Atem und obendrein vielfach in Verruf geraten waren. 1205 trafen Diego, der Bischof von Osma, und einer seiner Domherren, Dominikus, auf der Rückreise von Rom in Montpellier ein. Die beiden Spanier begriffen rasch, daß mit großen theologischen Streitgesprächen nach Art der Zisterzienser hier nichts auszurichten war, und begannen in einem schlichteren, unmittelbareren Stil von Dorf zu Dorf zu predigen.

Als Diego 1207 in seine Diözese heimkehrte, hatte Dominikus bereits einige Nacheiferer um sich geschart. Sie verkündeten nicht nur das Wort Gottes, sondern gaben auch durch ihre evangelische Armut – sie bettelten – ein Vorbild, das sich vom üppigen Leben der Zisterzienserprediger eindrucksvoll unterschied. Der Bevölkerung, die durch die Predigttätigkeit der katharischen »Vollkommenen« gegen diese Opulenz eingenommen war, blieb der Unterschied nicht verborgen. Dominikus und seine Anhänger waren offensichtlich frei von dem, was die Katharer der Kirche anlasteten: den Zugeständnissen an die Welt.

Von nun an ging alles Schlag auf Schlag: 1206 gründete Dominikus in Prouille ein Haus für einige kurz zuvor vom Katharismus bekehrte adlige Damen, das er bereits im darauffolgenden Jahr in ein richtiges Kloster mit einer nach dem Vorbild des Evangeliums ausgerichteten, das heißt auf Gebet, Arbeit und Armut aufgebauten Regel umwandelte.

Im gleichen Jahr schleuderte der päpstliche Legat Petrus von Castelnau den Kirchenbann gegen Raimund VI. von Toulouse und wurde wenige Monate später von einem Knappen ermordet.

Innozenz III. antwortete mit dem Aufruf zum Kreuzzug und nutzte die Gelegenheit, die Untertanen des Grafen von Toulouse von ihrer Treuepflicht zu entbinden und seine Güter für frei zu erklären. Damit jedoch setzte er sich über die Rechte des Königs hinweg. Diesem blieb daher keine andere Wahl, als selbst zur Eroberung der Ländereien seines Vasallen aufzubrechen, wenn er der Anmaßung des Papstes wirkungsvoll entgegentreten wollte. 1209 unterwarf sich Raimund VI. und tat obendrein öffentlich Buße – doch vergebens. Der von der Kurie so heiß ersehnte Kreuzzug setzte sich in Bewegung.

Die Barone des Nordens sahen darin einen bewaffneten Spaziergang, und genauso ließ er sich aufgrund der unzulänglichen politischen und militärischen Organisation des überfallenen Landes, wo jeder sich auf sich selber zurückzog und auf seine Mauern vertraute, zunächst auch an. In der Tat gönnte der Graf von Toulouse seinen allzu umtriebigen Nachbarn in Foix oder Carcassone einen Denkzettel, und so zogen die Kreuzfahrer im Juli 1209 in Béziers, im September in Carcassone ein. Gegen Ende des Jahres besetzten sie aber auch das Albigeois, 1210 das Minervois, 1211 das Agenais, bis Raimund VI. schließlich nur noch Toulouse und Montauban blieben.

Wer keinen persönlichen Ehrgeiz verfolgte, war bereits Ende 1209 vom Kreuzzug abgesprungen. Und auch die mit der Fortführung des Unternehmens Betrauten, der Legat Arnaud-Amaury und der Baron Simon von Montfort, hielten die ganze Angelegenheit etwas voreilig für erledigt. Die Katharer bekehrten sich, unbußfertige »Vollkommene« mußten die Scheiterhaufen besteigen, und die Herren ließen sich um die Übergabe ihrer Burgen nicht lange bitten, wollten sie doch lieber für sich selbst günstige Bedingungen aushandeln als sich für ihren Glauben schlagen. Die Kosten dieser raschen Abwicklung aber hatten häufig die Bürger zu tragen: Beim Einmarsch der Kreuzfahrer in die Städte kam es fortgesetzt zu Metzeleien, an die sich der Süden gut ein Jahrhundert lang erinnern sollte.

In vielen Fällen konnte das Schlimmste durch geschicktes Taktieren vermieden werden. Der Graf von Toulouse hielt sich nach Möglichkeit aus dem Konflikt heraus, obwohl er ihn doch, wie alle wußten, direkt betraf, und die Bischöfe suchten ein Blutbad abzuwenden.

Für Peter II. von Aragon aber stand im Languedoc zu viel auf dem Spiel, als daß er sich hätte heraushalten können. 1212 intervenierte er offen zugunsten seines Schwagers Raimund VI., aber auch in der Absicht, seine eigene Oberlehnsherrlichkeit über einige mittlerweile von Simon von Montfort und den Seinen beschlagnahmte Lehen zu bekräftigen. Im September 1213 jedoch fand er vor Muret den Tod. Daraufhin suchten die Grafen von Toulouse, Foix und Comminges ihr Heil in der Flucht, während sich Montfort seelenruhig an die Besetzung des Quercy und der Rouergue machte.

Um 1215 schien der Fall erledigt. Nach der Niederlage bei Muret hatten die Katharerbarone Simon von Montfort und seinen Getreuen das Feld überlassen. Das Laterankonzil bestätigte diese Vertreibung und Besitzübernahme entsprechend den 1212 veröffentlichten Statuten von Pamiers, in denen die Eroberung geregelt und das einfache Volk dem Sieger zugeschlagen worden war. Ein vom Laterankonzil 1215 bekräftigter Schiedsspruch des Papstes beließ Raimund VI. lediglich seine Ländereien jenseits der Rhône.

Während dieser ganzen Zeit hüllten sich die Oberhäupter der Katharerkirche in Schweigen. Obwohl sich die »Versöhnungen« häuften, hielten noch einige Festungen wie Montségur, wo sich der Katharerbischof von Toulouse verschanzt hatte, stand. Ein neuerliches militärisches Manöver schien vonnöten, das, von 1217 bis 1219 vom künftigen Ludwig VIII. angeführt, jedoch mit einem totalen Fehlschlag endete. Das Massaker an den Einwohnern von Marmande rief in ganz Südfrankreich Empörung hervor. Und als der Feldzug schließlich auf dem linken Rhôneufer scheiterte, hatte er, statt, wie erhofft, die Besitzansprüche der ehemaligen Kreuzfahrer auf die kurz zuvor eroberten Gebiete zu untermauern, alles in Frage gestellt.

Um dieselbe Zeit weitete sich die kleine, um den Domherrn Dominikus gescharte Gruppe bettelnder Wanderprediger zum Orden der »Predigermönche« aus. 1215 erhielt er eine eigene Regel, die eine Verbindung zwischen Klöstern und regulären Chorherren darstellte. Studium und Predigt kamen an erster, Gottesdienst und körperliche Arbeit erst an zweiter Stelle. Im übrigen handelte es sich bei den »Häusern« um keine Klöster, sondern nur um Missionsstationen; der Dominikaner blieb im wesentlichen Wanderprediger. Desungeachtet entwickelten sich die Dominikanerkonvente im Herzen der Städte rasch zu Glaubenszentren von starker Ausstrahlung.

Amaury, der Sohn Simon von Montforts, der 1218 beim Versuch, Toulouse zurückzuerobern, gefallen war, konnte sich gegen die Offensive der ehemaligen Grafen von Toulouse, Foix und Comminges nicht behaupten. Eine nach der andern fielen die Städte des Languedoc den 1215 enteigneten Baronen in die Hände. Die Katharer erhoben aufs neue das Haupt, und wieder war von einem Kreuzzug die Rede. Doch der Papst suchte Ausflüchte: Honorius III. fürchtete den Landhunger des Kapetingers.

Als der päpstliche Legat, der Kardinal von Sant'Angelo, drohte, die Häresie mit Stumpf und Stiel auszurotten, notfalls bis zur völligen Zerstörung des verseuchten Landes, suchte Raimund VII. durch seine Unterwerfung das Schlimmste zu verhüten. Amaury von Montfort trat alle Anrechte auf das angebliche Erbe seines Vaters an den König von Frankreich, Ludwig VIII., ab. Dieser setzte sich an die Spitze eines neuen Expeditionsheeres, eroberte 1226 Avignon, ohne auf nennenswerten Widerstand zu stoßen, zog durchs Languedoc und stellte mit Hilfe der Bischöfe ohne große Mühe unter den eingeschüchterten Bürgern wieder eine Art Scheinordnung her.

In Wahrheit jedoch herrschten weiterhin Unordnung und Gewalt. Die alten und neuen Herren Südfrankreichs teilten – mehr schlecht als recht – die Grundherrschaften untereinander auf. Das Montfort-Erbe wurde in die beiden Sénéchausséen Beaucaire und Carcassonne eingeteilt und zum Krongut geschlagen.

Während der König den Rückzug in die Heimat antrat, auf dem er am

8. November starb, blieb Imbert von Beaujeu an der Spitze des königlichen Heeres im Languedoc zurück. Er verscherzte sich jedoch rasch die wenigen Sympathien, die der Kapetinger unter der Bevölkerung gefunden hatte. Erneut trat die Kirche der Katharer an die Öffentlichkeit.

Wieder einmal schien man am Ausgangspunkt angelangt, als es 1229 dank der geschickten Verhandlungstaktik des mittlerweile zum politischen Ratgeber der Regentin Blanca von Kastilien aufgestiegenen Kardinals von Sant'Angelo doch noch zum Friedensschluß kam. Im Vertrag von Paris erhielt Raimund VII. die Grafschaft Toulouse samt dem Lauragais zugesprochen, mußte dafür aber alle Anrechte auf das linke Rhôneufer abtreten und sich persönlich zur Bekämpfung des Ketzertums verpflichten. Vor allem aber versprach Raimund VII., seine Besitzungen seiner Tochter Johanna zu vererben, die mit Alfons von Poitiers, einem Bruder des jungen Königs, verlobt wurde.

Erneut mußten die »Vollkommenen« untertauchen. Die glaubenseifrigsten unter ihnen verschanzten sich in einigen Festungen als letzter Zuflucht der überlebenden Katharerhierarchie. Damit aber hatte für diejenigen, die, ohne es zu wollen, die religiöse Einheit des Königreichs gefährdet hatten, die letzte Stunde geschlagen.

DIE WELT DER STÄDTE

Zur selben Zeit vollzogen sich, bedingt durch das Bevölkerungswachstum und den damit verbundenen Aufschwung des Handelsaustauschs, in Stadt und Land ganz neue Entwicklungen, die das Gesicht der Landschaft ebenso prägten, wie sie dem Gesellschaftsaufbau und der politischen Aufteilung des Raums ihren Stempel aufdrückten.

Großflächige Rodungen erschlossen neues Ackerland, schlugen weite Lichtungen in die ehedem dicht geschlossene Decke des Waldes, der sich nicht länger trennend zwischen die Dorfgemeinden schob. Wer die Gelegenheit mutig beim Schopf ergriff, konnte sich nun einen großen landwirtschaftlichen Betrieb schaffen, der gegen Wirtschaftskrisen besser gefeit war als die alten Pachthöfe, die *censives.* Und diese größere wirtschaftliche Sicherheit riß eine neue gesellschaftliche Kluft auf, die in vielen Regionen die alte Trennung in Freie und Unfreie in Vergessenheit geraten ließ.

Bald lag die wirtschaftliche Initiative nicht mehr bei der Dorfgemeinde oder der Grundherrschaft, sondern bei der Stadt, gleichgültig, ob diese auf einen alten Bischofssitz oder einen burgnahen Marktflecken zurückging oder ob sie – als *bastide* oder *ville-neuve* – ihre Entstehung einer politischen Entscheidung und künstlichen Ansiedlung verdankte.

Beim Studium der Karten und Pläne springt das städtische Wachstum auf Anhieb in die Augen. Neue Viertel tauchten auf, die alten Randsiedlungen verschmolzen zu einem mehr oder minder geschlossenen Siedlungsbild. Gemauerte Befestigungen verliehen Städten wie Paris, Metz oder Montpellier bereits den Anschein einer inneren Geschlossenheit, auch wenn die entsprechenden institutionellen Strukturen meist erst im Laufe des 13. Jahrhunderts nachwuchsen. Der Name der Stadt erstreckte sich nun auf die gesamte Siedlung innerhalb der Mauern: So umfaßte »Toulouse« ab 1180 auch den bis dahin von der *cité* deutlich abgesetzten *bourg* Saint-Sernin.

Paris bezog mit der von Philipp II. August errichteten Stadtmauer das linke Seineufer mit seiner gallo-römischen Siedlung wieder mit ein. Auf diese Weise wurde die Dreigliederung der Hauptstadt in Ville, Cité und Université ohne Rücksicht auf grundherrliche Einteilungen (Lehnsbezirke, Gerichtsbarkeit) und die Geographie der Pfarrgemeinden sechshundert Jahre lang fortgeschrieben: Viele Pfarreien wurden umgebildet und der neuen Mauerführung angepaßt, die zwar die Abtei Sainte-Geneviève mit einbezog, nicht aber die *bourgs* von Saint-Victor und Saint-Germain-des-Prés, die noch außerhalb der Umwallung blieben.

Zwischen den ländlichen Gebieten und den durch Mauern sich immer deutlicher absetzenden Städten spielten sich neue Beziehungen ein. Als Zentren eines regen Wirtschaftslebens, als Zufluchtstätte und militärische Ziele, als Verbrauchermarkt für die ländlichen Erzeugnisse warfen sie sich zum Eigentümer – oder zumindest zum Nutzungsberechtigten – des von ihnen finanzierten, kontrollierten und ausgebeuteten flachen Landes auf. Die Messe samt ihren Infrastrukturen, die Einrichtungen wie Mühle oder Stadtwaage, die zwangsläufige Benutzung von Brücken und Straßenknotenpunkten bildeten die Grundlage dieser beherrschenden Stellung, die sich in Monopolen, Privilegien und Besteuerungen äußerte. Rouen und Paris teilten sich in das Schiffahrtsrecht auf der Seine, Toulouse organisierte die Finanzierung der Landwirtschaft im Languedoc, La Rochelle – und später Bordeaux – wickelte den Seehandel mit Wein ab, Auxerre, letzter großer Flußhafen im Landesinneren, übernahm zunehmend eine Sammel- und Verteilerfunktion. Rouen, Péronne, Tours und Cahors schlugen Kapital aus ihrer Brücke, Avignon und Narbonne bauten eigene.

Getragen von einer Finanzkraft, die sich in erster Linie auf den Handel stützte, nahm das Handwerk in einigen Städten bereits industrielle Ausmaße an. Dies war die Stunde des Textilgewerbes, des einzigen auf technische Integration angewiesene Produktionsbereichs, der nun seinen Siegeszug antrat. Zwanzig Zünfte arbeiteten hier zusammen, wobei es Sache des Geldgebers, des »Verlegers«, war, die Produktionsabläufe zu organisieren, da er die Rohstoffe lieferte und am Ende für den Absatz sorgte. Aber auch die anderen Handwerkszweige blühten auf und diversifizierten sich. Im Paris Ludwigs IX. gab es hundert Gewerbe, die sich satzungsmäßig zusammenschlossen, denn die Rivalität um die Verteilung der anfallenden Arbeiten führte zu einem Partikularismus, der sich in einer konkurrenzfeindlichen Abschottung niederschlug.

Damit gewann die Gruppe, die in der Anfangszeit der großen Neulanderschließung an Bedeutung verloren hatte, in Stadt und Land erneut an Gewicht. Ihr Einfluß wurde in dem Maße drückender, in dem sich die Grenzen der Expansion abzuzeichnen begannen. Man konnte nicht mehr dulden, daß jeder Beliebige trieb, was ihm gefiel. Es wurde zur Sache der Gruppe, die Ausbeutung eines schon bald fest umgrenzten Sektors zu organisieren und jene Privilegien und Freiheiten auszubeuten, deren Vorteile die ersten Nutznießer nicht unbegrenzt mit anderen teilen wollten.

Die Macht des Geldes ließ neue Hierarchien entstehen. Mit der zunehmenden Komplexität des Wirtschaftslebens kristallisierten sich Rollen wie Auftraggeber, Arbeitnehmer, Kunden heraus. Die städtische Arbeit schuf Bindungen, führte aber auch zur Verschuldung, die zwischen den städtischen Kapitalisten und der Landbevölkerung mit ihren ungesicherten, von der Gunst der Natur abhängenden Einnahmen vielfältige Beziehungen knüpfte.

Natürlich wirkten sich diese Verhältnisse auf die politische Gleichstellung der Bürger negativ aus. Die Zeiten, in denen ein Weber beim Kampf um Freiheiten und Kommunen genauso viel zählte wie ein Kaufmann, waren vorbei. Neben dem in den Städten stets zahlreich vertretenen und in den Konsulaten Südfrankreichs sogar aktiv am städtischen Leben beteiligten Adel bildete sich ein Stadtadel heraus, eine unter Bezeichnungen wie Magnaten, Reiche, Patrizier bekannte Aristokratie, die mit der alten militärischen Aufgabe des Adels nichts mehr zu tun hatte. Diese kleine Gruppe verwaltete das Gemeinwesen, festigte den eigenen Zusammenhalt durch Familienverbindungen und demonstrierte ihre beherrschende Stellung im Schoße der *cité* durch ihre Kleidung, aber auch durch Werke in Holz und Stein.

Diese Übertragung der wirtschaftlichen Ungleichheiten auf den politischen Sektor sollte in der zweiten Jahrhunderthälfte Wirren auslösen und zur Einmischung der Krone in die städtischen Belange führen. Seit die Lehnsherrn – König, Graf, Bischof – die Befehlsgewalt, Gerichtsbarkeit und Besteuerung großenteils den Bürgern überlassen oder übertragen hatten, stand weit mehr auf dem Spiel als die Organisation des Wirtschaftslebens. Die »Freiheiten« der ganzen Stadt verkehrten sich zu Privilegien einiger weniger Notabeln.

Die neue Rolle der Stadt im Gesellschaftsgefüge spiegelte sich auch im geistigen Bereich und auf dem Gebiet der Spiritualität und der Kunst wider. Die abgekapselte Welt des Klosters verlor an Attraktion und mit ihr die Klosterschule, was den städtischen Einrichtungen, vor allem der Kathedrale und der Domschule, der Universität und den Konventen der Bettelorden zugute kam.

Universität, das bedeutete Konzentration der Lehrtätigkeit in einigen vom Papst wie vom König mit Privilegien bedachten städtischen Zentren. Die Zeit der Schulen, an denen sich zwanzig Schüler um einen Lehrer scharten, war vorbei. Nun strömte die Hälfte der bildungshungrigen Franzosen nach Paris; die andere Hälfte verteilte sich auf einige andere große Zentren wie Toulouse und Montpellier.

Das gleiche Phänomen war auch im Steinbauwesen zu beobachten. Die großen Wallfahrtskirchen und angesehenen Klöster trugen kaum noch dem Zeitgeschmack Rechnung. Von einigen Bauten wie dem Chor von Vézelay oder dem von Mont-Saint-Michel abgesehen, blieb das Kloster romanisch. Es gibt weder ein gotisches Conques noch ein gotisches Cluny. Dafür wurden in der Regierungszeit Philipps II. August die Arbeiten an Notre-Dame in Paris abgeschlossen, die Kathedralen von Soissons, Bourges, Chartres, Rouen, Reims und Toulouse hochgezogen und der Wiederaufbau der Kathedrale von Amiens in Angriff genommen.

Offensichtlich paßte sich auch das Glaubensleben in seinen verschiedenen Formen der neuen Realität an, daß von nun an die Stadt den Ton angab. In der Stadt lief auch das Bargeld um, ohne das die neuen Klöster ohne Grundbesitz nicht leben konnten. Während sich die Franziskaner als erste über das gesamte Städtenetz verteilten, konzentrierten sich die Dominikaner oder Predigermönche, ihrer intellektuellen Berufung entsprechend, vornehmlich auf die großen Zentren. Zunächst vor den Stadttoren oder am Stadtrand angesiedelt, rückten die Klöster teilweise schon zur Zeit Ludwigs des Heiligen weiter ins Zentrum vor: Wer auf die Gläubigen zugehen wollte, durfte nicht am Rande verharren. Nicht so in Paris, wo die Dominikaner weiterhin im »Jakobinerkloster« an der Porte Saint-Jacques blieben und die Franziskaner im Haus der »Cordeliers« an der Porte Saint-Germain.

1207 hatte der Sohn des Kaufmanns Pietro di Bernadone aus Assisi einige Gefährten um sich geschart, um mit ihnen ein Leben in evangelischer Armut zu führen, und im gleichen Jahr hatte der Chorherr Dominikus de Guzman in Prouille sein erstes Haus gegründet. Nach dem Tode Innozenz' III., dem mehr die Neuordnung des bestehenden als die Gründung neuer Orden am Herzen gelegen hatte, ging es dann Schlag auf Schlag. 1216 billigte Honorius III. die Regel der Predigermönche, die sich ein Jahr später in Paris niederließen, und 1226 nach einschneidenden Änderungen die endgültige Regel der Minoriten, die sich bereits seit 1219 in Paris befanden. So entfalteten also auch diese beiden Orden (deren Gründer schon bald darauf sterben sollten: Dominikus 1221 in Bologna, Franz von Assisi im Jahr 1226) ihre Dynamik vor allem in der Stadt.

Dasselbe von der Stadt beherrschte Weltbild tritt uns auch in den literarischen Schöpfungen der Zeit entgegen: Die Stadt regierte das Land, beutete es aus und verlachte es. Selbstsicher, im Vollgefühl seiner Andersartigkeit, zog der Bürger fortan die Lehnswelt, die ihm keinen rechten Platz zubilligte, ins Lächerliche und goß seinen Spott über die ländliche Gesellschaft aus, auf der das alte Lehnswesen beruhte. Noch war die Zeit, in der der Bürger den Adel um so anziehender fand, je eher er in ihn aufsteigen konnte, nicht angebrochen. Während der Verfasser von »Aucassin und Nicolette«, das Glück über den Ruhm stellend, das unerschöpfliche Thema der Liebe fortspann und der komplexe Zyklus des »Alexanderromans« nach dem »Trojaroman« des Benoît de Sainte-Maure die Gattung der gelehrsamen Literatur fortführte, meldeten sich in der intellektuellen Bewegung des aufsteigenden Bürgertums bereits auch eigenständige dichterische Begabungen zu Wort.

In den Fabliaux, kurzen, volkstümlichen Verserzählungen, die aus verschiedenen, zeitlich weit zurückreichenden Quellen – vom alten griechisch-römischen Themenschatz bis zu indischen und persischen Märchen in arabischer oder lateinischer Fassung – schöpften und diese ewig aktuellen Stoffe immer wieder neu abwandelten, zog ein selbstgefälliges Bürgertum über Geistlichkeit und Dorfbewohner her, schob dem Ritter eine undankbare Rolle zu und zählte die dem angeblich schlaueren weiblichen Geschlecht anhaftenden Laster auf, als da sind Durchtriebenheit, Falschheit, Käuflichkeit, Klatschsucht. An die ersten Fabliaux aus den siebziger Jahren des 12. Jahrhunderts schlossen sich während des ganzen 13. Jahrhunderts weitere Erfindungen dieser Art an, fand die Zeit Ludwigs des Heiligen doch besonderen Spaß daran, diese Gleichnisse mit ihrer aus Zynismus und Vorurteilen zurechtgezimmerten praktischen Moral in immer neuen kurzen und turbulenten Fabeln auszuschmücken. Die Fabliaux zeugen von der Überheblichkeit des Bürgers, aber auch von seiner Kenntnis der dörflichen Welt. Typische Gestalten wie der betrogene Ehemann, der undankbare Sohn, der Arzt wider Willen sollten sich lange halten.

Auch der *Roman du Renart* wäre womöglich nicht über eine Reihe von Tierfabeln hinausgekommen, wären nicht ein paar ungewöhnlich begabte Erzähler auf den Gedanken verfallen, diese aus den tiefsten Schichten des volkstümlichen Erzählguts stammenden Geschichtchen miteinander zu verbinden und dabei die Gesellschaft aufs Korn zu nehmen. Um 1175 von Pierre de Saint-Cloud begonnen, weist die ebenso scharfsinnige wie ehrgeizige Satire bereits um 1200, von drei oder vier aufeinanderfolgenden Dichtern fortgeführt, ein Dutzend *branches* (Ableger) auf, deren zunehmend verfeinerte Satire über bestimmte Menschentypen hinaus auf das Gesellschaftssystem abzielte und sich unter dem Deckmantel der Tierfabel an eine Kritik der politischen Zustände wagte. Die lebendige, aktuelle Darstellung sicherte dem *»Roman du Renart«* bei den Zeitgenossen Philipps II. August einen solchen Erfolg, daß der Name des Hauptrelden die alte französische Bezeichnung für Fuchs, *goupil*, ablöste. Erfolg aber verführt zu immer weiterer Ausschlachtung des Themas, verflacht die ursprüngliche Idee, führt zu Wiederholungen. So zogen die bis zum Ende des Jahrhunderts laufend angefügten *branches* den Verszyklus schließlich nur noch in die Länge.

Doch machte sich damals bald ein weiteres Talent in der neuen Gattung der Gesellschaftssatire einen Namen: Rutebeuf, der in seinen Gedichten in kraftvoller Sprache die harten Zeiten kommentierte, die Selbstsucht des Adels und die Heuchelei der Geistlichkeit geißelte und dabei seinen Gefühlen und Leidenschaften in einer unmittelbaren, persönlichen Weise Ausdruck verlieh, die den frühen *branches* des *»Roman du Renart«* noch abgegangen war.

DIE GEBURT DER UNIVERSITÄTEN

Auch die Genossenschaft *(universitas)* der Lehrer und Lernenden geriet in Bewegung, genauer gesagt, ganz Paris, das in seiner Funktion als Hauptstadt nun immer mehr Juristen und kompetente Verwaltungsfachleute brauchte. Außerdem hatte der Aufschwung der Handelsbeziehungen das Gleichgewicht der politischen Kräfte der Stadt aus dem Lot gebracht. Mit einemmal stellte die Welt der Schulen das Recht des Bischofs – und seines offiziell zu ihrem Vormund bestellten Kanzlers – in Frage, das Geistesleben allein zu lenken und die Intellektuellen nach Belieben zu gängeln. Wie sich hundert Jahre zuvor gewisse bürgerliche Kreise des alten, in ihren Augen unzeitgemäßen feudalen Lebensrahmens entledigt hatten, so suchten sich nun auch Lehrer und Schüler zu befreien. Zwar blieben sie Männer der Kirche, um ihre Privilegien zu wahren und ihre Pfründen, Präbenden und Pfarreien nicht zu verlieren, aber auch, um sich gegen den König und seinen Stadtvogt, den Prévôt, zu behaupten, stellten sich aber betont außerhalb der seelsorgerischen Hierarchie, auch wenn sie zu diesem Zweck ihre Beziehungen zur Krone ausspielen mußten.

Der Papst begünstigte die Bildung von Organen, durch die er die Verbreitung der kirchlichen Lehre direkt in den Griff zu bekommen hoffte. In seinen Augen erfüllte die Universität dem aufblühenden Ketzertum gegenüber denselben Zweck wie später die Dominikaner-Inquisition: Zentralisierung und Konzentrierung der Verantwortung und Zuständigkeit.

Im übrigen lag die Idee einer Organisation des Akademikervolks zu einer Art Körperschaft, einer Universitas in dem umfassenden Sinne einer Gesamtheit von Menschen, die durch ein gemeinsames Interesse definiert ist, in dieser städtischen Welt sowieso in der Luft, das heißt in einer Welt, die die Zugehörigkeit zu einer bestimmten Genossenschafts- und Berufsgruppe bewußt über die alten Abhängigkeitsverhältnisse der Lehnswelt stellte. Außerdem fühlten sich Magister und Scholaren, die an verschiedenen Punkten der gleichen Laufbahn standen, natürlich ohnehin solidarisch. Feste Form nahm diese Gemeinschaft, die »Universität der Lehrer und Schüler«, kurz nach 1200 an. Auf die von Cölestin III. 1174 gewährten Privilegien folgten die Zugeständnisse des Legaten Robert von Courzon 1215 und schließlich 1231 die Bulle *Parens scientiarum* Gregors IX.

Die Pariser Lehrer- und Studentenschaft distanzierte sich von der Kathedralschule von Notre-Dame, und da ihnen der Abt von Sainte-Geneviève auf dem linken Seineufer eine nicht ganz uneigennützige, aber in ihrer liberalen Gesinnung bestechende Gastfreundschaft anbot, zogen binnen weniger Jahre die meisten Schulen um und ließen sich zwischen Petit-Pont und Montagne Sainte-Geneviève nieder.

Nun darf man sich darunter aber nicht irgendwelche Schulgebäude vorstellen. Die Lehrer unterrichteten zu Hause oder in eigens angemieteten Sälen, und nur durch die gewohnheitsmäßigen Zusammenkünfte in bestimmten Straßen entstand der Eindruck eines geregelten Lehrbetriebs. So fand die Grundunterweisung in der Rue du Fouarre und Umgebung statt, so bevölkerten die Juristen den Clos Bruneau und die Mediziner seit der Zeit Ludwigs des Heiligen die in der Nähe des Petit-Pont gelegene Bûcherie, so gruppierten sich die Theologen im Zentrum um die künftige Sorbonne. Zunächst wurde die Institution ausschließlich von den Beteiligten getragen, das heißt, die Universität existierte einzig in ihren Privilegien, die ihre Mitglieder gemeinsam genossen, und manifestierte sich nur in ihren Versammlungen, die normalerweise in der Trinitarierkirche abgehalten wurden.

Die vier Fakultäten – die Freien Künste, eine Art Unterstufe, gefolgt von den »höheren« Fakultäten, der Jurisprudenz, der Medizin und der Theologie – waren streng genommen noch nichts weiter als allgemeine Kurse, an deren Ende man eine gewöhnliche Abschlußurkunde erwarb. Die Einteilung der Studierenden der Artistenfakultät nach Landsmannschaften in eine gallische, normannische, pikardische und englische »Nation« wies lediglich auf die jeweilige Zugehörigkeit zu einer gegenseitigen Unterstützungskasse hin.

Die *collèges* oder Kollegien, fromme Stiftungen für arme Scholaren, später vor allem für Studenten mit Empfehlungen, in denen auch ein

Gutteil der Vorlesungen abgehalten wurde, stellten seit der Mitte des Jahrhunderts, besonders aber nach 1300, die greifbarste topographische Realität des späteren »Quartier latin« dar.

Somit also als Institution praktisch ungreifbar, bot die aufblühende Universität der Professoren- und Studentenschaft einen geradezu idealen Boden für politische Manöver. Als ihr dann der Papst 1231 sogar noch das Streikrecht zuerkannte, die *cessation*, die spontane Einstellung des Lehrbetriebs, erhielt sie damit eine Waffe, mit der sie jegliche Aktivität zunichte machen konnte. Ihre Mitglieder brauchten bloß nach Hause zu gehen, um das Leben in der Hauptstadt lahmzulegen. Denn diese Auflösung in nichts war noch gefürchteter als die direkte Opposition der Universität.

Folglich trugen die Auseinandersetzungen, etwa in Fragen der Lehre, lange Zeit vielfach persönlichen Charakter. Kaum standen jedoch gemeinsame Interessen der Universität auf dem Spiel, trat sie geschlossen auf. So sicherte sie sich das Alleinrecht auf die Vergabe der Lehrstühle und nötigte den Kanzler des Bischofs, den von den Professoren zugelassenen Kandidaten die »Lehrerlaubnis« zu erteilen. Ebenso beschloß sie einstimmig, die Durchführung der Prüfungen, die teils in der schlichten Auslegung grundlegender Texte, teils in ausgefeilteren »Disputationen« bestanden, ausschließlich dem Lehrpersonal zu übertragen. Und schließlich verteidigte sie geschlossen die Lehrtätigkeit als Brotberuf gegen die unlautere Konkurrenz der Bettelmönche, die ihren Unterricht, genau wie ihre Predigt, gratis erteilten.

Die Anerkennung durch den Heiligen Stuhl verlieh der Universität denselben geistigen Universalismus wie den Schulen des 12. Jahrhunderts, das heißt den Universalismus der Kirche. Wen hätte im 11. Jahrhundert gewundert, daß ein italienischer Mönch wie Lanfranc im Kloster Bec-Hellouin in der Normandie lehrte? Und wen im 13. Jahrhundert, daß Magister aus anderen Ländern wie der Schwabe Albertus Magnus, der Italiener Thomas von Aquin oder der Lothringer Siger von Brabant an die Ufer der Seine zogen?

Ungefähr um dieselbe Zeit schlossen sich die Lehrer in Bologna und Oxford zusammen. In Montpellier gründeten die Mediziner eine Fakultät, die 1220 ihre ersten Statuten vom Legaten Konrad erhielt; bald darauf zogen die Juristen und die Artistenfakultät nach: Die Universität Montpellier hatte sich konstituiert. Bereits 1229 versuchten die Tolosaner es ihren Rivalen in Montpellier gleichzutun, denn allerorten wurde die Universität nun als der angemessene Rahmen für das Geistesleben empfunden.

DER LATEINISCHE ORIENT

Der dritte Kreuzzug, eigentlich als Gegenschlag gegen die Eroberung Jerusalems durch Salah ad-Din gedacht, war von den christlichen Fürsten hauptsächlich dazu mißbraucht worden, ihre gegenseitige Zwietracht noch zu vertiefen. Lediglich Richard Löwenherz hatte sich entschlossen für die Befreiung des lateinischen Königreichs eingesetzt und Salah ad-Din (im August 1192) vor Arsuf und Jaffa zurückgeschlagen. Nur dadurch jedoch, daß er bereits auf der Fahrt ins Heilige Land Zypern im Handstreich genommen hatte, obwohl es sich in der Hand der Byzantiner und nicht in der der Ungläubigen befand, hatte er die Basis für den Fortbestand des lateinischen Orients für die nächsten vier Jahrhunderte gelegt. Er hatte die Insel dem glücklosen König von Jerusalem, Guido von Lusignan, überlassen, von dem in seinem eigenen Königreich niemand mehr etwas wissen wollte und in dessen Familienbesitz sie bis 1474 verblieb, ehe sie an die Venezianer und 1571 an die Türken kam.

Mit Salah ad-Din hatte Richard einen Kompromiß geschlossen, demzufolge die Heilige Stadt unter islamischer Hoheit bleiben, den Franken jedoch jederzeit freier Zugang zu den Wallfahrtsstätten garantiert werden sollte. Das aber bedeutete, daß das auf einen kurzen und schmalen Küstenstreifen zusammengeschrumpfte lateinische Königreich nur künstlich am Leben erhalten werden konnte – und zwar von einem Europa, dem der Handel mit dem Orient allmählich wichtiger wurde als die Heiligen Stätten. Von einem Abendland also, das sich hauptsächlich für die Zwischenhäfen interessierte, was im Verein mit dem unaufhaltsamen Verfall des sogenannten Königreichs von Jerusalem und der Ritterorden letztlich natürlich zu einer Entartung der Kreuzzugsidee führen mußte.

Einer indessen gab nicht nach: Innozenz III., der erneut an die Hochherzigkeit und den Heldenmut der »fränkischen« Ritter appellierte. Und so übernahm es Fulko von Neuilly, in Frankreich zum vierten Kreuzzug aufzurufen. Die Predigten fanden vor allem im Norden Anklang, wo sich eine Vielzahl von Baronen um Fürsten wie Balduin IX. von Flandern,

Heinrich von Hennegau und Ludwig von Blois scharten, darunter auch ein hoher Herr aus der Champagne, Gottfried von Villehardouin, der, nachträglich bestrebt, das Unternehmen zu rechtfertigen, zu dessen glänzendem und unersetzlichen Chronisten wurde. Als Anführer des Heerzugs wählten die Kreuzfahrer 1202 einen Piemontesen, den Markgrafen Bonifatius von Montferrat. Dieser war einer der tragischen Helden der Niederlage von 1187 gewesen und kannte den Orient genau.

Kurz vor der Einschiffung des Kreuzfahrerheers in Venedig aber stellte man fest, daß die Schiffe der Venezianer unerschwinglich waren, und so ließen sich die Barone auf einen Handel ein. 1186 hatte der ungarische König Bela III. den kleinen Adriahafen Zara (das heutige Zadar) an sich gebracht, um ihn in Konkurrenz zu Venedig auszubauen. Und so boten die Venezianer den Kreuzfahrern an, sie für die Rückeroberung Zaras nach Kleinasien überzusetzen.

Innozenz III. protestierte zwar gegen den Angriff der Kreuzfahrer auf einen christlichen Fürsten, vermochte aber den Aufbruch des Heeres nicht zu verhindern. In der Nähe von Zara stieß es auf Alexios Angelos, den Sohn des kurz zuvor von seinem Bruder Alexios III. entthronten byzantinischen Kaisers Isaak II., der Unterstützung für die Rückeroberung seines Throns suchte und nun die Venezianer mit bedeutenden Handelsprivilegien am Schwarzen Meer, die Kreuzfahrer durch Tilgung ihrer Schulden und alle miteinander durch die Verheißung der Rückkehr der Ostkirche nach hundertfünfzigjährigem Schisma in den römischen Schoß zu gewinnen versuchte. Nun war aber das byzantinische Schisma dem Westen seit 1054 ein so schmerzlicher Pfahl im Fleisch, daß dieser Vorschlag allein schon eine Ausweitung des Kreuzzugs zu rechtfertigen schien – von dem Traum mancher Kreuzfahrer zu schweigen, die von der Aussicht auf die Schätze Konstantinopels geblendet waren. Die größte Stadt der damals bekannten Welt stand zu Recht im Ruf, auch die reichste und protzigste zu sein. Die alten Kreuzfahrer des vergangenen Jahrhunderts hatten um so mehr davon geschwärmt, als sie keinen Einlaß gefunden und vor den Toren hatten kampieren müssen.

Diese Kreuzfahrer und ihre Nachfolger hatten die Ansprüche des byzantinischen Kaisers auf die vom Islam zurückeroberten Gebiete nicht sonderlich ernst genommen und setzten sich, seit der Islam wieder an Boden gewann und die Verteilung der riesigen Besitzungen im Heiligen Land nicht mehr zur Debatte stand, nun ebenso großzügig über die

Rechte des schismatischen Kaisers in den ihm verbliebenen christlichen Gebieten hinweg. Ein Schismatiker war in den Augen der wackeren abendländischen Ritter, die sich eher in der Schlacht als bei theologischen oder kirchenrechtlichen Disputationen in ihrem Element fühlten, im Grunde auch nur ein Feind wie jeder andere.

So war es für den Dogen Enrico Dandolo, der gleichfalls das Kreuz genommen hatte, ein leichtes, das Heer der abendländischen Christen zu bereden, nach Konstantinopel zu segeln und vor der Stadt Stellung zu beziehen.

Die erste Belagerung löste im Juli 1203 einen Aufstand in der Stadt aus und brachte Isaak II. erneut an die Macht. Als dieser jedoch seine Untertanen aufforderte, den Kreuzfahrern die versprochene Summe auszuhändigen, setzten sie ihn, anstatt zu zahlen, kurzerhand wieder ab, was die Kreuzfahrer im Frühjahr 1204 zu einer zweiten Belagerung veranlaßte.

Als ihnen die Hauptstadt des byzantinischen Reichs dann am 12. April nach einer Bestürmung in die Hand fiel, waren sie sehr beeindruckt und machten sich an die Plünderung. Danach vertrieben sie den Kaiser nach Nikaia (Nicaea), das bis zur Rückeroberung Konstantinopels 1261 die Hauptstadt des byzantinischen Reichs blieb, setzten einen der Ihren, Graf Balduin IX. von Flandern, auf den Kaiserthron und krönten den Anführer des Kreuzzugs, Bonifatius von Montferrat, zum König von Thessalonike.

Anschließend eroberten sie Makedonien und Thrakien und teilten, wiewohl eigentlich zur Befreiung von Christi Grab angerückt, ohne jede Scham die oströmischen Gebiete untereinander auf. Der aus der Franche-Comté stammende Otto de la Roche erhielt das Herzogtum Athen, der in der Champagne beheimatete Villehardouin das Fürstentum Morea.

In der Folge vererbten die Lateiner die eroberten Gebiete genau wie ihre übrigen Besitzungen. Auf Balduin von Flandern folgte sein Bruder, Heinrich von Hennegau, darauf dessen Schwager Peter von Courtenay und schließlich dessen Sohn Robert. Bei Roberts Tod im Jahr 1228 hatten die Griechen das Reich mit Ausnahme der Hauptstadt praktisch zurückerobert. Trotzdem sollte Roberts Sohn, Balduin II., Graf von Courtenay, in einer nicht ganz durchsichtigen Machtteilung mit dem ehemaligen König von Jerusalem, Johann von Brienne, noch bis 1261 weiterregieren. Allerdings gelang es ihm nicht, den inneren Zusammenhalt des byzantinischen Reichs durch eine faktische Eingliederung des lateinischen Reichs ins christliche Abendland zu erschüttern.

Venedig sollte seine neu errungenen Handelsprivilegien 1261 wieder einbüßen, und auch die Christenheit hatte ihre Illusionen durch den Kreuzzug weitgehend verloren. Gottfried von Villehardouin konnte zwar die Umlenkung nach Konstantinopel, die auch ein einfacher Ritter aus der Picardie, Robert von Clari, ohne politische Ambitionen schilderte, in seiner »*Conquête de Constantinople*« (»Die Eroberung von Konstantinopel durch die Kreuzfahrer im Jahre 1204«) leicht erklären und bescherte der französischen Literatur damit eines ihrer ersten in der Volkssprache verfaßten Meisterwerke der Geschichtsschreibung, stieß darüber hinaus aber auf Unverständnis. Das Abendland konnte die Wendung, die der vierte Kreuzzug genommen hatte, einfach nicht fassen.

Das tat dem Kreuzzugsgedanken natürlich ernstlich Abbruch. Papst Urban II. hatte ihn einst in der Hoffnung propagiert, damit den Kampfeseifer der Kriegsleute auf fromme Zwecke richten zu können. Aber nun hatte der Kreuzzug wieder zu Krieg geführt; hundert Jahre nach Urbans Aufruf hatten die Kreuzfahrer statt Sarazenen Christen niedergemetzelt.

So wandte sich das Denken unter dem Einfluß der neuen Orden in der Folge anderen Formen des Glaubenskampfes zu. Wie Gregor IX. 1238 an die beiden großen Bettelorden schrieb, galt es nun eher, »die Ungläubigen anzuleiten, das Wort Gottes zu bekennen, als ihren Irrglauben mit Waffengewalt zu unterdrücken«. An die Stelle des Kreuzzugs trat die Mission, eine Entwicklung, die das Zögern, die Ausflüchte und sogar die naiven Vorschläge eines Ludwig IX. erklärt.

SIEGESZUG DER GOTIK

Auf dem Gebiet der Kunst kam mit dem Ende des 11. Jahrhunderts eine neue Richtung auf. In der alten Krondomäne der Kapetinger (wo in Morienval die ersten Spitzbogen auftauchten) und im Einflußbereich der dynamischen Anglonormannen (wo in Durham und Gloucester richtungweisende Gewölbe entstanden) schälte sich eine neue Bauweise heraus, gekennzeichnet durch eine kühne Vertikalisierung, eine systematische Anwendung des Bogens als Konstruktionsprinzip und durch eine enge Verbindung von Baugliedern und dekorativen Partien.

Diese vom Zeitalter des Klassizismus später als Gotik bezeichnete

Kunst war aber gleichzeitig auch eine plastische Manifestation des städtischen Bürgertums und seiner neuen Funktion innerhalb der *Civitas Dei*, ein Zeichen dafür, daß dieses Bürgertum der Landschaft bereits seinen Stempel aufzuprägen begann. Die Zeit, in der die beachtlichsten Werke christlicher Kunst in abgelegenen Tälern oder auf einsamen Anhöhen errichtet wurden, die Zeit von Cluny, Vézelay, Senanque oder Aulnay-de-Saintonge war vorbei. Nun blühte die Kunst im Herzen der Städte auf, die als führende Wirtschaftsmacht des 12. Jahrhunderts auch auf dem politischen Sektor bereits eine Rolle spielten. Von wenigen Ausnahmen wie der erst im 16. Jahrhundert vollendeten Abtei Mont-Saint-Michel abgesehen waren die bedeutendsten Bauwerke jetzt Kathedralen, die ein stolzes Bürgertum aus eigenen Mitteln und mit Zuschüssen fürstlicher Mäzene aufführen ließ.

Am Anfang stand die Entdeckung des Spitzbogens, gewonnen aus der Überschneidung zweier Rundbogen. Da dank dieser Neuerung der Schub eines leichten Gewölbes auf die vier Eckpunkte abgeleitet werden konnte, wurde die Wand, die bis dahin die ganze Last des romanischen Tonnen- oder Kreuzgewölbes hatte tragen müssen, weitgehend überflüssig. Dadurch eröffneten sich Möglichkeiten, die zwischen Oise und Aisne nach verschiedenen Richtungen ausgelotet und in den Jahren zwischen 1120 und 1150 von den Baumeistern der Krondomäne begierig aufgegriffen und übernommen wurden: Den Anfang machte um 1122 Morienval, dann folgten um 1137 Saint-Denis, um 1140 Sens, Saint-Martin-des-Champs und Saint-Étienne in Beauvais, nach 1145 Noyon und 1148 Cîteaux. Nach dem Vexin schloß sich die Normandie den Bauexperimenten der kapetingischen Kronlande an, auch wenn die Baumeister die Technik erst mangelhaft beherrschten und sich nicht ohne weiteres sagen läßt, in welchem Fall die Kreuzrippen das neue Gewölbe tatsächlich tragen oder lediglich ein Kreuzgratgewölbe alter Art verstärken und hervorheben. Jedenfalls kam der Spitzbogen in den sechziger Jahren des 12. Jahrhunderts allgemein in Mode. Um 1155 begannen die Bauarbeiten an der Kathedrale von Laon, 1163 an Notre-Dame von Paris, um 1180 an der Kathedrale von Soissons. Und gegen Ende des Jahrhunderts besaß bereits jede zweite Stadt ihre Bauhütte.

Nach 1200 brachte die neue Kunst dann über die Bewältigung der technischen Probleme hinaus eine neue künstlerische Sicht zum Ausdruck. An die Stelle pyramidaler Erdverbundenheit trat nun ein unübersehbares Höhenstreben, ein Triumph des Lichts, das sich in allen Farben bricht, ein mit viel Fingerspitzengefühl auf die Strukturen abgestimmtes Schmuckwerk. Bald strahlte diese Kunst weit über ihre Wiege, die Krondomäne, die Champagne und die Normandie, hinaus aus. So holten sich die Erbauer von Bourges schon 1190, die von Le Mans um 1220 Anregungen bei Notre-Dame von Paris. Laon beeinflußte Reims und Chalon-sur-Marne, Noyon und Soissons.

In Landstrichen mit reichem romanischem Erbe wurden die Bautechniken der Gotik vom bodenständigen Genie umgestaltet. Bei den Gewölben des Anjou zum Beispiel, die in Saint-Maurice zu Angers eine Spannweite von sechzehn Metern erreichen, hatten Kuppel und Spitzbogen gleichermaßen Pate gestanden. In Südfrankreich brach das Zeitalter der Gotik erst 1210 mit der für die künftige neue Kunst des Languedoc wegweisenden Kathedrale von Toulouse an, obwohl das Prinzip des Kreuzrippengewölbes hier schon seit langem bekannt war (das von Moissac fällt zeitlich mit dem der Kathedrale von Sens zusammen). Angewandt aber wurde diese Technik lange Zeit nur in Ausnahmefällen, weil der Süden noch ganz im Bann der noch immer großartigen, den Norden weit hinter sich lassenden Leistungen der Romanik stand. Zudem war er in seiner Wirtschaftsentwicklung hinter den Städten Nordfrankreichs und des Pariser Beckens zurückgeblieben. Auch das mag dazu beigetragen haben, daß er die Notwendigkeit der Gotik nicht gleich einsehen konnte oder wollte. Als die neue Kunst dann Anfang des 13. Jahrhunderts – kurz nach Béziers – schließlich auch in Toulouse Fuß faßte, wurde sie dort in den Dienst einer sprachlich orientierten Kultur mit einer Vorliebe für große Versammlungen gestellt und die Kirche als sozialer Raum in eigenständiger, wenn natürlich auch von den Erfordernissen der Verkündigung mitbestimmter Weise gestaltet: Die Kathedrale von Toulouse begnügt sich mit einem einzigen, nur mäßig hohen, dafür aber zwanzig Meter breiten Schiff – eine Lösung, die die Baumeister der Dominikanerklöster später aufgriffen und abwandelten. Letztlich verdankt die kühne und phantasievolle Gotik des Südens der Kunst von Laon oder Sens also wohl nur den Spitzbogen.

Indessen fand die Gotik des Nordens dennoch in aller Stille Eingang in Lyon, Bayonne und Quimper. Die Bauhüttenmeister tauschten Ideen und praktische Tips aus. Der Architekt Villard de Honnecourt, ein wißbegieriger Zeitgenosse Ludwigs VIII., hielt in seinem Bauhüttenbuch alles fest, was ihm auf seinen Reisen auffiel, von Rippenprofilen über dekorative Fensterausschnitte bis hin zu Fassaden und Türmen, die ob ihrer Ausgewogenheit besonders geglückt waren. Alles übrige wurde mündlich übermittelt.

Die große Neuerung im Aufriß waren die hohen Fensteröffnungen, die den Wandaufbau der dreißiger Jahre des 13. Jahrhunderts bestimmten. Der Siegeszug des Glasfensters war nun nicht mehr aufzuhalten. Allein Chartres prunkt mit 2600 Quadratmetern farbigem Glas. Noch aber mißtraute man dem Gewölbeschub auf die oberen Zonen der durchbrochenen Wand. Deshalb wurden über die die Mittelschiffwölbungen abstützenden Seitenschiffgewölbe Emporen mit Gewölbeabschluß gesetzt, an den Außenwänden der Seitenschiffe senkrecht aufsteigende Strebepfeiler hochgeführt und durch die Erfindung des Schildbogens die Lasten der Wangen über die gesamte Mauerlänge hin auf die schon den Druck der Rippen auffangenden Kämpfer übertragen, wodurch der Druck konzentriert und in Gewicht umgewandelt wurde.

Vor allem aber erfand man die Strebe- oder Schwibbögen, die sich über den freien Raum spannen und den Seitenschub der Mittelschiffgewölbe auf den Boden ableiten. Zunächst hieß es freilich noch probieren – wie in Chartres, wo mehrere übereinander gestaffelte Strebebögen die Unsicherheit der Bauleute verraten –, und oft stürzte auch das ganze Bauwerk ein, weil sie an einem falschen Punkt ansetzten.

Auch der Grundriß wurde weiterentwickelt. Der Chor gewann an Bedeutung, desgleichen der Chorumgang mit Kapellenkranz. Das Mittelschiff weitete sich aus, wobei man, um nicht die Zahl der Spitzbogen oder gar die der Joche entsprechend erhöhen zu müssen, einen Versuch mit queroblongen Traveen wagte. Das 1236 vollendete Schiff von Amiens erreichte schließlich eine Weite von fünfzehn Metern.

Der Innenraum wurde luftiger, die Empore, deren Funktion nun der Strebebogen übernahm, verschwand. In Rouen war sie bereits um 1200 zur Scheinempore, zum dekorativen Relikt der Hochschiffwand reduziert. Ein in den gleichen Jahren entstandenes Bauwerk, Saint-Vincent in Laon, zeigt nur noch ein dreigeschossiges Wandsystem, das das Licht ungehindert von den Seitenschiffen ins Mittelschiff strömen läßt.

Immer höher wollten die Baumeister hinaus: Hatte die Raumhöhe in Laon 24 Meter betragen, so erreicht sie in Soissons 30, in Paris 32, in Chartres – ohne Seitenempore – 37 und in Amiens 43 Meter. Die großen

Arkaden, die die Schiffe voneinander trennen, lassen in Bourges (dessen Chor um 1220, dessen Schiff dagegen erst nach 1270 vollendet wurde) schließlich einen einzigen weiten Raum entstehen, den das Licht je nach Tageszeit in wechselndem Spiel durchflutet.

Das »Triforium«, der schmale Laufsteg über Hauptarkade und Empore mit dem Zugang zu den Pultdachräumen für Reparaturen an Gebälk und Deckung, verlor in dem Augenblick seine Daseinsberechtigung, als es dem Baumeister gelang, das Regenwasser über Rinnen auf den Strebebögen abzuleiten und das Seitenschiff mit einem Satteldach abzuschließen. So wurde es zur Lichtscheide zwischen Arkaden und Obergadenfenstern, in denen es schließlich auch aufging (zweizoniger Wandaufbau), während sich das Mauerwerk in eine gläserne Wand verwandelte, wie sie der kühne Hüttenmeister der Sainte-Chapelle zwischen 1243 und 1248 in idealer Form verwirklichte.

Mit der Auflösung der Wand büßte natürlich auch der Wandschmuck seine Bedeutung ein. Zwar gab es noch einige Meister des Freskos, im allgemeinen aber beraubten das durchbrochene Mauerwerk und das vielfältig gegliederte Gewölbe den Maler seiner Entfaltungsmöglichkeiten wie die Fassaden mit ihren Rosen und Lanzettfenstern den Bildhauer. Erinnerte die Fassade von Notre-Dame-La-Grande in Poitiers noch an ein in Stein gehauenes Bilderbuch oder das Tonnengewölbe von Saint-Savin-sur-Gartempe an eine farbenprächtige Miniaturenfolge, so wurde der Skulpturenschmuck nun auf Portale und Kapitelle beschränkt und mußte sich selbst hier einer strengen Ordnung unterwerfen: Die Plastik wurde in die Linienführung des Bauwerks organisch einbezogen. Waren die Gewandfiguren an dem um 1145 geschaffenen Königsportal von Chartres mit der zugehörigen Säule aus einem Stück gearbeitet, so lösten sich die großen plastischen Bildwerke dreißig Jahre später zwar endlich von der Wand, wurden aber gleichzeitig auch vielfach von einem das architektonische Gefüge verdeutlichenden und betonenden Dekor verdrängt. Ebenso verschwanden die verzierten Kapitelle, auf denen die Romanik ihre Geschichten und Legenden, ihre Gestalten und Chimären dargeboten hatte, und machten nun einem unaufdringlichen pflanzlichen Schmuckwerk Platz, das in Wahrheit oft nur vom quadratischen Gewölbeansatz zum runden Querschnitt der Säule überleiten sollte.

Gleichzeitig entdeckte die Bilderwelt, deren Ausdrucksmittel eine rasche Erneuerung erfuhren, den Menschen in seiner irdischen Menschlichkeit. So gewinnt nun auch die Erlösung eine menschliche Dimension. An die Stelle des jenseitigen Richters tritt der Menschensohn, Maria mit dem Kind löst die hieratische Muttergottes ab. Die *Miracles de la Vierge*, die Marienwunder, kleiden das Übernatürliche ins Gewand des realen Lebens, und bei mehrfigurigen Kompositionen wird die hierarchische Rangordnung, nach der Christus größer als die Apostel und diese wiederum größer als die Sünder darzustellen waren, aufgegeben. Bezeichnend für den nun aufkommenden, gemäßigten Realismus ist das leise Lächeln, das auf dem Jüngsten Gericht von Notre-Dame um die Lippen des Engels zur Rechten spielt, jenes Lächeln, das das Antlitz der heiligen Modeste von Chartres aufhellt, das um 1235 dem Hoheit und inneren Frieden ausstrahlenden *Beau Dieu* von Amiens menschliche Züge verleiht und zahllose Märtyrer über ihre Qualen hinaushebt. Eine Generation später erstrahlt es mit der heiligen Anna von Reims und dem berühmten Verkündigungsengel in seinem vollen Glanz.

Der Kanon dieses in Stein gehauenen Menschenbilds gewinnt in der vielseitigen Figurenwelt von Chartres Gestalt, als deren typischer Vertreter vielleicht der siegreiche Märtyrer und Heilige Theodor, den uns der Bildhauer als guten, starken und bescheidenen Ritter vorstellt, gelten kann.

Sogar die Mysterien des Glaubens erschienen nun in menschlich-geschichtlichem Gewand. Gegen 1190 tauchte in Senlis und um 1200 in Notre-Dame von Paris die Trilogie von Tod, Himmelfahrt und Krönung Mariens auf, die die thronende Jungfrau früherer Zeiten ablöste und schon bald Allgemeingut wurde. Die Kindheit Christi fesselt nun durch ihre Familien- und Hirtenszenen, und selbst die Erschaffung der Welt wird am Portal von Rouen in Episoden dargestellt, bei denen der Schöpfer besonders menschliche Züge trägt. Die abstrakten Symbole wurden vielfach fallengelassen, die Welt der mythischen Fabeltiere, auf die diese Symbolsprache teilweise aufbaute, weicht einem differenzierteren Rückgriff auf die Heils- und Profangeschichte. In einer Zeit, in der der »Rosenroman« seine symbolträchtige Vorstellungswelt ins Gewand menschlichen Abenteuers kleidete, tilgte der bildende Künstler Basilisk und Salamander, mystische Kelter und den Hirsch an der Quelle aus seinem Repertoire.

Erzählfreude und die Fähigkeit, die neugeschaffenen Wandöffnungen mit Glas zu schließen und so das Licht der Ile-de-France, der Normandie oder des Berry im Wechsel der Tageszeiten einzufangen, führten zu einer

Blütezeit des Kirchenfensters und der Glasmalerei, die dem gedämpften Licht der wandernden Sonne ihre lebendige Wirkung verdankt. Nach den leuchtenden Rot- und den ins Grünliche spielenden Blautönen der ungewöhnlich schönen und geschlossenen Glasbilder von Chartres aus dem 12. Jahrhundert – den drei Westfenstern mit der Wurzel Jesse und der *Belle Verrière* des Chorumgangs – gingen die Glasmaler um 1200 zu einer kräftigeren Palette über: Rot und Blau erscheinen nun dichter, Violett schleicht sich ein, Grün tritt häufiger auf, und das neu eingeführte Grau ermöglicht eine präzisere Zeichnung der Gesichter und eine raffiniertere Modellierung der Draperien als durch die Windruten und Bleihaften des Fensters allein.

Als erster setzte Abt Suger in Saint-Denis das Glasfenster gezielt als Mittel der Belehrung und als ein der Architektur eingegliedertes Schmuckelement ein. Diese in den fünfziger Jahren des 12. Jahrhunderts geschaffenen Glasbilder bahnten zusammen mit einigen Fenstern in Angers, Le Mans und Vendôme, einer Entwicklung den Weg, mit der nach 1180 in Saint-Remi zu Reims, nach 1200 in Laon und Chartres und um 1220 in Rouen eine wichtige Stelle im Buch der gotischen Bilderwelt aufgeschlagen wurde. Als schließlich in den dreißiger Jahren des 13. Jahrhunderts das Kirchenfenster in Bourges die Außenwelt und einen durch Pfeiler nur noch skandierten Innenraum durch Licht verband, hatte die Kunst der Gotik endgültig ihre höchste Geschlossenheit erreicht.

Zwischen 1200 und 1230 reiften sowohl die Bautechniken als auch die harmonische Verteilung der Baumassen aus. Um 1200 begannen in Rouen, 1209 in Reims, 1220 in Amiens die Bauarbeiten an der Kathedrale. Von nun an gehörten Doppelturmfassade, kreuzförmiger Grundriß mit mehreren Seitenschiffen und ein großer Chor, der die Vierung als architektonischen Angelpunkt des Bauwerks erscheinen läßt, zum gesicherten Repertoire der Kathedralbaumeister. Ebenso die lange beibehaltene Verteilung der Motive auf die fünf – beziehungsweise neun – Portale, der angestammte Platz der geschichtlichen und symbolischen Gestalten an der Fassade und der überwältigende Lichteinfall durch die Fensterrosen mit ihrer Kombination gegenständiger Bogen an den Stirnwänden von Lang- und Querhaus.

Diese Fensterrosen machte sich im übrigen der Kapetinger zunutze, um in Paris und Chartres durch sein Wappen seine Präsenz zu bekunden.

KAPITEL VI

Ludwig der Heilige und seine Zeit 1226–1270

MACHTVERLUST DER TERRITORIALFÜRSTEN

Das neue politische Gleichgewicht war noch keineswegs gesichert, als im Jahre 1226 unerwartet ein zwölfjähriges Kind die Nachfolge Ludwigs VIII. antrat. Bis zu Philipp II. August waren alle Kapetinger zu Lebzeiten ihrer Väter als Mitkönige an der Herrschaft beteiligt worden, und auch Ludwig VIII. hatte lange vor seiner Krönung die Regierungsverantwortung mit seinem Vater geteilt und dabei seine Fähigkeiten unter Beweis stellen können. Der junge Ludwig IX. dagegen konnte sich lediglich auf sein Erbrecht berufen, das Barone und Prälaten mittlerweile immerhin zumindest stillschweigend anerkannten.

Auch gegen die Verfügung Ludwigs VIII. auf dem Totenbett, die Regentschaft einer Ausländerin, der Königin Blanca von Kastilien, zu übertragen, erhob niemand Einspruch. Und so sollte Blanca – zunächst als Regentin, dann als wichtigste Ratgeberin ihres Sohnes und während des Kreuzzugs zum zweitenmal als Regentin – das Königreich Frankreich faktisch bis zu ihrem Tod im Jahre 1252 regieren.

Dabei standen ihr beratend, sekundierend und gelegentlich sogar inspirierend einige Männer zur Seite, die bereits unter Ludwig VIII. Machtpositionen bekleidet, ja, teilweise schon Philipp II. August gedient hatten. Gemeinsam bereiteten sie Ludwig IX. in einer harten Lehrzeit auf das Metier des Herrschers vor – eine Lehrzeit, die sich, bereichert um die Kreuzzugserfahrung und die Prüfung der Niederlage, später in dem persönlicheren Regierungsstil und in den großen Reformen während seiner reiferen Mannesjahre niederschlagen sollte.

Als größte Stütze bei den Regierungsgeschäften erwies sich für die Regentin der selbst einem Bartholomäus von Roye überlegene Legat Romano Frangipani oder, wie er nach seiner römischen »Diakonie«, dem Kirchlein Sant'Angelo *»in foro piscium«*, meist genannt wird, der Kardinal von Sant'Angelo, der das Erbe des jungen Königs mit Weitblick und fester Hand durch die schwierigen Zeiten steuerte.

Denn den Prärogativen der Krone, wie sie von den beiden letzten Königen festgeschrieben worden waren, und den jüngsten Gebietserweiterungen der Kapetinger drohte von vielen Seiten Gefahr. Die Krondomäne, für Ludwig VIII. ein unter die Erben aufzuteilendes väterliches Erbgut, war durch die Apanagen ohnehin bereits geschmälert worden. Und natürlich fühlten sich die Barone versucht, die Minderjährigkeit Ludwigs IX. auszunutzen. Theobald IV. von der Champagne, ob seiner poetischen Begabung Thibaut le Chansonnier (Theobald der Liedermacher) genannt, betrieb eine schillernde Politik. Einesteils bereit, die Regentin zu unterstützen, hatte der unberechenbare Graf mit den Launen eines möglicherweise in die unnahbare Königin verliebten Dichters doch andernteils auch seinen eigenen Vorteil im Auge. Heinrich III. Plantagenet, wiewohl der einzige nahe Verwandte der Königin in Frankreich, einer Nichte Johann Ohnelands, deren Verheiratung mit dem künftigen Ludwig VIII. ehedem den Frieden zwischen den Plantagenets und Kapetingern hatte besiegeln sollen, verstand die Minderjährigkeit des Königs von Frankreich vor allem als Gelegenheit zur Revanche. Ähnlich, wenn auch nicht ganz so zielstrebig, reagierte das südfranzösische Languedoc, das die Hoffnung, das Joch des Nordens abzuschütteln, noch nicht aufgegeben hatte.

Die Bischöfe ihrerseits, empört über die Übergriffe der neuen Kronbeamten in den kirchlichen Jurisdiktionsbereich, warteten nur auf ein Zeichen der Schwäche, um sich offen aufzulehnen. Ebenso sondierten Professoren und Scholaren das Terrain, um herauszufinden, wie weit sie ihre Unabhängigkeit treiben konnten. Und die seit kurzem der unmittelbaren Herrschaft des Kapetingers unterworfenen Volksstämme entdeckten plötzlich ihre Treue zu ihren entmachteten alten Fürsten, die nunmehr im Licht wahrer Tugendhaftigkeit erstrahlten.

So fanden sich 1226 zahlreiche Barone mit den alten Gegnern Ludwigs VIII. zu einem Bündnis zusammen: mit Theobald IV. von der Champagne, Hugo von Lusignan, dem Grafen der Marche, und Peter Mauclerc, dem Grafen der Bretagne. Der Engländer hielt sich noch abwartend im Hintergrund, zeigte indessen ein offenes Ohr für die Behauptung, er sei widerrechtlich um sein Erbteil gebracht worden. Zwei Fürsten immerhin begegneten den Umtrieben der Feudalherren mit Zurückhaltung: Raimund VII. von Toulouse, bemüht, den Frieden auszuhandeln, der dann 1229 geschlossen werden sollte, und Ferrand von Flandern, der Verlierer von Bouvines, ein gewiefter Realpolitiker. Er überhäufte die Regentin, die ihm die Freiheit geschenkt hatte, mit Treuebeweisen, wenn auch nur, um das Schlimmste zu verhindern: die Wiederverheiratung seiner Ehefrau, der Gräfin Johanna von Flandern, durch die Ferrand von Portugal zum Grafen von Flandern aufgestiegen war und die sich mittlerweile als Witwe betrachtete. Ein fünfzehn Jahre nach Bouvines auf freien Fuß gesetzter Graf von Flandern schien im Vergleich zu einer Ehe zwischen der Erbin Flanderns und beispielsweise eines Peter Mauclerc immer noch das geringere Übel.

Doch das Bündnis platzte. Theobald von der Champagne, verliebt, ehrgeizig und obendrein davon überzeugt, bei einem Gegenschlag der Krone das erste Opfer zu sein, wechselte wieder ins Lager der Regentin über, die mit Hilfe von Geld auch noch andere zu einer Kehrtwendung brachte und die ihr treu ergebenen Bürger geschickt gegen die Barone ausspielte. So machten die Rebellen gegen die abtrünnige Champagne Front, und man war wieder einmal mitten in einem Privatkrieg gelandet.

Als Peter Mauclerc dem Plantagenet den Lehnseid leistete und damit der Auseinandersetzung eine neue politische Wendung gab, ließ die Königin die Lehnsverwirkung bekanntgeben und zog gegen den Grafen der Bretagne ein Heer zusammen, dem sich die ehemaligen Verbündeten wohlweislich anschlossen, um nicht ihrerseits in den Ruf der Felonie zu geraten. Schließlich kamen allseits Verhandlungen in Gang, und im Herbst 1230 wurde Frieden geschlossen. Die wiederholt bedrohte Autorität der Krone hatte die Prüfung bestanden.

Doch auch die hohen Lehnsfürsten hatten ihre führende Rolle neben dem König behauptet. Heinrich III. Plantagenet, nach wie vor Herr über Aquitanien von Blaye bis zu den Pyrenäen und weiterhin, wenn auch nicht ganz unangefochten, Lehnsherr über Béarn, Périgord und Limousin, trumpfte, gestützt auf seine englische Krone und sein gutes Recht in Frankreich, gewaltig auf und verweigerte dem Kapetinger mit der Begründung, um sein Erbe geprellt worden zu sein, für die ihm verbliebenen

Gebiete den Lehnseid. Allerdings war der König-Herzog, der in der Gascogne als Inselbewohner galt, kein allzu bedrohlicher Rivale. Anders Theobald von der Champagne, der im Vollgefühl seiner Stärke seine Besitzungen bis in die Pariser Umgebung ausdehnte – sein Stammsitz lag in Lagny – und sich an den außerordentlich florierenden sechs Messen, die, über das ganze Jahr verteilt, die Champagne zu einem ständigen Handels- und Finanzplatz von europäischem Rang erhoben, beträchtlich bereicherte. Mit den Häusern Blois, Sancerre, Châtillon und Saint-Pol, Avesnes, Brienne und Toulouse, kurzum, mit dem ganzen christlichen Adel in Okzident und Orient verschwägert, der Reihe nach mit einer lothringischen Prinzessin, einer Beaujeu und einer Bourbon verheiratet, sollte Theobald 1234 nach dem Tode seines Onkels mütterlicherseits, Sanchos VII., zu guter Letzt noch König von Navarra werden und damit Nachbar von Aquitanien, Béarn sowie der Grafschaften Toulouse und Foix.

Und selbst Raimund VII. kam halbwegs glimpflich davon; die 1229 geschlossenen Verträge von Meaux und Paris ließen sein tolosanisches Fürstentum unangetastet. So spielte der Kapetinger für das politische Gleichgewicht in Südfrankreich kaum eine Rolle, zumal er auch in der Nachbarschaft zwar präsent, aber nicht tonangebend war.

Und wieder kam der Stein ins Rollen, diesmal in Aquitanien. Heinrich III., Opfer kapetingischer Willkür, verstand es, die Fürsten, durch den Aufschwung der Monarchie ohnehin beunruhigt, durch seine Klagen auf seine Seite zu ziehen. Seine eigene Macht stand allerdings auf recht wackligen Füßen. 1215 hatte sein Vater den Baronen in der Magna Charta Zugeständnisse gemacht, und sein leiblicher Bruder Richard, der Graf von Cornwall, hatte sich an die Spitze einer durch Hofintrigen geschürten Opposition gesetzt. Nichtsdestoweniger fiel der englische König 1230 Hals über Kopf in die Bretagne und Normandie ein und überließ seinen Bundesgenossen Peter Mauclerc 1234 nach dem Scheitern des aussichtslosen Feldzugs seinem Schicksal. Durch Schaden klug geworden, ersuchte er schließlich Kaiser Friedrich II. und Graf Raimund VII. von Toulouse um Beistand und Schützenhilfe.

Außerdem spekulierte er auf die Unzufriedenheit des Grafen der Marche, Hugo von Lusignan, der die Witwe Johann Ohnelands, Isabella Taillefer, geheiratet hatte und mithin Ansprüche geltend machen konnte. Als dieser die Beunruhigung der poitevinischen Barone über das Verhalten ihres neuen Grafen, des Königsbruders Alfons, ausnutzte und diese zur Revolte aufstachelte, landete Heinrich III. am 20. Mai 1242 mit seinem Heer in Royan.

Doch wieder scheiterte der Rückeroberungsversuch des Plantagenet. Ludwig IX. besaß auch unter den poitevinischen Baronen treue Anhänger, und im Handumdrehen hatte sich das Blatt gewendet. Noch ehe es zu einer richtigen Schlacht kam, hatte der Engländer an den Ufern der Charente, in Taillebourg und Saintes, schon ausgespielt. Lusignan kroch zu Kreuze. Heinrich III. verlor seine Zeit mit der Blockade von La Rochelle, während Raimund VII. darauf den Engländer allen Abmachungen zum Trotz vergeblich auf sich warten ließ. Er hielt sich für vollauf mit dem Languedoc beschäftigt und zeigte wenig Neigung, sich in die Angelegenheiten Aquitaniens einzumischen. So wurde am 12. März 1243 ein Waffenstillstand auf fünf Jahre geschlossen, und der König von Frankreich, der in wenigen Wochen alle Gegner matt gesetzt zu haben schien, konnte einen weit über die ursprünglichen Ziele seiner Widersacher hinausgehenden Erfolg für sich verbuchen.

Doch erst nach dem Ägyptenkreuzzug wurde die Angelegenheit endgültig bereinigt. Heinrich III., in der Gascogne seinerseits mit einer Adelsrevolte konfrontiert, spielte mit dem Gedanken, selber das Kreuz zu nehmen, und da er zudem für seinen Bruder Richard nach der Kaiserkrone und für seinen Sohn Edmund nach der Krone Siziliens schielte, schien ihm gegenüber Frankreich Verhandlungsbereitschaft angezeigt. So wurde am 28. Mai 1258 mit dem Vertrag von Paris der Schlußstrich unter ein konfliktgeladenes Jahrhundert gezogen: Heinrich III. verzichtete ein für allemal auf den Löwenanteil des Plantageneterbes, behielt aber Aquitanien, gewann – bei Vertragsschluß beziehungsweise beim Tod Alfons' von Poitiers – einen Teil des Quercy, des Périgord, des Limousin und der Saintonge zurück und leistete dem König von Frankreich für alles den Treueid. Damit hatten beide Seiten – nach der öffentlichen Meinung übertriebene – Zugeständnisse gemacht.

Gleichzeitig wurde am 11. Mai 1258 im Vertrag von Corbeil der lange Streit zwischen Frankreich und Aragon vorübergehend beigelegt. Auch in diesem Fall machte Ludwig IX. bedeutende Zugeständnisse, hatte doch dieser Konflikt, von der massiven Einmischung Aragons in die Angelegenheiten des Languedoc seit einem halben Jahr ganz abgesehen, oft genug die Beziehungen zwischen Kapetinger und Plantagenet schwer belastet. Außerdem erschien ihm in Anbetracht der ungewissen Zukunft von Toulouse Aragons Neutralität durchaus ihren Preis wert.

Raimund VII. von Toulouse, ein gewiefter Taktiker, der dem Katharismus zu einem Zeitpunkt den Kampf angesagt hatte, als er kaum mehr eine Gefahr für den rechten Glauben darstellte, hatte zwar seine Ansprüche auf das linke Rhôneufer aufgeben müssen, das Herzogtum Toulouse und das Lauragais aber behalten dürfen, allerdings mit der Auflage, diese Gebiete seiner mit dem Bruder des Königs verheirateten Tochter Johanna zu vererben, falls ihm in einer neuen Ehe – die zu hintertreiben Blanca von Kastilien natürlich redlich bemüht war – nicht weitere Nachkommen geschenkt würden.

1229 war die Inquisition neu organisiert und vier Jahre später vom Papst den Dominikanern übertragen worden, die sie seitdem mit Feuereifer betrieben. Man machte auf die in alle Winde zerstreuten »Vollkommenen« Jagd, riß die Toten aus den Gräbern und verbrannte sie wie die Lebenden. Am schlimmsten wütete der Terror in den Kleinstädten, wo weder Grafen noch Konsuln der Macht der Inquisitoren Einheit gebieten und das Schlimmste verhüten konnten.

Als Raimund Trencavel, Vizegraf von Béziers, 1240 zur Rückeroberung der von seinem Vater ererbten, im Albigenserkreuzzug aber verlorenen Lehnsherrschaft Carcassonne ansetzte, flammte der Krieg erneut auf. Doch ein kleines königliches Heer genügte bereits, um Trencavel zur Räson zu bringen. Der Graf von Toulouse hielt sich wohlweislich zurück, schloß sich 1242 jedoch der von Hugo von Lusignan mit Unterstützung Heinrichs III. Plantagenet eingefädelten Koalition an.

Als dann am 29. Mai 1242 im Avignonnais zwei Inquisitoren und der Archidiakon von Toulouse ermordet wurden, war alle Welt gleichermaßen überrascht. Die Katharer von Montségur hatten die abenteuerliche Tat ohne Rückendeckung, allenfalls mit dem stillschweigenden Einverständnis von Raimunds VII. Seneschall, verübt. Der Graf von Toulouse, selber kurz vor einer Rebellion, mußte fürchten, durch die Katharer mit kompromittiert zu werden. Als sich diese aus ihren Schlupfwinkeln vorwagten, packte er deshalb den Stier bei den Hörnern, nutzte die Gelegenheit zur Vergeltung, eroberte Albi und hielt triumphalen Einzug in Narbonne.

Doch im Languedoc verließ ihn das Glück. Als auch sein Bundesgenosse Heinrich III. vor Saintes die Waffen strecken mußte, unterwarf sich

Raimund VII. Durch die Unterzeichnung des Vertrags von Lorris im Januar 1243 konnte er in Rom zwar die Vergebung des Papstes, nicht aber die Dispens erwirken, die ihm eine Wiederverheiratung gestattet hätte. In Wahrheit kam er auch diesmal wieder glimpflich davon, auch wenn auf lange Sicht gesehen der König der Gewinner war. Ludwig der Heilige ließ aus zwei Gründen Milde walten: zum einen, weil er mit dem Erbe des Hauses Saint-Gilles nicht ebenso verfahren wollte wie Philipp II. August 1202 mit dem der Plantagenets – bezweifelte er doch noch immer die Berechtigung seines Großvaters zu diesem Schritt –; und zum andern, weil er nicht zur Unzeit die Debatte um etwas, was ausgemacht schien, neu entfachen wollte, nämlich den künftigen Heimfall der Grafschaft Toulouse an einen Prinzen des Königshauses. Letztlich waren es also Alfons' von Poitiers Erberwartungen, die Raimund VII. schützten.

Hand in Hand mit der Verfolgung der letzten Rebellen ging die Unterdrückung etlicher Widerstandsnester wie Montségur, das sich von April 1243 bis März 1244 behaupten konnte und wo sich der Drang nach politischer Unabhängigkeit dem religiösen Partikularismus hinzugesellte. Außerdem nutzte der König von Frankreich die Gelegenheit, um seine Grenze gegen Aragon abzusichern; so diente die späte Einnahme von Quéribus im Jahr 1255 mehr befestigungsstrategischen Zielen als dem Kampf gegen die Häresie. Diese scheint sich, nachdem die Unbekehrbaren überwiegend nach Italien emigriert waren, im Languedoc bis mindestens Anfang des 14. Jahrhunderts in einer latenten, lichtscheuen Form gehalten zu haben. Anscheinend führte das zeitweilige Wiederaufleben des Katharismus immer wieder zu Rivalitäten mit den beiden bedeutendsten Bettelorden, Franziskanern und Dominikanern. Schließlich aber obsiegte der »evangelische« Geist des Katharismus und verwischten sich allmählich die grundlegenden metaphysischen Unterschiede. Damit war für die partikularistischen Bestrebungen, die die abendländische Kirche und Christenheit von innen erschüttern sollten, ein neuer Rahmen gefunden: die Bewegungen der freiwilligen Armut, die direkten Erben der Waldenser und Patarener.

Theobald IV., Graf der Champagne, ließ derweil seinem Ehrgeiz die Zügel schießen. Um die Ansprüche seiner Base Alix, der Königin von Zypern, auf die Champagne abzuschlagen, war er auf die Unterstützung des Königs von Frankreich angewiesen, und so war sein Abfall von der Koalition 1227 alles andere als uneigennützig gewesen. Durch diesen

Sinneswandel aber mehrte er die Zahl seiner Feinde noch, an denen es dem launischen Sonderling ohnehin nicht mangelte. Dafür rettete ihn 1230 die Intervention des königlichen Heeres vor dem Zweifrontenangriff der Herzöge von Burgund und von der Bretagne, und auch der Schiedsspruch des Königs erging gerade rechtzeitig vor Ankunft der zypriotischen Königin, ihre Anrechte auf die Champagne gegen eine hohe Summe abzutreten, welche sich Theobald durch Verkauf seiner Lehnshoheit über mehrere Grafschaften an Ludwig IX. beschaffte. Damit aber kamen Blois, Chartres und Sancerre an die Krondomäne.

Doch das Glück kam auf Graf Theobald aus anderer Richtung zu: Über seine Mutter, die Tochter Königs Sancho VI. von Navarra, fiel ihm beim Tod Sanchos VII. im Jahre 1234 ein Königreich jenseits der Pyrenäen zu.

Als nunmehr neuer König von Navarra aber hielt sich der Graf der Champagne für stark genug, dem Kapetinger die Stirn zu bieten. Entgegen den getroffenen Absprachen vermählte er 1236 seine älteste Tochter mit Johann dem Roten, dem Sohn und Erben des Grafen der Bretagne, Peter Mauclerc, und lenkte erst ein, als Ludwig IX. mobil machte, was ihn Montereau und eine weitere Festung kostete.

Durch all das aber hatte sich die politische Karte beträchtlich verändert. Theobald von der Champagne trug eine Krone und residierte in Pamplona; die Union zwischen Blois und der Champagne, vor der der Kapetinger so oft gezittert hatte, lockerte sich; die Erbin des letzten Theobald von Blois brachte ihre Grafschaft in die Familie Avesnes ein; und das Lehnsfürstentum Champagne selbst sollte bald endgültig den Kapetingern zufallen. Theobalds IV. Nachfolger, Heinrich III., heiratete eine Tochter Ludwigs des Heiligen, deren gemeinsame Tochter Johanna Philipp dem Schönen die Champagne als Heiratsgut eintrug.

Auf dieser veränderten politischen Karte des französischen Königreichs nahmen die königlichen Prinzen den Platz der ausgeschalteten Lehnsfürsten ein. Bis dahin hatten, abgesehen von Burgund, das einem der Söhne Roberts des Frommen zugefallen war, die jüngeren Söhne der französischen Könige entsprechend der Größe der kapetingischen Krondomäne des 11. und 12. Jahrhunderts nur begrenzte Abfindungen erhalten. So waren einem Sohn Ludwigs VI. Dreux und Philipp Hurepel, einem Sohn Philipps II. August, Mortain und Aumale zugefallen. Durch die Erweiterung der Kronlande ergaben sich dann plötzlich neue Möglichkei-

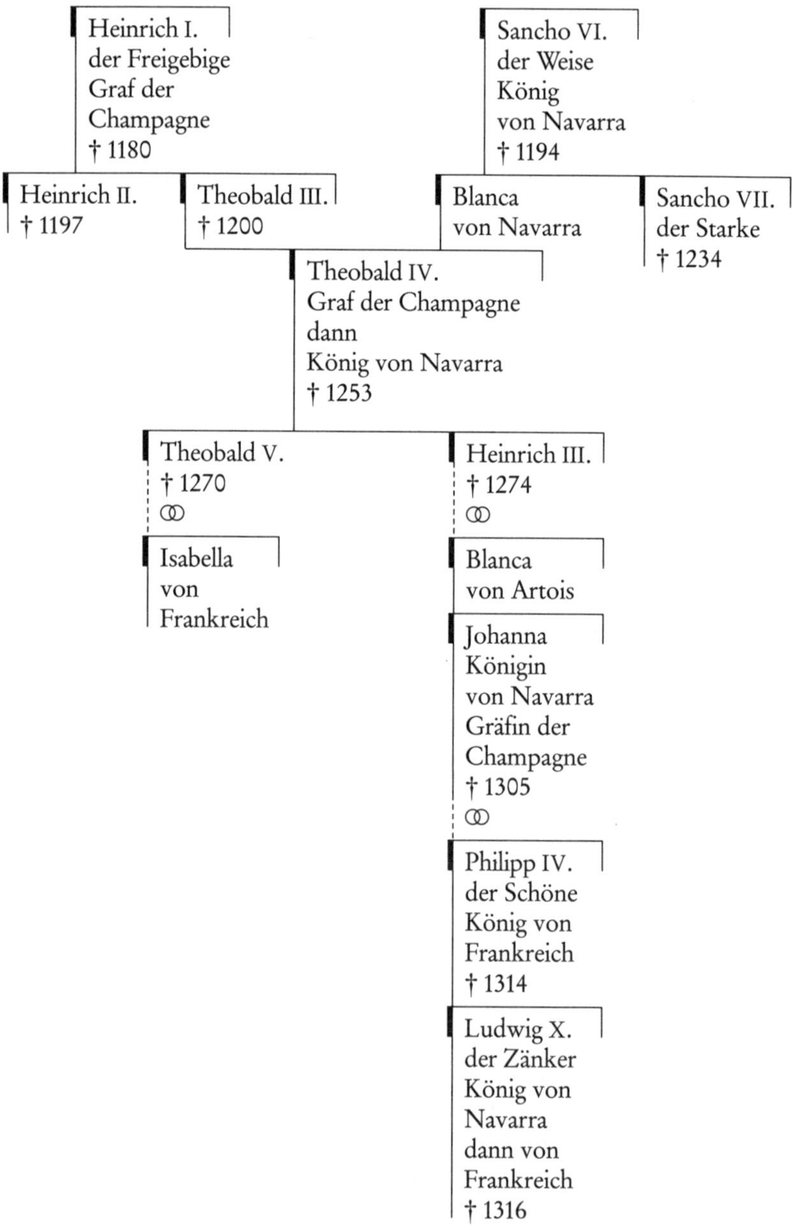
Heinrich I.
der Freigebige
Graf der
Champagne
† 1180
Sancho VI.
der Weise
König
von Navarra
† 1194
Heinrich II.
† 1197
Theobald III.
† 1200
Blanca
von Navarra
Sancho VII.
der Starke
† 1234
Theobald IV.
Graf der Champagne
dann
König von Navarra
† 1253
Theobald V.
† 1270
Heinrich III.
† 1274
Isabella
von
Frankreich
Blanca
von Artois
Johanna
Königin
von Navarra
Gräfin der
Champagne
† 1305
Philipp IV.
der Schöne
König von
Frankreich
† 1314
Ludwig X.
der Zänker
König von
Navarra
dann von
Frankreich
† 1316

ten, vielleicht aber auch neue Verpflichtungen; denn das Erbteil des Jüngeren sollte in einem angemessenen Verhältnis zu dem dem Erstgeborenen zufallenden Königreich stehen. Die Kapetinger nutzten also die neu hinzugewonnenen Gebiete, um die Prinzen im ganzen Königreich unterzubringen, und weiteten durch diese Präsenz der »Königlichen« zugleich die Herrschaft ihrer Dynastie aus. Indem sie die Prinzen zu Territorialfürsten machten, vermittelten sie den Bewohnern der Fürstentümer, in erster Linie den Vasallen, die Illusion, daß ihre politische Autonomie trotz der kapetingischen Expansion unangetastet bliebe.

Ludwig VIII. hatte seine Söhne mit Ausnahme des nachgeborenen Karl großzügig bedacht: Robert sollte das Artois, Alfons Poitou, Johann Anjou und Maine bekommen, das nach dessen frühem Tod an Karl fiel. Durch eine geschickte Heiratspolitik – eine Kunst, auf die sich Blanca von Kastilien, unterstützt vom Kardinal von Sant'Angelo, meisterhaft verstand – wurden diese diversen Fürstentümer dann noch abgerundet: Alfons von Poitiers ehelichte die Erbin von Toulouse, Karl von Anjou die der Provence, aufgrund dessen beide nun eine Rolle in der europäischen Politik spielen konnten.

Ludwig IX. hatte die letztwilligen Verfügungen seines Vaters wohl vollstreckt, zeigte sich aber seinen eigenen Söhnen gegenüber weniger großzügig. Der eine erhielt das Valois, der andere Alençon, der dritte – Robert, der Ahnherr der Bourbonen – die bescheidene Grafschaft Clermont-en-Beauvaisis. Die mit dem König von Navarra, dem König von Kastilien, dem Herzog von Brabant und dem Herzog von Burgund verheirateten Töchter Ludwigs IX. trafen es besser als ihre Brüder, erfüllten im politischen Spiel des Kapetingers aber auch eine andere Funktion: Sie hatten für die Festigung der Bündnisse zu sorgen.

ÄGYPTEN UND SYRIEN

Weit über das Kindesalter hinaus ist Ludwig IX. in die Lehre gegangen. Am Ende dieser Lehrzeit mußte, so die Meinung des Monarchen, ein Kreuzzug stehen, der ihm als gleichsam politisch notwendiger Akt erschien, um sein Königtum zu besiegeln. Die Schwierigkeiten des lateinischen Orients spielten bei dieser Erwägung kaum eine Rolle, obwohl sich die Lage seit der Rückeroberung Jerusalems durch Salah ad-Din (1187) laufend verschlechtert hatte. Dennoch war der siebte Kreuzzug weniger eine Antwort auf die unmittelbaren Bedürfnisse des lateinischen Königreichs, über das damals theoretisch der exkommunizierte, vor allem mit Deutschland und Italien beschäftigte Staufer Friedrich II. herrschte, als vielmehr ein Glaubensakt, den ein christlicher Herrscher wie Ludwig IX. seiner eigenen spirituellen Wiedergeburt und seiner Rolle im Plan der Vorsehung schuldig zu sein glaubte. Seit Ludwig VII. hatten alle Kapetinger gegen die Sarazenen oder auch gegen die Albigenser das Kreuz genommen. Da konnte Ludwig IX. sich nicht abseits halten.

Die Umstände erlaubten ihm auch die erforderliche Ellbogenfreiheit. Das von Philipp II. August, Ludwig VIII. und Blanca von Kastilien aufgeführte politische Gebäude war stabil, die Koalition der Feudalherren trotz der Unterstützung durch Heinrich III. Plantagenet gescheitert. So stand Ludwigs Aufbruch, nachdem er seiner Mutter die Regentschaft nominell zum zweiten Mal übertragen hatte (in Wirklichkeit hatte sie die Zügel nie aus der Hand gegeben), nichts mehr im Wege.

Indessen hatte Ludwigs besondere Aufmerksamkeit stets Konstantinopel gegolten, wo Balduin II. von Courtenay mittlerweile Johann von Brienne nachgefolgt war. Er hatte die Passionsreliquien ausgelöst, die Balduin II. verpfändet hatte, um die Stadt nicht nur gegen die Türken, sondern auch gegen Griechen verteidigen zu können, und für die 1239 nach Frankreich überführte Dornenkrone im Jahre 1244 einen prachtvollen Reliquienschrein, die Sainte-Chapelle, errichten lassen. Kein Wunder, daß bei einem solchen Interesse an den heiligen Stätten und dem Orient überhaupt die alarmierenden Nachrichten aus Syrien auf offene Ohren stießen.

1239 waren zahlreiche französische Barone unter der Führung Theobalds IV. von der Champagne, Hugos IV. von Burgund und des Grafen Peter Mauclerc von der Bretagne nach Akkon aufgebrochen. 1241 hatten die Christen trotz der Verzettelung ihrer Anstrengungen aufgrund einer etwas verwirrenden Bündnispolitik mit den gegenseitig verfeindeten Partnern Damaskus und Kairo den größten Teil Judäas samt Jerusalem zurückgewonnen; die Rückeroberung schien demnach auf dem besten Weg.

Ludwig IX., der bei dieser Gelegenheit aus dem Erbe eines ob seiner Kreuzfahrt verschuldeten Barons wohlfeil zur Grafschaft Mâcon gekommen war, litt unter dem Gedanken, sich nicht genügend für den Glauben eingesetzt, den für die Teilnahme am Kreuzzug gewährten Ablaß versäumt und die Gelegenheit, sich Prestige zu verschaffen, verpaßt zu haben. Als ihn 1244 eine schwere Erkrankung einen Tod in Schuld und Sünde fürchten ließ, nahm er deshalb das Kreuz, ohne seiner Mutter und seiner Umgebung die Zeit zu lassen, ihn daran zu erinnern, daß als König sein Platz in Frankreich war.

Dazu kam, daß sich die Lage im Heiligen Land plötzlich zugespitzt hatte. Das durch Thronstreitigkeiten geschwächte lateinische Königtum wurde zusehends vom Feudaladel bedrängt, vor allem aber machte sich der Druck der Mongolen fühlbar. 1241 hatten sie Polen verwüstet und die Ungarn vernichtet und zwei Jahre später die Türken besiegt. Der Kalif von Bagdad hatte die Vorherrschaft von Dschingis-Khans Enkel ebenso anerkennen müssen wie der armenische König von Kilikien. Nun aber drängten die »Tataren«, wie man sie im Abendland nannte, die Türken nach Galiläa ab und forderten die Unterwerfung Bohemunds V. von Antiochia. Im August 1244 fiel Jerusalem den Türken in die Hand, zwei Monate später wurde das Heer des lateinischen Königreichs bei Gaza aufgerieben.

In Europa gab es nur noch ein Thema – den Kreuzzug. Innozenz IV., angesichts der Prätentionen Kaiser Friedrichs II. auf Sicherung seiner Macht bedacht, berief im Juni 1245 ein Konzil nach Lyon. Doch die Souveräne fanden gute Gründe, ihren Aufbruch ins Heilige Land aufzuschieben. Friedrich II. war exkommuniziert, und da der Papst den Gegnern des Staufers den gleichen Ablaß wie den Kreuzfahrern gewährte, mischten sich die Fürsten mit wachsendem Eifer in die inneren Konflikte des Reiches ein. Die Spanier hatten zu diesem Zeitpunkt mit der »Reconquista«, der Rückeroberung ihrer Halbinsel, alle Hände voll zu tun. Der Engländer seinerseits verspürte keine Lust, mit dem Sieger von Taillebourg gemeinsame Sache zu machen, und Papst Innozenz IV. selbst schließlich, der sich 1244 unter die Fittiche des französischen Königs nach Lyon geflüchtet hatte, war dem Kapetinger gleichfalls keine Hilfe.

Dergestalt entzweit, überließ Europa Ludwig IX. den Kampf gegen den Islam allein, ja, der Papst schadete dem Unternehmen sogar noch, indem er zur allgemeinen Verwirrung gleichzeitig zum Kreuzzug gegen die Ungläubigen und gegen Kaiser Friedrich II. aufrief.

Im Sommer 1248 sammelte sich das königliche Heer, dessen Stärke sich auf rund 25 000 Mann – darunter 2500 Ritter und 7000 bis 8000 Pferde belief. Die Jagd nach verfügbaren Schiffen begann, die man bis hinauf nach Schottland requirierte. Schließlich lag die Flotte in Aigues-Mortes, dem neuen Mittelmeerhafen der Krondomäne, vor Anker, Proviant wurde vorsorglich nach Zypern vorausgeschickt.

Das alles verursachte horrende Kosten, die auch die am Kreuzzug unbeteiligten Städte und Kirchen mittragen mußten. Dumpfer Groll gegen den König und seinen Bundesgenossen, den Papst, kam bei der Geistlichkeit auf.

Doch so mustergültig der Feldzug vorbereitet war, so kläglich wurde er geführt. Unfähig, sich gemeinsam über die Strategie zu verständigen, beharrte der König starrsinnig darauf, den Weg über Kairo zu nehmen, und vergeudete mit dem Warten auf verspätete Truppenkontingente viel Zeit, ohne zu merken, wie der Kampfgeist seiner Leute allmählich erlahmte und die Kasse sich leerte. Der Angriff auf Ägypten – das Zentrum der sarazenischen Militärmacht – aber hätte Schlag auf Schlag erfolgen, in einem Zug durchgeführt werden müssen. Ein Kreuzzug, der sich im Sand Ägyptens verlor, stellte ein sinnloses Unterfangen dar.

Am 25. August 1248 war Ludwig IX. in Begleitung der Königin Margarete von der Provence, die dem Beispiel ihrer Vorgängerin Eleonore von Aquitanien folgte, von Aigues-Mortes aufgebrochen. Am 18. September waren die Kreuzfahrer auf Zypern gelandet, wo sie in Erwartung der von Genua und Pisa zugesicherten Schiffe und der letzten Kontingente, darunter dem über Morea anrückenden burgundischen Heer, überwinterten.

Am 30. Mai 1249 stach die Flotte dann endlich in See, und bereits am 6. Juni nahmen die Kreuzfahrer Damiette am großen östlichen Nilarm ein. Da die Garnison gleich beim ersten Ansturm fiel, bildeten sich die Franzosen ein, alles weitere werde gleichfalls nur ein Kinderspiel sein.

Doch sie hatten nicht mit dem ägyptischen Klima gerechnet. Zwar blieben ihnen nach der unverhofft schnellen Eroberung Damiettes noch sechs Wochen bis zum Einsetzen der Nilflut. Aber bei der glühenden Hitze kam der Marsch nach Kairo nicht in Betracht, und so gingen fünf kostbare Monate verloren, die die Ägypter nutzten, um die Kreuzfahrer erneut in die Defensive zu drängen, worunter die Moral der Truppe merklich litt.

Am 20. November setzte sich das Heer dann endlich wieder in Bewegung, nahm am 19. Dezember die Belagerung Mansurahs auf und konnte durch ein geschicktes Manöver am 8. Februar im Sturmangriff sogar bis ins Lager der Sarazenen vorstoßen. Die Stadt selbst jedoch blieb den Kreuzfahrern verschlossen. Robert I., Graf von Artois, dem das Zaudern seines Bruders auf die Nerven ging, erzwang sich den Zutritt, kam aber in einer von vornherein verlorenen Straßenschlacht ums Leben. Der Sieg, gerade noch zum Greifen nah, rückte in weite Ferne. Mansurah versperrte nach wie vor den Weg.

Skorbut und Ruhr dezimierten die Truppen, und als aus Damiette die Unglücksbotschaft eintraf, der fränkische Brückenkopf, in dem auch die Königin zurückgeblieben war, werde von den Ägyptern von Alexandria aus zur See blockiert, ließ Ludwig IX. zum Rückzug blasen. Ein Großteil seines Heeres wurde aufgerieben, er selbst fiel in ägyptische Gefangenschaft.

Dieser Schicksalsschlag gab dem Unternehmen eine neue Wendung. Zwar wurde der König von Frankreich nach einem Monat gegen die Herausgabe Damiettes wieder auf freien Fuß gesetzt, in Ägypten aber waren ihm von nun an die Hände gebunden. Dennoch weigerte er sich, das Land ohne seine gefangenen Vasallen zu verlassen. Das geforderte Lösegeld von 400000 Ecus jedoch war nicht leicht aufzutreiben.

Zu guter Letzt landeten die Kreuzfahrer aber doch noch in Syrien, wo Ludwig dem Heiligen paradoxerweise wesentlich dauerhaftere Erfolge beschieden sein sollten als bei seinem Ägyptenunternehmen. Zwar zog sich dadurch die Abwesenheit des Königs noch mehr in die Länge, was für seine Geschäfte in der Heimat, vor allem nach dem Tod Blancas von Kastilien (am 27. November 1252) nicht eben förderlich war; andererseits aber brachte ihm sein entschlossenes Eintreten für das lateinische Königreich Jerusalem jenen Ruhm ein, der ihm beim Angriff auf den Islam versagt geblieben war. Auch gewann er die Achtung seiner Barone, deren ungewisses Schicksal er ohne zu zögern geteilt hatte. Vor allem aber kam seiner europäischen Politik auf kurze wie auf lange Sicht zugute, daß er sich nach seiner Niederlage so rasch wieder gefangen und begonnen hatte, die Verteidigung zu organisieren.

Diese Aufgabe wurde durch die inneren Zwistigkeiten des Islams erleichtert, da sich die Ajjubiden von Aleppo, also Salah ad-Dins Nachfahren, und die mit ihnen verfeindeten, seit 1250 in Kairo regierenden mameluckischen Usurpatoren gegeneinander ausspielen ließen.

Da sich außerdem die Überlebenden des Ägyptenfeldzugs in der Mehrzahl gegen angemessenen Sold dem Heer im Heiligen Land anschlossen und Verstärkungen aus dem Abendland eintrafen, die auch die Reihen der Templer und Johanniter füllten, konnte Ludwig IX. aus dem Stegreif eine Mission erfüllen, für die er an sich keinerlei Voraussetzungen mitbrachte. Statt sich auf eine Rückeroberung im eigentlichen Sinn zu versteifen, konzentrierte er sich auf den Aufbau einer schlagkräftigen Verteidigung, ließ auf seine Kosten die Befestigung Akkons erweitern, diejenige Cäsareas und Jaffas wieder instandsetzen und die Mauern von Sidon vollenden. Außerdem klärte er durch Schiedsspruch die politische Lage in Antiochia und Tripolis.

In der verstiegenen Hoffnung, dem Islam durch ein Bündnis in den Rücken fallen zu können, tauschte er mit dem mongolischen Khan und seinen Statthaltern Gesandte aus. Dabei erfuhr die abendländische Christenheit zu ihrem Erstaunen, daß es auch in Zentralasien eine Christenheit gab und daß hier türkische und mongolische Christen und ehemalige Gefangene aus Osteuropa gut nachbarschaftliche Beziehungen unterhielten. Durch diese Glaubensfreiheit zu Fehleinschätzungen der Lage verführt, mußten die Abendländer jedoch mit der Zeit erkennen, daß die Mongolen nicht daran dachten, ihre ehrgeizigen Weltherrschaftspläne aufzugeben. Und da auch Ludwig der Heilige nicht gesonnen war, sich unterzuordnen, ließ er seinen Wunschtraum fahren.

Das aber bedeutete das Ende des orientalischen Abenteuers. Die Rückeroberung Jerusalems überstieg die Kräfte des französischen Königs, und seine Bemühungen um ein Bündnis gegen den Islam lösten sich in Rauch auf. Zudem liefen aus Frankreich schlechte Nachrichten ein. Seit dem Tod Blancas von Kastilien schien die Einheit des Königreichs – zumindest in Flandern und Aquitanien – bedroht. Und da sich endlich auch alle fränkischen Gefangenen auf freiem Fuß befanden, hielten den König keine moralischen Bedenken mehr im Orient, und so hißte die Flotte des Kapetingers am 25. April 1254 in Akkon die Segel.

DER KLERUS IN DER KRISE

Die Entstehung der Bettelorden und die wachsende Zahl ihrer Klöster führten – was auch die Zeitgenossen sehr wohl bemerkt hatten – zu einer völligen Umwälzung des Glaubenslebens im 13. Jahrhundert und erschütterten sogar die religiös-politische Herrschaftsordnung. Die Ursachen für die Ausbreitung dieser Neugründungen sind leicht zu finden: das Bedürfnis nach neuen Organisationsformen eines gottgeweihten Lebens und die Anpassung der meisten neuen Stiftungen an eine Gesellschaft, die nicht mehr, wie zur Zeit der Reformorden des 11. Jahrhunderts, Lichtungen und andere weltabgeschiedene Orte aufsuchte und urbar machte, sondern in Städten zusammenströmte, deren gotische Kathedralen zum Wahrzeichen der neuen Dynamik wurden.

Überall entstanden neue Orden, die das Konzil von Lyon 1274 auf einige große Grundmodelle zurückstutzte. Auf Dominikaner und Franziskaner, die den Reigen eröffnet hatten, folgten um die Jahrhundertmitte Karmeliter und Augustiner. Sie alle profitierten davon, daß das benediktinische Mönchtum mittlerweile Erstarrungserscheinungen aufwies und viele Klöster, da sie allzusehr auf die unversiegbare Einnahmequelle Grund und Boden gesetzt hatten, nun erste Anzeichen einer materiellen Krise zu spüren bekamen.

Diese neuen Orden hoben sich deutlich von ihren straff hierarchisch gegliederten, stark institutionalisierten Vorgängern ab, deren Interessenkämpfe gelegentlich eine politische Wendung nahmen: Das gilt etwa für Cîteaux, wo sich erst der König persönlich und dann auch noch der Papst ins Mittel legen mußten, um ein regelrechtes Schisma zu verhindern; und es gilt für den Templerorden, der im Abendland noch uneingeschränktes Vertrauen genoß, sich jedoch bereits allzusehr reinen Geldgeschäften zuwandte.

Um die Mitte des Jahrhunderts hatten zahlreiche französische Städte mindestens ein »Bettelordenkloster« aufzuweisen – und das, obwohl der Weltklerus beziehungsweise die übrigen Ordensgeistlichen dies schon bald zu verhindern versuchten. Die »Bettelmönche« fanden beim einfachen Volk gute Aufnahme, ihre Häuser wurden von den Gläubigen großzügig mit Stiftungen bedacht. Durch ihre strenge Lebensführung und ihre geistige Schulung hoben sie sich vorteilhaft von den ungebildeten, wohlgenährten und zum Teil noch im Konkubinat lebenden Pfarrern ab, die das Christenvolk, trotz bemerkenswerter Ausnahmen, noch allzu oft in den Gemeinden vorfand oder vorzufinden glaubte.

Binnen kurzem waren die »Bettelmönche« überall anzutreffen trotz aller Eifersüchteleien seitens der professionellen Lehrmeister – in der Regel Chorherren oder Erzpriester, die wenig Neigung zur kostenlosen Erteilung des Unterrichts zeigten – auch im Lehrbetrieb der Universitäten. Allerdings zeigte sich die Konkurrenz hier schon darin, daß die neuen Ordensbrüder nicht an denselben Schulen lehrten wie die Weltgeistlichen, sondern in ihren eigenen Klöstern, die von vornherein nicht nur auf ihre kultischen Bedürfnisse, sondern auch auf einen eigenen, unabhängigen Lehrbetrieb eingerichtet waren. Wirklich kritisch spitzte sich die Situation aber nur in Paris zu, wo die Brüder in jene Domänen einbrachen, in denen die traditionellen Schulen das Wort führten und glänzten: in die Logik, die an der Fakultät der Künste gelehrt wurde, und in die Theologie an der gleichnamigen Fakultät. In einer Stadt wie Montpellier hingegen, in der Medizin und römisches Recht seit alters die Hauptdisziplinen bildeten, führten Universität und Klöster mit ihrem Theologieunterricht ein friedliches Nebeneinander.

Auch beim König verstanden sich die Bettelmönche unentbehrlich zu machen. Ihm bedeutete ihr Rat ebensoviel wie ihre Gebete, und er finanzierte in vielen Fällen sogar den Bau ihrer Konvente, auch wenn er daneben Klöster traditioneller Art wie Royaumont weiterhin mit seiner Gunst überhäufte. Manche hielten die Unterstützung der Bettelorden für pure Geldverschwendung, andere führten den moralisierenden Charakter der königlichen Reformen auf den Einfluß der Brüder zurück, und wieder andere beobachteten besorgt die Verquickung von Inquisition und königlicher Justiz, das heißt die Zuziehung der Dominikaner und Franziskaner zu den Verhören.

Auch die ohnehin schon reichlich verzwickten Verhältnisse an der Universität wurden durch die Lehrtätigkeit der Bettelorden in jeder Hinsicht nur noch komplizierter. Unter der Führung Wilhelms von Saint-Amour bezichtigten die weltgeistlichen Lehrer die Brüder, um sie auszuschalten, der stillschweigenden Sympathie für die häretischen Thesen Joachims von Fiore und seiner Nachfolger, die die Ablösung der Klerikerkirche durch die johanneische Geistkirche verhießen. Schließlich ergriff selbst Innozenz IV. gegen die Bettelorden Partei, was diese, insbesondere der zu dieser Zeit in Paris lehrende Thomas von Aquin, jedoch nicht unwidersprochen hinnahmen.

Alexander IV. schließlich garantierte den Brüdern ihre Privilegien und entzog Wilhelm von Saint-Amour sogar die Lehrerlaubnis, um eine letztlich für alle Beteiligten unbefriedigende Spaltung der Universität zu verhüten, wie sie Ludwig der Heilige im Bestreben, es beiden Seiten recht zu machen, anvisiert hatte. Dieser, letztlich ebenfalls mit dieser Lösung zufrieden, verstand es, das Gesicht auf Kosten des Staatssäckels zu wahren, indem er Dominikanern und Franziskanern Zuschüsse zum Bau ihrer Pariser Klöster gewährte und gleichzeitig die Gründung eines Internats für arme Theologiestudenten durch seinen Kaplan, den äußerst weltlich gesonnenen Domherrn und Theologieprofessor Robert von Sorbon, finanzierte.

Aber obwohl er noch ein übriges tat und der Kathedrale von Chartres die letzten großen Glasfenster stiftete, wurde er in Universitätskreisen als den Bettelmönchen hörig hingestellt und zusammen mit seinen Denkmeistern verspottet. Um dieselbe Zeit sah sich die Krone den ersten politischen Druckmitteln der Universität Paris konfrontiert, dem von Professoren und Studenten als neue Waffe eingesetzten Streik, gefolgt vom ersten Auszug der Studenten- und Professorenschaft aus Paris, der Städten wie Orléans und Angers mit altem schulischem Lehrbetrieb zu eigenen Universitäten verhelfen sollte.

Da Paris das römische Recht nicht in den Lehrplan aufgenommen hatte, spezialisierte sich Orléans auf dieses Fach – eine Aufgabenteilung, die sich bewährte und beibehalten wurde. Auf diese Weise konnte die Beamtenschaft der letzten Kapetinger zum Teil mit einer doppelten juristischen Schulung aufwarten – mit der Ausbildung im Kirchenrecht in Paris und im römischen Recht in Orléans.

Was nun die Parteiungen angeht, so wurden Bischöfe, Chorherren und Weltgeistliche in ihrem Kampf gegen die Bettelorden von den Baronen unterstützt, die den politischen Einfluß der Brüder zweifellos überbewerteten und streng verurteilten, und sei es nur, weil sie Neuerungen grundsätzlich ablehnten, besonders wenn sie am herkömmlichen Bild der Gesellschaft rüttelten.

Gegen ebendiese Weltkirche, die die Brüder allein schon durch ihre Bereitschaft, ihr zu dienen, bedrohten, machten dieselben Barone aber jedesmal dann mit dem König von Frankreich Front, wenn sie reine

Laien- und Zivilsachen vor kirchlichen Gerichten verhandelte und Aufsässige mit der Exkommunikation bestrafte: Die Laien wollten nicht hinnehmen, daß Kleriker mit der Begründung, Kirchengüter seien tangiert, über ihre Angelegenheiten befanden. Bezeichnenderweise schwieg der König zu dem 1235 auf einer Versammlung der Barone gefaßten Beschluß, der weltlichen Gerichtsbarkeit in diesem Fall das Recht zuzugestehen, die Temporalien der geistlichen Richter zu beschlagnahmen. Und ebenso enthielt er sich der Stellungnahme, als sich die Barone 1246 gegenseitigen Beistand gegen Mißbräuche der bischöflichen Gerichtsbarkeit zusicherten.

Denn wie alle Territorialfürsten, so suchte auch die Krone von ihren Rechten über die kirchlichen Temporalien nach Kräften Gebrauch zu machen. Die Wahl des Bischofs durch die Domherren und die des Abtes durch die Mönche waren der Autorität des Königs unterstellt, der seine Zustimmung in vielen Fällen mit einer präzisen Empfehlung koppelte. Dem französischen Episkopat kam diese Regelung im übrigen eher zugute, fiel die Wahl des Königs doch häufig auf fähige Geistliche, auf gute Seelenhirten und kluge Verwaltungsfachleute, die in Anbetracht des lokalen Intrigenspiels sonst vielleicht nicht zum Zuge gekommen wären. Bei Sedisvakanz erhob der König oder der Fürst die »Regalien«, mit anderen Worten, er zog die kirchlichen Einkünfte ein. Die niederen Benefizien wurden von den »Patronen« verliehen, die sie – allen voran der König – als Lohn für treue Ergebenheit und geleistete Dienste vergaben. So erhielten Kapläne, Notare und Räte auf Kosten der Kirche Pfründen oder Pfarreien, was natürlich das geistige Niveau des Klerus hob. Da die betreffenden Geistlichen jedoch fast nie in ihren Benefizien residierten, hatten die Gläubigen zwar einen vorzüglichen Pfarrer, bekamen ihn aber nie zu Gesicht; für das Glaubensleben brachte diese Regelung also keine Vorteile.

Die Bischöfe waren gegen diese Politik machtlos. Zu viele aus ihren Reihen verdankten ihr selber den Hirtenstab, als daß der Episkopat geschlossen dagegen Front hätte machen können. Doch bei jeder sich bietenden Gelegenheit, bei jedem lokalen Konflikt, jeder zweifelhaften Wahl, jeder anfechtbaren Pfründenverleihung machte sich die untergründig schwelende Unzufriedenheit erneut Luft. Mit der Definition ihrer »Freiheiten«, ihrer *libertés,* wehrte sich die Kirche ebensosehr gegen die Übergriffe der Krone wie gegen die Konkurrenz der Bettelorden.

Doch dann gab es da noch die Steuer, das heißt das Recht des Königs, zur Vorbereitung des Kreuzzugs die Kirchengüter zu besteuern. Innozenz IV. hatte es Ludwig IX. trotz unterschiedlicher Ansichten über die Bettelorden und über Kaiser Friedrich II., den der Papst exkommuniziert hatte, während der König von Frankreich alle Schritte gegen ihn ablehnte, weiterhin stillschweigend zugestanden. So war es in der Folge nur logisch, wenn Alexander IV. gegen seine Bischöfe für den König von Frankreich Partei ergriff und ihn grundsätzlich über die vom Klerus des Königreichs gefällten Urteile für erhaben erklärte. Die Wahl französischer Päpste ab 1261 festigte das Bündnis naturgemäß noch, und so wurde unter dem Hinweis auf den Kreuzzug ein Zehnt – ein Zehntel der kirchlichen Reineinkünfte – nach dem anderen erhoben, so daß man, kaum war der eine geleistet, schon vom nächsten sprach.

Schließlich gaben die Bischöfe auf: Wozu weiterprotestieren, wenn es doch nichts fruchtete? Im übrigen war schnell ein Sündenbock gefunden: die Bettelmönche bei Hof. Ihnen schob der Episkopat die Schuld an diesem fiskalischen Aderlaß in die Schuhe, in dem manche zu Recht oder Unrecht nur eine moralisierende Schikane sehen konnten. Die Brüder gerieten in den Ruch der Heuchelei, der ihnen noch lange anhaften sollte: Die Spendierfreudigkeit des Königs erweckte den unabweisbaren Eindruck, sie lebten nicht, wie sie selbst versicherten, vom Betteln, sondern von dem, was der königliche Fiskus bei den anderen einsparte. Damit kam ein von der Polemik bis zur ironischen Satire reichendes Thema auf, von dessen unverwüstlicher Lebenskraft noch zweihundert Jahre später Villons Dichtung zeugen sollte.

DIE REFORMEN LUDWIGS DES HEILIGEN

Die Machtausweitung der französischen Krone gründete sich nicht nur auf die Vergrößerung der Krondomäne, sondern auch auf die theoretische Untermauerung ihrer Ansprüche. Mit einemmal griff man erneut auf die von den Römern aufgestellten Grundbegriffe des Staatsrechts zurück, wagte sich wieder an die von Aristoteles formulierten Staatstheorien des Altertums heran und setzte den König von Frankreich schließlich sogar mit jenem obersten Lenker gleich, dem die Vorsehung laut Augustin die

Verantwortung für die *Civitas Dei* übertragen hatte. Da der Kapetinger inzwischen über die materiellen Mittel verfügte, seine ehrgeizigen Pläne zu verwirklichen, hatte diese Gleichsetzung, die dem Königreich einen Platz innerhalb des irdischen Jerusalem zuwies, nichts Befremdliches an sich. Insbesondere Rechtspflege und Geldwesen rückten in den Mittelpunkt der Überlegungen, was zu einer Institutionalisierung der öffentlichen Gewalt führen sollte.

Erstmals forderten die Legisten für den Kapetinger eine an der historischen Verantwortung für die *res publica* orientierte Souveränität, die bis dahin nur der Kaiser beanspruchen konnte. Das bedeutete, daß der König, bisher nur als höchste feudalrechtliche Berufungsinstanz (und damit relativ selten) oberster Richter über seine Vasallen, nunmehr auch das Recht, eine über allen anderen Gerichtsherren stehende Rechtsprechung auszuüben, zu seinen politischen Prärogativen zählte. Abgeleitet wurde dieser Anspruch von der im Krönungseid übernommenen ständigen moralischen Verpflichtung, jedem zu seinem Recht zu verhelfen und jedermanns Rechte zu achten. Das Recht wurde also vor allem als Tugend und erst in zweiter Linie als Wissenschaft und Beruf aufgefaßt.

Diesen Auftrag, der sich aus der Stellung der Krone im göttlichen Heilsplan ergab, ließ sich Ludwig der Heilige in besonderem Maße angelegen sein. Indem er in einigen einfachen Rechtsfällen persönlich – unter der Eiche von Vincennes oder andernorts – das Urteil sprach, gab er öffentlich zu verstehen, daß die Rechtsprechung, selbst die »niedere Gerichtsbarkeit« der kleinen Rechtshändel, nicht unter der Würde des Herrschers war.

Die frühere Trägheit der Krone in diesem Punkt hatte zahllose Streitsachen und nicht abreißende Klagen der Untertanen gegen die Machthaber heraufbeschworen und vor allem in jenen Regionen Unruhe ausgelöst, die, ehedem selber autonome Fürstentümer mit eigenständigem Gewohnheitsrecht, in die bei aller Vielgestaltigkeit zwangsläufig auf Vereinheitlichung angewiesene Krondomäne eingegliedert worden waren. So hatten sich in der Normandie und im Poitou noch viele gefragt, wie sie sich bei einem Zusammenstoß ihres Oberlehnsherrn, des Königs, und ihres ehemaligen Herzogs aus dem Haus Plantagenet verhalten sollten. Die »Reform« des Königreichs und die Abschaffung von Mißbräuchen auf dem Justiz- und Steuersektor bedeutete also nicht nur freie Bahn für die Gerechtigkeit, sondern auch Klärung einer gefährlichen Unsicherheit.

Zwar bereisten vom König ernannte Beamte, sogenannte *enquêteurs*, seit langem die Krondomäne, um sich, wie ehedem die *missi dominici* Karls des Großen, an Ort und Stelle von der korrekten Amtsführung, dem Eifer und der Unbestechlichkeit der örtlichen Beamten zu überzeugen – eine überaus sinnvolle Einrichtung. Um die Mitte des 13. Jahrhunderts jedoch sollten in erster Linie die Regierten selbst zu Wort kommen. Neu war auch die Systematik, mit der der König, der vor dem Aufbruch zum Kreuzzug sein Gewissen beruhigen und seine Verwaltung ordnen wollte, 1247 die Kontrolle durchführen ließ. Die *enquêteurs* überprüften die Amtsführung der Baillis und nahmen Beschwerden entgegen. Der König zog daraus die Konsequenzen, löste manche Beamte ab und setzte neue, jüngere und vor allem weniger in die lokalen Interessen verstrickte Baillis ein.

Durch eine bessere Verwaltung und zuverlässigere Justiz gelang es Ludwig IX., den öffentlichen Frieden zu wahren und die politische Bindung der Städte und des niederen Lehnsadels an die Krone zu festigen. Zudem floß Geld in die Staatskasse: Unstatthafte Gewinne wurden konfisziert, Rechtsbrecher mit einer Buße belegt, Pachtverträge überprüft – eine Reform, die sich am Vorabend des Unsummen verschlingenden Kreuzzugs als äußerst gewinnbringend erwies.

Die eigentliche Reform jedoch erfolgte erst nach der Rückkehr des Königs aus dem Heiligen Land, nach seiner Enttäuschung über den mangelnden Sinn der Ritterschaft für politische Realitäten, über ihre unablässigen internen Rivalitäten, ihre Sippenhändel und Streitereien um Prärogative. Erst jetzt stellte Ludwig IX. wirklich eine neue Regierungsmannschaft zusammen. Dies war übrigens auch der Zeitpunkt, an dem die Bettelorden wachsenden politischen Einfluß am Hof gewinnen sollten und die erste Generation von Universitätsabsolventen ans Ruder gelangte. Nun setzten sich, lange vor der Berufung der südfranzösischen Legisten, die in Orléans in der neubelebten Tradition des römischen Staatsrechts geschulten Juristen durch.

Und noch in einem anderen Punkt kam es fast zufällig zur Reform. Sein Aufenthalt im Languedoc nach der Rückkehr aus dem Orient hatte dem König nämlich eines mit aller Deutlichkeit vor Augen geführt: In jenen weit entfernten Sénéchaussées schossen Schlendrian und Kompromißbereitschaft, Übereifer und Machtmißbrauch nur allzu leicht ins Kraut. Nur allzu leicht entzogen sie sich dem unmittelbaren Zugriff der königlichen Verwaltung und der Kontroll- und Berufungsinstanzen, für die Ludwig IX. zur selben Zeit in Paris das Palais de la Cité erbauen ließ. Mit einem Wort, die königlichen Beamten schalteten und walteten hier ganz nach eigenem Belieben.

In diesem Punkt brachte die Verordnung von 1254, die die öffentlichen Ämter von jeder lokalen Profitgier freizuhalten suchte, eine echte Neuerung. Darin wetterte Ludwig der Heilige gegen Beamte, die sich durch Geschenke bestechen ließen, sich unter Preis Grundbesitz aneigneten, lokale Familienbande knüpften und sich nicht scheuten, die Prärogativen der Krone wie Gerichtsbarkeit, Gastungsrecht *(droit de gîte)* oder Ausfuhrkontrolle zum eigenen Vorteil auszubeuten. Der König organisierte darin die Rechnungslegung, entwarf Berufungsmöglichkeiten und versuchte Interessenabsprachen durch häufige Versetzung der Baillis und Seneschalle zu unterbinden.

Gleichzeitig suchte Ludwig der Heilige auch die Amtsführung der städtischen Behörden zu sanieren. Mit dem Erlaß von 1262 sollte den städtischen Oligarchien, die durch ihre Familienbündnispolitik nur allzu oft die Machtpositionen in der Stadt an sich rissen, bis zu einem gewissen Grad das Handwerk gelegt werden. Die Krone drosselte die »Freiheiten« dieser Kaufmannsaristokratien, beschnitt die Vorrechte der Schöffengerichte, beteiligte das einfache Volk stärker an der Stadtverwaltung und förderte die Besetzung der Bürgermeister- und Schöffenämter mit Verwaltungsfachleuten, die im Dienst des Königs bereits einschlägige Erfahrungen sammeln konnten.

In einer Mischung aus moralischem Eifer und politischer Besorgnis kümmerte sich der König außerdem um die öffentliche Ordnung in zwei weiteren Bereichen, für die er im Krönungseid die Verantwortung übernommen hatte: in dem der Sittenstrenge und der Glaubensreinheit. Unnachgiebig schritt er gegen Würfelspiel, Gotteslästerung, Trunksucht und Prostitution ein, verhängte gegen jüdische Wucherer Beschlagnahmen und Ausweisungen – die allerdings durch Zahlungen an die Staatskasse abgelöst werden konnten – und spornte die Bischöfe zur Bestrafung der christlichen Wucherer an. 1269 wurde schließlich in einer Verordnung die Ausweisung aller Spekulanten, Lombarden und »Cahorsins« (wie die Sammelbezeichnung für die Wucherer aus dem Süden des Landes lautete) verfügt. Ungeachtet dessen wurde diese moralisierende Politik von der Allgemeinheit stillschweigend unterhöhlt, verkannte der König doch den

Kreditbedarf einer Gesellschaft, in der Wucher zwar verboten war, in der aber von dem auf Investitionen angewiesenen Kaufmann oder Großgrundbesitzer bis herunter zum ärmsten Tropf, der seine Lumpen versetzen mußte, um das Nötigste für das tägliche Leben zu borgen, keiner aufs Pumpen verzichten konnte.

Schon bei der Entsendung des königlichen Seneschalls gegen die alte Katharerfestung Quéribus im Jahre 1255 (in Anbetracht der Nachbarschaft Aragons ein Sicherheitsrisiko für Carcassonne) waren all diese Tendenzen gleichzeitig ins Spiel gekommen, waren doch Sicherheit des Königreichs, öffentliche Ordnung und Einheit des Glaubens im Denken Ludwigs des Heiligen unauflöslich miteinander verbunden.

Auch die Eingriffe in den wirtschaftlichen Bereich waren von der Sorge um Ordnung und Moral getragen. So veranlaßte Étienne Boileau, Aufseher der aus dem Zusammenschluß der Lokalverwaltungen entstandenen Prévôté von Paris (mit Sitz im Châtelet) die Kodifikation der Satzungen und Bräuche der Pariser Kaufleute und Handwerker im »*Livre des métiers*«, um der königlichen Justiz die Kontrolle des hauptstädtischen Zunft- und Berufslebens zu erleichtern und die Pariser Bürgerschaft in das Finanzspiel der Krone einzubeziehen.

Ab 1250 erschienen – Frucht des in den dreißiger Jahren des 13. Jahrhunderts in Montpellier, Toulouse und Orléans aufgenommenen, geregelten Lehrbetriebs – erste umfassende Sammelwerke des Gewohnheitsrechts, wie der »*Grand Coutumier de Normandie*«, der »*Conseil à un Ami*«, das »*Livre de Justice et de Plaid*« und die »*Établissements de saint Louis*«, die die Rechtsverhältnisse klärten und die Praxis erleichterten, auch wenn sie samt und sonders (trotz des irreführenden Titels selbst das letztgenannte) ohne amtliche Genehmigung veröffentlicht wurden. Dank der Bemühungen der Autoren um eine völlig neue logische Durchdringung der Materie aber wurden die Rechtsgewohnheiten zum Gewohnheitsrecht.

Um dieselbe Zeit begann man die vom Hofgericht bei seinen Sitzungen, den *Parlements,* gefällten Urteile aufzuzeichnen. Diese Register, die sogenannten *Olims,* setzten 1254, also mit der Rückkehr des Königs in seine Hauptstadt, ein. Viele Rechtssachen waren anhängig, die Praxis der Appellation an das Königsgericht hatte sich mehr und mehr eingebürgert, und die als Berufungsrichter den Prévôts übergeordneten Baillis hatten zu festgesetzten Terminen vor der *Curia* zu erscheinen, die hinfort nicht mehr ohne gelernte Rechtsexperten auskam. Die schriftliche Aufzeichnung trug also ebenso zur Systematisierung der Jurisprudenz bei wie die Präsenz der Rechtsspezialisten, der *maîtres*, die das Gewohnheitsrecht mit einer am römischen Recht geschulten Logik durchforsteten und feste Regeln für seine Handhabung aufstellten. Das Verbot des gerichtlichen Zweikampfs im Jahre 1261 unterstrich den Einzug des Juristenrechts in den Justizbereich: Mit der Einführung des Zeugenbeweises setzte sich die Untersuchung, die *enquête*, durch. Die Barone deuteten diese Veränderung ganz richtig als Triumph der Gelehrtenjustiz über die ritterliche Tapferkeit und die Vereinheitlichung der Rechtssituation durch das Königsgericht als politischen Rückschlag für den Adel.

Die aristotelische Auffassung vom Staat als dem Garanten der Grundgegebenheiten der sozialen Beziehungen führte auch zur Reform des Münzwesens, hatte er als solcher doch auch für eine stabile Währung zu sorgen. In Juristen-, Philosophen- und Theologenkreisen tauchte die Frage nach dem Wesen des Geldes und dem Recht des Fürsten auf »sein« Geld auf: dem Recht auf Profit aus den Emissionen, dem Recht auf Münzverschlechterungen, dem Recht auf das Prägungs- und Zirkulationsmonopol. So wurde im Zuge der allgemeinen Bekräftigung der Regalien, der Königsrechte, auch das königliche Münzrecht über das der Lehnsfürsten gestellt. Zwar empfahl es sich aus praktischen Gründen, den Prälaten und Baronen bis auf weiteres das Recht und die Pflicht zu belassen, den Markt mit dem für den örtlichen Alltagshandel nötigen Kleingeld zu versorgen. Der symbolische Charakter des Geldes als Hoheitssymbol ließ aber eine Vereinheitlichung des nach der Zeit Karls des Kahlen zersplitterten Währungssektors als ebenso wünschenswert erscheinen wie beim Rechtswesen.

Darüber hinaus trug die Münzreform natürlich auch den neuen Bedürfnissen des Marktes Rechnung. Bei dem seit mindestens zweihundert Jahren ständig wachsenden Handelsvolumen reichte das alte, auf den Silberdenar der Karolingerzeit gestützte Währungssystem zur Abwicklung der Zahlungen nicht mehr aus. Da aber die Gesamtmenge des im Abendland verfügbaren Edelmetalls nicht in entsprechendem Maß angehoben werden konnte, half man sich durch Inflation, das heißt durch laufende Verminderung des Feingehalts des Denars: Hatte der Denar Ludwigs des Frommen Anfang des 9. Jahrhunderts 2,039 Gramm Feinsilber enthalten, so wies der Denar Ludwigs VII. Mitte des 12. Jahrhunderts

0,815 Gramm und der Turnois Ludwigs des Heiligen Mitte des 13. Jahrhunderts nur noch 0,351 Gramm auf. Doch die in den lehnsfürstlichen Münzstätten geprägten Münzen waren ebenfalls nicht besser, waren ebenfalls *nigri argenti*...

Eine weitere Besonderheit der Münzreform, die Einführung des Bimetallismus, ging auf Ludwigs IX. Erfahrungen im Orient und möglicherweise auch im Süden zurück, das heißt auf die Entdeckung der Vorteile, die dieses den verschiedenen Ebenen des Zahlungsverkehrs besser angepaßte Doppelwährungssystem für den Handel mit sich brachte. In Italien befanden sich bereits Silbergroschen, vor allem aber Goldstücke im Umlauf, die sich nach anfänglichen Anklängen an arabische und byzantinische Prägungen mittlerweile deutlich von diesen abhoben, nämlich der genuesische Dukaten und der Florentiner Gulden, der Florin.

Die Vergrößerung der kapetingischen Krondomäne erleichterte die Durchsetzung des königlichen Monopols erheblich. Zahlreiche vordem lehnsfürstliche Münzstätten gaben nun Königspfennige aus. So prägte zwar die Münze der von Philipp II. August der Krondomäne angegliederten Stadt Tours nach wie vor den *denier tournois*, der nun aber als Bestandteil des kapetingischen Währungssystems auf einen neuen Wechselkurs – fünf *deniers tournois* für vier *deniers parisis* – festgelegt wurde. Nach diesem Vorbild wurden nun die konkurrierenden Währungen überall durch Abwertung gegenüber den königlichen Münzen an die Wand gedrückt.

Während die Beamten des Königs die Tätigkeit der lehnsfürstlichen Münzstätten durch Schikanen ohne Ende zu behindern suchten, schufen zwei wichtige Verordnungen in den Jahren 1263 und 1266 die Grundlagen für das neue Währungssystem. Das Königsgeld hatte danach hinfort im ganzen Königreich inner- wie außerhalb der Krondomäne Geltung, das Geld der Barone und Prälaten dagegen nur in ihrem eigenen Herrschaftsbereich – aufgrund der Münzknappheit blieben allerdings auch weiterhin überall die unterschiedlichen Münzen in Umlauf – und beschränkte sich vor allem auf die herkömmlichen Münzsorten: Die lehnsfürstlichen Münzstätten durften lediglich Geldstücke von geringem Feingehalt, mit anderen Worten Kleingeld prägen.

Um dieselbe Zeit beschloß der König die Ausgabe neuer Münzen: des *gros tournois*, des Groschen, dessen Feinsilbergehalt zwölf *deniers tournois*, das heißt einem Solidus Rechnungsgeld entsprach, und erstmals seit vierhundert Jahren eines Goldstücks, des Ecu. So kehrte Frankreich nach Italien – aber noch vor England, das sich nach einem gescheiterten Anlauf 1257 erst 1344 wirklich umstellte – wieder zum Bimetallismus zurück, in Anbetracht seiner negativen Handelsbilanz mit dem Orient allerdings unter recht ungünstigen wirtschaftlichen Vorzeichen.

In der Tat war es ein gewagtes Unterfangen, dessen finanzielles Risiko Ludwig IX. und seine Räte, wie man wohl füglich annehmen darf, nicht voll ermessen konnten. Der Abfluß des Silbers auf die orientalischen Märkte, vor allem nach Alexandria, ohnedies bereits beträchtlich, mußte aufgrund der für die französischen Kaufleute besonders verlockenden Möglichkeit, im Orient für Silber Gold einzukaufen, noch steigen. Der König und seine Umgebung indessen sahen nur zwei Aspekte ihrer Reform: die Belebung des Handelsverkehrs im Inneren des Königreichs, insbesondere auf den Messen der Champagne, und die Möglichkeit, dem übrigen Europa die Sonderstellung des Kapetingers zu demonstrieren, galt die Prägung von Goldmünzen doch weithin als Privileg des Kaisers.

GLANZ UND GRÖSSE DER KAPETINGER

Von nun an war die Stellung des Kapetingers im eigenen Königreich so gefestigt, daß ihm genügend Zeit und Muße blieb, seinen Blick über die Innenpolitik hinauszulenken. Niemand zweifelte mehr an der Legitimität der Nachkommenschaft Hugo Capets, und so konnte Ludwig IX. als erster seines Geschlechts bei der Heiratspolitik für seine Kinder auf eine Verbindung mit dem karolingischen Geblüt verzichten, die noch kurz zuvor eine Adela von der Champagne oder eine Isabella von Hennegau zu einer so begehrenswerten Partie gemacht hatte. Der Kapetinger stieß sich nicht länger daran, kein Karolinger zu sein.

Eine Krise des Reichs, die allerlei Möglichkeiten eröffnete, enge Beziehungen zum Papsttum, die sichere Verankerung der Dynastie und das persönliche Ansehen Ludwigs des Heiligen, der seit dem Kreuzzug im Ruf eines Helden, eines Weisen, ja fast schon eines Märtyrers stand – all das verlieh seiner Person in der zweiten Hälfte seiner Regierungszeit, der Zeit seiner persönlichen Herrschaft, in den Augen der ganzen damals bekannten Welt mitnichten immer nur flüchtigen Glanz.

Alles hatte in altgewohnter Weise mit einer Ehe im Rahmen jener Tradition begonnen, die den Königen von Frankreich ehedem Verbündete und Hoffnungen in Aquitanien, der Champagne, im Hennegau und in Kastilien beschert hatte: Blanca von Kastilien hatte den jungen König 1234 mit Margarete, der ältesten Tochter Raimund Berengars von der Provence und von Forcalquier, verheiratet. Da dieser ein Neffe König Peters (Pedros) II. von Aragon und ein Kontrahent Raimunds VII. von Toulouse war, brachte die Ehe Frankreichs Verbindungen zu Spanien wieder ins Lot, sicherte das königliche Languedoc gegen den Kaiser, den Oberlehnsherrn jenseits der Rhône, ja erhob den Kapetinger sogar zum Schiedsrichter auf kaiserlichem Gebiet, denn die Provence zählte zu den Überresten des alten »Königreichs Arelat«, in dem der König von Frankreich bis dahin als Fremder gegolten hatte.

Auch der Graf der Provence trieb Heiratspolitik und gab seine zweite Tochter dem König von England, seine dritte dessen Bruder, Richard von Cornwall. Unmittelbar nach Raimund Berengars Tod sicherte Blanca von Kastilien die Hand der Jüngsten, Beatrix, für Karl von Anjou. Und da der Graf in der Überzeugung, seine älteren Töchter ausreichend ausgesteuert und gut verheiratet zu haben, seine Grafschaften kurz vor seinem Ableben Beatrix vermacht hatte, rückte Karl von Anjou, der Bruder des Königs, zum Herrn der Provence auf.

Dazu bedurfte er allerdings der Beihilfe des Papstes Innozenz IV. Denn da er, wie alle anderen Anwärter, ein Vetter der Prinzessin und deshalb die Verbindung im Grunde unzulässig war, erhob Heinrich III. von England beim Papst Einspruch, der jedoch ungehört verhallte. Schließlich hatte sich Innozenz IV. im Zuge seiner Auseinandersetzungen mit Friedrich II. in die beruhigende Nachbarschaft des Königs von Frankreich nach Lyon geflüchtet, der ihn beschützte, ohne sich deshalb in den Streit mit dem Kaiser einzumischen.

Diese provenzalische Heiratspolitik erleichterte die Lösung der in Toulouse und Aquitanien anstehenden Probleme und ebnete den Kapetingern den Weg zu einer Mittelmeerpolitik, die sich die vorangegangene Generation noch nicht einmal hätte träumen lassen.

Doch Ludwig der Heilige hütete sich nicht nur, in den Konflikt zwischen Kaiser- und Papsttum einzugreifen, sondern achtete darüber hinaus auch im Orient die Rechte des abwesenden Friedrich II., obwohl dieser mit dem Kirchenbann belegt worden war. Den Anlaß dafür hatte die alte Rivalität um den Einfluß in der Lombardei und Toskana gegeben: Als Nachfolger seines Vaters Heinrich VI. und seines Großvaters Friedrich Barbarossa Herr des Heiligen Römischen Reichs – und damit des im Norden an den Kirchenstaat angrenzenden »Königreichs Italien« – und als Erbe seiner Mutter Gebieter über das normannische Königreich Sizilien, das außer der Insel das südliche Italien umfaßte, hatte Friedrich II. durch Besetzung der Toskana und des Herzogtums Spoleto seine ehrgeizigen Pläne enthüllt. Der Heilige Stuhl, der seine politische Unabhängigkeit dadurch ernstlich bedroht sah, hatte 1245 mit der Verhängung des Kirchenbanns reagiert.

Nach dem Tod Friedrichs II. im Jahre 1250 brach in den Hohenstaufenstaaten ein regelrechtes Chaos aus: in Deutschland, wo sich Konrad IV., der 1237 anstelle seines abgesetzten Bruders Heinrich zum König gewählt worden war, gegen Gegenkönige zur Wehr setzen mußte, aber auch in Sizilien, wo sein Halbbruder Manfred nach Lust und Laune schaltete und waltete und sich prompt zum römischen Senator wählen ließ. Unter dem Eindruck dieser neuerlichen Bedrohung aber erinnerte sich der Papst daran, daß er als Oberlehnsherr des Königreiches Sizilien keine Belehnung vollzogen hatte, und machte sich auf die Suche nach einem König für dieses Königreich, das es jedoch erst noch zu erobern galt.

Richard von Cornwall mochte sich auf dieses Abenteuer nicht einlassen. Heinrich III. von England hätte seinem Sohn Edmund die Krone zwar gerne aufgesetzt, konnte aber den Feldzug nicht finanzieren. Und Ludwig IX. lehnte in seinem wie im Namen seiner Söhne ab, billigte aber im Mai 1263 die Designation seines Bruders Karl von Anjou, der auf eine solche Chance nur gewartet hatte. Nachdem dieser im Juni 1265 als Karl I. in Rom gekrönt worden war, schlug er am 26. Februar das Heer des Staufers in der Schlacht bei Benevent, in der auch Manfred selbst den Tod fand.

Der Versuch von Konrads IV. Sohn Konradin, das Königreich Sizilien für das Haus Hohenstaufen zurückzuerobern, scheiterte. Konradin hatte zunächst einigen Erfolg, hielt triumphalen Einzug in Rom und konnte viele Getreue seines Großvaters um sich scharen. Doch dann wendete sich das Blatt. Die blutige, lang unentschiedene Schlacht bei Tagliacozzo in den Abruzzen endete am 23. August 1268 mit Konradins Flucht und Gefangennahme. Wenig später wurde er, der den gegnerischen Marschall, ohne mit der Wimper zu zucken, hatte enthaupten lassen und Karl von

Anjou, sollte dieser ihm in die Hände fallen, ein Gleiches angedroht hatte, seinerseits enthauptet.

Einzige und letzte Vertreterin der staufischen Interessen war nun Manfreds Tochter Konstanze. Diese hatte 1262 den Sohn Jakobs (Jaimes) I. von Aragon, den späteren König Peter (Pedro) III., geheiratet, der nun an die Spitze der alten Ghibellinenpartei trat.

Karl I. von Anjou verfolgte eine nicht weniger ehrgeizige Italienpolitik als Friedrich II. Er unterstützte den Aufstand der lombardischen Städte gegen Manfred durch die Entsendung eines Heeres aus der Provence und wurde zum Dank dafür von den Römern zweimal zum Senator und von den Florentinern gar zum Podestà gewählt. Auch in Mailand herrschte ein französischer Podestà, Barral aus Les Baux. So entschloß sich Clemens IV. in Anbetracht dieser Fakten, aber auch in Erinnerung an die Zeit, da er Ratgeber und *enquêteur* Ludwigs IX. gewesen war, Karl zum apostolischen und kaiserlichen Stellvertreter in der Toskana zu ernennen. Da sich unterdessen auch in der Lombardei zahlreiche Guelfenstädte Karls Autorität gebeugt und den Machtbefugnissen seines provenzalischen Seneschalls unterworfen hatten, wurde Karl von Anjou damit gleichzeitig in Sizilien und Neapel Nachfolger der normannischen Könige, in Rom Beschützer des Papstes und in der Toskana, der Lombardei und im Piemont Anführer der Guelfenpartei.

Doch nicht zufrieden damit, wärmte Karl auch die alten Ansprüche der normannischen Könige auf Dalmatien wieder auf. Zum Leidwesen Ludwigs IX., dem die Wiedervereinigung der römisch und der griechisch-orthodoxen Kirche mehr am Herzen lag als der Versuch des 1261 vertriebenen lateinischen Kaisers Balduin II. von Courtenay, den Griechen Konstantinopel wieder zu entreißen, versprach Karl dem Kaiser für die Lehnshoheit über Morea und Epirus ein Heer. In der Folge trat ihm dann der Fürst von Morea, Gottfried von Villehardouin – ein Großneffe des berühmten Chronisten – ohne Gegenleistung sein Erbteil ab; gleichzeitig verbündete sich Karl mit den Serben und den Bulgaren.

Zwei mit dem König von Ungarn klug ausgehandelte Ehen vervollständigten den Plan. Sie schufen die Grundlagen für die dreißig Jahre später einsetzende angevinische Expansion und verhalfen einem Urgroßneffen Ludwigs des Heiligen auf den ungarischen Thron.

Die Sizilianer bekamen unterdessen den Dynastiewechsel bitter zu spüren. Die meisten führenden Staats- und Verwaltungsbeamten hatten

DIE HOHENSTAUFEN

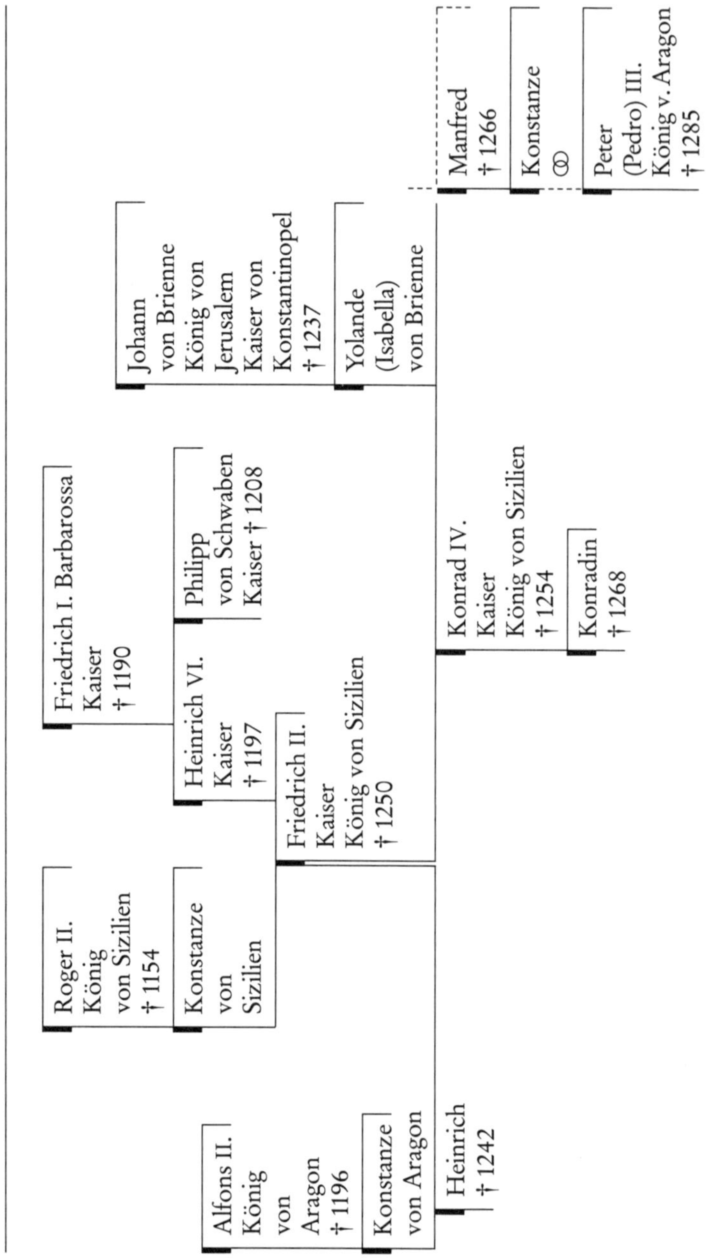

im Verlauf von Konradins Abenteuer ihr Ansehen verspielt und wurden von den Getreuen Karls I. aus Frankreich und der Provence abgelöst. Vor allem die Provenzalen eigneten sich die besten Ländereien an und rissen die wichtigsten Ämter im Königreich an sich. Diese Kolonisation sicherte die Macht des Königs zwar unmittelbar, entzog ihr aber die lokale Basis, die sie nach der Sizilianischen Vesper gebraucht hätte, um der Intervention Aragons zu begegnen.

Wiewohl selber kaum an Karls Erfolgen beteiligt, profitierte auch Ludwig IX. als Oberhaupt der Kapetinger davon. Nicht weniger zugute kamen dem französischen König die innere Krise des Reichs – das Interregnum vom Tod Konrads IV. 1254 bis zur Wahl Rudolfs von Habsburg – und die schwierigen Verhältnisse in England, die seinen Aufstieg zum ersten unter den christlichen Königen wesentlich erleichterten.

Welch großes, weitgehend persönliches Ansehen der König von Frankreich genoß, beweisen allein schon die Schlichtungen, um die ihn seine Mitwelt bat. Vor allem aber war es ihm gelungen, im eigenen Land Frieden zu stiften. Seit Raimund VII. im Jahre 1249 ohne weiteren Erben verstorben war, herrschte Ludwigs Bruder Alfons von Poitiers über das Languedoc. Heinrich III. Plantagenet hatte zu seiner Zufriedenheit in Aquitanien mehr Land behalten, als für ihn nach dem Fehlschlag von 1242 zu hoffen stand. Karl von Anjou schließlich hatte eine Provence unterworfen, in der die Rechte des Grafen nach dem Aufstand des Adels und der Städte 1247 durch eigens entsandte *enquêteurs* überprüft worden waren und in der, wie später in Sizilien, französische Seneschalle an die Spitze der Verwaltung traten. Und im Pyrenäenraum wurde der Frieden durch eine Schaukelpolitik gesichert.

Auch die Möglichkeit der Barone, Privatkriege zu führen, war durch strenge, durch mehrere Urteile des *Parlements* untermauerte Bestimmungen dergestalt beschnitten worden, daß man bereits zur Zeit Ludwigs des Heiligen von einem echten Fehdeverbot sprechen kann.

So wandte sich selbst das Ausland an Ludwig den Heiligen als Friedensstifter, eine Rolle, die er aus moralischen Erwägungen, aber auch aus politischem Kalkül bereitwillig übernahm.

Eine erste Gelegenheit, den Versöhner zu spielen, bot ihm der Nachfolgestreit in der Grenzmark des Königreichs, deren Graf Balduin von Flandern und vom Hennegau durch den Kreuzzug von 1204 zum Kaiser von Konstantinopel aufgestiegen war. Dessen Tochter Margarete hatte nämlich zunächst mit Bouchard von Avesnes eine Ehe von zweifelhafter Legitimität geschlossen, da Bouchard als geweihter Subdiakon unter Heiratsverbot stand, was der Gräfin jedoch erst bewußt wurde, als sie von ihm bereits zwei Kinder hatte. Ihrer zweiten Ehe mit Wilhelm von Dampierre entstammten drei Söhne, deren Legitimität nunmehr von der Scheidung von Bouchard abhing, da, anders ausgedrückt, beider Väter Nachkommenschaft nicht gleichzeitig legitim sein konnte. Jede Seite aber konnte Gründe zu ihren Gunsten ins Treffen führen und besaß Verbündete unter den Baronen.

Margarete hatte die Nachfolgefrage zu ihren Lebzeiten selbst zu regeln versucht, und zwar noch ehe sie durch den Tod ihrer Schwester Johanna zur Alleinerbin der beiden Grafschaften aufgestiegen war. Als Oberlehnsherr über Flandern, nicht jedoch über den Hennegau, hatte Ludwig IX. das Abkommen von 1235 bestätigt, das eine Erbteilung zugunsten der Familie Dampierre vorsah. Und er war es auch, der 1246 zusammen mit dem Legaten Odo von Châteauroux eine neue Regelung vorbereitete, derzufolge der Hennegau den Avesnes, Flandern dagegen den Dampierre zufallen sollte.

Diese Lösung jedoch stellte niemand zufrieden. Johann von Avesnes erhob als Ältester Anspruch auf das gesamte Erbe, Wilhelm von Dampierre junior wollte dagegen Leuten, die ihn als Bastard behandelten, nichts zugestehen. Graf Wilhelm von Holland, nach der Exkommunikation Friedrichs II. neuer König von Rom und als solcher Anwärter auf die Kaiserkrone, erinnerte sich daran, daß Johann von Avesnes eine seiner Schwestern geehelicht hatte: Er fuhr dem König von Frankreich in die Parade, sicherte Johann von Avesnes den Hennegau zu und gab ihm obendrein noch die Grafschaft Namur – ungeachtet der Tatsache, daß Balduin II. diese Grafschaft dem König von Frankreich für fünfzigtausend im Orient verausgabte Livres verpfändet hatte. Am Vorabend des Ägyptenkreuzzugs schien die Angelegenheit endlich ohne den König von Frankreich mittels einer Leibrente für Margarete und einer Erbteilung zugunsten beider Parteien ins Lot zu kommen: Der Papst erklärte die Brüder Avesnes für legitim, womit der Fall anscheinend als erledigt betrachtet werden konnte.

Als Margarete aber beim Tod ihres Sohnes Wilhelm von Dampierre Flandern dem anderen Dampierre, Guido, zusprach, kehrte erneut Unfrieden ein. Wilhelm von Holland reagierte mit der neuerlichen, diesmal sofortigen Belehnung Johanns von Avesnes mit dem Hennegau, Namur und dem zum Reich gehörigen Teil Flanderns. Damit war die Eintracht dahin, die Dampierre fochten vor dem Papst die Legitimität der Brüder Avesnes an, und alles begann wieder von vorne.

Margarete nutzte die Gelegenheit, um das Unmögliche zu versuchen: Um den Grafen von Holland an die alte Lehnshoheit Flanderns über Seeland zu erinnern, rüstete sie 1253 einen Feldzug aus, der mit einer vernichtenden Niederlage endete.

Karl von Anjou zeigte gute Lust, sich einzumischen, zumal er zu diesem Zeitpunkt Höheres als eine einfache Grafschaft an den Ufern der Loire erstrebte. Margarete bot ihm für eine Intervention gegen Wilhelm von Holland den Hennegau an, doch Ludwig IX., der ein Zerwürfnis mit dem römischen König um jeden Preis verhindern wollte, dämpfte den Eifer seines Bruders, was ihm den Ruf des Friedensretters und von seiten Margaretes die Bitte um Schlichtung des Konfliktes eintrug. Lediglich die Bürger von Gent, die begriffen, daß sie die Kosten des ganzen Handels tragen sollten, erhoben unverzüglich Protest.

Am 24. September 1256 fällte der König von Frankreich seinen Schiedsspruch, den *Dit de Péronne*, eine Neuauflage des Schlichtungsversuchs von 1246. Karl von Anjou verzichtete auf den Hennegau und erhielt für diesen uneigennützigen Schritt von Margarete eine Abfindung, wobei die Städte, wie vorherzusehen, zur Kasse gebeten wurden. Der Tod Johanns von Avesnes bereinigte die Situation dann endgültig: Johanns Bruder Balduin erkannte die Ansprüche Guidos von Dampierre auf Flandern ohne Umstände an. Einzig Ludwig IX. ging bei dem Handel leer aus, erwarb sich dafür aber hohes Ansehen.

Den größten Vorteil erzielte dabei Guido von Dampierre. Er konnte nicht nur die Grafschaft Namur billig zurückkaufen, sondern sich durch Vermählung mit der Tochter Heinrichs von Luxemburg auch noch einen wertvollen Bundesgenossen für die Zukunft sichern. Johann von Avesnes hatte nach dem Tod Konrads IV. und seines Mitbewerbers Wilhelm von Holland die Kandidatur Richards von Cornwall unterstützt, was Ludwig IX. veranlaßte, die bald wieder zurückgezogene Bewerbung seines Schwiegersohns, König Alfons' X. von Kastilien, zu befürworten. Später schloß er ein realistischeres Bündnis mit Brabant und ergriff schließlich sogar gleichfalls für Richard Partei: in erster Linie um den Frieden in Aquitanien zu wahren, aber auch, um sich nicht einen Feind zu schaffen, der Frankreich gleichzeitig an Maas und Garonne einkreisen konnte.

Weitere Urteilssprüche festigten Ludwigs Ruf der »Redlichkeit«. So zwang er die Erben Theobalds IV. 1254 zu einem Vergleich, der letztlich seine eigene Tochter Isabella zur Königin von Navarra erhob. Drei Jahre später schlichtete er einen Streit zwischen Karl von Anjou und dessen Schwiegermutter, Beatrix von Savoyen, der Witwe Raimund Berengars von der Provence: Beatrix verzichtete auf die Grafschaft Forcalquier, die sie für sich behalten und in der sie alle Gegner des neuen Grafen der Provence aufgenommen hatte. Ebenso stellte Ludwig IX. 1256 den Frieden in der Grafschaft Burgund wieder her, die durch eine Wiederverheiratung und die unvermeidliche Rivalität der Nachkommen aus beiden Ehen fünf Jahre lang vom Krieg verwüstet worden war. 1268 schließlich konnte er nach ausgedehnten Nachforschungen und weidlichem Schachern den schwierigen Streit um die lothringische Seigneurie Ligny-en-Barrois beilegen, einen Konflikt, bei dem sich der Graf von Bar und der Graf von Luxemburg miteinander stritten und in den sich obendrein der Schwiegersohn des Königs, Graf Theobald V. von der Champagne, einmischte, der den größten Vorteil aus dem königlichen Schiedsspruch zog.

Bei diesen und anderen Interventionen hatte der König keinerlei persönlichen Vorteil verfolgt, sondern sich der Christenheit als durch und durch friedliebender Monarch präsentiert. Dieser Umstand fiel bei dem nach seinem Tod in die Wege geleiteten Kanonisationsprozeß ins Gewicht, der 1297 zu einer aus opportunistischen Gründen – der Papst mußte sich mit Philipp dem Schönen aussöhnen – zwar beschleunigten, aber auf lückenlosen und ungeschönten Informationen beruhenden Heiligsprechung führte.

Weniger Erfolg war Ludwigs Schlichtungsversuch im Streit zwischen seinem alten Gegner Heinrich III. und dessen englischen Baronen beschieden, die gegen die für England mit mehr Kosten als Gewinn verknüpfte Außenpolitik des Königs in Aquitanien, auf Sizilien und im Reich rebellierten. Wortführer der Barone war der Graf von Leicester, Simon von Montfort, ein Sohn jenes Montfort, der den Kreuzzug gegen die Katharer angeführt hatte, und als Schwager Heinrichs III. eine schillernde Position innehatte, die er auszunutzen verstand. 1258 ließ er vom *Parlement* die sogenannten »Oxforder Provisionen« billigen, ein Reformprogramm, das über die Johann Ohneland 1215 in der Magna Charta auferlegten Machtbeschränkungen noch erheblich hinausging und dem König das Recht auf freie Beamtenwahl entzog. Darüber hinaus beanspruchten Montfort und seine Gemahlin auch ihren Anteil an der vom französischen König im Pariser Vertrag zugesicherten Entschädigung.

Ludwig der Heilige, den an der ganzen Affäre vor allem die Unterminierung der Königsmacht bewegte, konnte bei allem Gerechtigkeitssinn den aufkommenden Brauch, die Vorrechte des Herrschers einer politischen Kontrolle zu unterziehen, unmöglich billigen. Das unverschämte Auftreten Simons von Montfort verletzte seine fromme Überzeugung von der Würde des Herrschers, und so übernahm er zwar die Schlichtung des Konflikts, stellte sich aber ganz auf die Seite des englischen Königs und verurteilte im *Dit d'Amiens* das Vorgehen der Barone aufs entschiedenste. Montfort wies den Schiedsspruch zurück, griff zu den Waffen, schlug 1264 das Heer Plantagenets und nahm Heinrich III. und Richard von Cornwall sogar gefangen. Ein Jahr später allerdings, am 4. August 1265, rieb der spätere Eduard I. die Streitmacht der Aufständischen bei Evensham auf. Montfort fiel, woraufhin Ludwig der Heilige der Witwe und ihrem Sohn, der zu Recht auch als großer französischer Baron galt, in christlicher Barmherzigkeit Asyl gewährte.

So hatte sich der *Dit d'Amiens* zwar als Schlag ins Wasser erwiesen und der Schiedsspruch des Kapetingers diesmal keinen Frieden gestiftet; letztlich aber, nach Abschluß der Affäre, verlief die politische Entwicklung des Königreichs England doch ganz nach den Vorstellungen des französischen Königs von einem Gott allein verantwortlichen, keinerlei ernst zu nehmender Kontrolle unterworfenen und über alle ehrgeizigen Anschläge erhabenen Königtum. Ludwig IX. selbst brachte der ehrenvolle Auftrag, zwischen einem Souverän und seinen Baronen zu schlichten, Ruhm und Ehre ein und hob ihn, wie seinerzeit schon seine Rolle im Heiligen Land, über seinesgleichen hinaus.

Was Wunder, daß sich der schwer bedrängte lateinische Orient an ihn, den Khan Hülägü in seinen Schreiben als ersten unter den christlichen Fürsten apostrophierte, um Hilfe wandte. Je weniger Angst das Abendland nämlich vor diesen den Christen vermeintlich wohlgesonnenen Mongolen verspürt hatte, desto mehr hatten die ägyptischen Mamelucken eine Einkreisung befürchtet – ein Gedanke, mit dem die iranischen »Tataren« und die abendländische Christenheit auch in der Tat spielten – und die Flucht nach vorn angetreten. So war das lateinische Königtum, kaum hatte Ludwig IX. ihm den Rücken gekehrt, von neuerlichen Angriffen erschüttert worden. In den sechziger Jahren des 13. Jahrhunderts war schließlich nur noch ein Küstenstreifen übrig, und selbst hier herrschte Anarchie.

1265 fiel Cäsarea, 1268 Jaffa und Antiochia. Konstantinopel war bereits 1261 wieder in griechische Hand gekommen. An allen Fronten stand, wie es schien, die Ehre des Abendlands auf dem Spiel. Selbstverständlich betrachteten viele im Westen die Vorgänge mit Skepsis oder Überdruß, hatten die geistlichen und weltlichen Steuerzahler die Nase voll. Und obwohl außerdem ein der Sache des Papstes zuliebe eilfertig »Kreuzzug« getauftes Unternehmen in Sizilien der Rückeroberung der heiligen Stätten Konkurrenz machte, fiel die Idee eines neuerlichen Kreuzzuges gegen den Islam doch auf fruchtbaren Boden: Odo von Nevers, der älteste Sohn des Herzogs von Burgund, führte einen sinnlosen Feldzug nach Akkon an, von dem er nicht wiederkehrte; und nach Manfreds Niederlage kündigten auch kaiserliche Barone ihren bevorstehenden Aufbruch in den Orient an.

Karl von Anjou erwies sich als Realist und erklärte, in Sizilien bleiben zu wollen, da er damit dem Unternehmen am meisten nützen könne, galt Sizilien oder Palästina laut Clemens IV. doch gleich viel – ein Standpunkt, den der Angevine zu seinem Vorteil ummünzte.

Der Papst, vergleichsweise gutgläubig und naiv, richtete Schreiben an den griechischen Kaiser Michael VIII. Palaiologos, den Mongolen-Khan und den König von Armenien, ehe der Schlachtplan entworfen wurde: Sturmangriff auf die Küsten Palästinas und Ablenkungsmanöver zur See vor Ägypten, um die mutmaßlich von den Mamelucken nach Jerusalem entsandte Verstärkung zu binden.

Die Ankündigung Ludwigs des Heiligen im März 1267, selber das Kreuz nehmen zu wollen, stiftete einige Verwirrung, hatte doch zwanzig Jahre nach dem Ägyptenunternehmen niemand mit einem solchen Schritt gerechnet. Viele Barone – insbesondere Joinville – machten Einwände: Der vorangegangene Kreuzzug habe sie um Hab und Gut gebracht und die treuesten Glaubensverfechter sechs Jahre von der Heimat ferngehalten. Für die meisten jedoch, darunter auch für den zunächst zaudernden Papst, taten sich mit einemmal ganz neue Perspektiven auf: Statt eines kleinen Feldzugs ohne Zukunftsaussichten wollte man mit großem Heerbann zur Wiedereroberung nach Akkon segeln.

Drei Jahre später nahmen die Kreuzfahrer Kurs auf Tunis, wo sich Ludwig der Heilige als Sendbote eines christlichen Weltfriedens fühlte. Durch Demonstration militärischer Stärke vor Tunis hoffte er den Emir Al-Mustansir stehenden Fußes zu bekehren und zum Mitmachen zu bewegen. Al-Mustansir galt seit langem als dem Unternehmen günstig gesonnen und christenfreundlich. Außerdem unterhielt er wichtige Wirtschaftsbeziehungen zu Sizilien, dem bedeutenden Weizenlieferanten des Maghreb, und führte mit den Mönchen des Dominikanerklosters zu Tunis theologische Streitgespräche. Gleichzeitig mit dem Eintreffen des Kreuzfahrerheers im Orient erhoffte man sich den Angriff der iranischen Mongolen auf die Nordflanke der mameluckischen Streitkräfte. Die tiefe Mameluckenfeindschaft des Mongolen-Khans war ebenso bekannt wie die des Emirs. Auf derlei Wunschträumen baute Ludwig der Heilige seine ganze Strategie auf – und wirkte dennoch glaubwürdig.

Der Kreuzzug hätte die christlichen Fürsten einigen sollen, doch sie brachen in wildem Durcheinander auf. Ebensowenig konnten sich die Kardinäle – und ihr Beispiel war ärgerniserregend – auf einen neuen Papst für die Kirche einigen, so daß der Stuhl Petri just während der Kreuzzugsvorbereitungen drei Jahre lang vakant blieb.

Der König von Aragon segelte im September 1269 als erster ab, kehrte aber schon beim ersten Sturm wieder um. Der künftige Eduard I. sollte mit einem Heer aus Engländern, Schotten und Niederländern vor Tunis zu Ludwig IX. stoßen. Karl von Anjou, den man im Interesse des Heiligen Landes auf den sizilianischen Thron gesetzt hatte, ließ sich mit seiner Zusage bis Februar 1270 Zeit. Die großen italienischen Häfen schließlich mußten zunächst einmal zur Aussöhnung untereinander bewogen werden: Als die Gesandten Ludwigs IX. diesen Frieden endlich ausgehandelt hatten, lag der König von Frankreich vor Tunis bereits im Todeskampf.

Am 2. Juli 1270 war die Flotte mit zehn- bis fünfzehntausend Mann von Aigues-Mortes abgesegelt, am 13. Juli, bei der Zwischenlandung im sardinischen Cagliari, gab der König den Kreuzfahrern, die sich auf dem Weg in den Orient glaubten, das wahre Reiseziel bekannt. Als sich Protest erhob, verteidigte der Legat den Beschluß des Königs mit der Begründung, Tunis sei nur ein Abstecher, ein Zwischenspiel auf dem Weg nach Kairo und Jerusalem.

Am 18. Juli landete das Kreuzfahrerheer in Nordafrika, am 24. nahm es Karthago ein, womit die Fata Morgana zerrann: Der Emir dachte nicht im Traum an Bekehrung. Und noch eine weitere Illusion verflog: Karl von Anjou fand sich nicht ein. Dafür griffen die Araber das christliche Truppenlager pausenlos an. Die Hitze wurde unerträglich, das Wasser in den Brunnen faulte, Ruhr brach aus. Der König mußte den Tod seines zweitältesten Sohnes, Johann-Tristan, dann den des Legaten erleben, ehe am 25. August die Seuche auch ihn dahinraffte.

Karl von Anjou traf, genau wie die Gesandtschaft des Khans, zu spät ein, der künftige Eduard I. kam noch später. Anstelle des neuen Königs Philipp III., der dem Übel knapp entgangen war, übernahmen Karl von Anjou und Theobald V. von Navarra den Oberbefehl über die weiteren Operationen, bei denen es sich in Wahrheit nur noch um ein Rückzugsgefecht handelte. Der Emir erkaufte den Abzug der Kreuzfahrer durch Verhandlungen, bei denen Karl I. auch die Interessen seines Königreichs Sizilien geltend machte. In den Orient wollte außer Eduard I. von England, der als einziger den Weg nach Akkon fortsetzte, keiner mehr.

Die Heimreise der völlig erschöpften Kreuzfahrer schlug in eine Katastrophe um. Theobald von Navarra starb auf Sizilien, die neue Königin von Frankreich, Isabella von Aragon, im kalabrischen Cosenza, Alfons von Poitiers in Savona. In der Welt der Politik tauchten neue Gesichter auf.

EINE NEUE KULTUR

Um diese Zeit begann auch die Unabhängigkeit der Universität erste Früchte zu tragen. Eine neue Intellektuellenschicht bildete sich heraus, in der die Weltgeistlichen noch den Ton anzugeben schienen, auch wenn sich die ganze Denkweise zunehmend der kirchlichen Kontrolle entzog. Das von Kloster und Schule übermittelte klassische Erbe und die neuen Erfahrungen der aufblühenden Städte verschmolzen zu einer neuen Kultur.

Daß der aristotelische Rationalismus, der in den folgenden zweihundert Jahren als einer der Prüfsteine für die Richtigkeit aller Reflexionen über Mensch und Gesellschaft gelten sollte, zur selben Zeit aufkam wie die Bettelorden, war im übrigen kein Zufall. Die aus den Bettelorden hervorgehenden Lehrer fühlten sich den alten scholastischen Denkmodellen der Dom- und Klosterschulen nicht mehr zwingend verpflichtet. Sie waren aufgeschlossen für neue Ideen, was sie naturgemäß in Gegensatz zu ihren Rivalen, den Professoren aus den Reihen der Weltgeistlichkeit brachte. Bezeichnenderweise wurde die Gelegenheit zu neuen Denkansätzen, die sich dem Abendland durch die Einführung der bis dahin von der Logik überschatteten aristotelischen Metaphysik bot, gerade von Dominikanern und Franziskanern aufgegriffen. Das Mittelalter hatte sich mit »dem Philosophen«, wie man Aristoteles lange nennen sollte, zwar fortgesetzt beschäftigt, sich aber vor allem mit seiner Dialektik befaßt und sich dabei obendrein auf späte Kompilatoren, in der Regel auf Boethius (gest. 524) gestützt. Den Professoren der Domschulen zu Paris, Laon oder Chartres galt Aristoteles als Begründer der scholastischen Beweisführung, als Vater der formalen Vernunft.

Mit der Entdeckung der arabischen Kommentatoren der aristotelischen Metaphysik, Averroes und Avicenna, im 13. Jahrhundert erschlossen sich den christlich-abendländischen Philosophen neue Betrachtungsweisen. Zwar erschienen Thesen wie die von der Ewigkeit der Welt, der möglichen Koexistenz zweier Wahrheiten – der der Offenbarung und der der rationalen Erkenntnis – und der einen, allen Menschen gemeinsamen Vernunft dazu angetan, ihre Verfechter als Ketzer auf den Scheiterhaufen zu bringen; in Ermangelung von Griechischkenntnissen aber boten die Araber in lateinischer Übersetzung den einzigen Zugang zur *Nikomachischen Ethik*.

In dieser Auseinandersetzung zwischen Offenbarungsglaube und rationaler Erkenntnis zeichneten sich vor allem drei Pariser Professoren aus, deren Herkunft im übrigen die Anziehungs- und Strahlkraft der jungen Universität Paris demonstriert. Der erste, Siger von Brabant, reihte Aristoteles unter Berufung auf Averroes unter die unanfechtbaren Autoritäten ein und stellte damit die beiden Wahrheiten gleichberechtigt nebeneinander. Eine Bevorzugung der Heiligen Schrift und damit der Offenbarung kam für ihn nicht in Frage, da sich Aristoteles nicht geirrt haben konnte. Der zweite, der deutsche Dominikaner Albertus Magnus, ließ Zweifel bestehen: Der Widerspruch erschien ihm viel zu groß, als daß ihn der Mensch aufzulösen vermochte. Mit anderen Worten, der Verstand hatte für Albertus Magnus seine Grenzen. Das gleiche lehrte auch der italienische Dominikaner Thomas von Aquin, der von 1252 bis 1259 und dann erneut von 1269 bis 1272 eine Professur in Paris bekleidete und in seiner – ab 1266 in Italien und Frankreich verfaßten – *»Summa theologica«* mit maßvoller Kühnheit daran ging, eine in ihren Denkschritten, nicht jedoch in ihren Grundlagen rationale Theologie aufzubauen.

Wie nicht anders zu erwarten, holten die Professoren aus den Reihen der Weltgeistlichkeit zum Gegenangriff aus. Sie hielten Aristoteles Plato entgegen und beriefen sich auf den heiligen Augustin. Zur berufsständischen Rivalität zwischen Pfründeninhabern und Bettelmönchen gesellte sich noch die tiefeingewurzelte Gegnerschaft zwischen den Professoren der theologischen Fakultät – die in Paris den größeren Einfluß ausübten – und den Philosophen der »Artistenfakultät«, deren geistige Aufgeschlossenheit als Bedrohung für die Reinheit des Glaubens empfunden wurde.

Bei Averroes mit dem Dogma unvereinbare Gedankengänge aufzuspüren hält nicht schwer: Die Weltgeistlichkeit schob sie ungeniert Aristoteles unter und erklärte den Aristotelismus in Bausch und Bogen für suspekt.

Der Bischof von Paris hatte schon vor dem Auftreten der Bettelorden Vorbehalte angemeldet und die aristotelische »Metaphysik« bereits 1210 verboten – freilich ohne Erfolg. Aristoteles wurde offiziell kommentiert, zunächst in Toulouse, später auch in Paris. Zur Zeit des Thomas von Aquin schienen sich die Wogen geglättet zu haben.

Doch der Schein trog, die Weltgeistlichen ließen nicht locker. 1270 verdammte der Bischof von Paris, Stephan Tempier, den Averroismus; nach dem Tod des Thomas von Aquin im Jahr 1274 griff er dann den Aristotelismus direkt an und verbot 1277 schließlich alles, was ihm auch nur entfernt nahekam, den Thomismus inbegriffen. Siger von Brabant blieb nur noch die Flucht: Er beschloß seine Tage in einem italienischen Kloster, wo er möglicherweise einem Mordanschlag zum Opfer fiel. Doch die Dominikaner hielten dem Thomismus die Treue – sie verzichteten lediglich darauf, ihn außerhalb ihrer Konvente zu lehren.

Von diesem Gelehrtenstreit selbst bekam die Öffentlichkeit nicht viel mit. Nicht verborgen dagegen blieb ihr die Feindseligkeit, mit der die Weltgeistlichen die Neuankömmlinge verfolgten. Der Bettelmönch wurde, sehr zum Gaudium der Städter, zum Gegenstand der Satire gemacht, moralisch und politisch zur allegorischen Figur abgestempelt: Er wurde als Pfennigfuchser, als lasterhaft und unnützer Fresser gezeigt, vor allem aber als Heuchler. So unterschiedliche Autoren wie der gelehrsame Kleriker Guillaume de Lorris, Lyriker wie Rutebeuf und realistische Gesellschaftskritiker wie Adam de la Halle machten sich über ihn lustig.

Rutebeuf, der um 1250–1285 in Paris schrieb, verband in seinen Gedichten, seinem »*Miracle de Théophile*« und seinem »*Testament de l'Ane*« recht doppeldeutige Anekdoten mit einer eher konventionellen Moral und einer gelegentlich beißenden Gesellschaftskritik. Sein »*Renart le Bétourné*«, ein spätes Beispiel des vielbehandelten Fuchsmythos und eine derbe Satire auf die religiöse Heuchelei, nimmt die Bettelorden unmittelbar aufs Korn.

Nicht viel besser kommen sie in den Komödien »*Jeu de la Feuillée*« und »*Robin et Marion*« des Erfinders des Sittenstücks Adam de la Halle aus Arras weg.

Am nachhaltigsten aber wurde die Sicht des ausgehenden Mittelalters vom »*Roman de la Rose*« geprägt, einer popularisierten Zusammenfassung des weltlichen Gedankenguts für Laien ebenso wie für Kleriker, in der die Konkurrenz unter dem Deckmantel der Allegorie verunglimpft wird – der »*Faux Semblant*« ist kein anderer als der Bettelmönch – und die billige Weiberfeindlichkeit einer Gesellschaft, die sich für die Persönlichkeit der Frau in keiner Weise interessierte, ins Kraut schießt.

Der Kampf um die Rose – das heißt um die Geliebte – entspricht ganz der Minneauffassung der höfischen Dichtung, an die er sich auch in der Form anlehnt. Episoden und Prüfungen dagegen sind von den Ritterromanen übernommen und die philosophischen Betrachtungen über das weibliche Geschlecht und die Liebesbeziehung von den von Ovid inspirierten »*Liebeskünsten*«. Da aber die Autoren dem zur romantischen Fiktion geronnenen höfischen Traum ihre Weltanschauung und Gesellschaftsauffassung aufpropften, sollte das Werk zweihundert Jahre lang seine Anziehungskraft nicht verlieren und immer neuen Stoff für Kontroversen liefern. Als Summe des in der Renaissance des 12. Jahrhunderts erneuerten mittelalterlichen Denkens blieb der »*Rosenroman*« bis zum Anbruch der Renaissance des 16. Jahrhunderts Leitstern einer bestimmten mittelalterlichen Geistesrichtung. Noch ein Villon verdankte diesem in über dreihundert Handschriften erhaltenen Werk entscheidende Anregungen.

Die ersten von einem adligen Kleriker, Guillaume de Lorris, zwischen 1230 und 1240 verfaßten 4058 Verse stehen noch in der höfischen Tradition: Vehikel der Erzählung ist noch die Allegorie, die Gesprächspartner des Liebenden sind *Danger* (die Hindernisse, die sich der Leidenschaft entgegenstellen), *Bel accueil* (Willkommen) und *Jalousie* (Eifersucht).

Aber diese den Lesern durchaus noch verständliche konventionelle Sprache ist hier nicht mehr in den Dienst moralisierender Belehrung, sondern in den Dienst einer heiteren und verfeinerten Poesie gestellt.

Einen ganz anderen Charakter haben die ein halbes Jahrhundert später zwischen 1275 und 1280 von Jean de Meung angefügten 17722 Verse. Sie sind in erster Linie eine scholastische Enzyklopädie, in der die Liebe nur noch als Vorwand und der höfische Geist als Fassade dienten. Beobachtungen von oft erstaunlicher Treffsicherheit, kritische Anmerkungen voll beißender Ironie und realistische Schilderungen von Staat und Kirche zur Zeit Philipps III. reihen sich zu einer gewaltigen Suada aneinander, die eine stoisch angehauchte, vielfach zynische und unverhohlen weiberfeindliche Philosophie durchzieht. Immer wieder verschwindet der höfische Geist hinter der Satire, so etwa wenn sich die höfische Minne mit dem hassenswerten *Faux Semblant* (der Heuchelei) verbündet. Aber nicht nur der Antifeminismus triumphiert hier, der erst Ende des 14. Jahrhunderts von Christine de Pisan revidiert werden sollte. Auch das Ansehen von Staat und Kirche zerbricht unter den Keulenschlägen des Skeptizismus, und die christliche Demut der Bettelorden blättert als heuchlerische Frömmelei ab.

Mit einem Wort, dieses Werk reicht über die Auseinandersetzungen, die den unmittelbaren Anstoß dazu gaben, weit hinaus, wurde hier doch eine der Weltanschauung und Gesellschaftsauffassung der Zeitgenossen eines Ludwig IX. und eines Thomas von Aquin adäquate neue Form gefunden. Die Welt der *Chansons de geste* versank, ein letztes Mal aufblühend. Die heroische Dichtung schleppte sich nach dem großen in Ludwigs Jugend in Prosa gefaßten *»Lancelot«* zwar noch eine ganze Zeitlang hin, wurde aber zunehmend abgeschmackter und farbloser, und viele der höfischen Gesellschaftskonventionen verfielen. In dieser Zeit nun brachte die Verbindung von bürgerlichem Realismus, aristokratischer Ritterlichkeit und klerikaler Systematik eine enzyklopädische Literatur hervor, die inhaltlich zwar nicht unbedingt viel Neues bot, durch ihre Form aber das politische wie das kirchliche Denken – beziehungsweise die Polemik – über den Rahmen des trockenen theoretischen Traktats hinaushob und den Städtern eine neue Kultur bescherte.

IN DER RÜCKSCHAU EIN GOLDENES ZEITALTER

Zu dieser Zeit hatte die Kurve der Wirtschaftskonjunktur – zumindest nach den Ergebnissen der Langzeitanalyse – ihren Scheitelpunkt erreicht. Ganz ähnlich sahen es auch die nachfolgenden Generationen, für die die gute alte Zeit Ludwigs des Heiligen mit ihren fruchtbaren Feldern und ihrer stabilen Währung im Licht eines »Goldenen Zeitalters« erstrahlte.

Die Zeitgenossen dagegen betrachteten die Dinge mit anderen Augen. Schließlich bekamen sie neben den Anzeichen von Größe, Frieden und Wohlstand einen beispiellosen Steuerdruck zu spüren, die wachsende Macht der Verwaltung, das Auswalzen historisch gewachsener partikularistischer Sonderinteressen, der sogenannten »Freiheiten«, und nicht zuletzt jene sozialen Spannungen, wie sie ein unkontrolliertes, plötzlich an die Grenzen des Möglichen stoßendes Wachstum erzeugt.

In der Tat hatte die Landwirtschaft in zwei Jahrhunderten stetig fortschreitender Erweiterung ihres Horizonts die Anbaugebiete sogar noch über die Grenzen hinaus vergrößert, die ihr bis in unsere Tage die Klimaverhältnisse und Agrartechniken zu ziehen erlaubten, und dennoch war die damalige Welt bereits übervölkert. Ungeachtet des in zweihundertjährigen Rodungsanstrengungen erzielten Landgewinns bot der verfügbare Boden dem Familienverband kein Auskommen mehr. Zwar ging die Neulanderschließung mancherorts noch mit ungebremster Dynamik weiter: so in der Picardie, wo das Landschaftsbild 1220–1250 von einer letzten Rodungswelle erfaßt und umgestaltet wurde, so in der Normandie, wo auf frisch geschlagenen Lichtungen neue Pfarrgemeinden entstanden, so auch in den Wäldern des Berry, wo noch bis gegen 1250 intensiv weitergerodet wurde. In den meisten anderen Regionen aber kam die Bewegung aus Landmangel zum Stillstand. Hier den Angriff auf Heide und Wald fortzusetzen hätte das biologische Gleichgewicht, auf dem das Leben der Dorfgemeinschaft mit seinen vielfältigen Weide- und Waldnutzungsrechten beruhte, gefährdet.

Ebenso waren gegen Ende des Jahrhunderts bereits einige, vor 1250 in der Pariser Region und den Ebenen des Nordens erprobte, aus heutiger Sicht zukunftweisende Verbesserungen in den Anbaumethoden (wie eine zunehmend differenziertere Fruchtwechselfolge oder die Dreifelderwirtschaft) allgemein eingeführt worden, schlugen zunächst aber nur auf fruchtbaren Böden ertragsteigernd zu Buch.

Außerdem hatte man, was die Bewirtschaftung der Erbgüter anging, aus den zweihundert Jahren Expansion und Inflation gelernt und zog nun in ganz anderem Maße städtisches Kapital heran. Bodenkredite kamen in Schwang, die den Bürgern zu Reichtum verhalfen und viele Besitzüberschreibungen in die Wege leiteten, aber auch Halbpachten *(métayage)*, Naturalpachten *(champart)* und gemeinschaftlicher Weinbau *(complant)*, durch die sich die Grundeigentümer vor der Geldentwertung zu schützen versuchten, die den Ertrag der alten Zinsgüter *(censives)* mit ihren ein für allemal festgelegten Abgaben hatte zerrinnen lassen: Diese Anteilwirtschaft empfahl sich vor allem bei dem vom Herrn bis dahin nicht verpachteten Land, das er in Anbetracht der stetig zurückgehenden bäuerlichen Frondienste nun vielfach nicht mehr selber nutzte, sondern gegen Beteiligung an Investition und Ertrag verpachtete. Als Pächter kamen bereits wohlhabende, risikofreudige Bauern in Frage, die so die Früchte der Vergrößerung ihres Betriebes gewinnbringend anlegen und ihre Stellung ausbauen konnten. Damit aber vertiefte sich die Kluft zwischen jenem Teil der Landbevölkerung, der wohlhabend genug war, um von den neuen Möglichkeiten zu profitieren, und demjenigen, der sich auf mageren Lehen weiterhin elend durchfristete.

Das Wachstum kam nach wie vor der Grundherrschaft zugute, aber nur solange, als sie zu weiteren Investitionen imstande war. Von dem Augenblick an jedoch, von dem das Geld in die Stadt abwanderte oder durch Kreuzzüge beziehungsweise durch Besteuerung, durch Hofdienst, eine Beamtenlaufbahn oder städtische Repräsentationspflichten in politischen oder irgendwelchen anderen Kanälen versickerte, war alles in Frage gestellt.

Ein paar unbesonnene Verwalter, die den gesamten Nettoertrag verausgabten, genügten, um die Zukunft ernstlich zu gefährden. So standen Klöster wie Saint-Martin in Tournai bereits Ende des 13. Jahrhunderts am Rande des finanziellen Ruins.

Hand in Hand mit diesem Aufschwung der Landwirtschaft ging eine Vereinheitlichung des Personenrechtsstands, gefördert durch ein fortschrittliches, auf Klärung ausgehendes Rechtsdenken und eine realistische Gesellschaftsbetrachtung, die in erster Linie den wirtschaftlichen Gegebenheiten Rechnung trug. Da neuerdings alles, selbst die Freiheit, käuflich war, lautete die Frage nun nicht mehr »frei oder hörig«, sondern »reich oder arm«, und damit war die im vorangegangenen Jahrhundert eingeleitete Emanzipation der Bauern mehr oder minder abgeschlossen. Sämtliche Hörigen hatten – ob im Zuge kollektiver Befreiungen, wie zum Beispiel vor allem bei der Gründung neuer Städte und Ortschaften, oder durch persönliche Verhandlungen – die für den Freien kennzeichnenden Rechte erhalten: das Recht auf Freizügigkeit, Erwerbung und Vererbung von Besitz, auf freie Verheiratung oder auf den Eintritt in einen Orden. Allerdings erfolgte diese Angleichung in manchen Gegenden auch im umgekehrten Sinn, das heißt, hier sahen sich Grundholde und Bauern zuweilen gleichermaßen den Behinderungen und Zwängen der Unfreiheit ausgesetzt. So etwa in der Champagne, im Vermandois, im Nivernais und in der Gascogne. Dennoch waren diese neuen Unfreien weniger abhängig als die alten, wobei von der Personen- bis zur Sachbindung unendlich viele lokale Nuancen bestanden. Im Grunde aber lief auch hier alles auf die Fähigkeit hinaus, am Gewinn der Expansion teilzuhaben, das heißt kurzfristig betrachtet auf das Vermögen, Krisen durchzustehen.

Auch der gesellschaftliche Unterschied zwischen Adligen und Nichtadligen begann sich zu verwischen. Durch den Erwerb von Grundbesitz hoffte der Bürger nicht nur Ansehen, sondern in der Verlängerung womöglich auch einen Adelstitel zu erlangen. Zwar vermochte die alteingesessene Aristokratie die Trennung von Lehnserwerb und Aufnahme in den Adelsstand durchzusetzen, womit dem Rittertum eine neue Rolle zufiel; im Grunde aber war das nur ein Aufschub. Die Zahl der Adelserhebungen durch königliche Adelsbriefe nahm, da der König immer mehr Verwaltungsbeamte und Richter benötigte und diesem Bedürfnis durch eine Umschichtung der Gesellschaft Rechnung getragen werden mußte, ohnehin stetig zu.

Wie die Expansion der Landgebiete, scheint auch der Aufschwung der Stadtgemeinden, der damals unerwartete wirtschaftliche Dimensionen erreichte, von der Woge einer langfristigen Entwicklung getragen. Aber auch in diesem Fall blieb der Fortschritt räumlich begrenzt, hinterließ die unterschiedliche Dynamik auf der Karte regionalen Wohlstands dauerhafte Spuren. So geriet der römisch geprägte Süden trotz seiner alten Städtekultur ins Hintertreffen, während die nordfranzösische Region zwischen Maas/Schelde und Seinebecken zum Epizentrum des mittelalterlichen Wirtschaftsaufschwungs aufrückte. Der Grund dafür lag in der steigenden Bedeutung der Seeverbindungen und in der Herausbildung neuer Handelszweige. Zwar warfen die Handelsbeziehungen zum Orient für die Messen der Champagne und die italienischen Häfen nach wie vor Gewinn ab. Daneben aber blühte nun der Weingroßhandel von Gascogne und Aunis nach England und Flandern auf, erlebten die Salzflotten, die das nördliche Europa, insbesondere Normandie und Seinebecken bis zu den Ufern der Ostsee mit Salz aus Guérande oder Bourgneuf versorgten, Hochkonjunktur und begann mit der von den flandrischen Webereien dringend benötigten englischen Wolle die Ära der massiven Rohstoffeinfuhren.

Im übrigen sollte diese Entwicklung – Ausbau der städtischen Aktivitäten und Bevölkerungswachstum – anhalten und Paris seine Einwohnerzahl binnen drei Generationen verdoppeln. Das wiederum bedeutete steigenden Bedarf an Wohnungen und Konsumgütern wie auch einen regen Güterverkehr und neue Anforderungen an Produktion und Dienstleistungen. Kein Wunder also, daß die Großstadt mit durchschnittlich fünfzehn- bis vierzigtausend Einwohnern neben neuen Funktionen auch einen neuen Gesellschaftstyp entwickelte. Vor allem florierten nun die nordeuropäischen Industriemetropolen Gent, Lille, Douai, Arras und die großen Seehandelshäfen Brügge, Rouen, La Rochelle, Bordeaux, Bayonne, Montpellier, Marseille. Eine Sonderrolle fiel dem Stadtungetüm Paris mit seiner rund zweihunderttausendköpfigen Bevölkerung als regionalem, mit Brügge wie mit Rouen verknüpftem Verteilermarkt und Finanzplatz zu, denn als Sitz der königlichen Rechnungskammer und anderer wichtiger staatlicher Behörden zog es den Handels- und damit naturgemäß auch den Geldverkehr an. Dergestalt zur ständigen Waren- und Zahlungsbörse und zur Verrechnungsstelle aufgerückt, begann die Hauptstadt den Messen der Champagne Konkurrenz zu machen, die gleichwohl zumindest bis zum Ende des Jahrhunderts einer der großen Pole des abendländischen Handels bleiben sollten.

Mit zunehmender Bevölkerungszahl aber wandelte sich auch das Gesicht der städtischen Gesellschaft selbst. Die grundsätzliche Einigkeit, mit der die Bürgerschaft ehedem gemeinsam gegen den Vogt oder den Bischof Front gemacht hatte, zerbrach, und zum Vorschein kamen gegensätzliche wirtschaftliche Interessen. Die Gemeinschaft zerfiel in kapitalistische Unternehmer, Großkaufleute und Produzenten mit Geschäftsverbindungen im gesamten kommerziellen Einflußbereich der Stadt; in die sich hinter dem Protektionismus der Zunftorganisation verschanzenden Krämer und Handwerksmeister; und in die Arbeitnehmer, die sich ihrer Stärken und Schwächen zunehmend bewußt werden mußten, das heißt bewußt werden mußten des Einflusses der demographischen Situation und des Bevölkerungszustroms durch die nicht abreißende Landflucht auf die Festsetzung von Arbeitszeit und Lohn einerseits und der Möglichkeit des Streiks (wie sie zum Beispiel 1245 in Douai mit dem *takehan* genutzt wurde) andererseits. Mit solch zeitweiligen Absprachen reagierten die Lohnarbeiter auf die Organisation der Zünfte, die durch Festlegung eigener Regeln und Satzungen ihre Reihen schlossen. So war sozialer Aufstieg innerhalb der Stadtbevölkerung, in der sich dank der Staffelung von Reichtum und Einfluß keine unüberbrückbaren Abgründe auftaten, zwar noch möglich, aber nur noch in vorgezeichneten Bahnen.

Als die ungleiche Verteilung der gemeinschaftlichen Lasten durch die neu eingeführte Besteuerung seitens der Krone noch verschärft und die städtische Eintracht vor eine besonders harte Belastungsprobe gestellt wurde, häuften sich die Stimmen für eine globale Besteuerung, die die Stadt in ihrer Gesamtheit zur Zahlung einer festgesetzten Summe verpflichten und damit auch den Fürsten gegen etwaige Schwachstellen bei der Steuererhebung absichern sollte. In diesem Sinne suchten Alfons von Poitiers im Languedoc und Ludwig der Heilige in der Krondomäne die Städte durch fortgesetzte Einmischung zu Formen der Steuerverteilung zu zwingen, bei denen »der Starke den Schwachen tragen sollte«.

Doch die fürstliche Politik variierte je nach den lokalen Verhältnissen. So unterstützte der französische König in Flandern bestimmte städtische Oligarchien mit ihren außenpolitisch weitgespannten Interessen systematisch gegen die unteren Klassen mit ihrem engeren, zur Abkapselung beziehungsweise zur Unabhängigkeit neigenden politischen Horizont, der schließlich das Etikett »national« erhalten sollte. Im Grunde lief dieser geheime Pakt Ludwigs Moralgrundsätzen ja zuwider, aber da der Kapetinger zur ursprünglich vom Meer abgeschnittenen Krondomäne einige so günstig gelegene Häfen wie Rouen, La Rochelle oder Beaucaire hinzugewonnen hatte, entfaltete Frankreich unter Ludwig IX. andere Handelskapazitäten und -interessen als unter Ludwig VII. In diesem Zusammenhang ist auch der nach reiflicher Überlegung 1247 gefaßte Beschluß der Anlage des neuen Hafens Aigues-Mortes zu sehen, der dem Kapetinger, der damals weder über Montpellier noch über Marseille verfügte, freien Zugang zum Mittelmeer verschaffte und ihm damit eine Wirtschaftsexpansion nach allen Seiten ermöglichte.

Alles in allem bot Frankreich unter Ludwig dem Heiligen also ein Bild aufblühenden Wohlstands. Doch während Gewerbe und Handel ihre Funktionen durch neue Entwicklungen erweitern konnten, kam der Aufschwung der Landwirtschaft allmählich zum Erlahmen. Und ebenso unterschiedlich entwickelten sich auch die einzelnen Regionen und Produktionszweige. So verhalf der ständig wachsende städtische Konsum im Verein mit den durch den anglo-französischen Frieden eröffneten Exportmöglichkeiten zwar den Weinbergen der Gascogne zu Reichtum, nicht aber den kargen Böden der Getreidebaugebiete des Forez oder Limousin. Und während Toulouse, teils aufgrund seiner Funktion als Finanzzentrum der Region, teils aufgrund seiner historischen Ausstrahlung einen neuen Aufschwung erlebte, kümmerte Auch, immerhin seit der Zeit Karls des Kahlen Erzbischofssitz, sichtlich dahin. Und Paris, die Hauptstadt der Kapetinger, für Europa vorderhand zwar noch immer bloß eine Relaisstation des Brügger Welthandels, wenn auch dank seines Flußnetzes der größte Regionalmarkt, wurde für die Kaufleute aus der Toskana schon zur Zeit Ludwigs des Heiligen als Sitz eines vornehmen Privathauses und eines Kontors interessant.

KAPITEL VII

Die Zeit der Reife
1270–1315

DER AUFSTIEG DER LEGISTEN

Dank der Einrichtung juristischer Schulen und Fakultäten in Montpellier, dann in Toulouse und schließlich in Orléans wurden nun bei weitem mehr Juristen ausgebildet, als für den Lehrbetrieb benötigt wurden. So konnte erstmals seit der Zeit der Karolinger wieder die von der weltlichen Gesellschaft benötigte Elite herangebildet werden. Einen eigenen Berufsstand von Staatsdienern stellten die »Legisten«, wie man Advokaten, Richter, juristische Berater und Verwaltungsbeamte im Unterschied zu den vor allem mit dem Kirchenrecht befaßten Kanonisten nennt, deshalb allerdings noch lange nicht dar. Als graduierte Zivilrechtler berieten sie Klienten aller Stände, darunter auch den König und die Fürsten. Aber nur ein kleiner Prozentsatz derjenigen, die sich für eine Karriere in königlichen Diensten entschieden, fand schließlich Aufnahme in den *Conseil*, den Rat; die meisten versahen bescheidenere Funktionen im Dienst des Fürsten, und viele lehnten bis zur Zeit Karls V. die Ämterlaufbahn überhaupt ab, um sich nicht der königlichen Willkür unterordnen zu müssen.

Jedenfalls aber stiegen nun Männer, die ihr Denken an den Einrichtungen und Grundsätzen des römischen Rechts geschult hatten, im ganzen Königreich in neugeschaffene, oft sehr einflußreiche Stellungen auf, drang die aristotelische Staatslehre und mit ihr der Begriff des von der »Natur« gewollten Staates allmählich über das Universitätsmilieu hinaus in Kreise vor, die dem Hof näher standen als die Magister zur Zeit eines Thomas von Aquin.

Dies alles führte zu einer Neudefinition der Beziehungen zwischen der Gesellschaft als einem Produkt der Vertragsbindungen der Lehnshierarchie und der Gesellschaft als Grundgegebenheit der Schöpfung. In dieser Sicht gehen Rechte und Pflichten des Staates über die Verpflichtungen des Lehnsvertrags hinaus, der für den gewährten Schutz bestimmte Dienstleistungen fordert – ein Gedankengang, den die Beamten des Königs rasch aufgriffen und zum höheren Ruhme der Krone ausmünzten: Als Oberlehnsherr steht der König an der Spitze der Lehnspyramide, als Souverän aber darüber und gleichzeitig auch außerhalb, denn die Staatsgewalt ist unteilbar und unveräußerlich.

Da die Gesellschaft jedoch noch lange vom Lehnswesen geprägt blieb, schöpften die Legisten des Königs die in der Stellung des Oberlehnsherrn beschlossenen politischen Möglichkeiten bis zum äußersten aus und erkannten seit den sechziger Jahren des 13. Jahrhunderts dem König in dieser Eigenschaft Rechte über seine Untervasallen zu. So konnte sich der Kapetinger unter Ausnutzung der Lücken im Feudalrecht über den Lehnsvertrag hinausreichende Privilegien und Vorrechte zulegen und sich als Herr der Herren außerhalb des für die Grundherren verbindlichen Rechts stellen.

Ohne die Stärkung des Königtums durch Philipp II. August und das persönliche Prestige Ludwigs IX. aber wäre ein derartiger Wandel der politischen Grundlagen freilich nicht möglich gewesen. Der König von Frankreich konnte aus der Lehnsgesellschaft nur ausscheren, weil er über die nötige Stärke verfügte und seine Justiz Ansehen genoß. Diese Justiz, die die öffentliche Ordnung aufrechterhielt und damit Handel und Wandel sicherte, führten die Propagandisten des Kapetingers denn auch denkbar geschickt ins Treffen: Für sie zu sorgen wurde als oberste Pflicht des Königs hingestellt, womit er automatisch zum höchsten Gerichtsherrn im Königreich aufstieg. Die Stärke des Königs wiederum geht eindeutig aus der Tatsache hervor, daß er es nicht mehr nötig hatte, bei der Krönung in Reims den Thronerben als Mitregenten bestätigen zu lassen: Die Rechtmäßigkeit dieses Erben anzufechten, nur weil es sein Vater überflüssig fand, ihn zu seinen eigenen Lebzeiten krönen zu lassen, hätte niemand mehr gewagt. Selbst der blutjunge Ludwig IX. konnte verhindern, daß ihn die verbündeten Großvasallen unter Kuratel stellten.

Seitdem aber der König von Frankreich unter Mißachtung des Grundsatzes des allgemeinen Lehnsrechts *vasallus vasalli mei non est meus vasallus,* »der Vasall meines Vasallen ist nicht mein Vasall«, zu seinen

Untervasallen eine über allen anderen Bindungen stehende, direkte Beziehung unterhielt, regierte er die Bewohner des Königreichs im Grunde schon als seine Untertanen und nicht mehr als Lehnsleute seiner Vasallen. Durch die Zeitumstände begünstigt, dehnte der Souverän seine Autorität nach und nach auf das ganze Königreich aus, wozu es keiner anderen Mittelsmänner als seiner Vollzugsbeamten mehr bedurfte. So bat Philipp der Schöne, der im Jahre 1300 eine finanzielle Beihilfe der Aufstellung eines Heers vorzog, die Steuerzahler als seine Untertanen zur Kasse und verzichtete auf die Einberufung seiner Barone und ihrer Kontingente. Das tragende Fundament des Lehnsgebäudes, die Bindung von Mann zu Mann, trat zusehends hinter dem territorialen Zuständigkeitsbereich zurück, in dem nun die Staatsgewalt über alle gleichermaßen ausgeübt wurde.

Diese staatliche Oberhoheit, die sich zunächst in den lebendigen politischen Beziehungen abzeichnete und – von kurzen Anweisungen abgesehen – erst später ihren schriftlichen Niederschlag fand, genoß die stillschweigende Billigung der Untertanen. Denn mit der Erweiterung des wirtschaftlichen Horizonts, dem Ausbau der menschlichen Beziehungen wie des Handelsverkehrs benötigte man eine Gerichtsbarkeit von umfassenderer territorialer Zuständigkeit, plausiblerer Beweisführung und einer gewissen Unabhängigkeit von lokalen Einflüssen – lauter Kennzeichen der Kronjustiz. Je tüchtiger die vom Kapetinger besoldeten Richter, desto stärker seine Königsmacht. Schon der Landfrieden mit seinen allgemeinen Verboten, in denen die Sorge des Gesalbten um die weltliche Ordnung ebenso zum Ausdruck kam wie seine kirchliche Berufung, verdeutlichte den grundlegenden Unterschied zwischen der Macht des Souveräns und der der Feudalherren. Offensichtlich konnte der König also auch den Willkürakten der Barone und ihrer Handlanger einen Riegel vorschieben. Und von dieser Möglichkeit wurde gern Gebrauch gemacht: Die Rechtsprechung des Königsgerichts wurde unabhängiger und seine Urteile wurden eher respektiert. Im übrigen trugen nicht zuletzt die kleinen Feudalherren dazu bei, die Königsmacht solcherart auf Kosten der Lehnsfürsten zu stärken.

Um den außergewöhnlichen Charakter seiner Macht zu unterstreichen, konnte der Kapetinger sich aber noch auf eine andere, für ihn äußerst nützliche Referenz berufen – nämlich auf die Macht des Kaisers, die sich theoretisch über das ganze christliche Abendland erstreckte, wenn sie es in der Praxis auch mit zwei sehr unterschiedlichen Welten zu tun hatte: mit der germanischen Welt und ihren angrenzenden Gebieten einerseits und Italien mit seinem Mosaik autonomer Fürstentümer und Städte andererseits. Bereits zu Anfang des 13. Jahrhunderts hatte sich Philipp II. den vielsagenden, propagandaträchtigen Beinamen »Augustus« zugelegt. Noch einmal aber hatte Friedrich II. den Versuch unternommen, die kaiserliche Oberhoheit über die Kirche und die anderen weltlichen Fürsten wiederherzustellen, der spätestens mit dem »Großen Interregnum« als gescheitert gelten mußte. Die Wahl Rudolfs I. von Habsburg im Jahre 1273 hatte diese Krise zwar beendet, die Macht des Kaisers aber hatte sie nicht wiederaufrichten können. Von nun an war er für den König von Frankreich lediglich noch Gesprächspartner. Das Verhältnis zwischen den beiden Souveränen hatte sich grundlegend gewandelt. Der Spruch »Der König von Frankreich ist Kaiser in seinem Reich« sollte besagen, daß der Kapetinger auf dieser Welt niemanden über sich anerkannte und daß die Königsmacht nicht spezifischen Zwängen unterlag, in die die Grundherrschaft eingebunden war. Vor allem aber untermauerte diese Gleichsetzung die rechtlichen Grundlagen der Königsmacht, auf die nun die Definitionen angewandt wurden, mit denen das römische Recht die Macht des Imperators umschreibt. So konnte die junge Rechtswissenschaft dem Staat allerlei Vorrechte zur Durchsetzung des Allgemeinwohls auf Kosten der individuellen Bindungen einräumen.

Die neue Tendenz, das Königtum mehr und mehr als Sachwalter der Staatsverwaltung zu definieren, gab dem König auch in der Praxis unmittelbar die Mittel zum Regieren an die Hand. Die alte Faustregel, derzufolge der König »vom Seinigen« – was heißen soll, wie jeder Grundherr von seiner Domäne – lebt, hätte der Krone weder die Finanzierung ihrer neuen Aufgaben noch eine Politik europäischen Maßstabs erlaubt. Doch bereits Philipp II. August hatte zur Finanzierung seines Kreuzzugs auf die Einkünfte der Geistlichkeit zurückgegriffen, auf den sogenannten »Saladinszehnt«, der zwar mehr Staub aufgewirbelt als Geld eingebracht, immerhin aber in der Folge Ludwig dem Heiligen als Vorbild gedient hatte: Auch er hatte – vor allem nach der Wahl eines französischen Papstes im Jahr 1261 – seine guten Beziehungen zur Kurie dazu genutzt, die Kirchengüter zugunsten der Krone mit dem Zehnten zu belegen. Obwohl diese systematische Verwendung einer Steuer, die theoretisch zur Kreuzzugsfinanzierung und praktisch zur Vorbereitung des oft noch in weiter Ferne liegenden Vorhabens bestimmt war, bekanntlich schon zur Zeit des frommen Monarchen den Widerstand der Klerikerversammlungen provoziert hatte, trat Philipp der Schöne erwartungsgemäß in die Fußstapfen seines Großvaters. Die Reaktion Bonifatius' VIII. (der den Fürsten 1296 in der Bulle *Clericis laicos* die Besteuerung der Kirche verbot) war denn auch weniger auf den unrechtmäßigen Charakter dieser Abgabe als auf den Umstand zurückzuführen, daß es der König von Frankreich versäumt hatte, die Genehmigung des Papstes einzuholen.

Philipp der Schöne, durch den Krieg mit Flandern einem steigenden Geldbedarf und durch das Ungleichgewicht des Geldflusses zwischen Frankreich und dem Orient mit einem Silberabfluß aus dem Königreich konfrontiert, sah sich in jenen Jahren vor die doppelte Notwendigkeit gestellt, seine Staatskasse zu füllen und den Markt mit Münzgeld zu versorgen, ohne daß Handel und Wandel zu erlahmen drohten. Zwei grundverschiedene Aufgaben, die in der Sicht des Steuerzahlers jedoch dergestalt miteinander verschmolzen, daß die Bürger einer Besteuerung grundsätzlich zustimmten, sofern sie dem Land nur zu einer »starken Währung« wie zur Zeit Ludwigs des Heiligen verhalf. Das wiederum bedeutete, daß der König zwar die finanziellen Mittel für seine Politik aushandeln konnte, dafür aber das Königreich vor dem finanziellen Ruin bewahren mußte. Doch so wenig er die Münzknappheit selbst verschuldet hatte, so wenig wußte er Abhilfe zu schaffen. Die Maßnahmen zur Anpassung der Kurse an die offiziellen Münzkurse auf dem Devisenmarkt brachten dem Schatzamt in den meisten Fällen nichts ein.

Umgekehrt konnte der Besteuerung durch die Krone dank zweier juristischer Maßnahmen der Weg geebnet werden. Innerhalb eines Jahrzehntes gelang es Philipp dem Schönen und seinen Legisten, die Grundlagen für ihre Rechtmäßigkeit zu legen, auch wenn Karl VII. hundertfünfzig Jahre später immer noch um die Höhe dieser Steuer feilschen und die Steuerzahler gelegentlich erst von ihrer Zweckmäßigkeit überzeugen mußte. Dies gelang ihnen einerseits durch die Ausweitung der vom Lehnsrecht vorgezeichneten Möglichkeit, in einer Reihe von Fällen außerordentliche Abgaben *(aides féodales)* zu erheben, und durch Ausnutzung der Kriegssituation andererseits. Es genügte, an die durch den Krieg mit Flandern heraufbeschworene Gefahr und die möglicherweise damit verbundene Beeinträchtigung der königlichen Rechte zu erinnern, um die Zustimmung der überwiegend lokalen Versammlungen zur Erhebung von Steuern als Ersatz für den Heerbann der Vasallen und Untervasallen zu erwirken. Auf diese Weise wurden letztere mit der Zeit unwillkürlich mehr und mehr zu Untertanen des Königs.

Die königliche Regierung, schon in ihrem Kampf gegen den Edelmetallexport zu Spekulationszwecken ohne nennenswerten Erfolg, stand der defizitären Handelsbilanz mit dem Orient erst recht hilflos gegenüber. Während die übrigen Länder Europas (von Italien mit seiner aktiven Handelsbilanz einmal abgesehen) die Katastrophe durch Festhalten am Monometallismus, das heißt an einer reinen Silberwährung, umschifften, brachte die Einführung des Bimetallismus durch Ludwig den Heiligen, die später von Philipp III. und vor allem Philipp IV. voll bejaht wurde, die Schwierigkeit mit sich, das Wertverhältnis zwischen den beiden Metallen festzulegen. Doch Gold und Silber erwiesen sich im Geschäftsleben als nicht austauschbar, und so konnte der von den Münzstätten registrierte Goldzustrom den Silbermangel nicht ausgleichen, der sich bei den täglichen kleinen Zahlungsgeschäften so hinderlich bemerkbar machte.

Ludwig der Heilige hatte das Geldwesen im Zuge seiner Reformen zur Sache der Krone gemacht. Nur der König durfte die durch den zunehmenden Handelsverkehr benötigten neuen Münzen prägen lassen. Unter der Regierung Philipps des Schönen folgte dann eine Goldemission auf die andere, wurden *masse, chaise, royal* und der Golddenier *à l'agnel* in Umlauf gesetzt; gleichzeitig nutzte die Krone jede Gelegenheit, um lehnsherrliche Münzstätten aufzukaufen, zu beschlagnahmen oder zusammenzuschließen. 1315 ließ Ludwig X. die letzten noch zur Prägung von Deniers (Denaren) berechtigten Münzstätten schließen, womit das Münzwesen endgültig in die Hand des Königs überging.

Die monopolähnliche Stellung, die dem königlichen Schatzamt bis gegen 1303 ein bequemes Einkommen sicherte, stellte den für das Gemeinwohl verantwortlichen Herrscher umgekehrt aber auch vor die Aufgabe, den Wohlstand im Königreich durch genügend Münzgeld aufrechtzuerhalten – in den Augen der Legisten wie der Aristotelesvertreter die Hauptrechtfertigung für das königliche Münzregal.

1290 führte die Beschleunigung der Geldentwertung (einer Erscheinung so alt wie das Geld selbst), das heißt die Ausgabe neuer Münzen von geringerem Wert in immer rascherer Folge bei Zwangsumtausch, zu einer ersten Angleichung, auf die 1295 dann eine regelrechte Abwertung der Rechnungsmünzen folgte. Von da an rissen die Münzverschlechterungen nicht mehr ab, die sich ebensosehr auf Gewicht und Münzfuß wie auf den gesetzlichen Kurs der Münzen erstreckten. Zu einer besonders schweren Krise kam es 1303–1305, als man sich aus Kriegsgründen über das ideale – das politische – Gleichgewicht zwischen Steuer und Geld hinwegsetzte. Als noch folgenschwerer jedoch erwies sich die Krise von 1309–1314, die die fundamentalen Ursachen der Inflation, vor allem die Münzknappheit, aufdeckte. Das Scheitern eines zaghaften Stabilisierungsversuchs 1313 zeigte, daß die Regierenden nicht über die materiellen Mittel verfügten, die fortschreitende Zerrüttung des königlichen Münzwesens zu stoppen. Im Lauf von fünfzehn Jahren schnellte der Preis für Barrensilber auf mehr als das Doppelte hoch.

Um die Vertreter der Steuerzahler zufriedenzustellen, erhöhte der König den Feingehalt zweimal wieder: 1302, um den Klerus zum Besuch des geplanten allgemeinen Konzils gegen Bonifatius VIII. zu bewegen, und 1305, um die Zustimmung des nämlichen Klerus zu einem Zehnten zu erkaufen und eine alte Forderung des Adels zu erfüllen, dessen Einkünfte aus Grundbesitz, genau wie die der Geistlichkeit, durch die plötzliche Beschleunigung des Geldverfalls empfindlich zusammengeschmolzen waren. Beide Male jedoch erwies sich der Versuch als Schlag ins Wasser. Der Markt entkräftete das Märchen vom guten Geld, und der bei der Eintreibung von Außenständen und Pachten entstandene Währungswirrwarr löste beim einfachen Volk, das sich betrogen fühlte, ebenso große Unzufriedenheit aus wie bei den aktiven Kräften der Wirtschaft, die diese Währungsprobleme noch nicht wirklich meisterten.

Zwischen 1292 und 1305 machte man sich den Umstand zunutze, daß Steuererhebungen in Kriegszeiten eher gerechtfertigt erscheinen, um alle möglichen Besteuerungsformen auszuprobieren: Zunächst versuchte man es mit der indirekten Steuer, der *maltôte* (*mal tolte,* das heißt ungesetzlich erhobenen Steuer), die viele Städte, darunter auch Paris, mit einer Pauschale ablösten, um Behinderungen des Geschäftslebens zu vermeiden. Danach folgte die direkte Besteuerung des Kapitals mit einem Hundertstel oder Fünfzigstel, gelegentlich ergänzt durch Zwangsanleihen bei den Städten, und während der Krise von 1303 bis 1305 schließlich die Erhebung einer gemischten Kapital- und Einkommensteuer, die gleichzeitig den Zugriff auf Grundbesitz und kaufmännisches Vermögen gestattet. So nahm der Steuerdruck ständig zu, riß die Kette der Zwangsanleihen als Vorgriff auf die Steuer nicht mehr ab, und selbst Adel und Geistlichkeit nützte die gesonderte Besteuerung wenig; auch sie blieben von der allgemeinen Steuerlast nicht verschont.

Nicht so ohne weiteres waren die Steuern in Friedenszeiten zu rechtfertigen; außerdem zeigten sich die Grenzen der Währungsmanipulation, die weniger einbrachte, als die Öffentlichkeit in der irrigen Überzeugung, die Geldentwertung löse die Inflation aus, glaubte. Damit aber sahen sich die Regierenden zur fragwürdigsten und dilettantischsten Notlösung gezwungen – zur Konfiskation. Schließlich mußten auch im Frieden Richter und Verwaltungsbeamte besoldet, die Diplomatie finanziert und eine Hofhaltung bestritten werden, die über die Krondomäne und ihren niederen Feudaladel längst hinausgewachsen war. Eine Zeitlang bezahlten Juden und Lombarden die Rechnung, die bevorzugten Opfer einer Regierung, die aufs Geratewohl beschlagnahmte, dann jedoch mit beiden Gruppen wieder einen Ausgleich suchte, um das Wirtschaftsleben nicht seiner unentbehrlichen Protagonisten zu berauben, und schließlich, allerdings zu spät, einsah, daß eine Wiederholung des Manövers nicht erneut Profit abwerfen konnte. Vergebens suchten die Juden 1306 und die Lombarden 1309 bis 1311 klarzustellen, daß sie eher nützlich als wirklich reich und als reiche Leute nützlicher denn als arme waren. Was schließlich die Beschlagnahmung des Templervermögens im Jahr 1307 betrifft, so lief sie letztlich auf eine Art Anleihe hinaus, wurden doch nach Beilegung der ganzen Angelegenheit alle Einkünfte des Ordens samt seinen Besitzungen dem Hospitaliterorden übermacht, den das Vienner Konzil 1312 auf Vorschlag Enguerrans de Marigny zum Erben des aufgelösten Templerordens bestimmt hatte.

DAS RÄDERWERK DER MACHT

Wie jeder Lehnsherr sich mit seinen Vasallen umgab, die auf diese Weise einer Grundpflicht ihres Lehnseides genügten, so hielt auch der König im Kreise seiner unmittelbaren Vasallen Hof, teils schlichten Rittern aus der Umgebung, teils großen Lehnsfürsten mit ausgedehnten Ländereien und vielen eigenen Leuten. Während aber Herzöge, Grafen und vom König ernannte Bischöfe ihren Dienst bei Hof in bestimmten Zeitabständen ableisten konnten, mußten die Großoffiziere wie der Kämmerer oder der

Konnetabel und die kleinen Beamten wie die *chevaliers du roi* als ständiges Gefolge des Königs Kontinuität und Handlungsfähigkeit der *Curia* gewährleisten.

Dieses *Hôtel du roi* (*hospitium regis,* das heißt das Hofpersonal) war in den niederen Chargen mit den Kammerherren *(chambellans)* und den im persönlichen Dienst des Königs stehenden Notaren, den sogenannten *maîtres des requêtes,* für die täglichen Lebensbedürfnisse zuständig, in den höheren für die Organisation des königlichen Heers, denn es stellte auch den Chef der Armee. Darüber hinaus wirkte es bei der Rechtsprechung des Königs mit, wenn dieser, wie Ludwig der Heilige, höchstpersönlich von seinen richterlichen Befugnissen Gebrauch machte. Der Hof, die *Curia regis,* dagegen beriet als Vertretung der Nation die unterschiedlichsten Angelegenheiten der Reichsverwaltung. An seinen Sitzungen nahmen auch die eben erwähnten Männer teil, allerdings standen ihnen mit den vielschichtigen Aufgaben von Regierung und Rechtspflege vertraute Fachleute zur Seite.

Die mehr oder minder direkte Fortsetzung der alten *Curia* der Feudalzeit bildete der Rat *(Conseil),* in den der König zu einem ihm gefälligen Zeitpunkt Leute seiner Wahl berief. Die Räte unterstützten ihn bei der Entscheidung über Krieg und Frieden, über Finanzen und Währung. Unter ihnen nahmen die Prinzen des Königshauses von Rechts wegen eine Vorrangstellung ein, ebenso die hohen Kirchenfürsten und Barone, die der König nach Entgegennahme ihres Lehnseids zwar offiziell nicht fernhalten konnte, deren faktische Anwesenheit von nun an aber mehr und mehr von der Ladung, sprich, dem Wohlwollen des Souveräns, abhing. Gleichfalls in diesem Kreis vertreten waren die französischen Großoffiziere oder das, was von ihnen noch übrig war, seit Philipp II. August das Amt des Seneschalls nicht mehr besetzt hatte und die übrigen Ämter im Grunde kaum mehr als an Barone von hoher Abkunft verliehene Ehrentitel darstellten.

Außerdem saßen im Rat nach dem Willen des Königs jene Diener niedrigeren Ranges, die aufgrund ihrer Sachkenntnis beziehungsweise eines den Baronen wenig einleuchtenden Gunsterweises berufen wurden. So gehörte dem Rat Philipps II. August bekanntlich ein einfacher Hospitaliterbruder namens Warin an, so tagte im Rat Ludwigs des Heiligen Étienne Boileau neben dem Seneschall der Champagne, Jean de Joinville. Unter Philipp dem Schönen schließlich gelangten in dieses Gremium erstaunlich viele Ritter niederen Standes wie Barigny, Bürger wie Étienne Barbette und vor allem Legisten jeglicher Art, von Adligen wie Peter Flote bis zu Geadelten wie Wilhelm von Plaisians.

Die Stellung dieser Räte, die dem König alles verdankten, war stets ungesichert, waren sie doch dem Tauziehen zwischen den Großen ausgeliefert. Sie galten so viel wie ihre Beschützer. Cliquen bildeten sich heraus und bestätigten sich innerhalb des Rates als Pressure-groups, wobei das politische Spiel darin bestand, beim König Gehör zu finden, ein Spiel, zu dem naturgemäß auch die fürstliche Heiratspolitik gehörte.

Schließlich waren im Rat noch die unauffälligen, aber sachkundigen königlichen Notare vertreten, die die Beschlüsse formulierten und die zahllosen Erlasse, die *mandements,* abfaßten, aus denen sich die Verwaltungskorrespondenz seit dem Ende des 13. Jahrhunderts zusammensetzte. Von der Kompetenz dieser Gruppe hing das reibungslose Funktionieren des königlichen Staatsapparats ab.

Schon die Zusammensetzung des Rates unter den letzten Kapetingern spiegelt die Tendenzen der königlichen Politik wider. Der Aufstieg der Legisten unter Ludwig dem Heiligen, der Höhepunkt ihres Einflusses unter Philipp dem Schönen, ihr Rückzug nach 1315 und ihre Wiederkehr unter Karl V. ist ebenso aufschlußreich wie zu gewissen Zeiten die Zahl der Normannen und später die der Burgunder und Pariser. Zwar verdankte der Rat seine Existenz nur dem königlichen Willen, zwar konnte er nur Empfehlungen aussprechen, während die Entscheidungen der König allein traf. Doch nach der Definition der königlichen Macht, wie sie von den Juristen unter Hinweis auf das Gewohnheitsrecht und von den Scholastikern unter Bezugnahme auf Aristoteles nun festgelegt wurde, war der König verpflichtet, Entscheidungen, die über die Verwaltung seiner Seigneurie, seiner Domäne, und seine Lehnshoheit hinausgingen, *par grand conseil,* im Staatsrat, zu fällen. Die Souveränität des Königs kam »in seinem Rat« zum Tragen. Er konnte zwar weitgehend nach freiem Ermessen zu Rate ziehen, wen er wollte, hätte aber einen schweren Fehler begangen, wenn er seine Räte nicht konsultiert hätte.

Auch die »Stände« gehen auf die alte *Curia* der Feudalzeit zurück, bringen aber einen anderen Grundgedanken zum Ausdruck: Sie verkörpern den Hof in seiner idealen Gesamtheit. Die Kirche war darin in Person der Bischöfe, Äbte und Universitätsprofessoren vertreten, die Vasallen konnten und sollten gleichfalls anwesend sein. Der dritte Stand, mit anderen Worten all jene, die weder dem Adel noch der Geistlichkeit angehörten, wurde allerdings lediglich durch die Bürger der königlichen Städte oder zumindest ihre Sachwalter, das heißt ihre Bevollmächtigten oder Deputierten, repräsentiert; die Bauernschaft fehlte in dieser Vertretung der Gesellschaft ebenso wie der niedere Klerus.

Diese Stände, eine der lebendigsten politischen Realitäten des 14. Jahrhunderts, traten als Institution erst zur Zeit der letzten Kapetinger in Erscheinung. Namentlich Philipp der Schöne wandte sich, um das Land vom Sinn seiner Handlungen und der Triftigkeit seiner Forderungen zu überzeugen, mit Vorliebe direkt an seine Untervasallen und seine Untertanen – zwei Begriffe, die er absichtlich miteinander vermengte. Entscheidungen wurden mithin auf der Grundlage eines über die Empfehlung des Rates hinausgehenden *consensus* getroffen, und auch ihrer Durchführung ging ein ähnlicher *consensus* vorauf. Das alles war vom Charakter organisierter parlamentarischer Versammlungen und gewählter Abgeordneter freilich noch weit entfernt. So berief Ludwig der Heilige 1263 vor dem Erlaß einer Reihe von Verordnungen zum Münzrecht die Vertreter einiger Städte ein – und zwar weniger als Repräsentanten der Wirtschaftswelt als um ihrer mutmaßlichen Fachkenntnisse willen. Und Philipp der Schöne ließ 1302 in Paris seinen Kanzler Peter Flote eine Ansprache vor einer Versammlung der Generalstände halten, um sie von der Rechtmäßigkeit seiner Schritte gegen Bonifatius VIII. zu überzeugen. 1308 wiederholte er das gleiche Manöver in Tours, diesmal gegen die Templer und im Grunde gegen Clemens V.; und wenn an den zwischen 1316 und 1328 zur Regelung der Thronfolge einberufenen Versammlungen als Vertreter des Bürgertums zwar nur die bürgerlichen Mitglieder der *Curia regis* und des *Hôtel* teilnahmen, so steckte doch die gleiche politische Erwägung dahinter: die Beratungen auf eine breitere Basis zu stellen, um anschließend mit einer größeren Anhängerschaft rechnen zu können.

Die Rechtsprechung wurde zur Sache der Fachleute. Berufsrichter unterstützten Baillis und Seneschalle, in Paris entwickelte sich das Hofgericht *(Cour en Parlement)* zum regulären Gerichtshof. Hatten an den Sitzungen der *Curia regis* schon zu Philipp Augusts Zeiten gelegentlich Juristen teilgenommen, so waren sie zur Zeit Ludwigs des Heiligen bei den Gerichtsverhandlungen, die der König im Bewußtsein seiner richterlichen Aufgabe abhielt, regelmäßig vertreten. Und Ende des 13. Jahrhunderts bekundeten schließlich Barone, Prälaten und Hofbeamte zusehends ihren Überdruß an einem Metier, das sie nicht beherrschten, und an einer Funktion, deren Dauer die kurzen Sitzungen von ehemals weit übertraf. Bald darauf sollten die Richter die Rechtsprechung der Krone allein abwickeln. Die Großen tauchten jetzt nur noch bei Prozessen und Debatten von politischer Tragweite im Gefolge des Souveräns im *Parlement* auf.

Damit hatten die Juristen ihr Ziel erreicht. Die seit Ludwig dem Heiligen in die Prozeßordnung eingeführten segensreichen Neuerungen wie das immer weiter ausgebaute Zeugenverhör oder die schriftliche Aufzeichnung von Urteilen zielten in erster Linie darauf ab, Nichtfachleuten praktisch die Möglichkeit zu nehmen, sich in die Belange der Justiz einzumischen. Eine Verordnung aus dem Jahr 1316 legte den Aufbau des mit seiner *Chambre des enquêtes* (Kommission zur Prüfung der Akten und zur Vornahme gerichtlicher Untersuchungen) und bald darauf seiner *Chambre des requêtes* (Kommission für Bittschriften und Beschwerden) schon recht komplexen *Parlement* fest, wobei sich geistliche und weltliche Richter, sogenannte *conseillers lais,* in die großen Zuständigkeitsbereiche der Rechtspflege teilten.

Daneben jedoch hielt man an der ursprünglichen Vorstellung einer unter dem Oberlehnsherrn tagenden *Curia regis,* eines obersten Lehnshofes, fest: Dieser praktisch Anfang des 13. Jahrhunderts gebildete Pairshof *(Cour des pairs)* läßt sich gegen Ende des Jahrhunderts durch den schlichten Tatbestand umschreiben, daß sich die Pairs nur dann als Richter an der königlichen Rechtsprechung beteiligten, wenn einer aus ihren Reihen in den Prozeß verwickelt war. Doch auch in diesem Fall konnte man nicht lange auf geschulte Juristen verzichten, und so wurden die Rechtshändel der Großvasallen des Königs zur Zeit der Valois vom *Parlement* in Anwesenheit von Pairs entschieden.

Das *Parlement* behielt die Grundzüge des königlichen Hofgerichts bei. Als zuständige Instanz für die Großvasallen und einige vom König ausgezeichnete Privilegierte sowie als Appellationsgericht für Rechtssachen, die bereits von den königlichen Vasallen oder von den Baillis und Seneschallen verhandelt worden waren, stellte es den unabhängigen obersten Gerichtshof für ganz Frankreich dar. Seine Zuständigkeit erstreckte sich bis an die Grenzen des Königreichs. Allerdings behielt sich der König das Recht vor, die Urteile dieses seines Gerichtshofs aufzuheben sowie nach Gutdünken selbst die Richterfunktion zu übernehmen: In die Wege geleitet wurde eine solch persönliche Rechtsprechung des Souveräns bei

Rekurs durch die für Bittschriften und Beschwerden zuständigen *maîtres des requêtes de l'hôtel*, das heißt die Mitglieder des Staatsrates. Da sich aber die anfallenden Rechtssachen nicht erneut von Anfang an aufrollen ließen, empfahlen die *maîtres des requêtes* dem Souverän schon sehr bald, den betreffenden Fall ans *Parlement* zurückzuverweisen.

Daneben oblag der *Curia regis* im 13. Jahrhundert auch die Finanzverwaltung. Sie nahm die Rechnungslegung der Beamten entgegen, wachte über eine kontinuierliche Erweiterung oder auch Verkleinerung der Krondomäne und überprüfte Schenkungs-, Tausch-, Kauf- und Verkaufsurkunden. Dies alles aber erforderte mit Rechnungsführung und Verwaltung vertraute Fachleute, und so berief schon Ludwig der Heilige sogenannte *maîtres des comptes* an seine *Curia*, wenn es Einnahmen zu verbuchen, Quittungen zu überprüfen oder Berechnungen aufzustellen galt. Ähnlich wie im Rechtswesen erlangten auch auf dem Finanzsektor die geschulten Experten rasch die Oberhand über Barone und Äbte. In den Jahren um 1300 gewann die Rechnungskammer, deren Aufbau Philipp V. 1320 endgültig festlegen sollte, zunehmend an Selbständigkeit.

Als Gegenstück zur Hofverwaltung entwickelte sich um 1300 die große Zentralverwaltungsbehörde, die Kanzlei *(Chancellerie)*. Hatte die Kanzlerwürde traditionellerweise ein Prälat innegehabt (schließlich hatte die oberste Leitung von Kanzlei und Kapelle zur Zeit der fränkischen Könige in einer Hand gelegen), so bürgerte sich in der Folge der den Erfordernissen der Zeit weit gemäßere Brauch ein, für dieses Amt Juristen zu ernennen. Dem nun vielfach mit dem weniger feierlichen Titel eines Siegelbewahrers ausgestatteten Vorsteher der Kanzlei oblag die Überprüfung der Staatsurkunden, die Beratung des Königs in Rechtsfragen und die oberste Leitung der königlichen Gerichtsbarkeit. Kanzler wie Flote und Nogaret waren typisch für die neuen Verhältnisse, das heißt für das veränderte Staatswesen, in dem die Urkunde zur Waffe und zum Symbol aufgerückt war. Die Kanzlei registrierte die wichtigsten Eingriffe des Königs in die Rechtsprechung in sogenannten *lettres patentes* (für die Öffentlichkeit bestimmten, offenen Kanzleischreiben) und begann mit der Registrierung eines Teils der Verwaltungskorrespondenz. Von nun an lief alles über diese Instanz.

So bauten die Organe der Zentralverwaltung ihre Kompetenzen im Königreich laufend weiter aus, wie nun umgekehrt auch eine gewisse Kontinuität der Amtsführung gewährleistet wurde, nachdem sich der vor kurzem noch sporadisch ausgeübte persönliche Dienst durch eine relativ beständige Besetzung mit Fachleuten zu einer regelrechten Institution herausgebildet hatte, die einen festen Sitz brauchte. So siedelten sich die wichtigsten Diener des weiterhin von Residenz zu Residenz reisenden Königs mehr oder minder dauerhaft in Paris an. Und während sich so die Könige in dem von Ludwig dem Heiligen begonnenen und von Philipp dem Schönen vollendeten Palast in der Cité nicht häufiger aufhielten als vordem im Louvre, fühlten sich die *maîtres des comptes* und die Notare der Kanzlei dort schon bald wie zu Hause.

GRENZEN DER KAPETINGISCHEN EXPANSION

Beim Tod Ludwigs des Heiligen war das Haus der Kapetinger allem Anschein nach auf dem Gipfel der Macht angelangt. Philipp III. der Kühne konnte dank des von Blanca von Kastilien und Ludwig dem Heiligen mühsam hergestellten Friedens unbehindert die Nachfolge seines Vaters antreten. Auf europäischer Ebene aber vermochte der Fünfundzwanzigjährige, der im Ruf eines guten Christen und tapferen Ritters stand, jedoch nur ein mittelmäßiger Politiker war, die alten Ambitionen der Kapetinger so wenig durchzusetzen wie der Cliquenwirtschaft an seinem Hof Einhalt zu gebieten.

Dabei fiel dem Kapetinger durch den Abtritt einer ganzen Generation ein beträchtliches Erbe in den Schoß. 1284 konnte er die blutjunge Johanna von Navarra, die Enkelin Theobalds IV. von Navarra und der Champagne und – nach dem Tod seiner beiden Söhne, Theobald V. und Heinrich III. 1270 beziehungsweise 1274 – auch einzige Erbin, mit dem Thronfolger Philipp dem Schönen vermählen, und 1271 schon hatte er den gesamten Besitz des mit Johanna von Toulouse verheirateten, kinderlos verstorbenen Alfons von Poitiers durch Heimfall einkassiert.

1272 war auch Heinrich III. von England seinem Bruder, dem zum deutschen König gewählten, im Reich aber machtlosen Richard von Cornwall, ins Grab gefolgt und wurde mit dem Regierungsantritt Eduards I. eine neue Wende in den Beziehungen zur englischen Krone eingeleitet.

Ein überlebender Vertreter der Generation Ludwigs des Heiligen allerdings sollte noch in den Vordergrund der politischen Bühne treten:

der alte Teobaldo Visconti, ein Freund des Kapetingerhofs, der – welches Glück für den König von Frankreich! – im September 1271 als Gregor X. auf den Stuhl Petri gewählt wurde und 1274 als letzte Vorstufe zum Zusammenschluß der Kirchen und zur Eroberung der heiligen Stätten ein Konzil nach Lyon einberief, das jedoch ganz anders verlaufen sollte.

Die erhoffte Bekehrung der Griechen und die Wiederaufnahme des Kreuzzugs kamen nämlich nicht zustande. Statt dessen jedoch brachte das Konzil eine Festigung des guten Einvernehmens zwischen Frankreich und dem Reich. Der Heimfall des tolosanischen und aquitanischen Erbes an die französische Krone stieß auf keinerlei Widerspruch. Und Blanca von Artois, die Witwe des Königs von Navarra und theoretisch der Vormund der jungen Johanna von Navarra, übertrug diese Funktion 1275 ihrem Vetter, dem König von Frankreich, so daß bis zu Johannas Vermählung der Seneschall Eustache de Beaumarchais in Navarra regierte, der während dieser Zeit auch einen Aufstand niederzuschlagen hatte.

Nicht ganz so glatt liefen die Dinge in Kastilien, wo die »Infanten de la Cerda«, das heißt die Nachkommen der Tochter Ludwigs des Heiligen, den Kapetinger um Hilfe anriefen, nachdem sie von ihrem Oheim Don Sancho um die Krone gebracht worden waren. Dieser unternahm 1276 auch einen Feldzug zu ihrer Unterstützung, der sich jedoch als Schlag ins Wasser erwies.

Zur gleichen Zeit führte die Mittelmeerpolitik Karls von Anjou endgültig den Bruch zwischen Frankreich und Aragon herbei. Allerdings war Isabella von Aragon auf der Heimreise von Tunis gestorben, und außerdem hatte der neue König Philipp III. nach dem Tod seiner Gemahlin durch seine Vermählung mit Maria von Brabant eine Partei hinter sich gebracht, die aus Feindschaft gegen das Haus Plantagenet die angevinischen Umtriebe im alten Königreich Arelat nach Kräften unterstützte. Als Peter (Pedro) III. von Aragon dann noch das Anrecht seiner Gattin Konstanze auf das sizilianische Erbe der Hohenstaufen geltend machte, schien ein Zusammenstoß unvermeidlich.

Am Abend des 31. März 1282 brach in Palermo eine Revolte aus, die sogenannte »Sizilianische Vesper«, die die Landung der Aragonier wesentlich erleichterte, so daß sie die Insel im Handstreich nehmen konnten. Als sich Peter III. zum König von Sizilien krönen ließ, war der Krieg zwischen Frankreich und Aragon nicht mehr abzuwenden.

Auf Betreiben der französischen Diplomatie wurde dieser Krieg zum

DIE SPANISCHE POLITIK

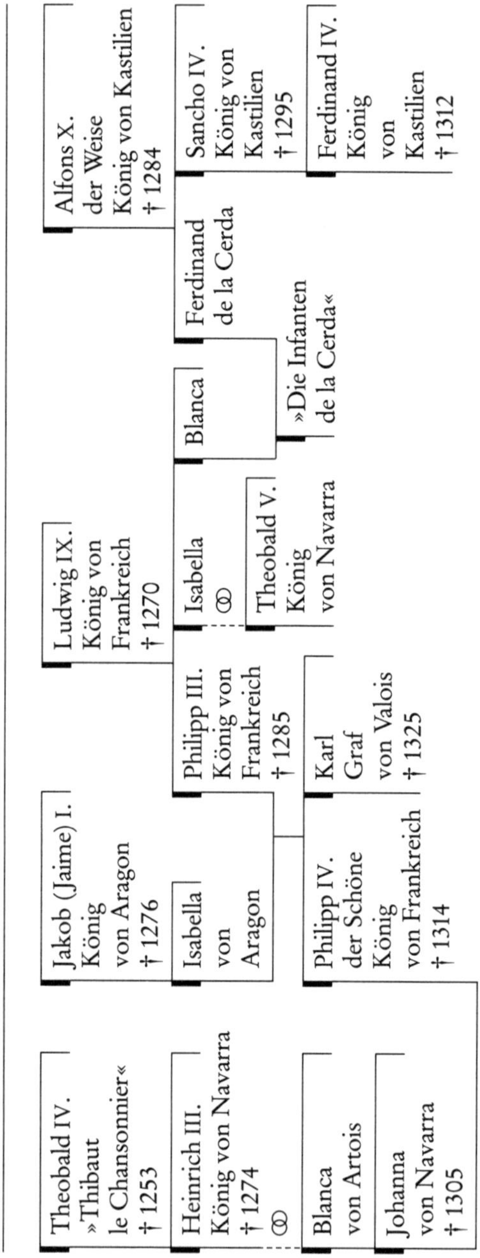

Kreuzzug erklärt. Papst Martin IV. – der Exkanzler Ludwigs des Heiligen, Simon von Brion – war unschwer davon zu überzeugen, daß Aragon der päpstlichen Oberhoheit über Sizilien rasch ein Ende bereiten würde; außerdem war er angesichts der ständigen Revolten im Kirchenstaat auf die diplomatische Unterstützung und militärische Hilfe des Kapetingers angewiesen. Diesem aber ließ das offensichtlich abgekartete Spiel zwischen den papstfeindlichen Ghibellinen und den mit den guelfischen Anhängern Anjous im Krieg liegenden Aragoniern nur eine einzige Möglichkeit, wieder eine Rolle auf der europäischen Bühne zu spielen: Er mußte sich zum weltlichen Arm der Kirche machen. Und wie einst im Fall Englands und kurz zuvor im Fall Siziliens sollte dabei für den weltlichen Arm eine neue Krone herausspringen: 1283 trug Martin IV. dem König von Frankreich für einen seiner Söhne das Königreich Aragon an.

Zur Erörterung der Bedingungen wurde eine Reihe von Versammlungen anberaumt, an deren Ende der König schließlich nach langen Beratungen mit Adligen und Baronen am 21. Februar 1284 seine Zustimmung bekanntgab: Sein zweitältester Sohn, Karl von Valois, sollte den aragonischen Thron besteigen, Karl von Anjou Neapel zurückerhalten. Trotzdem nahm man sich in Paris erst noch die Zeit, die Hochzeit des künftigen Königs von Frankreich mit der Erbin von Navarra und der Champagne zu feiern, ehe man zum Krieg rüstete.

Dieser endete mit einer empfindlichen Schlappe: Noch vor Beginn der Kampfhandlungen verlor Philipp III. zwei seiner wichtigsten Stützen. Am 7. Januar 1285 starb Karl von Anjou, am 29. März Martin IV. Dennoch hielt der französische König starrsinnig an seinem Vorhaben fest und marschierte im Mai an der Spitze einer offenbar stattlichen Streitmacht ins Roussillon ein.

Die Plünderungen seiner Soldaten und die Verwüstung von Elne kostete den Kapetinger die Freundschaft des Königs von Mallorca, seines bis dahin treuen Verbündeten. Als die Franzosen dann endlich nach der Überquerung der Pyrenäen im Juni die Belagerung Geronas aufnahmen, hatte die aragonische Flotte den Nachschub der Invasoren abgeschnitten, so daß sie, kaum war Gerona gefallen, am 13. September zum Rückzug blasen mußten. Zuvor hatte man mit knapper Not noch eine Krönungsfarce inszenieren können, bei der ein Kardinalshut die Krone ersetzte – was Karl von Valois den Spitznamen *roi du chapeau* (»Hutkönig«) eintrug, der ihm zeitlebens anhaften sollte.

Unter dem Strich brachte der »Kreuzzug« den Kapetingern nur Mißlichkeiten ein. Als Philipp III. am 5. Oktober auf dem Rückmarsch in Perpignan starb, gefolgt von Peter III. von Aragon am 10. November, war Philipp IV. der Schöne bestrebt, möglichst schnell den Mantel des Vergessens über das verrückte Abenteuer zu breiten, das er von Anbeginn an mißbilligt hatte. Karl von Valois schließlich ließ seinen Königstitel lieber in der Mottenkiste ruhen.

Die Zeit der großen, ehrgeizigen Gebietserweiterungen, so viel hatte sich gezeigt, war ein für allemal vorbei. Kapetinger und Valois brauchten erst gar nicht mehr mit den fernen Gestaden des Mittelmeers oder den Ländereien jenseits des Ärmelkanals oder der Pyrenäen zu liebäugeln. Hinfort sollten zwei Fronten innerhalb des französischen Sechsecks – Flandern und Aquitanien – ihre ganze Aufmerksamkeit beanspruchen. Und wenn darüber auch manch ritterlicher Traum zerrann, so gewann Frankreich dadurch doch einen festeren Zusammenhalt.

AM VORABEND DES HUNDERTJÄHRIGEN KRIEGS

Von all den vielen unbequemen Vasallen des Königs von Frankreich ertrugen zwei seine immer nachdrücklicher betonte Lehnshoheit besonders widerwillig: der Herzog von Aquitanien, seines Zeichens auch englischer König, der sich um den Hauptanteil des Plantagenet-Erbes betrogen fühlte; und der Graf von Flandern, der sich in Anbetracht der Zweiteilung seiner Grafschaft in das französische Kronflandern und das kaiserliche Reichsflandern, aber auch aufgrund des Wohlstands der flandrischen Gewerbe- und Handelsstädte zu einer Änderung seiner Beziehungen zu Frankreich ermuntert fühlte, indem er sich nicht einfach mit schlichter Unterordnung begnügte, sondern eine eigene Außenpolitik zu betreiben suchte. Beide Lehnsfürsten betrachteten sich, wenn auch aus unterschiedlichen Gründen und in unterschiedlichen Graden, dem König von Frankreich gleichgestellt und fanden die Einmischung der kapetingischen Beamten in die Belange ihrer Fürstentümer immer unerträglicher. Wozu nahm der königliche Bailli von Vermandois in Flandern an den von Graf Guido von Dampierre abgehaltenen Gerichtssitzungen teil, wenn nicht deshalb, um sie zu überwachen? Außerdem waren dem König-Herzog wie dem Grafen die ständigen juristischen, in Wirklichkeit aber politischen Rekurse ihrer Vasallen und Städte ein Dorn im Auge, sollte doch auf diese Weise oft nur der König von Frankreich als oberster Lehnsherr gegen ihren Herrn, den Herzog oder den Grafen, ausgespielt werden.

Durch die unübersehbare Präsenz des Kapetingers in Flandern wie in Aquitanien nachgerade dazu aufgefordert, fragten sich die Bürger von Gent oder der Herr von Albret, ob sie nun in erster Linie Vasallen des Grafen oder Herzogs oder Untervasallen beziehungsweise Untertanen des französischen Königs seien. Schließlich gab es bei Rechtsverweigerung die Berufung beim oberlehnsherrlichen Gericht und bei Unzufriedenheit des Vasallen, genauer bei nachweislicher Pflichtverletzung durch den Herrn, die Überführung des Lehens in den Besitz des nächsthöheren Herrn, des Königs. Welcher Vasall aber hätte sich schon angesichts der Tatsache, daß die gräflichen oder herzöglichen Beamten ihm gegenüber die gleiche kleinliche und selbstsüchtige Einmischung praktizierten, die Graf und Herzog selber an dem Kapetinger und seinen Beamten so scharf rügten, zufrieden nennen können?

Während die Vasallen des Plantagenet in Aquitanien mit seinen geringen sozialen Spannungen ihr Fähnchen wie eh und je nach dem Wind drehten, bildeten sich in Flandern, wo sich die Spitzen des gewerbe- und handeltreibenden Bürgertums den sozialen Forderungen der kleinen Handwerker, vor allem der Weber, konfrontiert sahen, nahezu von selbst eine Partei des Königs und eine Partei des Grafen heraus: Die Notabeln, deren wirtschaftliche Interessen bis zur Champagne reichten und deren politischer Horizont dementsprechend Paris einschloß, mauserten sich zu Anhängern des Lilienbanners, zu sogenannten *léliaerts,* was die Textilarbeiter dem Grafen von Flandern fast automatisch in die Arme trieb, dessen Unabhängigkeitskampf schon früh in einen nationalen Kampf umschlug.

Während sich zwischen den beiden Hauptunzufriedenen eine Annäherung anbahnte, gerieten sich französische und englische Seeleute, das heißt Seeleute aus der Bretagne und aus Bayonne, in die Haare, balgten sich auf den Fischgründen, schlugen sich um eine Ladung, und als zornige Matrosen aus der Normandie 1293 in Royan auch noch Schiffe aus Bayonne versenkten, war mit einemmal der schönste Seekrieg in Gang, an dem die Fürsten zwar nicht ursächlich beteiligt waren, den sie aber nur zu gern aufbauschten und in ihre politischen Händel mit einbezogen.

Vor allem dem König von Frankreich erschien der Augenblick günstig, da er soeben den Schlußstrich unter seine zwanzigjährigen Auseinandersetzungen mit Aragon gezogen hatte: Mit der Vermählung des neuen Königs Jakob (Jaime) II., des Gerechten, mit der Tochter Karls II. von Anjou war an der Südgrenze seines Landes Ruhe eingekehrt, so daß er nun daran denken konnte, die Kriegslust des Plantagenets zu dämpfen und Aquitanien endlich in ein gewöhnliches Lehen umzuwandeln. Am 27. Oktober 1293 zitierte er den Herzog von Aquitanien vor seinen Hof. Um das Schlimmste zu verhüten, erkannte dieser sämtliche Rechte seines Oberlehnsherrn an, doch der Kapetinger wollte Krieg: An Stelle einiger Beamter entsandte er eine regelrechte Armee und verweigerte Eduard I. überdies das erhoffte sichere Geleit, was nichts anderes besagte, als daß dieser bei Erscheinen in Paris mit seiner Festnahme zu rechnen hatte.

Als der Engländer der Vorladung nicht nachkam, verkündete das Hofgericht am 21. März 1294 die Konfiskation seines Herzogtums, woraufhin beide Seiten Steuern erhoben, Soldaten anwarben und Verbündete zusammentrommelten.

Für den Engländer ergriffen der deutsche König Adolf von Nassau und im Anschluß an das bereits für ihn gewonnene Flandern auch Brabant, Bar und Savoyen Partei, wohingegen sich Luxemburg, Holland und Hennegau in ihrer Feindschaft gegen Flandern für den König von Frankreich erklärten, gefolgt von Kastilien und Aragon, die sich jedoch erst auf Bitten seiner Freunde für Philipp den Schönen entschieden.

Letztlich aber hatte keines dieser Bündnisse Bestand. Adolf von Nassau ließ sich von den Franzosen kaufen, aus Angst, einer der beiden Kontrahenten könnte in Deutschland die Gegenpartei unterstützen, so daß schließlich nur Eduard I. und Guido von Dampierre tatsächlich zum Krieg rüsteten. Doch auch sie zeigten sich außerstande, ihre Unternehmungen aufeinander abzustimmen.

So konnten Karl von Valois 1295 und Robert II. von Artois 1296, nachdem Philipp der Schöne den Engländern erst noch durch Unterstützung eines Aufstandes in Wales und eines Angriffs der Schotten die Hände gebunden hatte, den größten Teil Aquitaniens besetzen. Der Adel der Gascogne wechselte bereitwillig die Seiten, das aus England anrückende Entsatzheer wurde vernichtend geschlagen, und um das Maß voll zu machen, verwüstete Mathieu de Montmorency mit einem kleinen Geschwader Dover.

Der Graf von Flandern, Guido von Dampierre, verhandelte unterdessen mit dem natürlich an einer ruhigen Nordfront interessierten französischen König, um mit seiner Hilfe eine höchst unpopuläre Steuer gegen die politischen und fiskalischen Prätentionen der Genter durchzusetzen. Als er merkte, daß ihn Philipp der Schöne hereingelegt und sich hinter seinem Rücken mit den anderen flandrischen Städten direkt verständigt hatte, war es schon zu spät. Der König erstrahlte im Glanz eines Bürgerfreundes, während dem Grafen der Ruf eines Feindes der kommunalen Freiheiten anhaftete.

Erbost provozierte Dampierre nun seinerseits den Eklat, hielt in Valenciennes im Hennegau Hof und reizte seinen Oberlehnsherrn mit Übergriffen und Unverschämtheiten jeglicher Art. Der König konterte mit einer Vorladung, der der Graf klugerweise nachkam, wohl wissend, daß er sich lehnsrechtlich in eine denkbar üble Lage hineinmanövriert hatte. Er erschien vor Gericht und kroch zu Kreuze, schenkte aber nichtsdestoweniger nach seiner Rückkehr den Vorschlägen des Engländers aufmerksames Gehör. Dabei übersah er allerdings, daß der englische König auf dem Kontinent nichts mehr zu verlieren hatte. Am 7. Januar 1297 wurde das Bündnis besiegelt, am 20. forderte der Graf von Flandern den König von Frankreich mit einer Unabhängigkeitserklärung offen heraus.

Doch zu seiner großen Überraschung mußte er feststellen, daß er allein dastand. Den Engländer plagten andere Sorgen. Er kam zwar nach Gent und ließ sich feiern, rührte im übrigen aber keinen Finger. So konnten die Franzosen im Laufe eines Sommers Westflandern mit Ausnahme von Douai, also ein Drittel des Landes besetzen, und nach ihrem Sieg bei Veurne am 26. August in Lille und schließlich sogar in Brügge einmarschieren, während sich die Verbündeten noch immer in den Haaren lagen. Die Flamen warfen Eduard I. vor, ohne Geld und Soldaten angerückt zu sein, der König von England wiederum hielt dem Grafen Guido vor, ihm die Treue der Städte nur vorgespiegelt zu haben – mit einem Wort, es brodelte auf allen Seiten.

Hierauf nahm Eduard I. Friedensverhandlungen auf, bei denen er in dem über seine bisherige Statistenrolle erbosten Papst einen willigen Vermittler fand. Philipp der Schöne zeigte sich ohne Umstände zur Aussöhnung mit dem König von England bereit, dachte aber nicht im Traum daran, sich auch mit dem Grafen von Flandern zu vergleichen. Um freie Hand für dessen Bestrafung zu bekommen, schloß er am 9. Oktober 1297 in Vyve-Saint-Bavon auf drei Jahre einen Waffenstillstand mit Aquitanien, der kurz darauf in den Vertrag von Montreuil und am 20. Mai 1303 in den Vertrag von Paris mündete, wodurch der Eindruck aufkam, man habe allenfalls einen Warnschuß abgegeben, sich aber nicht eigentlich schlagen wollen. Dem Papst war tatsächlich ein Kompromiß geglückt: Eduard I. behielt Aquitanien, mußte aber dem König von Frankreich den Treueid leisten.

Da der König von England Witwer war, heiratete er obendrein noch die Schwester Philipps des Schönen. Gleichzeitig wurde der künftige Eduard II. mit der Tochter des Kapetingers, Isabella, vermählt.

Die Flamen aber hatte der Papst fallenlassen. Seinerseits durch Rebellion, im vorliegenden Fall durch die Revolte der Kardinäle Colonna bedroht, die enge Beziehungen zur angevinischen Partei unterhielten und mit der Unterstützung des Kapetingers rechnen durften, hätte es sich Bonifatius VIII. nicht leisten können, Aufrührern unbedacht Gehör zu schenken. Und was die ehemaligen Verbündeten des Grafen von Flandern betraf, so hatte Philipp der Schöne sie in der Zwischenzeit fast alle gekauft: Sein Vertrauensmann, der florentinische Finanzier Musciato, genannt Mouche (»Mücke«), hatte sie reihum aufgesucht und ihnen Geld und Renten angeboten.

Anfang 1300 besetzte Karl von Valois Flandern. Graf Guido und sein Sohn, Robert von Béthune, der die Grafschaft inzwischen regierte, wurden schlicht unter Hausarrest gestellt.

Der vom König eingesetzte Gouverneur, Jakob von Châtillon, aber brachte das über die *léliaerts* und ihre Einmischung in die Stadtverwaltungen ohnedies erboste einfache Stadtvolk im Handumdrehen gegen sich auf. Seine fortgesetzten Mißgriffe ließen den Groll der Handwerker und Steuerzahler gegen das Verhalten des Patriziats in eine antifranzösische Reaktion umschlagen. Die Anhänger des Grafen schlachteten die Ungeschicklichkeit des Gouverneurs nach Kräften aus, bis schließlich sogar das Brügger Patriziat die Augen vor den Risiken eines solchen Bündnisses nicht länger verschließen konnte und die Seiten wechselte. Am frühen Morgen des 18. Mai 1302 wurden die Leute des Königs in Brügge überfallen und niedergemetzelt (»Matines de Bruges«, »Brügger Frühmette«). Binnen weniger Tage griff die Revolte auf sämtliche Städte über. Einzig Gent hielt sich heraus und überließ es seiner Rivalin Brügge, auch noch das letzte Ansehen zu verspielen.

Philipp der Schöne entsandte unter Robert II. von Artois ein Reiterheer, dem die Brügger Handwerkerschaft im Verein mit den flandrischen Truppen am 8. Juli 1302 bei Kortrijk in der sogenannten »Goldene-Sporen-Schlacht« eine vernichtende Niederlage bereitete. Zu lange hatten die französischen Ritter die Kriegstüchtigkeit der Handwerker unterschätzt.

Für die Städte bedeutete Kortrijk einen Triumph, für den König von Frankreich eine unerhörte Demütigung, die Philipp der Schöne den Flamen niemals verzeihen sollte.

Zwei Jahre zog sich der Krieg unentschieden hin. In Flandern, das sich im wesentlichen der Partei des Grafen angeschlossen hatte und theoretisch auch vom demagogisch begabten Johann von Namur, dem jugendlichen Bruder Roberts von Béthune, in Wirklichkeit aber von den Brügger Zünften beherrscht wurde, griff Anarchie um sich. Man wünschte sich in die Zeit der *léliaerts* zurück.

Während sich die Kämpfe in Flandern hinschleppten, bereitete Philipp der Schöne seine Rache vor. Er hatte Eduard I. auf seine Seite ziehen und die Ausweisung der flandrischen Kaufleute aus England erwirken können. Angesichts der durch den Bruch mit England heraufbeschworenen Gefahr der Arbeitslosigkeit büßten die bürgerlichen Rädelsführer natürlich einen Gutteil ihrer Popularität ein, was sie nur noch starrsinniger machte. An ihrem sturen Radikalismus scheiterten die Versöhnungsbemühungen des alten Grafen Guido von Dampierre, der Flanderns Freiheit noch immer retten zu können hoffte.

1304 jedoch brachen die politischen Hoffnungen der Flamen in wenigen Tagen zusammen. Am 22. Juli zog Philipp der Schöne sein Heer in Arras zusammen, am 9. August marschierte er in Tournai ein. Am 11. wurde die flandrische Flotte nach zweitägiger Seeschlacht vor Zeeland versenkt, am 17. griff Johann von Namur das königliche Heer bei Mons-en-Pévèle an und wurde tags darauf geschlagen.

Die harten Bedingungen des Vertrags von Athis (24. Juni 1305) spiegeln die Demütigung und den Zorn des französischen Königs nach Kortrijk wider. Neben einer erdrückenden Entschädigung sollte Flandern die Besatzungskosten und eine Rente an die königliche Schatzkammer zahlen. Außerdem sollten die zurückgekehrten *léliaerts* für die ob ihrer Königstreue erduldeten Unbilden entschädigt, die Mauern der großen Städte selbstverständlich geschleift werden und, um dem Unglück den gehörigen moralischen Beigeschmack zu geben, Pilger auf Kosten der Städte in verschiedenen Wallfahrtsorten die Vergebung Gottes erflehen. Bis zur Erfüllung der Vertragsbedingungen wollte der König von Frankreich drei Burgvogteien – Lille, Douai und Béthune – behalten.

Das aber war des Guten zuviel, dem konnte sich Flandern nicht beugen, und so hob ein über zehn Jahre hingezogenes Gefeilsche an, geführt von Philipps des Schönen realistischem, in derartigen Verhandlungen erfahrenem Ratgeber Enguerran de Marigny und Clemens V., der bei diesem Spiel des französischen Königs notgedrungen mitmischte, um einen Prozeß gegen das Andenken Bonifatius' VIII. zu verhindern. Im Juli 1312 konnte der gewiefte Marigny schließlich die »flandrische Abtretung« erzwingen, die dem Kapetinger als Gegenleistung für den Verzicht auf seine offensichtlich überzogenen Geldforderungen die drei Burgvogteien beließ.

Doch damit war der Fall keineswegs abgeschlossen. Robert von Béthune, seit 1304 Graf von Flandern, blieb für den König von Frankreich, wie nicht anders zu erwarten, ein unbequemer Vasall. Aber auch die Übergriffe des Königs hörten nicht auf, und so stand mehrmals ein Krieg vor der Tür. Die sozialen Spannungen zwischen Handwerkern und Großunternehmern allerdings waren nur in zweiter Linie politisch eingefärbt. Viele Flamen glaubten, der Graf habe sich über den Löffel balbieren lassen. Und in der Tat waren Guido von Dampierre und Robert von Béthune von Anbeginn an von allen betrogen worden.

Daß sich Flandern bereits mitten in der schwersten Krise befand, ging weder dem Grafen noch dem König auf. Sie sahen lediglich die Folgen des lokalen Wettbewerbs zwischen den auf den europäischen Märkten rivalisierenden Städten und erkannten nicht, daß das Gewerbe der Tuchstädte samt seinen Zulieferbetrieben durch die Entwicklung auf dem Weltmarkt zum Untergang verurteilt war.

KRONE UND TIARA

Im Grunde war der Zusammenstoß zwischen den beiden Mächten vorprogrammiert. Ein Papsttum, das, gestützt auf das augustinische Weltbild mit seiner Unterordnung des Zeitlichen unter das Spirituelle, die Führung beanspruchte, und ein Königtum, das in seiner Selbstherrlichkeit nicht dulden konnte, daß Menschen und Güter in seinem Reich einer übergeordneten oder auch nur konkurrierenden Macht untertan sein sollten, mußten sich über kurz oder lang in die Haare geraten. Daß mehrere Franzosen auf den Stuhl Petri gelangten und die folgenden Päpste sich politisch ihrer Stellung nicht gewachsen zeigten, verzögerte die Konfrontation zwar, auf die Dauer aber ließ sich die Frage, ob Kirche und Klerus in Frankreich in erster Linie dem König oder dem Papst unterstanden, nicht umgehen. Schon Ludwig der Heilige hatte zur Besteuerung des Kircheneinkommens Roms Zustimmung einholen müssen – und das, obwohl er seine Forderung mit einem Kreuzzugsprojekt hatte rechtfertigen können.

Nach der Wahl Bonifatius' VIII. im Dezember 1294 kam es schließlich, wie es kommen mußte. Benedetto Caetani war nicht nur ein bedeutender Kirchenrechtler, sondern auch ein Prinzipienreiter. In Paris hatte man den Legaten von 1290 als aufrechten, aber dickköpfigen Mann in Erinnerung, stolz bis zur Gewalttätigkeit und zutiefst von der Würde der Kirche durchdrungen. Die Abdankung seines Vorgängers Cölestin V., eines ehemaligen Eremiten, der sich als Spielball der Guelfen aufs fatalste in die Intrigen der italienischen Politik verstrickt hatte, war in erster Linie sein Werk gewesen. Er selbst hatte die Colonna und die angevinische Partei gegen sich, wie ihm umgekehrt die kapetingische Bündnispolitik in Italien beziehungsweise die politische Dynamik der französischen Krone überhaupt ein Dorn im Auge war.

Andererseits aber wünschte er die Kreuzzüge fortzusetzen, die ohne die Unterstützung des Königs von Frankreich und seiner Verbündeten, vor allem Karls II. von Anjou, nicht zu führen waren und deshalb die Wiederherstellung des Friedens im Abendland voraussetzten. So mußte der Papst wohl oder übel eine Verständigung mit dem Kapetinger anstreben, die indessen, wie sich zeigte, besonders Frankreich zugute kommen sollte. In der Tat brachten seine sämtlichen Interventionen – die Aussöhnung mit dem römischen König Adolf von Nassau, die Verständigung mit Eduard I., die parteiische Stellungnahme im Falle Flanderns – letztlich nur Philipp dem Schönen Gewinn.

So war der Papst teils Gegenspieler des Königs, teils auf ihn angewiesen, was sich natürlich auch in den französisch-römischen Beziehungen hinsichtlich der Kirche von Frankreich niederschlug und im übrigen auch die rasche Aussöhnung nach der Auseinandersetzung um den Zehnten verständlich macht. Bonifatius VIII. selbst empfand seine Sorge um die Christenheit und sein Hegemoniestreben nicht als Gegensatz, obwohl er sich dadurch zu einer vielfach schwankenden Politik gezwungen sah, die aufgrund der hochmütigen Haltung von Papst wie König immer wieder Krisen erlebte.

1296 brach der Machtkampf dann offen aus. Philipp der Schöne hatte vom Klerus einen Zehnten gefordert, ohne zuvor, wie üblich, die Einwilligung der Provinzialsynoden einzuholen, die bisher nach einigem Feilschen noch stets ihre Zustimmung erteilt hatten. Der Klerus beschwerte sich beim Papst, der die Gelegenheit natürlich nur allzu gern nutzte, um in der Bulle »*Clericis laicos*« vom 24. Februar 1296 daran zu erinnern, daß der Beitrag der Kirchen zu Aufwendungen der weltlichen Macht Roms Billigung bedürfe, und um gleichzeitig allen Geistlichen, die ohne eine solche Zustimmung zahlten, schwerste Kirchenstrafen anzudrohen. Bonifatius VIII. witterte in dieser Besteuerung nämlich vor allem einen Anschlag auf die unantastbare Würde der Kirche, hätte man doch darin ein Zeichen der Unterordnung, ja der Knechtschaft sehen können.

Der König konterte dagegen seinerseits mit einem Ausfuhrverbot für Gold- und Silbermünzen. Das gleichzeitig verhängte Waffen- und Pferdeembargo konnte niemanden über seine wahren Absichten hinwegtäuschen: dem päpstlichen Fiskus seinen Hauptsteuerzahler, den französischen Klerus, zu nehmen. Bonifatius, der, ursprünglich zum Verhandeln bereit, nun nicht mehr ohne Gesichtsverlust nachgeben konnte, zog daraufhin alle Register des Kirchenrechts. Er erhob Anklage gegen die Person des Königs, den er in der Bulle »*Ineffabilis amor*« (vom 20. September 1296) bezichtigte, mit der wiederholten Verletzung kirchlicher Freiheiten und der fortgesetzten Mißachtung der Rechte seiner Nachbarn und Vasallen schwere Sünde auf sich geladen zu haben.

Als Sünder war aber selbst der König der Gerichtsbarkeit des Papstes unterworfen, der deshalb auch Rechenschaft von ihm über die Verwaltung des Königsamtes fordern konnte. Damit wuchs sich der Streit zu einem Fall für die Legisten aus.

Ihre etwas bemüht anmutenden Überlegungen, ein spitzfindiges Gemisch aus Logik und Theologie, uferten zu einem umfangreichen Schrifttum über das »Naturrecht« mit unverkennbar aristotelischem Einschlag aus. Die bedeutendste und zugleich ausführlichste dieser Schriften, der *»Dialogue du clerc et du chevalier«*, der von Flote in Umlauf gesetzt, wenn auch nicht direkt an den Papst adressiert war, läßt sich im wesentlichen auf die Formel bringen: Dem König von Frankreich oblag der Schutz seines Königreichs, schon ehe es eine christliche Geistlichkeit gab. Oder anders gesagt, als Träger der Krone schuldet der König Gott allein Rechenschaft.

Schließlich einigte man sich sachlich, wenn schon nicht grundsätzlich, auf einen Vergleich: Am 7. Februar 1297 gestand der Papst dem König das Recht zu, den Klerus ohne seine voraufgehende Einwilligung zu besteuern, sofern eine eindeutige Notwendigkeit vorlag, und führte selber einen Zehnten ein, um Philipp bei der Niederwerfung des rebellischen Flandern zu unterstützen. Am 31. Juli erkannte dann die Bulle *»Etsi de statu«* dem König das Recht zu, selbst zu entscheiden, welche Dringlichkeitsfälle eine Besteuerung der Kirche rechtfertigten.

Die Bulle *»Clericis laicos«* erwähnte Bonifatius VIII. in diesem Zusammenhang mit keinem Wort, obwohl er sie doch sogar in seinen *»Liber sextus«* des *»Corpus iuris canonici«*, eine Sammlung der wichtigsten päpstlichen Erlasse seit 1234, aufnahm. Das bedeutete, daß die Doktrin selbst unangetastet blieb, auch wenn in der politischen Praxis der König gesiegt hatte. Immerhin aber fehlte es nicht am guten Willen zur Versöhnung. Nachdem inzwischen dreißig Jahre in dieser Frage untersucht worden war, sprach der Papst Ludwig IX. heilig und überließ die Flamen ihrem Bezwinger, während Philipp der Schöne seinerseits den Vermittler zwischen dem 1298 statt der Marionette Adolf von Nassau gewählten römischen König Albrecht von Habsburg und dem Papst spielte, der im Gegenzug gegen die Kaiserkrönung die Toskana einhandelte.

In der Sache jedoch beharrte jede Seite auf ihrem von den Kirchenrechtlern beziehungsweise den Legisten definierten Standpunkt. So genügte ein Zwischenfall wie das im Languedoc vom Bischof von Pamiers, Bernard Saisset, gegen die Oberhoheit des Kapetingers geschmiedete Komplott, um den Konflikt erneut anzufachen. Dieser in Rom wohlgelittene Prälat verstand es sehr geschickt, die alte Unzufriedenheit im Languedoc und den dortigen Wunsch nach Unabhängigkeit zu schüren, indem er aus dem Arsenal der antikapetingischen Argumente noch einmal jenen Einwand hervorkramte, dem sämtliche Nachfahren Hugo Capets bis hinunter zu Ludwig VII. durch die Krönung ihres Ältesten zum Mitkönig die Spitze genommen hatten: den Einwand nämlich, Philipp der Schöne stamme ja gar nicht in direkter Linie von Karl dem Großen ab. Und außerdem sei der Dynastiewechsel von 987 im Gegensatz zum Machtantritt der Pippiniden im Jahr 751 vom Heiligen Stuhl nicht abgesegnet worden.

Doch die Fürsten, denen Saisset eine Rolle in der neuen politischen Hierarchie zugedacht hatte, die Grafen von Foix und Comminges, waren nicht begierig, das Schicksal des Grafen von Flandern zu teilen, und ließen dem König eine Warnung zukommen.

Daraufhin leitete Flote Ermittlungen ein, die von Saisset jedoch mit dem Hinweis torpediert wurden, sich in Rom zur Sache äußern zu wollen – was den Papst zum Schiedsrichter der dynastischen Streitfrage erhoben hätte. Um das zu verhindern, schlugen die königlichen Untersuchungsbeamten, die *enquêteurs,* zu und nahmen den Bischof von Pamiers am 13. Juli 1301 fest.

Am 24. Oktober wurde in Senlis vor dem König und seinem Hofgericht der Prozeß eröffnet. Der Erzbischof von Narbonne, der Legist Gilles Aiscelin, der die Aburteilung eines Bischofs außerhalb seiner Kirchenprovinz durch ein weltliches Gericht zu verhindern suchte, schlug vor, Saisset der päpstlichen Justiz zu überantworten, was der König jedoch ablehnte. Als daraufhin auch noch der Erzbischof von Reims – ein Courtenay – gegen den König Partei ergriff, bedienten sich Flote und die anderen Legisten einer Kriegslist: Der Bischof von Senlis hatte das Gebäude, in dem Saisset einsaß, an den Erzbischof von Narbonne abzutreten, damit sich der Angeklagte innerhalb seiner Kirchenprovinz befand und doch in den Händen des Königs blieb.

Unterdessen erhitzten sich im Languedoc die Gemüter aber auch gegen die Inquisition. Der junge Franziskaner Bernhard Délicieux, ein leidenschaftlicher, geistig unabhängiger Prediger, der Weltkirche und Papst als Verbündete der Inquisitoren in einem Atemzug mit dem Dominikanerorden und natürlich dem König verurteilte, nutzte die Anwesenheit königlicher *enquêteurs* zur Ermittlung im Fall Saisset im Languedoc, um vor ihnen seine Anschuldigungen zu präzisieren und zu verschärfen. Die Bürger Albis und Carcassonnes stimmten ein. Schließlich wurde sogar eine gemeinsame Abordnung an den König entsandt, so daß aus der Sicht von Senlis die Fälle Saisset und Délicieux fortan gekoppelt schienen.

Philipp den Schönen freilich kümmerten die wenigen Katharerreste, von denen weder politisch noch religiös etwas zu befürchten stand, wenig. Nicht so dagegen eine Revolte im Languedoc, die seinen Interessen nur hätte schaden können. Die Gefahr eines Aufstands aber war durch die Ausschreitungen der Inquisitoren, also durch die Handlanger des Papstes, heraufbeschworen worden. Durch ihre Auswüchse hatten die Inquisitionsverfahren der Dominikaner Saisset wie Délicieux auf den Plan gerufen. So konnte Philipp der Schöne Sorge um die Reinheit der Lehre vorschützen, um die Vorrechte der Vollstrecker der päpstlichen Politik zu beschneiden, und anordnen, vor Ketzerverhaftungen künftig auch die Meinung der Franziskaner einzuholen.

Nun ergriff Bonifatius VIII. die Initiative und erklärte im Dezember 1301 mit rund dreißig im Lateran veröffentlichten Texten – vor allem der Bulle »*Ausculta fili*« – dem König regelrecht den Krieg. Die Abwartetaktik, so viel hatte man in Rom inzwischen erkannt, hatte lediglich den Unternehmungen des Königs von Frankreich gegen die päpstliche Oberhoheit Vorschub geleistet. Die Colonna hatten in Frankreich Zuflucht gefunden und von dort aus Verschwörungen gegen den Stellvertreter Petri angezettelt. Und auch Albrecht von Habsburg kannte keine Schonung für einen Papst, der seinen Rivalen Adolf von Nassau unterstützt hatte. Bonifatius VIII., einzig dem hohen Ziel eines Kreuzzugs zuliebe von solcher Langmut beseelt, sah sich um den Lohn seiner Geduld geprellt: Keiner dachte daran, das Kreuz zu nehmen.

Nicht genug damit, daß der König, wie die beiden vom Languedoc ausgehenden Affären zeigten, diese Geduld dazu mißbraucht hatte, Prärogativen der Kirche anzutasten, war nun durch die »evangelische« Predigttätigkeit des Bernhard Délicieux zugleich mit der Inquisition auch noch die kirchliche Hierarchie unter Beschuß geraten.

Als der Papst darauf drang, dem Bischof von Pamiers den Prozeß zu machen, schob der König Saisset kommentarlos aus Frankreich ab. Sein Name wurde kaum mehr genannt, der Streitfall war bereits über seine Person hinausgewachsen.

Als nächstes berief Bonifatius VIII. zu Allerheiligen 1302 ein Konzil ein, das über sämtliche anhängigen Fragen einschließlich der Reform des Königreichs und seiner ordnungsgemäßen Regierung entscheiden oder, anders ausgedrückt, über die weltliche Macht zu Gericht sitzen sollte. Außerdem hob der Papst in einer einstweiligen Verfügung den Zehnten und alle anderen Zugeständnisse auf und stellte damit die durch die Bulle »*Clericis laicos*« geschaffene Situation wieder her.

Nun war es an der Krone, sich bedroht zu fühlen, hatte der Stellvertreter Petri doch in der Bulle »*Ausculta fili*« die Oberhoheit seines Stuhles über die weltlichen Throne dogmatisch untermauert. Deshalb stellten Flotes Legisten eilig einen etwas überspitzten Abriß der päpstlichen Ansprüche zusammen, um damit die öffentliche Meinung aufzuwiegeln. Am 10. April 1302 widerlegte Flote selbst die Thesen des Papstes vor einer Versammlung von Baronen, Prälaten, Gelehrten und Bürgern in Notre-Dame zu Paris und drehte den Spieß um. Er bezichtigte den angeblich so reformbeflissenen Bonifatius, durch seine Machenschaften die vom König gewünschte Reform zu verzögern.

Die Versammlung stellte sich hinter den König und beschloß, das Konzil zu boykottieren. Der König sicherte die Reform zu, ließ aber gleichzeitig einen Warnschuß ertönen: Falls es zum Schisma käme, träfe die Schuld den Papst.

Dieser versuchte einem Zusammenstoß auszuweichen und machte der französischen Abordnung gegenüber, die er Ende Juni 1302 in Anagni empfing, Peter Flote für alle Übel verantwortlich. Damit ließ er Philipp die Möglichkeit nachzugeben, ohne das Gesicht zu verlieren. Der König brauchte bloß seinen Großsiegelbewahrer zu entlassen. Andernfalls jedoch sollte er selber abgesetzt werden, »wie man einen Diener entläßt«. Und ebenso sollten die Kirchenfürsten, die dem Konzil fernblieben, ihres Amtes enthoben werden.

Mit Flotes Tod, der am 8. Juli 1302 bei Kortrijk fiel, änderte sich alles. Mornays und Mouches Verhandlungsbemühungen brachten keinen Erfolg, die Hälfte des französischen Episkopats brach zum Konzil auf. Lediglich die Prälaten der Krondomäne vermochte der König unter Berufung auf das Lehnsrecht zurückzuhalten: Ihr Rat, so die Begründung, könnte bei Hofe fehlen.

Aber auch das Konzil brachte keine Lösung, da der Papst nun doch zum Direktangriff überging. Am 18. November 1302 definierte er in der Bulle »*Unam sanctam*« die Theokratie mit einer nie dagewesenen Schroffheit: Es gibt nur eine Kirche, und diese steht über den Fürsten. Da alle Macht zum Heil der Seelen beizutragen hat, fällt dem Papst alle Macht über die Kirche wie über die Welt zu. Folglich geht auch die Herrschaft über das Königreich von der dem heiligen Petrus übertragenen geistlichen Autorität aus. Mit einem Wort, der Papst ist unumschränkter Richter des Königs.

Noch hoffte Bonifatius, den König von Frankreich zum Einlenken bewegen zu können, ohne ihn exkommunizieren und damit erneut die Gefahr eines Schismas heraufbeschwören zu müssen. Flote war tot, sein Nachfolger dem Papst unbekannt. Bonifatius ließ den französischen Kardinal Jean Le Moine vorfühlen, ob der Kapetinger zum Nachgeben bereit sei, der König seinerseits entsandte Nogaret.

Die Auseinandersetzung ließ die Regalienliteratur üppig ins Kraut schießen. Gemäßigte Geister wie der Dominikaner Johann von Paris in seiner Abhandlung *»Du pouvoir royal et papal«* (»Über die Macht des Königs und des Papstes«) postulierten zwei voneinander unabhängige Gewalten. Überhaupt sah man in der Königsmacht allgemein etwas natürlich Gewachsenes und frischte ganz bewußt den antiken Begriff der *Res publica* wieder auf, um die Krone aus der auf die augustinische Vision der *Civitas Dei* aufbauenden Hierarchie auszunehmen und ihr eine unabhängige Stellung einzuräumen. Doch damit nicht genug, stellten manche die Macht des Papstes als solche in Frage. Statt sich, wie sein Vorgänger Flote, auf Grundsatzdebatten zu beschränken, betonte Nogaret das Recht des Königs, gegen den Papst vorzugehen, falls sich dieser, wie Bonifatius VIII., als unwürdiger Amtsinhaber erwies.

Damit war man bei den persönlichen Anwürfen angelangt. Am 12. März 1303 brachte Nogaret die Sache vor den Rat, am 13. Juni wiederholte sein Vertrauensmann Wilhelm von Plaisians vor einer größeren Versammlung im Louvre die Beschuldigungen: Bonifatius sei ein Ketzer, er habe Simonie getrieben und die Tiara usurpiert.

Unter bewußter Hinwegsetzung über die anderen christlichen Fürsten, insbesondere über den Kaiser – schien doch das Konzil noch das geringste Übel, um aus der Krise wieder herauszukommen –, zitierte der König von Frankreich den Papst vor das einzige für ihn zuständige Gericht, das nächste allgemeine Konzil, und erklärte sich bereit, in der Zwischenzeit gemeinsam mit den Kardinälen für den persönlichen Schutz des Pontifex maximus zu sorgen.

Die wahren Ursachen des Konflikts – angebliche Übergriffe und Verfehlungen des französischen Königs und das Hegemoniestreben des Papstes – schienen mit einemmal ohne Bedeutung. Statt dessen warf sich der Kapetinger zum Verteidiger der Kirche gegen einen Papst auf, der, wie allgemein bekannt, an der Abdankung seines Vorgängers Cölestin V. nicht ganz unbeteiligt gewesen war.

Ein raffinierter Schachzug. Im Gegenzug pochte der Papst auf das ihm verbliebene Exkommunikationsrecht. Nun aber hieß es für den Kapetinger schnell sein. Um dem Papst zuvorzukommen, wurde Nogaret eilends nach Italien geschickt. Der mit kleinstem Gefolge reisende Legist des Königs hatte lediglich eine – allerdings wesentliche – Mission zu erfüllen: den Papst vor das Konzil zu laden, ehe dieser den Bannstrahl gegen den König schleudern konnte. Ein Exkommunizierter ist nicht länger Christ und kann folglich auch kein Konzil mehr anrufen.

Während sich Nogaret auf den Weg nach Rom beziehungsweise nach Anagni zur Sommerresidenz Bonifatius' VIII. machte, wurde in Frankreich die Öffentlichkeit mobilisiert. Der Ruf nach dem Konzil mußte vom ganzen Königreich kommen, nicht nur vom König und von Nogaret. Kleriker reisten landauf, landab, um das Vorgehen des Königs zu erläutern und in aller Form um Zustimmung zu werben. Im Juli teilte die königliche Regierung dann unter gelindem Vorgriff auf das Ergebnis dem Kardinalskollegium, den Königen von Kastilien, Aragon und Portugal sowie den italienischen Städten mit, Frankreich erhebe einstimmig Klage gegen den unwürdigen Stellvertreter Petri.

Um Bonifatius den auf den französischen Klerus – und die Städte – ausgeübten Druck bis zuletzt zu verheimlichen, benutzten der französische König den Krieg mit Flandern als Vorwand, um allen Kirchenleuten die Ausreise aus dem Königreich zu untersagen. Nogaret wurde vom wunschgemäßen Verlauf der Dinge unterrichtet.

In der Campagna di Roma ging das politische Intrigenspiel unterdessen munter weiter. Während Sciarra Colonna an der Spitze eines kleinen Trupps seinen Widersachern aus dem Caetani-Clan das Leben sauer machte, beschloß Nogaret, den Spätsommer und die Rückkehr des Papstes nach Rom abzuwarten, um der Vorladung die nötige Publizität zu verschaffen. Als er jedoch erfuhr, die Exkommunikation des Königs von Frankreich solle am 8. September besiegelt werden, beschleunigte er die Operation. Ein Handstreich Sciarra Colonnas, der den Papst mit rüder

Gewalt zur Abdankung zwingen wollte, erleichterte ihm die Aufgabe, indem er ihm am Morgen des 7. September die Tore Anagnis und des päpstlichen Palastes öffnete. Im anschließenden Handgemenge, das den Papst um ein Haar das Leben gekostet hätte, erfüllte Nogaret seine Pflicht als Jurist und Ratgeber des Königs von Frankreich und gab in aller Form seine Vorladung bekannt. Möglich, daß er im Verlauf dieses dramatischen Tages, an dem Colonna lautstark die Hinrichtung des Papstes forderte, dem Recht zum Sieg über die Gewalt verhalf.

Bonifatius VIII. überlebte die Demütigung von Anagni nur um einen Monat, in dessen Verlauf der König von Frankreich für ihn angesichts seiner unmittelbaren Bedrohtheit an Bedeutung verlor. Karl II. von Anjou sicherte den ungestörten Verlauf des Konklaves, das mit Benedikt XI. einen versöhnlicheren Mann auf den Stuhl Petri wählte. Nogaret reiste zu seinem König ins Languedoc, wo es noch andere Belange zu regeln gab. Zwar hatte Philipp der Schöne nichts Entscheidendes erreicht, stand aber nach dem Tod seines Widersachers als Sieger da. Von nun an war der König von Frankreich endgültig alleiniger Herr in seinem Reich.

CLEMENS V.

Der nach einjährigem Konklave am 5. Juni 1305 als Nachfolger Benedikts XI. zum Papst gewählte Erzbischof von Bordeaux, Bertrand de Got, war ein selbständig denkender Mann. Sowohl Untertan des Kapetingers als auch Vasall des Plantagenet, hatte er sich in Paris als Legist, in England als Ratgeber des Königs, aber auch als Diplomat in päpstlichen Diensten den Ruf eines wendigen Taktikers erworben. Was ihm jedoch abging, war, wie sich gleich zu Beginn seines Pontifikats erweisen sollte, Entschlußkraft: Sechs Jahre lang konnte er sich für keine Residenz entscheiden, zog aus Angst vor dem Parteienhader bei seiner Rückkehr nach Rom im Königreich Frankreich umher, bis er sich schließlich aus Bequemlichkeit an den Ufern der Rhône niederließ. Zuvor hatte er für Oktober 1311 ein Konzil nach Vienne einberufen, das aber weder die Hoffnungen des Königs von Frankreich erfüllen noch der römischen Kirche ihren Glanz und ihre Vormachtstellung wiedergeben sollte.

In der durch Bernhard Délicieux heraufbeschworenen Krise zwischen

König und Inquisition hatte sich 1302 ohne eigentliches Zutun Roms ein Kompromiß abgezeichnet. Mit wachsender Irritation hatte Philipp der Schöne die Maßlosigkeit der Franziskaner nach ihrem Sieg über die Dominikaner zur Kenntnis genommen. Im August 1303 war der von Délicieux gepredigte Aufstand in Carcassonne tatsächlich ausgebrochen, und der König hatte auf seiner Reise nach dem Languedoc im Winter 1303/04 genügend Gelegenheit gefunden, sich von den Ausschreitungen der Inquisitionsgegner mit eigenen Augen zu überzeugen.

Als ihn der König von Mallorca vom Angebot der Notabeln Carcassonnes, sich als seine Vasallen seinem Schutz zu unterstellen, informierte, schlug sich Philipp der Schöne wieder auf die Seite der Inquisition. Bernhard Délicieux, nach Paris gekommen, um sich zu verantworten, wurde verhaftet und dem Papst überstellt. Die Rädelsführer aus Carcassonne und Limoux endeten Ende 1305 am Galgen. Clemens V., als ehemaliger Erzbischof von Bordeaux über diese Vorgänge natürlich bestens im Bild, aber wenig begierig, den alten Konflikt zwischen Bonifatius VIII. und dem König wieder aufzuwärmen, gab vor, von der Sache nichts zu wissen. So verschwand Délicieux bald in der Versenkung und tauchte erst 1318 wieder auf, als er nach Avignon kam, um die Revolte der »Spiritualen« gegen den Gesamtorden zu vertreten. Er wurde festgenommen und zu lebenslänglichem Kerker verurteilt, wo er sein Leben aufs elendeste beschloß.

Eine Hypothek indessen sollte das Pontifikat Clemens' V. von Anbeginn an belasten: die Forderung Philipps des Schönen auf Drängen des über den Ausschluß vom Generalablaß von 1304 verbitterten Nogaret, Bonifatius VIII. postum den Prozeß zu machen. Auch aus Deutschland fiel ein Schatten auf seine Amtszeit: der Kaisertraum des 1308 zum römischen König gewählten Heinrich VII. von Luxemburg, der sich als Nachfolger der Staufer des 13. Jahrhunderts verstand und Italien wieder, wie zu Zeiten Friedrichs II., zu einem Pfeiler des Reichs zu machen versuchte. Dabei machte Heinrich VII. weder vor der päpstlichen Autorität noch vor dem politischen Spiel der Anjou von Neapel oder dem komplexen Netz guelfischer Treuebindungen halt – mit dem Ergebnis, daß sich die kapetingische Diplomatie erneut in die Angelegenheiten Deutschlands und Italiens einmischte und damit den Papst zu einer toleranteren Haltung in der Regelung der innerfranzösischen Probleme, insbesondere der schwierigen Beilegung des Konflikts mit Flandern, zwang.

Um den Papst unter Druck zu setzen, nutzte Nogaret die bei Hof einlaufenden Anklagen gegen die Templer. Das Ordenskollektiv wurde der Ketzerei, des Götzendienstes und der Sodomie beschuldigt, und in der Tat herrschten im Orden, gelinde gesagt, befremdliche Praktiken, die aber eher auf stupide Schikane und Ignoranz als auf gewollt anstößiges Verhalten zurückgingen. Wie seine Vorgänger wünschte auch Clemens V. eine Reform der geistlichen Ritterorden, um der Christenheit zu einer geschlossenen, stehenden Streitmacht für den Kreuzzug zu verhelfen. Doch er ließ sich vom Großmeister Jakob von Molay, der mehr die durch eine Zusammenfassung der Ritterorden drohende Einschränkung seiner eigenen Vorrechte als den Nutzen für die Christenheit sah, hinhalten, was wiederum den Eindruck erweckte, der Papst wolle das Ärgernis des immer untauglicheren Templerordens im Grunde gar nicht aus der Welt schaffen. Über das Verhalten Clemens' V. empört, beschloß Philipp der Schöne, die Kirche vor vollendete Tatsachen zu stellen, und ließ am 13. Oktober alle französischen Templer verhaften.

Die Könige der Nachbarländer unternahmen zwar nichts dergleichen, rührten aber auch keinen Finger zur Verteidigung eines Ordens, der seit dem Fall Akkons im Jahre 1291 seine eigentliche Funktion eingebüßt, sich dank seines Reichtums von einem Bollwerk des Glaubens in eines der größten Bankunternehmen des Abendlands verwandelt und sich durch die Lebensführung vieler seiner Angehöriger schließlich in ganz Europa in Mißkredit gebracht hatte.

War die Festnahme der Templer ein erster Warnschuß an die Adresse des Papstes gewesen, so folgte mit dem 1308 eröffneten Prozeß gegen den Bischof von Troyes, Guichard, der zweite. Diesem ziemlich übel beleumundeten Prälaten, der sich mehrfach durch zweifelhafte Machenschaften kompromittiert hatte, wurden Finanzdelikte vorgeworfen; außerdem war er in eine Hexereiaffäre verwickelt. Als das Verfahren zu versanden drohte, wurde er an die päpstliche Gerichtsbarkeit abgeschoben und beschloß seine Tage als Bischof von Djakovo in Bosnien. Im Grunde war es auch weniger um seine Person als um einen Denkzettel für den französischen Episkopat gegangen: Die Bischöfe sollten wissen, daß es sie teuer zu stehen käme, das Mißfallen des Königs und seiner Ratgeber zu wecken.

Außerdem setzten Nogaret und Plaisians erneut die Propagandamaschinerie in Gang, die sich schon im Kampf gegen Bonifatius VIII.

so glänzend bewährt hatte. Zum Abschluß einer Kampagne, bei der Pamphletisten wie Peter Dubois und die Legisten des Königlichen Rates um die Wette Gründe für die Berufung des Kapetingers zum Verteidiger des Glaubens ins Treffen führten, wurde im Mai 1308 in Tours eine Versammlung von Adligen, Prälaten und Bürgern einberufen, die die Schritte des Königs gegen die Templer einstimmig billigte.

Bereits im Herbst 1307 hatten die Bevollmächtigten des Königs, vielfach mittels Folter, reichlich allgemeine Geständnisse erpreßt. Diese von Angst und Mittelmäßigkeit diktierten Enthüllungen hatten in der Folge, diesmal ohne Folter, auch die Diözesaninquisitoren zu hören bekommen, und im darauffolgenden Sommer waren die gleichen Aussagen vor dem Papst und einigen Kardinälen noch einmal wiederholt worden. Damit schien für Rom die Templeraffäre so gut wie bereinigt: Die Schuldigen hatten ihre Sünden bekannt und sollten Absolution erhalten und mit der Kirche wieder ausgesöhnt werden; für eine Bestrafung des Ordens selbst sah man keinen Anlaß.

Nicht so Philipp der Schöne und seine Legisten, die die Drangsalierung junger Ordensangehöriger durch die »alten« und die zweifelhaften Sitten gewisser Ordensbrüder ja lediglich als Vorwand benutzt hatten, um sich einzumischen. Den Orden ungeschoren zu lassen hätte bedeutet, auf eine Gelegenheit zu verzichten, auf die Reform einer kirchlichen Einrichtung zu dringen, die ihrer Mission erwiesenermaßen nicht mehr gerecht wurde.

Clemens V. hatte dem König und seinen Leuten schon bei der Zusammenkunft in Poitiers im Mai/Juni 1308 erklärt, die Verfahren gegen die Ordensangehörigen von Provinzialgerichten einleiten und von Provinzialsynoden entscheiden zu lassen, das heißt, den Erzbischöfen anheimstellen zu wollen, während die Ermittlungen gegen den Orden selbst eine päpstliche Kommission durchführen und dem nächsten allgemeinen Konzil Bericht erstatten sollte. Als der Großmeister Molay dann im November 1309 verspätet Einsicht bekundete und im April 1310 gar einige Templer zur Verteidigung ihres Ordens antraten, wuchs bei den Legisten der Verdacht, nach der Verurteilung der Geständigen solle der Orden selbst freigesprochen werden. Denn daß weder die Regel des Templerordens noch die Beschlüsse seiner Kapitel jemals der Sodomie oder dem Götzendienst Vorschub geleistet hatten, lag auf der Hand. Warum also sollte das Konzil einen kurz zuvor noch hochangesehenen Orden verdammen, nur weil ein paar einfältige Gemüter Reliquienverehrung und Götzendienst durcheinandergebracht hatten. Unschuldig in Verruf geraten, würde der Templerorden fortbestehen.

Um dem König diese Schlappe zu ersparen, nutzten die Legisten einen in der Prozeßordnung vorgezeichneten Ausweg. Bereits im Mai 1310 ließen sie die um die Verteidigung des Ordens bemühten Brüder von der in Paris tagenden Synode der Provinz Sens unter dem Vorsitz des neuernannten Erzbischofs von Sens, Philipp Marigny, eines Bruders von Enguerran, als »Rückfällige« verurteilen, die unter Eid abgelegte Geständnisse widerrufen hatten.

Da also nur Templer, die noch kein Geständnis abgelegt hatten, für den Orden hätten eintreten können, wagte bald keiner mehr ein Wort zu seiner Verteidigung – mit dem Ergebnis, daß auch die Ermittlungen auf der Stelle traten.

Endgültig beigelegt wurde die Templeraffäre 1312 während des Konzils von Vienne, aber ohne dessen Mitwirkung. Clemens V. brauchte Philipp den Schönen, und so schlug Marigny einen großen Kuhhandel vor: den Prozeß gegen den Templerorden gegen das postume Verfahren gegen Bonifatius VIII. aufzurechnen, zumal die moralische Genugtuung einer späten Rache durch die in der Flandernfrage hereinspielenden Interessen gut und gern aufgewogen wurde. Da der König von Frankreich außerdem seine Streitmacht vor Vienne hatte aufmarschieren lassen und niemand an einem Zusammenstoß gelegen war, löste der Papst, ohne eine unnütze und keineswegs gesicherte Verurteilung abzuwarten, den Templerorden durch einen einfachen Beschluß (die Bulle *»Vox in excelso«* vom 22. März 1312) auf. Niemand erhob Protest, wurde doch der Orden inzwischen allgemein als Stein des Anstoßes empfunden.

Blieb noch die Verteilung des Ordensvermögens. Wie von Marigny erhofft, fiel es – entgegen vagen Neugründungsplänen, hinter die sich einige Kapetingerprinzen gestellt hätten, wären sie sich dabei nur des eigenen Vorteils sicher gewesen – an den anderen großen, aus dem ersten Kreuzzug hervorgegangenen Ritterorden: die Johanniter (Hospitaliter). Auch die spanischen Orden, deren Tätigkeit allgemeine Anerkennung fand, erhielten ihr Teil.

Durch den Templerprozeß gewann der Hospitaliterorden doppelte Macht. Doch als der König von Frankreich die Abrechnung für die seiner Zwangsverwaltung unterstellten Templerdomänen vorlegte, ergab die

Überprüfung, daß die Nachfolger des Templerordens bei der Krone in der Kreide standen.

Schließlich erging noch das Urteil über den seine Geständnisse ständig widerrufenden Molay, der, da er sich nicht geständig und mithin auch nicht reuig zeigte, zu lebenslänglicher Kerkerhaft verdammt wurde. Als er endlich begriff, daß er nie vor den Papst zitiert werden sollte und somit seine ganze Hinhaltetaktik, um Zeit zu gewinnen, vergeblich gewesen war, beteuerte er lautstark seine Unschuld. Der Präzeptor der Normandie, Gottfried von Charnay, schloß sich diesem letzten, allzulang hinausgeschobenen heldenmütigen Akt an, und so wurden beide, noch ehe sich die Kardinalskommission hätte einschalten können, am 19. März 1314 als Rückfällige auf dem Scheiterhaufen verbrannt.

Die Aufmerksamkeit des Königs und seiner Ratgeber hatte sich unterdessen schon wieder einem anderen Punkt zugewandt: der Kaisernachfolge. Nach dem Tod Heinrichs VII. von Luxemburg während seines Italienzugs zur Kaiserkrönung am 24. August 1313 erwog man die Kandidatur des zweitältesten Sohnes des französischen Königs, Philipp von Poitiers, des künftigen Philipp V. Als sich die Sache jedoch in die Länge zog, schob sich Ludwig von Nevers, der älteste Sohn des Grafen von Flandern, Robert von Béthune, in den Vordergrund und ließ seine Diplomatie spielen. Doch gelang es Marigny, seine Pläne um teures Geld zu vereiteln: Schließlich hätte die Kaiserkrone für Ludwig von Nevers für Frankreich den Verlust Flanderns bedeutet. Gerade zu dieser Zeit aber kämpfte der Kapetinger um die Ausführung des Vertrags von Athis, wobei ihm das Bündnis mit dem Papst sehr zustatten kam. So hatte sich der politische Kurs unter Marigny, der in den letzten Regierungsjahren Philipps des Schönen im Rat den Ton angab, im Vergleich zu dem unter seinen Vorgängern Flote und Nogaret grundlegend gewandelt.

Auf den Tod Clemens' V. am 20. April 1314 folgte eine lange Sedisvakanz, die Marigny dazu benutzte, die Wahl seines Vetters Nikolaus von Fréauville, des ehemaligen Beichtvaters Philipps des Schönen, zu betreiben. Doch das Ableben des Königs am 29. November 1314 machte ihm einen Strich durch die Rechnung. Er selbst fiel in Ungnade und wurde bald darauf zum Tod durch den Strang verurteilt. Nach einem siebenundzwanzig Monate währenden Konklave bestieg schließlich der alte Kardinal Jakob Duèse als Johannes XXII. den päpstlichen Thron, der dem König von Frankreich zwar nichts schuldete, sich aber durch die eingefahrenen Gewohnheiten doch von Anbeginn an gebunden fühlte. Clemens V. hatte sich 1309 wegen der Nähe zu der als Konzilsstadt vorgesehenen alten Römerstadt Vienne und wegen der Nachbarschaft des kurz zuvor von Gregor X. erworbenen Comtat Venaissin in Avignon niedergelassen und war dort geblieben. Johannes XXII. siedelte sich auf dem linken Rhôneufer auf Reichsgebiet an, jedoch vor den Toren des Königreichs Frankreich, und erhob Avignon recht eigentlich zur neuen Hauptstadt der päpstlichen Regierung. Damit war die Gelegenheit, die Alpen zu überschreiten, vergeben. Aber der neue Papst hatte seine Wahl mit Vorbedacht getroffen.

War Clemens V. Rom ferngeblieben, weil sich das Papsttum dort nicht mehr hatte duchsetzen können, so verwandelte sich das zunächst in erster Linie als Ausweichort gewählte Avignon durch den Zustrom französischer Kleriker in eine mehr und mehr positive politische Realität: Die Franzosen – wenn schon nicht der König von Frankreich – machten sich den Heiligen Stuhl schlicht und einfach zu eigen.

KAPITEL VIII

Die Zeit der Krisen
1315–1364

ERBFOLGEPROBLEME

Der Tod Philipps des Schönen am 28. November 1314 stürzte das Land in eine schwere Nachfolgekrise. Dabei schien noch ein Jahr zuvor die französische Krone gegen alle Wechselfälle gesichert. Doch dann hatten des Königs liederliche Schwiegertöchter innerhalb weniger Monate alles ins Wanken gebracht. Die Königin von Navarra, Margarete von Burgund, die an der Seite Ludwigs X. zur Königin von Frankreich hätte aufsteigen sollen, hatte statt dessen im eisigen Kerker von Château-Gaillard ihr Leben ausgehaucht. Blanca von Artois, die Gattin von Philipps drittem Sohn Karl von der Marche, saß zehn Jahre im Gefängnis, ehe sie ihre Tage im Kloster beschloß. Und ihre mit Philipp von Poitiers verheiratete Schwester Johanna hatte sich soweit in jene skandalöse Ehebruchaffäre verstrickt, daß sie sich eine Zeitlang vom Hof entfernen mußte.

Mit einem Wort: Hatte der König von Frankreich ein Jahr vor seinem Tod drei gut verheiratete Söhne, eine Enkelin und die Aussicht auf Enkel besessen, so waren ihm auf dem Totenbett nur noch Söhne ohne männliche Nachkommenschaft und seine mit Eduard II. von England verheiratete Tochter Isabella geblieben.

Um klarzustellen, was er von der Nachfolge in weiblicher Linie hielt, verfügte er kurz vor seinem Tod, die Apanage Poitiers für alle Zeiten nur in der männlichen Linie zu vererben.

Auch in der Folgezeit hielt die Pechsträhne der Kapetinger an. Ludwig X. regierte nur kurze Zeit und hinterließ bei seinem Tod am 5. Juni 1316 seine zweite Frau, Clementia von Ungarn, zwar schwanger, aber das postum geborene Kind, später als Johann I. gezählt, lebte nur ganze fünf Tage.

Die Regentschaft bis zu Johanns Geburt übernahm Philipp von Poitiers. Etwaige Thronansprüche der Tochter Ludwigs X. und der unseligen Margarete von Burgund hinderten ihn auch nicht, sich bei Johanns I. Tod von den Großen als nächster Erbberechtigter bestätigen zu lassen. Und da Johanna noch ein Kind war, fand sich niemand, der ihre Rechte verteidigte.

Navarra und die Champagne, die durch die Vermählung Königin Johannas von Navarra mit Philipp dem Schönen an die Kapetinger gefallen waren, konnte man Johanna freilich nicht streitig machen, und so kam man überein, die Erbin möglichst billig zu entschädigen. Als Abfindung setzte der neue König, Philipp V., der Lange, seiner Nichte eine Rente von fünfzehntausend Livres aus.

Johanna hatte aber auch allzu viele Nachteile auf ihrer Seite: Sie war ein Mädchen, vielmehr fast noch ein Kind und obendrein die Tochter einer Ehebrecherin. Zwar sorgte ihr Onkel mütterlicherseits, der Herzog von Burgund, dafür, daß sie nicht ganz leer ausging; niemand aber wäre bereit gewesen, demjenigen in den Weg zu treten, der den Staatsapparat bereits in seine Hand gebracht hatte. Auch der Vetter, mit dem man sie vermählte, Philipp von Évreux, sollte sich nicht als der mutige Streiter erweisen, dessen sie in ihrer Kindheit bedurft hätte. Damit schienen die Würfel ein für allemal gefallen. Johanna durfte Navarra behalten – das man ihr in Wirklichkeit zurückgeben mußte – und erhielt als Abfindung für die unbezahlbare Champagne die Baronie Mortain in der Normandie sowie vorübergehend die Grafschaft Angoulême.

Wohl oder übel erklärte sie sich mit dieser Regelung offiziell einverstanden. Ihr Sohn, Karl von Évreux, König von Navarra (dem die Geschichte den Beinamen Karl der Böse anhängen sollte), dagegen sah sich und seine Familie zeitlebens als Enterbte an. Doch war er zu spät geboren (1332), um noch Ansprüche geltend machen zu können.

Nach Philipps V. Tod 1322 trat nach geltender Regel unter Übergehung seiner vier Töchter sein Bruder, Graf Karl von der Marche, als Karl IV. die Nachfolge an. Durch dessen Tod sechs Jahre später jedoch entstand eine neue Situation: Nun lautete die Alternative nicht mehr Bruder oder Tochter beziehungsweise Bruder oder Schwester, sondern Tochter oder Vetter, denn Karl IV. hatte keine direkten Erben hinterlas-

DIE THRONFOLGE

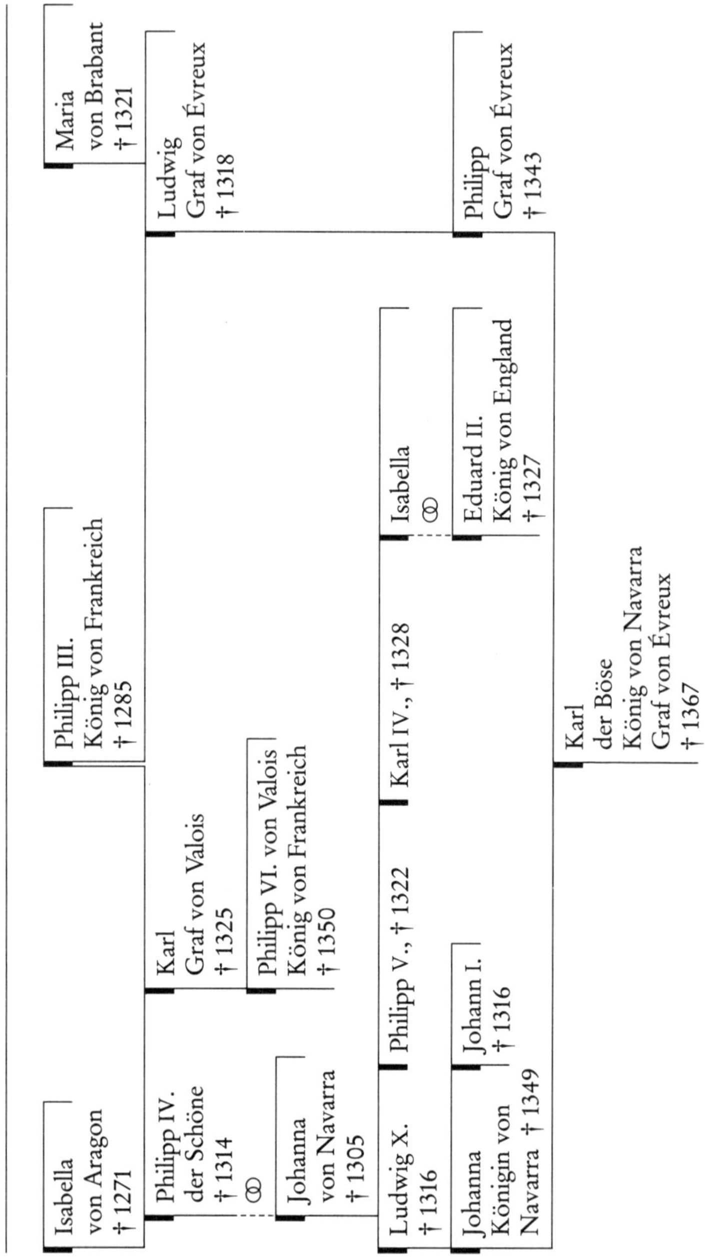

sen. So blieb nur die Möglichkeit, entweder das letzte überlebende Kind Philipps des Schönen, seine Tochter Isabella, als Erbin einzusetzen, deren Sohn, Eduard III., seit kurzem über England herrschte, oder aber am Grundsatz der Erbfolge in der männlichen Linie festzuhalten. Im ersten Fall war nicht recht einzusehen, warum die Tante vor ihrer Nichte Johanna kommen sollte, und im zweiten kam in Ermangelung eines »Königssohns« nur ein Vetter des Königs in Frage: Philipp, Graf von Valois, der Sohn jenes Bruders Philipps des Schönen, der nach so vielen Kronen gelangt hatte und zum Schluß doch leer ausgegangen war.

Dieser Vetter nun übernahm nach Karls Tod 1328 die Regentschaft für die schwangere Königin und ließ sich, kaum hatte sich gezeigt, daß das Kind eine Tochter war, von einer Versammlung der Großen in Vincennes als König von Frankreich bestätigen.

Doch die Situation war unvergleichlich schwieriger als 1316. Philipp von Valois war weder der nächste Verwandte des verstorbenen Königs – das war Isabella, die Schwester der letzten drei Könige – noch der direkteste, da jeder der drei Brüder Töchter hinterlassen hatte. Positiv dagegen schlug für ihn zu Buche, daß er der älteste männliche Vertreter der ganzen Sippe, ein Ritter von fünfunddreißig Jahren und ein französischer Baron war, während gegen den zweiten in Frage kommenden Vetter, Philipp von Évreux, seine spätere Geburt sprach. Dessen Sohn, Karl der Böse, jedoch sollte sich eines Tages noch daran erinnern, daß er mütterlicherseits der Enkel eines französischen Königs war – genau wie Isabellas Sohn, Eduard III. von England.

Philipp von Valois trug aber vor allem deshalb den Sieg davon, weil die französischen Barone in ihm einen der Ihren sahen. Mochten die Juristen auch noch so viele Argumente zugunsten des männlichen Erbfolgeprinzips austüfteln, während in Aquitanien, in Flandern und neuerdings auch im Artois Frauen die Lehnsnachfolge antraten, mochte der Bischof Johann von Marigny auch das Evangelium zitieren (»die Lilien spinnen nicht«) – den Ausschlag gab letztlich, was die Barone mit ungeschminkter Offenheit so formulierten: »Niemals seit Menschengedenken war das Königreich Frankreich der Herrschaft des Königs von England untertan.« Erst vierzig Jahre später, als es um die Rechtfertigung der in den Jahren 1316 improvisierten und 1328 bestätigten Ausschaltung der Frauen von der Thronfolge ging, sollte man auf die alte *Lex Salica* zurückgreifen, deren Artikel über das Grundeigentum Frauen von der Erbfolge auf

»freien« Ländereien ausschloß. Im Augenblick dachte kein Mensch an das Salische Gesetz, das, nebenbei bemerkt, den meisten so unbekannt war wie die Salier selbst.

Der Engländer, der zu diesem Zeitpunkt vollauf damit beschäftigt war, England und Aquitanien, sein eigenes Erbe beidseits des Ärmelkanals, zu bewahren, fand sich mit der Wahl der französischen Barone ab. Die skandalumwitterten Beziehungen seines Vaters, Eduards II., zu Hugh Despenser und seiner Mutter, der Königin Isabella, zu Roger Mortimer, der Aufstand der englischen Barone, die erzwungene Abdankung Eduards II., der im Kerker zu Tode gefoltert wurde, zugunsten seines Sohnes – all das hatte den Plantagenet aus dem Rennen um die kapetingische Thronfolge geworfen. Eduard III. war viel zu schwach, um sich dieses Abenteuer leisten zu können.

Dafür spannte er alle Kräfte an, um sein Herzogtum auf dem Kontinent zu retten, das Karl IV. 1324 nach einem lokalen Konflikt – dem »Krieg von Saint-Sardos« – eingezogen hatte mit der Begründung, es würde vom unbequemen Eduard II. schlecht verwaltet. Um sein Herzogtum nicht ganz zu verlieren, fand sich Eduard III. zu einem Ausgleich bereit und ließ es auf einen Küstenstreifen beschneiden, der, wie sich bald herausstellte, nicht lebensfähig war. Wie schlecht der Handel war, auf den er sich da eingelassen hatte, zeigte sich aber erst angesichts der Hinhaltetaktik der französischen Kronbeamten: Diese zögerten die Rückgabe des kleinen Aquitanien hinaus, um den Vasallen des König-Herzogs, die das Joch natürlich nur zu gern abschütteln wollten, Zeit zu geben, in Eingaben an das Pariser *Parlement* daran zu erinnern, daß sie Gefolgsleute des Herzogs von Aquitanien, nicht aber des Königs von England seien. Eduard brauchte sich also hinsichtlich der Treue der aquitanischen Barone nichts vorzumachen: Sie hatten nur ihren eigenen Vorteil im Auge.

Isabella von Frankreich, die Mutter des jungen Königs, die ihren Ausschluß von der kapetingischen Thronfolge nicht vergessen hatte, versuchte Eduard mit allen Mitteln von der Leistung des Lehnseids, seiner Vasallenpflicht gegenüber dem König von Frankreich abzuhalten. Doch Philipp VI. von Valois wußte sich Rat: Er konfiszierte die Einnahmen aus dem Herzogtum, so daß Eduard III. aus Angst vor der Beschlagnahme des Herzogtums nachgeben mußte und im Juni 1329 in Amiens als Herzog jenen Eid leistete, der ihm als König so schwer zu schaffen machte.

Dieser Lehnseid von Amiens stellt ein bis heute unübertroffenes Meisterwerk an Doppeldeutigkeit dar; doch der König von Frankreich befand sich nun einmal in der stärkeren Position: Er hatte noch immer die Hand auf dem Herzogtum und unterstützte gleichzeitig die schottische Unabhängigkeitsbewegung. So mußte Eduard III. 1331 anerkennen, daß er mit seinem in Amiens geleisteten Eid ein ligisches Lehnsverhältnis eingegangen war, das Vorrang vor allen anderen Vasallenbindungen genoß und gegen sie ausgespielt werden konnte. Als Gegenleistung machte Philipp VI. Miene, die Schotten des Robert Bruce fallenzulassen, setzte aber desungeachtet einige Jahre später zum Feldzug nach England an.

Im Frühjahr 1337 schien es wieder einmal soweit und ein neuerlicher Zusammenstoß zwischen den christlichen Fürsten trotz der Bemühungen Papst Benedikts XII. und seiner Legaten nicht zu vermeiden. Während Frankreich und Schottland auf der einen und England auf der anderen Seite ihre Verbündeten zählten, spielte der Kaiser, Ludwig der Bayer, den Valois, den Plantagenet und den Papst im eigenen Interesse gegeneinander aus. Daß man auf den Krieg zutrieb, stand angesichts des allseitigen Rüstens außer Frage, doch hätte niemand zu sagen vermocht, ob er an der schottischen Grenze oder an der Grenze Aquitaniens ausbrechen würde.

Zu diesem Zeitpunkt wurden an der Rechtmäßigkeit von Philipps Königtum noch keine Zweifel laut. Auch die Legisten und mehr oder minder offiziellen Chronisten rührten erst später die Propagandatrommel, um all die Bedenken, Einwände, ja sogar Schuldgefühle bei und nach der Thronbesteigung des Valois 1328 zu übertönen. Aber so wenig sich einer bereit gefunden hätte zu beschwören, daß das Recht des Valois unanfechtbar sei, so wenig hätte andererseits jemand bestritten, daß er nun einmal König von Frankreich war.

Im übrigen fiel auch das Gottesurteil zu seinen Gunsten aus. Von Ludwig von Nevers, dem Grafen von Flandern, angesichts des nicht abflauenden Aufstandes in Seeland, wo die zunächst auf die ländlichen Gebiete beschränkte Revolte inzwischen zu einer von Brügge angeführten allgemeinen Erhebung ausgeufert war, um Hilfe angegangen, gelang es ihm am 23. August 1328, zwei Monate nach seiner Krönung, den ungeordneten Heerhaufen der Aufständischen unter Führung des begüterten, aber kampfunerfahrenen Bauern Nikolaus Zannequin vernichtend zu schlagen. Damit hatte er nicht nur seine Oberlehnsherrlichkeit demonstriert, sondern den Großen auch bewiesen, daß sie mit ihm trotz aller zweifelhaften Legitimität doch den richtigen Mann gewählt hatten.

WIRTSCHAFTSKRISEN

Die Stadt und Land verwüstende Revolte der Flamen war im übrigen nicht aus nationalen oder politischen Wurzeln erwachsen. Sie war vielmehr eine der ersten Folgeerscheinungen der mangelnden Anpassungsfähigkeit der gewerblichen Produktionsstrukturen: Die traditionelle Wirtschaft trieb dem Zusammenbruch entgegen und mit ihr das auf ihr fußende Netz sozialer Beziehungen.

Der Glaube an eine unbegrenzt ausbaufähige Landwirtschaft war durch die Klimakatastrophen der Jahre 1315–1317 erschüttert worden. Das vor dem Wasser gerettete Saatgut hatte auf die besten Äcker verteilt, neu dränierte Böden, erst vor kurzem urbar gemachte Felder in Hanglagen und neu erschlossene Heidegebiete hatten wieder aufgegeben werden müssen.

Auch das Textilgewerbe der großen flämischen und französischen Städte Gent, Ypern, Douai, Rouen und Paris, deren Zunftordnung einer bestimmten Kundschaft Gewähr für Qualität schien, war nicht mehr, was es gewesen war, solange die lebhafte Nachfrage nach schweren, weichen Tuchen angehalten hatte.

Inzwischen jedoch hatten die anglo-französischen Feindseligkeiten gezeigt, wie leicht ein solcher Wirtschaftszweig aus dem Lot geraten konnte, wie sehr die Tuchherstellung von bestimmten Voraussetzungen abhing. Hier handelte es sich vor allem um zwei Bedingungen: um die Abhängigkeit von der Einfuhr englischer Wolle als der einzigen damals bekannten hochwertigen Wolle und um die normalen Absatzmöglichkeiten auf dem französischen Markt sowie, auf dem Weg über die französischen Messen, auf den italienischen und orientalischen Märkten. Als dann noch die Mode überraschend vom langen Gewand mit üppigem Faltenwurf zur enganliegenden Kleidung überging, wurden die schweren Wollstoffe gänzlich aus ihrer marktbeherrschenden Stellung verdrängt. So führte das Wams lange vor dem Siegeszug der Seide zur Bevorzugung leichter Stoffe, die in ländlichen, vom großstädtischen Zunftzwang befreiten Textilzentren mit relativ geringem Kostenaufwand produziert werden konnten. Von nun an gehörte ein vielfältig aufgefächertes Angebot an Stoffarten ebenso zur Lebenskultur wie die große Auswahl an Mustern und Farben.

Das Zunftwesen, ursprünglich zum Schutz eines bestimmten Produktionsnetzes aufgebaut, hatte sich mit der Zeit nicht nur zu einem Hemmschuh der unternehmerischen Freiheit und Phantasie, sondern auch zu einer finanziellen Belastung entwickelt. Die großen Verleger, zwangsläufig stille Teilhaber der Produktion, insofern sie die Handwerker mit Wolle belieferten und den Absatz der fertigen Ware übernahmen, mußten aufs Land und in die Kleinstädte ausweichen; nur hier bot sich ihnen die Möglichkeit, Produktionsketten aus Kleinbetrieben nach rein wirtschaftlichen Erfordernissen ohne Zunftbeschränkungen aufzubauen und auf diese Weise sowohl die von den Zünften untersagten neuen Techniken wie Spinnmaschine oder Walkmühle einzuführen als auch weniger edle Rohstoffe als englische Wolle oder orientalische Färbemittel zu verwenden und neue Produktionszweige zu erproben.

Das war natürlich ein schwerer Schlag für das städtische Tuchgewerbe, der durch die Konkurrenz neugegründeter Industriezentren in den brabantischen Städten Mecheln und Brüssel oder in Florenz und anderen Städten der Toskana noch verschärft wurde.

Das beste Geschäft machten diejenigen, die sich den Wandel zunutze machten und neben den Tuchen aus Namur und Löwen, Rouen, Honfleur und für kurze Zeit sogar aus Paris auch die Erzeugnisse der kleinen Textilzentren vermarkteten wie Pont-de-l'Arche, Bernay, Falaise, Saint-Lô, Dinant und Kortrijk sowie einer Reihe großer Marktflecken in der Normandie und im Languedoc, wo die Weberei vielfach als Nebenerwerb betrieben wurde. Diesen Orten, deren Ruf nicht über die Grenzen hinausdrang, ist es zu verdanken, daß die Krise um eine gute Generation hinausgezögert wurde.

Lange hatte man geglaubt, der Wohlstand der großen Handelszentren an den damaligen Welthandelsstraßen müßte ewig währen. Durch den Tausch orientalischer Produkte und flämischer Tuchwaren einerseits und den Handelsverkehr zwischen Italien und den Hansestädten mit Brügge als Knotenpunkt der Verbindungen nach Westen und Süden andererseits waren Kaufleute, Lebensmittel und Kapitalien gewissermaßen ganz von selbst auf den Messen der Champagne zusammengeströmt und hatten ihre segensreiche Spur nicht nur entlang den Straßen in die Champagne, sondern auch in der nahe gelegenen Hauptstadt selbst hinterlassen.

Seit jedoch durch die Straße von Gibraltar und über den Brenner neue Verbindungen zwischen Mittelmeer und Nordsee entstanden waren, hatte der Verkehr neue Wege eingeschlagen. Und da die Kaufleute aufgrund der allgemeinen Unsicherheit im Gefolge des Krieges vor langen Handelsreisen zurückscheuten, profitierten neue Städte vom Zusammenbruch des alten Handelsnetzes: Lyon, Genf, Chalon-sur-Saône, die auf lange Sicht einen Teil des Handelsverkehrs zwischen Italien und Nordwesteuropa an sich bringen konnten. Weitere Erben waren, wenn auch in anderer Form, Marseille und Montpellier.

Vor allem aber kamen Paris als Sitz von Hof, Finanzverwaltung, *Parlement* und Universität ab 1300 die Vorteile einer finanzkräftigen Käuferschaft zugute, die Wert auf äußeren Aufwand legte und die Einkünfte aus Staats-, Hof-, Verwaltungs- und Justizdienst in die Lebenshaltung stecken konnte. Dieser Wohlstand machte die rapid wachsende Stadt – bei der Zählung der »Feuerstellen« 1328 wurde die Zahl der Einwohner auf etwa 200000 geschätzt – zu einem beachtlichen Konsumzentrum für Lebensmittel und Bekleidung, zu einem Markt des aristokratischen Luxus und bürgerlichen Überflusses und zu einem unersättlichen Arbeitsmarkt für Bau- und Dienstleistungsgewerbe. Außerdem verwandelte sich Paris nicht zuletzt dank der Zentralisierung des Finanzwesens, zu der seit Johannes XXII. auch der zentral abgewickelte Zahlungsverkehr für den päpstlichen Hof in Avignon beitrug, zwar in einen Finanzplatz, nicht jedoch in ein Handelszentrum.

Was schließlich die Währung angeht, so hatten dreihundert Jahre einer zusehends raffinierten Geldwirtschaft den Glauben an ihre Festigkeit untermauert. Zwar war der Silberdenar, wie einst der römische Goldsolidus, laufend schlechter geworden. Doch eine Abwertung, die sich über rund zweihundert Jahre erstreckt, wird, auch wenn sie den Denar aufgrund des in Westeuropa chronischen Edelmetallmangels drei Viertel seines Feinsilbergehaltes kostete, kaum als solche empfunden. In einer aufstrebenden Wirtschaft tut eine Inflationsrate von jährlich einem halben Prozent der Expansion keinen Abbruch, auch wenn die ein für allemal festgesetzten Abgaben – insbesondere der Grundzins – die Entwicklung nicht mitmachen und deshalb langsam aber sicher zum Ruin der Grundherren führen: Hatte ein Einkommen von hundert Livres zur Zeit der ersten großen Rodungen noch zwanzig Kilogramm Silber entsprochen, so war es zu Beginn des 14. Jahrhunderts noch ganze drei Kilo wert.

Doch was hatte schon Inflation bedeutet, solange sich die Minderung des Einkommens durch Erweiterung des Anbaus, durch neue Pachtgelder für neugerodete Ländereien, durch eine fortgesetzte Verjüngung der Landwirtschaft kompensieren ließ? Diese Zeiten aber waren nun vorbei. Sowie man sich jedoch, ohne die Zusammenhänge zu begreifen, einer landwirtschaftlich voll erschlossenen Welt und nicht aufhörenden Klimaunbilden ausgesetzt sah, sowie man mit einemmal die stetige Geldverschlechterung gewahr wurde und den Rückgang des Absatzes konstatierte, machte man sich auf die Suche nach Sündenböcken; Juden und Lombarden, Adlige und Patrizier, Ratgeber des Königs von Frankreich und Getreue des Grafen von Flandern ließ man ein Unbehagen, das man schmerzhaft verspürte, aber nicht wirklich durchschaute, teuer bezahlen.

Daß es sich bei der von allen Seiten hereinbrechenden Krise um eine allgemeine Depression handeln könnte, kam den noch nicht an globale Betrachtungsweisen gewöhnten Zeitgenossen nicht in den Sinn. Ebensowenig kamen sie auf die Idee, die Schuld für die Stagnation des Getreidepreises, die zeitlich mit den Anfängen der Dreifelderwirtschaft zusammenfiel und den Grundherrn wie den bäuerlichen Erzeuger traf, beim Bevölkerungsrückgang zu suchen, der die Nachfrage auf den städtischen Märkten abflauen ließ. Anders gesagt, niemand erkannte den Zusammenhang mit den unregelmäßig, aber stetig steigenden Löhnen in Gewerbe, Handwerk und Landwirtschaft, die die landwirtschaftliche Arbeitskraft verteuerten und verknappten und den Preis für Pflugschar und Hufeisen in die Höhe trieben.

Die Abwertung des Rechnungsgeldes und damit der faktische Rückgang der festen Zinsabgaben hatte sich in den fruchtbaren Regionen lange zugunsten der Bauernschaft ausgewirkt und damit fraglos den Ausbruch des Volkszorns verzögert. Schließlich aber begann die Geißel der neuen Zeit – Krieg, Seuchen, Niederlage, Besteuerung – auch jene Bauern zu schlagen, die plötzlich die Unausgewogenheit des Gesellschaftssystems zu spüren bekamen, jene kleinen Grundeigentümer, die nicht einmal von den steigenden Löhnen profitierten: kurz all jene, die arm genug waren, um unter den steigenden Preisen für Kleidung und Eisengerät zu leiden, andererseits aber genügend besaßen, um dem König Steuern zu zahlen. 1358 kam es zum Bauernaufstand, zur *Jacquerie,* diesem Wutausbruch gegen die Adligen, denen man mit einemmal verübelte, daß sie Ritter und Grundherren waren. Daß die Revolte im Herzen der reichen Ebene des Valois aufflammte, erstaunt nicht weiter. Hier machte sich nicht der Zorn der Armen, sondern die Angst jener Luft, die sich sicher gewähnt hatten und plötzlich nichts mehr begriffen.

Diese Krise sollte indessen nur von kurzer Dauer sein, liegt doch den Regierenden der soziale Frieden stets mehr am Herzen als die Stützung der Wirtschaft: Die arbeitenden Klassen, die – als Mieter oder als Schuldner – von der Entwertung des Rechnungsgeldes profitieren, bleiben von den Folgen der Währungsreform fast immer verschont. Keine Regierung legt Wert darauf, daß bei der Aussicht auf eine plötzliche Mieterhöhung sämtliche Mieter auf die Straße gehen. Die großen Währungsschwankungen der Krise in den fünfziger Jahren des 14. Jahrhunderts kamen durchweg den Arbeitnehmern – vor allem auf dem Land – zugute und ließen sie doch bei jeder Gelegenheit bangen.

DER AUFBAU DES STAATSAPPARATS

Die Generation der ersten Legisten hatte eine Reihe von Begriffen ausgearbeitet, auf denen man nach 1315 systematisch einen Verwaltungs- und Justizapparat nicht länger nur für die Bedürfnisse der königlichen Lehnsherrschaft, sondern für die des ganzen Königreichs aufbaute. Hatte an den Finanz- und Rechtssitzungen der *Curia regis* bereits zur Zeit Ludwigs des Heiligen außer den natürlichen Mitgliedern des Königshofs, den Großen, ein geschultes Fachpersonal teilgenommen, so spalteten sich zur Zeit der letzten Kapetinger wirklich autonome Institutionen ab.

1316 erhielt der Gerichtshof, das sogenannte *Parlement,* unter Philipp V. seine mehr oder minder endgültige Form: eine Hauptkammer zur Anhörung der Plädoyers und zur Urteilsverkündung, eine Kammer für gerichtliche Untersuchungen *(chambre des enquêtes)* und eine Kammer zur Prüfung der Bittschriften und Beschwerden *(chambre des requêtes),* die über die rechtliche Zulässigkeit der Streitsachen zu befinden hatte, die bei den Großvasallen des Königs und den Leuten seiner unmittelbaren Umgebung, insbesondere den *chevaliers du roi* und den Mitgliedern des königlichen Haushalts, in die unmittelbare Zuständigkeit der *Curia* fielen, während in allen anderen Fällen ein Appellationsrecht bestand. Nun entwickelten sich auch Rat und Vorsitzender zu regelrechten Berufen. Prokurator und Advokat des Königs waren nicht mehr schlichte Praktiker, zu deren Klienten neben hundert anderen auch der König zählte, sondern richtige Beamte, die nun ausschließlich den Interessen der Krone dienten.

Im Gegensatz zum *Parlement* sollte sich das Pairsgericht als kurzlebige Erscheinung erweisen: Aus der *Curia regis,* dem Hofgericht, hervorgegangen, um von Fall zu Fall die Rechtshändel der Großvasallen zu entscheiden, ging es schon bald wieder im *Parlement* auf. Als außerordentliche Gerichtssitzung, bei der der König nach altem Brauch im Kreise seiner unmittelbaren Vasallen Recht sprach, hatte es von vornherein wenig Chancen, sich in eine dauerhafte Institution zu verwandeln.

Auch die Rechnungskammer ist ein Sproß der *Curia,* die ehedem in gewissen Zeitabständen zusammentrat, um die Rechenschaftsberichte der Baillis entgegenzunehmen, in zunehmendem Maße aber Finanzfachleute zugezogen hatte. Und auch sie erhielt ihre Form von Philipp V., (1320), der ihr ein ständiges Personal zur Überprüfung der Abrechnungen und der Begutachtung der Verwaltung zu Verfügung stellte. In dieser Eigenschaft »registrierte«, das heißt protokollierte die Rechnungskammer die *lettres patentes,* also die für die Öffentlichkeit bestimmten Schreiben aus der königlichen Kanzlei, durch die der König in eigener Person in die Rechtsprechung eingriff. Diese Registrierung diente zunächst nur dem Zweck, Ordnung zu schaffen und die Interessen der Krone kundzutun, wurde dann jedoch von der *Curia* angeblich im Interesse des Königs in das Recht umgewandelt, Einwände zu erheben *(droit de remontrances),* das heißt einem Erlaß die Registrierung zu versagen, wenn ihr dieser nicht reiflich genug durchdacht erschien.

Während man auch weiterhin grundsätzlich zwischen ordentlichen Finanzen – den Einkünften aus der Krondomäne – und außerordentlichen Finanzen – den Steuereinnahmen – unterschied, gewann die Münze für die Finanzpolitik wie für das Einkommen des Königs und damit auch für den Gewinn derer, die ihm auf seine Kosten dienten, zunehmend an Bedeutung. All das führte binnen kurzem zur Herausbildung neuer Institutionen mit eigener Verwaltungsgerichtsbarkeit, denen neben Überprüfungsaufgaben die Entscheidung von Streitsachen übertragen wurde. So löste sich 1346 die *Cour des monnaies* von der Rechnungskammer ab und bildete sich zur Zeit Karls V. auf der Grundlage des von den Generalständen anvisierten Ziels, das Steueraufkommen dem Zugriff der Leute des Königs zu entziehen, ganz allmählich die *Cour des aides* heraus. In dieser

Epoche reifte beim Adel, der sich von den neuen Schalthebeln der Macht abgedrängt sah, ein Programm heran, das bei geschlossenem Vorgehen wirkliche Reformen hätte bringen können, statt dessen aber bis zum politischen Auftrumpfen der Generalstände zwischen 1355 und 1358 lediglich ein Bündel von Forderungen blieb: Unveräußerlichkeit der Krondomäne, Ausgabenkontrolle, Verringerung der Zahl der Staatskrippenfresser, Stabilisierung des Münzwesens; dazu die Empfehlung, die Wahl der königlichen Beamten im Rat zu diskutieren.

Dieser Versuch, die Monarchie unter Kuratel zu stellen, war zum einen das Ergebnis der unter Johann II., dem Guten, eine Zeitlang verwirklichten Verschmelzung der politischen Kreise des Adels mit der gehobenen Verwaltung, zum anderen aber auch eine Folge der Machtkämpfe der fünfziger Jahre des 14. Jahrhunderts und vor allem der Niederlage der Krone von 1356. Letztlich aber verlieh er der königlichen Verwaltung nur verstärktes Gewicht, gab ihr präzisere und wirksamere Mittel an die Hand und festigte die sich abzeichnenden Karrieremöglichkeiten. Die von den Ständen 1355 mit der Veranlagung der direkten Steuer und der Überwachung der verpachteten indirekten Steuern, der *aides*, betrauten *élus (electi)* wurden zwei Jahre später schlicht zu Beamten des Königs, genau wie die *généraux élus sur le fait des aides*, die mit der Zeit zu Finanzgenerälen, *généraux des finances*, aufrückten. Damit hatten die reformbeflissenen Stände entgegen ihrer ursprünglichen Absicht eine neue Verwaltungsstruktur zugunsten des Königs geschaffen. So bezeichnete das *pays d'élection* in der Folge paradoxerweise eine der Verwaltung durch Kronbeamte direkt unterstellte Region.

Um diesen neuen Verwaltungs- und Justizapparat mit der vielfältigen Ämterauffächerung des künftigen Staatsdienstes voll würdigen zu können, müßten wir uns Administration, Prozeßwesen und öffentliche Ordnung auf allen Ebenen ansehen, auf denen die alte lehnsstaatliche Ordnung zusammenbrach. Je komplizierter die Amtsgeschäfte wurden und je mehr sich der Bereich der Machtbefugnisse der Krone ausweitete, desto größer wurde die Zahl der Fachkräfte im Stab der Baillis und Seneschälle, die sich nicht mehr in der Lage sahen, ihre vielfältigen Amtsbefugnisse wie im vorangegangenen Jahrhundert persönlich wahrzunehmen. Während sich die Staatsverwaltung mit den Parlementsräten und den *maîtres des comptes*, den Gerichtsdienern und Notaren, nach wie vor auf Paris konzentrierte, traf man nun zunehmend auch in ganz Frankreich königliche

Richter, Steuereinnehmer und Advokaten sowie Scharen nicht mehr von den Baillis selbst, sondern vom Staat angestellter *lieutenants* und vorübergehend wirkender Kommissare – kurz, lauter neue Verdienst- und Aufstiegsmöglichkeiten.

Die fiskalischen Berufe wurden von der Geschäftswelt anfangs nebenbei als zusätzliche Spekulationsmöglichkeiten betrieben. Man pachtete eine indirekte Steuer oder ließ sich zum Einnehmer einer *taille* oder einer Anleihe ernennen. Mit der Zeit aber kristallisierten sich Karrieren auf höchster Ebene heraus, so daß der *maître des comptes* seine bisherige Kaufmannstätigkeit aufgab, wenn er auch nach wie vor häufig aus den Handelskreisen hervorging und dort viele Vettern sitzen hatte. Dagegen boten die Justiz- und Verwaltungsberufe seit der ersten Hälfte des 14. Jahrhunderts auch weniger Begüterten unerhörte Aufstiegsmöglichkeiten. Bereits zur Zeit Philipps des Schönen beobachtet man ein regelrechtes »Revirement« der Baillis und Seneschälle, was das Wesen einer damaligen Berufslaufbahn verdeutlicht. Den Söhnen des Adels gab ein solches Amt im Dienst der Krone zuweilen die Möglichkeit, den Verfall der Grundrente auszugleichen. Daneben konnte man auch über ein Jurastudium Zugang zum Staatsdienst und zu vergleichbaren Berufen erhalten; der Wechsel von einer Tätigkeit zur anderen war im übrigen an der Tagesordnung; legte beispielsweise ein Advokat die Richterrobe an, versetzte das niemand in Erstaunen.

Die guten Berufsaussichten steigerten den Andrang von Berufsanwärtern an den Rechtsfakultäten, und obwohl die allgewaltigen Theologen der Pariser Universität das Zivilrecht nach wie vor mit Acht und Bann belegten, stand gerade diese Sparte bei den Studenten hoch im Kurs. Die Südfranzosen gingen nach Toulouse oder Montpellier, die anderen nach Orléans und absolvierten dort ein mehr oder weniger gut in ihre Pariser Ausbildung eingebautes Studienjahr. Sogar der Papst erteilte diesem Usus stillschweigend seinen Segen, beschäftigte er doch in seiner Finanzverwaltung unterschiedslos *licenciés en décret* und *licenciés ès lois* – das heißt Kanonisten und Zivilrechtler –, da es letztlich auf die intellektuelle Schulung des Juristen ankam. Im übrigen wurde das einzige Recht, das man wirklich anwandte, das Gewohnheitsrecht, an keiner Fakultät gelehrt.

Wie sich der weltliche oder geistliche Jurist als krönenden Abschluß seiner Laufbahn den Adelstitel oder Kardinalshut erträumte, so glaubte der Fürst nun für seinen Verwaltungsnachwuchs eigene Ausbildungsstätten unterhalten zu müssen. Damit begann aber auch der Universalismus des 13. Jahrhunderts zu verblassen; man sah auf den französischen Lehrstühlen weniger ausländische Professoren und in Bologna oder Padua weniger französische Studenten.

In dieser Zeit verselbständigte sich allmählich der Richter- und Advokatenstand, der sich von der Welt der Kirche selbst dann abhob, wenn der Richter als geistlicher Ratgeber wirkte oder der Advokat seine Laufbahn als Bischof beschloß. Schon bald entwickelte dieser Stand ein ähnliches Zusammengehörigkeitsgefühl wie die zum Adel aufgestiegene alte Ritterschaft, zumal die Lizenziaten- oder Doktorwürde insbesondere dann den Zugang zu den Institutionen eröffnete, wenn man sich auf die Empfehlung eines Verwandten oder Freundes berufen konnte. So bildeten sich regelrechte Dynastien von Staatsdienern heraus, wobei Kapitalkraft – und damit die Möglichkeit, dem König Kredit zu gewähren – im Finanzressort die Entstehung solcher Familiennetze fraglos erleichterte. So wurden aus Wechslerfamilien Steuereinnehmerfamilien, aus Kaufmannssippen Schatzamtsdynastien. Man denke an die Coquatrix und die Barbou zu Beginn des Jahrhunderts oder die Braque und die Poilevilain zur Zeit der ersten Valois. Daneben tauchten aber auch noch andere Dynastien von Verwaltungsbeamten und Richtern auf. Zwei Flote wirkten als Kanzler, zwei Presles als Kronadvokaten, zwei Dormans als Kanzler, während ein dritter als Erzbischof amtierte.

Als die Deputierten der Generalstände 1355 die Bewilligung der Steuer von der Wahl einer staatlichen Finanzkommission abhängig machten, suchten sie lediglich die Tendenz zur Mitbestimmung, zur Wahl und zur selbständigen Ämterbesetzung zu institutionalisieren, die sich schließlich auch durchsetzen sollte: Der Kanzler Karls V. und die Räte am *Parlement* Karls VI. wurden in der Tat durch die Wahl bestimmt.

DAS SPIEL DER FEUDALHERREN

Alle diese Fortschritte der Monarchie lösten bei den Feudalherren, die das Gewicht des königlichen Staatsapparates im öffentlichen und privaten Leben zunehmend zu spüren bekamen, eine wachsende Unruhe aus. Mit Mißvergnügen beobachteten die Territorialfürsten, wie sich ihr Nachbar, der Bailli des Königs, in die politischen Belange ihres Fürstentums einmischte und wie leicht der erstbeste unzufriedene Vasall mit seiner Berufung beim *Parlement* durchdringen konnte. Mit zunehmender Beliebtheit des Königsgerichts als Appellationshof aber sah auch der kleine dörfliche Grundherr die Rechtsprechung zusehends seinen Händen entgleiten. Und ebenso sah er sein Hab und Gut zerrinnen, wenn der Steuereinnehmer des Königs von den Dorfbewohnern Abgaben erhob, die diese nicht auch noch ein zweitesmal an ihn entrichten wollten. Eine doppelte Besteuerung auf jeden Acker und jedes Einkommen war entschieden zuviel.

So brach das politische und gesellschaftliche Gefüge, dessen Angelpunkt der Adel gebildet hatte, für jedermann ersichtlich zusammen. Während dem Adel die Zügel der Macht entglitten, stiegen immer mehr Leute »niedrigen Standes« in den königlichen Rat auf, setzte die königliche Schatzkammer Renten und Gehälter für Beamte aus, deren Ergebenheit sich Tag für Tag in klingender Münze auszahlte und nicht mehr mit einem erblichen Lehen abgegolten wurde. Die Ablösung des Waffendienstes durch Geldzahlungen – mit denen der König Söldner anwarb – und die Finanzierung des Krieges durch Bewilligung einer Steuer brachte das alte Bild von der Dreiteilung der Gesellschaft ebenso ins Wanken wie die durch schlichte königliche Beurkundung vollzogene Erhebung von Juristen und Finanzleuten in den Adelsstand. Der Hauptmann, der um Geld zu Diensten stand, der genuesische Armbrustschütze, der wegen seines technischen Könnens und nicht aufgrund seiner Stellung im göttlichen Weltplan angeworben wurde, erschütterten die Vormachtstellung jener, die den Krieg als ihre Berufung auffaßten. Kurz, daß unter den ersten Valois beim Adel Forderungen nach Reformen laut wurden, braucht nicht weiter zu erstaunen.

Das erste Donnergrollen ließ sich am Ende der Regierungszeit Philipps des Schönen vernehmen. 1315 brachte die Eifersucht der Fürsten einen Enguerran de Marigny an den Galgen. Marigny war zu hoch aufgestiegen, und ein Karl von Valois konnte es nicht verwinden, daß ein armer Ritter, der zwanzig Jahre zuvor mit keiner anderen Empfehlung als dem klingenden Namen eines hochgestellten Vetters aus dem normannischen Vexin gekommen war, zum »Amtsgehilfen der Krone«, wie es ein Chronist sehr treffend umschreibt, avancierte.

Um diese Zeit schlossen die Feudalherren auch die ersten Bündnisse miteinander. Kurz nachdem Philipp der Schöne die Forderung der Adelsvertreter aus den nördlichen Regionen von der Bretagne bis zur Picardie nach Beibehaltung des Gewohnheitsrechts – und somit den Verzicht der Krone auf Besteuerung – abgeschlagen hatte, wurden die ersten regionalen Absprachen getroffen. Der burgundische Adel berief eine Versammlung ein, um einen Anführer zu wählen, einen Arbeitsplan aufzustellen und eine Beschwerdeliste zu verfassen. Ende 1314 folgten die Adligen der Champagne, des Forez und des Vermandois diesem Beispiel. Nur der Adel des Artois stellt einen Sonderfall dar: Er verbündete sich zwar gleichfalls, aber nicht gegen die erpresserischen Forderungen der Krone, sondern gegen die der Gräfin Mahaut.

Die Gefahr für den König zeichnete sich ab, als die Abgesandten mehrerer Bündnisse zusammentrafen: Würde der französische Adel zu den Waffen greifen? Die Vorgänge in England lagen noch nicht allzu lange zurück, jeder erinnerte sich, in welch mißliche Lage Johann Ohneland und Heinrich III. durch den Aufstand ihrer Barone geraten waren.

Doch die Gefahr ging vorüber, und zwar aus einem einzigen Grund: dem Unvermögen der französischen Barone, eine gemeinsame Strategie auszuarbeiten und durchzuführen. Jeder kämpfte für seine partikularistischen Interessen. Schließlich wollten sie nicht gegen eine auf die Nivellierung des Feudalwesens ausgehende Krone Front machen, nur um dann in einer gemeinsamen Adelsorganisation aufzugehen. Das aber hatte zur Folge, daß die verschiedenen Bewegungen nacheinander abliefen und der königlichen Regierung somit die Möglichkeit blieb, sich sukzessive durch Bewilligung von »Charten« aus der Affäre zu ziehen – in Wahrheit leeren Versprechungen, dazu bestimmt, den Aufruhr der Feudalherren eine Zeitlang zu beschwichtigen. Außerdem ließ der Adel eine Wirtschaftsmacht außer Betracht, deren politische Stärke er noch nicht erkannt hatte, und versäumte es, die Städte in seine Bewegung mit einzubeziehen.

So blieben von diesen Feudalbündnissen lediglich einige Charten übrig, auf die sich in den folgenden zweihundert Jahren zahlreiche Reformforderungen stützen sollten: Auf die *Charte aux Normands* zum Beispiel wird noch zur Zeit Ludwigs XI. gepocht. Respektierung des Gewohnheitsrechts und insbesondere der landrechtlichen Gerichtsbarkeit des *seigneur justicier,* Rückkehr zu den vollwertigen Münzen Ludwigs des Heiligen, Steuerbewilligung durch die Stände – lauter hohle Versprechungen, die die Monarchie nicht halten konnte, nichtsdestoweniger aber bei neuen Händeln unerschrocken immer wieder aus der Mottenkiste holte. Das ganze Jahrhundert hindurch galt die damals aufgestellte Gleichung: Steuer gegen gutes Geld, das heißt Einstellung der ständigen Münzverschlechterungen, der ewigen Inflation, die die Seigneurs als Grundbesitzer bei den ein für allemal festgesetzten Pachteinnahmen nicht verkraften konnten.

Von der Unzufriedenheit des niederen Adels war nicht mehr viel zu spüren – er fand im Kriegshandwerk einen neuen Beruf. Gegen angemessenen Sold widmete sich der Krautjunker nun ganz dem Waffenhandwerk. Bewährte er sich, konnte er zum Kapitän, das heißt zum Unternehmer aufrücken und Leute auf eigene Faust in Dienst nehmen. Geregelte Bezahlung und Aussicht auf häufige Plünderungen sowie gelegentliche Lösegelder taugten mehr als erschütterte Vorrechte und dahinschmelzende Pachteinnahmen. Der Dienst im königlichen Heer ließ die Beschäftigungen der Ritter zur Zeit Ludwigs X. als überholt und hinfällig erscheinen. Und dieser Kriegeradel fand sich auch unschwer damit ab, daß die Krone die neuen Adelserhebungen unter ihre Kontrolle brachte. Die Zeit der letzten Kapetinger, unter denen die Aufnahme in den Adel Beharrlichkeit, eine noble Lebensführung und deren Demonstration nach außen vorausgesetzt hatte, war endgültig vorbei. Nun bedurfte es nur noch guter und ordnungsgemäß registrierter Kabinettsschreiben, *lettres patentes.* Der Grundsatz, nach dem jeder Adelstitel vom König vergeben wurde, stellte zwar eigentlich einen Mißbrauch dar, kam aber denen, die ihre soziale Stellung sichern wollten, eher entgegen.

Die großen Barone dagegen zeigten sich keineswegs bereit, im Königreich Frankreich aufzugehen. Ihre politischen Beziehungen standen nach wie vor unter dem Leitgedanken des Lehnsvertrags, der freien Wahl des Herrn und seiner Vasallen, der wechselseitigen Verpflichtung zu Treue und Schutz. Das Verhalten eines Gottfried von Harcourt oder eines Johann von Grailly etwa aus der Sicht des staatlichen Rahmens zu begutachten und von daher als Verrat abstempeln zu wollen hieße die Situation verkennen. Der Erbbesitz Harcourts lag ebenso wie der der anderen großen Barone der Normandie beidseits des Ärmelkanals; dadurch fühlten sich diese Feudalherren ebensosehr als Vasallen Plantagenets wie des Kapetingers oder des Valois. Daß der Graf von Évreux, Karl der Böse, gleichzeitig König von Navarra war, erhöhte nur noch seine Unabhängigkeit. Als sich Eduard III. zum Erben der französischen Krone aufwarf, ging es für diese Barone lediglich darum, welchen der beiden Bewerber sie als ihren König von Frankreich anerkennen wollten – eine Alternative, die sie dank der altüberkommenen Vertragsbindungen in keine tieferen Konflikte stürzte. In der die Lehnsbindung begründenden Huldigungszeremonie ging der Vasall, ebenso wie der Herr, aus freien Stücken eine Verpflichtung ein.

Im politischen Alltag faßten diese großen Feudalherren ihre Beziehungen als Bündnisse auf. Man stand auf seiten des Valois oder man war gegen ihn, doch beide Positionen waren gleich ehrenhaft. Während Johann der Gute allenthalben Verrat erblickte, konnte Harcourt die Dinge nicht so sehen, und ebensowenig der Landeshauptmann von Buch, Johann von Grailly, der die Wahl zwischen seinem Lehnsherrn, dem Fürsten von Aquitanien, und seinem Oberlehnsherrn, dem König von Frankreich, gemäß dem Stand der Dinge und den Interessen seines Hauses traf und sich auf die Seite des Schwarzen Prinzen schlug. Seine Entscheidung mochte faktisch der anderer südfranzösischer Fürsten, etwa eines Arnaud-Amanieu d'Albret oder eines Johann von Armagnac, widersprechen, die ihr Bündnis mit dem fernen Oberlehnsherrn gegen die allzu nahe Verwaltung des aquitanischen Fürsten ausspielten – eine Verwaltung, die ihre Prätentionen eher nach dem Vorbild einer Monarchie als an dem auf Gegenseitigkeit beruhenden Lehnsvertrag ausrichtete. Im Prinzip jedoch besteht zwischen der Entscheidung Albrets oder Armagnacs und der Graillys kein Unterschied: Ein großer Baron suchte sich seine Verbündeten, von denen seine Sicherheit abhing, nach freiem Ermessen aus.

Wieder anders lag der Fall der Territorialfürsten, die sich Zusammenstößen im Inneren ihrer großen Lehen gegenübersahen: Sie konnten entweder mit dem König von Frankreich paktieren oder aber den Beistand ausländischer Bundesgenossen gegen die vom König unterstützte Partei in Anspruch nehmen, denn auch dieser hatte in Fragen der Bündnispolitik freie Wahl. Zu diesen Feudalherren zählte beispielsweise der Graf von Flandern: Während sich Guido von Dampierre und sein Sohn Robert von Béthune mit der Volkspartei gegen Philipp den Schönen und die kapetingertreuen *léliaerts* verbündeten, zog es Graf Ludwig von Nevers 1328 vor, gegen sein aufständisches Land seinen Herrn, den König von Frankreich, um Hilfe anzurufen. Er pochte auf sein Vasallenrecht – der König schuldete ihm Beistand –, und Philipp VI. von Valois präsentierte sich bei Cassel denn auch als Oberlehnsherr, der Ordnung in seine Lehnsfolge brachte; im Grunde jedoch hatte sich der Graf von Flandern

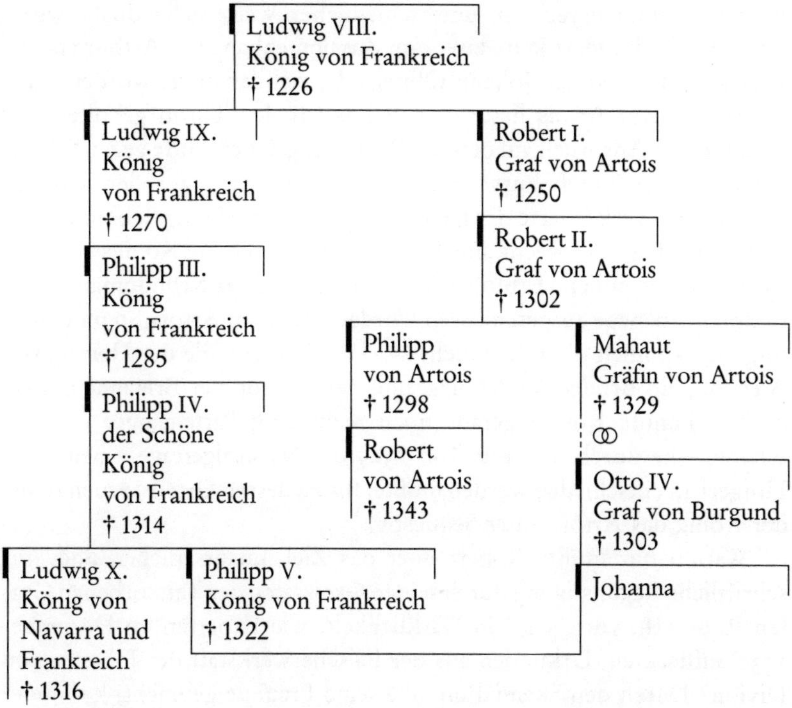

nicht aufgrund seines Vasallenverhältnisses zu diesem Schritt entschlossen, sondern weil er das Bündnis mit der Krone für das wirksamste hielt.

Anders dagegen Robert von Artois, der einen entgegengesetzten Beschluß faßte, da sich der König, dessen Sache er 1328 unterstützt und der ihn zum Dank dafür zum Pair von Frankreich erhoben hatte, auf die Seite seiner Tante und Widersacherin Mahaut geschlagen hatte. Robert, dessen Vater Philipp von Artois 1298 zu jung verstorben war, um als Nachfolger seines Vaters Robert II., eines Neffen Ludwigs des Heiligen, in Frage zu kommen, hätte als Robert III. die Herrschaft über das Artois antreten sollen, war aber 1302 zum Verzicht zugunsten seiner Tante Mahaut gezwungen worden, deren Besitzanspruch sechzehn Jahre später von einem Pairsgericht bestätigt worden war. Von Erbfolge in der männlichen Linie war keine Rede – die Frage drehte sich lediglich darum, ob dem noch lebenden Nachgeborenen oder den Kindern des Ältesten der Vorrang gebührte. Hier kommt das sogenannte Repräsentationsrecht ins Spiel, das vom Gewohnheitsrecht in unterschiedlicher Weise gehandhabt wurde und über das hundert Jahre zuvor im Zusammenhang mit Arthur von der Bretagne, dem Neffen Johann Ohnelands, viel debattiert worden war.

Robert von Artois hatte dem Valois auf den Thron geholfen und daraus einen Anspruch auf gewisse Rechte abgeleitet. Hilfe gegen Schutz, so sah es der alte Lehnsvertrag vor. Für den 1302 aus der Erbfolge Verdrängten verkörperte der neue König einen Hoffnungsschimmer, zumal er mit Fug und Recht annehmen durfte, durch die Königswahl von 1328 sei die weibliche Erbfolge auch in einer von der Krondomäne abgetrennten Apanage ausgeschlossen worden. Auch im Artois, so mochte er folgern, »spinnen die Lilien nicht« – eine Meinung, die der Herzog von Alençon, ein Bruder des Königs, und der Herzog der Bretagne teilten, und so konnte Robert gerade noch rechtzeitig Parteigänger um sich scharen, ehe durch Mahauts Tod 1329 die Nachfolgefrage erneut vom Hofgericht entschieden werden mußte. Bis zu dessen Urteilsspruch stellte der König das Artois unter Sequester.

Warum nur mußte Robert über das Ziel hinausschießen und eine schriftliche Begünstigung durch seinen Großvater, den verstorbenen Grafen Robert II., vorlegen – in Wirklichkeit, wie Experten im Dezember 1330 aufdeckten, Urkunden aus der Fälscherwerkstatt der Johanna von Divion? Durch den Skandal um alle seine Freunde gebracht, konnte er sich nur durch überstürzte Flucht einem Strafprozeß entziehen, während Johanna von Divion auf dem Scheiterhaufen endete. Nutznießer der ganzen Affäre war der Gatte einer Enkelin Mahauts, Odo von Burgund. Roberts von Artois Anspruch wurde vom Pairsgericht zurückgewiesen. Robert selbst setzte sich nach Brabant ab.

1334 sehen wir ihn dann in England im Begriff, ins Lager eines anderen Königs überzuwechseln, weil ihm sein Herr, der König von Frankreich, keine »Gerechtigkeit widerfahren ließ«. Und er drohte: »Durch mich ist er König geworden, durch mich soll er fallen.«

Einfacher gestaltete sich das Spiel der Bündnispolitik in der Bretagne, wo der Tod Herzog Johanns III. 1341 Nachfolgewirren auslöste, da er nur uneheliche Nachkommen hinterlassen hatte. Sogleich traten, abgesehen von dem allgemein unbeliebten Valois, der die Situation ebenfalls ausnutzte, um die Hand nach dem Herzogtum auszustrecken, zwei Anwärter an: Johanna von Penthièvre, die Tochter eines zehn Jahre zuvor verstorbenen Bruders Johanns III., und dessen jüngerer Halbbruder Johann von Montfort. Penthièvre war die Ältere; das Gewohnheitsrecht der Bretagne ließ die Repräsentation durchaus zu, und außerdem war es Philipp VI. bereits gelungen, die Erbin mit seinem Neffen Karl von Blois zu vermählen. Um Widersprüche unbesorgt, ergriff der König für seine neue Nichte Partei: Was für die französische Krone taugte, mußte deshalb noch lange nicht für die großen Lehen gelten. Doch Johann von Montfort, der die Bretonen hinter sich wußte, besetzte die festen Plätze und leistete dann dem einzigen König, der ihm Schutz gewähren konnte, den Treueid: Während der Valois für Blois und Penthièvre eintrat, legte Johann von Montfort in Windsor seine Hände in die Eduards III.

Spätere Annäherungsversuche an Philipp VI. fruchteten nichts mehr. Montfort willigte sogar ein, vor dem Pariser Hofgericht zu erscheinen, suchte dann aber angesichts der drohenden Verurteilung das Weite. Von außen betrachtet nimmt sich der ganze Vorgang wie eine Lehns- und Huldigungsaffäre aus, in Wirklichkeit jedoch handelte es sich bereits um den politischen Zusammenstoß zweier Bündnisblöcke.

DER KRIEG

Die offizielle Kriegserklärung folgte denn auch auf dem Fuße. An Allerheiligen 1337 überbrachte der Bischof von Lincoln dem König ein Schreiben, in dem ihm Eduard III. den Treueid aufkündigte, das Anrecht der Valois auf die französische Krone in Zweifel zog und »Philipp von Valois, der sich König von Frankreich nennt«, in aller Form den Krieg erklärte. Als Kriegsschauplatz wählte er Flandern, das er durch Einstellung der Wollexporte bereits unter Druck zu setzen begonnen hatte. Doch als das englische Heer nach den ersten Zusammenstößen mit der im Kanal dominierenden französischen Flotte 1339 in Flandern eintraf, fand Eduard III. die Verbündeten, auf die er gezählt hatte, nicht vor. Besonders Kaiser Ludwig der Bayer nahm seine Verpflichtungen auf die leichte Schulter. Aber auch die Franzosen, wenig begierig, sich nach Norden vorzuwagen, stellten sich dem Engländer nicht.

Blieb also lediglich der Aufstand in Flandern, der den Interessen des Plantagenet entgegenkam, die Arbeitslosigkeit, die in den von der Krise

Maria von Limoges — Arthur II. Herzog der Bretagne † 1312 — Yolande von Dreux Gräfin von Montfort

Johann III. Herzog der Bretagne † 1341

Guido von Penthièvre † 1331

Johanna von Penthièvre † 1384 ⚭ Karl von Blois † 1364

Johann Graf von Montfort † 1345 ⚭ Johanna von Flandern † 1374

Johann IV. von Montfort Herzog der Bretagne † 1399

der Produktionsstrukturen erschütterten, von Schwierigkeiten des Wollimports zermürbten Großstädten um sich griff, und der Kampfruf der aufständischen Genter Handwerker seit Januar 1338: »Arbeit, Freiheit!«

Gent hatte den Patrizier Jakob Van Artevelde zu seinem Stadthauptmann gewählt, keinen Demagogen oder Abenteurer, sondern einen Geschäftsmann, der wohl wußte, welche Gefahren der Niedergang der Tuchindustrie für arm und reich heraufbeschwor, und der als Koordinator des Vorgehens der aufständischen Städte für ein Bündnis mit dem Engländer warb. Wie schon 1328 wußte sich der Graf von Flandern nur noch einen Rat, einen Hilferuf an seinen Lehnsherrn, den König von Frankreich. Doch 1339 befand Philipp VI., er habe für den Grafen Ludwig bereits genug getan. Während Artevelde und Eduard eitle Versprechungen ohne realen Hintergrund austauschten, beschloß der Valois statt eines sinnlosen »Reiterfeldzugs« einen Angriff zur See, um Eduard III. von seinen Nachschubbasen abzuschneiden.

Betrüblicherweise hatten jedoch die Franzosen von Seemanövern keine blasse Ahnung und ließen ihr Geschwader vor Sluis vor Anker gehen, um die englische Flotte in der Brügger Bucht, dem Swin, zu blockieren. Als typische Landratten hatten Philipps Admirale Béhuchet und Quiéret für den Vorschlag ihres genuesischen Kollegen Barbavera, einen Angriff auf offener See zu wagen, taube Ohren.

Aus allen Häfen von Cherbourg bis Boulogne segelten Schiffe an. Vierzig Jahre hatte der Aufbau der königlichen Flotte beansprucht – und nun wurden die zweihundert französischen Schiffe von behend von Deck zu Deck springenden englischen Bogenschützen unter anhaltendem Beschuß geentert. Erstmals siegte der schnell und leicht handhabbare Bogen über die schwere Armbrust, der man zwar Zielgenauigkeit nachrühmte, deren umständliche Bedienung die französischen Kämpfer im Schlachtgetümmel jedoch nur verwünschen konnten. Die Niederlage von Sluis am 24. Juni 1340 machte alle Hoffnungen der Franzosen auf eine Intervention in Großbritannien zunichte. Eduard III., von nun an Herr des Meeres, konnte seine Überlegenheit jederzeit zu einem Überfall nutzen. Nie mehr sollten sich die Franzosen vor einer unerwarteten Landung irgendwo zwischen Brest und Calais sicher fühlen.

Da der Unterhalt eines Heeres auf dem Kontinent aber untragbare Kosten verursacht hätte und sich außerdem der Papst ins Mittel legte, fand sich Eduard III. zu Verhandlungen bereit. Am 25. September 1340 wurde in Esplechin ein Waffenstillstand geschlossen, der den Konflikt jedoch nicht aus der Welt schaffen konnte.

Schon wenig später setzten die Kampfhandlungen unter neuen Vorzeichen wieder ein: Der Erbfolgestreit in der Bretagne verhalf dem Engländer zu einem Brückenkopf, den kriegführenden Parteien zu einem Kriegsschauplatz und zur Unterstützung durch die Bevölkerung, die auf beiden Seiten leidenschaftlich Partei ergriff. Zwar konnte der spätere Johann der Gute Johann von Montfort bereits 1341 bei der Belagerung von Nantes gefangennehmen, dadurch aber den Widerstand gegen Frankreich nicht brechen. An seiner Stelle setzte seine Gattin, die sich Johanna von Flandern nannte, den Kampf gegen Johanna von Penthièvre im sogenannten »Krieg der beiden Johannas« mit wechselndem Glück und mehr oder minder strikt eingehaltenen Kampfpausen wie dem Waffenstillstand von Malestroit vom Januar 1343 fort. Es fehlte nicht an überraschenden Wendungen wie der Übergabe von Vannes an die Engländer durch Olivier de Clisson oder dem Scharmützel von La Roche-Derrien (1347), bei dem Karl von Blois in Gefangenschaft geriet, aber auch nicht an aufsehenerregenden Waffentaten wie dem Kampf der Dreißig (1351), bei dem sich je dreißig Kriegsleute der Garnisonen von Ploërmel und Josselin zum Beweis ihrer Tapferkeit und zum Zeitvertreib wechselseitig niedermetzelten.

Nachdem Montfort kurz nach seiner Befreiung 1345 gestorben und Johanna von Flandern dem Wahnsinn verfallen war, warf sich Eduard III. zum Vormund und Beschützer des kleinen Johann IV. auf. Da sein Gegenspieler, der König von Frankreich, jedoch inzwischen andere Sorgen hatte als die Interessen Johannas von Penthièvre, zog sich der Krieg in der Bretagne in einer endlosen Abfolge von Gefechten und Belagerungen in die Länge, ohne daß ein entscheidender Sieg errungen werden konnte.

In dem am 12. April 1365 geschlossenen Vertrag von Guérande erkannte Karl V. Johann IV. als Herzog der Bretagne an – und erreichte damit, daß ihm der wahre Herr des Herzogtums den Treueid leistete. Außerdem verschaffte ihm die Befriedung der Bretagne endlich freie Hand in Aquitanien.

Eduard III. hatte über dem endlosen Krieg in der Bretagne seinen Anspruch auf Frankreich selbst zwar nicht fallenlassen, war aber durch das flämische Unternehmen 1340 zu der Einsicht gelangt, daß sich das Königreich unter dem Lilienbanner aus freien Stücken nicht auf seine Seite schlagen würde. Artevelde hatte keine Freunde für die Allianz mit England gewinnen können, und die Unterstützung durch Brabant und das Bündnis mit dem Kaiser hatten sich als reine Theorie ohne Tragfähigkeit erwiesen. Zum Schluß war die Sache übel ausgegangen: Die Flamen hatten sich gegen Artevelde erhoben und den Mann, der es gewagt hatte, Eduard III. die Grafschaft Flandern anzutragen, umgebracht.

Der Engländer ließ es sich zur Lehre gereichen, verzichtete auf weitere Abenteuer in der komplexen Welt der großen Tuchstädte und landete am 12. Juli 1346 auf der Halbinsel Cotentin. Das französische Hauptheer verzettelte zu diesem Zeitpunkt seine Kräfte unter dem Oberbefehl des künftigen Johann des Guten an der aquitanischen Grenze, wo die Festungen ohne großen Vorteil für die Beteiligten von Jahr zu Jahr den Herrn wechselten. Im Augenblick belagerte Herzog Johann Aiguillon am Zusammenfluß von Garonne und Lot. Dank der Stellungen, die ihm Gottfried von Harcourt in seinem Rachedurst gegen das Haus Valois bereitwillig überließ, konnte Eduard III. ungehindert durch die Normandie marschieren. Er eroberte Saint-Lô, schlug vor Caen ein Entsatzheer unter dem Befehl des Konnetabels Radulf von Brienne in die Flucht und nahm die Stadt anschließend ein. Dabei vermied er es klug, seine Kräfte vor Paris zu verzetteln, erreichte, nachdem er sechs Wochen lang ungestraft durch Frankreich gezogen war und den Valois genügend herausgefordert hatte, die Picardie und traf schließlich in einem der nordfranzösischen Häfen Anstalten, sich wieder einzuschiffen.

Hier endlich holte ihn Philipp VI. mit einem starken Heer ein und zwang ihn am 26. August 1346 bei Crécy zur Schlacht. Die Nervosität der abgekämpften Franzosen, der unbedachte Angriff ihrer Reiterei, die in Erinnerung an Cassel das Fußvolk unterschätzte und nicht begriff, daß sie in den englischen Bogenschützen Berufssoldaten und keine Handwerker in Waffen vor sich hatte, das schlecht organisierte Kommando, das seine Befehle nicht weiterleiten und den ungestümen Kampfesdurst nicht bremsen konnte – all das trug zur Katastrophe bei. Philipp VI. konnte sich nur durch Flucht retten, was ihm schwer verübelt wurde. Sein Bruder Karl und sein getreuer Verbündeter, der König von Böhmen, Johann von Luxemburg, der Graf von Flandern und der Herzog von Lothringen befanden sich unter den Gefallenen.

Für Eduard III. eröffneten sich damit neue Aussichten. Würde ihm Calais widerstehen? Er nahm sich Zeit zu einer langen Belagerung, während der Entsatzversuch Philipps VI. in Sangette steckenblieb. Am 4. August 1347 mußte sich die Stadt auf Gnade oder Ungnade ergeben; sechs Bürger, an denen ein Exempel statuiert werden sollte, kamen nur dank der Fürsprache der Königin Philippa von Hennegau mit dem Leben davon. Eduard III. wies alle Einwohner aus, ersetzte sie durch Engländer und beschloß Calais zu behalten, das er sechs Jahre später zum obligatorischen Einfuhrhafen für englische Wolle erhob.

Die Generalstände und der Adel gingen mit dem König von Frankreich streng ins Gericht. Allzusehr hatte der Steuerzahler für zwei Heere, die sich – in Caen und Crécy – hatten schlagen lassen und für eines, das dem Kampf ausgewichen war, bluten müssen.

Die Salzsteuer, die *gabelle,* hatte sich seit ihrer Einführung im Jahr 1316 vom Marktkontrollmittel zur Eindämmung der Spekulation mit einem Grundnahrungsmittel zu einer auf ein Monopol gegründeten Steuer entwickelt. Und was die Besteuerung aller Geschäfte mit vier Denaren pro Livre – 1,7 Prozent – betraf, so löste auch sie sich von den ursprünglich an ihre Erhebung geknüpften strikten Bedingungen – Finanzierung eines Heeres für einen bestimmten Feldzug – zusehends ab. Gleichzeitig verschärfte sich die inflationäre Krise, ohne daß die Öffentlichkeit zwischen den Auswirkungen der Steuerlast und den wirtschaftlichen Kosten der Abwertung genau unterscheiden konnte.

Schon die Generalstände von 1343 – die als erste diesen Namen wirklich verdienen – hatten die Einstellung der ewigen Münzverschlechterungen durchgesetzt und die allzu geldgierigen Finanzbeamten der Krone zurückgepfiffen. Noch nachdrücklichere Forderungen nach einer Reform – das Wort rückt im politischen Vokabular der Zeit zum Schlüsselbegriff auf – erhoben die Stände, die im Februar 1346 für die *Langue d'oïl* in Paris und für die *Langue d'oc* in Toulouse zusammentraten. Um die für seine Regierung und Verteidigung erforderlichen Mittel zu erwirken, mußte Philipp VI. eine Reihe von Finanzberatern entlassen, darunter namentlich Jean Poilevilain und Pierre des Essarts. Eine Kommission aus drei geistlichen »Generaldeputierten« – den Äbten von Saint-Denis, Marmoutier und Corbie – wurde mit der Neuordnung der Zentralverwaltung und der Finanzen, anders gesagt, mit dem Kampf gegen die Vergeudung von Steuermitteln, betraut. Das führte neben der zeitweiligen Kontrolle der Zahlungsanweisungen zur endgültigen Aufgabentrennung von Finanzverwaltung und Rechnungsprüfung: Während die erste dem königlichen Rat übertragen wurde, fiel die zweite der Rechnungskammer zu.

Nun konnten die Stände zwar die Finanzen sanieren, nicht aber dem königlichen Heer die benötigten Strategien bescheren, wie das Debakel von Crécy bewies. Dementsprechend stürmisch verlief die Sitzung vom November 1347, bei der Philipp VI. sich darauf beschränkte, Zeit zu gewinnen.

Doch just zu dieser Zeit schlug die Pest zu und legte jede Steuererhebung für Kriegszwecke lahm. Die Eroberung von Calais hatte keine Lösung gebracht, der verkappte Konflikt von 1347 – die Franzosen gedemütigt, die Engländer in der Sackgasse – schwelte weiter.

DAS PAPSTTUM VON AVIGNON

Als ehemaliger Erzbischof von Bordeaux hatte sich Papst Clemens V. bei seiner Wahl 1305 zwar in Frankreich befunden, war danach aber nicht vorsätzlich nördlich der Alpen geblieben. Er war zunächst mit seinem kleinen Hof durch Aquitanien und das Languedoc gezogen und hatte sich dann in Erwartung des Vienner Konzils vor den Toren Frankreichs, in nächster Nähe der päpstlichen Grafschaft Venaissin, auf Reichsgebiet in

Avignon niedergelassen, das erst Clemens VI. 1348 dem Haus Anjou-Neapel abkaufen sollte.

Obwohl die Rückführung der *Curia Romana* nach Rom demnach nie in Frage gestellt worden war, blieb sie jahrzehntelang in Avignon. Und das nicht nur, weil die fortgesetzten Unruhen in der Ewigen Stadt und den päpstlichen Staaten den Papst und seine Umgebung von einer verfrühten Rückkehr abhielten, sondern weil der Gedanke an Rom für das zunehmend durch Franzosen repräsentierte Papsttum auch an Anziehungskraft verlor.

In der Tat löste ein französischer Papst den anderen ab. Auf Jakob Duèse aus Cahors, der als Johannes XXII. von 1316 bis 1334 regierte und den Staats- und Finanzapparat der Kurie schuf, folgte 1334 der strenge Zisterzienser Jakob Fournier: Dieser führte als Benedikt XII. eine tiefgreifende Kirchenreform durch, sorgte für die Gleichschaltung der Franziskaner und förderte die Hochschulentwicklung als natürlichen Weg zur Verwirklichung des kirchlichen Universalitätsanspruchs. Dem prunkliebenden, aber ebenso standhaften und mutigen Clemens VI. alias Peter Roger, der als Erzbischof von Rouen kurz vor seiner Wahl noch als Ratgeber des Königs von Frankreich gewirkt hatte, fiel von 1342 bis 1352 die schwere Aufgabe zu, die Kirche durch die stürmischen Jahre des Schwarzen Todes und der bedrohlichen antisemitischen Umtriebe der »Flagellanten« zu führen. Sein Nachfolger, der aus dem Limousin stammende Stephan Aubert, der als Innozenz VI. von 1352 bis 1362 amtierte, nahm erneut den Kampf gegen die von den »Spiritualen« des Franziskanerordens vertretenen Abweichungen in Lehre und Moral und ganz allgemein gegen die Prätentionen der Orden auf. Durch seine von den Umständen erzwungene Einmischung in die italienische Politik aber untergrub er die Autorität des Papsttums vollends, obwohl sein Legat, Ägidius Albornoz, mit Tatkraft und Geschick im Patrimonium Petri Ordnung zu schaffen und die Kräfte der meisten italienischen Podestàs eine Zeitlang zu binden verstand.

Der anschließend von 1362 bis 1370 als Urban V. regierende Wilhelm Grimoard, ein schlichter, frommer, sehr arbeitsamer und kultivierter Mann, bewährte sich als tüchtiger Verwaltungsexperte und umsichtiger Diplomat, dessen Tugenden Petrarca rühmte. Im Hinblick auf das Verhalten der Römer gab er sich allerdings falschen Hoffnungen hin: Sein Aufenthalt in der Ewigen Stadt, wo er am 16. Oktober 1367 Einzug hielt und im darauffolgenden Jahr Kaiser Karl IV. von Luxemburg empfing, gestaltete sich infolge hinterhältiger Machenschaften und fortgesetzten Aufruhrs so schwierig, daß er kurz vor seinem Tod wieder nach Avignon überwechselte.

Trotzdem griff sein Nachfolger, der 1370 zum Papst gewählte Neffe Clemens' VI., Peter Roger alias Gregor XI., den Plan der Rückkehr nach Rom wieder auf. Dieser Papst galt als politischer Kopf, als Gelehrter, ja Weiser, verschliß aber seine Kräfte im anhaltenden Ringen um die Anerkennung seines Lehramtes in dogmatischen Belangen, seiner Autorität in Disziplinarfragen und seiner schiedsrichterlichen Entscheidung, die den Fürsten Frankreichs, Spaniens und des Reichs Frieden gebot. Als er den Apostolischen Stuhl im Januar 1377 nach Rom zurückverlegte, herrschten in Italien unklarere Verhältnisse denn je.

Wiewohl in der Wolle gefärbte Franzosen, waren die Päpste von Avignon keineswegs in allem gefügige Werkzeuge der Valois. Ein Benedikt XII. etwa machte entschlossen gegen die Politik des französischen Hofes Front. Trotzdem fielen die politischen Entscheidungen der französischen Päpste nach Anlaß und Inhalt häufig zugunsten der Monarchie mit dem Lilienbanner aus, die auch einen Anteil an den Einnahmen des damals in höchster Blüte stehenden päpstlichen Steuerwesens kassierte. Zweifelsohne war den Päpsten von Avignon bis zu einem gewissen Grad daran gelegen, diejenigen zu unterstützen, mit denen sie in Italien gegen die Verfechter der kaiserlichen Macht gemeinsame Sache machten. Solange das Haus Anjou-Neapel bestand, waren Guelfen und Franzosen für alle, die Interessen auf der italienischen Halbinsel verfolgten, ein und dasselbe.

Mit der Niederlassung der Kurie an den Ufern der Rhône öffneten sich außerdem der französischen Geistlichkeit – vor allem ihren akademisch geschulten Vertretern – die dank der Zentralisierungstendenzen der Kirche immer zahlreicheren und angemessen bezahlten Ämter. Die Kleriker des Königreichs, an ihrer Spitze die Magister der Sorbonne und die Juristen von Montpellier, erhielten jene Pfarreien, Pfründen und sogar Bistümer, die, wäre der Heilige Stuhl in Rom verblieben, Italienern zugefallen wären. Darüber hinaus bekamen offensichtlich auch Räte und Beamte des französischen Königs ihren Teil von diesem Mannasegen ab.

Während Frankreich solcherart vom Papsttum profitierte, wuchsen jenseits der Alpen, durch materielle Benachteiligung geschürt, Ärger und

Unzufriedenheit. Man sprach von der »Babylonischen Gefangenschaft« der Kirche und trauerte den verlorenen Benefizien und den Zeiten nach, in denen ein Italiener in Frankreich Erzbischof werden konnte, wie Ägidius Colonna zu Beginn des Jahrhunderts in Bourges. Vor allem die Römer sahen das Papsttum ihrem Zugriff entgleiten. Ihr Zorn trug nach dem Tod Gregors XI. im Jahre 1378 zur tiefgreifenden Krise des großen abendländischen Schismas bei.

In der Tat entstand anstelle des vom Augustinismus eines Bonifatius VIII. getragenen und unter den Schlägen Philipps des Schönen und seiner Legisten eingestürzten politischen Gebäudes nach 1320 ein weitverzweigtes Verwaltungsgefüge. Der Papst behielt sich nicht nur die Verleihung einer erhöhten Zahl von Benefizien vor, er beanspruchte nun darüber hinaus die Einkünfte vakanter Pfründen und ließ zu diesem Zweck sogar Pfründen unbesetzt. Der Zehnt wurde regelmäßig erhoben, der eingehende Betrag vom Heiligen Vater wie selbstverständlich mit Fürsten geteilt, die nicht einmal mehr vom Kreuzzug reden mußten, um ihren Anteil zu ergattern. Die Abführung der »Erstlingsfrüchte der Annaten«, das heißt des ersten Jahresertrags eines neuverliehenen Kirchenamtes, wurde zur Regel erhoben. Außerdem kassierte der Papst die Prokurationen, jene Tagegelder, die die Geistlichkeit nach herrschendem Usus für die Visitationsreisen der Bischöfe und Archidiakone zu entrichten hatte – mit dem Erfolg, daß die Prälaten ihre Visitationen sehr rasch einschränkten, was freilich dem gottesdienstlichen Leben schadete.

Zu dieser Zeit breitete sich das Netz der päpstlichen Steuereintreiber über ganz Europa aus. Der Kapitalverkehr der Camera Apostolica – des päpstlichen Finanzministeriums – rief ein regelrechtes Bankennetz ins Leben, an dem die größten Gesellschaften der Toskana beteiligt waren. In Avignon beschäftigten Camera, Schatzamt, Kanzlei, Poenitentiaria und die verschiedenen weltlichen und geistlichen Gerichte fünf- bis sechshundert Beamte, dreimal mehr als im voraufgegangenen Jahrhundert in Rom. Der »Hofstaat« der Kardinäle umfaßte gut tausend Bedienstete aller Art, vom Koch und Reitknecht bis zum humanistisch angehauchten Sekretär. Die Vetternwirtschaft florierte, der teils geistliche, teils weltliche Verwandtschaftsklüngel der Prälaten lebte auf großem Fuß, Höflinge, Schützlinge und Bittsteller drängten sich im Schatten der Macht.

Avignon war nun eine Hauptstadt, die aus Burgund wie aus dem Languedoc, aus Lothringen wie aus der Dauphiné ständig neuen Zustrom erhielt. Es beherbergte eine vom Kardinal bis zum Notar und vom Verwandten des Papstes bis zu dem des Statthalters reichende, zahlungskräftige Käuferschaft, die ihre Konsumbedürfnisse auf einem Markt von eigenem Gepräge deckte. Das Angebot umfaßte Weine aus Beaune und Rivesaltes, Salz aus Peccaïs und Hyères, Käse aus Savoyen und Mallorca, Fische aus den Zuchtteichen der Bresse und aus dem Genfer See, scharlachrote Tuche aus Mecheln und golddurchwirkte aus Lucca, Hermelinfelle und Fehpelze. Avignon rückte zum Finanzplatz für Abrechnungen und Zahlungen auf, war aber auch Treffpunkt der Abenteurer und das von Petrarca beredt als »Lasterpfuhl« geschmähte neue Sündenbabel.

Hatte sich Johannes XXII. als ehemaliger Bischof von Avignon noch ohne große Umstände mit dem bischöflichen Palast begnügt, so ging Benedikt XII., der den Gedanken an eine Rückkehr nach Rom zeitweilig fallenließ, 1335 daran, rings um den Engelsturm (Tour des Anges) einen strengen Palast, halb Kloster, halb Festung, zu errichten. Damit erhielt das Papsttum einen Regierungssitz, der gleichzeitig als Residenz dienen und die Truhen des Schatzamtes und die Schränke der bereits ansehnlichen Bibliothek aufnehmen konnte. Clemens VI. schließlich hob durch die Ausgestaltung des Palastes noch das päpstliche Prestige: Allein die ländlichen Szenen des »Hirschzimmers«, der Chambre du Cerf, zeugen von der neuen Lebenskunst der Kurie. Mit seinen geräumigen Audienz- und Konsistoriensälen manifestiert dieser 1352 vollendete Neubau die Wiedereingliederung des Papsttums ins Konzert der weltlichen Fürsten.

Clemens VI. war es auch, der den päpstlichen Hof zum ständigen Treffpunkt der europäischen Elite ausbaute. Er erteilte Matteo di Giovanetti aus Viterbo den Auftrag, die Kapellen Saint-Martial und Saint-Jean und anschließend den großen Audienzsaal mit Fresken auszumalen, und übertrug Simone Martini aus Siena die Ausschmückung der Kathedrale Notre-Dame-des-Doms. In dieser Zeit, in der die Polyphonie ihre frühe Klangarchitektonik entfaltet, machten italienische Gelehrte und ihre französischen Nacheiferer mit großer Selbstverständlichkeit in Avignon Station. So beherbergte einer der Kardinäle den Humanisten Peter Bersuire, der für Johann den Guten Titus Livius übersetzte, und so beauftragte Clemens VI. Petrarca mit der Suche nach den Werken Ciceros, von denen er Kopien anfertigen lassen wollte.

Im übrigen standen die Kardinäle mit dem Prunk ihrer Hofhaltung und der Architektur ihrer Kapellen dem Papst nicht nach. Um die Gottesdienste der damaligen Lebensart entsprechend schön zu gestalten, ließ man Choristen, die an den Musikschulen des Nordens, in Reims, Lüttich, Brügge, Amiens ausgebildet worden waren, kommen...

DER SCHWARZE TOD

Mit dem Ausbruch der Pest kamen alle Aktivitäten zum Erliegen, erfuhr alles eine Unterbrechung, trat alles andere in den Hintergrund. 1348 schlug die Seuche im Abendland zu, und während sie wütete, hatten die Leute anderes im Kopf als Krieg, Staatsreform, Krise der Grundherrschaft, schlechten Absatz von Scharlachtuchen oder die stammelnden Versuche der Polyphonie. Nun ging es in erster Linie ums Überleben und in zweiter darum, klaren Verstand zu bewahren.

Seit mehreren Jahrhunderten war die Pest, deren letzter Ausbruch vor dem ersten Kreuzzug in Osteuropa registriert worden war, in Frankreich nur noch historische Erinnerung oder ein exotisches, seit der Zeit der Merowinger mehr oder minder in Vergessenheit geratenes Übel. Man starb an Pocken, Masern, Typhus, Ruhr. Die schlimmste Geißel der Gesellschaft war die Lepra: Die Aussätzigen wurden in Leprosen- oder Gutleutehäusern – von denen es im Königreich Frankreich zweitausend gab – von der Gesellschaft abgesondert, um die Ansteckung in Grenzen zu halten und den Gesunden die Verdrängung des Problems zu erleichtern. Möglicherweise begann die Lepra sogar abzuflauen, wie auch die seuchenartigen, von den Zeitgenossen als »höllisches«, »heiliges« oder »Antoniusfeuer« bezeichneten Mutterkornvergiftungen nur noch in größeren Zeitabständen auftraten.

Doch da schlug in den letzten Tagen des Jahres 1347 die aus Zentralasien stammende, von italienischen Schiffen auf der Krim an Bord genommene und in die westlichen Häfen eingeschleppte Pest gleichzeitig in Messina und Venedig, in Genua und Marseille, in Barcelona und Mallorca zu. Sie fand im Frankreich jener Tage, in dem drei verdorbene Ernten die Vorräte drastisch reduziert, die Lebensmittelpreise in die Höhe getrieben, die Hungersnöte vervielfacht und vor allem die chronische Unterernährung verschärft hatten, einen idealen Nährboden vor. Da die geschwächte Bevölkerung über keine Abwehrkräfte verfügte, griff sehr rasch eine besonders ansteckende Ausformung der Krankheit, die Lungenpest, um sich.

Im Frühjahr 1348 sprang die Seuche auf das Landesinnere über und erfaßte Provence und Languedoc. Von den hundertvierzig Brüdern des Dominikanerklosters zu Montpellier blieben nur acht am Leben, die Franziskaner in Marseille und Carcassonne wurden allesamt hinweggerafft. Im Frühsommer traten die ersten Fälle in Burgund und Aquitanien auf. Im burgundischen Givry registrierte man im Juli elf Tote, im August hundertzehn, im September dreihundertzwei. Im Hochsommer war die Pest in der Bretagne und der Normandie angelangt. Sie machte zunächst im Norden einen Bogen um Paris, schlug im August dann aber auch in der Hauptstadt zu. Der Winter verlangsamte den Vormarsch der zu dieser Zeit in der Picardie, der Champagne und Flandern wütenden Seuche, die im Süden des Landes jedoch bereits abklang und 1349 dann in Frankreich gänzlich erlosch.

Mit Unterschieden, die von ausgestorbenen bis zu gänzlich verschonten Orten reichen, hatte das Königreich im Durchschnitt jeden dritten Einwohner verloren, doch das Schlimmste stand erst noch bevor: Ein Jahrhundert lang trat die Pest immer wieder auf, so daß sich ihre jeweils unmittelbaren Folgen mit den komplexen Auswirkungen auf die nachfolgenden Generationen verquickten. Die 1348 dahingerafften Kinder bedeuteten entsprechend weniger Eltern in den sechziger Jahren, und wer seinerzeit im Kindesalter dem Schwarzen Tod entrann, fiel mit einiger Wahrscheinlichkeit der Pest von 1361 zum Opfer, die obendrein die allzu dünn gesäte Generation der Enkel dezimierte. Es gab weder Stadt noch Dorf, wo nicht ein- bis zweimal pro Generation die panisch gefürchteten Beulen auftraten.

In einer Welt, in der das Bevölkerungswachstum inzwischen unter einem Prozent lag, in der die Städte nur noch vom Exodus des Landvolks lebten und der ländliche Siedlungsraum immer mehr zusammenschrumpfte, wuchsen sich derartige Schicksalsschläge zur Katastrophe aus.

Durch die rapiden, im Ansatz in die Zeit vor der Pest zurückreichenden Lohnsteigerungen zeitigte diese Entvölkerung Frankreichs unmittelbar weitere dramatische Folgen. Den stärksten Lohnanstieg registrierte man in den Städten, wo die Arbeitgeber aus Angst vor Unterproduktion ihr Lohnangebot erhöhten. In der Tat herrschte auf dem städtischen

Verbrauchermarkt nach wie vor eine rege Nachfrage, hatte sich doch die Kundschaft mit Ausnahme der unteren Ränge der sozialen Stufenleiter nach dem Abklingen der Seuche rasch wieder aufgefüllt. Auch auf dem Land führte die Lohnentwicklung zur Krise und versetzte der bereits aus den Fugen geratenen grundherrschaftlichen Wirtschaft den Todesstoß: Wer konnte sich schon um teures Geld Landarbeiter zur Bewirtschaftung der *réserve*, des Herrenlandes, leisten? So griff die Parzellierung des Herrschaftslandes immer rascher um sich, nahm die Zahl der Pachten und Halbpachten zu, durch die der wohlhabende Bauer, der Zeit, Arbeitskraft und Saatgut investieren konnte, zu Reichtum gelangte. Das aber bedeutete das Ende des für den Zusammenhalt der Grundherrschaft entscheidenden, komplementären Gefüges von hörigen Lehen *(tenures)* und Herrenland. Als eine auf die Bedürfnisse und Möglichkeiten des Frühmittelalters zugeschnittene Wirtschaftsform wurde die Seigneurie den Verhältnissen des 14. Jahrhunderts immer weniger gerecht.

Die königliche Regierung wollte der Abwanderung von Arbeitskräften und dem Ansteigen der Löhne einen Riegel vorschieben oder diese Vorgänge wenigstens unter Kontrolle bringen, hatte aber mit ihren beiden Erlassen von 1351 und 1354 leider nur begrenzten Erfolg: Arbeitgeber und potentielle Arbeitnehmer torpedierten gemeinsam jede gesetzliche Regelung.

So schnellten die Löhne binnen drei Jahren auf das Dreifache hoch. Die Staatsgewalt konnte nicht einmal verhindern, daß die Verträge in klingender Münze abgeschlossen wurden: Dieser 1343 bei den Pachten eingeführte Brauch wurde nach Abklingen der Pest durch die Erlasse Johanns des Guten sogar noch weiter ausgedehnt. Vergeblich zählte die königliche Regierung beim Kampf gegen den Müßiggang, durch den man vor allem Almosenempfänger, Räuber und Plünderer an die Arbeit zu bringen hoffte, auf die Bettelorden.

War demnach für den Lohnempfänger das Goldene Zeitalter angebrochen? In gewisser Hinsicht ja, wenn auch nur für kurze Zeit. Denn schon bald trieb die Lohn-Preis-Spirale auch die Lebenshaltungskosten in die Höhe. Um nicht von ihren Angestellten überflügelt zu werden, entfalteten die Arbeitgeber nun einen immer engherzigeren Zunftgeist, der unter anderem dem Zweck diente, dem sozialen Aufstieg der Gesellen Hindernisse über Hindernisse in den Weg zu legen.

Die einzige vorübergehend positive Auswirkung der Krise dürfte in der Verlangsamung des langfristigen Rückgangs der Getreidepreise gelegen haben. Der durch die Entvölkerung der Landgebiete ausgelöste Vormarsch der Brache verhinderte die als natürliche Folge des Bevölkerungsrückgangs drohende Überproduktion. Die geringere Produktion aber hielt die Preise eine Generation lang stabil – eine Atempause, die den nach 1375 einsetzenden Verfall der bäuerlichen Einkommen und die namentlich in wenig fruchtbaren Gegenden beobachtbare Landflucht noch verschlimmern sollte. In dem Maße aber die besser Situierten den Ruin umschifften und von dem der anderen profitieren konnten, verschärften sich die sozialen Gegensätze innerhalb der Landbevölkerung. Damit wurde den guten Geschäften der Wiederaufbauzeit der Weg bereitet, in der die Reicheren vor den anderen Gewinn aus dem frei verfügbaren Grund und Boden zogen. Vorläufig freilich konnte das der Pest entronnene Landvolk noch nicht ahnen, was in der Zeit Karls VII. auf es zukommen sollte. Es sah lediglich, daß die Gerätschaften teurer geworden waren und daß man keine Knechte mehr fand. Diese schlichten Beobachtungen mündeten in die Bauernaufstände, die Jacquerie.

Doch nicht nur die Wirtschaft geriet aus den Fugen, auch die Menschen waren verstört. Sterben und den täglichen Anblick der Leichenberge ertragen, für die sich keine Totengräber mehr fanden, seit die alten gestorben waren, war zweierlei. Ein Toter hatte nichts Befremdliches an sich, aber daß die Staatsgewalt neue Beinhäuser aufmachen mußte, weil die normalen Friedhöfe überquollen, erstaunte denn doch.

Die Menschen verloren in diesen Wochen, in denen die Pest über sie hinwegrollte, viele Illusionen. Die Reichen hatten sich auf ihre Landsitze geflüchtet, um dem Tod etwas ferner zu rücken, die Geistlichen sich in ihren Häusern verschanzt und den Gedanken, man könnte ihrer bedürfen, von sich gewiesen. Wie Franziskaner, Dominikaner und Karmeliter nach dem Sturm übereinstimmend wiederholten, hatte man am Lager der Sterbenden nur selten einen Priester erblickt. Aber auch wenn die Pest die Chorherren nachweislich weniger getroffen hatte als die Franziskaner und die Advokaten öfter verschonte als die Handwerker, so befand sich doch der Bischof von Paris unter den Toten.

Manche hatten ihr Heil im Vergessen gesucht. In seinem »*Decamerone*« schildert Boccaccio die Haltung jener Schöngeister, die, von der Wirkungslosigkeit der ärztlichen Verordnungen überzeugt, in Erwartung der Besserung oder Verschlechterung lieber in guter Gesellschaft diskutierten. Ein derartiger Stoizismus stellte die Ausnahme dar und wurde vielleicht auch erst nachträglich ersonnen. Jedenfalls befanden sich diejenigen, die etwas dagegen zu unternehmen suchten, mit Sicherheit in der Überzahl. Die Städte heuerten um teures Geld Ärzte an, Scharlatane und Dorfquacksalber hatten Hochkonjunktur, Rezepte für Wunderpillen und Räucherwerk gingen von Hand zu Hand.

Man suchte einen Sündenbock und fand ihn mühelos: Die Juden hatten die Brunnen vergiftet. Der von manchen geäußerte Einwand, die Pest suche Israeliten und Christen unterschiedslos heim, verhallte ungehört. Auch die Stellungnahme Papst Clemens' VI., der in der schlimmsten Gefahr in Avignon ausharrte und am 4. Juli 1348 allen Christen für Ausschreitungen gegen Juden die Exkommunikation androhte, brachte den Unglücklichen nur einen Vorteil: Sie fanden Zuflucht im Comtat Venaissin, wo sich viele von ihnen dauerhaft niederließen.

Während es in zahlreichen Städten und Dörfern der Provence, Savoyens und der Dauphiné zu spontanen Ausbrüchen kam, herrschte im Elsaß organisierte Gewalt: Hier riefen die Stadtverordneten einstimmig schon zu einem Zeitpunkt zur Rassenvernichtung auf, zu dem noch kein einziger Pestfall bekanntgeworden war.

Da die Juden 1306 und ein zweitesmal 1322 aus dem Königreich Frankreich ausgewiesen worden und nur vereinzelt dorthin zurückgekehrt waren, kamen sie als Opfer einer Volksbewegung nicht mehr in Betracht. So machte man die anderen Außenseiter der Gesellschaft, Aussätzige und Bettler, für die Seuche verantwortlich: Die Zeitgenossen konnten sich von der Vorstellung, daß einer so verheerenden Katastrophe eine Verschwörung zugrunde liegen mußte, einfach nicht freimachen.

Als Gottes Zorn vorüber war, gerieten manche erst richtig in Wallung. Im Sommer 1349 zogen religiöse Schwärmer gruppenweise durch Deutschland und Nordostfrankreich. Um die Passion Christi nachzuvollziehen, zerfleischten sie sich den Körper mit eisenbeschlagenen Riemen. Diese »Geißler«, wie man sie damals nannte, oder »Flagellanten«, wie man sie später bezeichnete, fielen auf den ersten Blick nicht weiter aus dem Rahmen, gehörte doch die Buße durch körperliche Kasteiung zur alten Tradition vieler Formen der Askese, wie sie namentlich das primitive Mönchtum des Orients oder Irlands übte. Was die politisch Verantwortlichen jedoch beunruhigte, war der plötzliche Ausbruch einer Massenbewegung mit der deutlich erkennbaren Tendenz, die Beziehung zu Gott aus dem kirchlichen Rahmen herauszulösen. Der Klerus gab sich keinen Illusionen hin und öffnete den Geißlern widerstrebend seine Gotteshäuser, um das Schlimmste – das Erkalten des Glaubens oder gewalttätige Zusammenstöße – zu verhüten.

Die Fürsten dagegen, die öffentliche Unruhen befürchteten, reagierten sofort mit schroffer Ablehnung, desgleichen Clemens VI.: Der Papst sah die hierarchische Kirche in Gefahr und erwartete im Gefolge des Aufruhrs antisemitische Umtriebe. Auch die Sorbonne verurteilte die Häresie in Worten und Werken. Dies alles vermochte jedoch gegen die Flagellanten nichts auszurichten; erst die Erschöpfung trieb sie in ihre Behausungen zurück.

Damals kam im Zuge der Reflexion über die letzten Dinge, angeregt durch Einbruch eines neuen, abstoßenden Todes, eine vertiefte Mystik auf. Im Denken wie in der Kunst trat der Tod mit der Sichel an die Stelle von Hölle und Teufel. Die nunmehr bevorzugten Motive – Geißelung Christi, Kreuzweg, Pietà – spiegelten eine neue Frömmigkeit wider. Sie vollzog sich häufig im Rahmen jener Bruderschaften, die am Rande der kirchlichen Institutionen, jedoch von ihnen überwacht, ihre Mitglieder im Gebet und zu wechselseitiger geistlicher und materieller Hilfeleistung zusammenschlossen. Die Bruderschaft bot dem einzelnen, was ihm in den Wochen des Schwarzen Todes so oft abging: ein intensiveres Glaubensleben und die beruhigende Aussicht auf Krankenpflege und Bestattung.

MISSGRIFFE KÖNIG JOHANNS DES GUTEN

Nach dem Tod Philipps VI. am 22. August 1350 fiel die Krone entgegen den Hoffnungen der einen und den Befürchtungen der anderen seinem Sohn Johann dem Guten zu. Die politische Propaganda des Valois hatte sich demnach ausgezahlt. Daß der Thronbesteigung von 1328 eine Wahl voraufgegangen war, hatte man mittlerweile so gut wie vergessen, und so hielt sich der neue König im Grunde mehr aus theoretischen Erwägungen kampfbereit. Schließlich hatte er sich schon als Herzog der Normandie einen Namen gemacht und Gelegenheit gehabt, das Räderwerk der Macht in die Hand zu bekommen. Mit Unterstützung der Geschäftswelt, von der die Bewilligung des Einkommens der Krone abhing, und einiger der im Jahre 1347 Abgesetzten, die er wieder in die Schlüsselpositionen der Finanzverwaltung befördert hatte, betrieb er tatkräftig eine erfolgreiche Politik: Er hatte die Verhandlungen mit dem Dauphin des Viennois, Humbert II., um den Verkauf der Dauphiné an Frankreich zu einem guten Abschluß gebracht – 1349 rückte sein eigener Sohn Karl zum ersten Dauphin des Königshauses auf – und wachte in Burgund über die Interessen des letzten Nachkommen von Robert des Frommen jüngstem Sohn, des damals erst dreijährigen Philipp von Rouvre.

Johann der Gute, alles andere als ein unfähiger Dummkopf, vielmehr klug und gebildet, musikalisch und belesen, beherrschte das Regierungsgeschäft und kannte das Spiel der Politik und seine Tücken. Das zeigte sich deutlich, als er die Fürsten und die Leiter der großen Behörden der *curia regis* gemeinsam in seinen Staatsrat berief und damit neutralisierte. Und auch der von ihm 1351 gestiftete *ordre de l'Étoile* (Sternorden) bedeutete keine nostalgische Rückbesinnung auf das Rittertum von anno dazumal, sondern eine neue, persönliche und ausschließliche Form der Treuebindung zwischen dem Herrscher und einer auserwählten, disziplinierten militärischen Elite. Den gleichen Zweck verfolgten der Dauphin des Viennois, Humbert II., mit dem St.-Katharinen- und König Eduard III. von England mit dem Hosenbandorden: nämlich einen Ersatz für die Lehnsbindung zu schaffen, die die Feudalgesellschaft durch vorrangige Betonung des materiellen Lehens praktisch ihrer ursprünglich persönlichen Bindung beraubt hatte. In der Tat gab sich Johann der Gute keineswegs Wahnvorstellungen hin, wenn er Verrat witterte: Mehr noch als die seines Vaters ist seine Regierungszeit eine lange Abfolge von Verschwörungen, denen es allerdings zu seinem Glück an Koordination mangelte.

Den Beinamen »der Gute« verdankt Johann eigentlich nur seiner Großzügigkeit, dem Aufwand, den er aus der Einsicht heraus trieb, daß Freigebigkeit gegenüber seinen Getreuen für den obersten Lehnsherrn Pflicht ist. Im Grunde aber war er hochmütig und impulsiv und neigte dazu, sich in der Politik von Emotionen leiten zu lassen. Er vertrug keinen Widerspruch und stieß durch sein zornmütiges und rachsüchtiges Wesen auf Mißtrauen und Vorbehalte. Im Umgang mit Menschen ebenso ungeschickt wie in seinen Beweggründen egoistisch, verärgerte er unnötig viele und zementierte damit selber das Bündnis der Unzufriedenen. Als trefflicher Ritter, aber mittelmäßiger Feldherr verwechselte er Tapferkeit mit

Strategie. Heldenmut war ihm wichtiger als taktische Kampfführung, und so mußten denn auch die Ritter des Sternordens geloben, im Kampf nicht zurückzuweichen. Bereits der erste Einsatz 1353 in der Bretagne aber artete in ein Blutbad aus, hätte doch die Schlachtordnung zu ändern geheißen, das Gelübde zu brechen.

Den Auftakt zu Johanns Regierungszeit hatte ein abstoßender Skandal gegeben. Als der 1345 vor Caen gefangengenommene Konnetabel Radulf von Brienne nach Frankreich heimgekehrt war, hatte ihn Johann der Gute festlich empfangen, dann aber nach einer Scheinverhandlung köpfen lassen. Zeugen hatten den König schwören hören, er werde kein Auge zutun, solange der Konnetabel am Leben sei. Niemand kannte die wahren Gründe. Hatte sich Radulf von Brienne mit dem Engländer verschworen? Oder begehrliche Blicke auf die Königin geworfen? Als der König den kastilischen Fürsten Karl von Spanien zum neuen Konnetabel ernannte, mutmaßten viele, er habe den Posten schlicht für diesen Günstling gebraucht. Da aber das Haus Brienne mit sämtlichen christlichen Fürsten verwandt und verschwägert war, löste die Affäre ebensoviel Besorgnis wie Mißstimmung aus. Zu den Unzufriedenen zählte auch der König von Navarra, Karl der Böse, dem Johann der Gute kurz zuvor als Entschädigung für die entgangene Erbfolge der Champagne die Grafschaft Angoulême in Aussicht gestellt hatte, die er nun seinem neuen Konnetabel zuschanzen wollte. König Johann glaubte den Navarresen durch die Hand seiner Tochter und eine in Monatsraten zahlbare Mitgift besänftigen zu können. Dieser nahm die Tochter denn auch widerstrebend zur Frau, doch ohne von seinem Zorn zu lassen.

Karl von Spanien wurde unterdessen so anmaßend und überheblich, daß er sich zu Drohungen gegen den Bruder Karls des Bösen verstieg, woraufhin ihn die beiden Navarresen eines Abends in seiner Herberge aufsuchten und erdolchten. Die Affäre wirbelte viel Staub auf und erregte vor allem bei den mit den Häusern Évreux-Navarra, Brienne und Harcourt verbündeten normannischen Baronen Kopfschütteln. Als Johann der Gute daraufhin ein Heer gegen Navarra schickte, brachte der Graf von Foix die Unternehmung des Valois durch ein Ablenkungsmanöver zum Scheitern, während sich Karl von Navarra dem ältesten Sohn Eduards III. von England, dem Schwarzen Prinzen, anschloß.

Nicht willens, sich gleichzeitig mit dem Engländer und dem Navarresen zu schlagen, da dieser dem Plantagenet seine Festungen in der Normandie zur Verfügung stellen konnte, verlegte sich der König von Frankreich daraufhin aufs Verhandeln: Im Vertrag von Mantes vom 22. Februar 1354 erhielt der Navarrese als Entschädigung für seine Anrechte auf die Champagne zehn ansehnliche Grundherrschaften in der Normandie, ohne deshalb auf die Treuebindungen verzichten zu müssen, die er über die Sippe seiner Mutter in der Champagne unterhielt.

Der Herzog der Normandie – dies war mittlerweile der Dauphin Karl – hatte somit mit der verstärkten politischen Macht seines Vetters Évreux-Navarra zu rechnen. Der König von Frankreich seinerseits mußte den Mörder seines Konnetabels in Paris empfangen, was für ihn einen empfindlichen Gesichtsverlust bedeutete. Der Vertrag von Valognes vom 10. September festigte die Stellung Karls des Bösen noch, brachte ihn aber immerhin davon ab, seine Bündnispläne mit dem Engländer allzu offen zu verfolgen.

Durch Betrug und Täuschungsmanöver nach allen Seiten handelte sich der Navarrese jedoch nicht nur Grundherrschaften, sondern auch den Ruf eines Verschwörers ein und schuf so die Voraussetzungen für König Johanns Intervention in Rouen.

Unterdessen erwuchs Johann dem Guten in der Person Étienne Marcels ein weiterer Feind. Dieser begüterte und einflußreiche Pariser Bürger, alles andere als ein Revolutionär, hatte in erster Ehe eine Schöffentochter und nach deren Tod in zweiter Ehe eine Tochter Pierre des Essarts' geheiratet, eines der reichsten unter jenen Finanziers, die von den Ständen 1346 abgesetzt worden, jedoch durch die Gunst des zukünftigen Johann des Guten bereits 1347 wieder in Gnade gekommen waren. Pierre des Essarts hatte dafür lediglich die – allerdings beachtliche – Buße von fünfzigtausend Goldstücken *(»chaises« d'or)* leisten müssen. Nachdem er an der Pest gestorben war, gingen seine beiden Schwiegersöhne getrennte Wege: Während Robert von Lorris, ein gleichfalls dem König nahestehender Finanzmann, die Erbschaft annahm, lehnte Étienne Marcel sie in der Befürchtung ab, das königliche Schatzamt könnte den Ertrag der fragwürdigen Geschäfte des Verblichenen einfordern und damit den möglicherweise vorhandenen Schuldenberg noch vergrößern.

Als Johann der Gute dann aber Pierre des Essarts rehabilitierte, fragte sich Étienne Marcel, ob sein Schwager nicht besser informiert gewesen war als er selbst, und als das Schatzamt Ende 1354 gar noch Robert von Lorris die einst von ihrem gemeinsamen Schwiegervater eingeforderten fünfzigtausend Goldstücke zurückerstattete, fühlte er sich endgültig betrogen. Als ihn im darauffolgenden Jahr die Pariser Kaufleute zu ihrem Prévôt wählten, sah alle Welt in ihm lediglich einen Notabeln aus einer alten Notabelnfamilie. Welchen Haß er auf die Herrschenden, die ihn hereingelegt hatten, hegte, sollte sich erst bei späterer Gelegenheit erweisen.

Als im Dezember 1355 angesichts des drohenden Krieges die Stände einberufen wurden, machten sie die Steuerbewilligung von strengen Bedingungen abhängig: Die zu Verteidigungszwecken erhobene Steuer mußte tatsächlich auch für die Verteidigung verausgabt werden. Dieser Beschluß war an sich ebenso vernünftig wie das Bestreben, der Willkür der königlichen Beamten Grenzen zu ziehen, hatte aber einen Pferdefuß. Er erinnerte daran, daß die Krone ihre übrigen Ausgaben aus den »ordentlichen Finanzen«, das heißt den Einkünften der Krondomäne, bestreiten mußte – eine, wie jedermann wußte, unmögliche Forderung, die die Monarchie in die Knie zwang.

Die ersten Proteste hatten bereits zehn Jahre zuvor die Bewohner des Artois erhoben. Sie hatten wie alle anderen Einwohner des Königreichs gezahlt, dann aber den Reiterzug Eduards III. von England über sich ergehen lassen und dabei die unliebsame Entdeckung machen müssen, daß der König von Frankreich keinen Finger zu ihrer Verteidigung rührte. Die niedergebrannten Dörfer des Artois erhoben stumme Anklage gegen den königlichen Fiskus, und so hatte Philipp VI. versprechen müssen, die im Artois für die Verteidigung erhobenen Steuern künftig auch für die Verteidigung des Artois zu verwenden. Das bedeutete zwar einen Rückschlag für die Einheit des Königreichs, die aber, wie sich 1346 erwiesen hatte, ohnedies nicht viel wert war.

Die Stände des Vermandois und der Normandie hatten unter Hinweis auf die Freibriefe von 1315 und die neuen Verhältnisse bereits die gleiche Zusicherung erwirkt. Da Johann der Gute in den ersten Jahren seiner Herrschaft klugerweise zahlreiche Regionalversammlungen anberaumt hatte, hatte er damit zugleich die Voraussetzungen für eine regelmäßige Konsultation der Steuerzahler geschaffen, und so lag die Idee, die Verwendung des Steueraufkommens zu kontrollieren, in der Luft. Die Generalstände von 1355 stellten dann die Einheit des Königreichs wieder in den Mittelpunkt: Künftig sollten nicht mehr die im Artois erhobenen Steuern für das Artois, sondern die Steuereinnahmen des Königreichs für die

Verteidigung des Königreichs ausgegeben werden. Damit aber setzte man sich etwas voreilig darüber hinweg, daß die Steuerzahler wenig Gegenleistungen dafür sahen und daß ihre Vorbehalte auch nicht der Krone galten. Egal ob vom König oder von den Ständen erhoben, blieb die Steuer im einzelnen Dorf so lange unpopulär, als man sich nicht unmittelbar bedroht und schutzlos fühlte. Somit stießen die Steuerbeauftragten der Stände auf die gleichen Schwierigkeiten wie die unter dem Vorwurf der Pflichtvergessenheit in Bausch und Bogen abgesetzten Leute des Königs. In jeder Diözese sorgten gewählte Vertreter der Stände, sogenannte *élus*, für die Eintreibung und zentrale Weiterleitung der Gelder, für deren Verwendung die Finanzgeneräle *(généraux élus)* in Paris zuständig waren. Doch die Steuerzahler ließen sich nicht hinters Licht führen.

Sie begriffen sehr wohl, warum Adel und bürgerliche Geschäftswelt übereingekommen waren, der Verbrauchssteuer – Salzsteuer und Umsatzsteuer – den Vorzug zu geben: weil sie nicht von ihr betroffen waren. Außerdem war jedermann klar, daß der Unterhalt all dieser *élus* viel Geld kostete. Die städtischen Versammlungen zeigten sich denn auch dementsprechend widerstrebend, ja stellten die Steuer sogar grundsätzlich in Frage und fühlten sich durch die von den Ständen erteilte Bewilligung nicht weiter gebunden. So mußten die Stände zurückstecken und im März die Verbrauchssteuer durch eine Vermögenssteuer – auf bewegliche Habe und Einkünfte aus Grund und Boden – ablösen, die jedoch durch Festsetzung einer Höchstgrenze die Reichsten wiederum verschonte. Diese Maßnahme scheiterte allerdings gleichfalls, und auch eine im Mai vorgenommene Reform der Bemessungsgrundlagen konnte das System nicht retten. Somit hatte nicht nur der König eine Machteinbuße erlitten. Auch den Ständen hatte der Versuch, die Staatsfinanzen zu verwalten, nicht viel eingebracht.

Um diese Zeit gingen Johann dem Guten aus Rouen erstaunliche Nachrichten zu des Inhalts, daß man sich seiner schlicht zu entledigen trachtete. Bereits im Vorjahr hatten sich seine mit Verhandlungen mit dem Engländer betrauten Gesandten bereit gezeigt, Eduard III. ein Drittel Frankreichs zu überlassen, und der Rat (conseil) hatte die Reaktion des Königs bewußt blockiert; und nun zettelte auf Veranlassung einer vom ehrgeizigen Bischof von Laon, Robert Le Coq, beherrschten politischen Clique Karl der Böse ein Komplott an mit dem Ziel, den König durch den Dauphin abzulösen. Le Coq träumte sogar davon, für das geplante Unternehmen den Onkel des Dauphins mütterlicherseits, Kaiser Karl IV. von Luxemburg, einzuspannen, der von der ihm zugedachten Rolle freilich noch nichts ahnte.

Durch die Übergabe der Normandie an seinen Sohn, den zukünftigen Karl V., hatte König Johann die Gefahr zwar vorübergehend gebannt – Karl zog es vor, seine neue Domäne in Besitz zu nehmen –, diesen aber gleichzeitig auch gestärkt. In des jungen Herzogs Residenz Rouen war Karls Vetter, Karl der Böse, Graf von Évreux, ein jederzeit gerngesehener Gast. Es wurde viel palavert – auch über Johann den Guten –, was wohlmeinende Geister dem König haarklein hinterbrachten.

Am 5. April 1356, während der Herzog der Normandie mit geladenen Gästen tafelte, fiel der König bewaffnet in Begleitung des Marschalls von Audrehem und einer starken Truppe in Rouen ein. Ohne sich um die Regeln der Gastfreundschaft zu scheren – die Anwesenden waren immerhin Gäste seines Sohnes –, machte Johann der Gute kurzen Prozeß. Vier Barone, darunter Johann von Harcourt, wurden exekutiert, der Navarrese tüchtig gebeutelt und dann festgenommen; nur Robert Le Coq konnte sich als Bischof aus der Affäre ziehen.

Damit aber hatte Johann der Gute kurz vor Beginn des Doppelfeldzugs von 1356 sämtliche staatstragenden Kreise gegen sich aufgebracht. Der seit Mai erkennbare Verzicht auf die versprochenen Finanzreformen ließ das Bürgertum ruhigen Gewissens von der dem König zugesicherten Militärhilfe abrücken: Die städtischen Kontingente blieben schlicht und einfach aus. Die Barone hinwiederum zeigten sich über die launischen Anwandlungen König Johanns und die unmotivierten Hinrichtungen nachhaltig besorgt. Die Staatskasse war leer, und außerdem befanden sich die von den Steuerzahlern – und aus den oben dargelegten Gründen von Étienne Marcel – verachteten und von den Ständen schon zweimal (1346 und 1355) ausgeschalteten Finanzleute wieder in Amt und Würden. Die zur Bekämpfung der anderweitig nicht eindämmbaren Inflation beschlossene Münzverschlechterung ließ vollends den Eindruck aufkommen, die Spekulanten hätten die Oberhand gewonnen.

Die Solidarität der politischen Umgebung des Königs – eines Bucy, La Forêt, Lorris, Braque und einiger weiterer Emporkömmlinge im Verein mit etlichen Baronen aus altem Adel – verankerte im Denken der Öffentlichkeit die Vorstellung, der König befände sich in der Gewalt der Staatskrippenfresser, er sei schlecht beraten, wenn nicht gar entmachtet. Als

Johann der Gute 1355 erneut die Zügel ergriff, war es bereits zu spät und die Wende nicht entschieden und deutlich genug, um den im darauffolgenden Jahr ausbrechenden Volkszorn zu besänftigen.

VON DER NIEDERLAGE ZUR ERHEBUNG

Seit Herbst 1355 herrschte wieder Krieg im Land. Der älteste Sohn des englischen Königs, der Schwarze Prinz, war ohne bestimmtes Ziel an der Spitze eines Reiterheeres von Bordeaux nach Carcassonne vorgestoßen, lediglich um seine Macht, das Königreich des Valois verwüsten zu können, zu demonstrieren und einen Gutteil des französischen Verteidigungspotentials im Süden des Landes zu binden. Er begnügte sich damit, die Bevölkerung in Angst und Schrecken zu versetzen, den Verbündeten des französischen Königs – Armagnac und Comminges – einen Denkzettel zu verpassen und sich durch Beteiligung an der Kriegsbeute die Treue seiner Soldaten, die er im Frühjahr 1356 zur Fortführung des Krieges brauchte, zu sichern. Die fortgesetzten Angriffe des Konnetabels von Bourbon und des Grafen von Armagnac auf ihre Nachhut verstanden die Anglo-Gascogner durch Überrumpelungstaktik, Wendigkeit und den Verzicht auf Belagerungen abzuschütteln. Während die Mauern von Toulouse und Carcassonne standhielten und nur die Vorstädte in Flammen aufgingen, wurden die kleinen Städte mit ihren Erdwällen verwüstet – eine Erfahrung, die die Aufwendungen für die Befestigung zum wichtigsten Ausgabenposten der städtischen Etats der Folgezeit erhob.

Von September bis Dezember 1355 hatte Eduard, Prinz von Wales, keine Eroberungen gemacht, sondern lediglich politisch und militärisch die große Ablenkungsoperation vorbereitet, in deren Verlauf er im folgenden Frühjahr nach Norden ziehen sollte, um mit seinem in der Normandie angreifenden Bruder Lancaster zusammenzutreffen. Eduard III. hatte seine beiden Söhne mit Wohlbedacht an die Spitze des Doppelmanövers gestellt: Seine lange Abwesenheit von 1346 bis 1347 war ihn in England selbst so teuer zu stehen gekommen, daß er nicht noch einmal das Risiko auf sich nehmen wollte, Ränkeschmieden und Schotten freie Bahn zu lassen.

Johann, Herzog von Lancaster – auch Johann von Gent (John of

Gaunt) genannt, weil er zur Zeit des mißglückten Flandernunternehmens Eduards III. zur Welt gekommen war – bezog im Juni im Zentrum der Halbinsel Cotentin Stellung, wo bereits die aus der Bretagne angerückten Truppen des Generals Robert Knolles standen. In Nachahmung der von seinem Bruder, dem Schwarzen Prinzen, im Vorjahr im Languedoc erprobten Taktik durchquerte er in einem Zug die Normandie, steckte Vernon und die Vorstädte Rouens in Brand und kehrte wieder nach Westen zurück.

Hier holte ihn Johann der Gute im Juli 1356 vor Laigle (dem heutigen L'Aigle) ein. Aber während der französische König noch immer nach Heldentaten dürstete und, zur Rache an seinen englischen Herausforderern entschlossen, auf die geeignete Stunde für eine Schlacht nach ritterlichen Kampfregeln wartete, machten sich die Engländer heimlich aus dem Staub, ließen jedoch, um die allzu naiven Franzosen hinters Licht zu führen, eine Linie ihrer Kavallerie als Täuschung hinter den Hecken zurück. Nachdem Johann der Gute diese in die Flucht gejagt hatte, machte er sich an die Belagerung Breteuils, ohne auch nur im Schlaf zu argwöhnen, der Sieg von Laigle könnte in Wahrheit keiner gewesen sein.

Als ihn die Nachricht von Kampfhandlungen des Schwarzen Prinzen erreichte, brach er die Aktion in der Normandie, die bereits riesige Summen verschlungen hatte, ab, warb neue Truppen an und überschritt die Loire. Nach einigen Täuschungsmanövern zwischen Tours und Loches standen sich die beiden Heere Mitte September südöstlich von Poitiers gegenüber.

Die Anglo-Gascogner befanden sich eindeutig in der schwächeren Position: Ihrem Heer fehlte es an Proviant; außerdem erwies sich der Anschluß an seinen Bruder Lancaster, wie der Schwarze Prinz einsehen mußte, als unmöglich, da die Franzosen die Brücken über die Loire hielten. Für Johann den Guten aber hätte Verzicht auf die Schlacht Verzicht auf den Sieg über die Engländer bedeutet. So ist es begreiflich, daß er alle Vermittlungsversuche der päpstlichen Legaten von der Hand wies. Nicht einmal der Kardinal von Périgord, der sich durch seine Hartnäckigkeit sogar dem Verdacht der Engländerhörigkeit aussetzte, konnte den sturen Kampfeswillen des Königs brechen, der im übrigen den billigen Sieg durch Blockade einer ausgehungerten Armee ebenso entschieden ablehnte wie den Kompromiß eines Waffenstillstands.

Doch es kam anders als erwartet. Die Schlacht von Poitiers am 19. September 1356 brachte die Niederlage eines zwar zahlenstarken Heeres, das sich auch durch individuelle Heldentaten auszeichnete, dem es aber insgesamt an Disziplin fehlte. Durch schlecht koordinierte, zur Unzeit vorgetragene Angriffe verzettelte die schwere Reiterei unter dem Pfeilhagel der englischen Bogenschützen ihre operativen Reserven. Außerstande, die englische Taktik – eine Flucht nach vorn – richtig einzuschätzen und zu begreifen, daß im sumpfigen Gelände jede Offensive sinnlos war, begingen der König und seine Anverwandten einen Fehler nach dem anderen. Mochte beispielsweise der Beschluß, den Dauphin und seine Brüder – mit Ausnahme des künftigen Philipp von Burgund – aus dem Kampfgetümmel herauszuholen, auch einer realistischen Einschätzung der Lage entspringen wie einst die Flucht Philipps VI. bei Crécy, so wurde er doch zu spät, nämlich erst als sich das Kriegsglück bereits wandte, gefaßt und hielt damit viele Barone davon ab, im weiteren Verlauf des Kampfes noch allzuviel zu riskieren. Ein falsches Manöver des Königsbruders besiegelte das Verhängnis noch vollends. Auch der persönliche Heldenmut Johanns des Guten und seines Sohnes Philipp – *»Père, prenez garde...«* (Gebt acht, Vater!) – konnte die Überlegenheit derer nicht wiederherstellen, die noch am Morgen die Stärkeren und Zahlreicheren gewesen waren. Ein gekonnter Schwenk des Captal von Buch, ein entscheidender Sturmangriff von Chandos, und die Würfel waren gefallen: Der König von Frankreich mußte sich ergeben.

Sich nach tapferem Kampf zu ergeben tat der Ritterehre keinen Abbruch. Der Gefangene konnte mit einer standesgemäßen Behandlung und seiner Freilassung gegen ein angemessenes Lösegeld rechnen. Der König hatte sich für seine Untertanen geschlagen, nun waren sie mit der Zahlung seines Lösegeldes an der Reihe. Hier lag nun einer der im Gewohnheitsrecht aller Landstriche verankerten vier Fälle für die Erhebung der *aide féodale,* der außerordentlichen Beihilfe, vor.

Während Johann der Gute in Bordeaux und anschließend in London inhaftiert war, begann für den künftigen Karl V. die Auseinandersetzung mit den Generalständen. Die Staatskasse war leer, und die Bürger vertraten offen die Ansicht, der Adel habe auf dem Schlachtfeld nicht die Anstrengung unternommen, die der Fiskus nunmehr seinerseits von den Steuerzahlern erwartete. Somit mußte sich der Dauphin an mehreren Fronten gleichzeitig schlagen: Zur Opposition zahlreicher Barone, die sich noch immer auf den – damals im Gefängnis sitzenden – König von

Navarra beriefen, kam die Opposition der Bürger, die gleichermaßen unzufrieden waren mit der Verwaltung der Kronbeamten und der Verteidigung der Allgemeinheit durch die Adligen.

Und schließlich galt es noch mit einer englischen Regierung fertig zu werden, die geschickt zwei theoretisch gesonderte Dinge miteinander verquickte: den Preis, der nach einer Niederlage für den Frieden gezahlt werden mußte, und den Preis für die Freilassung des Königs.

Daß diese politischen und diplomatischen Herausforderungen mit einem Bauernaufstand zusammenfielen, beruhte weitgehend auf Zufall. Und doch wurde die Jacquerie sehr rasch in die Koalition der Unzufriedenen integriert.

Ein weiterer Gegner erwuchs Karl im Anführer der reichen Bürgerpartei der Tuchhändler, Goldschmiede und Wechsler, dem *prévôt des marchands* oder Prévôt der Wassergilde Étienne Marcel. Dieser, nachdem er kurz zuvor um sein Erbteil gebracht worden und wild zur Rache an den Machthabern entschlossen war, konnte sich vor den zur Beratung der Katastrophe nach Paris einberufenen Ständen der *Langue d'oïl* mühelos zum Wortführer all derer aufschwingen, die Reformen, Entlassungen beziehungsweise eine Kontrolle der Macht und ihrer Mittel verlangten. Auch der alte Tribun der Navarra-Partei, Bischof Robert Le Coq, stand auf seiner Seite.

Im Oktober formulierten die Stände der *Langue d'oïl* in Paris und die der *Langue d'oc* in Toulouse ihre politischen Forderungen. Während man in Paris die Bildung eines von den Ständen gewählten Staatsrats forderte, suchte man in Toulouse die Einmischung des Königs in die Steuerbelange zu unterbinden. Der erste Schritt bestand in der Einführung einer wertsicheren, nicht mehr verrufbaren Münze, wodurch jedoch die Schuldenlast erhöht wurde, was den gemeinen Mann auf die Straße trieb. Außerdem lähmte die Münzverrufung, das heißt die Ungültigkeitserklärung der im Umlauf befindlichen Münzen, das Geschäftsleben, kurzum, weckte Mißstimmung bei aller Welt. Diese Entwicklung paßte wiederum Étienne Marcel ins Konzept, der sich rasch an die Spitze der Unzufriedenen stellte.

Mitte Januar 1357 verhandelte der *prévôt des marchands* bereits mit dem Dauphin persönlich, der sich damit abfand, um eine Revolution zu verhüten. Mit der Einberufung der Stände im Februar schaltete sich dann erneut die Provinz ins politische Konzert ein und setzte eine Verwaltungsreform durch. Die wichtigsten Punkte dieser Reform waren die Organisation einer regelmäßig zusammentretenden Versammlung in der Verordnung vom 3. März; die Übertragung der Verwaltung der Steuereinnahmen an Finanzgeneräle *(généraux élus)*; die Säuberung der gehobenen Verwaltung und die Ernennung sogenannter *réformateurs généraux* als Anlaufstelle für Beschwerden der Verwalteten.

Zum Glück für den Dauphin blieb der Aufruhr auf Paris beschränkt und die Vormachtstellung des Adels im Staatsrat und im Räderwerk der Regierung unangetastet. So konnte er hoffen, die Provinz gegen Paris auszuspielen, und somit trotz aller Unsicherheitsfaktoren einer solchen Politik auf eine für ihn günstige Entwicklung im Laufe der Zeit bauen. Das Scheitern eines Gewaltstreichs gegen die Stände und den Stadtrat von Paris im August bestärkte ihn noch in der Überzeugung, daß hier nur Abwarten helfen konnte.

Der Ausbruch des gefangenen Königs von Navarra im November 1357 bedeutete für die Regierung des Dauphins, der Karl den Bösen nicht freigelassen hatte, obwohl dieser bekanntlich als sein geladener Gast verhaftet worden war, zwar eine Blamage, gleichzeitig aber auch die Rettung.

Denn erstens wies Karl der Böse durch Betonung seines Anrechts auf die französische Krone die Ansprüche des Plantagenet zurück, was dem Dauphin nur recht sein konnte. Und zweitens sollte sich das vor allem auf kurzlebige gemeinsame Interessen wie die Beherrschung des Seineunterlaufs gegründete Augenblicksbündnis zwischen dem Navarresen und den Parisern rasch wieder lockern angesichts so schwerwiegender Fragen wie der Zweckmäßigkeit von Reformen oder eines Bündnisses mit dem aufständischen Landvolk.

Zunächst freilich sah sich der Dauphin unter Kuratel gestellt. Im Staatsrat gaben Navarra und sein getreulicher Anhänger Le Coq den Ton an, führten Marcel und seine Parteigänger in dieses Gremium ein und scherten sich wenig um die Autorität des Königs. Doch die Interessen gingen bereits auseinander: Während der Navarrese über seine Domänen in der Normandie wachte, war dem *prévôt des marchands* an der Fortdauer der Unruhen gelegen. Außerdem stellten sich bereits viele die Frage nach dem politischen Programm der Reformer: Worauf wollten sie überhaupt hinaus? In der Provinz ließ das Interesse spürbar nach, zumal die Niederlage nicht mit Frieden gleichzusetzen war. Noch immer trieben sich mehrere tausend offiziell arbeitslose Kriegsleute im Land herum, die, um sich die Zeit zu vertreiben und ihren Lebensunterhalt zu bestreiten, munter weiterraubten und plünderten.

Marcel jedoch war bereits zu weit gegangen, um sich noch auf Verhandlungen einlassen zu können: Während ein König von Navarra oder ein Bischof von Laon nach verlorenem Spiel immer noch auf Rücksicht zählen konnte, winkte dem Bürger Marcel und seinesgleichen der Galgen.

So gingen in Paris in einer Flucht nach vorn ohne präzise Zielsetzungen die Kraftproben bis zur dramatischen Wende des 22. Februar weiter, bis die Marschälle der Champagne und der Normandie auf Betreiben eines Ratgebers Johanns des Guten im Gemach des Dauphins ermordet wurden. Karl zog sich aus der Affäre, indem er sich die rot-blaue Mütze der Pariser überstülpte, sich anschließend selbst vom Statthalter des Königs zum »Regenten« beförderte und die Ständeversammlung in der Champagne vorschützte, um die Hauptstadt zu verlassen.

Die über die Ermordung ihres Marschalls erbitterten Vertreter der Champagne unterstützten den Dauphin, der nun Paris in die Isolation zu treiben begann und im Mai 1358 eine Ständeversammlung ohne Pariser Beteiligung nach Compiègne einberief. Dort bekräftigte er seine Absicht, das Königreich – wie von den Ständen gefordert – zu reformieren und die Pariser Rädelsführer aufzuhängen.

Doch da warf Ende Mai der Ausbruch des Bauernaufstands, der *Jacquerie,* alle Pläne über den Haufen und brachte die Dinge auf höchst unerwartete Weise in Fluß. Die Bewegung, die als Revolte begüterter Bauern am 28. Mai 1358 in Saint-Leu-d'Esserent bei Chantilly im Kerngebiet einer fruchtbaren, von der wirtschaftlichen Depression bis dahin kaum betroffenen Ebene ausgebrochen war, erfaßte binnen weniger Tage das gesamte Valois, das Pariser Becken und die Brie und griff von dort auf die Normandie, auf Burgund, Lothringen und die Beauce über. Die aufständischen Bauern, die *Jacques,* fielen unterschiedslos über jeden her, der nach einem *noble,* einem *seigneur foncier* oder einem *propriétaire* aussah, also über alle, die, ob Adlige, Grundherrn oder Besitzende, jenseits des Grabens standen, den Mißgriffe und Niederlage, mangelnde strukturelle Anpassung und Opportunismus aufgerissen hatten. Kurz, die Anhänger des Regenten und diejenigen, die dem Regenten Angst einjagten, zitterten gemeinsam vor den Bauerntölpeln, über deren Greueltaten – gepfählte Frauen, abgeschlachtete Kinder, niedergebrannte Herrensitze – haarsträubende Schauermärchen umliefen.

Dabei war die *Jacquerie* im Grunde weder ein Aufruf zur Revolte noch ein Aufschrei des Elends: Der Kampfruf »Montjoie« wies die *Jacques* als treue Anhänger des Königs aus, und ihre Bewegung nahm von einer der fruchtbarsten Regionen Europas ihren Ausgang. Die *Jacquerie* erwuchs vielmehr aus der Besorgnis derer, die sich vor der Krise sicher gewähnt hatten, die genügend Land und Gerätschaften besaßen, um Steuern zu zahlen, um die vom Kriegsvolk angerichteten Verheerungen zu fürchten, um keinen Anteil an den hochschnellenden landwirtschaftlichen Löhnen zu haben; die aber nicht wohlhabend genug waren, um sich an den neuen Gewinnmöglichkeiten der Zeit zu beteiligen, jenen Profitquellen, die die Öffentlichkeit etwas vorschnell mit dem verschwommenen Begriff Spekulation belegte.

Doch die Reaktion der *Jacques* erfolgte unüberlegt und so ungeordnet, daß es auch dem alten Haudegen Guillaume Carle nicht glücken konnte, sie seinem Kommando zu unterstellen, ihnen Disziplin abzunötigen und sie zum Zusammenhalt zu bewegen.

In seinem blinden Haß auf den Dauphin beging Étienne Marcel den Fehler, in diesen zum Mord an allem, was Adel heißt, entschlossenen Bauern brauchbare Verbündete und Mitstreiter zu sehen. Wie sie war auch er zu weit gegangen, um noch auf einen ehrenhaften Frieden hoffen zu können. So schickte er den bei Ermenonville zusammengezogenen *Jacques*, die in den umliegenden Dörfern die Landhäuser der Pariser Notabeln hemmungslos plünderten, ein paar Handwerker zur Verstärkung. Daß diese Vorfälle den Adel, der bis dahin sehr aktiv auf Reformen hingearbeitet hatte, wieder auf die Seite des nunmehr zum Garanten der sozialen Ordnung aufgerückten Dauphins treiben mußte, ging dem *prévôt des marchands* nicht auf.

Étienne Marcels Verbündeter, Karl der Böse, reagierte genau umgekehrt: Statt den Sturz des Valois zu betreiben, nutzte er die Schwächung der Königsmacht, um den Staatsrat zu beherrschen und sich als Beschützer der Regierung darzustellen. Im übrigen zeigte er die typischen politischen Reflexe eines Fürsten, dem es nicht im Traum einfällt, mit aufrührerischen Dörflern gemeinsame Sache zu machen. Für den König von Navarra kam im Umgang mit den *Jacques* nur jenes Verhalten in Frage, das die französische Ritterschaft bei Cassel den flandrischen Handwerkern gegenüber an den Tag gelegt hatte – sie ohne Erbarmen niederzumachen.

Hochzufrieden, sich als bewaffneter Arm des Regenten in Szene setzen zu können, zog Karl der Böse ein kleines Heer zusammen, stieß auf dem Plateau von Mello nahe Creil auf Guillaume Carles Bauern und hieb sie am 9. Juni in Stücke. Den überlebenden Heimkehrern schien es geraten, möglichst unauffällig zu Hause unterzutauchen.

Das Pariser Heer versuchte unterdessen, den befestigten Marktflecken Meaux, in den sich die Gattin des Dauphins mit ihren Hofdamen geflüchtet hatte, einzunehmen. Doch zwei Barone der Navarra-Partei – der Captal von Buch und der Graf von Foix – holten zum Gegenschlag aus und warfen die Pariser samt ihren Bauernverbündeten in die Marne.

Von diesem Zeitpunkt an war die Allianz zwischen dem Navarresen und dem *prévôt des marchands* eher von Zurückhaltung als von Begeisterung getragen. Die Unterdrückung der Bauern durch den Adel schwebte als unmißverständliche Drohung über den Häuptern der Pariser Kaufleute und Handwerker, die sich inzwischen nur noch zögernd öffentlich auf Étienne Marcels Seite stellten. Angesichts der Münzverschlechterung und der Lahmlegung aller Wirtschaftsverbindungen durch die Blockade der Hauptstadt dämmerte es der bürgerlichen Geschäftswelt, daß ein Ausweg aus dem Engpaß gefunden werden mußte und daß dieser Ausweg nicht Gewalt heißen konnte.

Auch Karl dem Bösen bereitete das Bündnis mit den Aufrührern zunehmend Unbehagen, und so nahm er im Juli in der sicheren Erwartung, nun seine Bedingungen diktieren zu können, mit dem Dauphin Verhandlungen auf.

Während sich der König von Navarra als Retter der öffentlichen Ordnung im Land und als ihr Garant in Paris anschickte, das Regierungsruder zu übernehmen, rüstete der Dauphin Karl zum Aufbruch in seine Dauphiné.

Doch da kam es zu einem Zwischenfall: In Paris hatten sich die Engländer im navarresischen Heer so unbeliebt gemacht, daß man sie aus der Stadt jagte und vor dem Bois de Boulogne aufzureiben suchte. Die kampferprobten Angelsachsen indessen brachten trotz ihrer geringen Zahl die Bürger in arge Bedrängnis und rückten den König von Navarra in ein schiefes Licht: Hatte er die Pariser nicht verraten, indem er das Unternehmen zuerst einfädelte und dann aus unerfindlichen Gründen hinauszögerte? So flammte, als Étienne Marcel die Navarresen zurückholen wollte, an allen Ecken und Enden der in der Hauptstadt schwelende

Widerstand auf. Und am 31. Juli brach Marcel nach kurzem Handgemenge vor der Porte Saint-Antoine unter den Messerstichen seiner Gegner zusammen.

Im Anschluß daran verhandelten die Pariser mit dem Dauphin, den die Nachricht gerade noch rechtzeitig vor dem Aufbruch in die Dauphiné erreicht hatte, und erwirkten seine Vergebung. Am 2. August 1358 schließlich zog der zukünftige Karl V. ohne viel Aufhebens in seine Hauptstadt ein, der er zeitlebens mit Mißtrauen begegnete.

Von den Zugeständnissen, die die Stände der *Langue d'oïl* erwirkt hatten, blieb unter dem Strich so gut wie nichts übrig. Der Adel hatte nach dem Sieg über die aufständischen Bauern weder die Pariser – die ihre Rechnungen untereinander beglichen – noch die großen Finanziers des Staatsrates an die Kandare legen können. Den in der Formulierung ihrer Reformpläne bescheideneren, aber nicht minder ehrgeizigen Ständen der *Langue d'oc* dagegen war bei der Festigung ihrer Errungenschaften mehr Erfolg beschieden – wobei allerdings anzumerken ist, daß der besser in die städtische Gesellschaft integrierte südfranzösische Adel mit einem Bürgertum, das jeden Anschein der Bedrohlichkeit zu vermeiden wußte, schon von Haus aus gemeinsame Sache machte. Damit konnte die in den Städten des Midi herrschende Allianz eine echte – und dauerhafte – Kontrolle des königlichen Steuerwesens durchsetzen, die den Städten im politischen Leben des Königreichs ein neues Gewicht verlieh.

DER FRIEDEN VON BRÉTIGNY

Während in Frankreich das Tauziehen weiterging, verhandelte man in London. Aber nicht die Niederlage hatte König Johann an den Verhandlungstisch gezwungen – nach Crécy war ebensowenig verhandelt worden, wie später nach Azincourt verhandelt werden sollte –, sondern seine Gefangennahme. Eduard III. suchte die Gelegenheit zu nutzen, um dem nun schon seit zweihundert Jahren schwelenden Streit um den Plantagenet-Staat ein Ende zu bereiten. Und da Johann der Gute seine Freiheit wiedererlangen, sie aber nicht einem Vergeltungsschlag verdanken wollte, wie von den Generalständen erwogen, sollte ihm Frankreich die Niederlage seines Königs teuer bezahlen – für Karl V. eine Lehre, sich an das

Vorbild Philipps des Schönen zu halten und nie die Krone im Kampfgetümmel aufs Spiel zu setzen.

Die von Eduard III. im September 1357 formulierten Ausgangsforderungen waren drückend, hielten sich aber im Rahmen der Erwartungen: Vier Millionen Écus Lösegeld für den König sowie alle Souveränität für ein Aquitanien, das neben Poitou und Quercy auch Bigorre einschließen sollte. Die Normandie sparte der Engländer aus, wie er auch keinen Anspruch auf die französische Krone erhob. Doch dann brach Eduard III. unter dem Eindruck der Vorgänge in Paris die Verhandlungen ab, um nach Abschluß eines Bündnisses mit dem König von Navarra gegen den Valois seine Forderungen auf das Doppelte hinaufzuschrauben. Am 24. März 1359 akzeptierte Johann der Gute Londons neue Forderungen: Abtretung des halben Königreichs Frankreich samt der Normandie und der Lehnshoheit über die Bretagne, mit anderen Worten, Verlust sämtlicher Häfen von Boulogne bis Bayonne, womit das Land auf den Stand der frühen Kapetingermonarchie zurückgeworfen worden wäre, für die der Zugang zum Meer ein noch unerfüllter Wunschtraum gewesen war.

Aber Eduard III. hatte den Regenten Karl unterschätzt, der im Frühjahr 1359 die volle Unterstützung der Städte genoß und nicht einmal mehr die Navarra-Partei gegen sich hatte. Denn Karl der Böse hatte rasch erkannt, daß sich sein englischer Verbündeter keinen Deut um die territorialen Interessen des Hauses Évreux scherte, und dem Bürgertum war keineswegs an einem Frieden um jeden Preis gelegen: Zwar hätte er die Steuerlast erleichtert, andererseits aber hätte die Aufhebung der Kriegssteuer den Ständen die Daseinsberechtigung und den Bürgern den Vorwand genommen, sich in die Angelegenheiten des Königreichs einzumischen. Die Pariser wiederum mochten sich von den Untertanen des englischen Königs in Rouen ihren Einfluß im Seinebereich nicht nehmen lassen, und die Normannen bangten um ihr Hinterland, ja, selbst die Aquitanier konnten von einem Machtzuwachs der englischen Krone nichts halten. Und überall im Land kam bei den Baronen die Sorge auf, der Plantagenet könnte in die Tat umsetzen, was sie dem König von Frankreich schon seit Ludwigs des Heiligen Zeiten vorwarfen – die Beeinträchtigung der Prärogativen des Feudaladels durch die Macht der Krone.

Der Dauphin fühlte sich deshalb stark genug, um die Forderungen Eduards III. rundweg abzulehnen. In Wahrheit hatte es Karl wohl auch nicht eilig, ins Glied zurückzutreten. Er berief die Stände ein, die das

Ansinnen des Engländers in aller Form zurückwiesen und unter Hinweis auf die Staatsfinanzen den Beschluß faßten, erneut in den Krieg gegen England einzutreten.

Im Wahn, sein 1356 begonnenes Werk vollenden zu können, schickte Eduard III. noch 1359 seinen Sohn Lancaster mit einem Heer vor und stieß etwas später mit einem zweiten zu ihm. Da es inzwischen Herbst geworden war, arbeitete die Zeit für den Dauphin. Unter Preisgabe des flachen Landes wich Karl dem Kampf aus und ließ den Engländer in vergeblichen Belagerungen wie der von Reims seine Kräfte erschöpfen. Der Durchzug des englischen Heeres durch die Champagne und Burgund ließ den Navarresen die Lage verkennen. Erneut spielte er die englische Karte und ließ – für ihn typisch – seinen Getreuen, den Captal von Buch, Johann von Grailly, einen Handstreich gegen Clermont-en-Beauvaisis führen, mit dem er sich bei der Bevölkerung jedoch nur noch unbeliebter machte. Der Herzog von Burgund erkaufte den Abzug der Eindringlinge; kurz, der politische Nutzen für den König von England war äußerst gering. Alles auf eine Karte setzend, nahm Eduard III. daraufhin die Belagerung von Paris auf, mußte sie aber, da sich der Regent in Schweigen hüllte, schließlich infolge eines Schnee-Einbruchs abbrechen: Der Sieger von ehedem hatte sich gründlich blamiert.

Von nun an zeigten sich alle bereit, auf vernünftiger Basis miteinander zu verhandeln. Die Unzufriedenheit der Städte über die Wirtschaftsblokkade – in Paris fehlte es an Fleisch, Fisch und Wein, die Brotpreise stiegen –, ausgelöst durch diesen neuerlichen Krieg, der keiner war, kostete die Revanchistenpartei viele Sympathien, und der Erzbischof von Sens, Wilhelm von Melun, beherbergte den Regenten in seinem Palast, um ihn dem Einfluß derer zu entziehen, die den König gern bis zum keineswegs gesicherten Sieg in England belassen hätten.

Der Engländer scheute sich, nach dem langen und kostspieligen Feldzug völlig unverrichteter Dinge vor seinem Parlament zu erscheinen, zumal man in London über die Kontakte des Dauphins Karl zu den Schotten durchaus unterrichtet war.

Am 8. Mai 1360 wurde der Frieden von Brétigny geschlossen. Eduard III. verzichtete auf seine Anrechte auf die französische Krone und erhielt das große Aquitanien Eleonores, gab dafür aber jeglichen Anspruch auf das Anjou und die Normandie seiner Vorfahren Plantagenet auf. So blieb ihm im Norden nichts außer Calais, seinem Erbteil Ponthieu und der Grafschaft Guines. Das Königreich mit dem Lilienwappen mußte zwar Gebietseinbußen hinnehmen, von der Landkarte ausradiert aber wurde es nicht. Das Lösegeld für König Johann schließlich wurde auf drei Millionen Écus festgesetzt, für die in London Geiseln aus fürstlichen, ritterlichen und bürgerlichen Kreisen sowie einige Festungen in Aquitanien bürgten.

Am 24. Oktober wurde der Vertrag in Calais ratifiziert. Johann der Gute kam gegen die sofortige Zahlung von vierhunderttausend Écus frei, der Erzbischof Wilhelm von Melun und sein Bruder, der Kämmerer von Tancarville, nahmen die Reorganisation der Verwaltung in die Hand, knüpften an die Reformvorschläge der Stände an und sanierten bis zu einem gewissen Grad die Finanzen. Die Einführung des Franc im Dezember 1360 brachte mit der vernünftigen Festschreibung der Geldentwertung die Rückkehr zu stabilen Währungsverhältnissen.

Die Geiseln langweilten sich, und so handelten sie im November 1362 mit König Johanns Billigung ihre eigene Freilassung gegen das Berry aus. Eduard III. jedoch wollte auf Nummer Sicher gehen und forderte die Ratifizierung des Vertrages durch die französischen Generalstände, die den Plan, König Johanns Lösegeld durch Aufgabe des Berry zu zahlen, auf ihrer Versammlung im Oktober 1363 auch wirklich ablehnten. Die Engländer aber hatten in Erwartung der Ratifizierung die Geiseln bereits nach Calais verlegt, unter ihnen Johanns des Guten zweitältesten Sohn, Ludwig von Anjou. Dieser aber fand die Aussicht, erneut in die Gefangenschaft nach England zurückkehren zu sollen, unerträglich. Er traf sich heimlich mit seiner jungen Frau und ergriff mit ihr die Flucht.

Die Erfüllung des Vertrags von Brétigny-Calais erwies sich als schwierig, nicht zuletzt deshalb, weil König Johann – an seines Sohnes Statt freiwillig nach London zurückgekehrt, wo er auch sterben sollte – nicht mehr als der gegen Kaution freigelassene Verlierer von Poitiers zu betrachten war, sondern als Ersatzmann für eine der für sein Lösegeld bürgenden Geiseln. Dies bedeutete, daß Johann der Gute jetzt persönlich Bürgschaft für die Bezahlung der bei seiner Freilassung vor vier Jahren fälligen Summe leistete. Deshalb entband der Tod des ehedem auf freien Fuß gesetzten Königs seinen Sohn auch nicht von der Begleichung der Restschuld von drei Millionen Écus – ein Betrag, der die französischen Finanzen zwanzig Jahre lang belasten sollte.

Vor allem aber hatte man im Vertrag von 1360 absichtlich oder zufällig einen Punkt in der Schwebe gelassen, dessen Konsequenzen die damaligen Unterhändler, also die Ratgeber des englischen und des zukünftigen französischen Königs, möglicherweise gar nicht in ihrer vollen Tragweite erfaßten: die wichtige Frage der Oberhoheit über die abzutretenden Gebiete, eine Frage, über die man zwar verhandelt, die man aber nicht zu Ende debattiert hatte. Es war lediglich vorgesehen worden, daß die Gebietsabtretungen an Eduard III. nach dem einfachsten lehnsrechtlichen Verfahren, nämlich durch langatmige Aufzählung und Übergabe vor Ort von Sachwalter zu Sachwalter erfolgen und der König von Frankreich danach die Oberhoheit über diese Gebiete – vor allem über Aquitanien – an den Engländer abtreten sollte, der dafür auf das Erbe des Lilienbanners verzichten wollte.

Anders ausgedrückt hatten die Bevollmächtigten der französischen Krone in Brétigny zwar, was den unmittelbaren Besitz der begehrten Regionen anging, nachgegeben, das Wesentliche, die Abtretung der Oberhoheit über Aquitanien an den Plantagenet, dagegen aufgeschoben. So wurde die Krondomäne wohl zerstückelt, das Königreich Frankreich aber verlor kein einziges Territorium.

Glaubte Eduard III., die Übertragung werde binnen weniger Tage und der Austausch der Verzichterklärungen gleichfalls in naher Zukunft erfolgen? Fest steht jedenfalls, daß der nachmalige Karl V., der im Umgang mit den Parisern wie beim letzten Reiterzug Eduards III. die Zeit mit so viel Gewinn für sich hatte arbeiten lassen, diesen Faktor bewußt in sein Spiel mit einbezog.

In der Tat dauerte es Monate, bis allein die Akten zusammengetragen und die weiterzuleitenden Dokumente gesichtet waren. Und um die Huldigung der Vasallen und den Eid der Bürger abzunehmen, um das Güterinventar abzuhaken und den Widerstand einiger Opportunisten zu brechen, die sich dem neuen Herrn nicht ohne Gegenleistung anschließen wollten, brauchten die Leute Eduards III. ein ganzes Jahr. Im Sommer 1362 kam die Angelegenheit endlich zum Abschluß. Die Verzichterklärung aber hätten nach der in Calais getroffenen Vereinbarung vor dem St.-Andreas-Tag des Jahres 1361 ausgetauscht werden müssen. Der Zeitpunkt war somit verpaßt.

Eduard III. vermeinte mit den Lehen das Wesentliche in der Hand zu haben. Er glaubte, der Besiegte von damals werde es nie wagen, die Oberhoheit des Siegers anzuzweifeln. Er beging den großen Irrtum, sich für den Herrn Aquitaniens zu halten, während der Franzose dazu schwieg.

Johann der Gute hatte sich unterdessen um den Süden des Landes gekümmert. Im Herbst 1362 hielt er sich in Avignon auf, im Winter führte er Verhandlungen im Languedoc, um die Städte zur Beteiligung an der Verteidigung des Königreichs zu bewegen und jenen städtischen Zusammenschluß aufzusprengen, dem die Stände der *Langue d'oc* ihre Stärke verdankten. Im Frühjahr reiste er dann erneut nach Avignon und erörterte mit Papst Urban V. und dem König von Zypern, Peter von Lusignan, die Möglichkeit eines Kreuzzugs, durch den er das Abendland von den überzähligen Söldnerhaufen – den *compagnies* – zu säubern hoffte, während ihm der Papst großzügigerweise die Besteuerung des französischen Klerus gestatten wollte.

Auf diesen Reisen kreuz und quer durch Frankreich nahm Johann der Gute die Zügel der Politik wieder in die Hand und übernahm auch wieder seinen Part im politischen Konzept Europas. Auf dem Rückweg nach Norden berief er im Oktober 1363 in Reims und im Dezember in Arras städtische Versammlungen ein und ließ sich von ihnen eine Steuer, die sogenannte *fouage* (von *focagium*, Herd) in Höhe von drei Francs pro Haushalt bewilligen, um den Staatsschatz wieder aufzufüllen. Am 2. Januar 1364 schließlich schiffte er sich erneut nach England ein.

Wollte er sich wirklich nur für Ludwig von Anjou als Geisel stellen? Wahrscheinlicher ist, daß König Johann vor allem die Verhandlungen mit dem Engländer wieder in Gang zu bringen trachtete, galt es doch die Freilassung der übrigen Geiseln zu erreichen und zu verhindern, daß die Flucht des jungen Ludwig Eduard III. und den Ultras in seiner Umgebung einen Vorwand zur Wiederaufnahme des Krieges und zu noch überzogeneren Forderungen lieferte. Der König von Frankreich jagte nicht nur dem Hirngespinst der Ehrenrettung nach, er verfolgte auch das überaus vernünftige Ziel, den Frieden zu festigen. In einer Zeit, in der erneut Unternehmungen des Königs von Navarra zu gewärtigen waren, griff er auf seine altbewährte Politik zurück – keinen Zweifrontenkrieg zu führen.

Den Erfolg dieser Politik sollte er selbst nicht mehr ernten: Johann der Gute starb am 8. April 1364 in London und wurde am 7. Mai in Saint-Denis beigesetzt. Am 16. rieb Bertrand du Guesclin die Navarresen des Captal von Buch in Cocherel bei Vernon auf und verschaffte damit Karl V. nach der Krönung am 19. Mai in Reims freie Hand.

KAPITEL IX

Ordnung und Elend
1364–1392

DIE SÖLDNERKOMPANIEN

In den Jahren 1360–1365 kehrte vorübergehend Frieden ein. Der Engländer gab sich nach dem Vertrag von Brétigny-Calais zufrieden. Der König von Navarra erlebte durch den Sieg des kurz zuvor vom einfachen Hauptmann zum *capitaine général* (General aller Truppen einer Provinz) beförderten du Guesclin über das Heer des Captal von Buch bei Cocherel den Zusammenbruch seiner diplomatischen Machinationen gegen seinen Vetter Valois und verlor mit Mantes und Meulan die beiden Schlüsselstellungen zur Kontrolle des Seineunterlaufs. In der Bretagne wurde nach dem Scheitern du Guesclins vor Auray und dem Tod Karls von Blois, des Gatten und Streiters der Johanna von Penthièvre, der Vertrag von Guérande geschlossen, der die Macht Herzog Johanns IV. von Montfort sicherte, zugleich aber dem König von Frankreich auch dessen Lehnseid eintrug.

Für die Söldner, die ein Vierteljahrhundert Krieg in Berufssoldaten verwandelt hatte, bedeutete diese Entwicklung Arbeitslosigkeit. Da sie keiner anwarb, mußten sie notgedrungen von Raub und Lösegeldern leben, namentlich von jenen kollektiven Lösegeldern, den *patis*, mit denen die Städte die Verschonung von Plünderungen erkauften. So verbreitete die ehemalige Soldateska des Engländers wie des Franzosen durch ihr Zerstörungswerk im Königreich Frankreich Angst und Schrecken.

Schon 1361 hatte eine Freischar, die sogenannte *grande compagnie*, das Saône- und Rhônegebiet terrorisiert, den Papst in Avignon in Furcht und Zittern versetzt und schließlich das Languedoc verheert. Innozenz VI. rief gegen sie zum Kreuzzug auf, die Stände der *Langue d'oc* finanzierten ein starkes Aufgebot, und der von seinem Halbbruder – Peter dem Grausamen – ausgeschaltete Anwärter auf den kastilischen Thron, Heinrich von Trastámara, bot seine Dienste und seine aus Spanien abgezogenen Truppen an. Doch am 6. April 1362 wurde das königliche Heer in Brignais bei Lyon von den Söldnerhorden geschlagen, gegen die mit Gewalt offenbar nichts auszurichten war.

Karl V. mußte erkennen, daß mit Kriegsende keineswegs auch ein Ende der allgemeinen Unsicherheit abzusehen war. Um sie zu beheben, mußte man die Söldnerkompanien anderswo Krieg führen lassen, und so griff er mit Billigung des Papstes eine Idee seines Vaters wieder auf und schlug den arbeitslosen Soldaten vor, in Ungarn im Kampf gegen die Türken ihren Unterhalt zu verdienen. Obwohl sich kaum Freiwillige meldeten, nutzte der sogenannte Erzpriester Arnaud de Cervole, ein ehemaliger Geistlicher, die Gelegenheit, um mit dem Häuflein Lothringen und das Elsaß zu verwüsten. Da es der König von Frankreich nicht gut bei diesem Fehlschlag bewenden lassen konnte, forderte er die Söldner auf, nach Kastilien zu marschieren, um Peter den Grausamen zu stürzen und Frankreichs Verbündetem Heinrich von Trastámara auf den Thron zu helfen. Der König von Aragon erteilte dem Unternehmen seinen Segen; ebenso drückte auch Urban V. ein Auge zu und finanzierte die Aktion: Schließlich zog man gegen die Mauren von Granada zu Felde, und Kastilien lag auf dem Weg ...

Du Guesclin übernahm das Kommando über diese bunt zusammengewürfelte Armee, deren Soldaten nur eins gemein hatten: Sie waren in Frankreich allesamt unerwünscht. Ihr Blitzsieg warf den Plan Karls V. völlig über den Haufen. Nach nur zwei Monaten war Heinrich II. von Trastámara gekrönt, woraufhin die Söldner, die sich in Spanien keine lohnende Beute mehr versprachen, größtenteils wieder nach Frankreich zurückströmten. Doch nun verbündete sich Peter der Grausame mit dem König von Navarra und dem Schwarzen Prinzen: Karl der Böse kümmerte sich neuerdings mehr um die Belange Spaniens als um die Normandie und fand an der Idee, seinem Vetter Valois Schaden zuzufügen, Gefallen. Auch den Prinzen von Wales bestach die einzigartige Aussicht, sich mit den Franzosen anzulegen, ohne den für ihn äußerst vorteilhaften Frieden in Aquitanien offen zu brechen. Am 3. April 1367 wurde Bertrand du Guesclin vor Najera geschlagen und zum viertenmal in seinem Leben gefangengenommen. Allerdings konnte Peter der Grausame seinen Sieg nicht lange auskosten, da er nur zwei Jahre später einem Mordanschlag zum Opfer fiel.

Heinrich II. von Trastámara aber behielt seinen Thron. Der Schwarze Prinz kehrte als kranker Mann nach Aquitanien zurück und ließ hinfort die staatsmännischen Qualitäten vermissen, die ihm die Achtung der Aquitanier eingetragen hatten. Karl V. schließlich mußte feststellen, daß die Operation in Spanien ihr Hauptziel – das Königreich Frankreich von den unerwünschten Söldnerscharen zu säubern – verfehlt hatte. Immerhin konnte man die Spanienheimkehrer aussieben: Ein Teil wurde für das künftige königliche Heer angeworben, der Rest mit unterschiedlichem Erfolg im Languedoc und Zentralmassiv bekämpft.

Langfristig betrachtet, wirkten sich die herumvagabundierenden Söldnerkompanien auf Wirtschaft und Gesellschaft vernichtend aus, standen doch Unsicherheit und Leiden der Friedenszeit den Verwüstungen und Gefahren des Krieges nicht nach. Zwar brachten die Jahre 1365–70 eine Atempause in der nicht abreißenden Folge von Verträgen und Schlachten, standen aber so sehr im Zeichen der wiederaufflackernden Pest und drückender Steuerlasten, galt es doch das Lösegeld für König Johannes aufzubringen, daß sie von den Franzosen gleichfalls als Zeit der Prüfung erlebt wurden. Zudem schwebte der Schatten des plündernden, vergewaltigenden Kriegsmanns weiterhin drohend über besorgten Städtern und verängstigten Bauern. Und so verankerten die mangels Sold ums Überleben kämpfenden Freischaren im Denken der Zeitgenossen Karls V. mindestens ebensosehr wie die großen Reiterzüge des Engländers oder die geordneten Feldzüge des französischen Königs gegen den Navarresen oder den Fürsten von Aquitanien (wie sich der Schwarze Prinz seit 1362 nannte) jene Kriegspsychose, die das Lebensgefühl ebenso lähmte wie ein richtiger Krieg. Wozu pflügen, wenn die Ernte doch nur vernichtet wird? Wozu die Scheune ausbessern oder wiederaufbauen, wenn man sie im Geist schon brennen sah?

Aus dieser Psychose heraus räumten selbst vom anglo-französischen Konflikt bisher nicht unmittelbar betroffene Städte der Verteidigung Vorrang vor allen anderen Kommunalausgaben ein. Man dachte an den Wall, noch ehe sich der erste Soldat blicken ließ. Mauern und Tore auszubessern und für Wachen und Späher zu sorgen bildete in den sechziger Jahren des 14. Jahrhunderts die Hauptaufgabe des städtischen Steuerwesens.

DIE WIEDERHERSTELLUNG DER ORDNUNG

Die Monarchie ihrerseits formierte sich neu. Sie zog die Lehren aus den Erfahrungen der Vergangenheit – der Kraftprobe mit den Generalständen und der offenkundigen Notwendigkeit »außerordentlicher Finanzen«. Ein neues politisches Personal gelangte zu Amt und Würden, das neben Baronen und Finanziers auch Juristen und Philosophen einschloß, und so stellte man sich mit den Aristotelikern des Staatsrats neuerdings die Frage nach den Quellen und dem Wesen der Macht – und nach ihren Grenzen.

Der junge Karl V. war mit Rücksicht auf jene, die sich trotz allem des quasi auf einer Wahl beruhenden Ursprungs des Hauses Valois entsinnen, Verpflichtungen eingegangen, die ihn bis zu den Skrupeln seiner letzten Stunde binden sollten. Er regierte *en Conseil,* »im Rat«, eine Formel, hinter der sich häufig die Politik der »Finanzgeneräle« verbarg, jenes Kollegiums, das über die sorgfältig von den ordentlichen Einnahmen des Königs unterschiedene Kriegssteuer verfügte. Oft aber handelte es sich auch um die persönliche Politik des Erzbischofs Wilhelm von Melun oder des Konnetabels Bertrand du Guesclin – der diesen Titel seit 1370 führte – oder um die des Admirals Johann von Vienne. Die Fürsten schließlich, vor allem die Brüder des Königs, teilten sich in die *lieutenances,* die Statthalterschaften – wie Burgund, Normandie, Languedoc, Guyenne und so weiter –, durch die den Regierten die Staatsgewalt wirksam nähergebracht wurde und das in Kriegszonen für ein sofortiges Zurückschlagen unabdingbare militärische Kommando gesichert war.

Karl V. bekam die Zügel dieser Regierung erst nach rund einem Jahrzehnt wirklich in die Hand, um die Zeit, als die Rückeroberung der 1360 verlorenen Gebiete ihrem Ende entgegenging. Erst nach 1374 trat der Staatsrat in den Hintergrund und bedeuteten die *lieutenances* nun nicht mehr nur Teilhabe an der Macht, sondern deren praktische Vertretung. Erst jetzt gelang dem König die Ausschaltung seiner Brüder von der Staatsmacht, ja, er überwarf sich sogar mit du Guesclin. Auf die sechzehnjährige Regierungszeit Karls V. entfallen nur knapp sechs Jahre persönlicher Herrschaft und nur ein einziges Jahr ungeteilter Machtausübung. So trug wohl die Wiederherstellung der Ordnung, nicht aber des Königs viel zu kurzes persönliches Regiment Frucht.

Die politischen Denker der Zeit errichteten um die Krone ein regelrecht staatsphilosophisches Gebäude, das 1374 von einem Vertrauten des Königs in Form eines Dialoges, dem *»Songe du Verger«* (»Traum im Obstgarten«) entwickelt wurde. Danach stand die Krone über dem König, der für sie aber nur vor Gott und der »Gemeinschaft des Königreiches« verantwortlich war. Die Grundlagen einer »guten Regierung« wurden folgendermaßen definiert: Einschränkung der herrscherlichen Willkür, klare Trennung zwischen den Geldmitteln des Königs und dem für das Königreich bestimmten Steueraufkommen, weniger Improvisation beim Heimfall der Krone und, nicht zuletzt, Stabilität der Währung.

1360 war das Geldwesen konsolidiert, 1364 der *franc à cheval* durch den *franc à pied* – mit einem stehenden Ritter statt des Reiters im Münzbild – und dem Wert von einer *Livre tournois* abgelöst worden. Wie der *Gros tournois*, der Groschen aus Feinsilber, sollte sich auch der Franc zwanzig Jahre lang behaupten und zum Symbol politischen Erfolgs werden. Münzfuß und Wirtschaftskonjunktur in Zusammenhang zu bringen wäre damals niemandem eingefallen. Und doch ging die Stabilität des Geldes nicht nur auf eine kluge Währungspolitik nach aristotelischem Vorbild, sondern auch auf den schwachen Handelsverkehr in einem zerstörten Land zurück, das allerdings, wie die Zeitgenossen ganz richtig erkannten, die geringen Einnahmen aus den Münzstätten in Form von Steuern wettmachen mußte. Dennoch erschien es Nikolaus Oresme, seines Zeichens Bischof von Lisieux und Philosoph, Aristotelesübersetzer und Ratgeber des Königs, in seinem Traktat *»De la Monnaie«* (»Vom Gelde«) vor allem wichtig, auf die dem Eigentumsrecht des Königs an »seinem« Geld gezogenen Grenzen hinzuweisen und klarzustellen, daß Münzverschlechterungen nur in dringenden Fällen und nur zum Wohle der Allgemeinheit erlaubt seien.

Natürlich wird auch die Frage gestellt, wieweit die alltäglichen Ausgaben des Königreichs aus Steuermitteln finanziert, mit anderen Worten, ob die Steuern zu anderem als zum Unterhalt der Truppen verwendet werden dürfen. Schließlich bürdete Karl V. während seiner ganzen Regierungszeit dem Königreich schwerste Steuerlasten auf, deren einzige Rechtfertigung die offenbar mühelos von ad hoc einberufenen Versammlungen erwirkte Bewilligung bildete. Die Stände der *Langue d'oïl* – nur sie hätten der königlichen Regierung gefährlich werden können – waren seit dem Abenteuer Étienne Marcels in Mißkredit geraten, und die anderen Versammlungen gaben nach. Erst auf dem Totenbett entlastete Karl V. dann sein

Gewissen durch Abschaffung der direkten Steuer – ein von moralischen Bedenken diktierter Schritt, der die Regierung Karls VI. sehr teuer zu stehen kam.

Gleichfalls gegen den königlichen Absolutismus richtete sich der damals eingeführte Usus der Wahl. Einen ersten Schritt in diese Richtung hatte zur Zeit Philipps VI. die Kooptation der Räte durch das *Parlement* und die Wahl der Baillis durch den Staatsrat dargestellt. Nun setzte sich wirklich die Abstimmung durch. Das *Parlement* wählte seine Präsidenten, und in den siebziger Jahren des 14. Jahrhunderts wurden sogar Prälaten, Barone, Beamte und zuweilen Bürger einberufen, um einen Konnetabel oder einen Kanzler zu wählen.

Ungeachtet dieser Beschneidung seiner Macht arbeitete Karl V. unermüdlich an der Festigung der Krone, die er sich in seiner Todesstunde bringen ließ, um ihr seine Reverenz zu erweisen. Er dehnte die königliche Steuerhoheit bis in die Territorialfürstentümer aus und zog die militärische Elite des alten Adels für die Hauptmannsposten in seiner Armee heran. Das verhalf ihm zu einem kampferfahrenen Heer, wie es die sporadischen Truppenaushebungen von ehedem nicht zu garantieren vermocht hatten, gab aber auch den hinfort besoldeten Adel in seine Hand. Die Inspektion der Privatfestungen durch die Bevollmächtigten du Guesclins war nicht nur eine Vorsichtsmaßnahme, dazu bestimmt, das Verteidigbare vom Abrißreifen zu scheiden, sondern darüber hinaus Teil eines Prozesses, der die staatliche und militärische Gesellschaft zu ihren Ursprüngen zurückführte: Der König bemächtigte sich der Feudalhierarchie.

Das ungeklärte Thronfolgerecht hatte seit Beginn des Jahrhunderts mehrfach zu schwierigen und gefährlichen Improvisationen geführt. So arbeiteten Karl V. – und seine tonangebenden Räte – im Streben nach Ordnung Regelungen aus, die sie mit der Sorge um das »Gemeinwohl« beziehungsweise dem Hinweis auf das in dieser Hinsicht zweideutige Gewohnheitsrecht begründeten. Drei Erlasse von 1374 befassen sich vorbeugend mit dem Fall der Minderjährigkeit des Thronfolgers – immerhin war der König dreißig Jahre älter als sein erstgeborener Sohn. Die Volljährigkeit des Kronprinzen wurde auf das dreizehnte Lebensjahr herabgesetzt, die persönliche Vormundschaft für den Minderjährigen und die Regentschaft wurden offiziell getrennt und der Königinmutter beziehungsweise den Onkeln des zukünftigen Karl VI. übertragen. Wie beiläufig, jedoch keineswegs zufällig, legten die königlichen Erlasse auch die

Erbfolge fest, schlossen jegliche Wahl aus und ließen nur das Erbrecht der männlichen Nachkommen gelten. So akzeptierten die Fürsten mit ihrer Zustimmung zu diesen Erlassen über die Minderjährigkeit gleichzeitig auch die Definition des Erben. Die Krone Frankreichs sollte nicht erneut zur Versteigerung anstehen.

Geschichtsschreiber, Künstler und Baumeister, alle wetteiferten darin, die neugefestigte Monarchie nach den düsteren, von Karl V. in seiner Kindheit durchlebten Stunden zu verherrlichen. Zum höheren Ruhme der noch jungen Dynastie der Valois entwickelte man die Legende vom trojanischen Ursprung der Franken. Die Krönungszeremonie nahm ungewohnte Ausmaße an, der Kronschatz umfaßte schließlich siebenundzwanzig kostbare Kronen. Bauwerke im neuen Stil flankierten den alten Donjon des Louvre, Vincennes rückte zum Sitz der Regierung auf, Les Célestins fungierte als neues Saint-Denis, und mitten in Paris zeugte das Hôtel Saint-Paul mit seinen Galerien und seinen auf dem sanft abfallenden rechten Seineufer vom Grève-Hafen flußaufwärts angelegten Gärten von der Pracht und Präsenz des Valois. Eine glanzvolle Umgebung sollte diesen Eindruck der Erhabenheit noch steigern. So geht die »Bibliothek« des Louvre mindestens ebensosehr auf diese Prestigepolitik wie auf die Liebe zur Literatur zurück.

Gleichfalls auf dem rechten Seineufer erhielt die Hauptstadt eine neue Mauer, die der neuen Entwicklung des Stadtbildes Rechnung trug. Eine Festung ohnegleichen riegelte das auf die Straße nach Vincennes hinausführende Haupttor dieser Umwallung ab, die »Bastide Saint-Antoine«, die der Volksmund schon bald kurz und bündig mit dem Namen »Bastille« belegte.

Den Höhepunkt dieser planmäßigen Verherrlichung der Valois-Monarchie stellte der Besuch Kaiser Karls IV. von Luxemburg 1378 dar. Karl V. behandelte seinen Onkel als Gleichgestellten, den er als Verwandten und Verbündeten, nicht als obersten Lehnsherrn empfing. Tatsächlich demonstrierte Karl IV. bei dieser Gelegenheit der ganzen Christenheit als herausragender Zeuge die Souveränität der Valois. Indem er einige Monate später dem großen Schisma Vorschub leistete, fiel dem König – der sich zeit seines Lebens den päpstlichen Einmischungen und den Privilegien der Kirche von Frankreich widersetzte – durch die Krise der römischen Kirche eine weltpolitische Rolle zu, die ihn nicht gleichgültig lassen konnte.

APPELLATIONEN

Hatte Karl V. die verwickelte Rechtslage, die erneut zum anglo-französischen Krieg führen sollte, bewußt herbeigeführt, indem er die Zugehörigkeit Aquitaniens zum Königreich Frankreich im ungewissen ließ? Schwer zu sagen. Fest steht jedenfalls, daß er sie auszunutzen verstand.

In Aquitanien wuchs die Unzufriedenheit. Die feudale Autonomie des Fürstentums des Schwarzen Prinzen hatte in erster Linie zur Folge, daß die Aquitanier die gesamten Verteidigungslasten selbst tragen mußten: Das englische Schatzamt kam in diesem Punkt billig davon. Vor allem aber verfolgten die großen Barone mit wachsender Besorgnis die Zentralisierungsbestrebungen einer Verwaltung, die sich über die regionalen Gegensätze ebenso großzügig hinwegsetzte wie über die Rechtslage mit ihren im Vergleich zu England – wo der König stets Suzerän und Souverän in einem war – unendlich viel komplizierteren Unterschieden. Die Gascogne, Comminges und Albret waren nur schwach vom Feudalwesen geprägte Fürstentümer, in denen man die Staatsgewalt stets als sehr fern empfunden hatte. Eduard, Prinz von Wales und Fürst von Aquitanien, der nicht begreifen konnte, daß sich die Aquitanier von ihm unter keinen Umständen bieten lassen wollten, was sie vom französischen König zähneknirschend hinnahmen, reagierte erstaunt, als sich seine Städte und seine Lehnsleute an Paris wandten.

Der Graf von Armagnac hatte es nicht für angezeigt gehalten, an der für Januar 1368 nach Angoulême einberufenen Ständeversammlung teilzunehmen. Als diese dem Prinzen auf fünf Jahre eine direkte Steuer *(fouage)* von zehn Sous pro Haushalt bewilligte, ließ Armagnac wissen, dieses Zugeständnis verpflichte ihn zu nichts, und teilte nach Einholung juristischen Rats der Regierung des Schwarzen Prinzen in aller Form seine Weigerung mit, diese Steuer einziehen zu lassen.

In Bordeaux begriff man rasch, daß es um das Fürstentum Aquitanien geschehen war, wenn das Beispiel des Grafen von Armagnac Schule machte. Als der Schwarze Prinz auf der Erhebung der Steuer bestand, legte der Graf zunächst beim König von England und dann beim König von Frankreich Berufung ein.

Damit zog er die Konsequenzen aus Eduards III. Unterlassungssünde: Karl V. hatte nie auf seine Souveränität über Aquitanien verzichtet. Auch wenn ihm der Schwarze Prinz keinerlei Lehnseid geleistet hatte, war der König von Frankreich nach wie vor unumschränkter Herrscher Aquitaniens. Da die in Calais vorgesehene Verzichterklärung nie zustande gekommen war, konnte über diesen Punkt, wie die zu Rate gezogenen Juristen Karl V. versicherten, keinerlei Zweifel bestehen. Mehr noch, der König von Frankreich hatte die Pflicht, die Appellation entgegenzunehmen.

Daß Karl V. ohnehin auf Rache sann, ist so gut wie sicher – Armagnac beschleunigte lediglich die Wahl des Zeitpunkts. Der gewissenhafte König war für die Beweisführung der Legisten empfänglich, daß das Recht auf seiner Seite war: So lautete die vom Staatsrat am 30. Juni 1368 einstimmig getroffene Entscheidung.

Von nun an häuften sich die Appellationen. Der neue Schwager des Königs, der Herr von Albret, leistete dazuhin noch einen ligischen Lehnseid, was einer Herausforderung des Fürsten von Aquitanien gleichkam. Und als im Verlauf weniger Wochen achthundert Städte und Marktflecken Berufung einlegten, war der Aufstand offen ausgebrochen.

RÜCKEROBERUNG UND »REITERZÜGE«

Die Folge waren zehn Jahre Krieg, zehn Jahre, in denen, politisch ebenso sinnlos wie für die lahmgelegten Städte und die verwüsteten Landgebiete katastrophal, Reiterzüge der Engländer Frankreich in einen Trümmerhaufen verwandelten. Zehn Jahre Belagerungs- und Besetzungskrieg im Wechsel von Vormarsch und Rückzug, nach dessen Beendigung der Plantagenet den größten Teil seines Fürstentums verloren hatte.

Eduard III. hielt die Strategie von 1346 und 1356 für unbegrenzt anwendbar und nahm, von seinem mäßig intelligenten zweitältesten Sohn Lancaster ermuntert, die Taktik der unsinnig teuren, großen Reiterzüge durch Frankreich wieder auf. Sein mit mehr Klarblick gesegneter, seit seiner Rückkehr aus Spanien jedoch gesundheitlich zerrütteter Erstgeborener erlebte in dieser Zeit das Abbröckeln seiner Macht im Fürstentum Aquitanien, auf das er im Oktober 1372 endgültig verzichtete. Im übrigen bediente sich auch Karl V. der Strategie der Reiterzüge und gab sie erst nach der Zerstörung seiner Flotte gezwungenermaßen auf.

Während der Engländer also die Initiative ergriff und die Offensive ins Innere des feindlichen Königreichs vortrug, setzte der Franzose auf Defensive, verschanzte sich in seinen ummauerten Städten und wich jeder großen Schlacht planmäßig aus. Karl V. verstand es meisterhaft, seine Streitkräfte auf lokale Angriffe zu konzentrieren und so in kleinen Schritten den Krieg schließlich zu gewinnen.

Zunächst freilich hatte sich der französische König eingebildet, die ganze Angelegenheit mit einem einzigen Feldzug erledigen zu können. In der Erwartung, Eduard III. werde, um England zu retten, aus Aquitanien abziehen, bereitete er im Frühjahr 1369 die Landung auf der Insel vor. Doch wie einst Eduard III. bei seinem flandrischen Abenteuer, gab sich auch Karl V. im Hinblick auf seine Verbündeten falschen Hoffnungen hin: Die Schotten hatten kurz zuvor mit England Frieden geschlossen, die Waliser waren des Krieges überdrüssig, und der König von Kastilien, Heinrich von Trastámara, saß noch nicht fest genug auf seinem Thron, um seine Schuld dem Valois gegenüber schon abtragen zu können. Da die kastilische Flotte – und damit die erhoffte Verschiebung des Kräfteverhältnisses – ausblieb, mußte sich Karl V. gedulden, bis man im *Clos des galées* in Rouen in aller Eile neue Schiffe ausgerüstet hatte. Doch als dann Lancaster von Calais aus in einem ersten Reiterzug die Picardie und das Pays de Caux verheerte und der unverwüstliche König von Navarra in Cherbourg landete, war klar, daß sich der Krieg auf dem Kontinent abspielen würde. Die Franzosen zündeten lediglich Plymouth an, ein zweites, gegen Wales gerichtetes Unternehmen mußte eines Sturmes wegen abgebrochen werden. Der Plan einer massiven Landung erledigte sich damit von selbst, doch steckten die Franzosen von Zeit zu Zeit einen Hafen an der englischen Südküste in Brand und störten damit die Briten aus ihrer Ruhe auf.

Der Reiterzug, die *chevauchée*, von 1369 hatte England vor einer Landung bewahrt und, da den Franzosen kein Gegenschlag glückte, Eduard III. in seiner eingefahrenen Strategie bestärkt: In seinen Augen hatte sich nichts geändert und hing der Ausgang des Krieges nur von ein paar Streifzügen durchs Feindesland ab.

Doch den 1370 vom Hauptmann Robert Knolles, 1373 vom Herzog von Lancaster und 1380 von Thomas von Buckingham, dem jüngsten Sohn Eduards III., angeführten Reiterzügen setzten die Franzosen ihre systematische Kampfverweigerung entgegen, hätte doch eine Schlacht, wie seinerzeit in Poitiers, Frankreichs Schicksal binnen weniger Stunden entschieden, ohne Englands Schicksal überhaupt aufs Spiel zu setzen. So verzichtete der im Oktober 1370 zum Konnetabel ernannte du Guesclin bewußt auf Heldentaten und setzte statt dessen auf eine Strategie der Effizienz. Zwar ernteten die Franzosen mit dieser Hinhaltetaktik, über der sich die Kräfte der Invasoren erschöpften, keine Lorbeeren; aber der vom Winter und vom Hunger in die Knie gezwungene Plantagenet mußte sich obendrein noch die Maßregelung durch das Unterhaus gefallen lassen, das mit Feldzügen, bei denen das Geld des englischen Steuerzahlers lediglich zum Niederbrennen französischer Dörfer diente, streng ins Gericht ging.

Den hartnäckigen du Guesclin hatte es 1370 mehr Mühe gekostet, die Barone des Staatsrats von seiner Taktik zu überzeugen, als Karl V., der so wenig wie sein Bruder Ludwig von Anjou vergessen hatte, welch hohen Preis sein Land für die nur wenige Stunden dauernde Schlacht von Poitiers hatte zahlen müssen. Schon 1369 hatte der König dem jungen, ungestümen Herzog Philipp von Burgund bei der Gegenoffensive gegen Lancasters *chevauchée* Zügel angelegt. Es zeigte sich sehr rasch, daß du Guesclin mit seiner Strategie des Ausweichens richtig lag, wie teuer sie den französischen Bauern auch immer zu stehen kam. Wohl machte Knolles auf seinem Zug vom Artois über die Champagne, die Ile-de-France und Maine in die Bretagne Beute, doch über den Sold der Truppen kostete sie auch das englische Schatzamt sehr viel Geld. Dazuhin kamen Lancasters Soldaten nach der erschöpfenden *chevauchée* von Calais durch das Bourbonnais und das Limousin völlig abgerissen in Bordeaux an – Waffen und Troß waren unterwegs auf der Strecke geblieben.

Vor den französischen Städten aufzumarschieren, ohne sie einnehmen zu können, brachte die Engländer nicht nennenswert weiter, wirkte sich aber auf die Städte selbst in vielfältiger Weise aus. Fertigstellung und Unterhalt der Befestigungsanlagen rückten zum größten Ausgabenposten des kommunalen Etats auf, und so mußte der Anteil der königlichen Steuereinnahmen, der der Stadt verblieb, vergrößert und das städtische Steuerwesen ausgebaut werden. Die Verwaltung bedeutenderer Summen wiederum erhöhte die Verantwortung der städtischen Behörden und zwang sie zu genaueren finanziellen Rechenschaftsberichten. So kommt es, daß in vielen Städten die kommunale Buchführung auf jene Jahre zurückgeht, in denen die faktische oder eingebildete, unmittelbare oder entfernte Bedrohung zur Entfaltung der bürgerlichen Selbstverwaltung und ihrer Prärogativen führte.

Unterdessen bereiste du Guesclin die Provinz, um die verteidigungsfähigen Festungen auszusieben. Er inspizierte Mauern und Vorwerke und stellte die Barone unnachgiebig vor die Wahl, ihre Festung instand zu halten oder zu schleifen. Bei dieser Gelegenheit wurden auch die vor der Stadt an die Wälle angebauten Häuser abgerissen, da sie den feindlichen Pionieren den Zugang erleichtert hätten.

In Aquitanien rückte der Valois mit jedem Feldzug weiter vor. Obwohl sich der Krieg vor Ort in der Eroberung und Rückeroberung von Burgen, der Besetzung und Aufgabe von Städten zu erschöpfen schien und das Kriegsglück des einen Sommers im nächsten wieder zerrann, war der Plantagenet doch am Ende jedes Jahres ein weiteres Stück zurückgewichen.

Das straff geführte, regelmäßig besoldete französische Berufsheer, das »Anleihen«, das heißt Vorschüsse auf den Sold aufnehmen konnte, befand sich in dauernder Kampfbereitschaft. Ludwig von Anjou, Ludwig von Bourbon, Bertrand du Guesclin, Olivier de Clisson teilten sich in das Kommando, und der Admiral Johann von Vienne übte den Oberbefehl über die Flotte und das Arsenal des Belagerungsgeräts aus, das mittlerweile die ersten Pulvergeschütze umfaßte.

Der Osten und Südosten des Fürstentums Aquitanien wurden bereits beim ersten Feldzug 1369 besetzt, Quercy und Rouergue als Ganzes, Agenais und Périgord zum Teil sowie ein Streifen der Gascogne mit Lectoure und Condom der Oberhoheit des französischen Königs unterstellt. Viele Städte öffneten widerstandslos ihre Tore: Die Steuerpraktiken des Schwarzen Prinzen hatten die Bürger, die die Karls V. offensichtlich noch nicht kannten, verschreckt.

Im folgenden Jahr wurde der Krieg mit mehr Nachdruck und verstärkten Streitkräften fortgesetzt. Eduard III. schickte Lancaster, Karl V. stellte du Guesclin seinen Brüdern Anjou und Berry zur Seite. Während Knolles nördlich der Loire Dörfer niederbrannte, aber keinen Besetzungsversuch unternahm, rückten die Franzosen an der Garonne und der Dordogne vor und besetzten Agen, Périgueux und Aiguillon. Limoges ergab sich im August dem Herzog von Berry und wurde im September vom Schwarzen Prinzen und Lancaster zurückerobert und hart bestraft. Die endgültige Auflösung von Knolles' Heer im Dezember besiegelte die negative Bilanz dieses Jahres. Karl der Böse zog daraus die Konsequenz und schloß im März 1371 in Vernon Frieden mit seinem Vetter Valois.

Zur Stärkung seiner in Frankreich stehenden Kontingente entsandte Eduard III., gleichzeitig zur Ablenkung und zum Entsatz, eine Flotte von fünfzig Schiffen – darunter sechsunddreißig Kriegsschiffen – mit Soldaten, Pferden, Waffen und Geld nach La Rochelle und beauftragte den Grafen von Pembroke im Namen des erkrankten Schwarzen Prinzen mit der Organisation der Verteidigung und Rückeroberung des Plantagenet-Erbes. Doch das hieß die Rechnung ohne die Kastilier machen: Heinrich von Trastámara sah sich endlich in der Lage, seinen Verpflichtungen als Verbündeter nachzukommen. Während er seine schnellen Galeeren unter dem Kommando des genuesischen Admirals Ambrogio Boccanegra gegen die Engländer entsandte, lief die gleichfalls von einem Genuesen, Rainier Grimaldi, befehligte Flotte Karls V. vom Ärmelkanal in den Atlantik aus. Am 23. Juni 1372 besiegelte ein gewandtes Manöver vor La Rochelle die Niederlage der englischen Schiffe. Pembroke sollte seine Tage in einem picardischen Gefängnis beschließen, Genuesen und Kastilier kehrten mit überreicher Beute in die Heimat zurück. Den Anglo-Gascognern aber ging auf, daß sie in Aquitanien künftig auf sich selber angewiesen waren.

Im Herbst 1372 erreichten die Streitkräfte Karls V. die Küste. Angoumois, Aunis und Saintonge hatten sich ohne nennenswerten Widerstand ergeben, und in Poitiers brauchte du Guesclin lediglich durchs offene Stadttor einzumarschieren. Nach seinem nur wenige Stunden währenden Sieg wurde der Captal von Buch vor Soubise geschlagen und gefangengenommen, La Rochelle streckte am 8. September die Waffen. Die in Surgères versammelten und dann belagerten poitevinischen Barone handelten ihre Aussöhnung mit dem Valois aus und leisteten Karl V. am 1. Dezember den Treueid. Der Captal von Buch alias Johann von Grailly aber mußte erkennen, daß die Zeiten, in denen der Krieg gegen den König von Frankreich ein Krieg wie alle anderen schien, endgültig vorüber waren und daß sich mit der Einbeziehung Aquitaniens auch die Rechtslage geändert hatte: Er wurde als aufrührerischer Untertan behandelt und beschloß seine Tage im Templerturm.

In der Folge stagnierte die Eroberung Aquitaniens einige Jahre lang, da du Guesclins Truppen durch ein Ablenkungsmanöver Eduards III. und seines Verbündeten Johann IV. von Montfort in der Bretagne gebunden waren. Die Bretonen, der Bevormundung durch die Engländer überdrüssig, machten es du Guesclin nicht schwer, im Sommer die wichtigsten Städte zu besetzen, und so blieb dem mit einem Heer zur Verstärkung angerückten Salisbury nur die Möglichkeit, sich in Brest zu verschanzen. Ebenso katastrophal endete ein weiteres Ablenkungsmanöver, Lancasters *chevauchée* von 1373. So steuerte Eduard III. unaufhaltsam ins Verderben, während die Strategie des Konnetabels ihre Früchte trug: Stadt um Stadt und Burg um Burg fielen den Franzosen in Aquitanien in die Hände. Am 21. August 1374 zogen der Herzog von Anjou und der Konnetabel du Guesclin in La Réole ein. Die Bürger hatten ihren Vorteil wahrgenommen und die englische Garnison begriffen, daß kein Entsatz mehr zu erwarten war.

Im darauffolgenden Jahr fiel nach langer vergeblicher Belagerung durch den Admiral Johann von Vienne die Festung Saint-Sauveur-le-Vicomte auf der Halbinsel Cotentin – ein politischer, kein militärischer Sieg, da sich die erschöpfte Garnison, ohne Hoffnung auf Hilfe, schließlich bestechen ließ.

Als die Eroberung ihrem Ende entgegenging und jeder das Bedürfnis nach einer Atempause verspürte, schaltete sich Gregor XI. als Vermittler ein. Der Waffenstillstand von Brügge (1375–1377) verschaffte Karl V. die Zeit zur Vorbereitung des letzten Ansturms, während die Gesandten beider Seiten ohne Illusionen über die Aussichtslosigkeit ihres Unterfangens einen Kompromiß auszuhandeln suchten. Als der Krieg erneut einsetzte, waren Karl V. und du Guesclin spürbar gealtert, war Eduard III. seinem Sohn, dem Schwarzen Prinzen, ins Grab gefolgt. Nur der König von Navarra schmiedete schon wieder, diesmal mit dem neuen englischen König, Richard II., ein Komplott, erhielt darauf jedoch eine harte Antwort: 1378 besetzte du Guesclin die Grafschaften Évreux und Mortain, woraufhin Karl der Böse Cherbourg an die Engländer verkaufte.

Doch da beging Karl V. den Fehler, seinen Vorteil in der Bretagne allzu rücksichtslos zu verfolgen. Die am 18. Dezember 1378 verkündete Konfiskation des Herzogtums schloß die Bretonen wieder gegen Frankreich zusammen, dessen Kuratel sie zu Recht mehr fürchteten als die des weiter entfernten Engländers. Und nach der spektakulären Rückkehr der Johanna von Penthièvre, die sich auf die Seite ihres alten Widersachers Johann IV. von Montfort schlug, gab Karl V. schließlich nach. Endgültig gefestigt wurde die Macht Herzog Johanns IV. durch den Lehnseid, den er dem König von Frankreich leistete, wie es der zweite Vertrag von

Guérande vom 4. April 1381 vorsah, dessen Zustandekommen dem politischen Augenmaß des Herzogs von Anjou zu verdanken war.

So kehrte nach und nach an allen Fronten Frieden ein. Karl V. erntete, wie geplant, einen alles andere als triumphalen, dafür aber sicheren Sieg. Sein kastilischer Verbündeter griff Karl den Bösen in dessen Königreich an, eroberte Pamplona und ließ sich als Waffenstillstandsgarantie die wichtigsten navarresischen Festungen übergeben – für Karl den Bösen, der noch bis 1387 lebte, das Ende vom Lied.

Bordeaux dagegen blieb verschont. Zum einen, weil seine Einwohner, die schon aus wirtschaftlichen Interessen englandfreundlich waren, mit Sicherheit entschlossen Widerstand geleistet hätten. Zum anderen aber auch, weil das auf einen kleinen Zipfel der Gascogne um Bordeaux und Bayonne zusammengeschmolzene Plantagenet-Erbe dem König von Frankreich nicht mehr gefährlich werden konnte. Es vollends auszuradieren hätte unnötige Kosten verursacht, und außerdem wollte Karl V. dem Kind, das nach ihm herrschen sollte, ein befriedetes Königreich hinterlassen. Im übrigen war Bordeaux nur noch ein Hafen ohne Verbindung zum Hinterland, und so durfte der Valois hoffen, daß auch hier die Zeit für ihn arbeiten werde. Doch in diesem Fall sollte seine Rechnung nicht aufgehen.

DAS GROSSE ABENDLÄNDISCHE SCHISMA

1377 war Gregor XI. nach Rom zurückgekehrt, wo er wenige Monate später starb. Er hatte weder die kircheninternen Spannungen beilegen noch den Druck von außen überwinden können, der im Gegenteil durch das politische Durcheinander in Italien nur noch verstärkt wurde. Dem Papsttum hatte die Heimkehr in die Ewige Stadt also lediglich zusätzliche Belastungen, aber keinen Schutz vor den Manövern der Franzosen, der Feindseligkeit des Kaisers oder der kühlen Ablehnung der Engländer gebracht.

Und den Römern? Was erhofften sie sich davon? Waren es die aus der Präsenz von Papst und Kurie erwachsenden Vorteile oder das damit verbundene Prestige oder ging es womöglich nur um die Befriedigung einer gewissen Prinzipienreiterei? Jedenfalls forderte das Volk auf der Straße von dem nach fünfundsiebzig Jahren erstmals wieder in der Ewigen

Stadt versammelten Konklave die Wahl eines römischen oder doch zumindest eines italienischen Papstes. Am 8. April 1378 wurde die Wahl des Erzbischofs von Bari bekanntgegeben, der sich den Namen Urban VI. zulegte.

Drei Monate später jedoch erklärte die Mehrheit der Kardinäle – dreizehn von insgesamt sechzehn – die angeblich unter Druck vollzogene Wahl für ungültig. In Wahrheit hätten die Konzilsväter wohl geschwiegen, hätte sich der neue Papst nicht von Anbeginn an gegen sie gestellt. Verärgert, gedemütigt und sogar bedroht, besannen sich die Mitglieder des Kardinalskollegiums auf die auf sie ausgeübte Nötigung, schritten in ihrem Refugium Fondi an der Grenze des Königreichs Neapel am 20. September erneut zur Wahl und stimmten für Robert von Genf, einen Vetter des französischen Königs.

Da Urban VI. jedoch nicht an Abdankung dachte, begab sich der neue Papst, Clemens VII., zunächst nach Neapel und ließ sich anschließend in Avignon nieder, wo sich noch ein Gutteil der päpstlichen Verwaltung befand. Auf diese Weise standen Clemens VII. von Anbeginn an Archiv, Finanzorganisation, Bankverbindungen und ein sachkundiger Verwaltungsapparat zur Verfügung. Dank des Erbes von Avignon konnte das aus dem Konklave von Fondi hervorgegangene Papsttum dreißig Jahre lang dem Pontifex maximus in Rom trotzen, dessen Stärke mehr vom Grab der Apostel in der Heiligen Stadt als von einer wirklich organisierten Machtstellung herrührte.

Ein Ratgeber Karls V., der maßgeblich an der zweiten Papstwahl beteiligte Kardinal Johann de la Grange, holte für den neuen Papst in Avignon unverzüglich die Anerkennung des französischen Königs ein. In Wahrheit verfolgten beide Seiten parallele Interessen: auf der einen stand Frankreich mit den neapolitanischen Ambitionen des Herzogs von Anjou; auf der anderen Clemens VII. und sein Bedürfnis nach einem weltlichen Arm, ohne den an einen Sturz seines römischen Widersachers nicht zu denken war. Die Finanzierung des von Ludwig von Anjou unternommenen Italienfeldzugs durch den Papst auf Kosten des französischen Klerus festigte das gute Einvernehmen.

An Höfen und Universitäten, vor allem an der Sorbonne, wurde über das Schisma leidenschaftlich diskutiert, und einer um den anderen bezogen auch die Souveräne Partei. Während sich Kastilien, Aragon, Navarra und Schottland Avignon anschlossen, entschieden sich das Reich, England, die skandinavischen Monarchien und Portugal für den Papst in Rom. Italien zeigte sich zwiespältig, wobei die Städte des Nordens und der Landesmitte überwiegend für den italienischen Papst optierten.

Damit galt es nun anstelle einer Kurie zwei zu unterhalten, und ebenso die päpstliche Politik, Diplomatie und Verwaltung in doppelter Weise zu finanzieren. Das große abendländische Schisma, das der Liste der vom Papsttum vor 1378 geführten Kriege eine weitere Kriegsfront hinzufügte, nötigte beide Päpste zu Steuererhöhungen. Den in immer rascherer Folge verhängten Steuerauflagen des Papstes von Avignon entsprach die Vielzahl der vom römischen Pontifex maximus ersonnenen Auswege und Notbehelfe. Während Avignon seine Zehnten und Annaten eintrieb und zahllose Benefizien unbesetzt ließ, um die Einkünfte selbst zu kassieren, machte Rom mit dem aus Anlaß des Heiligen Jahres gewährten Jubiläumsablaß schon ab 1390 ein gutes Geschäft, erneuerte anschließend den Ablaß und führte ihn sogar in den Provinzen ein, in denen er sich mit keinem Apostelgrab rechtfertigen ließ.

Ebenso herrschte auf beiden Seiten ein ausgeprägter Gegensatz zwischen dem geschwächten, von Überdruß oder Erbitterung erfüllten Klerus und den starrsinnigen Prälaten in der Umgebung des Papstes, die sich der von ihnen kreierten Macht, der sie umgekehrt ihre eigene Position verdankten, natürlicherweise verbunden fühlten.

Das Christenvolk nahm das Schisma achselzuckend oder mit Entrüstung zur Kenntnis. Leidenschaftliche Gemüter erhitzten sich über die als Ärgernis empfundene Doppelehe der Kirche, verwechselten aber meist die Einheit der Christenheit mit der Sache ihres Papstes: So ergriffen Katharina von Siena und Birgitta von Schweden für den Papst in Rom, Coletta von Corbie und der Prediger Vinzenz Ferrer für den in Avignon Partei. Die große Masse allerdings schaute über ihren engen persönlichen Horizont nicht weit hinaus: Ihr kam es darauf an, daß für Taufen, Hochzeiten und Beerdigungen ein Pfarrer zur Verfügung stand. Wirklich zu spüren bekam das Schisma nur die Bevölkerung in den Randbereichen der beiden Observanzen, in denen die Autorität und die Vertreter beider Päpste aufeinanderstießen. Zwei Bischöfe für die gleiche Diözese, zwei Legaten in der gleichen Region bedeuteten umstrittene Sakramente, widersprüchliche Exkommunikationen und sogar Handgreiflichkeiten, da man sich im Namen des Papstes um die Einkünfte der Benefizien prügelte. Während die Gläubigen des Agenais oder Flanderns das große Schisma täglich am eigenen Leib verspürten, blieb den Bewohnern der Auvergne oder der Touraine diese Erfahrung erspart.

An den Schulen löste das Schisma erhebliche Unruhe aus. Die seit Philipp dem Schönen politisch kaltgestellten – und untereinander oft uneinigen – Magister von Paris und Toulouse nutzten die Gelegenheit begierig, um Auswege aus dem Dilemma zu suchen, und fanden deren drei.

Der erste, der »Weg der Tat«, der den Sieg der Streitkräfte Ludwigs von Anjou, die Unterwerfung Neapels und den Marsch nach Rom vorausgesetzt hätte, schied aus: Ludwig, vollauf mit dem Abenteuer der Eroberung des Königreiches Neapel beschäftigt, das ihm die letzte Vertreterin der auf den Bruder Ludwigs des Heiligen zurückgehenden angevinischen Linie hinterlassen hatte, konnte, wie sich sehr rasch herausstellte, in Mittelitalien nichts ausrichten. Das Bündnis mit dem Anjou zog den Papst in einen unentwirrbaren Streitfall hinein und belastete lediglich die päpstlichen Finanzen.

So blieben den nachfolgenden Generationen in ihrer Sehnsucht nach Einheit nur der »Weg der Zession« und der »Weg des Konzils«, das heißt die Annäherung an jene neue politische Konstruktion der Kirche: den Gallikanismus.

REVOLTEN

Die tiefgreifende Krise, die Europa in den neunziger Jahren des 14. Jahrhunderts erschütterte und sich in einer Woge von Aufständen und Massakern niederschlug, hatte nichts mit dem politischen Unbehagen zu tun, das die Minderjährigkeit eines von Machtkonkurrenten umgebenen Königs von Frankreich auslöste. Diese Krise erwuchs vielmehr aus den ungesicherten Wirtschaftsverhältnissen, den zusammenbrechenden Sozialstrukturen der Kommunalverwaltungen und der immer drückenderen Steuerlast. In jedem Fall, in jeder Stadt jedoch waren wieder andere Ursachen am Werk, und so lag der Grund für die Gleichzeitigkeit der Ausbrüche eher in der im labilen Europa jener Zeit leicht überspringenden Ansteckung als in dem gemeinsamen Willen, die Stützen von Politik und Gesellschaft grundlegend zu ändern. In den Städten der Toskana und

Flanderns, in Brügge wie in den Häfen der Hanse, in Paris oder Rouen wie in den Kleinstädten des Languedoc und selbst in den Landgebieten Englands entzündete sich der Volkszorn an den lokalen Verhältnissen. Aber dennoch ertönte in Paris der Ruf: »Es lebe Gent!«

Kaum hatten sich in Florenz die niederen Zünfte mit dem Aufstand der Wollschläger, der *Ciompi*, 1378 gegen das herrschende Patriziat erhoben, brachen auch schon im Languedoc vereinzelte Revolten aus. Im übrigen konnte es nicht verwundern, daß die plündernden Söldnerhorden und die Pest, die schlechte Konjunktur und der allgemeine Überdruß in einem entvölkerten, auf lange Zeit in seiner Dynamik gelähmten Land eine dramatische Reaktion auslösten. Die um Hab und Gut gebrachten Menschen konnten die Steuer nur als Ungerechtigkeit empfinden. Und als Ludwig von Anjou obendrein noch den an sich geringfügigen Mißgriff beging, statt des von den Regierten gewünschten Grafen Gaston Phoebus von Foix seinen Bruder Johann von Berry als königlichen Generalstatthalter im Languedoc einsetzen zu wollen, schlug in Le Puy, Nîmes, Montpellier und Alès die schon seit 1378/79 gärende Unruhe 1381 in Béziers in eine offene politische Revolte um. Toulouse schloß sich an, Banden von Maquisards, sogenannte *Tuchins*, ergossen sich auf die Landstraßen und erhöhten die allgemeine Unsicherheit. Die Regierung Karls VI. – zu diesem Zeitpunk noch die der Onkel des jungen Königs – brauchte volle vier Jahre, um mit Waffengewalt diesen Aufstand niederzuschlagen, der letztlich niemandem Gewinn brachte, sondern nur weitere Trümmerhaufen und die Erinnerung an neue Schrecken hinterließ.

Die englischen »Arbeiter«, die sich zur selben Zeit erhoben und Richard II. in London terrorisierten, mußten eine ebenso harte Niederlage einstecken, versuchten aber immerhin, Steuer- und Gesellschaftsreformen durchzusetzen, während die *Tuchins* im Grunde nur ganz vage die Abschaffung der Steuer und den Tod der Reichen anstrebten.

Ganz anders die flandrischen Handwerker: Sie verfolgten, als sie sich 1379 im Zuge einer rasch wieder vergessenen Episode der alten Rivalität zwischen Brügge und Gent gegen den Grafen Ludwig von Male erhoben, ein klar umrissenes Ziel: dem Kaufmannspatriziat das Monopol auf die Regierung der Industriestädte und die beherrschende Rolle bei der wirtschaftlichen Organisation der Produktion zu entreißen. Unter ihrem Anführer Philipp Van Artevelde, dem leiblichen Sohn jenes Jakob Van Artevelde, der die Revolte der Jahre 1337–1345 geleitet hatte, übernahmen sie 1382 tatsächlich die Regierung Flanderns, organisierten den solidarischen Zusammenschluß der Städte und Zünfte, erhoben Steuern, stellten Truppen auf und verhandelten mit dem König von England. So schien sich die Geschichte unter veränderten Vorzeichen zu wiederholen: Wie einst Ludwig von Nevers flüchtete Ludwig von Male nach Frankreich; die Revolte weitete sich zur politischen Revolution aus.

Um die gleiche Zeit sah sich die Regierung der Onkel Karls VI. genötigt, die *aides*, die 1380 etwas voreilig abgeschaffte Verbrauchssteuer, wieder einzuführen. Um sein Gewissen zu entlasten, hatte Karl V. auf dem Totenbett die direkten Steuern, die *fouages*, gestrichen. Das Volk, das dadurch auf den Geschmack gebracht worden war, hatte die neuen Machthaber durch eine Reihe von Aufständen und antisemitischen Ausschreitungen in Paris, Saint-Quentin, Laon und Compiègne gezwungen, unverzüglich auch die Abschaffung der indirekten *aides* anzukündigen. Dieser wirklichkeitsfremde Beschluß stellte die Onkel des Königs vor die unlösbare Aufgabe, das Staatswesen ohne die dazu erforderlichen Mittel zu regieren. Im November 1380 nahmen sie mit den Ständen Verhandlungen über die Erhebung einer neuen direkten Steuer auf, 1382 gingen sie an die Wiedereinführung der indirekten Steuer, da nur sie regelmäßige Einnahmen gewährleisten konnte.

Um jegliches Aufsehen zu vermeiden, verzichteten die Onkel auf allgemeine Verhandlungen und führten statt dessen Separatgespräche mit einzelnen Notabeln. Damit aber wußte keiner, was die anderen bewilligt hatten, zumal niemand seine Nachgiebigkeit an die große Glocke hängte.

Als die Bürger von Rouen erfuhren, daß die Steuerforderungen den von ihnen vermeintlich genehmigten Betrag bei weitem überstiegen, erhoben sie sich am 24. Februar in der sogenannten *Harelle*. Ein paar Notabeln aus Großbürger- und Beamtenkreisen mußten über die Klinge springen, die Steuer war im Handumdrehen vergessen: Die Volkswut richtete sich gegen die Reichen, die man zu massakrieren suchte.

Ganz ähnlich erhob sich auch die Bevölkerung von Paris, als am 1. März die Einziehung der *aides* begann. Ein paar hundert etwas später im Rathaus aufgefundene Bleiklöppel *(maillets)* sollten der Bewegung ihren Namen geben: *Les Maillotins*. Auch in Paris artete der Protest gegen die Steuer sehr rasch in Plünderung der Herrschaftshäuser von Bürgern, Wucherern, Steuerpächtern aus, kurzum, all jener, die das Pech hatten, reich und bekannt zu sein.

Gent, Rouen, Paris: Der König sah die Städte seinem Zugriff entgleiten, die ihm als verläßliche Verbündete dreihundert Jahre lang den Ausbau seiner Macht auf Kosten des Feudaladels ermöglicht hatten. Der Aufruhr erfaßte die Normandie, die Picardie, die Champagne. Lyon und Amiens weigerten sich, die neue Steuer zu zahlen. Nachgiebigkeit erschien, zumindest für den Moment, angezeigt, und so erließ die königliche Regierung eine Amnestie, von der nur einige Rädelsführer ausgenommen blieben, und berief die Stände der *Langue d'oïl* ein, die auf ihrer Versammlung in Compiègne die *aides* endgültig bewilligten.

Nutznießer der Angelegenheit waren also vor allem die Notabeln, da das Instrument ihrer politischen Macht – die Steuerbewilligung – im Prinzip erneut bestätigt wurde. Den Preis für den Pariser Aufstand bezahlte das gemeine Volk, was die Bürger nach der ausgestandenen Angst mit Genugtuung zur Kenntnis nahmen. Im übrigen wollten die Pariser und viele andere in Sachen Steuer durchaus Konzessionswillige, sofern man sie nur konsultierte, vor allem abwarten, wie sich die Dinge in Flandern entwickelten. Lediglich die Einwohner Rouens wurden auf der Stelle sehr hart bestraft: Sie verloren ihre Handelsprivilegien und ihre kommunale Selbstverwaltung. Im August 1382 beantworteten sie diese Vergeltung für ihre erste Bewegung mit einer neuerlichen Demonstration gegen den Fiskus, einer zweiten *Harelle*.

Auch gegen die aufrührerischen Flamen brachte die französische Krone ihre geballte Macht zum Einsatz – schließlich saß der Schwiegersohn und künftige Erbe des Grafen von Flandern, Herzog Philipp der Kühne von Burgund, im Staatsrat. Man taufte den Flandernfeldzug »Kreuzzug« und verlieh damit der Unternehmung eine neue Dimension. Allerdings waren die rebellischen Flamen daran nicht ganz unschuldig – sie bekannten sich zu allem Überfluß zum Papst in Rom.

Artevelde hoffte auf die Unterstützung der Engländer, erhielt von ihnen aber nur vage Versprechungen. Nach der vernichtenden Niederlage der Genter am 27. November 1382 bei Roosebeeke ergab sich eine flandrische Stadt nach der anderen. Die für die königliche Autorität so gefährliche Bewegung fiel in sich zusammen, ja endete letztlich zum Ruhm der Krone.

Die Pariser, die sich bis dahin in Sicherheit gewiegt hatten, sahen den König nach dem Sieg über die Flamen unvermittelt andere Saiten aufziehen. Die Rädelsführer der *Maillotins* wurden aufgehängt, der Stadtrat aufgelöst, die Stände vor Steuererhöhungen nicht mehr um Zustimmung gefragt. Die Einwohner von Rouen kam ihre zweite *Harelle* gleichfalls sehr teuer zu stehen: Verbannungen und Geldstrafen ruinierten die Stadt auf lange Zeit. Das Ergebnis der Aufstände hieß: dreißig Jahre unumschränkte Herrschaft des Fiskus.

Als die Engländer schließlich auftauchten, war es zu spät. Im Mai 1383 landete der Bischof von Norwich an der Spitze eines weiteren »Kreuzzugs« mit der erklärten Absicht in Flandern, die durch das Verhalten der Anhänger des Papstes in Avignon gefährdete Einheit der Kirche wiederherzustellen. In Wirklichkeit schuf der »Kreuzzug« neuerliche Absatzmöglichkeiten für die englische Wolle. Als aber die Soldaten des Bischofs Gent verwüsteten, statt seinen Bewohnern die erwartete Hilfe zu bringen, stand Flandern sehr schnell wieder geeint hinter seinem Grafen Ludwig von Male und seinem zukünftigen Grafen Herzog Philipp von Burgund. Danach brauchte das französische Heer nur noch nach Norden zu marschieren, um die englischen Kreuzfahrer in die Flucht zu schlagen.

Als Philipp der Kühne am 30. Januar 1384 zum Grafen von Flandern aufrückte, stieß er, außer in Gent, nirgends mehr auf Widerstand. Die Flamen waren von ihren alten Illusionen bezüglich des Bündnispartners England geheilt, der ihnen in erster Linie die Feindschaft der Franzosen eingetragen hatte. Nach über zwei Jahre sich hinschleppenden Verhandlungen unterwarf sich schließlich auch Gent. In Wahrheit begrüßten es inzwischen viele Flamen, einen weitblickenden Fürsten der Pariser Regierung zum Grafen zu haben, der das Königreich Frankreich rund zwanzig Jahre lang zwang, auf die Interessen Flanderns Rücksicht zu nehmen.

HERZÖGE UND »MARMOUSETS«

Karl V. hatte seine Nachfolge nach bestem Wissen geregelt: Er hatte für die politische Erziehung des zukünftigen Karl VI. gesorgt und die Volljährigkeit des Thronfolgers auf das dreizehnte Lebensjahr vorverlegt, um die Übergangsphase mit ihren unvermeidlichen Schwierigkeiten abzukürzen. Außerdem hatte er, um die Risiken weiter zu vermindern, die Teilung der Macht angeordnet: Ludwig von Anjou bekam die Regierung des Königreichs, Philipp von Burgund und sein Schwager, Ludwig von Bourbon, die Verwaltung von Paris und der Normandie sowie die Vormundschaft für den noch im Kindesalter stehenden Dauphin übertragen. Ein aus den alterfahrenen Verwaltungs- und Finanzexperten der Krone zusammengesetzter Rat sollte den Fürsten bei der Erfüllung ihrer Aufgaben zur Seite stehen.

Daß alle diese Verfügungen tote Buchstaben blieben, war zum Teil auch des Königs eigene Schuld. Als Karl V. am 16. September 1380 starb, war die christliche Welt schon seit zwei Jahren durch das von ihm abgesegnete große abendländische Schisma gespalten. Mit der Förderung der Adoption seines Bruders Ludwig von Anjou durch Königin Johanna von Neapel hatte Karl einen neuen Kriegsschauplatz geschaffen und durch Streichung der »außerordentlichen« Finanzen seinem Sohn die Mittel zum Regieren genommen. Kaum war er tot, wurden seine getreuen Ratgeber auch schon aus den Machtpositionen entfernt. Der Prévôt von Paris, Hugo Aubriot, fand sich im Gefängnis wieder, der Kanzler Peter von Orgemont wurde abgesetzt, die übrigen zerstreuten sich in alle Winde.

Eine überstürzte Krönung machte die für die Regentschaft getroffenen Vorkehrungen zunichte. Ludwig von Anjou legte die Hand auf den königlichen Schatz und übernahm anschließend den Vorsitz im Regentschaftsrat. Johann von Berry tröstete sich mit der Regierung eines Languedoc, das ihn nicht akzeptieren wollte. Philipps von Burgund Stunde schlug 1382, als Ludwig von Anjou in einer Mischung aus Eigennutz und eifrigem Einsatz für die Wiederherstellung der kirchlichen Einheit unter dem Papst von Avignon seine Aktivitäten nach Italien verlegte. Als er am 21. September 1384 in Bari starb, hatte er viel französisches Geld verschleudert, jedoch die ihm von seinem Bruder Karl V. übertragene Regierung des Königreichs Frankreich völlig vernachlässigt.

So lenkte denn Philipp von Burgund die Staatsgeschäfte und trat das Regiment auch nicht ab, als Karl VI. die Volljährigkeit erlangte. Ohne darüber seine eigenen Interessen in Flandern und Burgund zu vergessen, nahm er für seinen Neffen die Zügel der königlichen Regierung in die Hand, führte die Besteuerung wieder ein und unterdrückte die aufständischen Bewegungen. Außerdem gab Herzog Philipp der Kühne der auf das Bündnis mit Kastilien und die Freundschaft mit Kaiser Karl IV. von Luxemburg gegründeten Außenpolitik Karls V. eine neue Richtung: Ein Netz von Bündnissen sollte den Engländern das Mitmischen in Flandern verwehren, ohne die bestehenden Wirtschaftsbeziehungen zu zerstören, die Expansion von Philipps Fürstentum zwischen Maas und Schelde fördern und ihm im Reich eine gewichtigere Rolle sichern als die eines guten Verwandten, mit der sich Karl V. begnügt hatte.

Das Meisterstück dieses diplomatischen Spiels stellte das Bündnis mit dem bayerischen Haus Wittelsbach dar, dessen beide Linien über das Herzogtum Bayern beziehungsweise die Grafschaften Holland und Hennegau herrschten. Philipp dem Kühnen gelang es, seine Tochter mit dem Grafen Wilhelm und seinen Sohn – den künftigen Johann den Unerschrockenen – mit einer von Wilhelms Schwestern zu verheiraten und in der Folge die Tochter Herzog Stephans, Isabeau, zur neuen Königin Frankreichs zu machen. Außerdem trat der Herzog von Burgund für seine in einen Streit mit dem Herzog von Geldern verwickelten Tante, die Herzogin von Brabant, in die Schranken.

Gern hätte Philipp der Kühne einen Angriff gegen England geführt, um es in seinem Lebensnerv zu treffen und die drückende wirtschaftliche Hypothek der von den Engländern unentwegt angedrohten Einstellung der Wollexporte endgültig von den flandrischen Industriestädten zu nehmen. Auch plante er, für den Kreuzzug des Bischofs von Norwich Rache zu üben und unter Ausnutzung der inneren Schwächen des Plantagenet-Reiches den Engländern die Lust an derartigen Unternehmungen ein für allemal auszutreiben. So bereitete er zunächst für 1384, dann für 1386 und schließlich für 1387 die Landung vor. Das königliche Schatzamt finanzierte die Ausrüstung der Flotte und den Bau des umfangreichen Belagerungsgeräts. Doch da die vor dem Aufbruch erforderliche Einigung der Herzöge nicht zustande kam, ließ man das Projekt schließlich sang- und klanglos fallen.

Unterdessen hatte der Herzog von Lancaster durch seinen sinnlosen Feldzug gegen den König von Kastilien den englischen Staatsschatz geplündert, und so kam im August 1388 ohne sonderliche Schwierigkeiten ein allgemeiner Waffenstillstand zwischen Frankreich und England zustande. Daß dieses einfache Abkommen den nun schon ein halbes Jahrhundert währenden Krieg zwischen Plantagenet und Valois beenden sollte, konnte damals allerdings noch niemand ahnen.

Die Rivalitäten der Fürsten lähmten die Regierung des jungen Karl VI. Im Languedoc beging Johann von Berry einen Fehlgriff nach dem anderen und blockierte im Staatsrat die Offensive gegen England, da sie seinem Bruder, dem Herzog von Burgund, mehr Gewinn gebracht hätte als ihm selbst. Herzog Johann IV. von der Bretagne ließ den Konnetabel Olivier von Clisson verhaften und bekam anschließend die Folgen dieses Schritts nicht unter Kontrolle. Der jugendliche Bruder des Königs schließlich, Ludwig von der Touraine – der nachmalige Ludwig von Orléans –, beanspruchte zunehmend seinen Anteil an der Macht und suchte Frankreichs Außenpolitik für seine persönlichen Interessen einzuspannen, die sich nicht auf Flandern oder England, sondern auf Italien richteten, wo sein Schwiegervater Giangaleazzo Visconti in Mailand herrschte.

Inzwischen jedoch hielt sich der mittlerweile zwanzigjährige Karl VI. für fähig, allein oder zumindest im Verein mit den alten Ratgebern seines Vaters zu regieren – einem Le Mercier, einem Bureau de la Rivière, einem Montagu und etlichen anderen, die nur darauf warteten, die Zügel der Macht erneut zu ergreifen. Im Oktober 1388 verabschiedete der König seine herzoglichen Onkel, ja er verweigerte ihnen sogar die Provinzen, auf die sie Anspruch zu haben meinten (der eine hatte es auf Aquitanien, der andere auf die Normandie abgesehen). Anschließend holte Karl VI. diejenigen in den Rat zurück, denen die Herzöge rasch den Spitznamen *les Marmousets,* »die alten Schnauzbärte«, anhängten. Damit trug faktisch die Partei Ludwigs von der Touraine den Sieg über diejenige Philipps von Burgund davon. Allgemeine Umbesetzungen in Politik und Verwaltung machten den Umschwung deutlich.

Die Bestätigung des Wahlprinzips für zahlreiche Ämter – vor allem des Justizsektors – im Februar 1389 kündigte die Rückbesinnung auf die politische Doktrin und die Praktiken Karls V. an. Die Wahl der Baillis durch den Staatsrat zeigte, ebenso wie die Kooptation des Parlaments, den Triumph des im Dienste der Monarchie erstarkten und vielfach geadelten Bürgertums an.

Von nun an nahm der König die Dinge selber in die Hand. Im Winter 1389/90 bereiste er, begleitet von Ludwig von der Touraine (wohingegen er Johann von Berry die Teilnahme versagte) das endlich befriedete Languedoc, um während seines Aufenthaltes in Avignon das gute Einvernehmen mit Clemens VII. zu festigen, der nur dank der politischen Entscheidung Karls V., Ludwigs von Anjou und ihrer Ratgeber noch immer seine Tiara trug. Mit Besorgnis hatte der Papst die Gleichgültigkeit des Herzogs von Burgund verfolgt, der wenig Lust gezeigt hatte, auf Kosten seines geplanten Englandfeldzugs einen Krieg in Italien zu finanzieren und durch Zwangsbekehrung der flandrischen Stadtbevölkerung zum

Clementismus neue Unruhen vom Zaun zu brechen. Um so erleichterter nahm er die Unterstützung seiner Politik durch Ludwig von der Touraine zur Kenntnis. Man erwog sogar die Gründung eines norditalienischen Adriareiches – eine Aussicht, die Ludwig als Schwiegersohn des Herrn von Mailand begreiflicherweise interessierte.

Und noch einen weiteren Punkt stellte der König im Languedoc klar: Seine Begegnung mit dem Grafen Gaston Fébus von Foix demonstrierte aller Welt, daß die Ära Herzog Johanns von Berry zu Ende war.

Wie zur Zeit Ludwigs von Anjou richteten sich die Blicke somit erneut auf Italien. Doch da der 1390 endlich in Neapel eingesetzte Ludwig II. von Anjou noch ein Kind und daher für den Papst in Avignon nur eine geringe Hilfe war, beschlossen Clemens VII. und der König, ihre Anstrengungen auf Norditalien zu konzentrieren und dabei den schon aus Eigennutz interessierten Visconti als Bündnispartner einzuspannen. Der Adel Genuas sorgte für den Anlaß: Um sich der seit einem halben Jahrhundert amtierenden Volksregierung zu entledigen, trug er 1392 Karl VI. die Herrschaft über die Stadt an.

Doch da winkte der Friedensschluß mit England. Die 1391 und 1392 mit Richard II. anberaumten Verhandlungen, der, statt sich mit der Rückeroberung des Erbes Eleonores von Aquitanien zugrunde zu richten, lieber seinem Reich zu neuem Wohlstand verhelfen wollte, hielten Karl VI. davon ab, sich Hals über Kopf in das genuesische Abenteuer zu stürzen. Gegen Ende der Unterredungen jedoch stellte sich heraus, daß die Engländer kein geringeres Ziel verfolgten, als kampflos alles zu gewinnen – womit die Friedensbemühungen auch diesmal scheiterten.

KAPITEL X

Das geteilte Frankreich

1392–1422

GEGENSÄTZLICHE INTERESSEN

Als Karl VI. im Juli 1392 in der Blüte der Jugend mit vierundzwanzig Jahren im Wahnsinn versank, war der von der Umgebung Karls V. mit so viel Sorgfalt aufgebauten Politik mit einem Schlag der Boden entzogen. 1380 nur für einen beschränkten Zeitraum eingesetzt, wußten sich die Herzöge trotz der zahlreichen, zum Teil auch länger anhaltenden lichten Momente des Königs doch bis zu dessen Tod sicher in Amt und Würden. Der Dauphin – allerdings nicht der künftige Karl VII., der erst 1403 nach einer der vorübergehenden Erholungsphasen Karls VI. geboren wurde – war gerade ein Jahr alt, und der Bruder des Königs, Ludwig von Orléans, begann sich bereits als Erbprinz zu fühlen.

Karl VI. hatte Zeit gehabt, die Ursachen der politischen Querelen während seiner Minderjährigkeit zu erkennen und zu analysieren. So versuchte er in einer Phase der Klarsichtigkeit zwischen zwei Wahnsinnsanfällen die Rückkehr zu jenen Spannungen, wie sie 1380 aufgetreten waren, zu verhindern, und griff zu denselben Maßnahmen, die damals bei seiner Thronbesteigung von seinen Onkeln so offensichtlich unterlaufen worden waren. Er unterschied zwischen einer Regentschaft, die während seiner schamhaft als »Absencen« bezeichneten Anfälle sein Bruder, Ludwig von Orléans, ausüben sollte, und einer Vormundschaft für den Dauphin, die Philipp von Burgund und Johann von Berry übertragen wurde.

Die Reibereien der achtziger Jahre waren in der Hauptsache aus den gegensätzlichen Interessen der Herzöge von Burgund und Anjou erwachsen. Nun war Ludwig von Anjou mittlerweile zwar gestorben, die burgundische Politik und die persönlichen Ansichten Ludwigs von Orléans aber harmonierten deshalb auch nicht besser miteinander. England, Italien, das Schisma, der königliche Schatz und die Steuereinnahmen – alles wuchs sich über kurz oder lang zum Zankapfel aus, und da der Schlüssel zu jeder Politik beim Kronrat lag, gerieten sich die Herzöge natürlich auch bei der Plazierung ihrer Getreuen in die Haare.

Philipp dem Kühnen, dem Herzog von Burgund und Grafen von Flandern, fehlten die Mittel, seinen Ehrgeiz zu befriedigen. Zum Glück kamen zu den Einnahmen aus den Domänen des burgundischen Staates noch die Pensionen, die er über den königlichen Schatz bezog, und die von der Krone von seinen Ländereien erhobenen, in seine Tasche fließenden Steuern. Aus »eigenen Mitteln« konnte damals ein Territorialfürst genausowenig eine europäische Rolle anstreben wie der König. Andererseits aber hing der Wohlstand Flanderns von einer Außenpolitik ab, die sich die Pflege der Handelsbeziehungen zwischen dem Wollproduzenten England und den großen Tuchstädten Flanderns und des Artois angelegen sein ließ. Solange der Onkel des zunächst minderjährigen, dann kranken Königs im Rat seines Neffen saß, waren die burgundischen Interessen gut vertreten. Anders dagegen nach 1404, als er von seinem Sohn, Johann dem Unerschrockenen, abgelöst wurde. Dem Neuankömmling wurden sogleich die Steuereinkünfte verweigert, und nach und nach wurden auch seine Anhänger verdrängt.

Ludwig von Orléans dagegen hatte mittlerweile in diesem Spiel unermüdlich seine Bauern gesetzt. Durch Isabeau von Bayern, die Karl VI. drei Söhne geschenkt hatte, jeglicher Hoffnung beraubt, eines Tages selber die Herrschaft zu übernehmen, visierte er eine unabhängige Politik an. Er unterhielt eine eigene Gefolgschaft und bemühte sich auf dem diplomatischen Parkett um eine Rolle von europäischem Rang, um schließlich statt der französischen nach Möglichkeit eine andere Krone zu erwerben. Das alles überstieg die mageren Einkünfte aus seiner Apanage Orléans bei weitem. Zudem liebte der Herzog Prunk und Pracht, Feste und Juwelen ...

Seine Domäne warf knapp fünfzigtausend Livres ab – den zwanzigsten Teil dessen, was sein Onkel aus dem burgundischen Staat an Einkünften bezog. Mit um so begehrlicheren Augen betrachtete Ludwig von Orléans den königlichen Schatz, was natürlich bedeutete, daß er seine Macht über den Kronrat festigen mußte.

Bis 1401 blieben die Zwistigkeiten auf Zusammenstöße innerhalb des Kronrats beschränkt. Johann von Berry schwankte zwischen beiden Seiten hin und her; bald hielt er es eher mit seinem Bruder, bald mehr mit seinem Neffen. Vor allem aber schielte auch er nach dem königlichen Schatz. Mit seiner Apanage konnte er sich einen Lebensstil, in dessen Mittelpunkt das Mäzenatentum stand, nicht leisten. So peilte er die Position eines Schiedsrichters an und versuchte aus seiner Neutralität nach Kräften Vorteile für sich zu gewinnen. Was die junge Königin Isabeau von Bayern und ihr zweifellos frustierendes zeitweiliges Witwentum betraf, so amüsierte sie sich etwas zu ausgiebig mit ihrem Schwager Orléans, um sich nicht ins Gerede zu bringen. Mehr noch aber empörte die Öffentlichkeit die unmäßige Verschwendungssucht der beiden, die zu Zeiten Karls V. undenkbar gewesen wäre.

Mit den Jahren jedoch fand Königin Isabeau Geschmack am politischen Spiel und trug das Ihre dazu bei, es noch etwas mehr zu komplizieren. Ja, gelegentlich drückte sie ihm sogar ihren eigenen Stempel auf.

Was Wunder, daß sich eine Reformbewegung gegen diejenigen herausbildete, die das Geld des Steuerzahlers ohne Rücksicht auf das Gemeinwohl mit vollen Händen zum Fenster hinauswarfen. Sie verband sich schon bald mit jener Denkströmung, die angesichts der Mißstände der päpstlichen Verwaltung und ihres Fiskus, aber auch des Ärgernisses einer seit 1378 von zwei Häuptern geführten Christenheit eine tiefgreifende Kirchenreform anstrebte. Reform des Staates wie der Kirche aber war ein Gedanke, der vornehmlich im streitlustigen Intellektuellenmilieu der Magister und Scholaren der Pariser Universität auf fruchtbaren Boden fiel. Theologen, Juristen und Philosophen versuchten diese Reformvorstellungen in eine systematische Ordnung zu bringen, wobei ein Courtecuisse, ein Cauchon und ihresgleichen allerdings nur von einer politischen Reform, nicht aber von einer Reform der Wirtschaftsordnung träumten.

Als Reformator, der sich gegen eine Verschleuderung des königlichen Schatzes in Italien wandte, galt auch Philipp der Kühne. In Wirklichkeit jedoch stellte das Bündnis mit dem Papst in Avignon und den Anjou von Neapel für den Herzog von Burgund nur eine unnötige Belastung dar, die er abzustoßen trachtete. Und da er, vornehmlich in Paris, eine Gefolgschaft brauchte, ließ er sich seine Imagepflege als Politiker sehr angelegen sein. Auch sein Sohn Johann der Unerschrockene kehrte, als er seine Position im Kronrat zusammenbrechen sah, eifrig den Reformator heraus und suchte den Ausgaben seines Gegenspielers einen Riegel vorzuschieben. Und auch diesmal ließ sich das gutgläubige Volk durch die Sparparolen Sand in die Augen streuen.

Außerdem hatte, seit der König von Neapel nur noch der Vetter des Königs von Frankreich war, das Interesse an den italienischen Angelegenheiten merklich abgenommen. Hinzu kam, daß Ludwig von Orléans in Italien seine eigenen Ziele verfolgte und damit einen weiteren Faktor der Veränderung ins politische Spiel brachte.

1387 hatte er Valentina Visconti geheiratet, die Tochter Giangaleazzo Viscontis, des 1395 vom Kaiser in den Herzogstand erhobenen Herrn von Mailand. Valentina hatte dem Bruder Karls VI. mit der Grafschaft Asti Ansprüche auf Genua eingebracht, den einzigen Mittelmeerhafen, der eine direkte und regelmäßige Verbindung zum Schwarzen Meer und zur Karawanenstraße von Trapezunt einerseits und zu London, Southampton und Brügge andererseits unterhielt. Seit 1339 herrschte in Genua die Volkspartei, deren Macht allerdings auf wackligen Füßen stand: Der Doge Antonio Adorno wurde dreimal gestürzt und wiedereingesetzt, und so erhofften sich viele Genuesen die Stabilität nach dem Muster zahlreicher anderer italienischer Städte von einem fremden Herrscher, der imstande war, die Parteien im Zaum zu halten und den inneren Frieden zu sichern.

Aus dieser Erwägung heraus trugen sie die Oberhoheit 1392 (und auch in der Folge noch mehrmals) einem der mächtigsten Herrscher, dem König von Frankreich, an. Zunächst ging die Initiative von Antonio Adornos Gegnern, den Guelfen und Aristokraten, dann vom Dogen selbst aus. Für Paris nahm sich das Angebot recht vorteilhaft aus, zumal es – was dem Herzog von Burgund besonders wichtig erschien – eine Wirtschaftsblockade Englands zu erleichtern und dem französischen König einen ausgezeichneten Mittelmeerhafen zu bescheren versprach. Etwas Besseres konnte sich dieser in der Tat kaum wünschen, da sich Marseille im Besitz der Anjou befand und Montpellier und Narbonne als Häfen nach wie vor reichlich unzweckmäßig waren.

Zur gleichen Zeit legte der Mailänder ein von Papst Clemens VII. 1379 zugunsten des Herzogs von Anjou entwickeltes Projekt wieder auf den Tisch: die Schaffung eines Adria-Reiches mit den Städten Ancona, Spoleto, Bologna und Ravenna. Durch Einschaltung eines mächtigen Fürsten ins Spiel der italienischen Politik hoffte Giangaleazzo Visconti, das Schisma mit dessen notfalls gewaltsamer Unterstützung zu beenden, ein Gegengewicht zur Autorität des Kaisers zu schaffen, die toskanischen Städte niederzuzwingen und seine eigene, noch recht wacklige Macht zu festigen.

Da sich Ludwig von Orléans besonders für Genua interessierte, die Signoria einen Führer und das Bündnis mit Visconti suchte, der seinerseits einen Hafen brauchte, aber nicht persönlich in Erscheinung treten durfte, um nicht Venedigs Zorn auf sich herabzubeschwören, schien die Sache perfekt. Doch die Genuesen zogen den König von Frankreich seinem Bruder vor, und so mußte sich Ludwig von Orléans 1395 dareinfinden, Enguerran de Coucy die Verhandlungen mit Mailand und anschließend mit Genua führen zu lassen. Durch eine Reihe weiterer diplomatischer Schritte jedoch kam es, da sich der Große Rat von Genua gegen eine Unterwerfung unter Frankreich aussprach und die Florentiner auf die Nachricht von den Verhandlungen zwischen Adorno und Visconti äußerst heftig reagierten, beinahe zum Bruch. In Paris drängte Isabeau von Bayern zu einem Bündnis mit Florenz; ebenso die burgundische Partei, unterhielten doch die Genuesen mit den flandrischen Interessen konkurrierende Handelsbeziehungen zu England.

In dieser Situation unternahm Genua einen letzten Versuch, um der Isolierung zu entgehen: Es söhnte sich, was natürlich zu Lasten von Florenz ging, mit Brügge aus und machte es wieder zu seinem Stapelplatz für Nordwesteuropa. Nun zögerte Frankreich nicht länger, sich auf Genuas Seite zu schlagen. Das alte Projekt wurde wieder aufgegriffen, und am 24. März 1396 billigten die Genuesen dem König von Frankreich die Oberherrschaft zu, die dreizehn Jahre dauern sollte.

Aber den französischen Kaufleuten und Händlern fehlt es an Phantasie und Unternehmungsgeist, um wirklich Gewinn aus den neuen Machtverhältnissen zu schlagen. Genua unter der Botmäßigkeit des französischen Königs – welch eine Gelegenheit hätte dies sein können, die Handelswege und -ziele vollkommen neu zu organisieren. Doch niemand dachte daran, genauer gesagt, um gerecht zu sein, es mangelte an Zeit.

Ebensowenig verstanden die Franzosen die Eroberung der Kanarischen Inseln 1402 durch den Normannen Jean de Béthencourt und seinen Genossen Gadifer de la Salle auszunutzen. Und so blieb diese, was sie für ihre Helden war: das Unternehmen zweier durch den Frieden ruinierter Haudegen, die sich neue Kriegsschauplätze suchten. Béthencourt kehrte, nachdem er sich von Heinrich III. von Kastilien als König der Kanaren hatte anerkennen lassen und seine Insel seinem Neffen abgetreten hatte, nach Frankreich zurück, wo er sich von Boucicaults Armee anwerben ließ. Den Kaufleuten aber dämmerte nicht einmal, daß die Kanaren für die Erschließung neuer Handelswege eine Rolle spielen könnten.

EIN ZAGHAFTER AUFSCHWUNG

In diesen Jahren, in denen man sich im Kronrat herumstritt und in Italien politischen Chimären nachjagte, trat der französisch-englische Krieg mehr und mehr in den Hintergrund. Die Straßen waren wieder etwas sicherer geworden. Die Livre tournois hielt sich wacker. Die Bürger konnten, wie die Toulouser 1391, die zum Schutz der Stadttore aufgestellten Geschütze im Gemeindehaus einmotten. Der 1389 vom König als *Prévôt des marchands* eingesetzte Advokat Jean Jouvenel rückte binnen kurzem zum Verfechter der Pariser Interessen auf, und die Prozesse, die er gegen die Kaufleute von Rouen, Sens und Troyes führte, zeigen deutlich, daß es wieder wie ehedem Märkte zu verteidigen gab. Als im Languedoc die Jagd auf die marodierenden Söldner, die *routiers,* eingestellt wurde und gar der Güterverkehr auf der Seine wieder einsetzte, war Frankreich einen Atemzug lang ein bescheidener Wohlstand vergönnt.

Das Vertrauen kehrte zurück und mit ihm eine gewisse Investitionsbereitschaft. Die Grundherren verpachteten die Ländereien ihrer Grundherrschaft aufs neue, die Bauern nahmen die seit ein oder zwei Generationen brachliegenden Felder wieder unter den Pflug, die Kaufleute riskierten auf den Fernstraßen erneut Leben und Hab und Gut. Noch freilich konnte man sich nicht sicher sein, ob die Unruhen nicht wieder aufleben und die Soldateska nicht erneut auftauchen würde. Diese Sicherheit stellte sich in den verschiedenen Regionen offensichtlich zu ganz unterschiedlichen Zeitpunkten ein: Im Bordelais kündigte sich der Aufschwung bereits vor 1380 an, in der Ile-de-France erst zehn oder fünfzehn Jahre später, während sich an den Ufern der Saône vor Beginn des 15. Jahrhunderts noch nichts rührte.

Dennoch machte sich der Wandel allgemein bemerkbar. Der bis dahin unaufhaltsam gefallene Getreidepreis zog seit 1380/1390 wieder etwas an, und auch der Handel erholte sich. Beweis dafür sind die steigenden Pachtsummen für Marktgelder und Flußzölle, auf die sich der Finanzpächter – offensichtlich doch wohl in Erwartung eines Gewinns – nun einließ.

Wenn das Wachstum auch nicht mehr den Stand der Vorkriegszeit beziehungsweise der Ära vor dem Ausbruch der Pest erreichte, näherte es sich den Wirtschaftsindikatoren zufolge binnen zwanzig Jahren doch immerhin der Zehn- oder Fünfzehn-Prozent-Grenze an. Demnach begann sich also nach langanhaltender Stagnation endlich wieder die für einen Aufwärtstrend unerläßliche Dynamik abzuzeichnen. Um 1400 trifft man wieder auf optimistische Geschäftsleute, das heißt auf der einen Seite auf Bankiers mit dem Mut zum Geldverleihen – sprich Investieren – und auf der anderen auf Pächter, die in Erwartung eines steigenden Verbrauchs Geld aufnehmen.

Doch dieser Optimismus war nur von kurzer Dauer und sollte die Ernüchterung über den Rückschlag noch verschärfen. Offensichtlich hatte man 1389 nur allzu bereitwillig geglaubt, Karl VI. sei aus anderen Gründen als zur Sicherstellung der städtischen Steuerzahlungen nach Südfrankreich gekommen. Allzu voreilig hatte man darauf gezählt, die Bauern durch Pachtverträge in alter Höhe wieder zum Roden veranlassen zu können. Als nach 1450 dann erneut Frieden einzukehren schien, fiel jedoch keiner mehr auf solche Illusionen herein. Zwanzig Jahre sollten verstreichen, ehe man abermals auf Expansion setzte. Durch die Erfahrungen der Jahre um 1400 gewitzigt, verlangte der Franzose diesmal Sicherheiten, ehe er die Mühsal eines Neuanfangs auf sich nahm.

Eine nicht unbedeutende Rolle für die Wiederankurbelung der Wirtschaft spielte der Luxus. Vom Steuerzahler scheelen Blicks beobachtet, bedeuteten die Feste Isabeaus von Bayern und Ludwigs von Orléans für den Kürschner, den Goldschmied und den Modewarenhändler – Lieferanten von silbernen Ohrgehängen, nagelbeschlagenen Gürteln und kleinen Messern mit Hängering – die Aussicht auf gute Geschäfte. Als 1395 in Paris Gerüchte über einen Friedensschluß mit England umliefen, schrieb ein seit zehn Jahren in der französischen Hauptstadt ansässiger toskanischer Kaufmann seinen italienischen Korrespondenten, man möge künftig statt Waffen Schmuck schicken. Denn wer Friedensverhandlung sagt, sagt Fürstenhochzeit...

Dieser Anflug von Prosperität ließ die letzten Früchte mittelalterlicher

Sensibilität, aber auch bereits die ersten eines aufkeimenden französischen Humanismus reifen. An den Höfen und in den Städten blühte die kunstvolle Poesie der *rhétoriqueurs.* Edle Herren, Teilnehmer am letzten Kreuzzug, die dem Blutbad bei Nikopolis (12. September 1396) entronnen waren, äußersten sich in den »*Cents ballades*« in Form eines *Débat* über die Treue in der Liebe. Eustache Deschamps, Diplomat in königlichen Diensten, der im Hôtel d'Orléans ein- und ausging, mischte in seinem umfangreichen Werk Liebeslyrik und Weiberhaß, politische Satire und Literaturtheorie. Die Tochter des Hofastrologen und Leibarztes Karls V., Christine de Pisan, eine mittellose junge Witwe, griff zur Feder, um sich und ihre drei Kinder zu ernähren, und verfaßte neben dem »*Livre des faits et bonnes mœurs du roi Charles V*« mit der »*Cité des Dames*« und dem »*Livre des Trois Vertus*« die ersten Abhandlungen über die Stellung der Frau und die Erziehung der Mädchen.

Der scheinbar beendete Krieg rückte in eine historische Perspektive. Die großen Historiographen wandten sich der jüngsten Vergangenheit zu. In den achtziger Jahren entstand Cuveliers Biographie Du Guesclins, des Konnetabels von Frankreich von 1320–1380, und der reiselustige Froissart, der dreißig Jahre lang an den verschiedensten Fürstenhöfen alle ihm zugänglichen Dokumente eingesehen und alle Zeugnisse fleißig zusammengetragen hatte, schloß nun in England seine Chronik ab.

An der literarischen Blüte dieser Friedensjahre hatten alle Gesellschaftsgruppen Anteil. Der Adel delektierte sich an den Ritterromanen, die der Form – nicht den Prinzipien – nach den alten Fundus der Heldenepen, der *chansons de geste,* und der Artusromane wieder aufgreifen: Froissarts »*Méliador*« ist im Grunde ein »*Lancelot*« in anderem Gewande. Und das Bürgertum überließ sich mit Wonne den gemeinsamen Freuden des Theaters, und zwar des paraliturgischen Theaters der »*Miracles de Notre-Dame*« und der »*Mystères de la Passion*« ebenso wie des profanen Theaters mit den großen Historienspektakeln – »*Robert le Diable*«, »*Baptême de Clovis*« – und den ersten Sittenkomödien wie der »*Farce de maître Trubert et d'Antrognart*«, deren Autor Deschamps bereits die gleichen handelnden Personen vorstellt, die ein dreiviertel Jahrhundert später den Knoten zur Intrige von »*Pathelin*« schürzen sollten.

Daneben taten sich noch andere ebenso neue Wege auf, auch wenn sie bei der damaligen Öffentlichkeit keineswegs auf dasselbe Interesse stießen wie die großen Mysterienspiele. Man denke an den Briefwechsel, den verschiedene Angehörige der Kanzlei Ludwigs von Orléans, darunter ein Gontier Col oder ein Jean de Montreuil, zu dieser Zeit mit den Gebildeten ganz Europas führten, vornehmlich mit Jean de Muret und Nicolas de Clamanges in dem sich im letzten Widerschein der Papstherrschaft sonnenden Avignon. Gegenstand dieser Korrespondenz ist vor allem die lateinische Literatur, die geschliffene Rhetorik eines Cicero und die gelehrte Poesie eines Horaz, wobei als Vorbild nun Petrarca und nicht mehr Boethius oder der heilige Augustinus galt.

Überhaupt schien Literatur als Zeitvertreib damals großgeschrieben zu werden. 1399 verfaßte Christine de Pisan die *»Epître au Dieu d'Amour«*, ein Bekenntnis zur gleichzeitig sinnlichen und gefühlsbetonten Liebe, durch das sie einen nicht enden wollenden literarischen Streit mit den Vertretern jener zynischen, mit klerikaler Weiberfeindlichkeit untermischten Liebesauffassung auslöste, wie sie seit dem 13. Jahrhundert der *»Roman de la Rose«* symbolisiert. Jean Gerson, obgleich Theologe, ergriff im Namen der Moral für Christine de Pisan Partei, und 1401 trat auf Anordnung des Königs am burgundischen Hof die *Cour d'Amour*, der Liebeshof, zusammen, um den Streit zu schlichten. Im Hintergrund dieser *querelle du Roman de la Rose* standen unverkennbar Ovid und seine so häufig von armseligen mittelalterlichen Moralaposteln umgedeutete *»Ars amandi«* einerseits und Petrarca andererseits. Hier traf also ein noch stark seinen Quellen verhafteter Humanismus auf eine humanistisch orientierte neue Sensibilität, die dem mittelalterlichen System der Argumentationen und Bezugnahmen auf das Altertum eine Absage erteilte.

Auch im Bereich der bildenden Kunst machte sich, während die alte gotische Tradition in den Tapisserien der »Apokalypse« zu höchster Reife gelangte, bereits eine neue Geschmacksrichtung bemerkbar, die nicht zuletzt aus dem Norden stammte. Mit dem 1389 von Philipp dem Kühnen nach Burgund geholten Niederländer Claus Sluter zog eine bis dahin unbekannte Freiheit der Komposition, gepaart mit plastischer Kraft und bewegter Dramatik, ein. Kennzeichnend dafür ist die Kartause von Champmol vor den Toren Dijons, die der erste Herzog von Burgund aus dem Hause Valois zum Saint-Denis, zur Grablege seiner Dynastie, auserkor. Und Johann von Berry, schon damals ein Sammler von Manuskripten, bestellte beim Bildhauer André Beauneveu aus dem Hennegau, dem Schöpfer des Grabmals Karls V., einen »Psalter« und beauftragte nach dem Tod des Buchmalers Jacquemart de Hesdin, der für ihn die

»Grandes Heures« geschaffen hatte, die Brüder von Limburg mit der Illumination der *»Très riches Heures«*.

Um diese Zeit kam aber auch, unterstützt durch die Kontakte der voraufgegangenen Generation mit der italienischen Kultur in Avignon sowie durch den Kunsthandel der in Paris und Brügge ansässigen großen, hauptsächlich aus Lucca stammenden Kaufleute, eine gewisse Italienschwärmerei auf. In Paris wie in Flandern wurde es Mode, die Italiener nachzuahmen, ihre zarten Farben, ihre sorgfältige Zeichnung, ihren Sinn für Körper und überhaupt ihre ganze Einstellung zum Raum.

DER »WEG DER ZESSION« UND DAS KONZIL

Der »Weg der Zession« – darauf gründete eine Generation, der die Einheit der Kirche ebensosehr aus Vernunftgründen wie aus einsichtigen spirituellen Gründen am Herzen lag und die sich in keiner Weise für das große abendländische Schisma verantwortlich fühlte, nun ihre ganze Hoffnung. Sie wollte den Rücktritt beider Päpste, damit die Einheit ohne Sieg oder Niederlage wiederhergestellt werden konnte. Daß die Kurien ihrerseits auf Sieg setzten, kümmerte die Gläubigen in beiden Lagern wenig. Dagegen nahmen sie heftig Anstoß an dem Skandal, daß durch Christi »nahtlosen Rock« ein Riß ging.

Unseligerweise waren die Kardinäle da anderer Ansicht. 1389 hatte das Kardinalskollegium von Rom für Urban VI. einen Nachfolger gewählt, und 1394 beeilte sich dasjenige von Avignon, zu Recht Einwände befürchtend, nach dem Tode Clemens' VII. einen neuen Papst zu küren: Pedro de Luna von Aragon, der sich als Benedikt XIII. als einer der starrsinnigsten Päpste überhaupt entpuppen sollte.

Außerstande, den jeweiligen Gegenpapst zum Abdanken zu zwingen, und ohne Hoffnung auf einen Rücktritt beider Kontrahenten suchten die weltlichen Fürsten nun ihren eigenen Papst zum Aufgeben zu bewegen. Philipp der Kühne, an einer Einmischung Frankreichs in Italien, von der er sich keinen persönlichen Vorteil versprach, ohnehin desinteressiert, machte gemeinsame Sache mit den Pariser »Magistern«, den eifrigen Verfechtern einer durch den notfalls erzwungenen Rücktritt eines oder beider Päpste eingeleiteten allgemeinen Kirchenreform. Auch hier gingen demnach weltliche und geistliche Reformbestrebungen wieder Hand in Hand. Ludwig von Orléans blieb also im Grunde gar keine andere Wahl, als sich zum Beschützer Benedikts XIII. aufzuwerfen; im übrigen konnte ihm ein ergebener Papst bei seinen Italienplänen nur dienlich sein. Der »Weg der Tat« paßte außerdem besser in sein Konzept als der Kompromiß. Und schließlich mußte man einem Papst wohl oder übel die Stange halten, wenn man ihm zum Triumph verhelfen wollte.

Die Universität Paris hatte bereits 1394 alle in Frage kommenden Kompromißlösungen befürwortet: die Zession, vor allem aber das Konzil, das Reformen ermöglichte, ohne die Einheit der Kirche zu gefährden. Im folgenden Jahr hatten die Magister die Regierung Karls VI. zu einem Vorstoß beim Papst veranlaßt, der sich jedoch ablehnend gezeigt und jeden Kompromiß zurückgewiesen hatte.

Blieb noch die Möglichkeit, die Zession ohne den Papst zu vollziehen. Und in der Tat trieb die Kirche Frankreichs immer entschiedener auf die »Oboedienzverweigerung« zu, bis die Idee schließlich 1396 von einem französischen Konzil formuliert wurde. Der Herzog von Orléans konnte den Beschluß zwar verzögern, aber – dafür sorgte schon sein Onkel von Burgund – nicht verhindern. 1398 stimmten 123 französische Prälaten und Magister für den Vorschlag, 90 dagegen, woraus die königliche Propaganda ein Verhältnis von 247 zu 36 machte. Nun bedeutete die Abkehr vom Papst in Avignon aber keineswegs eine Hinwendung zu dem in Rom residierenden Bonifatius IX.. Frankreich probte vielmehr, schon bald gefolgt von Kastilien und Navarra, ganz einfach ein Leben ohne Papst.

Sehr rasch bekamen die Kleriker zu spüren, daß sie nun einen neuen Herrn über sich hatten: den König. Vergeblich war das Bestreben der Erzbischöfe, ihre eigene Appellationsgerichtsbarkeit zu entwickeln, vergeblich der Versuch, die Bischofssitze durch Wahl zu besetzen – nichts gelang: Die lokalen Rivalitäten und die ungeklärte neue Situation sorgten für zahllose Streitfälle, bei denen stets die königliche Regierung den Schiedsspruch fällte. Zu allem Überfluß stürzte sich der königliche Fiskus auf die Kirchen. Und schließlich gelangten viele zu der Ansicht, daß mit dieser Art Zession das Schisma nicht zu beenden sei. Trotz Belagerung in seinem Palast zu Avignon, trotz der Notwendigkeit, in der Provence bei Ludwig II. von Anjou Zuflucht zu suchen, dachte Benedikt XIII. nicht im Traum daran nachzugeben. Schließlich konnte er sich immer noch auf König Martin von Aragon stützen.

Bei den Anhängern des römischen Papstes war von Oboedienzverweigerung keine Rede. Die Magister von Toulouse tadelten im Gegenteil sogar die dogmatische Position der Pariser. Dementsprechend fiel der französische Klerus von Tag zu Tag mehr auseinander. Die anderen, dem Papst von Avignon anhängenden Königreiche hatten ihm entweder den Gehorsam nie aufgekündigt oder unterstellten sich ihm nun wieder. Und so setzten sich im Mai 1403 schließlich in Frankreich ebenso wie schon andernorts die Gemäßigten durch: Der Klerus beschloß die »Wiederherstellung des Gehorsams«.

Durch diesen Schritt hoffte man den Papst endlich für einen Vergleich zu gewinnen. Doch das hieß, ihn zu verkennen. Benedikt XIII. erklärte alle in der Zwischenzeit vorgenommenen Bischofs- und Abtswahlen für null und nichtig, erhob neue Steuern und fand sich nur widerstrebend zu einem Treffen mit seinem Rivalen bereit. 1407 schließlich begab er sich nach Savona, während Gregor XII. einen knappen Tagesmarsch entfernt Quartier bezog. Da aber keiner der beiden Pontifices von seinem Starrsinn lassen mochte, konnte auch keiner den letzten Schritt tun.

Nun hatte aber der französische Klerus, aus Schaden inzwischen klug geworden, im Januar 1407 die Aufkündigung des weltlichen Gehorsams beschlossen: Dem Papst sollte zwar das Lehramt bleiben, die Jurisdiktion, das Recht der Pfründenvergabe sowie das Steuerwesen jedoch entzogen werden. Mit einem Wort, die Kirche von Frankreich skizzierte damals bereits in groben Umrissen die juristischen Strukturen des Gallikanismus.

Seit 1380 aber hatten die Pariser Theologen noch einen dritten Weg in Betracht gezogen: den Weg des Konzils. Den Ausschlag für diese Möglichkeit gab schließlich der Starrsinn beider Päpste. 1409 traten, begleitet von einigen Bischöfen und Äbten, in Paris fünfzehn Kardinäle beider Lager zusammen, der Hilfe durch den Kaiser ebenso gewiß wie der finanziellen Unterstützung durch Florenz und Genua und zudem im Besitz des geheimen Schatzes, den der Legat Balthasar Cossa auf Kosten des Kirchenstaates angehäuft hatte. Die Schirmherrschaft übernahm die Universität Bologna.

Kurz entschlossen setzte dieses Konzil die beiden Päpste ab und wählte einen dritten, einen alten griechischen Theologen, der ein Jahr lang regierte. Seine Nachfolge trat Balthasar Cossa als Johannes XXIII. an; Gregor XII. flüchtete zu Ladislaus dem Großherzigen, König von Neapel, der seinen Gegenspieler Ludwig II. von Anjou 1399 endgültig hatte ausschalten können; und Benedikt XIII. schlüpfte in Aragon in der Festung Peñiscola unter. Nun gab es also drei Päpste.

Johannes XXIII. verstand zwar den König von Neapel auf seine Seite zu ziehen und sich durch ein neues, in Wahrheit schlecht besuchtes Konzil bestätigen zu lassen, nicht aber, die Spaltung der Kirche zu überwinden. Die Christenheit jedoch war sich einig: Der Weg der Einheit mußte außerhalb des einen oder anderen Papsttums gesucht werden. So berief Kaiser Sigismund von Luxemburg ein Konzil mit festgelegtem Programm nach Konstanz ein, und alle kamen bis auf die kleine Schar der Spanier, die Benedikt XIII. die Treue hielt.

Drei Jahre lang, von November 1414 bis November 1417, tagte das Konzil von Konstanz. Johannes XXIII. wurde abgesetzt, Benedikts XIII. Einfluß auf Peñiscola beschränkt, Gregor XII. in den Kardinalsrang zurückversetzt und die Kirche unter dem Hirtenstab Martins V., des früheren Kardinals Colonna, geeint. Zugleich aber traten in diesen drei Jahren auch die politischen Risse deutlich zutage, die die universale Kirche durchzogen. Das Konzil entpuppte sich unter anderem als Kampffeld der Nationalkirchen, die bei ihren Auseinandersetzungen gelegentlich auch vor Verunglimpfungen nicht zurückscheuten. Die angestrebte Reform aber war noch immer nicht in Sicht; in diesem Punkt hieß es also, auf ein neues Konzil zu hoffen.

Die einzigen Nutznießer all dieser dramatischen Geschehnisse waren die Pariser Magister: Sie hatten die Kirchenpolitik des französischen Königs maßgeblich beeinflußt, in Konstanz das Feld behauptet und viel von sich reden gemacht. Entsprechend hochgespannt waren nun ihre Prätentionen.

DAS SCHEITERN DES FRIEDENS

Die Hoffnung auf Frieden hatte sich indessen längst zerschlagen. Solange der Herzog von Burgund am Ruder gewesen war, hatte er seine Interessen mit Nachdruck vertreten. Auch Richard II. hatte sich, da es in den neunziger Jahren des 14. Jahrhunderts um die englische Wirtschaft ebenso schlecht bestellt war wie um die französische, Vorteile von einem dauerhaften Frieden versprochen. Mit dem Niedergang der Textilindustrie der flandrischen Städte hatten die Engländer einen ihrer besten Kunden verloren. Noch lange aber blieb die englische Wolle auf die Webereien des Festlands angewiesen und umgekehrt.

So waren die Konferenzen einander Schlag auf Schlag gefolgt: 1393 Leulinghem, 1394 Boulogne, 1395 Paris. 1396 hatte der König von England Isabelle, die Tochter Karls VI., zur Frau genommen und achthunderttausend Livres als Mitgift bekommen – eine stattliche Summe. Für den Frieden aber schien der Preis niemandem zu hoch. Gleichzeitig hatte man eventuelle Zankäpfel aus dem Weg geräumt: englischerseits Brest an den Herzog der Bretagne und Cherbourg an den König von Navarra, Karl den Edlen, den Sohn Karls des Bösen, verkauft, der sich seinerseits endlich bereit fand, sein normannisches Erbe gegen das künftige Herzogtum Nemours an den König von Frankreich abzutreten.

Ludwig von Orléans aber konterkarierte die burgundische Politik, wo er nur konnte. Eine willkommene Handhabe dazu bot ihm nach der Bildung des königlichen Rats und der Beilegung des Großen Schismas das Bündnis mit England. Offen unterstützte er die Vorbereitungen, die der Herzog von Derby, der älteste Sohn Johanns von Lancaster, in Frankreich zur Usurpierung der englischen Krone traf. Demgemäß wurde auch der Feldzug des Rebellen, als dieser 1399 nach England übersetzte, in Frankreich als übler Verstoß gegen Burgunds Interessen vermerkt. Auf der Insel erhoben sich Bischöfe und Barone gegen Richard II.: Der Sohn des Schwarzen Prinzen wurde vom Parlament abgesetzt und verschwand sang- und klanglos im Gefängnis.

Aber der ehemalige Herzog von Derby und neue König Heinrich IV. von Lancaster vergaß seine eigennützige Freundschaft mit dem Bruder des französischen Königs schnell. Frieden mit Frankreich – das war die Politik Richards II. und Philipps von Burgund gewesen. Heinrich IV. dagegen rüstete zum Krieg.

Johann der Unerschrockene, seit 1404 Herzog von Burgund, zog die Lehre aus dem Mißerfolg seines Vaters, der, anstatt auf die Allianz mit England zu setzen, besser Calais genommen hätte. Der offene Konflikt zwischen Frankreichs Fürsten verzögerte indessen jedes ernsthafte Vorgehen gegen die englische Präsenz auf dem Kontinent, gleichviel ob in Calais oder den Lancasterschen Restbesitzungen in Aquitanien. Eine vage Drohgebärde Ludwigs von Orléans im Hinterland von Bordeaux vermochte niemand zu täuschen: Frankreich verfügte nicht über die nötigen Mittel für einen Krieg.

Heinrich IV. allerdings ebensowenig. Er begnügte sich mit einigen unbedeutenden Überfällen (1405 auf die Küste der Halbinsel Cotentin, 1410 auf Fécamp). Auch er mußte sich vorrangig um die Festigung seines Throns kümmern und den Angriff auf den Tag verschieben, an dem er hoffen konnte, seine Macht durch die Aussicht auf den Sieg zu stärken.

VORBOTEN DES BÜRGERKRIEGS

Während sich so ein neuer französisch-englischer Krieg anbahnte, schlug die Rivalität zwischen den französischen Fürsten in offenen Kampf um. Ludwig von Orléans nutzte das politische Desinteresse des alten Johann von Berry, der sich lieber mit seinem Reichtum und seinen Sammlungen beschäftigte als mit den politischen Interessen der Krone, um den königlichen Rat, in dem seine Anhänger nun die Mehrheit stellten, und den Kronschatz, fast die einzige Quelle seiner Einkünfte, in die Hand zu bekommen. Er bezog sogar die junge Königin Isabeau in seine Pläne mit ein, der er in seiner Eigenschaft als Schwager die Zeiten der Pseudowitwenschaft verkürzen half.

Ende 1401 kam es dann zum Eklat. Philipp der Kühne von Burgund, durch einige Ernennungen aus den Reihen der Orléans-Partei, aber auch durch die Annäherung zwischen Frankreich und dem Herzog von Geldern beunruhigt, die dem Herzog von Orléans nur Vorteile, ihm dagegen einzig Nachteile versprach, rückte mit einem Heer in Paris ein, was natürlich Orléans veranlaßte, seine Vasallen zu Hilfe zu rufen. Die beiden Truppen marschierten nebeneinander auf, man taxierte sich gegenseitig und schloß, ohne daß ein Schwertstreich gefallen wäre, am 6. Januar 1402 Frieden: Das Ganze war nur ein Mißverständnis gewesen.

Burgund zog ab, Orléans behauptete das Feld. Da jedoch gerade eine neue Steuer, eine *grosse taille*, eingeführt werden mußte, blieb die unpopuläre Maßnahme an ihm kleben. Philipp der Kühne konnte auf seine Abwesenheit pochen und sich mühelos zum Gegner dieser Steuerpolitik hochstilisieren.

Im folgenden Jahr ging dann alles drunter und drüber. In Abwesenheit seines Neffen Orléans setzte der Herzog von Burgund eine neue Nachfolgeregelung durch, die den Dauphin beim Tode des Königs automatisch

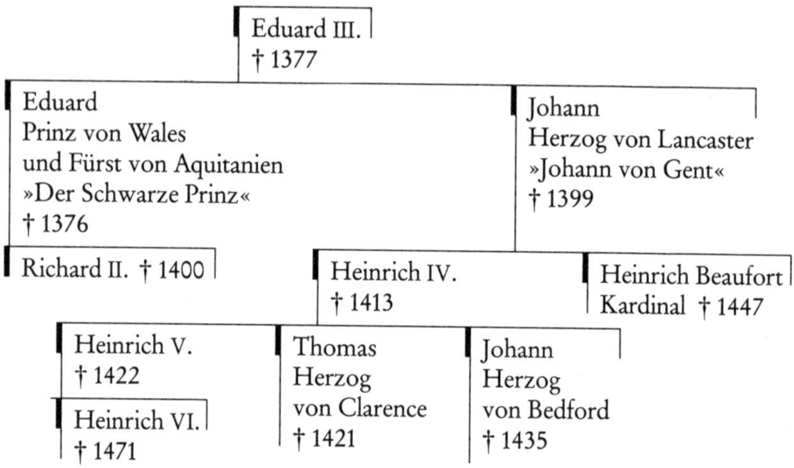

für großjährig erklären sollte. Selber von der Regentschaft ausgeschlossen, war er bestrebt, diese Einrichtung gänzlich zu unterdrücken und statt dessen bis zum Tode Karls VI. eine Kollektivregierung aus Ratsmitgliedern einzusetzen. So wurde also auch hier wieder der nächste männliche Anverwandte des »geistesabwesenden« Königs seiner Privilegien beraubt. Doch Ludwig von Orléans schaute nicht untätig zu. Er ließ diese Beschlüsse annullieren, woraufhin natürlich Burgund erneut in Tätigkeit trat, so daß sich schließlich kein Mensch mehr auskannte.

Mit dem Tod Philipps des Kühnen tauchte 1404 ein Fürst auf der politischen Szene auf, der mit dem Königshaus nur noch entfernt verwandt war. Als Vetter des Königs nahm Johann der Unerschrockene von vornherein eine ungünstigere Position ein als sein Vater. Dazu kam noch, daß der neue Herzog von Burgund sich nicht darauf berufen konnte, Frankreich schon einmal regiert zu haben, und daß seine Ansprüche auf die Krone kaum noch ins Gewicht fielen. Wohl hatte er sich durch seine Tapferkeit gegen die Türken Ruhm und Ansehen erworben, hing aber, genau wie sein Vater, bei der praktischen Durchführung seiner Politik vom Kronschatz ab. Kurzum, er mußte zusehen, wie er sich behaupten konnte, und so ließ er 1405 seine Armee vor Paris aufmarschieren.

Orléans und die Königin flüchteten nach Melun. Der Dauphin folgte ihnen, wurde jedoch von Johann dem Unerschrockenen in Juvisy eingeholt und in die Hauptstadt zurückgebracht, wo sich der Burgunder mit ihm installierte. Nun hatte das Königreich zwei Regierungen, von denen jede ihre Version zum besten gab, um die anderen Fürsten, das Ausland und vornehmlich die Städte zu überzeugen. Burgund verhieß die Reform des Königreichs, genauer gesagt, eine bessere Verwaltung der königlichen Finanzen, was ihm Verbündete im *Parlement* und unter den Magistern der Pariser Universität sicherte, die bereits seit zwanzig Jahren von einer Reform der Kirche träumten und insofern auch einer globalen Reform der weltlichen Regierungen zustimmen mußten. Die Pariser ihrerseits konnten sich nichts Besseres als eine Beschneidung des Hofbudgets wünschen – ein Umstand, den sich der Burgunder in fast volksaufwieglerischer Weise zunutze machte, auch wenn ihm seine Mühen im Augenblick wenig eintrugen. Immerhin aber fielen die Ideen auf fruchtbaren Boden und ließen bei Gelehrten und Bürgern die Hoffnung auf mehr Mitspracherecht in den öffentlichen Belangen aufkeimen. Ludwig von Orléans protestierte gegen den Gewaltstreich und verhieß seinerseits Frieden. Selbstverständlich hatte er alle diejenigen auf seiner Seite, die er im königlichen Rat und im Rechnungshof untergebracht hatte.

Nun rüsteten beide Parteien zum Krieg, der dann, im Oktober, doch nicht stattfand. Die Königin kehrte mit ihrem Schwager nach Paris zurück, das Gros der Soldaten wurde beurlaubt. Am 7. November eröffnete der Kanzler der Universität, Jean Gerson, vor dem endlich wieder vereinigten Hof mit den Worten *»Vivat Rex!«* eine lange Rede, die im Grunde nur ein in der Form gemäßigtes Exposé der burgundischen Aspirationen war, gemäß einem idealen, zwischen König und Untertanen geschlossenen Kontrakt zu regieren, und zwar einem Kontrakt, in dessen Mittelpunkt das Gemeinwohl stehen sollte. Ausführlich wurden Willkür und Tyrannei verdammt, und jedermann begriff, auf wen die Worte zielten: auf den Bruder des Königs. Auch das *Parlement,* das einen Katalog der innerhalb der königlichen Justiz wünschenswerten Reformen zusammengestellt hatte, vergaß Kanzler Gerson in seinem politischen Programm nicht: Er forderte seine Unabhängigkeit vom König, da es zum Wohle der Allgemeinheit gebildet worden sei.

Da sich der Herzog von Berry von dieser Rede ebenso getroffen fühlte wie sein Neffe Orléans, stellte er sich auf dessen Seite wie vor ihm schon die Königin. Johann der Unerschrockene dagegen fand sich ohne Verbündete, wenn schon nicht ohne Partei vor, denn die Nostalgie der Pariser

Reformer verflog nicht so schnell. Eine Zeitlang schien sich das Ende 1405 geschaffene labile Gleichgewicht zu bewähren. Allem Anschein nach war Karl VI. in seinen lichten Momenten bestrebt, seinen Bruder von der Macht fernzuhalten.

Doch die Umbildung des Rates läutete das Ende des Friedens ein: Von einundfünfzig Räten konnte Johann der Unerschrockene 1406 gerade noch ein Dutzend zu seinen Getreuen zählen und bei weiteren zwölf oder dreizehn auf Neutralität rechnen – schon das ein reichlich wackeliger Kompromiß. Als der Rat dann aber am 28. April 1407 gar auf sechsundzwanzig Mitglieder reduziert wurde, von denen sich nur noch zwei zum Burgunder bekannten gegenüber zwanzig getreuen Anhängern des Herzogs von Orléans, lief Johann Gefahr, sein Herzogtum im Falle eines Angriffs – von seiten Ludwigs von Orléans oder der Engländer – nicht einmal mehr verteidigen zu können.

Am Abend des 23. Novembers wurde Ludwig von Orléans auf dem Heimweg von einem Besuch am Wochenbett der Königin unweit der Porte Barbette ermordet. Die von der Polizei eingeleitete Untersuchung führte zum Hôtel de Bourgogne. Johann der Unerschrockene gab zu, hinter dem Mord zu stecken, und verließ Paris. Valentina Visconti aber wurde mit einigen begütigenden Worten abgespeist. Der Herzog von Burgund konnte im Februar 1408 ungestraft zurückkehren, ja, unter dem Jubel der Bevölkerung in die Hauptstadt einziehen. Wenig später hielt einer seiner Getreuen, der Magister der Theologie Jean Petit, vor Hof und *Parlement* ein langes Plädoyer, das bald unter dem Namen *»Apologie du tyrannicide«* (»Rechtfertigung des Tyrannenmords«) in die Geschichte einging: Der Herzog von Burgund hatte im Interesse der Allgemeinheit gehandelt. Natürlich fiel niemand auf die Syllogismen des Jean Petit herein, aber Paris befand sich fest in der Hand der Anhänger Burgunds: Ludwig von Orléans wurde kaum noch eine Träne nachgeweint.

Dieser Mord sollte unerwarteterweise auch für die französische Kultur nicht ohne Folgen bleiben. Ludwig von Orléans hatte nämlich eine Generation von Humanisten und Dichtern um sich versammelt, die im Begriff waren, in Frankreich ein für eine wirklich eigenständige »Renaissance« geeignetes geistiges Klima zu schaffen. Durch den Mord in der Rue Barbette aber zerstreute sich dieser Kreis, und so tauchte ein halbes Jahrhundert später in einem anderen Milieu, dem der Universität, ein anderer Humanismus auf.

Auch die Geschäftswelt blieb vom Tod des ausgabefreudigen Königsbruders nicht unberührt. So manche Schuldforderung wurde nicht beglichen – Grund genug für eine gewisse Ernüchterung. Dazu kam noch die von den Burgundern nicht ganz ohne demagogische Absichten organisierte und mit dem üblen Ruch des Fremdenhasses umgebene Jagd auf die Staatskrippenfresser und Spekulanten, wodurch ein Klima der Unsicherheit entstand, unter dem die wirtschaftlichen Triebkräfte spürbar litten.

Das wiederum bot dem Herzog von Burgund Gelegenheit, sich beim Volk noch mehr einzuschmeicheln und sich zum Schirmherrn der wirtschaftlichen Interessen der Pariser Kaufmannschaft aufzuwerfen, so daß von nun an er als Bürge für den Wohlstand galt.

Auf der Gegenseite bildete sich um Königin Isabeau, Herzog Johann von Berry, den im Exil lebenden König von Neapel, Ludwig II. von Anjou, Herzog Ludwig von Bourbon und den jungen Herzog Karl von Orléans eine Partei, die im Konnetabel Karl von Albret ihren starken Mann fand – bis Valentina Visconti auf ein besseres Mittel zur Verhütung einer erneuten Isolierung verfiel. Sie verheiratete ihren Sohn Karl mit der Tochter des Grafen Bernhard von Armagnac und gab damit der Orléanspartei wieder ein Oberhaupt und einen Namen.

Ohne sich offen den Krieg zu erklären, griffen die Fürsten einander immer häufiger an, so daß schließlich niemand mehr dem Frieden trauen wollte. Der Friede von Chartres vom 9. März 1409 wie der von Bicêtre vom 2. November 1410 machte nur das finanzielle Unvermögen der Gegner deutlich, nicht ihre Versöhnungsbereitschaft oder ihren Friedenswillen. Zwar atmete das einfache Volk jedesmal erleichtert auf, vermochte aber den Absichten der Fürsten keinen Glauben mehr zu schenken.

DIE »CABOCHIENS«

Im Januar 1413 traten dann die Generalstände der *Langue d'oïl* in einem Paris zusammen, das der Herzog von Burgund und seine Anhänger fest in der Hand hatten. Zweck der Einberufung war in erster Linie die Bewilligung von Geldern zur Abwehr des englischen Angriffs, der allen Anzeichen nach drohend bevorstand. Wie zu Zeiten Johanns des Guten versuchten die Stände dafür im Gegenzug die Verwirklichung von Reformen durchzusetzen, die in erster Linie eine Rückkehr zu den guten alten Verwaltungspraktiken anstrebten.

Johann der Unerschrockene, fest entschlossen, Herr der Lage zu bleiben, sorgte klüglich für eine Aufspaltung in Parteiungen. Die Folge war, daß die Agitation auf der Straße die Arbeit der Abgeordneten im Handumdrehen in den Hintergrund drängte. Mit demagogischen Parolen putschten die Wortführer der burgundischen Partei die Gemüter auf: Sollten nicht die Reichen zur Kasse gebeten, die Profite der Staatsbeamten beschnitten, die Unfähigen abgesetzt und die Spekulanten zur Herausgabe ihrer Gewinne gezwungen werden? Um die mit gutem Instinkt gedungenen Helfershelfer – reiche Metzger und einfache Abdecker – bei Laune zu halten, floß der Wein, den Johann der Unerschrockene seit 1411 faßweise aus der Beaune für seine Getreuen nach Paris karren ließ, in Strömen.

Seit Mitte Februar 1413 erzitterte Paris unter der doppelten Agitation der Handwerker und der reformfreudigen Universitätsmagister, die sich durch einen kühnen Streich zu Herren der Stände aufgeworfen hatten. Die Kundgebungen vor dem Hôtel Saint-Paul, dem Sitz des Königs, und dem Nachbargebäude, in dem der Dauphin residierte, rissen nicht mehr ab. Während sich ein Ausschuß von Notabeln – Juristen und Theologen – an die Ausarbeitung einer Reform der königlichen Regierung machte, meuterte das Volk immer ungeduldiger und in immer kürzeren Abständen, um die Vertreibung der schlechten, eigensüchtigen Diener des Königtums zu erzwingen.

Adlige, Geistliche und Beamte aller Ränge sahen sich gleichermaßen bedroht. Am 27. April setzten die Pariser die Auslieferung einer ersten Schar von Schuldigen durch, und Johann der Unerschrockene mußte, obwohl er den einen oder anderen gern gerettet hätte, letztlich doch untätig zusehen, um nicht den Argwohn derer zu erregen, die sich vor kurzem noch auf ihn berufen hatten.

Im Mai entglitten die Ereignisse dann gänzlich seiner Kontrolle. Eine neue Verhaftungswelle brachte fast die ganze königliche Umgebung in die Hand der Aufrührer. Der Bruder der Königin, der Herzog von Bayern, mußte sich selbst ausliefern. Und im Juni fanden erste Hinrichtungen statt – für die Gemäßigten das Signal unterzutauchen.

Herr auf den Straßen von Paris waren nun, abgesehen von einigen demagogischen Geistlichen, die sich als besonders geschickte Volksredner erwiesen, die Metzger und Schlächter. Darunter als Rädelsführer der Schinder Caboche, der eine Zeitlang vor allen anderen im Rampenlicht stand.

Dennoch setzten die Reformer ihre Tätigkeit fort und legten mit dem Erlaß vom 27. Mai einen regelrechten Verwaltungskodex mit zweihundertneunundfünfzig Artikeln auf den Tisch, der die Regierung des Königreichs auf der Grundlage der bewährten, systematisch zusammengefaßten Praktiken der achtziger Jahre des 14. Jahrhunderts neu ordnete. Trotz aller Straßenkrawalle hatten die Notabeln demnach offensichtlich gute Arbeit geleistet.

Der Erfolg ließ denn auch nicht lange auf sich warten. Die Bürger waren der Unordnung ebenso überdrüssig wie die königlichen Beamten der Angst. Der königliche Advokat Jean Jouvenel, der geduldige Restaurator der 1383 verlorengegangenen Pariser Freiheiten, wurde, was Wunder, an die Spitze der Bewegung gespült. Und da das niedere Volk der Tyrannei der Metzger überdrüssig war, lief es mit wehenden Fahnen zur Partei der Ordnung über, die mit Friedensrufen durch die Straßen zog. Binnen drei Tagen, vom 2. bis 4. August 1413, war das Regiment der »Cabochiens« zerschlagen.

Wiewohl seit fünf Jahren Schritt für Schritt verdrängt und seit vier Monaten Zielscheibe des Pariser Terrors, gelang es den »Armagnacs«, den Sieg der Gemäßigten für sich zu reklamieren. So sah man Karl von Orléans und seinen Schwiegervater Bernhard von Armagnac wieder öffentlich in Erscheinung treten, während Johann der Unerschrockene sich klug beraten fühlte, Paris auf dem schnellsten Wege zu verlassen.

Der alles andere als revolutionäre Reformerlaß wurde ungeachtet dessen mit den Revolutionären in einen Topf geworfen, als *»ordonnance cabochienne«* abgetan, obwohl diese Bewegung sie kaum getragen hatte, und am 5. September für null und nichtig erklärt.

Nach dem burgundischen Terror senkte sich nun der Terror der Armagnacs auf Paris. Auch er bedeutete Verhaftungen, Exekutionen und, wie um die Pariser gründlich aus dem Gleichgewicht zu bringen, für viele Verbannung und Exil. Der Dauphin, gerade erst der Bedrohung durch die Cabochiens entronnen, mußte wohl oder übel den Herzog von Burgund um Hilfe bitten, der seinem Ruf auch bis Saint-Denis Folge leistete, sich jedoch nicht in die Hauptstadt wagte. Als die Fürsten dann im Februar 1415 zu guter Letzt doch noch Frieden schlossen und die Pariser hofften, den Alptraum endlich abschütteln zu können, fiel der armagnacsche Fiskus über sie her, der den Namen Armagnac für die Bürger zum Synonym für Räuber machte.

LANCASTERS SIEG

Während sich die Rivalitäten der Fürsten zum Bürgerkrieg zuspitzten, war die Gefahr eines englisch-französischen Kriegs nach wie vor keineswegs gebannt. Ob in Anerbietung seiner Dienste oder von den Franzosen herbeigerufen, stets war Heinrich IV. aus dem Haus Lancaster als Schiedsrichter auf dem Plan. Eine Zeitlang hatte er die Sache Johanns des Unerschrockenen mit einer Handvoll Soldaten unterstützt, 1412 aber ohne weiteres das Lager gewechselt, als ihm Karl von Orléans und dessen Großonkel Berry die Wiederherstellung des Großherzogtums Aquitanien wie zur Zeit Eleonores in Aussicht stellten. Der Vertrag von Altham vom 8. Mai 1412 hatte die wiederaufgewärmte Freundschaft Lancasters und der Partei von Orléans besiegelt und Johann den Unerschrockenen mithin automatisch zum Beschützer der bedrohten Krone des unglücklichen Karls VI. gemacht.

Doch die englische Armee ließ auf sich warten. Die Allianz um den Herzog von Orléans löste sich auf. Und im Frieden von Auxerre vom 22. August 1412 verständigten sich die Fürsten darauf, den Lancaster aus ihrem Streit herauszuhalten. Die Bürger schmückten ihre Häuser mit Flaggen: Der Frieden schien gesichert.

Aber es war bereits zu spät. Die Engländer landeten auf der Halbinsel Cotentin und verheerten die westliche Normandie und das Anjou. Was kümmerte es den Herzog von Clarence, Anführer eines jener Reiterzüge, wie sie Frankreich aus der Zeit Eduards III. in übelster Erinnerung hatte, daß sich der Herzog von Orléans über das Anrücken der lästigen Verbündeten nach dem Friedensschluß die Haare raufte. Karl von Orléans verhandelte und bot eine Entschädigung an. Ungerührt jedoch marschierten die Engländer in Richtung Bordeaux. Offensichtlich waren sie wieder auf den Geschmack gekommen, sich wie ehedem in die Angelegenheiten des Kontinents einzumischen. Ein wenig befriedigendes Ergebnis, zumal damit – eine weitere unliebsame Begleiterscheinung – die Verzehnfachung der militärischen Stärke in Aquitanien verknüpft war. Alle Welt begriff, daß der Krieg bei der erstbesten Gelegenheit erneut ausbrechen mußte. Durch den Tod Heinrichs IV. erhielt Frankreich dann zwar eine Atempause von zwei Jahren, die die Fürsten jedoch wieder einmal nur dazu nutzten, erneut übereinander herzufallen.

Dabei machte der Sohn Heinrichs IV., Heinrich V. aus dem Haus Lancaster, weder aus seinen maßlosen Forderungen noch aus seiner Entschlossenheit, sie durchzusetzen, ein Hehl. Er verlangte nicht weniger als das Plantagenet-Reich des 12. Jahrhunderts, das Erbe seiner Ururgroßmutter Isabella von Frankreich und das 1360 in Brétigny skizzierte englische Frankreich, kurzum, mit der Krone Ludwigs des Heiligen fast die Hälfte des französischen Königreichs. Das Jahr 1414 verstrich mit fruchtlosen Verhandlungen. Aber die Franzosen – Burgund wie Orléans – verstanden nicht, den Zeitgewinn zu ihren Gunsten zu nutzen. Die Lage in Paris verschlechterte sich zusehends.

Schließlich fühlte sich Heinrich V. stark genug, die Eroberung seines »Erbes«, wie er sich ausdrückte, anzutreten. Der Sieg der Armagnacs, vorübergehend wieder einmal die Herren von Paris, und der königlichen Regierung trieb Johann den Unerschrockenen dem Engländer in die Arme, wo seit zehn Jahren Zuflucht suchte, wer von den französischen Fürsten sich gerade bedroht fühlte. Diesmal sah sich der Burgunder allein, weshalb er dem Lancaster im Vertrag von Leicester vom 23. Mai 1414 Unterstützung gegen Orléans und Neutralität gegenüber Karl VI. anbot.

Im Frühjahr 1415 war die englische Armee dann marschbereit. Die Armagnac-Regierung versuchte den Frieden durch Angebote zu retten, die der Lancaster jedoch als unzureichend zurückwies. Ende Juli kam es offiziell zum Bruch, am 11. August zur Invasion.

Nach einmonatiger Belagerung nahmen die an der Landzunge von Caux gelandeten Engländer Harfleur ein, vertrieben die Bevölkerung aus Rache für ihren Widerstand und nutzten ihren neugewonnenen Brückenkopf, um die Seineschiffahrt zu blockieren. Mittlerweile war es Herbst geworden. Heinrich V. beschloß, auf dem Küstenweg nach Calais zu marschieren und die Truppen einzuschiffen. So wiederholte er siebzig Jahre nach Crécy das Manöver Eduards III.

Doch in diesem Augenblick tauchten die Truppen Karls VI. (in Wirklichkeit waren es die der Armagnacs) auf wie ehedem die Philipps VI. Auch der Herzog von Burgund hatte sich ungeachtet seiner Allianz mit dem Engländer erboten, mit seinen Streitkräften zum königlichen Heer zu stoßen: Schließlich war das das sicherste Mittel, den 1413 verlorenen Platz in der Regierung des Königreichs zurückzugewinnen. Aber Armagnac und Orléans krochen ihm nicht auf den Leim. Sie akzeptierten zwar die Truppen des Burgunders, nicht aber seine Person. Daraufhin ließ der Herzog wissen, ohne seine Person seien auch seine Männer nicht zu haben.

Am 25. Oktober 1415 stellten die Franzosen die Armee Heinrichs V. nördlich der Somme in der Schlacht bei Azincourt. Doch das Wetter war gegen sie. Ihre Reiterei blieb im Schlamm stecken. Wieder einmal sicherte die taktische Wendigkeit der Bogenschützen den Engländern den Sieg. Noch lange ging – in England, wo man die Affäre für ebenso unritterlich wie unsinnig hielt, mit Scham – die Rede von dem Gemetzel, bei dem die in gedrängter Schlachtordnung angetretenen Franzosen vom Lancaster umzingelt und ohne die geringste Möglichkeit zu manövrieren abgeschlachtet worden seien. Da sich die Engländer nicht mit Gefangenen belasten konnten, wurde mit diesen kurzer Prozeß gemacht. Einzig die reichsten, für die sich der König ein großes Lösegeld versprach, wurden am Leben gelassen. Darunter auch Karl von Orléans, der, außerstande, die unmäßige Summe aufzubringen, fünfundzwanzig Jahre lang Gelegenheit fand, in der Poesie Trost für ein verpfuschtes Leben zu suchen.

Unter den Tausenden von Toten befanden sich auch mehrere Fürsten, vornehmlich die beiden Brüder Johanns des Unerschrockenen sowie der Konnetabel Karl von Albret, dessen Nachfolge Bernhard von Armagnac antrat.

Nun hielt Johann der Unerschrockene die Zeit für gekommen, seine Macht zu demonstrieren und aus der Niederlage, die zu verhindern man ihm untersagt hatte, Kapital zu schlagen. Kaum hatte Heinrich V. von Calais abgelegt, marschierte der Burgunder mit seiner Armee vor Paris auf, was Armagnac veranlaßte, die Hauptstadt mit Terror zu überziehen. Die Burgunder rächten sich dafür, indem sie ihrerseits auf dem Land wüteten, was die Bauern in hellen Scharen in die Stadt trieb und die Unsicherheit noch erheblich vergrößerte.

Natürlich zeigte sich die Regierung Bernhards von Armagnac außerstande, der sich ankündigenden neuen englischen Invasion einen Riegel vorzuschieben. Heinrich V. hatte den Rückzug nur im Hinblick auf den bevorstehenden Winter angeordnet, in Harfleur aber eine Garnison zurückgelassen. Er war im Bewußtsein seines Sieges geschieden. Und in der Tat gelang es Armagnac 1416 nicht, die Blockade der Seinemündung zu sprengen. Zur gleichen Zeit verbündete sich der damalige römische König und spätere deutsche Kaiser Sigismund mit dem Lancaster.

Johann der Unerschrockene aber blieb von der Macht ausgeschlossen, wodurch die Chancen des Engländers stiegen. Im Oktober 1416 trug der Herzog von Burgund den Angelsachsen dann, wie nicht anders zu erwarten, die Erneuerung des Bündnisses an.

Heinrich V., der über ein gut besoldetes, gut bewaffnetes und gut geführtes Heer von rund zehntausend Mann verfügte, genügte ein Jahr, um seinen Eroberungszug zum Abschluß zu bringen. Durch den Sieg in der Seeschlacht in der Bucht von La Hougue am 29. Juni 1417, die erfolgreiche Landung seiner Truppen am 1. August in Trouville und einen Blitzsieg über die Einwohner von Caen, die für ihren Widerstand verbannt wurden, entmutigte er diejenigen, die imstande gewesen wären, den englischen Vormarsch zu stoppen. Städte der westlichen Normandie fielen dem Lancaster noch zum größten Teil im Winter in die Hand. Um das Schlimmste zu verhüten, verbündete sich der Herzog der Bretagne mit dem Eindringling. Die Herzogin von Anjou – Yolande von Aragon, die spätere Schwiegermutter Karls VII. – folgte seinem Beispiel, um Maine vor Plünderungen zu bewahren.

Die Seineschiffahrt hatte der Engländer bereits blockiert. Nun belagerte er Rouen, dessen Garnison dem Herzog von Burgund treu ergeben war. Aber dieser dachte nicht daran, Hilfe zu leisten, und so ging die Stadt schließlich verloren. Durch ihren Widerstand jedoch hatte sie Heinrich V. wertvolle Zeit gekostet, die Johann der Unerschrockene nutzte, um in der Regierung seines Neffen Karl VI. wieder einmal das Heft an sich zu reißen.

DIE BURGUNDISCHE MACHT

Die Zeit arbeitete für Johann den Unerschrockenen. Die Normandie schien verloren, allenthalben wuchs die Unsicherheit. Im halben Königreich lag die Wirtschaft darnieder. Die Geldentwertung schritt unaufhaltsam fort. Der König dämmerte im Wahnsinn dahin, und der neue Dauphin, Karl, war nur ein willenloses Werkzeug in den Händen Bernhards von Armagnac, der ihn als Stein auf seinem Brett oder als Geisel betrachtete.

Endlich schien für Johann den Unerschrockenen der Augenblick gekommen, erneut die Initiative zu ergreifen. Er hatte sich der Königin Isabeau versichert, die nur allzu glücklich war, wie zu Lebzeiten ihres Schwagers in der Politik eine Rolle spielen zu können, wohingegen eine kurze Verhandlung mit Armagnac gezeigt hatte, daß auf dieser Seite keinerlei Aussöhnungsbereitschaft bestand. Den Rest besorgte die Empörung der Pariser. In der Nacht vom 28. auf den 29. Mai öffnete eine Partei Unzufriedener den Burgundern von Villiers de l'Isle-Adam das Stadttor Saint-Germain-des-Prés. Den Armagnacs blieb nicht einmal die Zeit, sich zu sammeln, und so konnten sie nicht verhindern, daß der König den Burgundern in die Hände fiel. Immerhin aber gelang es dem Prévôt Tanguy du Châtel, dem Verwalter der Krondomäne, den Dauphin hinauszuschleusen und nach Melun zu bringen.

In der Hauptstadt brodelte und kochte es nach all der Angst, die sie in letzter Zeit ausgestanden hatte. In der Anarchie der ersten Wochen wurden etliche hundert Armagnacs oder solche, die dafür galten, ohne Verfahren hingerichtet, darunter der Konnetabel von Armagnac und die meisten seiner Mitregenten wie der Kanzler Heinrich von Marle, die am 12. Juni vom wütenden Mob im Kerker ermordet wurden. Von der politischen Reaktion zum Banditentum, vom Siegesfest zum Blutbad war nur ein Schritt.

Da es in Paris schon seit langem keine Juden mehr gab, machte sich der Pöbel über die ausländischen Geschäftsleute her, vornehmlich über die lombardischen Bankiers, die als Steuerpächter ja auch als erste von den Auswüchsen der armagnacschen Steuerpolitik profitiert hatten. Wer dem Gemetzel entkommen konnte, verließ die Stadt – für Paris, das sich allmählich zum bedeutenden Finanzplatz entwickelt hatte, ein schwerer und folgenreicher Schlag.

Am 14. Juli hielten der Herzog von Burgund und die Königin in Paris Einzug. Die Verwaltung, das Justiz- und das Finanzwesen wurden neu organisiert. Die Ordnung schien wiederhergestellt.

Doch als am 21. August auf das Gerücht von der Rückkehr der Armagnacs hin der Aufstand erneut losbrach, war der Mob mit dem Henker Capeluche an der Spitze binnen weniger Stunden Herr von Paris. Da begriff Johann der Unerschrockene, daß er, wollte er einer erneuten Volte des Volks zuvorkommen, den Aufruhr niederschlagen mußte. Er ließ Capeluche festnehmen und öffentlich enthaupten. Dieses Vorgehen verfehlte seine Wirkung auf die Pariser nicht. Das Volk nahm die Warnung an. Außerdem wurden die von Angst und Erregung diktierten antiburgundischen Emotionen durch den plötzlichen Ausbruch einer mörderischen Pockenepidemie in den Hintergrund gedrängt, die zigtausend Tote forderte.

Aber Paris beherrschen hieß noch lange nicht Frankreich beherrschen. Die Macht des Herzogs von Burgund und der Königin Isabeau war im wesentlichen auf den Norden und Osten des Königreichs beschränkt, wohingegen das Languedoc und die zentralfranzösischen Provinzen dem Dauphin Karl, der bereits als Statthalter des Königs auftrat, treu ergeben blieben. Johann der Unerschrockene machte sich nichts vor: Auf sich allein gestellt, konnte er unmöglich dem Engländer und den Armagnacs gleichzeitig die Stirn bieten. Am 29. September 1418 war Cherbourg gefallen; am 19. Januar 1419 hatte Rouen unter dem Druck von Hunger und Kälte schließlich kapituliert. Die Fortsetzung der englischen Eroberungen war mithin abzusehen. Einem Zweifrontenkrieg aber war der Burgunder auf die Dauer nicht gewachsen, und so strebte er eine Verständigung mit dem Lancaster an, um die Katastrophe noch einmal abzuwenden und um zu verhindern, daß dem Engländer Stadt um Stadt und Dorf um Dorf in die Hand fielen und das geplünderte und verheerte Land in Not und Elend unterging.

Im Mai 1419 standen erste Verhandlungen kurz vor dem Abschluß. Königin und Herzog zeigten sich bereit, dem Lancaster die ehedem im Vertrag von Brétigny abgetretenen Gebiete sowie seine jüngste Eroberung, die Normandie, zu überlassen. Nur um den Preis einer Teilung schien das amputierte Land noch zu retten. In Wirklichkeit freilich hoffte Herzog Johann, das englische Frankreich selber zu regieren und den Rest dann mit Hilfe des Engländers zu erobern. Beim Vertragsschluß in Pontoise aber zögerte Isabeau. Für einen unsicheren Frieden erschien ihr der Preis denn doch reichlich hoch. Außerdem hatte auch der Dauphin Verhandlungen angeboten. Im Grunde aber blieben ihr und dem Herzog keine andere Wahl, als auf die Forderungen des in jeder Hinsicht gefährlicheren Gegners einzugehen. Doch da schraubte Heinrich V., durch das Zaudern verärgert, im Bewußtsein seines früheren Sieges seine Forderungen noch höher. Der Herzog von Burgund aber, der bei Azincourt nicht dabeigewesen war, fühlte sich keineswegs als Besiegter, und so scheiterten die Verhandlungen.

Daraufhin traf sich Herzog Johann im Juli zweimal mit dem Dauphin. Eine Einigung mit dem Ziel, mit vereinten Kräften gegen den Engländer anzugehen, schien zum Greifen nah. Doch dann wurde der August mit allerlei wirren Manövern vertan: Johann der Unerschrockene versuchte, auf zwei Hochzeiten gleichzeitig zu tanzen. Erneut nahm er Fühlung mit Heinrich V. auf, stimmte aber in der Hoffnung, eine Verständigung zwischen dem jungen Prinzen und dem König zustande zu bringen und so den selbsternannten Stellvertreter des Königs ausschalten zu können, andererseits auch einem Treffen mit dem Dauphin am 19. September 1419 in Montereau zu.

Die Ultras der Armagnac-Partei, Tanguy und seine Männer, witterten die Gefahr und erdolchten Johann den Unerschrockenen während dieses Treffens.

Seinem Sohn Philipp blieb nur eine Wahl: das Bündnis mit dem Engländer, das er allerdings gegen die Armagnacs des Dauphins Karl, nicht gegen das Frankreich König Karls VI. schloß. Besiegelt wurde die Entente durch die Heirat Heinrichs V. mit Katherina von Frankreich, der Tochter König Karls. Dadurch avancierte der Lancaster zum Schwiegersohn des Valois wie ehedem der Plantagenet zu dem des Kapetingers. So ergab sich ein Ausweg aus der Situation ohne den Sieg oder die Niederlage der einen oder anderen Seite. Der am 21. Mai 1420 in Troyes geschlossene Vertrag war ein Bündnis, kein »Diktat«. Darin wurde der englische Schwiegersohn zum Erben der französischen Krone ernannt – in der Geschichte kein Novum, hatten die verflossenen Jahrhunderte doch schon viele Schwiegersöhne die Nachfolge ihres Schwiegervaters antreten sehen.

Auch in Frankreich fragte sich niemand, ob das möglich sei. Niemand erhob die Stimme, um zu erklären, der König verfüge ja gar nicht über die Krone. Und das, obwohl der Vertrag von Troyes – das Vermächtnis der Krone! – einzigartig und, wie uns scheint, in der Geschichte Frankreichs einmalig war. Aber die Zeitgenossen hatten schon ausgefallenere Dinge erlebt: Nach einem wahnsinnigen König, drei Päpsten auf dem Stuhl Petri und Abdeckern an der Macht konnte das Vermächtnis der Krone kaum mehr öffentliche Verwunderung hervorrufen. Dementsprechend fühlten sich die Pariser auch nicht sonderlich beunruhigt, als der Engländer am

1. Dezember 1420 im Gefolge des Burgunders in der Hauptstadt Einzug hielt. Für den Frieden in einem geeinten Königreich waren viele bereit, einen dynastischen Wechsel in Kauf zu nehmen, der sich zudem weitaus weniger brutal vollzog als der, dem zwanzig Jahre zuvor der Plantagenet Richard II. zum Opfer gefallen war.

Im Vertrag von Troyes, der Heinrich V. zum Erben der Krone erklärte, wurde Karl als »angeblicher Dauphin« abgetan. Dergestalt verleugnet und implizit von der königlichen Linie ausgeschlossen, sah er sich ohne Erfahrung, ohne Truppen, ohne Geld und ohne Verbündete der Macht des englischen Siegers und der intakten Streitkraft des Burgunders allein gegenüber. Denn Karl von Orléans saß in England, und Bernhard von Armagnac war tot.

Aber auch der Lancaster mußte sich, obwohl vertragsgemäß Herrscher über das Land, Frankreich erst einmal untertan machen. Seit dem Tod Heinrichs V. am 31. August 1422 König von England und seit dem Ableben Karls VI. am 21. Oktober desselben Jahres König von Frankreich, hatte Heinrich VI., selber noch ein Kind, außerhalb der Normandie und der Pariser Region in Wirklichkeit nicht viel zu sagen. Der Burgunder war nicht nur bei sich, in Burgund und in Flandern, sondern auch in der Picardie, im Artois, im Nivernais, im Charolais und sogar in der Champagne der eigentliche Herr im Haus.

Philipp II., der Gute, aber befand, er habe nun genug für den Lancaster getan und müsse sich vorrangig um das Wohl seiner eigenen Staaten kümmern. Heinrich VI. oder vielmehr seinem Onkel Johann von Bedford, dem Regenten von Frankreich, hatte die burgundische Allianz nur in der Hauptstadt genutzt. In West-, Mittel- und Südfrankreich herrschte Karl, auch wenn er sich noch nicht Karl VII. zu nennen wagte, und machte allein durch sein politisches Überleben einen Vertrag null und nichtig, in dem nie von einer Teilung, sondern stets nur vom Vermächtnis des ganzen Königreichs die Rede gewesen war.

Heinrich VI. war also nur in den eroberten Gebieten König. Ja, im Grunde lag selbst hier die Macht nicht in seinen Händen, sondern beim Herzog von Burgund und dessen Getreuen. Von ganz wenigen Ausnahmen abgesehen, rekrutierte sich das Verwaltungspersonal Lancaster-Frankreichs aus Franzosen. Einheimische stellten die Richter, die Baillis (königliche Beamte, die die großen Vasallen überwachten und das direkte Kommando über den mittleren Adel führten), die Steuereintreiber und die Polizei. Sie versahen die untergeordneten Berufe und bildeten in den oberen Rängen der Hierarchie jene Partei aus Magistern, Beamten, Juristen und Finanzexperten, die sich seit zwanzig Jahren durch politisches Engagement – man denke an Schisma und Reform – oder Verwandtschaftsbande zum Herzog von Burgund hingezogen fühlte. So war Lancaster-Frankreich in seinen politischen Strukturen – von den englischen Hauptleuten der wenigen, nur schwach bemannten Festungen abgesehen – das burgundische Frankreich von 1411 oder vom März 1413.

KAPITEL XI

Aufbau und Wiederaufbau
1422–1460

DIE JUNGFRAU VON ORLÉANS

Die Verwirklichung des Vertrags von Troyes hing davon ab, daß die Engländer die Loire überschritten. So beschlossen sie nach Jahren des Kriegsgeplänkels, bei dem beide Seiten in schöner Abwechslung relativ unbedeutende Siege errungen hatten – 1421 die Franzosen bei Baugé, darauf die Engländer bei Cravant, 1423 die Franzosen bei La Gravelle, 1424 die Engländer vor Verneuil, 1427 wiederum die Franzosen bei Montargis –, sich den Übergang über den Fluß zu erzwingen und nahmen 1429 die Belagerung von Orléans auf.

Herzog Philipp II., der Gute, von Burgund, in diesen Jahren von seinem gewieften Machtkonkurrenten Bedford praktisch ausmanövriert, fragte sich, insbesondere nach der zeitweiligen Interessenkollision um das Erbe Brabants, immer eindringlicher nach dem Nutzen seines Bündnisses mit dem Engländer. Der Treue von Paris konnte er sich persönlich sicher sein, da die Stadt den Engländern nichts zu verdanken hatte. Andererseits sah er den bescheidenen Wohlstand der Jahre 1424–1429 voller Genugtuung. Mit den Märkten und Messen hatte auch der Handel wiederaufzuleben begonnen. Dennoch war man dem Engländer schon aufgrund seiner englischen Herkunft nirgendwo in Frankreich wohlgesinnt. Ja, in Paris wie in der Normandie regte sich bereits Widerstand. Allerdings entlud sich im Falle der Normandie der eingefleischte Haß des Bauern gegen die Soldateska, und den Notabelnverschwörungen fehlte die Durchschlagskraft. Viele wußten den englischen Frieden durchaus zu schätzen und schürten den Unwillen gegen die Horden der Armagnacs, die durch ihre

Raubzüge auf dem Land und die Blockade der Städte für jene sporadisch aufflackernden Unruhen sorgten, in denen sich für sie im Grunde der ganze Krieg erschöpfte.

Der König von Bourges seinerseits war weniger schwach, als es den Anschein hatte. Mochte sein Frankreich auch arm sein, sein Einkommen war gesichert, und die Zahl seiner Anhänger wuchs. Die Pyrenäenfürsten – Foix, Armagnac und andere mehr – wurden zwar nicht müde, sich dieses oder jenes Stückchen von seinem Herrschaftsbereich anzueignen, aber der politisch weitsichtige Johann von Grailly, Graf von Foix und seit 1418 Herr des Languedoc, hatte Karl VII. ein Südfrankreich zugeführt, das die Plünderungen der Ausländer nicht vergessen hatte. Die Mißgriffe des Engländers – zunächst Soldat, dann Besatzer – schlugen zugunsten Karls VII. zu Buch.

Dieser überließ seiner Schwiegermutter Yolande von Aragon die Herrschaft an einem Hof, den sie um 1424 von den Ultras der Armagnac-Partei gesäubert hatte, unerwünschte Personen in den Augen all jener, die schon mit einer Aussöhnung mit dem Herzog von Burgund liebäugelten. Der König selbst war noch ein willensschwacher, zögernder, von Selbstzweifeln geplagter junger Mann, der mit der eigenen Vergangenheit zu kämpfen hatte. Die Günstlinge, darunter vor allem Arthur von Richemont, der Bruder des Herzogs der Bretagne, und Georg von La Trémouille, lösten einander in kurzer Folge ab, was eine konsequente Politik vereitelte. Während am Hof von Chinon oder Loches die Favoriten durch Intrigen gestürzt oder aufgebaut wurden, mühten sich der Rechnungshof in Bourges und das *Parlement* in Poitiers, ihre Aufgabe zu erfüllen, als befänden sie sich in Paris. Das Heer des Königs von Bourges schließlich sah sich zwischen zehn Hauptleuten hin- und hergerissen, die sich sämtlich als unfähig erwiesen, ein einheitliches Kommando durchzusetzen.

Trotzdem war dem Lancaster die Überschreitung der Loire, das heißt die Vereinigung der von Heinrich V. eroberten gewaltigen Gebiete mit der kleinen Guyenne, dem Relikt des ehemaligen Aquitanien der Plantagenets, ebensowenig gelungen wie die Eroberung des seit 1424 belagerten Klosters Mont-Saint-Michel. Als Salisbury am 12. Oktober 1428 die Belagerung von Orléans einleitete, stand also weit mehr auf dem Spiel als nur eine Stadt. Dunois jedoch hatte der starken englischen Armee nur eine schwache Garnison und als Verstärkung einzig den Mut der Bürger entgegenzusetzen. Er dachte bereits an Aufgeben, als er im März 1429 von

Jeanne d'Arc hörte. Die Verpflegung lag im argen. Das französische Heer, angeführt vom Grafen von Clermont und unterstützt durch einen Ausfall der belagerten Garnison, hatte zum Gaudium der Gegenseite nicht vermocht, den Engländern die Heringslieferung abzujagen. Noch niederschmetternder als die Blamage aber war für die Militärs die Gewißheit, daß von Karl VII. kein Entsatz zu erhoffen war. Dieser zog aus der Belagerung von Orléans nur einen einzigen Schluß: daß nun alles verloren sei.

Jeanne d'Arc war weder die erste noch die letzte in der Reihe von Visionären, die die Machthabenden durch Rat und Tat beschämten. Der Hauptmann von Vaucouleurs, Baudricourt, sowie Herzog Karl von Lothringen hatten sie zunächst nicht ernst genommen. Doch Johanna gehörte nicht zu denen, die sich schnell entmutigen lassen. Und als sich schließlich noch das ganze Dorf hinter sie stellte, gab sich der Hauptmann geschlagen. Am 6. März 1429 erschien Johanna in Chinon.

Dort wurde sie zurückhaltend, ohne Überraschung und ohne Illusionen empfangen. Von den Magistern der Theologie der jungen Universität Poitiers examiniert, wurde sie für rechtgläubig und sittenrein befunden. Und da sie als Jungfrau keine Hexe sein konnte, wurde ihr eine Unterredung mit dem König unter vier Augen gewährt. Was immer sie ihm dabei gesagt haben mag – vermutlich betraf es seine Legitimität –, ihre Entschlossenheit verfehlte ihren Eindruck nicht. Karl VII. wagte den Versuch und ließ Johanna Waffen geben. Der Herzog von Alençon erbot sich, mit ihr nach Orléans zu gehen. Geringere Hauptleute folgten seinem Beispiel. Und so fand sich die Jungfrau schließlich in Blois an Marschall von Boussacs Seite wieder, der das nach der Heringsschlacht verbliebene Restheer befehligte. Am 29. April durchbrach sie mühelos die englischen Linien und zog in das belagerte Orléans ein.

Am 4. Mai verloren die Engländer, gleichzeitig von der französischen Armee von außen und von der von Johanna befehligten Garnison von innen angegriffen, einen wichtigen Stützpunkt, die Bastion Saint-Loup. Zwei Tage später planten die mißtrauischen Befehlshaber der königlichen Armee einen Angriff ohne Jeanne, doch sie kam ihnen zuvor und entsetzte auf dem linken Ufer die Bastide des Augustins. Am 7. belagerte sie, obwohl selber verwundet, das Vorwerk der Loirebrücke, die Tournelles. Auch diesmal zogen die Engländer den kürzeren und hoben daraufhin am 8. Mai die Belagerung auf.

Viele Berufssoldaten zeigten sich verägert: Die Jungfrau hatte ihren Rat in den Wind geschlagen und trotzdem gesiegt und strich diesen Tatbestand auch noch ungeniert heraus.

In der Folge besetzte die Armee Karls VII. unter der Führung des Herzogs von Alençon und Johannas Meung und Beaugency und schlug am 18. Juni das von Talbot befehligte englische Heer bei Patay vernichtend.

Schon bei Hof hatte Johanna von der Salbung des Königs gesprochen. Nun war es soweit. Am 29. Juni brach Karl VII. nach Reims auf, und der Herzog von Burgund ließ den Krönungszug samt Eskorte ungehindert passieren. Seit Bedford Herzog Philipp dem Guten zwei Monate zuvor die Abtretung von Orléans abgeschlagen hatte, hatte dieser das Interesse an der Angelegenheit verloren.

Troyes wurde mühelos besetzt, und auch beim weiteren Zug durch die Champagne stieß Karl VII. auf keinerlei Widerstand. Am 17. Juli wurde er gesalbt und war damit endlich der »wahre König«.

Doch als die Jungfrau den Kampf fortsetzen wollte, wendete sich das Blatt. Auch diejenigen im Lancaster-Frankreich, die nicht englandfreundlich gesonnen waren, fanden, sie gefährde durch die Wiederaufnahme des Kriegs den gerade erst aufkeimenden Wohlstand. Auch dem Hof Karls VII. erschien sie angesichts der erhofften Aussöhnung mit Philipp dem Guten als Belastung. Johanna ihrerseits aber bestand darauf, den König nach der Krönung in Reims in seine Hauptstadt zu geleiten. Da die meisten Städte im Umkreis dem königlichen Heer von sich aus die Tore öffneten, stand die Jungfrau bereits Ende August mit ihrer Truppe vor Paris.

Doch hier erlebte sie ihre erste Niederlage. Während Karl VII. mit dem Herzog von Burgund einen Teilwaffenstillstand aushandelte, wurde Johannas Angriff zur Genugtuung aller Neider und Mißgünstigen am 8. September mehr von den Parisern selbst als von den Engländern abgeschlagen. Daraufhin brach der König den Feldzug ab und schickte die Jungfrau von Orléans aus loireaufwärts: Mochte sie sich dort mit der Bestürmung befestigter Plätze, vornehmlich von La Charité, die Zeit vertreiben. Zwar galt es auch Brücken zu sichern und ihre Übergabe an die von Bedford seinem neuen Verbündeten Richemont anvertrauten Truppen zu verhindern. Ebensosehr aber ging es darum, Johanna zu beschäftigen und vom Hof fernzuhalten. Seit die Verhandlungen mit Philipp dem Guten liefen, war die Befreierin von Orleáns lästig geworden.

Doch Johanna scheiterte zum zweitenmal. Ihr Stern begann zu verblassen. Es zeigte sich, daß der Siegeszug in der Normandie offensichtlich auch ohne sie anhielt. Das Kriegsglück war ins Lager Karls VII. zurückgekehrt; Louviers, Château-Gaillard und Laval konnten dem Engländer abgenommen werden. Der Herzog von Alençon und andere warnten zwar davor, mit dem burgundischen Feind verfrüht und um jeden Preis zu verhandeln. Doch Philipp der Gute, der den Engländern das Bündnis bereits aufgekündigt hatte, gebärdete sich als Zünglein an der europäischen Waage, da er weder an einem Sieg des Engländers noch an dem des Franzosen interessiert war.

Er schickte sogar ein Heer zur Unterwerfung des königstreuen Compiègne, das den Handelsverkehr zwischen den verschiedenen Regionen bedrohte, mit denen der burgundische Staat Interessen unterhielt. Jeanne d'Arc wollte die Garnison entsetzen, wurde aber am 23. Mai 1430 im Verlauf eines ungeordneten Ausfalls von einem schwach betuchten burgundischen Kriegsmann gefangengenommen, der Bedfords Vorschlag, sie für zehntausend Livres tournois an die Engländer zu verkaufen, mit Freuden annahm.

Karl VII. hatte an Johanna das Interesse verloren, die Ultras hatten ausgespielt. Die Anhänger der Burgunderpartei dagegen setzten alles daran, um die Jungfrau zum persönlichen Widerruf ihrer göttlichen Sendung zu bewegen: Um nicht als Aufrührer gegen Gott dazustehen, mußten sie gegen eine Betrügerin oder eine Hexe gekämpft haben. Für den Bischof von Beauvais, Cauchon, einen ehemaligen Magister der Universität Paris, den seine Reformbestrebungen auf die Seite Burgunds getrieben hatten, besaß die Angelegenheit erstrangige Bedeutung. Da es der Zufall gefügt hatte, daß Johanna in seiner Diözese gefangengenommen worden war, fiel ihm der Vorsitz beim Prozeß gegen sie zu. Er besetzte das Tribunal mit den besten Juristen und Theologen, über die Paris in dieser burgundischen Zeit verfügte, und schaltete geschickt auch die päpstliche Inquisition in das Verfahren ein. Zwischen »burgundischen« Klerikern aber, die von ihr einen Widerruf ihrer göttlichen Sendung erwarteten, und Engländern, nach deren Überzeugung sich das Glück erst nach dem Tod dieser selbst noch im Kerker unheilstiftenden Hexe wieder zu ihren Gunsten wenden konnte, war Johanna verloren.

Das am 9. Januar 1431 eröffnete Verfahren wurde von Cauchon bereits Ende März mit der Begründung, das Gericht sei nun hinlänglich informiert, beendet. In Wirklichkeit hatte man den Bericht der nach Lothringen entsandten Untersuchungsbeamten vernichtet: Dieser lautete günstig für Johanna. Die Verhöre selbst waren nichts anderes als eine eher beiläufige Abfolge von Rede und Gegenrede zwischen einer mit gesundem Menschenverstand begabten, den Fragen nach Möglichkeit ausweichenden Angeklagten und Richtern, die im Umgang mit überlegenen Delinquenten offenbar wenig Übung besaßen.

Die um Stellungnahme gebetene Sorbonne verurteilte die »Thesen«, auf die Nikolaus Midi Denken, Glauben und Handlungen der Jeanne d'Arc kurzbündig gebracht hatte. Im Kern war ihr Vergehen einfach: Als angebliche Sendbotin Gottes hatte sich das junge Mädchen außerhalb der von der Kirche zum Heil der Welt aufgebauten institutionellen und hierarchischen Strukturen gestellt. Johannas Weigerung, die Männerkleidung wieder abzulegen, ist in diesem Zusammenhang symbolisch zu deuten: Ihre eigentliche Verweigerung bestand darin, nicht zu gehorchen. Sich zu unterwerfen hätte für sie bedeutet, sich selbst zu verleugnen. Indem sie auf ihren Verhaltensweisen beharrte, hielt sie an der Todsünde fest.

Als am 24. Mai auf dem Friedhof Saint-Ouen das Urteil – Tod auf dem Scheiterhaufen – verkündet wurde, gestand Johanna in einer Anwandlung von Schwäche alles, was ihre Richter wollten. Der Widerruf wurde schriftlich niedergelegt und trug ihr die Absolution ein: Als reuige Sünderin würde sie ihre Tage schlicht im Kerker beschließen.

Doch in der Folge ermannte Johanna sich wieder, wobei ihr die Engländer durch Beseitigung der Frauenkleider Hilfestellung leisteten, da sie das Ende der Hexe wollten, nicht den Widerruf der Armagnac-Partei. Sie ließ wissen, daß sie ihren Stimmen nicht abschwören werde. Damit machte sich Johanna in Kenntnis der Folgen zur rückfälligen Ketzerin. Am 30. Mai bestieg Jeanne d'Arc auf der Place du Vieux-Marché den Scheiterhaufen, nachdem Cauchon und die Seinen vergeblich versucht hatten, ihrem angeblich neuerlichen Widerruf den Anstrich der Glaubwürdigkeit zu geben.

DIE WIEDERHERSTELLUNG DER EINHEIT

Philipp der Gute hatte unterdessen eingesehen, daß ihn das Bündnis mit dem Engländer der Regierungsgewalt im Königreich keinen Schritt näher brachte, da Bedford nicht im Traum an Machtteilung dachte. Der Krieg kam den Burgunder teuer zu stehen, und seine Untertanen ließen ihn ihren Unmut durchaus spüren. Außerdem galt es eine Allianz zwischen dem Valois und Kaiser Sigismund zu verhindern, die sich nur verhängnisvoll hätte auswirken können. Und schließlich erforderten die Wirtschaftsinteressen, vornehmlich die der Tuchstädte, die Wiederöffnung des französischen Marktes bis in den Bereich südlich der Loire als Absatzgebiet für die Industrieerzeugnisse Flanderns und Brabants. Verhandlungen mit seinem Vetter Valois schienen demnach angezeigt – und wären von ihm vielleicht auch schon früher eingeleitet worden, hätten nicht die Ultras auf beiden Seiten eine Aussöhnung, die sich gegen die für die Morde in der Rue Barbette und in Montereau Verantwortlichen richten mußte, nach Kräften hintertrieben.

Außerdem konstatierte der Herzog von Burgund einen Umschwung der öffentlichen Meinung, die bis dahin englandfreundlich gewesen war, da der Engländer mit Burgund und Burgund seit 1400 mit Reform und vernünftiger Wirtschaftsführung gleichgesetzt worden war. Doch der um 1425 erhoffte englische Frieden hatte sich als Trugbild erwiesen. Der Krieg war weitergegangen, das englische Steuerwesen hatte dem französischen nicht nachgestanden und von Reformen war überhaupt nicht mehr die Rede gewesen ...

Deutliches Zeichen für den wachsenden Widerstand waren Verschwörungen in den Städten, »Verrat« in den Festungen, »Brigantentum« auf dem Land. Mißgriffe aller Art ließen die englische Präsenz nun als Fremdbesatzung erscheinen. Die Handstreiche mehrten sich, verunsicherten die Garnisonen in der Normandie, denen Arundel und Talbot nicht dauernd Beistand leisten konnten. Ein kühner Rottenführer erstürmte sogar Dieppe. Andererseits wurde die englische Position durch Überläufer untergraben: Nach langem Schwanken war Arthur von Richemont schließlich ins Lager des Valois übergewechselt.

1432 nahmen die Unterhändler Verhandlungen auf. Drei Jahre später, im September 1435, schlossen – da sich der Engländer gegen den Frieden sperrte – Frankreich und Burgund den Separatfrieden von Arras, von dessen Zustandekommen Bedford noch kurz vor seinem Tod erfuhr. Der Frieden beinhaltete eine Sühneleistung des Königs für den Mord an Herzog Johann dem Unerschrockenen sowie einige Gebietsabtretungen – Auxerrois, Mâconnais, Bar-sur-Seine, Péronne, Roye, Montdidier – und die Zusicherung gleicher Behandlung für die Anhänger beider Lager. Vor allem aber wurde Philipp der Gute auf Lebenszeit von der Lehnspflicht entbunden. Für die Krone der Valois wiederum bedeutete der Vertrag in Anbetracht der alten Prätentionen der Engländer eine Sicherheitsgarantie von seiten des Herzogs von Burgund.

Die nächsten fünfzehn Jahre sollten aus dem König von Bourges König Karl den Siegreichen machen – fünfzehn Jahre, in denen die Engländer Fehler um Fehler begingen und erfahren mußten, wie ungesichert ihre Eroberung war.

Nachdem Richemont im April 1436 ohne einen Schwertstreich in Paris eingezogen war – die Bürger hatten die Porte St. Jacques eigenhändig geöffnet –, erhielten die Getreuen Karls VII. Posten im *Parlement*, am Rechnungshof und im Châtelet. Doch auch die Diener des anderen Königs von Frankreich, des Lancaster, blieben, von wenigen Ausnahmen abgesehen, im Amt. Das verankerte bei den Pariser Juristen, den *gens de robe*, die Vorstellung, der Staatsdienst biete mehr Sicherheit als das Wirtschaftsabenteuer, bei dem im Verlauf von dreißig unruhigen Kriegsjahren zahlreiche Geschäftsleute Vermögen und Kredit verloren hatten.

Im November 1437 zog Karl VII. unter dem Jubel der Bevölkerung in seine Hauptstadt ein, kehrte aber schon drei Wochen später an die Ufer von Loire und Cher zurück. Auch in den folgenden hundertfünfzig Jahren begegnete die Krone Paris mit Vorbehalten.

DAS WERK KARLS VII.

Kaum schien sich das Kriegsglück zu seinen Gunsten zu wenden, nahm Karl VII., der in diesen wenigen Jahren entschieden gereift war, eine umfassende Neuordnung des Staatsapparates in Angriff. In mehreren großen Ordonnanzen erließ er neue Richtlinien für die Finanzen und das stehende Heer der Monarchie und stellte das öffentliche und private

Leben auf neue Rechtsgrundlagen. Auch die Beziehungen zwischen Krone und Kirche wurden bei dieser Gelegenheit ganz im Sinn der Legisten des vorangegangenen Jahrhunderts definiert und ausgelegt.

Den Anstoß dazu gab das schon seit 1431 tagende Konzil von Basel, das neue Rahmenbedingungen für das kirchliche Leben, vor allem für die Besetzung kirchlicher Pfründen und die Ernennung der Bischöfe, aufstellte. Diese »Kanones« veränderten die herrschenden Gepflogenheiten dergestalt, daß zwischen Papst und Konzil kein Vergleich mehr möglich schien. Die Frage war nun, für wen das Königreich Frankreich Partei ergreifen würde. Im Juli 1438 berief Karl VII. die französischen Prälaten – unter Ausschluß des Südens – nach Bourges ein, legte ihnen die fraglichen Texte vor und gab, nachdem sie einige Änderungen und Zusätze angebracht hatten, die Konzilskanones kühl per Ordonnanz der Öffentlichkeit bekannt. Mit dieser »Pragmatischen Sanktion von Bourges« bekundete der König sein – allerdings unbewiesenes – Recht, für »seine« Kirche Gesetze zu erlassen.

Das führte endgültig zum Gallikanismus, der sich bereits zur Zeit Philipps des Schönen abgezeichnet und mit den Oboedienzverweigerungen eine erste Probe bestanden hatte. Das von den Konzilsvätern 1439 eingeleitete neue Schisma bestärkte den König in seinem Anspruch, die Kirche von Frankreich zu regieren, nur noch. Doch dann schwenkte er zugunsten des Papstes um und gab damit den entscheidenden Anstoß zum Sturz des vom Konzil aufgestellten Gegenpapstes Felix V., des vormaligen Herzogs Amadeus VIII. von Savoyen. Dadurch verpflichtete er sich das an der Spitze der wiedergeeinten Kirche restaurierte römische Papsttum und konnte alle Bemühungen der Päpste, die im übrigen schlecht angewandte Pragmatische Sanktion wieder abzuschaffen, torpedieren.

Da sich die Konzilien durch Maßlosigkeit und vielfach – wie in Basel, wo die Magister die Bischöfe niederschrien – durch Demagogie in Mißkredit gebracht hatten, galt der König selbst in den Augen des Klerus schon bald als einziges mögliches Gegengewicht gegen eine päpstliche Autorität, deren Entgleisungen man zur Zeit Avignons zur Genüge kennengelernt hatte.

Daneben konnte die Krone auch ihre finanziellen Grundlagen festigen und sich endlich jenes Recht zur Steuererhebung sichern, das noch im 14. Jahrhundert grundsätzlich der Bewilligung der Stände bedurft hatte und in den Modalitäten vielfach nur gegen unmittelbare Beschränkungen der königlichen Autorität bewilligt worden war. In der Folge waren die Stände dann immer seltener konsultiert und die Diskussion auf Steuersätze und -quoten beschränkt worden. Nach 1436 nun wurden die Generalstände der *Langue d'oïl* bei den indirekten und nach 1439 auch bei den direkten Steuern überhaupt nicht mehr zu Rate gezogen und nach 1450 nicht einmal mehr jene duckmäuserischen Lokalversammlungen befragt, in denen ohnedies die Leute des Königs den Ton angaben. Die Stände der *Langue d'oc* traten zwar nach wie vor zusammen und konnten die triste Wirtschaftslage schildern und für eine Senkung der Steuersätze plädieren, mehr aber nicht. Allerdings war den Steuerzahlern inzwischen aufgegangen, daß die Stände mehr Kosten verursachten als Nutzen stifteten.

Dieser Griff der Krone nach den öffentlichen Finanzen wäre unerträglich gewesen, hätte die Besteuerung das zerstörte Land unterschiedslos getroffen. Karl VII. jedoch besaß die Klugheit, zahlreiche Steuererleichterungen zu gewähren, galt es doch vor allem den wirtschaftlichen Wiederaufbau zu fördern, neue Infrastrukturen (Land- und Wasserstraßen sowie Häfen) zu schaffen, den Feld- und Weinbau wieder anzukurbeln und die Kaufleute erneut zum Besuch der Messen zu animieren. Die zeitweilig bewilligten Steuerbefreiungen und Sonderregelungen brachten zwar bestimmte Abstriche, befestigten die Steuer aber als endgültige Einrichtung.

Sowie der König über gesicherte Einnahmen verfügte, konnte er von der Truppenaushebung auf Zeit – der Anwerbung von Kompanien für einen einzigen Feldzug – abgehen, die ihm nur unsichere Soldaten beschert und das Kriegsvolk in Friedenszeiten zur Landplage gemacht hatte. Die Ordonnanz von 1445 schuf mit fünfzehn sogenannten »Ordonnanzkompanien« ein stehendes Heer, das unter anderem auch den Auftrag hatte, die Zusammenrottung »ausgemusterter« Soldaten zu verhindern.

Diese zehn- bis zwölftausend Mann starke, zur Wiedereroberung des Landes eingesetzte Armee fungierte gleichzeitig als erste berittene Gendarmerie und konnte dank pünktlicher Soldzahlung auch den Adel zum Dienst verpflichten. Nach den zweifelhaften Anwerbungen der zwanziger Jahre des 15. Jahrhunderts stellte die Ordonnanz von 1445 die alte Gleichung Kriegeradel gleich Waffendienst für den König wieder her.

Gleichzeitig organisierte Karl VII. mit der *petite ordonnance* die Garnisonen seiner festen Plätze und versuchte mit den *francs-archers* eine Bürgerwehr zu mobilisieren, die allerdings schon beim ersten Kampf versagte. Vor allem aber baute der König eine zunächst von Pierre Bessonneau und anschließend von den Brüdern Bureau befehligte Feldartillerie auf. Wie die Engländer in Bordeaux und Castillon bitter am eigenen Leib erfahren sollten, konnte die Artillerie bei den Kampfhandlungen künftig mehr als nur taktische Unterstützung leisten.

Der Wille zur Reform – neu organisieren, um die Dinge wieder in Gang zu bringen – erstreckte sich auch auf die Ausbildung der Führungskräfte in Geistesleben und Verwaltung. Ein im Grunde belangloser Streit und ein allzu langer Universitätsstreik dienten als Vorwand, um dem Rektor 1446 sämtliche Rechtsbefugnisse zu entziehen und Magister und Scholaren künftig, wie alle anderen auch, der königlichen Justiz zu unterstellen. Außerdem nahm man den Parisbesuch des Kardinals Wilhelm von Estouteville, der im Auftrag des Papstes 1452 den Frieden zwischen Frankreich und England aushandeln sollte, zum Anlaß, eine umfassende Reform von Studiendauer und Lehre bekanntzugeben. Nach außen sah es lediglich so aus, als wollte man den Ernst des Studiums wiederherstellen, in Wirklichkeit aber wurden die Magister, die der Krone so oft zugesetzt hatten, an die Kandare gelegt.

Außerdem führte der König in jenen Jahren eine Neuordnung seiner Justiz durch. Die Rechtsprechung sollte zügiger, konsequenter und billiger abgewickelt, die Unbestechlichkeit der Richter durch bessere – und regelmäßigere – Besoldung gewährleistet werden.

Zu guter Letzt nahm sich der König als deutliches Zeichen seiner wiedererstarkten Macht auch noch die Freiheit, im Interesse des von ihm definierten und verteidigten Gemeinwohls an das Privat- oder Gewohnheitsrecht, die *coutume,* zu rühren. Schon seit zweihundert Jahren hatten die Richter der Krone das Gewohnheitsrecht gesichtet, bereinigt und durch ihre Rechtsgelehrsamkeit zuweilen sogar gebeugt. Doch das Privileg, an die Grundfesten des Privatrechts zu rühren, hatte sich bis dahin noch kein Herrscher herausgenommen. Die seit dem 12. Jahrhundert entstandenen, privaten Aufzeichnungen der *coutumes* waren sämtlich von Praktikern zu dem Zweck verfaßt worden, das geltende Recht zu ihrer eigenen Erleichterung (und der ihrer Nachfolger) in eine übersichtliche Form zu bringen.

Die 1454 erlassene Ordonnanz von Montils-lès-Tours ging nun einen entscheidenden Schritt weiter: In ihr wies der König seine Lokalbeamten, die Baillis und Seneschälle, an, nach Einholung des Rates von Juristen und der drei Stände – das heißt einiger kluger Vertreter der drei Stände ihrer

Bailliage oder Sénéchaussée – eine allgemeine Redaktion der *coutumes* vorzunehmen und dabei schwerfällige, widersprüchliche und unlogische Passagen auszumerzen. Die endgültige Registrierung wurde dem *Parlement* übertragen, womit die Richter der Krone im Detail, wenn schon nicht in den großen Linien ein königliches Recht schufen.

Die Fürsten schlossen sich dem Beispiel des Königs an, allen voran Philipp der Gute, der schon 1458 das Gewohnheitsrecht Burgunds veröffentlichte. 1461 wurde das der Touraine verkündigt, dem weitere Fürsten folgten.

Die schriftliche Fixierung der *coutumes* klärte die Rechtsbeziehungen zwischen Einzelpersonen und erleichterte damit Richtern und Advokaten ihre Aufgabe, hatte aber auf lange Sicht auch Nachteile: Sie schrieb rein lokale Besonderheiten auf Jahrhunderte hinaus fest – letztlich galten in Frankreich über zweihundertfünfzig *coutumes* – und behinderte damit eine Entwicklung, die andernfalls vielleicht schon im 16. Jahrhundert zur stärkeren Einbeziehung des römischen Rechts in die Praxis geführt hätte.

Bis zur Teilung Frankreichs hatte der Grundsatz von der einheitlichen Ausübung der königlichen Macht gegolten. Es hatte nur eine *Curia regis* gegeben: *Parlement,* Rechnungskammer und *Chambre des aides* stellten lediglich spezialisierte Sektionen dieser *Curia* dar, die auf den gleichen Rechtsgrundlagen wie alle anderen seigneuralen Höfe beruhte. Die Teilung Frankreichs jedoch hatte auch die *Curia* gespalten und eine Neuverteilung der Justiz- und Finanzfunktionen bewirkt, die Karl VII. ebenso berücksichtigen mußte wie den Vertrag von Arras, der die Getreuen des Herzogs von Burgund und Lancasters vor dem Verlust ihrer Ämter bewahrte. Man gliederte also das ehemalige Personal des *Parlements* von Poitiers und der Rechnungskammer von Bourges in die hauptstädtischen Behörden ein, wo es künftig neben den in Paris verbliebenen sowie neben den von einem anderen König eingestellten Beamten Dienst tat. Der Staatsdienst gewann so an Glaubwürdigkeit, und dem König blieb die Unannehmlichkeit, in weiten Kreisen Verbitterung auszulösen, erspart.

Gleichzeitig jedoch behielt man auch verschiedene, in den schwierigen Zeiten geschaffene Amtseinrichtungen bei. So war, um den Besonderheiten des Steuerwesens im Languedoc Rechnung zu tragen, 1437 in Montpellier eine *Cour des aides* eröffnet worden, oder wurde das 1420 – vor dem »Königreich von Bourges« – ins Leben gerufene *Parlement* von Toulouse 1443 in ein *Parlement* der Länder der *Langue d'oc* verwandelt. Zehn Jahre später gestaltete Karl VII. den Rat der Dauphiné in Grenoble zum *Parlement* um und schuf in Bordeaux mit den *Grands Jours* einen oberen Gerichtshof, der sich unter Ludwig XI. gleichfalls zum *Parlement* wandeln sollte. Und ähnlich hielt man es auch mit den Universitäten, die während der kriegsbedingten Schwierigkeiten der Pariser Alma mater in Poitiers und Caen gegründet worden waren. Die Bevölkerung begrüßte dieses Vorgehen und faßte es als bewußte Rücksichtnahme auf ihre Sonderinteressen auf.

DER FRIEDEN

Karl VII., der mit einmütiger Hilfe all derer, die nicht auf Lancasters Seite standen, die Engländer »hinauswarf«: das wäre ein allzu simples Bild. In Wahrheit hoben die altbekannten Spiele wieder an. Die Fürsten verfolgten die unverkennbare Stärkung der Königsmacht und ihrer Prätentionen mit Besorgnis. Sie waren, wie eh und je, auf Zuschüsse seitens der Krone angewiesen, suchten sich in gewohnter Manier im Staatsrat durchzusetzen und mit Hilfe dieser Rolle die Hand auf den Staatssäckel zu legen. Seit 1437 mußte Karl VII. deshalb zusehen, wie sich die Unzufriedenen – die Herzöge der Bretagne, von Anjou (das heißt König René) und von Bourbon – in einer Bewegung gegen ihn zusammenschlossen, der auch der mit der Aussicht auf die Regentschaft geköderte künftige Ludwig XI. beitrat. Diese in Anlehnung an die Hussitenkämpfe als *Praguerie* bezeichnete Verschwörung brach 1440 mit der Erhebung der Auvergne und des Poitou offen aus.

Philipp der Gute beschloß die Gelegenheit zu nutzen. Er zahlte das Lösegeld für Herzog Karl von Orléans, der sich seit Azincourt in seiner englischen Gefangenschaft langweilte, und gewann in ihm dadurch einen Kampfgefährten in der Revolte.

Im Februar 1442 versammelten sich die Verbündeten in Nevers, um ihre Forderungen aufzustellen. Doch Karl VII. machte ihnen einen Strich durch die Rechnung: Er entsandte eigene Vertreter, die den Vorsitz bei den Beratungen übernahmen. Da sich aber die Fürsten über ungleich verteilte Subsidien in die Haare gerieten, verlief die ganze Angelegenheit im Sand.

Der Krieg war nach der Absicherung von Paris durch taktische Eroberungen inzwischen gänzlich eingeschlafen. Heinrich VI. hatte in England, wo die Revolte schwelte und sich bereits die Rosenkriege ankündigten, alle Hände voll zu tun. So schlossen die kriegführenden Parteien in beiderseitigem Einvernehmen 1444 in Tours einen Waffenstillstand auf fünf Jahre, durch den der Engländer Zeit gewann und Karl VII. rüsten konnte. Als der König von Frankreich 1449 einen Verstoß der Engländer – die Plünderung von Fougères, mit der sie den Herzog der Bretagne, Franz I., für seine frankreichfreundliche Politik bestrafen wollten – zum Anlaß nahm, um den Waffenstillstand zu brechen, hatte er die Mittel zur Rückeroberung seines Landes in der Hand.

Dunois, der Graf von Saint-Pol und der Herzog von Alençon sahen sich einem zahlenschwachen, vom gealterten Talbot und dem immer unbeholfeneren Somerset sehr schlecht geführten englischen Heer gegenüber. Rouen öffnete den Franzosen die Tore, und als am 15. April 1450 vor Formigny Richemont statt des von den Engländern erwarteten Somerset anrückte, konnte der Sohn des Herzogs von Bourbon, der Graf von Clermont, den entscheidenden Sieg erringen. Am 6. Juli fiel Caen, am 12. August Cherbourg.

Im darauffolgenden Jahr besetzte Dunois die meisten noch von den Engländern gehaltenen Stellungen in Aquitanien, marschierte ohne einen Schwertstreich in Bordeaux ein, dessen Bürger aus Rücksicht auf ihre Privilegien lieber verhandelten, und nahm zuletzt Bayonne. Doch die um ihre wirtschaftliche Zukunft bangenden Gascogner – die ihre Weine größtenteils nach England exportierten – hatten sich schnell wieder gefaßt und gingen Heinrich VI. um Hilfe an. Der schickte den alten Haudegen Talbot, der im Oktober 1452 in Bordeaux als Befreier empfangen wurde.

Am 17. Juli 1453 durchkreuzte die seit Formigny bewährte französische Artillerie bei Castillon die Taktik Talbots, der nicht einsehen mochte, daß eine neue Ausrüstung auch neue Manöver erforderte, und bei diesem Gefecht selbst ums Leben kam. Am 19. Oktober begruben die Bewohner von Bordeaux die letzte Hoffnung auf Entsatz und kapitulierten. Von ihren Privilegien war diesmal nicht mehr die Rede.

Doch wie vordem schon im Umgang mit den ehemaligen Anhängern der Burgunderpartei, gab sich Karl VII. klugerweise auch gegenüber den Dienern Lancasters gemäßigt und beließ den rückeroberten Gebieten, was sie kurz zuvor von Englands Gnaden erlangt hatten. Caen behielt seine Universität, Rouen seine *Cour des aides*. Und den Bürgern von Bordeaux wurde bereits 1456 das *Parlement* in Aussicht gestellt, das Ludwig XI. sechs Jahre später dann ins Leben rufen sollte.

Die von der *Praguerie* bewirkten Unruhen hatten sich gelegt. Der verbitterte Karl von Orléans suchte in Blois im Kreis von Künstlern und Poeten Trost für ein durch fünfundzwanzig Jahre Haft verpfuschtes Leben; nicht einmal seinen 1447 erhobenen Anspruch auf das mailändische Erbe seiner Mutter Valentina Visconti hatte er durchsetzen können.

Der Herzog von Burgund, der über das Zaudern der Verschwörer von 1440 enttäuscht war, hatte den Geschmack an den französischen Hofintrigen verloren und seinen Ehrgeiz auf anderes gerichtet. Der Wunschtraum seines Großvaters, im Königreich des Valois der zweite Mann zu sein, konnte den als Souverän auftretenden Herrn eines unabhängigen Staates nicht mehr befriedigen – eines Staates zumal, der sich überwiegend aus Reichslehnsgebieten zusammensetzte. Die Achse seiner Interessen hatte sich in Richtung Maas und Mosel verlagert, und außerdem benahm die Ungeduld des künftigen Karl des Kühnen Herzog Philipp dem Guten die freie Wahl seiner Bündnispartner: Nur allzuleicht hätte der König von Frankreich für den ungestümen Erben Burgunds Partei ergreifen können.

Auch René von Anjou empfand zunehmend Überdruß. Er hatte seine neapolitanische Krone endgültig verloren und mischte in Italien nur noch für seinen Vetter Karl VII. mit: Als sich Frankreich mit dem neuen Herrn von Mailand, Francesco Sforza, verbündete, demonstrierte René 1453 gegenüber Savoyen mit einer wenig sinnvollen militärischen Aktion, auf welcher Seite Frankreich nun stand. Fünf Jahre später zog König Renés Sohn, Johann von Anjou, Herzog von Kalabrien, in Genua ein, das sich angesichts der in der Stadt herrschenden Anarchie erneut an den König von Frankreich gewandt hatte. Diesen Vorgängen kam aus Pariser Sicht zwar nur untergeordnete Bedeutung zu, sie zeigten aber, daß die Italienabenteuer ihren gewohnten Fortgang nahmen.

Der Herzog der Bretagne spielte gleichfalls den unabhängigen Fürsten, blieb aber seinem französischen Bündnispartner treu. Auch nach Erlangung der Herzogswürde im Jahre 1457 hatte Richemont Wert auf sein Amt als Konnetabel von Frankreich gelegt und dem König den Lehnseid für sein Herzogtum geleistet, allerdings keinen ligischen, und auch den Pairstitel abgelehnt. Trotz dieses etwas undurchsichtigen Verhaltens zeigten sich beide Seiten zufrieden – die Franzosen, weil sie im

Westen Frieden hatten, und die Bretonen, weil sie praktisch Herr im eigenen Hause waren.

Der Süden des Landes wahrte Distanz. Auch hier trachteten die Fürstentümer nach Unabhängigkeit. Foix und Albret, die sich mehr als Verbündete denn als Vasallen des Königs gebärdeten, machten den Unterschied bis hin zum Titel bei jeder Gelegenheit deutlich: Nannte sich der Graf von Foix nicht Graf »von Gottes Gnaden«? Gaston IV. ließ diese Formel dann zwar klugerweise fallen, blieb aber in der Sache fest: Er bewahrte sein Fürstentum vor dem Zugriff des königlichen Fiskus, nutzte aber gleichwohl den Rückhalt, den ihm Karl VII. bei der Formulierung seiner Ansprüche auf den Thron von Navarra bot.

Johann IV. von Armagnac widersetzte sich den Steuerforderungen der Krone jedoch mit mehr Heftigkeit und lehnte die Vasallenrolle noch entschiedener ab. Als er 1443 unter Mißachtung der königlichen Rechte die Hand auf die von ihm seit zwanzig Jahren begehrte Grafschaft Comminges legte, rief ihm der Dauphin Ludwig mit einem Heer die Oberhoheit des Königs wieder ins Gedächtnis. Johanns Sohn und Nachfolger seit 1450, Graf Johann V., ließ vollends alle Vorsicht fahren und nahm sogar Verhandlungen mit England auf. Erneut rückte ein königliches Heer heran; 1455 wurde der Armagnac gefangengenommen und vom Pariser *Parlement* ohne weitere Umstände in die Verbannung geschickt, hatte er doch, wie um das Maß voll zu machen, auch noch seine eigene Schwester geheiratet.

Herzog Johann II. von Alençon, ein Nachfahre des Bruders Philipps VI. von Valois, kam weniger glimpflich davon. Er hatte als Waffengefährte der Jeanne d'Arc um die Rückeroberung der Normandie – und seines eigenen Herzogtums – gekämpft, fühlte sich für die Karl VII. geleisteten Dienste schlecht entlohnt und beteiligte sich ab 1450 an jedem von den Engländern, dem Dauphin oder den Fürsten geschmiedeten Komplott. Als er 1455 offen zum Krieg gegen den König rüstete und mit den Engländern über deren Rückkehr verhandelte, wurde er verhaftet und vom Pairsgericht zum Tode verurteilt, dann aber begnadigt. Ludwig XI. setzte ihn nach seiner Thronbesteigung 1461 in der irrigen Meinung, damit einen treuen Anhänger zu gewinnen, wieder auf freien Fuß.

Die finstersten Schatten am politischen Horizont jedoch hingen mit der Persönlichkeit dieses künftigen Königs selbst zusammen. Als ältester Sohn eines Monarchen, der sich anfangs nicht einmal König zu nennen wagte, hatte der Dauphin Ludwig eine freudlose und schwierige Kindheit durchlebt. Der 1423 Geborene, bei der Salbung Karls VII. Sechsjährige hatte mit ansehen müssen, wie sein Vater zum Spielball der Frauen wurde: seiner energischen Schwiegermutter Yolande von Aragon, Königin von Neapel, der schwachen Königin Marie von Anjou, der Mätressen Agnes Sorel und Antoinette von Maignelais, und wie er zwischen den an der Sühnung des Verbrechens von Montereau wenig interessierten Ultras und den auf Aussöhnung hinarbeitenden Kriegsgegnern hin- und hergerissen wurde.

Als Erbe eines robusten Vaters hatte der nachmalige Ludwig XI. aber auch unter dem langen Hinwarten auf die Nachfolge gelitten, da Karl VII. erst im Juli 1461 im Alter von achtundfünfzig Jahren starb. Umgekehrt war aber auch die Rolle des Dauphins bei der *Praguerie* nicht eben dazu angetan, das Vertrauen seines königlichen Vaters zu stärken.

1446 hatte Ludwig zunächst versucht, die Stände des Agenais aufzuwiegeln, dann vergeblich ein Komplott gegen den Günstling Pierre de Brézé geschmiedet und sich schließlich in seine Dauphiné zurückgezogen, wo er zehn Jahre lang den Souverän spielte. Er ordnete das Fürstentum, traf zahlreiche Maßnahmen zur Förderung der wirtschaftlichen Entwicklung – Schutzzölle, Verbesserung der Infrastrukturen des Handels – und gründete in Valence eine Universität. Gemeinsam mit Savoyen betrieb er gegenüber Mailand wie gegenüber der Auvergne und Monaco eine dynamische, aber wirre Außenpolitik.

Seine vom König vergeblich hintertriebene Vermählung mit Charlotte von Savoyen führte 1451 zum jähen Ausbruch der Krise. Karl VII. fiel in der Dauphiné ein und stimmte den Herzog von Savoyen gegen seinen Sohn um. Ludwig hingegen rächte sich mit der Verheerung der Bresse und setzte sich, als der König 1456 seine Zelte im Bourbonnais aufschlug, im Gefühl der Bedrohung an den burgundischen Hof ab. Philipp der Gute ließ sich diese verlockende Gelegenheit nicht entgehen: Er spielte den Vermittler zwischen Vater und Sohn – und beging dabei den Fehler zu glauben, sein hilfsbedürftiger Gast werde es ihm eines Tages danken.

DER »GRAND DUC D'OCCIDENT«

1363 war Philipp dem Kühnen, dem Bruder König Karls V., als dem väterlicherseits nächsten Verwandten des letzten Herzogs einer bis ins 11. Jahrhundert zurückreichenden Kapetingerdynastie das Herzogtum Burgund zugefallen. Dieses Erbe schloß auch das Artois und die Franche-Comté – die Freigrafschaft Burgund – mit ein und vergrößerte sich durch Philipps Vermählung mit der Witwe seines Vorgängers, der jungen Margareta von Flandern, der einzigen Erbin des seit Ludwig dem Heiligen über Flandern herrschenden Hauses Dampierre, noch um Flandern. Da das flandrische Erbe seit einem Jahrhundert auch die Grafschaften Nevers und Rethel umfaßte, fiel Philipp dem Kühnen also ein Gutteil Nordostfrankreichs und der nächstgelegenen Reichsgebiete zu, denen er rasch noch das Charolais hinzufügte.

Eine kluge Heiratspolitik eröffnete diesem bipolaren Staatsgebilde noch günstigere Zukunftsaussichten. Margarete von Burgund wurde mit dem Grafen von Hennegau und Holland vermählt, ihr Bruder Johann der Unerschrockene ehelichte des Grafen Schwester, und die Jüngste Philipps des Kühnen wurde mit Kaiser Wenzel von Luxemburg getraut.

Philipps zweitältester Sohn Anton erhielt außer der Grafschaft Rethel später noch die beiden von seiner Mutter unverhofft ererbten Herzogtümer Brabant und Limburg und erwarb durch seine Eheschließung 1411 außerdem Luxemburg dazu. Sein Sohn Johann wurde 1418 mit seiner Base Jakobine, der Erbin von Holland und Hennegau, vermählt.

Somit nahm, als Philipp der Gute 1419 die Nachfolge seines ermordeten Vaters antrat, ein starkes, auf zwei Linien gestütztes Haus Burgund einen festen Platz auf der europäischen Landkarte ein. Philipp selbst stand an der Spitze zweier Territorialkomplexe: Im Süden waren es die beiden Burgund und das Charolais mit dem benachbarten Charolais seines ältesten Sohnes und dem Nivernais seines jüngeren Bruders; und im Norden Flandern und das Artois samt den von Johann dem Unerschrockenen hinzuerworbenen Burgvogteien Montdidier, Péronne und Roye. Das Oberhaupt der jüngeren Linie, Anton von Burgund, beherrschte die Gebiete zwischen Nordsee und mittlerer Mosel – Limburg, Brabant, Luxemburg –, während sein Schwiegersohn über den Hennegau, Holland, Friesland und Seeland regierte.

Indessen standen der Einheit des burgundischen Staates zwei Hindernisse im Wege: das Bistum Lüttich, das sich im mittleren Abschnitt der Maas trennend zwischen Luxemburg und Brabant schob, und die Herzogtümer Bar und Lothringen, die die beiden Burgund voneinander schieden und ihnen den freien Zugang zur Nordsee versperrten. Die Lütticher konnten auf die Unterstützung des französischen Königs zählen, wie sich Karl VII. umgekehrt 1441 durch Versöhnung der beiden um das Erbe Herzog Karls II. von Lothringen konkurrierenden Bewerber die wertvolle Allianz Lothringens und des Barrois gesichert hatte. Das große Los aber hatte offensichtlich Herzog Karls Schwiegersohn, König René, gezogen, der zum Herzog von Lothringen aufstieg, während sich Toul und Verdun unter den Schutz des französischen Königs stellten.

Andererseits hatte der Krieg Philipp dem Guten die beiden Grafschaften Auxerre und Mâcon eingebracht, die er seit 1419 besetzt hielt und im Vertrag von Arras 1435 endgültig zugesprochen bekam. Außerdem verschaffte er sich 1433 mit Waffengewalt die Doppelnachfolge in Brabant und im Hennegau, die ihm seine Base Jakobine keineswegs so schnell überlassen wollte, womit ein Konflikt mit Lothringen unausweichlich erschien.

Der burgundische Staat stellte somit ein relativ junges politisches Gebilde aus Fürstentümern dar, die ihrerseits auf eine lange Geschichte und eine stark ausgeprägte partikularistische Tradition zurückblicken konnten. Burgund, Mâconnais, Flandern und Brabant waren durchweg zwischen dem 10. und dem 11. Jahrhundert entstandene Herzogtümer beziehungsweise Grafschaften mit eigener Sprache und eigenem Gewohnheitsrecht, mit ihren Helden und Heiligen, ihren kollektiven Feindschaften und ererbten Gegensätzen, ihren Eigeninteressen und wirtschaftlichen Rivalitäten. Die seit drei Generationen herrschende politische Einheit bestand noch nicht lange genug, um allseits anerkannt zu werden und den großen flandrischen Industriestädten die straffe Gängelung durch ebenjene gräflichen Machthaber schmackhaft zu machen, mit denen die städtischen Behörden und Zünfte noch kurz zuvor wie mit Gleichgestellten verhandelt hatten. 1453 konnte der Widerstand der aufrührerischen Genter gegen die Steuer nur mit Waffengewalt gebrochen werden.

Der Staat Philipps des Guten behielt demnach also im inneren Aufbau alle aus der Geschichte erwachsenen Unterschiede bei. Die Institutionen

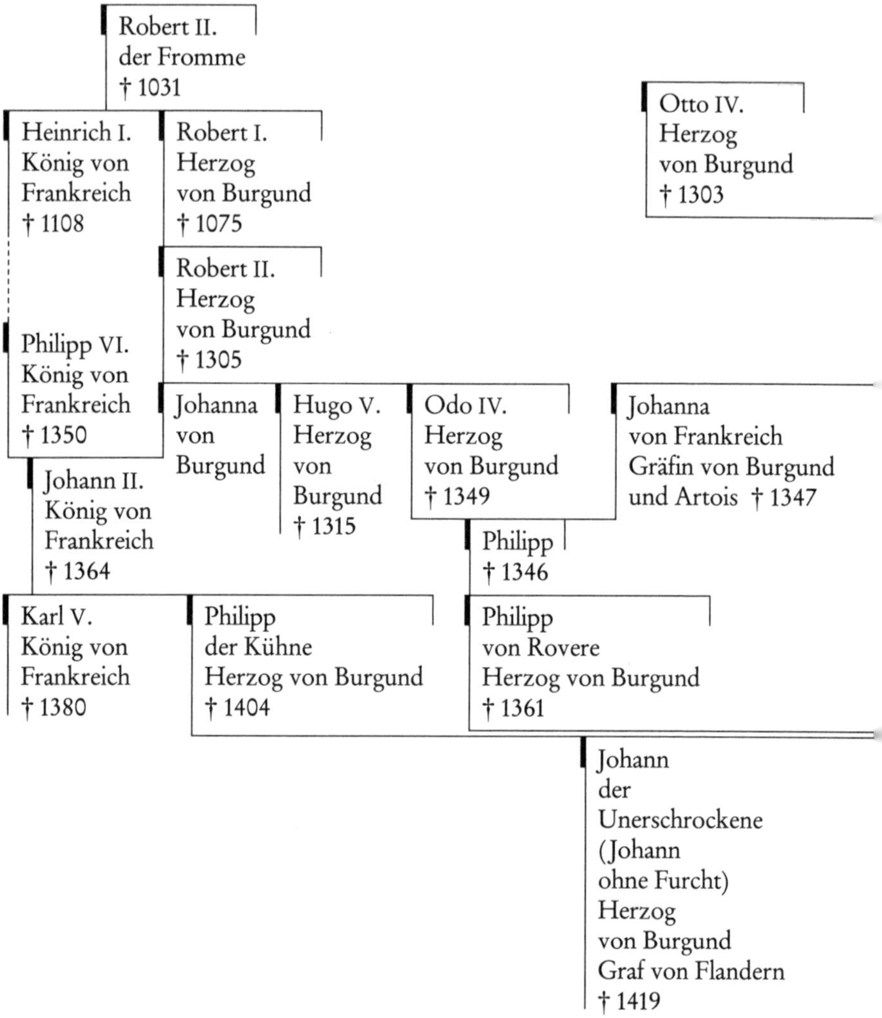
Robert II. der Fromme † 1031
Heinrich I. König von Frankreich † 1108
Robert I. Herzog von Burgund † 1075
Otto IV. Herzog von Burgund † 1303
Robert II. Herzog von Burgund † 1305
Philipp VI. König von Frankreich † 1350
Johanna von Burgund
Hugo V. Herzog von Burgund † 1315
Odo IV. Herzog von Burgund † 1349
Johanna von Frankreich Gräfin von Burgund und Artois † 1347
Johann II. König von Frankreich † 1364
Philipp † 1346
Karl V. König von Frankreich † 1380
Philipp der Kühne Herzog von Burgund † 1404
Philipp von Rovere Herzog von Burgund † 1361
Johann der Unerschrockene (Johann ohne Furcht) Herzog von Burgund Graf von Flandern † 1419

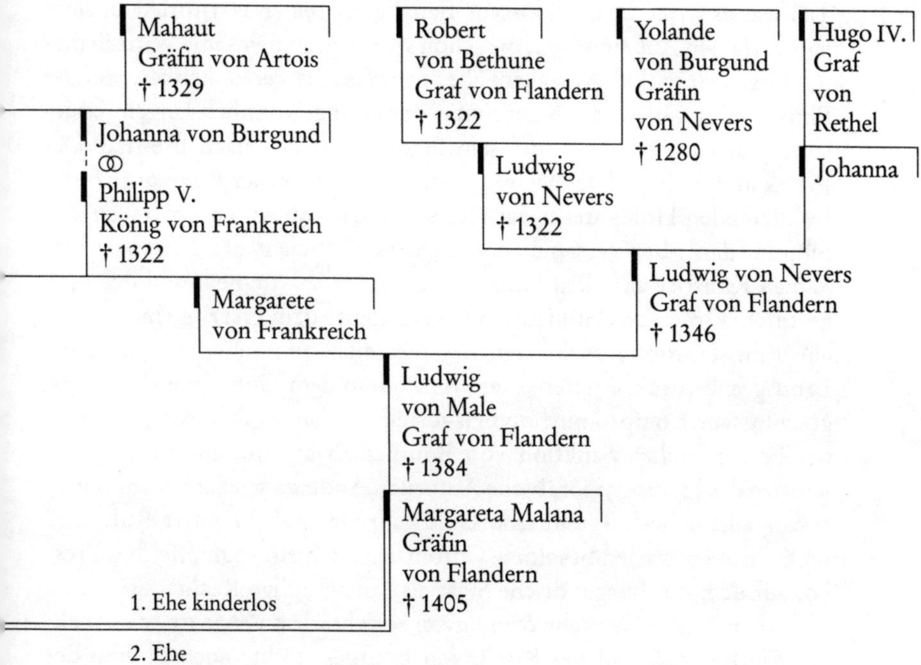
Mahaut
Gräfin von Artois
† 1329
Robert
von Bethune
Graf von Flandern
† 1322
Yolande
von Burgund
Gräfin
von Nevers
† 1280
Hugo IV.
Graf
von
Rethel
Johanna von Burgund
⚭
Philipp V.
König von Frankreich
† 1322
Ludwig
von Nevers
† 1322
Johanna
Ludwig von Nevers
Graf von Flandern
† 1346
Margarete
von Frankreich
Ludwig
von Male
Graf von Flandern
† 1384
Margareta Malana
Gräfin
von Flandern
† 1405
1. Ehe kinderlos
2. Ehe

bestanden nebeneinander fort, und der Gesichtskreis der Menschen reichte in der Regel nicht über die alten Verwaltungsbezirke, das heißt die Herzogtümer und Grafschaften, hinaus.

Was aber machte den burgundischen Staat dann letztlich aus? Zum Teil war es wohl die geschlossene Beteiligung seiner Territorien an einer gemeinsamen Außenpolitik, die schon sehr bald gemeinsame Wirtschaftsinteressen einschloß. Vor allem aber waren es die Persönlichkeit Herzog Philipps des Guten, die Kontinuität seiner ungewöhnlich langen Regierung von 1419 bis 1467 und sein betontes Streben nach Prestige. Der Prunk und Aufwand des nach 1459 ständig im Brüsseler *Palais brabançon* residierenden Hofes stellte ein Herrschaftsinstrument europäischen Zuschnitts dar. Hier versammelten sich die Getreuen des Herzogs, hier kamen Künstler aus allen Himmelsrichtungen zusammen, und der 1429 gestiftete Orden des Goldenen Vlieses sicherte dem Herzog eine ritterliche Elite erprobter Anhänger, die sich nicht nur innerhalb der alten Lehnsgrenzen rekrutierten. Der von Philipp dem Guten mit dem Papst geschlossene Kompromiß hob sich vorteilhaft von der im Grunde verfehlten Pragmatischen Sanktion von Bourges ab und festigte in gewissen Kreisen des Herzogs moralische Autorität. Anderen wiederum imponierte vor allem die burgundische Goldwährung und ihr guter Ruf. Und schließlich entwarfen besoldete Chronisten ein historiographisches Fresko, auf dem der burgundische Staat als offenkundige Realität erscheint, nach dem Motto: Je mehr man davon spricht, desto eher ist er es auch.

Wie Bedford und der König von Bourges strebte auch Philipp der Gute Selbständigkeit bei der Heranbildung der Justiz- und Verwaltungskader seines Staates an. Und dank der 1422 beziehungsweise 1425 gegründeten Universitäten Dole und Löwen konnte sich in den beiden Territorialkomplexen ein eigenständiges Geistesleben entfalten, das sogar den Ruhm der Pariser Magister in den Schatten stellte.

Doch die Vereinheitlichung der Regierung hätte Unsummen erfordert und ließ sich daher nur in gewissen Grenzen verwirklichen. Zum einen war in dem weiträumigen Länderkonglomerat der Wohlstand ungleich verteilt: Auxonne war nicht Antwerpen und Morvan nicht die Côte de Beaune. Zum andern stand Philipp dem Guten zur Finanzierung seiner Politik selbst auf dem Höhepunkt der Macht nicht einmal ein Viertel der Einnahmen zur Verfügung, die Karl VII. aus Krondomäne und Steueraufkommen bezog. Eine einheitliche Regierung aber setzt einen raschen

Informationsfluß, die zügige Weiterleitung von Befehlen und Weisungen und eine lebhafte Geldbewegung voraus.

Immerhin aber konnte der Herzog Richtlinien auf dem Weg zur Einheit setzen. Der Staatsrat, der *Grand Conseil,* war eine einheitliche Einrichtung und beschränkte sich nicht auf politische Ratschläge, sondern stand als Hofgericht, als höchstes Justizorgan des *Grand Duc d'Occident,* über den Appellationsgerichten der vereinigten Fürstentümer und über den *conseils* der fünf Städte Brüssel, Gent, Mons, Luxemburg und Dijon. Ebenso gewährleistete die über acht Generalrezepturen stehende »Generalrezeptur für sämtliche Finanzen« (die *Recette générale de toutes les finances*) die relative Zentralisierung und wirksame Kontrolle der Finanzbewegung. Außerdem dehnte der Liller Rechnungshof ungeachtet entsprechender Instanzen in Dijon, Brüssel und im Haag seine Zuständigkeit auf das ganze Staatsgebiet aus. Und schließlich wurden die Termine des Rechnungsjahrs vereinheitlicht und die Zahl der Münzstätten reduziert.

Günstig war auch, daß die zentralen Verwaltungsinstanzen innerhalb des einen Herzogspalastes Platz fanden und einen direkten Zugriff erlaubten. So verschaffte etwa der *Trésor de l'Épargne* dem Herzog nicht nur den nötigen Handlungsspielraum bei der Finanzierung seiner Hofhaltung, sondern stellte ihm darüber hinaus eine unmittelbar disponible Kasse für die Staatsausgaben zur Verfügung.

Diesem Streben nach einer Vereinheitlichung der Vielfalt, tunlichst ohne irgend jemandes Empfindlichkeit zu verletzen, war immerhin in einem Punkt dauerhafter Erfolg beschieden: in der 1433 beschlossenen Vereinheitlichung der Währung, um damit das Geschäftsleben anzukurbeln. Der goldene »Philippus« oder »riddre« war zugleich Hoheitssymbol und Handelsmünze. Da aber der Herzog seine Geldordnung nur mit Einwilligung der drei Stände umgestalten konnte, kam es mit politisch zwingender Logik zur Einführung von Generalständen: Das Schicksal einer einheitlichen Währung ließ sich nicht mit Lokalversammlungen unterschiedlicher Interessen aushandeln.

Daß sein Staat trotz dieser Generalstände eine zerbrechliche Konstruktion bleiben mußte, war Herzog Philipp dem Guten völlig klar. Er vermied denn auch das Risiko, die Entwicklung zur Souveränität – der seine Herrschaft im übrigen in allem entsprach – zu forcieren. Nur allzu gut wußte er sich nach allen Seiten hin exponiert. So hätte etwa Karl VII., dessen Macht sich seit der Rückeroberung der Champagne bis an die

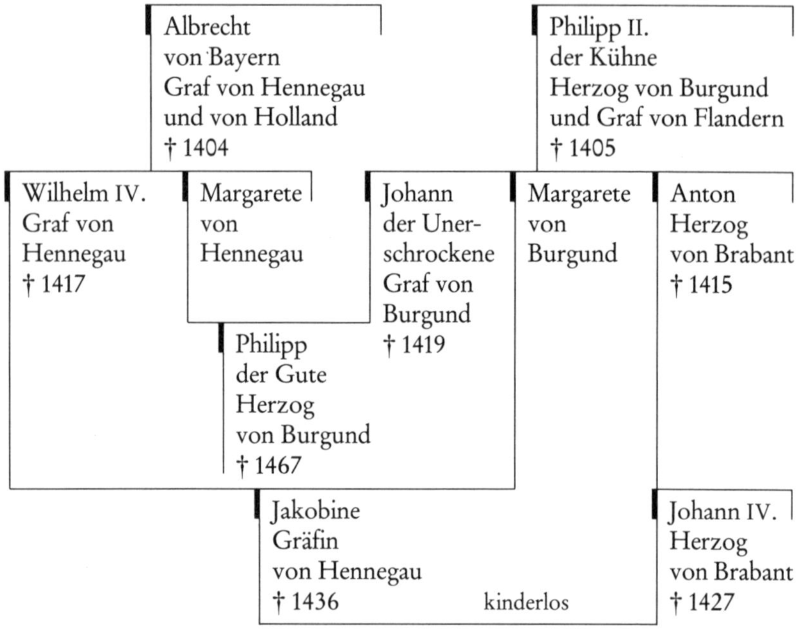

Ostgrenze seines Königreichs erstreckte, die Territorien seines Vetters Burgund mühelos zerteilen können. Wer aber so verletzlich ist, kann sich den Luxus, seiner Mitwelt Angst einzujagen, nicht leisten.

1444 brach mit den marodierenden *écorcheurs* – den nach dem Waffenstillstand von Tours arbeitslosen Soldaten des Königs von Frankreich – über Burgund eine Krise herein, verschärft noch durch die Ankunft des revoltierenden Dauphins am burgundischen Hof: eine wahrhaftig heikle Situation. Trotzdem gelang es Philipp dem Guten, den Frieden mit Frankreich zu wahren, wußte er doch nur allzu gut, daß ein Zusammenschluß zwischen dem Kaiser und dem französischen König sein Schicksal besiegeln würde. Welche Gefahr das bedeuten würde, hatte er schon 1430 erkannt, als der König von Frankreich und der 1440 zum Kaiser gewählte österreichische Herzog Friedrich von Habsburg ein Bündnis gegen ihn schlossen. So mußten ihn auch jetzt trotz seiner klugen Allianz mit Bayern die Schritte, die der Valois 1444 an der Seite des Kaisers gegen die Schweizer Kantone unternahm, beunruhigen. Daß der Habsburger letztlich dann den Franzosen ihr ungeniertes Auftreten in den Reichsländern Lothringen und Elsaß verübelte und der nachmalige Ludwig XI. zu den Schweizern freundliche Beziehungen anknüpfte, änderte nichts am eigentlichen Kern des Problems: daran, daß der ehemalige König von Bourges neuerdings am Rhein seine Präsenz zu demonstrieren vermochte.

Für Herzog Philipp war damit die Zeit, in der er in Paris als Oberhaupt der Burgunderpartei aufgetreten war, vorbei. Er hatte den Ländern an Seine und Loire, den Ländern der französischen Politik, endgültig den Rücken gekehrt und sich vor allem jenem großen, von der Somme bis zur Mosel und zur Zuidersee reichenden, zusammenhängenden, gedeihlichen und verteidigbaren Länderkomplex zugewandt, der ihm abendländische Geltung verschaffte. In Burgund selbst hielt er sich nur noch auf Reisen auf, und die brandschatzend durchs Land ziehenden *écorcheurs* bereiteten ihm weniger Sorgen als die Krise des Brügger Hafenverkehrs.

DAS LEBEN AN DEN FÜRSTENHÖFEN

Kennzeichnend für das 14. Jahrhundert war – trotz einiger glanzvoller Ausnahmen wie der Hofhaltung des Grafen Gaston Phoebus von Foix – die ungewöhnliche Zentralisierung des kulturellen Lebens gewesen, die sich im keineswegs nur gelegentlichen Aufenthalt zahlreicher französischer Fürsten und Prälaten, sondern auch ausländischer Potentaten wie des Königs von Böhmen, des Königs von Navarra oder des Herzogs von Bayern in ihren Pariser Palais widergespiegelt hatte. Daß der Herzog von Burgund und der Herzog der Bretagne öfter in Paris als in ihrem Herzogtum residierten, fand zur Zeit Karls V. und auch noch während der Jugend Karls VI. alle Welt normal.

Diese Zeiten waren nach einem halben Jahrhundert Bürgerkrieg, der das hauptstädtische Leben lahmgelegt hatte, endgültig vorbei. Nun hatten Kleriker, Magister, Advokaten und Räte in Paris das Sagen. *Trésoriers* und Präsidenten erwarben die vornehmen Stadthäuser der Aristokratie, und die Residenzen der Prälaten wurden meist in Kollegien umgewandelt.

Mit der Einbürgerung dieser neuen Gewohnheiten fiel die ehemalige Funktion der Pariser Palais den Landschlössern zu. Das Vorbild gab der König selbst: Karl VII. hatte nichts vergessen. Zeitlebens voller Mißtrauen gegen seine Hauptstadt, deren Umtriebe die Krone 1358, 1382 und 1413 in Gefahr gebracht hatten, bevorzugte er seine Schlösser in der Touraine und im Berry – Loches, Chinon, Montils-lès-Tours – und erhob Tours zur hauptstädtisch angehauchten Lieblingsresidenz, in der sich der Hof mehr oder minder häuslich niederließ.

Auch die Beziehung der Fürsten zum König hatte sich gewandelt. Im Gegensatz zur Zeit der Cabochiens waren in den vierziger und fünfziger Jahren des 15. Jahrhunderts am Hof keine »Prinzen aus königlichem Geblüt«, das heißt Brüder oder Onkel des Königs, vertreten. Karl VII. hatte keine Brüder mehr, und weder der Dauphin Ludwig noch sein jüngerer Bruder Karl hätten – Lust und Möglichkeiten einmal vorausgesetzt – dem Hof ihres königlichen Vaters zu jenem Glanz verhelfen können, den einst Anjou, Burgund, Berry und Bourbon dem ihres Neffen Karl VI. verliehen hatten.

Hatten während des Krieges viele von einem Kräfteverhältnis profitiert, das ihnen eine lohnende Neutralität oder freie Wahl der Bündnispartner gestattete, so führten die Fürsten, seit wieder Frieden herrschte, nach mancherlei Ernüchterungen lieber ein ruhiges Dasein am eigenen Hof und suchten ihr Prestige auszubauen. Jeder gab seinem Hof eine persönliche Note oder unterstrich – wie der Herzog von Burgund in Brüssel und Dijon oder der Herzog der Bretagne in Nantes, Rennes und Vannes – durch seine Hofhaltung seine politischen Erfolge und Prätentionen. Am Hof Herzog Johanns von Bourbon in Moulins feierte man den Heldenmut – war nicht der alte Graf von Clermont der Sieger von Formigny? –, und an dem Hof Herzog Karls von Orléans in Blois huldigte man der Literatur. Der Hof König Renés in Tarascon wie in Angers verdankte der neapolitanischen Vergangenheit der angevinischen Dynastie und ihrer Getreuen einen italienischen Anstrich beziehungsweise sogar ein gewisses orientalisches Flair, zeigte, mit einem Wort, eine dezidierte Vorliebe fürs Exotische.

Die Burgen hatten sich plötzlich zur Stadt oder zum Wald hin geöffnet. Wozu noch die alten Wälle, die dem Artilleriebeschuß ja doch nicht mehr standhalten konnten? So ließ man der Vorliebe für Gartenanlagen freien Lauf, die sich schon bei der Gestaltung des Hôtel Saint-Paul Karls V. angekündigt hatte und die nun Konzeption und Anlage aller Prunkresidenzen auf neue Grundlagen stellte. Schloß und Garten wurden nun als Einheit geplant; man lebte und zeigte sich im Garten, debattierte und veranstaltete Turniere im Freien und widmete sich gärtnerischen Passionen.

Die Höfe waren auch letzte Pflegestätten der *courtoisie*, der in gesellschaftlichen Beziehungen geübten alten »höfischen Lebensart«. Diese trug beim turnierversessenen René von Anjou ritterliche und beim Dichter Karl von Orléans amouröse Züge. Bei Philipp dem Guten wiederum war die *courtoisie* politisch eingefärbt, dienten doch die Kapitel des Ordens vom Goldenen Vlies demonstrativen Treuebekundungen. Die nostalgische Beschäftigung mit einer Vergangenheit, die zum Goldenen Zeitalter des christlichen Rittertums hochstilisiert wurde, speiste sich aus der Lektüre der letzten an den Artusstoff anknüpfenden Romane und schlug sich in der Kodifizierung kurz zuvor noch stillschweigend befolgter Konventionen nieder.

Ein glänzender Zeuge dieser zäh am Leben erhaltenen Kultur ist René von Anjou, der Dichter des gelehrt-allegorischen *»Cœur d'Amour épris«*, der Theoretiker des *»Livre des tournois«*, der lebenserfahrene Sittenverbesserer der *»Mortification de Vaine Plaisance«*, der weltläufige Verfasser verschiedener an die Adresse Karls von Orléans gerichteter Rondeaus und möglicherweise auch der Autor des Schäferspiels *»Regnault et Jeanneton«*. Persönlichkeiten wie Alain Chartier in den zwanziger Jahren des 15. Jahrhunderts, Karl von Orléans bis zu seinem Tod im Jahr 1465 und die großen Hofdichter, die *rhétoriqueurs*, des burgundischen Hofs wie Michault Taillevent, Martin Le Franc oder Pierre Michault veranschaulichen auf ihre Weise jene Geistesströmung, die der Konvention huldigte, ohne die Empfindung auszuklammern, und eine scheinbar zeitlose Kunst pflegte. Ein allen – dichterischen wie gesellschaftlichen – Zwängen so abholder Taugenichts wie der Pariser Vagant François Villon sträubte sich naturgemäß gegen dieses Denken, paßte sich ihm manchmal aus Selbsterhaltungstrieb an, zeigte aber meist, und das im Eklat, seinen Widerwillen.

Auch die Geschichtsschreiber fanden an den Höfen Heimstatt und Aufgabe. Schließlich zehrten nicht wenige Fürsten von ihren verflossenen Heldentaten, und wer wollte nicht Spuren seiner gegenwärtigen Größe hinterlassen? Wie der Dichter der *»Douze Dames de Rhétorique«*, Georges Chastellain, gleichzeitig als gut bezahlter halboffizieller Chronist Herzog Philipps des Guten arbeitete, so verfaßte sein Kollege Olivier de la Marche neben seiner Chronik einen *»Triomphe des Dames«* und einen *»Chevalier délibéré«*. Und am gleichen Hof reimte Jean Molinet seine

»Faits et dits« und kümmerte sich als *indiciaire*, als Historiograph Karls des Kühnen, um die Fortsetzung der von Chastellain begonnenen Chronik von Burgund.

Karl VII. trieb zwar keine so gezielte Propaganda, stand aber insgesamt seinem burgundischen Rivalen nicht nach. Jean Chartier und Gilles Le Bouvier – der »Herold von Berry« – waren als Geschichtsschreiber auf seinen neugewonnenen Ruhm bedacht. Und 1472 setzte Martial d'Auvergne in seinen *»Vigiles du roi Charles VII«* die Geschichte Karls VII. in Form eines Stundenbuchs in Verse.

Sieg und Gepränge standen im Mittelpunkt dieser scheinbar objektiven, in Wirklichkeit aber am Heroismus und höfischen Geist von Erzählung und Roman orientierten Historiographie. So sollte der von Philipp dem Guten und seinem ganzen Hofstaat 1454 geleistete Schwur, das im Jahr zuvor von den Türken eroberte Konstantinopel durch einen Kreuzzug zu befreien, vor allem durch seinen bizarren Rahmen in die Geschichte eingehen – ein Bankett, bei dem der Fürst und die Seinen auf einen lebendigen, reliquienschreinähnlich mit Juwelen geschmückten Fasan ihr Gelübde ablegten.

Die Rivalität der Fürstenhöfe kam nicht zuletzt auch den Malern zugute, denen sie Auftraggeber und eine gesellschaftliche Funktion bescherte. Jean Fouquet etwa, in dessen Werk sich nach der Rückkehr aus Rom ein italienischer Idealismus mit menschlicheren Zügen und der alte, inzwischen abgemilderte flämische Realismus die Waage halten, wirkte gleichzeitig als Porträtist Karls VII. und seiner Geliebten Agnes Sorel, des königlichen Schatzmeisters und Sekretärs Étienne Chevalier und des Erzbischofs von Reims, Guillaume Juvénal des Ursins, sowie als Illuminator von Stundenbüchern und Chroniken, in denen er zum höheren Ruhm der Krone die großen Ereignisse der nationalen Geschichte in Szene setzte. Auch die Höfe König Renés, Philipps des Guten und Karls von Orléans zogen Maler und Dichter an. Der Fürst war es sich schuldig, offene Tafel für durchreisende Künstler zu halten, sie in seinem Palast zu beherbergen, mit ihnen zu wetteifern.

Die Verlegung der königlichen Residenz in die Touraine zeitigte einschneidende Folgen für die inneren Strukturen des politischen Lebens. Die Beziehungen zum Hof und die Beziehungen zu Justiz und Verwaltung wurden fortan unterschiedlich gehandhabt: Während Städte und Stände in Paris ständig Interessenvertretungen unterhielten, entsandten sie an die Loire lediglich von Zeit zu Zeit Gesandtschaften. Denn im Gegensatz zum verläßlichen Beamtenstab des Pariser *Parlement* oder Rechnungshofs war der Hof eine Brutstätte von Intrigen, eine sprunghafte, wankelmütige Welt, in der Günstlinge und Mätressen, Kammerherren und Haushofmeister das Regiment führten und keiner so recht wußte, wen er im anderen vor sich hatte.

In jenen Jahren warfen sich die beiderseits der Cité amtierenden Vertreter von Justiz und Finanzen zur autonomen Macht, zu lebendigen Repräsentanten der Krone auf. Sie identifizierten sich offen mit dem Staat, seit die Aussöhnung zwischen Frankreich und Burgund letztlich jedem recht gegeben hatte, welchem König er auch gedient haben mochte. In den fünfziger Jahren des 15. Jahrhunderts hatte sich dann zwischen den Behördenvertretern durch Eheschließungen und vielfältig verzweigte Familienverbindungen bereits ein so enger Zusammenhalt entwickelt, daß praktisch nur noch der zum Zuge kam, dessen Familie schon in der vorangegangenen Generation, als noch Getreue gesucht wurden, in diese Kreise Aufnahme gefunden hatte.

DIE WIEDERBELEBUNG DER WIRTSCHAFT

Der Krieg und mehr noch die Kriegspsychose, die ein Jahrhundert lang die Initiative auf allen Gebieten lähmte, die Investitionstätigkeit blockierte, die Bauern zum Aufgeben und die Kaufleute zur Zurückhaltung bewog, hatten ein zerstörtes und zerrüttetes Frankreich hinterlassen. Ganze Regionen wurden menschenleer, die ehedem bestellten Felder lagen brach. Das galt natürlich ganz besonders für die Gefechtszonen, diese im Wechsel eroberten und rückeroberten Randgebiete, die der nicht abreißende Kampf zwischen Franzosen und Engländern mit sichtbaren Spuren der Verheerung gezeichnet hatte: beispielsweise für die Weinbaugegend Entre-Deux-Mers, die Ile-de-France oder für die vor wie nach 1444 von plündernden *écorcheurs* heimgesuchten Provinzen Languedoc, Valois und Mâconnais. Aber es galt auch für arme, ungünstig gelegene oder schlecht geschützte Gegenden wie Hurepoix oder Morvan, deren Bewohner die ersten waren, die der Versuchung erlagen zu fliehen. Diese Bauern hatten nur wenig zu verlieren und fühlten sich von den reicheren, vordem mit Arbeitskräften gesättigten, nun aber relativ menschenleeren Anbaugebieten begreiflicherweise angezogen.

Mit der Abwanderung der Menschen und der Einstellung des Feldbaus hatten sich auch die Sozialstrukturen aufgelöst. Die Gemeinden überstanden diesen Zerfall nur mit Mühe und Not und tappten manchmal, weil die »dörfliche Erinnerung« abgerissen war, hinsichtlich der Besitzverhältnisse, Gepflogenheiten und Anbauweisen im dunkeln. Allerdings war dieser Gedächtnisschwund nicht so ausgeprägt, wie manchmal behauptet wird.

Die Infrastrukturen waren zerstört oder zumindest zerrüttet. Die Scheune war verfallen, die Fahrrinne durch Treibgut verstopft oder verkrautet, der Treidelpfad unterbrochen, die Brücke eingestürzt, der Kai abgebröckelt. Um die Wirtschaft wieder anzukurbeln, waren ungeheure Investitionen nötig, die die Fürsten – darunter auch Karl VII. – nach Kräften förderten, indem sie erstmals eine echte Wirtschaftspolitik in ihr Herrschaftskonzept einbezogen. König René befaßte sich in der Provence mit dem von den Viehzüchtern, diesen Dorfkapitalisten, bekämpften Einfriedungsrecht, Karl VII. ließ das Flußbett der Eure ausräumen, und ein jeder machte sich an den Wiederaufbau seiner Markthalle.

1447 griff der König von Frankreich – eine beachtliche Neuerung – in den privatrechtlichen Bereich ein: Er ermöglichte den weltlichen und kirchlichen Grundherren, zur Bestellung ihrer brachliegenden Ländereien neue Bauern anzuwerben, indem er ihnen die ständige Befürchtung, die Rechtsnachfolger der alten Zinsbauern könnten auftauchen, nahm: Die Gerichtsherren brauchten nur drei oder vier öffentliche Ausrufe anzuordnen. Nach drei- bis viermaliger Bekanntgabe nach dem Hochamt konnte der Herr, sofern sich niemand gemeldet hatte, seinen Grund und Boden beliebig anderweitig verpachten.

Außerdem kümmerte sich der König um das Problem hypothekenbelasteter Immobilien, deren Instandsetzung oder Wiederaufbau die Eigentümer aus Angst vor erdrückenden Zinsrückständen scheuten.

Nachdem so im Verlauf weniger Jahre die Rechtsverhältnisse für jede Parzelle in Stadt und Land geklärt waren, konnten die Grundbesitzer die Pachtzeiten je nach Bedarf verlängern (Pachtverträge über drei Generationen kamen in Gebrauch), Grundzinsen und Pachtgebühren ermäßigen oder sich an den Investitionen – Saatgut, Gerätschaften, Finanzierung – beteiligen und damit fast immer die erneute Bewirtschaftung vergrößerter

Betriebe erzielen, die dem Bauern sichereren Gewinn gewährleisteten. Auf diese Weise zogen die Grundherren landwirtschaftliche Arbeitskräfte an, die sie zum Teil in entlegenen Gegenden durch regelrechte Werbefeldzüge anheuerten. Poiteviner, Bretonen und Auvergnaten übersiedelten in die Gascogne, Berry und Limousin stellten Landvolk für das Angoumois, und die Provence erhielt Zustrom aus Piemont.

Geschäftstüchtige Kapitalisten nutzten das Heimfallrecht zur Vergrößerung bestehender Erbgüter oder zur Gründung neuer Domänen. Das alte, von der Allgemeinheit bis weit ins 14. Jahrhundert hinein mehr oder minder mit vasallitischer Abhängigkeit assoziierte Lehen verschwand, die Grundherrschaft wandelte sich zum Landgut. Nun gewannen – vom Salzhändler bis zum Dorfnotar und zum Kronbeamten – auf dem Land jene Leute die Oberhand, die die schweren Zeiten unbeschadet hatten überstehen können. Und es triumphierten die Notabeln, die den rechten Blick besaßen und sich auf Geschäfte verstanden, über flüssiges Kapital verfügten oder es durch Zusammenschluß beibringen konnten, zumal sie dank ihres Gewichts innerhalb der lokalen Gesellschaft keine allzu hohen Steuern zahlen mußten. Das aber bedeutete, daß sich die Stadt stärker als in der Vergangenheit in die ländlichen Belange einmischte. Dieses neuerwachte Interesse des Städters an der Landwirtschaft schlug sich schon bald im spürbaren Ausbau gewinnträchtiger Produktionszweige, vom Anbau gewerblich benötigter Nutzpflanzen bis zur Schafzucht, nieder: Man produzierte in einem bisher nicht gekannten Ausmaß für den Verkauf.

Viele wohlhabende, da weniger krisengeschädigte oder gewieftere Bauern nutzten die Gelegenheit, die Kluft zwischen sich und jenen armen Teufeln, die an Besitzvergrößerung nicht denken konnten, weiter zu vertiefen. Diese Landwirte, die die neue Ernte in Ruhe abwarten und große Parzellen der Herrschaftsgüter zu günstigen Bedingungen für mehrere Generationen oder auf Dauer pachten konnten, waren die wirklichen Herren von Grund und Boden. Somit hatte der ländliche Wiederaufbau, der je nach den regionalen Verhältnissen zwischen 1440 und 1470 – das heißt in befriedeten und fruchtbaren Gegenden früher, auf mageren Böden und in Krisengebieten später – einsetzte und erst zu Beginn des 16. Jahrhunderts wirklich zum Abschluß gelangte, seine Gewinner und seine Stiefkinder.

Ganz ähnlich brachte die Expansion dem flachen Land weniger Gewinn als der Stadt. Der Nutznießer der neuen Bodenrente lebte in der Stadt und gab hier auch im wesentlichen den finanziellen Ertrag seiner Domäne aus.

Nicht minder große Gegensätze schuf die staatliche Finanzpolitik, die die Wirtschaftsentwicklung durch steuerliche Anreize anzukurbeln suchte und das politische Bestreben widerspiegelte, die eigene Klientel permanent zu hätscheln. Auch hier genossen die Städte eine Vorzugsbehandlung, produzierten sie doch durch ihre Geschäftsaktivität am schnellsten einen steuerlich abschöpfbaren Mehrwert. Einem Hafen oder einem Finanzplatz Steuererleichterungen zu gewähren war für den Fürsten eine lohnendere Investition, als sie einem Getreideanbaugebiet einzuräumen. So kam das flache Land kaum je in den Genuß eines Steueraufschubs oder der Steuerbefreiung. Im Languedoc, wo der König seine Steuer selbst aushandeln mußte, bewilligten die Stände die *aides* nur gegen Handelsprivilegien; hier mußten die Kronbevollmächtigten die Zustimmung von Toulouse oder Montpellier, denen sich die übrigen Kommunen dann anschlossen, mit gewissen lokalen Steuererleichterungen erkaufen. In der Normandie, die zu ihrem Leidwesen ein Viertel des königlichen Steueraufkommens zu bestreiten hatte, wies man voller Neid darauf hin, daß Paris zum Beispiel 1460 weniger Steuern abgeführt hatte als Vire oder Gisors.

Doch den politisch zweckdienlichen Lösungen waren Grenzen gezogen. Zwar konnte der König Wegegelder und Brückenzölle aufheben, zahlreiche neue Messen ins Leben rufen, den alten immer neue Privilegien gewähren und Lyon fördern, indem er den Franzosen den Besuch der Genfer Messen untersagte. Trotzdem aber kam es selbst im Staatsrat zu Interessenkollisionen, hemmte doch jede Lyon gewährte Vergünstigung den Aufschwung der Messen im Languedoc. Das Haupthindernis für den Fortschritt jedoch lag in der Denkweise der Zeit. Nach wie vor stellten die besitzenden Kreise den Erwerb wenig produktiver Grundherrschaften und unrentabler Wohnsitze – mit anderen Worten, Prunk und sichtbares Emporkommen – über die wirtschaftlich einträgliche Investition. Noch immer herrschte ein mehr oder minder bewußter Widerwille gegen die Geschäfts- und Banktechniken, die den Erbübeln des abendländischen Mittelalters – den unzureichenden Zahlungsmitteln, dem kirchenrechtlichen Verbot von Darlehen gegen Zinsen, dem schleppenden Informationsfluß – endlich hätten abhelfen können. Das von den Italienern in

Frankreich und andernorts vorexerzierte Beispiel wurde nur zögernd nachgeahmt, gerade als hielten die französischen Geschäftsleute die Verbesserungen in der Buchführung, die Vereinfachung des gezogenen Wechsels – und damit des Kredits – durch die Einführung des einfachen Wechsels und die Vorformen des späteren Versicherungswesens für überflüssig. Die Franzosen sicherten sich nach wie vor durch Streuung ihrer Geldanlagen und gründeten, wenn sie Kapital aufnehmen wollten, Personengesellschaften vor dem Notar.

Ein Mann indessen versuchte aus dieser Routine, deren kühnste Spekulationen sich auf die Pacht der Salzsteuer und anderer Steuern richteten, auszubrechen: Jacques Cœur. Doch trotz der ungewöhnlichen Vielzahl seiner Unternehmungen und des Umfangs seiner Investitionen blieb auch er ein Franzose seiner Zeit. Statt sich für das atlantische Abenteuer zu interessieren, versuchte er den Italienern in ihrem traditionellen Handelszweig, im Orienthandel, Konkurrenz zu machen. Aber so viele Geschäfte er auch nebeneinander betrieb und so geschickt er alle Karten ausspielte, der Gedanke an eine echte wirtschaftliche Integration kam ihm nicht einmal im Traum. Vielfalt bedeutete für ihn lediglich Sicherheit, sie war kein System. Auch Jacques Cœur ließ sich sein gesellschaftliches Ansehen etwas kosten und sah keinen Grund, diesen Zwang zu durchbrechen. Denn mochte dem Prunk zuliebe auch noch so viel Kapital fruchtlos vergeudet werden, hatte Reichtum nach Auffassung der Zeit doch nur insofern Sinn, als er zur Nobilitierung führte.

Der Kürschnerssohn aus Bourges war in erster Linie Kaufmann. Als *argentier* (Hoflieferant) des Königs belieferte er den Hof mit allen Erzeugnissen des Mittelmeerhandels und der Luxusgewerbe in Orient und Okzident. Er verkaufte Juwelen und Goldarbeiten, Pelze und Seidenwaren, feinste Wollstoffe aus Italien und Brabant, golddurchwirkte Tuche aus der Toskana und Waffen aus dem Mailänder Raum. Daneben fungierte er als Bankier des Königs und der Großen, pachtete Salinen, Bergwerke, Münzstätten und Steuern, betätigte sich, sein Wirkungsfeld über die Grenzen hinaus erweiternd, in Florenz als Industrieller, in Aigues-Mortes als Reeder und in Damaskus als Handelsherr.

Jacques Cœur spekulierte mit Edelmetallen, exportierte Silber nach Syrien und führte Gold nach Frankreich ein, rüstete, um beim Handel mit europäischen Woll- und orientalischen Seidenwaren die italienischen Vermittler abzuhängen, eine eigene Galeerenflotte aus und hatte in allen

Handelsplätzen des Mittelmeerraums von Alexandria bis Barcelona seine Geschäftspartner sitzen.

So gelang Jacques Cœur in kurzer Zeit ein steiler Aufstieg. 1442 wurde er zum Ratgeber des Königs ernannt und war an der Sanierung der Währung und der Neuordnung des Steuerwesens maßgeblich beteiligt. Er rückte in den Adelsrang auf, sein Sohn wurde zum Erzbischof geweiht.

Doch wie alle Geschäftsunternehmen dieser an flüssigen Mitteln armen Zeit war auch Jacques Cœurs Imperium anfällig. Ein übertrieben hoher Kapitalanteil war durch Investition in den unvermeidlichen Grundbesitz gebunden, der Zwang zur Prunkentfaltung – für die der Palast in Bourges nur ein Beispiel liefert – schränkte produktivere Anlagemöglichkeiten fatal ein und minderte damit die Krisenfestigkeit. 1451 fiel Jacques Cœur seiner eigenen Unvorsichtigkeit, vor allem aber dem Neid zum Opfer: Er wurde der Veruntreuung beschuldigt und verhaftet, konnte aber fliehen und beschloß seine Tage 1456 in päpstlichen Diensten auf Chios.

Wenn Jacques Cœurs Unternehmen ihren Gründer auch nicht überdauern sollten, so hatte seine Kühnheit doch die französische Wirtschaft belebt und damit bleibende Folgen gezeitigt. Zwar kam es damals niemand in den Sinn, seine – wie es den Zeitgenossen allgemein erschien – Mißgriffe nachzuahmen; seine langfristigen Planungen und unmittelbaren Methoden aber sollten den Regierenden und Geschäftsleuten gleichwohl im Gedächtnis bleiben. Namentlich Ludwig XI. sollte aus Cœurs Experiment sehr rasch die Lehren ziehen.

DAS BÜRGERLICHE LEBEN

Seit sich der Kriegeradel auf Landsitze zurückgezogen hatte, die mit dem Verzicht auf Verteidigungsanlagen an Wohnlichkeit gewonnen hatten, gaben in der Stadt die bürgerliche Geschäftswelt und der Richter- und Advokatenstand den Ton an. Die bürgerliche Kunst blühte auf. In der sichtbaren Rangordnung der städtischen Gesellschaft überholten die Modewarenhändler die Goldschmiede und die Zinngießer die Schwertfeger; sämtliche der Manifestation bürgerlichen Wohlstands dienenden Tätigkeitszweige florierten.

Nach einem Jahrhundert städtischer Krisen setzte die Bautätigkeit wieder ein. Da aber der Bevölkerungsrückgang den Umzug in die besten Häuser gefördert hatte, nahmen die neuen Eigentümer nun vor allem den Umbau bestehender Gebäude in Angriff.

Die neue Schichtung der städtischen Vermögensverhältnisse – Finanzwelt, Justiz, Handel, Handwerk, Arbeiterschaft – prägte das Stadtbild. Man errichtete keine neuen Kathedralen mehr wie zu der Zeit, als sich die Stadt als geschlossene Körperschaft auf dem politischen Schachbrett behauptet hatte. Nun bevorzugten die frommen Geldgeber eher die Pfarrkirche oder das Kloster, die den Stolz des Viertels bildeten und seinen Bewohnern vor Augen führten, wer im betreffenden Stadtteil Rang und Namen hatte. Hier versammelten sich die Bruderschaften, in denen der Partikularismus des Bürgers im kultischen Bereich Ausdruck fand. Jeder verehrte seinen eigenen Heiligen und wollte dementsprechend auch seine eigene Kapelle haben.

Der Jurist und der Kaufmann, die den Palast des Barons oder des Erzbischofs umbauten, wollten mit ihrer ausgeprägten Vorliebe für den Stein zeigen, was sie sind, und ihren Aufstieg zum Bürgeradel demonstrieren. So erweiterten, renovierten und verzierten sie die vordem nüchternstrengen *hôtels.* Jacques Cœurs Palast in Bourges liefert nur ein, allerdings aufschlußreiches, Beispiel für diesen Wohnstil, dessen Komfort nicht einfach später hinzugefügt worden war wie ehedem die versetzbaren Gobelins, die neben ihrer Zierfunktion den großen Sälen auch eine gewisse Wärme verliehen, sondern zugehöriger Bestandteil einer Architektur war, die hinfort den Familienstrukturen und beruflichen Erfordernissen Rechnung trug.

Daneben jedoch spielte der Bürger auch gern den Junker. Ritterromane wie Froissarts alter *»Méliador«* oder *»Ogier le Danois«* von Jean d'Outre-Meuse füllten die Bibliotheken und etwas später die Kasse der ersten Buchdrucker. Doch mochte sich der Bürger auch einreden, die Sehnsucht nach dem Rittertum liege ihm im Blut, seine eigentliche Vorliebe galt doch dem Theater, in dem sich Ereignis, Traum und Gemeinschaftsaktion miteinander verbanden. Die ganze Stadt beteiligte sich an diesem im Zeichen ausgelassener Festtagslaune stehenden Spektakel.

Das Mirakelspiel führte das Wunderbare vor Augen, war aber durch seine zeitliche und örtliche Fixierung zugleich ein Selbstporträt der Gesellschaft. Stücke wie die *»Bourgeoise de Narbonne«* oder der *»Clerc de*

Rouen« waren indessen kaum mehr als Versuche. Die selbst nach dreihundert Jahren unvermindert zugkräftigen Meisterwerke bleiben Rutebeufs *»Miracle de Théophile«* (»Das Theophilwunder«) und die verschiedenen, von Gautier de Coincy inspirierten *»Miracles de Notre-Dame«:* Der Bürger ist konservativ.

Dafür stellte das Mysterienspiel eine echte Neuerung dar. Es zeigt die Erlösung in der Sicht einer realistischen Zeit, die die Passion mit Leiden und die Hölle mit dem Sudkessel gleichsetzt. Während sich die Bilderwelt der Tympana und der Kirchenfenster an die Eingeweihten wandte, sprach der anspruchslose Handlungsverlauf und die stark überzogene Charakterzeichnung der Mysterienspiele den einfachen Gläubigen an. Handelt es sich bei der *»Passion«* von Arras und der von Autun noch um schlichte Bühnenbearbeitungen des Evangeliums, so verband zur selben Zeit der Organist von Notre-Dame zu Paris, Arnoul Gréban, in seinem viertägigen *»Mystère de la Passion«* bereits die aus dem Evangelienbericht entnommene Geschichte mit der Symbolik der alten Evangelienharmonien und setzte dem Handlungsverlauf durch wirklichkeitstreue, aus Werkstatt und Verkaufsbude entlehnte Rede- und Verhaltensweisen pittoreske Glanzlichter auf.

Um 1485 sollte dann Jean Michel, seines Zeichens Arzt und Professor der Medizin zu Angers, Grébans Werk überarbeiten und die darin enthaltene Botschaft stärker herausformen. Michels Stil ist lebendiger, seine Weltbetrachtung differenzierter. Seine Bemühung, Gottes Wort unters Volk zu bringen, hatte vollen Erfolg: Man spielte ihn nicht nur in Angers, sondern auch in Paris und Valenciennes, und im Verlauf von sechzig Jahren folgten siebzehn Auflagen.

Auch andere Mysterienspiele erfreuten sich großer Beliebtheit, so das des heiligen Adrian in Burgund und in der Provence, das des heiligen Andreas und des heiligen Quentin in der Picardie und das der heiligen Krispin und Krispinian in Rouen und Paris. All diese Spiele zeigen das doppelte Bestreben, den Bibelbericht der Gegenwart anzupassen und die heilige Geschichte mit moralisierenden und unterhaltsamen Erfindungen anzureichern.

Denn die Vorliebe des Bürgers für die Bretter, die die Welt bedeuten, erwuchs nicht nur aus eitler Frömmigkeit. Das Geselligkeitsbedürfnis des Städters verlangte nach Festen, und Feste kamen ohne Theater nicht aus. Der Einzug eines Fürsten in die Stadt diente als Vorwand, um an den

Straßenkreuzungen lebende Bilder darzustellen, und auch die Prozession führte gerne derartige Darbietungen in ihrem Gefolge. Ob man das Fest des heiligen Namenspatrons der Pfarrei oder der Bruderschaft, der Zunft oder der Stadt beging, Fastnachtsdienstag oder den Johannistag mit seinen bei Sonnenuntergang entzündeten Feuern feierte, stets wurde die Gelegenheit genutzt, den ganzen Tag über Theater zu spielen. Große Publikumserfolge waren die Narrenspiele, die *soties,* komische Dialoge zwischen »Narren« und »Närrinnen«, oder anders gesagt, knappe Karikaturen des Geistlichen, des Gelehrten, des Richters und des Kaufmanns beziehungsweise ihrer Ehefrauen. Ebenso beliebt waren die Farcen, Possen mit mehreren handelnden Personen, in denen die bekannten Triebkräfte des bürgerlichen Lebens als Aufhänger für ein Sittengemälde dienten und Verkleidungen und Verwechslungen beziehungsweise Vertauschung der Rollen das Publikum auf billige Art amüsierten. Man lachte über den Pfarrer, bewunderte die Intelligenz des schlauen Fuchses und gönnte dem Geizhals seine Tracht Prügel. Im Meisterwerk dieses Genres, der *»Farce de maître Pathelin«*, legt der geriebene Schäfer den Advokaten, der sich für den Schlaueren hält, zu guter Letzt herein. Diese in den sechziger Jahren des 15. Jahrhunderts verfaßte Farce verdankte ihre Zugkraft ebensosehr einer bereits im 13. Jahrhundert in manchem Fabliau und im 14. Jahrhundert von Eustache Deschamps gepflegten Tradition wie der schöpferischen Phantasie eines boshaften zeitgenössischen Beobachters.

Die Theateraufführung gewann nun die Durchschlagskraft einer Art Gesellschaftskundgebung, das Spektakel rollte nach festen Regeln ab. Zum Auftakt gab man eine *sotie* oder eine Predigtparodie; dann folgte ein Mysterienspiel oder ein Moralstück, das die Darbietung auch in den Augen der Moralapostel rechtfertigte, und zum Abschluß gewann mit einer Farce das komödienhafte Element wieder die Oberhand. Die Schauspieler schlossen sich dauerhaft zu einer Truppe zusammen und legten ihren Spielplan fest. Das Theater wurde zur stehenden Einrichtung im Leben der Stadt oder Zunft – ein Umstand, den sich Schöffen und Fürsten zunutze machten: Sie spornten, wie ehedem die Darsteller der lebenden Bilder, nun die Schauspieler durch Preise wie Goldarbeiten oder Kleidungsstücke zum Wettstreit an und banden dadurch das Spiel an ihre eigene Person.

Nicht nur die Themen der Stücke, auch Rahmen und Personen waren dem bürgerlichen Leben entnommen. Beispielsweise begann die Inszenierung in der Schenke mit dem Auftritt des Dichters, der mit beredten Gebärden auf der Bretterbühne seine Verse skandierte. Wie François Villon, der in den Fluß seines *»Testament«* Balladen und Rondeaus einflocht, versuchte auch er zu zeigen, was er kann, und ließ in der Hoffnung, davon eines Tages leben zu können, sein vielseitiges Talent spielen. So flossen schon sehr bald Bilder und Dialoge, die der Straße, der Schenke und der Werkstatt abgelauscht waren, in die Inszenierung ein, womit das Theater als Gesellschaftsbelustigung gleichzeitig der Gesellschaft den Spiegel vorhielt.

KAPITEL XII

Aufbruch in die Neuzeit 1460–1515

DIE MONARCHIE

Philipp der Gute hatte sich hinsichtlich seines Schützlings, des Dauphins Ludwig, gewissen Illusionen hingegeben, an denen er auch bei Ludwigs Thronbesteigung im Juli 1461 noch festhielt: Der Herzog von Burgund wich dem Herrscher nicht von der Seite, trug die Krönungskosten, ritt dem König nach Paris voraus und bezahlte auch hier die Festveranstaltungen. Doch schon bald ging dem Burgunder auf, daß er überflüssig war, und so kehrte, als sich Ludwig XI. in die Touraine verfügte, auch er nach Hause zurück.

Der neue König dachte nicht daran, die Regierungsgeschäfte an irgend jemanden abzutreten. Experten als Ratgeber, schlichte Befehlsvollstrecker wie der Barbier Olivier Le Daim als Getreue – eine solche Umgebung verdient nicht als Regierung bezeichnet zu werden. Ludwig XI. war ein Einzelgänger, der sich umhörte, viel las, seine Entscheidungen allein traf. Er empfing Gesandtschaften, korrespondierte mit seinen Beamten, bereiste die Städte seines Königreichs, kurzum, er scheute keine Mühe, um die Meinung des Volkes in Erfahrung zu bringen und sich selbst ein Bild von den politischen und wirtschaftlichen Verhältnissen zu machen. Denn er mißtraute Informationen aus zweiter Hand.

Am 3. Juli 1423 in Bourges geboren, hatte der Herrscher als Kind unter den ungesicherten Verhältnissen und als Erwachsener unter dem langen Hinwarten auf die Krone zu sehr gelitten, um sich die Freuden selbständigen Handelns zu versagen. Als er mit achtunddreißig endlich an die Macht kam, wollte er die Fäden selber ziehen. Nicht umsonst nannte ihn Philipp von Commynes, ein 1472 in königliche Dienste getretener ehemaliger Parteigänger des Herzogs von Burgund, *»l'universelle araignée«*, »die allgegenwärtige Spinne«. An der Seite eines solchen Mannes aber war nur Platz für Leute bescheidenen Standes, die ihm, da sie ihm alles verdankten, zu Treue verpflichtet waren, nicht jedoch für Fürsten, die sich einfallen lassen konnten, auf Rechte zu pochen.

Ludwig XI., sowohl durch seine persönliche Vorliebe für Intrigen und diplomatische Schachzüge als auch durch seine Abneigung gegen den Krieg für eine solche Herrschaftsauffassung prädestiniert, gab dementsprechend den bescheidenen Handlangern, den diskreten Informanten und dienstwilligen Beamten den Vorzug vor den nach Großtaten dürstenden Ruhm- und Ehrsüchtigen. Der Adel sprach wie immer, wenn er seine politische Macht verfallen sah, vom schlechten Umgang des Monarchen – auch in diesem Fall nicht ganz zu Unrecht: In der Tat fanden sich unter den Hofbeamten etliche Halunken.

Doch auch den Dienern der Monarchie wurde 1461 durch eine Welle von Entlassungen unmißverständlich klargemacht, daß Verwaltung und Finanzen des Königs nicht ihre Privatdomäne darstellten, daß sie in den öffentlichen Angelegenheiten kein Mitspracherecht besaßen, was sich die im Amt Belassenen wie die in Ungnade Gefallenen, dann aber rasch wieder Rehabilitierten denn auch gesagt sein ließen. Klerus, Adel und gelehrte Räte wiederum wurden durch Steuermaßnahmen und geschickt dosierte Schikanen irritiert und in die Knie gezwungen, wohingegen das Bürgertum durch erfolgversprechende Wirtschaftsentscheidungen geködert wurde. So regulierte der König das Gleichgewicht der politischen Kräfte ganz nach seinen Wünschen.

Die Reaktion des hohen und niederen Adels auf die nicht abreißenden Übergriffe der Monarchie auf seine politischen, rechtlichen und steuerlichen Prärogativen ließ nicht lange auf sich warten. Er schloß sich in der *Ligue du Bien public,* der »Liga für das Gemeinwohl«, zusammen und trug mit dem alten Lied vom schlecht beratenen König seine bekannten Forderungen – Einberufung der Generalstände, Abschaffung der *aides* – wieder vor. In Wirklichkeit versuchten die Großvasallen natürlich, den König an die Kandare zu nehmen und die Finanzverwaltung an sich zu reißen, während der niedere Adel sich wiederum von der Bewegung einen gewissen Profit erhoffte.

Aber obwohl sich Karl von Frankreich, der Bruder des Königs, an die

Spitze der Revolte setzte, um seinerseits auch auf der politischen Bühne eine Rolle zu spielen, stand Ludwig XI. nicht ganz so allein da, wie es zunächst den Anschein hatte. Zwar stürzten sich die meisten Fürsten Hals über Kopf in die Affäre; aber Philipp der Gute taktierte doch mit äußerster Vorsicht, König René hielt sich heraus, und Gaston IV. von Foix verhütete durch seine Loyalität einen Aufstand im Languedoc, der sich nur schwer hätte unter Kontrolle bringen lassen. Der niedere Adel mißtraute den Fürsten mindestens ebensosehr wie dem König, der Klerus zeigte sich zwiespältig, die Beamtenschaft mochte sich nicht engagieren. Die Geschäftswelt hatte für eine Wiederaufnahme des Bürgerkriegs, der dem Land so teuer zu stehen gekommen war, nichts übrig, und das einfache Volk wußte nur zu gut, wen die für die künftigen Leibrenten der Fürsten erforderlichen Steuern letztlich treffen würden. So waren, mochten auch manche die Eindämmung der königlichen Willkür wünschen, doch nur wenige zu Risiken bereit.

Nun besaßen die Fürsten zwar, vor allem in Deutschland, Verbündete, aber der König hatte den Herzog von Mailand, Francesco Sforza, und die Lütticher auf seiner Seite. Während Sforza seinen Sohn mit einem Heer schickte, griffen die Lütticher Burgund an und hielten so Philipp den Guten davon ab, sich intensiver in die französischen Belange einzumischen.

Herzog Johann II. von Bourbon, der Sieger von Formigny, konnte jedoch seine Ungeduld nicht länger zügeln und eröffnete im März 1465 ohne Abstimmung mit den anderen den Krieg gegen den König. Ludwig XI. indessen, der dank der von seinem Vater aufgestellten Ordonnanzkompanien über ein stehendes Heer verfügte, schlug unverzüglich zurück, griff das Berry seines Bruders Karl und anschließend das Bourbonnais an. Als der Graf von Charolais – Karl der Kühne, der Sohn des Herzogs von Burgund – im Juni seinerseits in den Krieg einzutreten beschloß, hatte Bourbon bereits um einen Waffenstillstand nachgesucht.

Paris hatte den »Ligisten des Gemeinwohls« den Einzug verwehrt: In Erinnerung an die Jahre nach 1410 waren sich die Notabeln von Justiz und Geschäftswelt darin einig, den Frieden zu wahren. So kam es am 15. Juli bei Montlhéry zwischen Ludwig XI. und den Burgundern zu einer Schlacht, nach deren ungewissem Ausgang zwar jede Seite den Sieg für sich beanspruchte, es aber nicht wagte, Kapital daraus zu schlagen. Auf eine langwierige Belagerung von Paris jedoch konnten sich die Verbündeten nicht einlassen, und an Erstürmung war nicht zu denken, war doch zur Zeit des Hundertjährigen Krieges jeder »Einmarsch« in die Hauptstadt durch halbgeöffnete Tore erfolgt.

Die Lage blieb undurchsichtig. Ludwig XI. hob in der Normandie Truppen aus, sah aber immer mehr seiner Anhänger zur Gegenseite überlaufen. Als die Ligisten Pontoise, Péronne und schließlich Rouen besetzten, machte der König Miene nachzugeben und bewilligte den Fürsten in den Verträgen von Conflans und Saint-Maur-des-Fossés vom Oktober 1465 die wesentlichen Punkte ihrer Forderungen. Karl von Frankreich erhielt die Normandie, Karl der Kühne den größten Teil der Picardie. Philipp der Gute konnte die Lütticher bestrafen, Dunois empfing einige Ländereien, der Graf von Saint-Pol das Konnetabelschwert, und dem Herzog von Bourbon schließlich bot Ludwig eine Generalstatthalterschaft an.

Die bescheidenen Forderungen anderer dagegen schlug der scheinbar so großzügige König in kühler Berechnung ab. Armagnac, Albret und Nemours hatten, wie es schien, die Arbeit für andere geleistet, der niedere Adel fühlte sich von den Großvasallen ausgenutzt, das einfache Volk mußte die Rechnung bezahlen, was die Betroffenen den Ligisten, nicht dem König verübelten.

Nachdem er die Front seiner Feinde auf diese Weise gespalten hatte, entzweite Ludwig XI. jene, die die Früchte ihres Scheinsieges genossen. Da sich Franz II. von der Bretagne an der Seite Karls von Frankreich öffentlich als Herr der Normandie aufspielte, tat der König so, als wolle er seinem Bruder beispringen, nahm ihm das Herzogtum Normandie wieder ab und gab ihm dafür das Roussillon: Im Pyrenäenraum war Karl eindeutig weniger gefährlich als an der Seine.

Während der König seine Rachegelüste mit einigen Beweisen der Ungnade unterstrich, schürten französische Agenten das in Lüttich schwelende Feuer, und beim Tod Philipps des Guten im Jahre 1467 unterstützte Ludwig XI. die Umtriebe des Grafen von Nevers, der Anspruch auf Brabant erhob.

Im gleichen Jahr jedoch machten die Fürsten unter Karl von Frankreich erneut gemeinsam gegen die Krone Front. Franz II. fiel in die Normandie ein, der neue Herzog von Burgund, Karl der Kühne, marschierte nach Lüttich, Johann II. von Alençon bot den Bretonen seine Festungen an. Ludwig XI., der zu seinem Glück Separatverhandlungen führen konnte, ließ die Lütticher fallen, schloß Frieden mit Alençon, dann mit Franz II. und berief schließlich die Generalstände ein, die die Normandie für unveräußerlich erklärten.

Umgekehrt gelang es Karl dem Kühnen, seine Position zunehmend auszubauen. Er heiratete die Schwester Eduards IV. von England, forderte für eine diplomatische Unterredung von Ludwig XI. sechzigtausend Écus, ließ den König bei diesem im Oktober 1468 in Péronne anberaumten Treffen zappeln, ja, nahm ihn auf die Nachricht vom neuerlichen Aufstand der von den königlichen Agenten dilettantisch unterstützten Lütticher hin für drei Tage gefangen. Der König seinerseits bestach einige Anhänger des Herzogs – bei dieser Gelegenheit begann er auch Commynes »umzudrehen« –, versprach alles, was der Burgunder wollte, und wohnte sogar an der Seite des Herzogs der Bestrafung der Lütticher bei. Damit brachte er sich zwar persönlich in Mißkredit, gewann aber Zeit.

Diese nutzte er, um die nächste, wieder unter Beteiligung seines Bruders angezettelte Verschwörung zu vereiteln. Der Kardinal Balue sollte sie mit elf, der Bischof von Verdun, Harancourt, mit dreizehn Jahren Kerker bezahlen. Und wenn der eiserne Käfig auch ins Reich der Märchen gehört, trieb die Lektion doch den anderen Ratgebern die Lust, Verrat an ihrem Herrn zu üben, gründlich aus und nahm dem Herzog von Burgund jede Chance, im französischen Staatsrat Anhänger zu gewinnen. Karl von Frankreich verzichtete öffentlich auf alle Ansprüche auf Normandie und Berry und erhielt die Guyenne, wo er für die Krone keine Gefahr mehr darstellte, eine Krone, deren designierter Erbe er aber im übrigen blieb.

Die Generalstände, die im April 1468 einberufen worden waren, um den ehrgeizigen Plänen des Königsbruders einen Riegel vorzuschieben, äußerten die Empfehlung, ein andermal auf ihre Mitwirkung zu verzichten, wußte doch jeder nur zu gut, wie teuer ihn eine solche Einberufung zu stehen kam.

Offensichtlich hatten sich die Stände mit der königlichen Willkür abgefunden. Die der *Langue d'oc,* die als einzige noch wirklich eine Rolle spielten, fungierten fast nur noch als Informanten der Regierung. Von Zeit zu Zeit hielten sie den Forderungen des Fiskus ein düsteres Bild der Wirtschaftssituation entgegen. Von handfesten Einwänden gegen die Steuer oder der Durchsetzung von Reformen jedoch konnte nicht mehr die Rede sein. Dafür nutzten die Beamten, die die brutale Säuberung des Jahres 1461 nicht vergessen hatten, die Situation, um sich zu Zensoren der königlichen Macht aufzuwerfen. Bei diesem Kampf gegen die Willkür des Monarchen, in Wahrheit einem Rivalitätskampf zwischen bestallter Beamtenschaft und Günstlingen mit undefinierbarer Machtfülle im Staatsrat und bei Hof, tat sich das Pariser *Parlement* besonders hervor. Es mochte bei den angesetzten politischen Prozessen nicht nach des Königs Pfeife tanzen und fand sich nur zögernd zur Verurteilung des Herzogs von Nemours bereit. Ludwig sah sich mehrfach genötigt, von einer Befugnis Gebrauch zu machen, die ihm die Richter schwerlich absprechen konnten: bei »Rechtsverweigerung« persönlich Justiz zu üben und damit Aufstände ohne ordentliches Verfahren zu bestrafen.

Im großen und ganzen aber bewog schon die Angst die Fürsten zu vorsichtiger Zurückhaltung, zumal das Feudalbündnis von 1471 noch ein langes Nachspiel hatte. Zwar schloß der König mit Herzogin Yolande von Savoyen Frieden, weil sie seine Schwester war und er Savoyen brauchte. Das Los verschiedener anderer Aufständischer dagegen war ganz davon angetan, die Leidenschaften abzukühlen, und außerdem raffte der Tod 1472 den Königsbruder Karl dahin, den seine Ungeduld zum Anführer potentieller Rebellen prädestiniert hatte.

Auch Franz II. gegenüber hatte sich der König konziliant gezeigt, war er doch auf die Bretagne ebenfalls angewiesen. Der Herzog von Alençon wurde wegen Beteiligung an der Verschwörung von 1471 verurteilt und anschließend begnadigt, sein Sohn René ins Gefängnis geworfen. Andere hochgestellte Barone kamen weniger glimpflich davon; schließlich galt es Exempel zu statuieren. 1473 nahm ein Heer Lectoure, die Hauptstadt der Grafschaft Armagnac, ein; Johann V. von Armagnac kam bei dem Zusammenstoß ums Leben, die Grafschaft selbst wurde aufgeteilt.

Seine Getreuen dagegen bedachte der König mit entsprechendem Lohn. Peter von Beaujeu, sein Schwiegersohn, erhielt den Löwenanteil der Hinterlassenschaft des Grafen Johann von Armagnac. Und die Elite der französischen Ritterschaft wurde in den 1469 in Konkurrenz zum Goldenen Vlies gestifteten Orden vom heiligen Michael aufgenommen, womit der Adel fürs erste gebändigt war.

Das gleiche gilt auch für den Klerus. Seit dem Scheitern der Gesandtschaft Kardinal Wilhelms von Estouteville im Jahr 1452 kreisten Frankreichs Beziehungen zum Heiligen Stuhl um die eine Frage: Sollte man die Pragmatische Sanktion von Bourges, die Grundlage der ausschließlich für den König vorteilhaften gallikanischen »Freiheiten«, beibehalten oder abschaffen? Die feindselige Haltung Pius' II. drohte ein Konzil heraufzubeschwören, an das die Universität Paris bereits 1457 gedacht und das bis ins Reich hinein überall ein positives Echo gefunden hatte. Pius II. hatte sich vom Regierungsantritt Ludwigs XI. eine Wende in der französischen Politik erhofft. In der Tat war der König in Italien auf das Bündnis mit dem Papst angewiesen, und außerdem beließ die Pragmatische Sanktion, die ihm als Schöpfung seines Vaters Karl VII. ohnedies suspekt war, dem Klerus und den Universitäten für seinen Geschmack eine zu große Unabhängigkeit.

Da aber Ludwig XI. andererseits nicht daran dachte, dem Papst seine frühere Machtfülle und seinen ehemaligen Einfluß wieder einzuräumen, leitete er eine Schaukelpolitik in die Wege, deren Initiative stets bei ihm selber lag. Sie ermöglichte ihm das Regiment über seinen Klerus und die praktische Verfügung über die unterschiedlichsten Pfründen, vor allem die Bistümer. Ein 1472 mit Sixtus IV. ausgehandeltes Konkordat – der König brauchte zu diesem Zeitpunkt dringend die Hilfe des Papstes, um die Ehe zwischen Karl von Frankreich und Maria, der Erbin von Burgund, zu verhindern – wurde nicht ratifiziert. Als Sixtus IV. Unmut äußerte, gab Ludwig XI. vor, ein Konzil vorbereiten zu wollen, und berief als Antwort auf die Annäherung des Papstes an Maximilian von Habsburg zur Beunruhigung der Kurie im September 1478 tatsächlich ein recht willfähriges gallikanisches Konzil nach Orléans ein. Auf der Versammlung der Generalstände in Tours 1484 wurde dann zwar viel von den gallikanischen Freiheiten und der Pragmatischen Sanktion geredet, aber nicht an den Status quo gerührt. Diese für den Empiriker Ludwig XI. kennzeichnende Politik führte die Regentschaft nach Ludwigs Tod unter dem minderjährigen Karl VIII. fort.

Unterdessen verloren die Vertreter der Universität den letzten Rest an Unabhängigkeit. Hatte ihnen Karl VII. das Jurisdiktionsprivileg entzogen, so untergrub Ludwig XI. den Ruhm der Pariser Magister, der durch die Konkurrenz der während des Krieges gegründeten Universitäten ohnehin schon beeinträchtigt war, durch Gründung der Universität Bourges noch weiter. Und Ludwig XII. sollte den politischen Niedergang der Universität Paris dann vollends besiegeln und ihr 1499 auch noch das Streikrecht nehmen.

Beim Tod Ludwigs XI. im Jahr 1483 setzte die politische Agitation der Fürsten erneut ein. Ohne die Regentschaft wirklich systematisch vorzubereiten, hatte Ludwig XI. das Königreich seiner Tochter Anna und ihrem Mann Peter von Beaujeu anvertraut. Andererseits hatte er den nächsten Prinzen von Geblüt, Herzog Ludwig von Orléans, den Sohn des Dichter-Fürsten, durch Vermählung mit seiner anderen Tochter, der behinderten Johanna von Frankreich, gewissermaßen sterilisiert. Obwohl den Orléans damit die Möglichkeit, Thronpolitik zu treiben, benommen war, glaubten die Großvasallen an die Wiederkehr der alten Zeiten.

Doch die Beaujeu zeigten sich in ihren Ambitionen zwar gemäßigt, in ihren Entschlüssen aber fest und im Auftreten autoritär. Vor allem jedoch ließen sie kluge Umsicht walten und holten die bei Ludwig XI. in Ungnade Gefallenen zurück. Der alte Herzog von Bourbon, der Held von Formigny, rückte zum Konnetabel von Frankreich auf, der Herzog von Orléans und der neue Herzog von Alençon gewannen bedeutenden Einfluß. Die von Ludwig XI. abgesetzten Räte des *Parlement* wurden wieder eingestellt, und auch die Diener des verstorbenen Königs blieben auf ihren Posten – mit einer einzigen bemerkenswerten Ausnahme: Olivier Le Daim wurde gehängt.

Da die Fürsten und die Beaujeu über die Zusammensetzung des Staatsrats sich jedoch nicht einigen konnten, beriefen sie die Generalstände ein, von denen sich jede Seite eine Stärkung ihrer politischen Position erhoffte. Dabei gelang es den geschickter taktierenden Beaujeu, die Abgeordneten von den Wahlmännern aller drei Stände gemeinsam wählen zu lassen. Dieses Verfahren, das die Vertreter der Städte an der Wahl der adligen Deputierten beteiligte, lief auf eine Schwächung der Aristokratie hinaus und stieß teilweise auf Widerstand, so beim Pariser Klerus, der gesondert abstimmte.

Am 5. Januar 1484 nahmen die Generalstände in Tours ihre Beratungen auf, an denen sich mit Ausnahme der Bretagne das ganze Königreich einschließlich Flanderns und Roussillons beteiligte. Der Kanzler verhieß im Namen des Königs die sofortige Rückbesinnung auf die von Ludwig XI. vernachlässigten guten alten Sitten und Gewohnheiten und stellte Reformen in der großen Tradition der Generalstände des 14. Jahrhunderts in Aussicht. Die Fürsten dagegen suchten den Abgeordneten beizubringen, der erste Schritt müsse in der Ausschaltung der von den Beaujeu gehaltenen Kreaturen Ludwigs XI. bestehen – ein Manöver, das der burgundische Seneschall Philipp Pot auffliegen ließ: Die Stände erklärten sich für nicht zuständig. Im übrigen gelang es ihnen nicht, eine wie immer geartete Kontrolle des Staatshaushalts zu erreichen, ja selbst die Revision der heftig kritisierten Steuerverteilung scheiterte an der Rivalität der Provinzen.

Im Gegensatz zu den Fürsten, die ihren Machtanspruch nicht durchsetzen konnten, zogen die Räte des *Parlement* und die Kaufleute aus der Ständeversammlung von 1484 den größten Gewinn: Den Räten wurde erneut das Kooptationsrecht zugestanden, und die Kaufleute erreichten die Aufhebung der von Ludwig XI. verhängten protektionistischen Maßnahmen.

Die auf der ganzen Linie siegreichen Beaujeu warfen Ballast ab: Karl von Armagnac erhielt die Ländereien seines Bruders Johann V., René II. von Lothringen kam wieder in den Besitz des Barrois. Beide Fürsten hatten mit dem Haus Beaujeu keine Händel gesucht.

Die Gefahr drohte aus anderer Richtung, nämlich aus der Bretagne, wo der *trésorier* Franz' II., Peter Landais, die antifranzösische Partei anführte. Nach seiner Vertreibung aus der Bretagne setzte Landais seine konspirative Tätigkeit in Frankreich fort und fand bei Herzog Ludwig von Orléans und dessen Anhang ein offenes Ohr. Maximilian von Österreich war gleichfalls mit im Bunde, hoffte er doch auf diese Weise die Bretagne an sich zu bringen. Ein Familienzwist im Hause Foix komplizierte die Lage noch weiter und machte der königlichen Diplomatie zu schaffen.

Der Anfang 1485 ausbrechende Krieg, die *Guerre folle,* wurde als Kampf für die Reform des Königreichs ausgegeben, doch ließ sich dadurch niemand irreführen. Die Städte blieben weiterhin den Beaujeu, mit anderen Worten, dem politischen Erbe Ludwigs XI. treu. Die *Parlements* und Universitäten, die die Fürsten durch den Vorschlag, die Pragmatische Sanktion von Bourges zu erneuern, auf ihre Seite zu ziehen suchten, schlugen das Ansinnen aus.

Der bretonische Adel, der großenteils gegen Landais Stellung bezogen hatte, verbündete sich zeitweilig mit den Beaujeu und brachte den *trésorier* des am Ende seiner Kräfte angelangten Franz II. im Juli 1485 an den Galgen.

Ende 1486, nach einer sinnlosen Machtdemonstration Maximilians im Norden des Königreichs, fand sich die Koalition jedoch erneut zusammen. Alle Welt hatte nur eines im Auge: die Regelung der Nachfolge Franz' II., dessen Abgang sich seit langem ankündigte. Orléans, Albret und sogar Navarra traten diesem vom Habsburger unterstützten Bündnis bei, selbst Franz II. ließ sich auf das Abenteuer ein, das dann jedoch, wie gewohnt, an der Rivalität der Beteiligten scheiterte. Die Beaujeu konnten ihre Gegner mühelos entzweien und anschließend dafür sorgen, daß Maximilian in seinen eigenen Staaten, in diesem Fall in Flandern, Schwierigkeiten bekam. Die am 27. Juli 1488 von La Trémoille bei Saint-Aubain-du-Cormier – wo der künftige Ludwig XII. gefangengenommen wurde – besiegten Verbündeten führten getrennte Verhandlungen, bei denen der junge König Karl VIII. bereits selbst die Zügel der Regierung ergriff. Die Beaujeu traten von der politischen Bühne ab, desgleichen die Fürsten, denen Karl VIII. neue Perspektiven eröffnen sollte.

DAS ENDE DES BURGUNDISCHEN STAATES

Das so folgenreiche Ende des burgundischen Hauses erfordert einen Rückblick. Die wirren politischen Verhältnisse in England hatten zu einem ersten Kräftemessen zwischen Frankreich und Burgund geführt. Seit 1465 saß Heinrich VI. – der einst in Paris zum König von Frankreich gekrönte Lancaster – im Londoner Tower gefangen, während Warwicks Kreatur, Eduard IV. von York, sich dem Meistbietenden als Bündnispartner antrug. Als sich Warwick schließlich wieder auf Lancasters Seite schlug, ergriff Ludwig XI. – der sich das Verdienst daran zurechnete – offen für Margarete von Anjou, die Gemahlin Heinrichs VI., Partei. Heinrichs Wiedereinsetzung im Jahr 1470 galt als Sieg Frankreichs über Burgund, und so hielt Ludwig XI. den Augenblick für gekommen, den Schlußstrich zu ziehen, und griff gleichzeitig Burgund und die Picardie an.

Seine Erwartung jedoch, die Angelegenheit rasch zum Abschluß bringen zu können, wurde durch Heinrichs VI. Unfähigkeit torpediert. Mit Warwicks Tod bei Barnet und Heinrichs Niederlage – und dem Tod des Thronfolgers – am 4. Mai 1471 bei Tewkesbury siegte die Partei York und damit auch ihr Verbündeter Burgund. So gingen die Rosenkriege, an denen Ludwig XI. ohnedies nur geringes Interesse gehabt hatte, zu seinem Nachteil aus. Heinrich VI. wurde im Kerker ermordet, Margarete von Anjou ihrerseits in den Tower geworfen, und dem König von Frankreich drohte ein Zweifrontenkrieg gegen England und Burgund.

Als Karl der Kühne mit der Belagerung von Amiens die Initiative ergriff und sich nur noch der Engländer einzuschalten brauchte, um die Front von 1420 wiederherzustellen, vereinbarten einige Fürsten etwas voreilig, um die Gelegenheit zu nutzen, ein Feudalbündnis: Johann V. von Armagnac stieß in Aquitanien zu Karl von Frankreich, und Johann II. von Aragon stellte den Verbündeten sein Eingreifen im Languedoc in Aussicht.

Doch am 24. Mai 1472 starb Karl von Frankreich, was seinem Bruder, dem König, außerordentlich gelegen kam. Unter dem Zugriff der königlichen Justiz löste sich die Koalition von selber auf. Johann von Alençon wurde verhaftet und verurteilt, Johann V. von Armagnac, wie erwähnt, in dem von ihm eingenommenen Lectoure belagert und bei der Plünderung der Stadt getötet. Und da der Engländer alle Hände voll zu tun hatte, um unter den Schlägen der Lancaster-Partei nicht erneut Schiffbruch zu erleiden, stand Karl der Kühne allein auf weiter Flur.

Um wenigstens einmal in Frankreich seine Macht zu demonstrieren, landete Eduard IV. am 6. Juli 1475 in Calais. Doch der Herzog von Burgund, von diesem Schritt überrascht, konnte wegen anderweitiger Verpflichtungen die Gelegenheit nicht nutzen, und so erkaufte Ludwig XI. kurzerhand um teures Geld einen Waffenstillstand. Dieser »Frieden« von Picquigny (29. August 1475), in dem Eduard auf seine französischen Thronansprüche verzichtete, setzte den Schlußpunkt unter den Hundertjährigen Krieg.

Ludwig XI. und Karl der Kühne hatten sich bereits am 13. August mit dem auf neun Jahre befristeten Waffenstillstand von Soleures die nötige Handlungsfreiheit verschafft. Der Herzog von Burgund hatte zum einen die Hand auf das Herzogtum Geldern gelegt, dessen Erben er gefangenhielt, und von »König« Renés Enkel, René II., dem neuen Herzog von Lothringen (siehe unten), die Stationierungsgenehmigung für seine Garnisonen in Lothringen erhalten, wogegen die Bevölkerung jedoch aufbegehrte. Zum anderen hatte ihm Herzog Sigmund von Tirol 1469 ein Gutteil des Oberelsaß verpfändet, wogegen sich Mülhausen, Basel und Colmar sträubten, konnten die Städte doch die Wiederherstellung einer fürstlichen Autorität im Elsaß nur als Bedrohung ihrer Unabhängigkeit empfinden. Am 14. März 1473 schlossen sich der Bischof von Straßburg und der Markgraf von Baden mit den besorgten Städten zu einer *Basse Union* mit dem Ziel zusammen, den ehrgeizigen Plänen des Herzogs von

Burgund einen Riegel vorzuschieben. Im darauffolgenden Jahr brach dann der Aufstand aus. Der im Elsaß eingesetzte burgundische Landvogt Peter von Hagenbach, dessen energisches Vorgehen allgemeines Mißfallen erregt hatte, wurde von den Aufständischen geköpft, die Unabhängigkeit der Städte war gerettet.

Trotzdem begann Karl der Kühne seiner Mitwelt allmählich Angst einzujagen. 1473 hatte er sich Kaiser Friedrich III. in Trier ohne Umschweife als Nachfolger auf dem Kaiserthron angedient und ihm dann in Ermangelung eines Besseren die Errichtung eines burgundischen Königreichs von den Alpen bis zur Nordsee vorgeschlagen, woraufhin der Kaiser, mißtrauisch geworden, die Beziehungen abgebrochen hatte.

Von seinen Verbündeten hörte der Herzog wohl freundliche Worte, doch dachte weder der König von Böhmen und Ungarn, Matthias Corvinus, noch der Herzog von Mailand, Galeazzo Sforza, noch Savoyen, noch Aragon oder Venedig daran, ihn bei der Realisierung seiner ehrgeizigen Pläne, die die einen skeptisch, die anderen besorgt stimmten, wirklich zu unterstützen. Die französischen Fürsten verhielten sich abwartend. Lediglich der Konnetabel von Saint-Pol versuchte mit Hilfe des Engländers und des Burgunders Ludwig XI. zu stürzen. Doch er hatte zu oft Verrat geübt, um glaubwürdig zu erscheinen, und so lieferte ihn Karl der Kühne, der ihm nicht traute, an den König aus und überließ es diesem, seinen Konnetabel enthaupten zu lassen. Zwei Jahre später, 1477, fiel dann auch der Kopf des Herzogs von Nemours, der ebenfalls nach allen Seiten zugleich Verschwörungen angezettelt hatte.

Der Engländer wiederum fühlte sich von seinem burgundischen Verbündeten hereingelegt: Als nach einem Vierteljahrhundert endlich wieder ein englisches Heer in Frankreich gelandet war, hatte es, wie wir sahen, Karl der Kühne, der zu dieser Zeit mit Lothringen beschäftigt war, nicht für nötig befunden, ihm Beistand zu leisten. Und so hatte sich Eduard IV. geschworen, seinerseits keinen Finger krumm zu machen, sollte der Burgunder je in Schwierigkeiten geraten.

König René hatte dem Griff der Krone nach seinem Erbe einigen Widerstand entgegengesetzt und zeitweilig sogar mit dem Gedanken gespielt, Karl dem Kühnen die reichsabhängige Grafschaft Provence zu vermachen. Da ließ der König von Frankreich unter dem Anschein von Zorn René vor das *Parlement* zitieren, womit die Sache ihr Bewenden hatte. Renés Enkel, René II., erhielt jetzt das Herzogtum Lothringen im

Vorgriff auf das Erbe seiner Großmutter Isabella von Lothringen. Doch als er es in Besitz nehmen wollte, fand er dort bereits Karl den Kühnen vor, der am 30. November 1475 die Eroberung Lothringens mit dem Einmarsch in Nancy vollendete.

Von diesem Augenblick an überließ es Ludwig XI. den anderen, sich gegenseitig die Köpfe einzuschlagen. Von Lyon aus verfolgte er die Reaktion der Schweizer, die er mit Herzog Sigmund von Tirol versöhnte und in der Besorgnis bestärkte, Karl der Kühne beabsichtige, sie mit seinen Verbündeten Savoyen, Mailand und Elsaß einzukreisen. Am 2. März 1476 griffen die Eidgenossen ihrerseits die Burgunder in Grandson am Neuenburger See an und bereiteten ihnen eine Niederlage. Darauf verweigerten die Genter Generalstände ihrem Herzog und Grafen die Mittel zur Aufstellung eines neuen Heeres, da die Politik Karls des Kühnen, der die Länder des burgundischen Staates einzig dem eigenen Ruhm zuliebe zugrunde richtete, mittlerweile auf allgemeine Ablehnung stieß. Dieser warb an Mannschaft an, was er bekommen konnte, und nahm mit dem Marsch auf Bern die Offensive wieder auf. Am 22. Juni wurde sein bunt zusammengewürfeltes Heer von den Schweizern und Lothringern bei Murten geschlagen. Ludwig XI. dankte dem Himmel: Er hatte keinen Finger gerührt – die Untertanen Karls des Kühnen übrigens ebensowenig.

Nun konnte auch René II. an die Rückeroberung seines Herzogtums Lothringen denken. Mit Unterstützung eines Überläufers, eines im Sold Karls des Kühnen stehenden neapolitanischen Hauptmanns, zog er am 7. Oktober wieder in Nancy ein. Während Karl die Belagerung der Stadt aufnahm, söhnte Ludwig XI. die Schweizer mit Savoyen aus und bewog sie mit klingender Münze, in Lothringen einzugreifen. Trotz seiner zahlenmäßig unterlegenen Streitkräfte versteifte sich Karl der Kühne darauf, die aus der Schweiz und dem Barrois anrückenden Heere seiner Gegner vor Nancy zu erwarten, wo er am 5. Januar 1477 eine Niederlage erlitt, bei der er selber ums Leben kam.

Dies wiederum nutzten die Flamen, um etliche Aufstände anzuzetteln, woraufhin die Genter Generalstände Maria von Burgund – der einzigen, damals zwanzigjährigen Tochter Karls des Kühnen – die unverzügliche Wiederherstellung der von ihrem Vater und Großvater abgeschafften »Freiheiten« abringen, das heißt die Restauration der alten politischen Strukturen der im burgundischen Staat zusammengeschlossenen Fürsten-

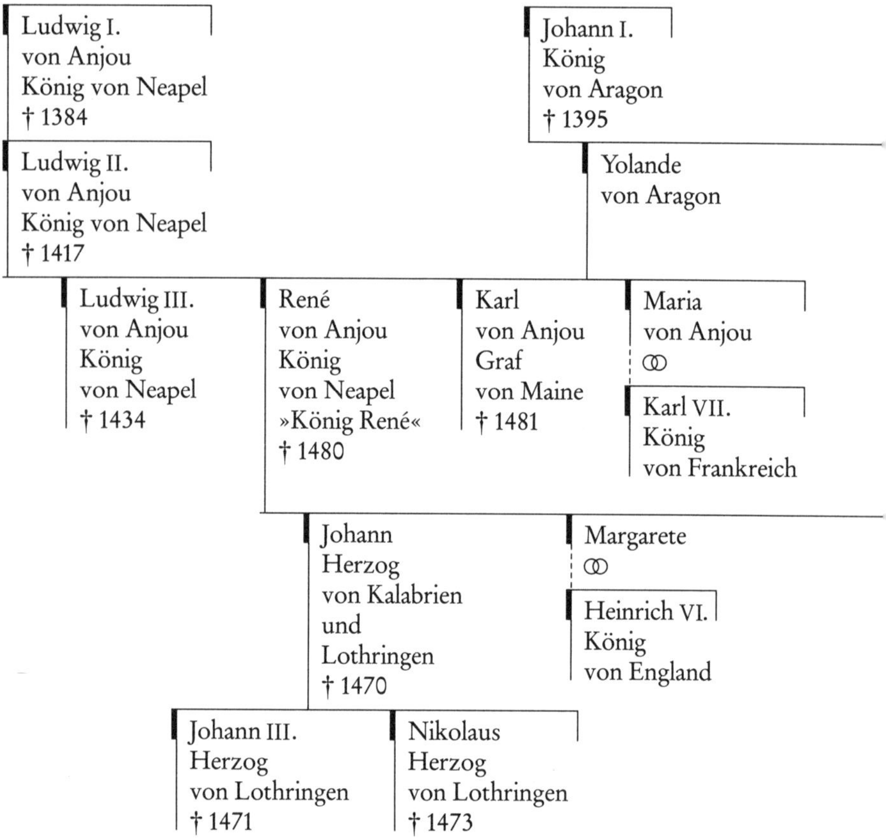

tümer erwirken konnten. So ging durch Willkür und Ungeschick Karls des Kühnen das Einigungswerk Philipps des Guten in die Brüche.

Ganz Europa beanspruchte nun seinen Anteil an einem Erbe, das, rechtlich gesehen, gar nicht zur Disposition stand: Es gab nur eine einzige Erbin: Maria von Burgund, und nicht einmal die Juristen Ludwigs XI. konnten gegen die Weitergabe von Fürstentümern, die den Valois in der Mehrzahl durch die Frauen zugefallen waren, in weiblicher Linie Einwände geltend machen. Maximilian von Habsburg, der Sohn Kaiser Friedrichs III., pochte auf seine Verlobung mit Maria von Burgund, Ludwig XI. dagegen auf seine Oberlehnsherrschaft und behauptete, ohne seine Zu-

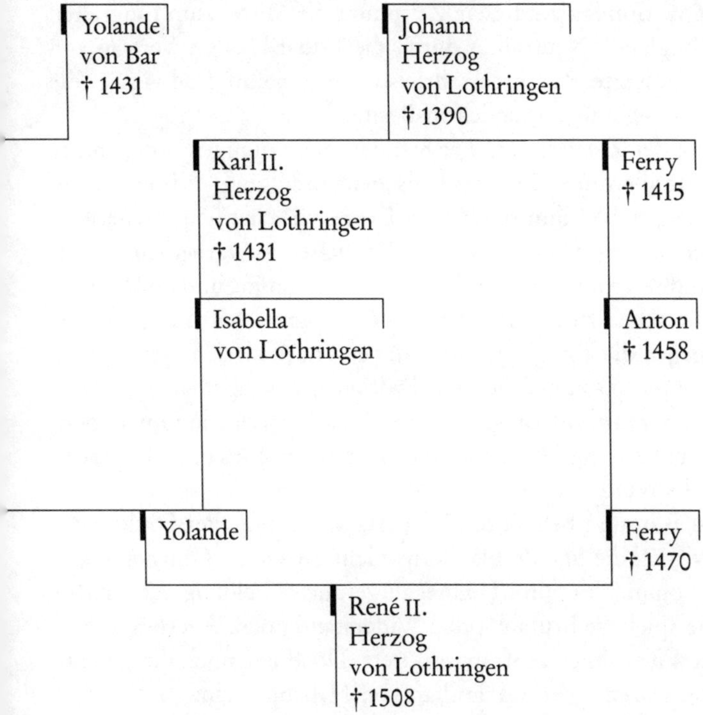

stimmung dürfe überhaupt keine Ehe geschlossen werden, was für Flandern und Burgund zweifellos zutraf, nicht aber für die Freigrafschaft Burgund, für Holland oder den Hennegau. Andere verfuhren bescheidener: René II. nahm sein Herzogtum Lothringen wieder in Besitz, und Sigmund von Tirol begnügte sich mit der Wiederherstellung seiner Rechte im Elsaß.

An die Spitze der Jagd nach dem burgundischen Erbe aber setzte sich der König von Frankreich. Noch im Januar 1477 beschlagnahmte er die beiden Burgund, die Picardie, das Artois und das Boulonnais. Während er Städte und Barone mit Versprechungen und Konzessionen überhäufte, bewog er die Nachbarn – René II. wie die Schweizer – mit Geld zum Verzicht. Da Maximilian zu diesem Zeitpunkt die Mittel zum Eingreifen fehlten und Englands Neutralität durch die Eduard IV. im Vertrag von Picquigny ausgesetzte Rente gewährleistet war, nahm Ludwig XI. die betreffenden Gebiete unverzüglich in Besitz.

Doch trotz der Zustimmung der Ständeversammlungen – der in der Franche-Comté allerdings ein zähes Feilschen voraufging – erhob sich die Bevölkerung gegen die Einmischung der Krone, die eher neue Steuern als die Wiederherstellung der alten lokalen Freiheiten zu verheißen schien. Ludwig XI. mußte Truppen entsenden, die an der Somme und im Herzogtum Burgund rasche Erfolge erzielten, in der Freigrafschaft Burgund und im Artois dagegen die königliche Autorität erst nach vierjährigem Terror herstellen konnten. Dole wurde dem Erdboden gleichgemacht, das geschleifte Arras in *Franchise* umgetauft und seine vertriebene Einwohnerschaft durch eine Zwangseinwanderung ersetzt, für die sämtliche Städte des Königreichs bluten mußten.

Maria von Burgund behielt die Niederlande. Trotz aller Diplomatie konnte Ludwig XI. die Stände Flanderns nicht zu seinen Gunsten stimmen. Ein im Sommer 1477 im Hennegau geführter Feldzug verschärfte durch seine beispiellose Brutalität den Widerstand noch. Avesnes wurde zerstört, seine Einwohnerschaft massakriert. Doch ehe noch die Operationen beendet waren, griff Maximilian von Habsburg ein.

Dieser hatte am 17. August 1477 mit Zustimmung der Generalstände Maria von Burgund geheiratet und zog im darauffolgenden Jahr im Hennegau und in Flandern gegen die Franzosen zu Feld. Marias Tod am 27. März 1482 zwang ihn dann allerdings zu Verhandlungen: Die Flamen hatten die Tochter Karls des Kühnen unterstützt, weil sie dem König von Frankreich gegenüber ihre Unabhängigkeit symbolisierte, nicht aber, um sich in die Gewalt des Habsburgers zu begeben, dessen Machtfülle stetig wuchs. Da auch Ludwig XI. an der Beilegung der allzu kostspieligen Angelegenheit interessiert war, kam es am 23. Dezember 1482 zum Abschluß des Vertrags von Arras. Er beließ dem französischen König Burgund und die Picardie; Artois und die Freigrafschaft Burgund sollten die Mitgift von Maximilians und Marias Tochter Margarete von Österreich bilden, die mit dem künftigen Karl VIII. verlobt war, und der Habsburger schließlich die Niederlande behalten.

Diejenigen, die Karl dem Kühnen einst so lautstark Hilfe versprochen hatten, hatten keinen Finger gerührt. Yolande von Savoyen hatte es an Geld gefehlt und Galeazzo Sforza Zurückhaltung für angebracht befunden. Johann II. von Aragon war im eigenen Land mit Feinden eingedeckt, und Eduard IV. hatte dem Herzog von Burgund nicht verziehen, daß er ihn 1475 im Stich gelassen hatte.

AUSSENPOLITISCHE BILANZ UND PERSPEKTIVEN

Bestrebt, auf allen Feldern des europäischen Schachbretts zugleich eine offensive Vormachtpolitik zu treiben, verwickelte sich Ludwig XI. selbst in Widersprüchlichkeiten und Inkonsequenzen. Mit jedem Schritt erschütterte er ein Bündnissystem, das ohnehin durch Doppeldeutigkeit gekennzeichnet war, und jedes Engagement führte Vertragsbrüche nach anderen Seiten hin herbei. Erscheint seine Burgundpolitik, der die Tapferkeit der Schweizer und der Überdruß der flandrischen Steuerzahler zugute kam, durch ihr Endergebnis gerechtfertigt, so hatte sich die Spinne doch auch oft im eigenen Netz verfangen. Mit Zuschüssen nicht geizend, hatte Ludwig XI. bei jeder Intrige, jedem Erbfolgestreit, jedem Aufstand die Hand im Spiel. Auf Bündnisse, die er vor 1461 als rebellischer Dauphin geschlossen hatte, ebenso zurückgreifend wie auf Gelegenheiten aus dem politischen Erbe des Vaters oder auf Chancen, die sich in der eigenen Regierungszeit boten, scheute er dabei weder vor Widersprüchen noch vor doppeltem Spiel oder Wortbrüchigkeit zurück. Dieses Verhalten brachte ihm auf die Dauer mehr Feinde als zuverlässige Verbündete ein.

Am unbegreiflichsten erscheinen seine Interventionen in Spanien, wo er von Anfang an mit der Politik seines Vaters brach. 1455 hatte Karl VII. für den Vertrag von Barcelona gebürgt, das heißt den künftigen Johann II. von Aragon in seinem Vorhaben bestätigt, das Königreich Navarra, die Mitgift seiner Frau Blanca von Navarra, nicht dem gemeinsamen Sohn, sondern ihrer Tochter Eleonore zu vererben, die mit dem Grafen Gaston IV. von Foix verheiratet war, einem französischen Fürsten und Parteigänger des Königs. Ludwig XI. bezog jedoch sofort nach seiner Krönung den entgegengesetzten Standpunkt. Als Johann II. durch seine Mißgriffe in Navarra eine Unabhängigkeitsbewegung und in Katalonien eine handfeste Revolution auslöste, unterstützte Ludwig XI. die Rebellen. Ja, er bot sogar der aufständischen Regierung in Barcelona seinen Beistand an, den diese zwar wohlweislich ablehnte, was ihm der König von Aragon aber gleichwohl dauerhaft verübelte, und schlug gleichzeitig Heinrich IV. von Kastilien einen Angriffspakt gegen Aragon vor.

Durch die Abfuhr der Katalanen gekränkt, schwenkte der König von Frankreich um und trug nun Johann II. Hilfe bei der Niederwerfung der Rebellen an. Als Gegenleistung sollte ihm Johann II. die Grafschaften Roussillon und Cerdagne verpfänden. Dem Aragonesen blieb keine andere Wahl, als auf das teure Angebot seines neuen »Verbündeten« einzugehen, der im übrigen rasch vergessen sollte, daß ihm die beiden Provinzen nur als Pfand überlassen worden waren.

Als der von Gaston von Foix 1462 angeführte Angriff der Franzosen auf Barcelona scheiterte, zog der König von Kastilien die Konsequenzen aus der veränderten Bündnispolitik und griff zum Entsatz der Katalonier Aragon an. Da warf sich Ludwig XI. zum Schiedsrichter auf und beschloß den Abbruch eines Unternehmens, das mit der Umwandlung Kataloniens in eine kastilische Provinz zu enden drohte. Gleichzeitig sicherte er sich durch einen unverhohlenen Eroberungsfeldzug das Roussillon und die Cerdagne. Da aber das Roussillon an der relativ weitgehenden Autonomie, die es unter aragonesischer Oberherrschaft genossen hatte, stärker hing als von den französischen Informanten vermutet, brach 1472 ein neuerlicher, diesmal gegen die Franzosen gerichteter Aufstand aus. Diesen machte sich Johann II. zunutze, um Ludwig XI., der zu diesem Zeitpunkt mit Karl dem Kühnen zu schaffen hatte, die Provinz wieder wegzunehmen, die die Franzosen jedoch Zug um Zug zurückeroberten und verwüsteten. Unter dem Generalstatthalter Ludwigs XI., Boffile de Juge, kehrte dann endlich wieder Frieden ein: Es gelang ihm durch weitgehenden Verzicht auf Repressionen, Ruhe und Wohlstand in der Region wiederherzustellen.

Einen wesentlich schwereren Fehlschlag mußte der König von Frankreich in Kastilien hinnehmen, wo er trotz der fatalen bewaffneten Intervention zugunsten eines portugiesischen Thronanwärters die Erbfolge der »Katholischen Könige« nicht verhindern konnte. 1474 folgte Heinrich IV. seine Schwester und Erbin Isabella nach, die seit 1469 mit dem Infanten Ferdinand von Aragon vermählt war, der 1479 ebenso mühelos die Nachfolge Johanns II. in Aragon antrat. Als neuer Herr Spaniens aber fühlte er sich in keiner Weise in Frankreichs Schuld.

In Navarra, wo seit dem Tod Gastons von Foix im Jahr 1472 Ludwigs XI. Schwester Magdalena für ihren Sohn Franz Phoebus die Regentschaft führte, schien die französische Präsenz zwar gesicherter, fiel aber kaum stärker ins Gewicht. Die Regentin sah sich zu vielen widersprüchlichen Pressionen ausgesetzt und ließ daher – auch im Hinblick auf das nahe Kastilien – die Zügel klugerweise schleifen, was zur Aufspaltung Navarras in eine französische und eine kastilische Partei oder, richtiger, Klientel führte. Daß das damals auf das diesseits der Pyrenäen gelegene Gebiet zusammengeschrumpfte Navarra hundert Jahre später das wichtigste Erbteil des französischen Thronprätendenten darstellen sollte, konnte bei der Hochzeit Katharinas von Navarra-Foix, der Schwester von Franz Phoebus, mit Johann von Albret im Jahr 1484 niemand ahnen.

Wesentlich verwickeltere Verhältnisse herrschten in Italien, wo der ständige Wechsel der politischen Situation in den einzelnen Staaten und Städten die an der Halbinsel interessierten französischen Könige und ihre nächsten Anverwandten zweihundert Jahre lang in Atem hielt. Seit der Mitte des 13. Jahrhunderts hatten in Neapel zwei »angevinische« Dynastien regiert, die eine aus dem Geschlecht der Kapetinger, die andere aus dem der Valois. Ludwig von Orléans hatte eine Visconti geheiratet und von einem Adria-Königreich geträumt; Genua hatte sich unter den Schutz der französischen Krone gestellt, und in Savoyen regierte die Schwester Ludwigs XI., Yolande von Frankreich, zunächst für ihren kranken Mann und anschließend für ihren unmündigen Sohn. Ludwig XI., seinerseits mit Charlotte von Savoyen verheiratet, hätte sich gern in die Belange des über Piemont hinaus bis Nizza reichenden Herzogtums eingemischt. Schließlich hatte er schon ein Auge auf Savoyen geworfen, als er in Auflehnung gegen seinen Vater Karl VII. die Dauphiné in Richtung Genua und Herzogtum Mailand zu öffnen suchte.

Herzogin Yolande hatte ursprünglich zusammen mit Karl dem Kühnen zu den entschiedensten Gegnern ihres Bruders gezählt, dessen Landgier Savoyens Unabhängigkeit ebenso bedrohte wie sein Bündnis mit den Schweizern. Bei der ersten Niederlage Karls des Kühnen jedoch wechselte sie ins andere Lager über und stellte sich, ohne Burgunds Zusammenbruch abzuwarten, unter den Schutz des Königs von Frankreich. So fühlte sie sich wenigstens vor den Schweizern sicher. Ludwig XI. seinerseits plazierte in Savoyen seine Getreuen und spielte sich als Herr des Herzogtums auf.

Ähnlich verfuhr er in Mailand, wo er Francesco Sforza unterstützte und in der Folge das Bündnis mit dem Herzogtum einer gewagten Expansionspolitik in der Lombardei vorzog. 1463 trat er Sforza seine Rechte auf Genua ab und trieb dadurch Venedig in eine Allianz mit Burgund, die Karl dem Kühnen bekanntlich größten Nachteil brachte. Nach dem kurzen Prinzipat des despotischen Sohnes Francesco Sforzas, Galeazzo Mario, trat Ludwig XI. als Beschützer von dessen jugendlichem Sohn Giovanni Galeazzo auf, beging aber 1480 den Fehler, die revolutionäre Bewegung zu unterstützen, die Ludovico »il Moro« Sforza als Regenten für seinen Neffen Giovanni Galeazzo an die Macht brachte. Ludovico nämlich sollte seine Dankesschuld Frankreich gegenüber rasch vergessen.

Solcherart des Piemont und des Herzogtums Mailand sicher – oder vermeintlich sicher –, konnte Ludwig XI. seinen Einfluß in Mittelitalien ausbauen und im Falle von Florenz eine Vermittlerrolle spielen, die ihm auf der ganzen Halbinsel den Ruf eines weisen Königs und klugen Schiedsrichters eintrug. Nach der Niederwerfung der Verschwörung der Pazzi – bei der Giuliano Medici am 26. April 1478 im Dom von Florenz ermordet worden war – hatte Lorenzo il Magnifico neben verschiedenen anderen Verschwörern auch den Erzbischof Salviati hinrichten lassen und sich damit die Feindschaft des vom König von Neapel unterstützten Papstes Sixtus IV. zugezogen. Ludwig XI. nun gelang es, ohne einen Écu zu opfern, alle Beteiligten miteinander auszusöhnen, was ihm großes Ansehen einbrachte.

Gegen Ende des Jahrhunderts standen zwei große Erbfolgen zur Regelung an, die beide trotz unterschiedlicher Voraussetzungen bei den Fürsten dieselbe Begehrlichkeit weckten. Der ersten lag die Vermählung des Bruders Ludwigs des Heiligen mit Beatrix, der Erbin der Provence, sowie die Adoption des ersten Herzogs der neuen angevinischen Dynastie, des Bruders Karls V., durch Königin Johanna von Neapel im darauffolgenden Jahrhundert zugrunde. Im zweiten Fall ging es um das alte Erbe Nominoés, Peter Mauclercs und Arthurs von Richemont – mit anderen Worten, um die Bretagne.

»König« René, von den Aragonesen aus Neapel vertrieben und König von Jerusalem nur dem Namen nach, der sein Herzogtum Anjou im Königreich Frankreich sowie sein Herzogtum Bar und seine Grafschaft Provence, zwei Reichsländer, mit augenscheinlicher Gutmütigkeit regierte, hatte das von seiner Frau eingebrachte Herzogtum Lothringen bereits

1473 seinem Enkel René II. abgetreten und hätte ihm gern dazuhin das Barrois vermacht, das damit einen zusammenhängenden Staat gebildet hätte. Das nach dem Auffliegen der *Ligue du Bien public* konfiszierte Herzogtum Anjou dagegen hatte er 1476 nur unter der Bedingung zurückerhalten, es dem König von Frankreich zu vererben. Dieser Heimfall an die Krone erstaunte nicht weiter, hatte doch das Anjou zweimal nacheinander die Apanage eines Prinzen aus königlichem Geblüt – erst eines Sohnes Ludwigs VIII., dann eines Sohnes Johanns II. – gebildet. Da Karl von Maine, König Renés Neffe, ohne Kinder alterte, lag Ludwig XI. somit auf der Lauer.

Nachdem René am 10. Juli 1480 gestorben war, besetzte Ludwig XI. das Anjou und, indem er sich über René II. hinwegsetzte, auch das Barrois. Der kinderlose Karl von Maine wurde Graf der Provence und hinterließ bei seinem Tod im darauffolgenden Jahr dem König von Frankreich Maine und die Provence samt Marseille.

Schwieriger hingegen gestalteten sich die Dinge in der Bretagne. Franz II. hinterließ zwei Töchter, die beide alle Voraussetzungen zur Übernahme der Macht und zur Weitergabe des Herzogtums mitbrachten. Außerdem war die Bretagne nach alter Tradition ein politisch unabhängiges Land. Die Bretonen trieben ihre eigene Diplomatie, prägten ihre eigenen Goldmünzen und betrachteten den Dienst bretonischer Kontingente im Heer des Königs von Frankreich als Folge eines Bündnisses, nicht der Lehnsabhängigkeit. Das hatte sich erst 1481 wieder gezeigt, als sich Herzog Franz II. mit dem Habsburger und dem König von England gegen Ludwig XI. verbündet hatte.

Maximilian von Habsburg nun warb um die Hand Annas von der Bretagne, der Erbtochter des Herzogs. Diese Verbindung hätte nach Maximilians Wahl zum König der Römer im Jahr 1486 die Einkreisung Frankreichs durch das Reich bedeutet. Der Habsburger schlug auch bereits kriegerische Töne an.

Den Ständen der Bretagne jedoch, die dem König von Frankreich nicht über den Weg trauten, schien der weiter entfernte Maximilian ein etwas besserer Garant ihrer Unabhängigkeit. Im übrigen fanden sie Verbündete unter den Fürsten, die sich jedoch voreilig um die Beute stritten. Ludwig von Orléans – der Sohn des einst von den Engländern gefangengehaltenen Karl – hielt ebenso um Anna an wie Alain von Albret und Maximilian. Doch der Sieg von La Trémoille am 27. Juli 1488 bei Saint-

Aubin-du-Cormier machte Karl VIII. im richtigen Moment zum Herrn der Lage: Am 9. September starb Herzog Franz II.

Anna ergriff in Rennes die Macht, während Alain von Albret und der Marschall de Rieux mit militärischer Unterstützung des englischen Königs Heinrich VII. Tudor und Maximilians von Habsburg in Nantes die Regierungsgeschäfte übernahmen.

Die junge – damals erst elfjährige – Herzogin begriff rasch, daß ihrer Verehelichung europäische Bedeutung zukam, und beschloß, die Entscheidung allein zu treffen. Ihre Wahl fiel auf Maximilian, mit dem sie sich im Dezember 1490 durch Prokuration vermählte. Doch der König der Römer enttäuschte seine Anhänger: Vollauf mit dem Aufstand der Flamen und der Feindschaft des Königs von Böhmen und Ungarn, Wladislaw Jagiello, beschäftigt, ließ er die Herzogin der Bretagne just zu dem Zeitpunkt im Stich, als sie am dringendsten seine Hilfe gebraucht hätte. Die Barone versuchten die zeitweilige Schwäche der herzoglichen Gewalt auszunutzen und setzten Alain von Albret so heftig zu, daß er Nantes Karl VIII. übergab.

Diese bedrohliche Situation bewog Anna zum Einlenken. Sie ließ ihre Ehe mit dem Hinweis auf die nicht eingeholte Zustimmung ihres obersten Lehnsherrn, des Königs von Frankreich, annullieren und reichte diesem selbst die Hand. Am 6. Dezember 1491 wurde die Hochzeit gefeiert. Die Herzogin verpflichtete sich, falls der König kinderlos sterben sollte, seinen Nachfolger oder nächsten Verwandten zu heiraten, was dann auch tatsächlich geschah: Nach dem Tod Karls VIII. wurde Anna die Frau Ludwigs XII.

Karl VIII., der mit dreizehn Jahren den Thron bestiegen hatte, verspürte, als er 1492 nach dem Abgang der Beaujeu die Herrschaft in seinem Königreich selbst übernahm, das Bedürfnis, sich hervorzutun. Im Grunde aber war er ein schwacher Herrscher, der nichts als Ritterromane im Kopf hatte und nach Heldentaten dürstete. So ließ er sich von seinen Ratgebern – vor allem dem Bischof Briçonnet – nur allzu willig den Floh ins Ohr setzen, die Ansprüche des Hauses Anjou auf Neapel erneut geltend zu machen. War nicht König Renés Erbe an die französische Krone gefallen? Warum also nicht auch sein Königreich?

Um sich von vornherein die Neutralität der beiden traditionellerweise in Italien präsenten Mächte, des Reichs und Aragons, zu sichern, opferte er zwei der jüngsten Erwerbungen Ludwigs XI., die Freigrafschaft Burgund und das Roussillon. Gleichzeitig machte er mit allen unzufriedenen Parteien Italiens gemeinsame Sache, das heißt mit all jenen, die aus guten Gründen ausländische Unterstützung für ihre Bewegung suchten. Dazu zählten in Florenz die Gegner des Medici-Regimes, dazu zählten aber auch die historische Rivalin der Arnostadt, Pisa. Dazu zählten ferner im Herzogtum Mailand die Parteigänger des gegen die Herrschaft Giovanni Galeazzo Sforzas ankämpfenden Ludovico »il Moro« Sforza. Und in Rom schließlich ergriffen die Franzosen für Kardinal Giuliano della Rovere, den künftigen Julius II., Partei, den dezidierten Gegner der Politik Alexanders VI. Borgia, der sich im übrigen auch durch seinen Lebenswandel in Mißkredit gebracht hatte.

Der von den Italienern herbeigewünschte Feldzug der Franzosen glich zunächst einem Spaziergang. Nicht nur der König von Neapel, Ferdinand von Aragon, war 1494 im rechten Moment gestorben, sondern auch Giovanni Galeazzo Sforza, so daß beim Einzug der Truppen Karls VIII. in die Lombardei bereits Ludovico Sforza in Mailand regierte. Beim Einmarsch der Franzosen in die Toskana schien es Pietro de'Medici geraten, sich als Freund des französischen Königs auszugeben. Und beim Einzug in Neapel am 22. Februar 1495 ließ es sich Karl VIII. sogar einfallen, als byzantinischer Basileus aufzutreten, was die Neapolitaner nicht wenig belustigte.

Doch die Verhältnisse – daran konnte auch der kampflose Sieg nichts ändern – blieben ebenso wirr wie zuvor. Viele Italiener verfolgten das Wiederaufleben der französischen Hegemonie mit wachsender Besorgnis, und als die Venezianer Alarm bliesen, mischten sich Kaiser Maximilian von Habsburg und die »Katholischen Könige« Ferdinand und Isabella ein, was wiederum Ludovico Sforza gegen die drohende Bevormundung mobilisierte.

Während Karl VIII. nach Frankreich zurückkehrte, wurde seine Armee von den weiterhin auf der Halbinsel stehenden aragonesischen Streitkräften zersprengt, und 1496 war dann der Traum ausgeträumt. Als der König zwei Jahre später durch einen ganz gewöhnlichen Unfall ums Leben kam, schien das neapolitanische Abenteuer endgültig begraben.

Mit der Thronbesteigung Ludwigs, des Herzogs von Orléans, als König Ludwig XII. veränderte sich die politische Landschaft. Der Sohn Karls von Orléans war mit seinen mittlerweile achtunddreißig Jahren ein gereifter und erfahrener Mann, der sich mit den richtigen Leuten zu umgeben wußte. Der Erzbischof von Rouen, Georg von Amboise, begann an seiner Seite eine gewandte Politik zu treiben, die ihre vordringlichste Aufgabe in der Aussöhnung der Franzosen sah: Der König brach die Streitigkeiten ab, in die er als Herzog von Orléans verwickelt gewesen war.

Außerdem mäßigte er im Gegensatz zu seinem Vorgänger den Steuerdruck, schraubte die Forderungen seiner Administration zurück, wachte über das Rechtswesen und ließ eine Überprüfung des Gewohnheitsrechts vornehmen – lauter Maßnahmen, die ihm große Beliebtheit und seitens der Stände 1506 den schmeichelhaften Titel »Vater des Volkes« eintrugen. Daß es sich dabei um eine recht kurzsichtige Politik handelte, wenn Ludwig XII. sein Italienunternehmen durch Pump finanzierte, dafür die künftigen Einnahmen aus der Krondomäne verpfändete und damit seinen Nachfolger zur peinlichen Wiedereinführung des Steuerdrucks nötigte, erkannte zu diesem Zeitpunkt niemand. So kamen zwar die Bankiers von Lyon, das heißt die italienischen Großbanken, die in Lyon Filialen unterhielten, bei diesem Finanzgebaren auf ihre Rechnung, nicht aber die französische Wirtschaft.

Das Problem Bretagne war rasch gelöst. Ludwig XI. hatte seinen Vetter, den Herzog von Orléans, durch Vermählung mit der behinderten Johanna von Frankreich zu neutralisieren versucht; aber die mit Billigung des Papstes Alexander VI. vollzogene Scheidung ermöglichte Ludwig XII., Anna von der Bretagne, die Witwe Karls VIII., zu heiraten. Cesare Borgia, Alexanders VI. jüngster Sohn, gewann bei dem Handel das Herzogtum Valentinois, Georg von Amboise den Kardinalshut.

Ein neuerlicher Umschwung der Bündnispolitik leitete den zweiten Italienfeldzug ein. Ludwig XII. untermauerte die Ansprüche Karls VIII. auf das Herzogtum Mailand durch seine Ansprüche als Enkel der Valentina Visconti: Schließlich hatte auch Francesco Sforza das Herzogtum 1450 nur durch Vermählung mit einer Visconti an sich gebracht. Als es daraufhin zum Bruch mit Ludovico Sforza kam, verbündete sich Ludwig XII. mit den Venezianern.

Am 2. September 1499 marschierten die Franzosen in Mailand ein. Doch einige Zeit darauf kehrte Ludovico il Moro, der zunächst geflohen war, mit einem eilig ausgehobenen Schweizer Söldnerheer wieder zurück. Schon beim ersten Zusammenstoß suchten aber seine schlechtbezahlten Soldaten das Weite und verhalfen damit den Franzosen am 10. April 1500 bei Novara zum Sieg. Ludovico wurde gefangengenommen und nach Frankreich gebracht, wo er in einem Kerker von Loches seine Tage beschließen mußte.

In realistischer Einschätzung der Lage erkannte Georg von Amboise die Gefahr einer neuerlichen Verstrickung in das neapolitanische Abenteuer und leitete nach dem Sieg des französischen Königs Verhandlungen in die Wege. Doch die Teilung des Königreichs Neapel blieb ein Wunschtraum, der den Zusammenbruch der französischen Italienpolitik nicht überdauern sollte. Tatsächlich zwang der Tod Alexanders VI. im Jahr 1503 den französischen König zu einer völligen Neuorientierung seiner Bündnispolitik.

Zwar begrüßte der neue Papst, Julius II., zunächst das Eingreifen der Franzosen, von dem er sich im Verein mit der Intervention Kaiser Maximilians und des Königs von Aragon, Ferdinand, eine Stärkung seines Einflusses in Norditalien und ein Bündnis der christlichen Mächte gegen die Türken erhoffte. Die Rechnung sollte das durch seine Wirtschaftsinteressen mit dem muslimischen Orient verbundene Venedig bezahlen, das am 14. Mai 1509 von Ludwig XII. bei Agnadello besiegt wurde.

Als der Papst aber erkannte, daß die gemeinsame Italienpolitik Frankreichs und des Reiches seinen weltlichen Prätentionen zuwiderlief, arrangierte er rasch seine Aussöhnung mit Venedig und rief 1511 gegen »die Feinde der Kirche« – das heißt gegen Maximilian und Ludwig XII. – die »Heilige Liga« ins Leben, die Venedig, Aragon und England unter dem Hirtenstab des Heiligen Stuhls zusammenschloß.

Frankreich konterte mit einem persönlich gegen Julius II. gerichteten Propagandafeldzug, in dem sich Jean Lemaire de Belges, der Polemiker und Hofdichter der Herzogin von Savoyen, Margarete von Österreich, besonders hervortat. Man wärmte die alten gallikanischen Argumente wieder auf, sprach, wie im vorangegangenen Jahrhundert zur Zeit der Oboedienzverweigerung, von Schisma und verwies auf die Stellungnahme der Sorbonne, die 1498 den weltlichen Fürsten das Recht zuerkannt hatte, im Interesse der Kirche Konzilien anzuberaumen. Unter Berufung auf dieses Recht ordneten der Kaiser und der König von Frankreich 1511 tatsächlich ein Konzil in Pisa an, das unmittelbar darauf nach Mailand verlegt werden mußte, wo es binnen kurzem in völliger Verwirrung unterging. Während ein paar hartnäckige Prälaten, von offizieller Seite desavouiert, ihre fruchtlose Debatte in Lyon zu Ende brachten, übernahm

Julius II. unangefochten den Vorsitz eines von den weltlichen Fürsten unabhängigen Laterankonzils.

Ludwig XII. entsandte ein weiteres Heer nach Italien, dessen Befehlshaber, der junge König von Navarra, Gaston von Foix, Brescia einnahm, Bologna entsetzte und das Heer der Heiligen Liga am 11. April 1512 in Ronco bei Ravenna schlug. Doch da er selber in der Schlacht fiel, blieb sein Sieg ohne Folgen für die Zukunft, und so stand Ludwig XII. in Wahrheit allein da.

Maximilian ließ seinen Verbündeten, der ihm neuerdings in Italien eine zu gewichtige Rolle spielte, fallen, und der Papst verhängte über das Königreich Frankreich das Interdikt und legte damit das gesamte gottesdienstliche Leben, vor allem die Spendung der Sakramente, lahm. Schließlich wurde noch das französische Heer bei Novara geschlagen, während eine englische Armee in Calais einfiel und Margarete von Österreich in der Hoffnung, das Erbe ihres Großvaters, Karls des Kühnen, wieder zurückzugewinnen, ein Auge auf Burgund warf.

Zu Ludwigs XII. Glück jedoch sprengten die Venezianer, durch das Bündnis zwischen dem Papst und Maximilian beunruhigt, die Heilige Liga und näherten sich wieder einmal Frankeich an. Die Verbündeten belagerten zwar eine Zeitlang Dijon und zeigten sich vor Venedig, konnten aber keinen entscheidenden Erfolg verbuchen.

Ludwig XII. nutzte ihre gegensätzlichen Interessen, um jedem gesondert Avancen zu machen. Der neue Papst, Leo X., begrüßte eine Aussöhnung mit Frankreich, die der Kirche ein Schisma ersparte; Spanien münzte seine sehr kurzlebige Neutralität aus; und der Engländer schließlich zog der ihm im Grunde fernliegenden Italienpolitik ein Abkommen vor, das mit der Wiedervermählung des seit dem Tod Annas von der Bretagne verwitweten Ludwig XII. mit Maria Tudor, der Schwester König Heinrichs VIII., im Oktober 1514 besiegelt wurde.

Maria war in Begleitung ihres Liebhabers, des Herzogs von Suffolk, nach Frankreich gekommen. Als Ludwig XII. am 1. Januar 1515 starb, heiratete sie Suffolk.

Der Vetter und Schwiegersohn Ludwigs XII., Franz von Angoulême, der unter dem Namen Franz I. König von Frankreich werden sollte, stammte gleichfalls von Valentina Visconti ab und träumte nicht minder von Ruhm und Ehre. Als er Anspruch auf das Herzogtum Mailand erhob, stellten Leo X., Maximilian und Ferdinand von Aragon gemeinsam ein starkes, im wesentlichen aus Schweizer Kontingenten zusammengesetztes Heer auf, um einem neuerlichen Einfall Frankreichs nach Norditalien Einhalt zu gebieten. Am 14. September 1515 jedoch, nach einer zweitägigen unentschiedenen Schlacht, verhalf die Ankunft seiner venezianischen Verbündeten Franz I. bei Marignan zum Sieg.

Von der neuerlichen, gleichfalls nur vorübergehenden Annexion des Herzogtums Mailand abgesehen, zeitigte der Sieg von Marignan seine dauerhaftesten Folgen außerhalb Italiens. Die erste war das am 18. August 1516 geschlossene Konkordat von Bologna, in dem der Papst und der französische König der Kirche von Frankreich ihre nahezu dreihundert Jahre lang gültigen Statuten gaben, die sie zu einem der Stützpfeiler der absolutistischen Monarchie erhoben. Die zweite Folge war der im November 1516 geschlossene »ewige Friede« zwischen Frankreich und den Schweizer Kantonen, der die Schweizer bis zum Ende des Ancien régime zu treuen Verbündeten und Soldaten des Königs von Frankreich machte.

TRIEBKRÄFTE DER WIRTSCHAFT

War die Wirtschaftsentwicklung im Anschluß an den geringfügigen Aufschwung der neunziger Jahre des 14. Jahrhunderts im Zeichen der Depression gestanden, so hatte die Generation Karls VII., Philipps des Guten und Jacques Cœurs um 1450 eine Wende erlebt und diese Tendenz des Wiederaufbaus und der Neustrukturierung, diese Wiederbelebung der Initiative und der Investitionstätigkeit in allen Bereichen durch geeignete Maßnahmen gefördert.

Doch die Zeitgenossen Karls VII. hatten nur die Erstlingsfrüchte ihres Einsatzes geerntet, die sich, vergleichsweise mühelos erzielt, noch keineswegs als dauerhaft gesichert erwiesen: die Früchte eines wohl kühn, aber noch nicht konsequent genug verfahrenden Unternehmertums wie im Falle Jacques Cœurs; die Früchte der zügig in Angriff genommenen Wiederbestellung der besten Äcker; die Früchte einer neuerlichen Öffnung der Städte und Straßen und einer Wiederaufnahme des traditionellen Messebetriebs.

Gefestigt konnten diese Ergebnisse erst in der nächsten Generation werden. Der unmittelbar nach dem Krieg einsetzende Bevölkerungsaufschwung erfuhr um 1470, als die im Frieden geborenen Kinder ins heiratsfähige Alter kamen, eine weitere Verstärkung. Schon 1466 wunderte sich ein Chronist über die sprunghaft ansteigende Zahl der Eheschließungen. Die Zeit, in der die bäuerliche Bevölkerung in die Städte und fruchtbaren Täler abwanderte und ganze Landstriche menschenleer zurückließ, ging ihrem Ende entgegen; bald schon waren für die städtischen Arbeitsplätze wie für die Urbarmachung neuen Landes wieder genügend Arme vorhanden. Frankreich verfügte in den siebziger Jahren des 15. Jahrhunderts über eine zahlreiche und junge Bevölkerung. Trotz der im Zeitraum von 1480 bis 1482 durch Hungersnöte und Seuchen heraufbeschworenen Krise hielt die Bevölkerungsdynamik bis ins 16. Jahrhundert hinein an.

Auf dem Land beanspruchte der Wiederaufbau viel Zeit, auch wenn sich durch die beginnende Umschichtung der besitzenden Kreise die Wiederherstellung der Zinsgüter etwas beschleunigte und die Bewirtschaftungssysteme auf dem Herrenland eine umfassende Modernisierung erfuhren. Besonders naturbegünstigte Landstriche gelangten zu Wohlstand, und auch die anderen nahmen nach und nach wieder ihren Platz in der Wirtschaft des Landes ein. Dieser Wiederaufbau der Landwirtschaft kam erst im Verlauf der ersten beiden Jahrzehnte des 16. Jahrhunderts zum Abschluß, ohne daß der Anbau – in Höhenlagen wie an der Küste – jemals wieder in jene extremen Landstriche vorstieß, in die man ihn, zum Teil unter großen Wagnissen, zwischen 1250 und 1300 vorangetrieben hatte. Mit Hilfe verbesserter Geräte, vor allem robuster, eisenbeschlagener Pflüge, konnten die reichsten Gegenden den Ertrag erhöhen und damit ihren Vorsprung weiter ausbauen. Die Produktion ergänzte sich wieder auf natürliche Weise, spezialisierte Anbauzonen bildeten sich heraus und erzeugten, wie die großen Kornkammern des Pariser Beckens oder Aquitaniens, beträchtliche Überschüsse für den Verkauf. Die Neubelebung des Fernhandels machte gewinnträchtige Kulturen – Weinbau in der Gascogne und in Burgund, Anbau von Waid im Lauragais und in der Picardie, von Hanf in der Bretagne, von Weizen in der Beauce und im Cambrésis –, aber auch die Schafzucht wieder attraktiv, die sich in den Alpen wie im Languedoc zu einem von den groß- und kleinstädtischen Kapitalisten finanzierten Produktionszweig ausweitete: In der Provence mußte König René eingreifen, damit die umherziehenden Riesenherden der *nourriguiers* die Ackerbauern und kleinen ländlichen Viehhalter nicht zugrunde richteten. Und Ludwig XI. führte, um das Gleichgewicht des

Waldes zu erhalten, die Kontrolle der Nutzungsrechte und Ahndung von Mißbräuchen wieder ein, die während des Jahrhunderts der Landentvölkerung in Vergessenheit geraten waren.

Die Regierungen konnten die Wirtschaft nicht länger ignorieren. So dienten die Reisen eines Ludwig XI. unter anderem auch der Information. Sein Exilaufenthalt in den Niederlanden Philipps des Guten hatte ihm den Blick für die Bedingungen des Wohlstands geschärft. Die Stände – vor allem die des Languedoc – und die von den Städten in regelmäßigen Zeitabständen entsandten Abordnungen hielten den König und seine Räte über die wirtschaftliche Lage auf dem laufenden, und dies nicht immer nur aus Steuergründen. So kämpften die Stände des Languedoc auch um die Aufhebung von Exportbeschränkungen und wachten zumindest über den freien Nahrungsmittelhandel zwischen den drei Sénéchausséen Toulouse, Carcassonne und Beaucaire. Bordeaux setzte alle Hebel in Bewegung, um das Privileg, seinen Wein vor dem des Hinterlandes auszuführen, wiederzuerlangen. Und im Januar 1482 faßte Ludwig XI. zur Eindämmung der Hungersnot den ebenso weitblickenden wie kühnen Beschluß, die Lagerhaltung zu Spekulationszwecken zu verbieten, und ermöglichte dadurch den freien Getreidehandelsverkehr im ganzen Königreich.

Interessierte Kreise des Languedoc einerseits und Lyons andererseits rivalisierten miteinander, um von Karl VII. und vor allem Ludwig XI. die Abschaffung beziehungsweise den Ausbau jener Privilegien zu erlangen, denen die Messen von Lyon ihre Anziehungskraft verdankten. Aigues-Mortes kontra Lyon, Hafenverkehr kontra Paßstraßen: Der König hatte die Wahl.

Gleichfalls auf Betreiben der Kaufleute traf der König 1475 eine für das Wirtschaftsleben umwälzende Rechtsentscheidung: Er schuf das *droit d'aubaine* ab, jenes Recht, kraft dessen der Besitz jedes während seines Aufenthalts im Königreich Frankreich verstorbenen Fremden an die Krone fiel. Daß dieses Recht so manchen davon abhielt, mit seinen Waren nach Frankreich zu reisen, läßt sich denken. Ebenso drückten die Kronbeamten mit Rücksicht auf die Geschäftswelt und ihre permanenten Kümmernisse auch hinsichtlich des königlichen Münzmonopols stillschweigend ein Auge zu: Den ausländischen Kaufleuten mußte die Möglichkeit geboten werden, auf den französischen Märkten mit ihren eigenen Zahlungsmitteln aufzutreten, mit anderen Worten, ausländische Münzen ins Land zu bringen. 1487 sieht man die königlichen Bevollmächtigten sogar in aller Form die Wechselkurse der theoretisch verbotenen Währungen notieren.

Außerdem unternahm Ludwig XI. – offenbar mit großer Vorsicht und einem guten Schuß Pragmatismus – den Versuch, die Wirtschaftskarte, die bis dahin vom Fernhandel der Italiener auf dem Mittelmeer und dem der Hanseaten und Engländer auf der Nordsee bestimmt worden war, neu zu zeichnen. Handelsplätze zu schaffen, die Brügge und Antwerpen, Genua und Barcelona Konkurrenz machen konnten, und über den einfachen Handel wie den mit dem Salz der Bretagne oder dem Wein der Gascogne hinauszugelangen, das waren in den siebziger Jahren des 15. Jahrhunderts die Ziele einer in ihrer Konzeption weitblickenden und konsequenten, in der Praxis aber nur mangelhaft koordinierten Politik, die zudem bei der mehr auf Ausnutzung der lokalen Vorteile als auf Erschließung ferner Horizonte bedachten Geschäftswelt auf denkbar wenig Verständnis stieß. Während das Languedoc gegen den Handel auf der Rhône zu Felde zog und Rouen sein Hauptaugenmerk darauf richtete, Caen nicht hochkommen zu lassen, beherrschten infolgedessen Italiener, Engländer und Brabanter weiterhin die Welthandelsstraßen. Gleichwohl legte die königliche Regierung die Koordinaten des Handels neu fest, indem sie bis zur Erhebung Marseilles zur *ville royale*, zur königlichen Stadt, im Jahre 1481 die Rolle von Aigues-Mortes stärkte, in Lyon ein gegen das zugkräftige Genf gerichtetes Messewesen mit eigenem kontinentalem Einzugsbereich ins Leben rief und zwischen Touraine und Normandie eine neue, zum Atlantik und den Britischen Inseln hin geöffnete Wirtschaftszone schuf.

Die Messen der Normandie erwiesen sich als Fehlschlag: Weder Caen noch Rouen konnten es mit Brügge und später mit Antwerpen wirklich aufnehmen. Der bedachte Ausbau der Lyoner Messen dagegen lohnte sich insofern, als er dem Handel mit Italien einen neuen Standpunkt gab, den Aufschwung Genfs bremste und Savoyen unter Druck setzte. Doch die Leidtragenden des Lyoner Erfolgs begehrten auf: Der Herzog von Savoyen protestierte gegen die den Kaufleuten aufgezwungene Wahl und gegen die Verlagerung des Handelsverkehrs, die sein Fürstentum um bedeutende Zolleinnahmen brachte. Auch Karl der Kühne, der Messen in Chalon-sur-Saône veranstaltete und sich daher von der Umleitung des Handels gleichfalls benachteiligt fühlte, schaltete sich in die Verhandlungen ein. Damit rückte die Wirtschaft erstmals zum Gegenstand der politischen Auseinandersetzung auf.

Aber sie wurde nicht nur zum Gegenstand der Politik, sondern auch zu einem Werkzeug der Kriegführung erhoben – einem recht kostspieligen übrigens. So verhängte Ludwig XI. über den burgundischen Staat die Blockade und hielt Lieferanten und Kunden – Engländer, Hanseaten, Florentiner – fern, um durch Sperrung des französischen Marktes für die Industrieerzeugnisse der Niederlande die Industriegebiete auszuhungern, deren landwirtschaftliche Produktion den Eigenbedarf nicht deckte. Ganz ähnliche Ziele verfolgte auch Karl der Kühne mit der Umleitung des Salzhandels von der Freigrafschaft Burgund über Savoyen und Nizza. Ja, man warb sich sogar gegenseitig die Bankiers ab, und in der Tat wurde die Macht Karls des Kühnen durch die Auflehnung der Finanzwelt und den Rückzug der italienischen Banken, die ihm den Kredit strichen, schwer erschüttert. Umgekehrt jedoch führte der Machtzusammenbruch Burgunds und die damit verbundene jähe Zerstörung der politischen Strukturen, die die Sicherheit der Landgebiete gewährleistet und die Organisation der Märkte gestützt hatten, in den achtziger Jahren des 15. Jahrhunderts zu einem Rückgang der Getreideerzeugung in der Grafschaft Cambrésis (Cambrais) um durchschnittlich fünfundzwanzig Prozent.

Die Fürsten wollten zur Sicherung ihrer Steuereinnahmen Monopole, die Kaufleute wünschten sich freies Unternehmertum und freien Warenverkehr.

Letztlich setzte sich der Wettbewerb durch. Die Geschäftsleute des Languedoc, dessen Handel und vor allem dessen Messen – etwa in Montagnac, Pézenas – unter der Verlegung des bis dahin für seine Häfen einträglichen Orienthandels auf die Landstraßen litt, kämpften ein halbes Jahrhundert lang gegen die Privilegien Lyons an und hatten damit schließlich – im Grunde freilich zu spät – unter Beihilfe der *officiers de finance* auch Erfolg: Diese betrachteten die offene Pforte Lyon, durch die das Geld auf schwer kontrollierbaren Landstraßen abfließen konnte, mit Mißtrauen und brachten das von den Drahtziehern der königlichen Politik befürwortete Monopol zu Fall.

Allerdings ging es in diesem Zusammenhang um weit mehr als um Handel und Handelsgewinn. Ludwig XI. hatte beim Ausbau der Lyoner Privilegien im Grunde nur die Lahmlegung des für Burgund einträglichen Genfer Handels im Auge. Somit konnten die Beaujeu nach Abschluß des Kapitels Burgund bei ihrer gemäßigten, auf Ausgewogenheit bedachten Politik auch ohne weiteres zugunsten des Languedoc entscheiden und befinden, daß »Spezereien« künftig nur noch auf dem Seeweg nach Frankreich eingeführt werden durften.

Nach fortgesetzten Enqueten, Eingaben und Prozessen lockerte man diese Bestimmungen schließlich wieder. Lyon durfte weiter importieren, mußte nun aber statt mit der Konkurrenz des Languedoc mit der von Marseille rechnen. Gleichzeitig machte die ungesicherte innenpolitische Lage Englands und die dadurch bewirkte Zerrüttung der Bündnisse die französischen Hoffnungen auf eine Öffnung zu den Meeren im Nordwesten zunichte – für Caen, Rouen und selbst Tours ein schwerer Schlag.

Desungeachtet überwachten Bevollmächtigte der Krone den Bau oder die Wiederinstandsetzung von Schiffahrtswegen, Hafenanlagen und Brücken. Allgemeine Beachtung fanden auch die zaghaften Anfänge jener Seidenindustrie, die der König 1470 einzig zu dem Zweck, den italienischen Seidenfabriken Konkurrenz zu machen, von Lyon – wo sie ohne sein Zutun bestens florierte – nach Tours umzusiedeln beschloß. Den Anstoß gab, wie in anderen Fällen, ein merkantilistisches Denken, dem es vor allem darauf ankam, durch den Ausbau der Industrie die Einfuhren zu drosseln. In Wahrheit wurde die Seidenherstellung in Tours bis zur Zeit Karls VIII. künstlich hochgepäppelt, mußte sie sich doch, um sich wirklich entfalten zu können, erst einmal einen eigenen Abnehmerkreis schaffen.

Dieses durch den Wiederaufbau ausgelöste Wachstum flaute dann nach 1500 erneut etwas ab. Wie im 13. Jahrhundert erwiesen sich die unzulänglichen Zahlungsmittel als Hemmschuh. Die Agrarpreise stagnierten erneut, woraus der König politisch Nutzen zog, indem er den Eindruck zu erwecken suchte, die stetig bei etwa ein Prozent liegende Inflation im Griff zu haben. Mit einem Wort, man war über die spätmittelalterliche Konjunktur noch nicht wirklich hinausgelangt.

BEGINN DER RENAISSANCE

Ebenso stark wie die Geschäftswelt blieb auch die Welt des Geistes vom mittelalterlichen Erbe geprägt, das in diesem Fall jedoch immer neue Früchte trug. Die formale Logik der Scholastiker beherrschte nach wie vor die gängigen Formen der Beweisführung, und die unangefochtene

Autorität des geschriebenen Worts und des Altertums lieferte die Grundlage für die Denkschritte des Theologen wie für die Gedankensprünge eines Villon, dessen Weltanschauung sich in direkter Linie vom »Rosenroman« herleitet.

Als das Mittelalter, dieses einem fortgesetzten Erneuerungsprozeß unterworfene Zeitalter, zu Ende ging, lagen auf den Verkaufstischen der Buchhändler die vergangenheitsbezogenen Ritterromane neben den an das klassische Altertum anknüpfenden *»Lettres latines«* Gasparins von Bergamo, dem ersten, 1470 von den Schützlingen des Sorbonnerektors Wilhelm Fichet und des Sorbonnepriors Johann Heynlin in Paris gedruckten Buch. Auch die mythologischen Darstellungen der großen, vom »Trojaroman« oder den »Arbeiten des Herkules« – der Kulisse des Fasanenbanketts von 1453 – inspirierten Gobelinfolgen verbanden die Themen des Ritterideals mit denen des wiederentdeckten Altertums.

Der französische Buchdruck, ein Ableger der Metallbearbeitung, wäre beinahe schon gegen 1444 in Avignon aufgekommen, wo ein Jude von einem aus Böhmen eingewanderten Goldschmied hebräische Schriftzeichen gravieren ließ. Was daraus wurde, ist nicht bekannt; bekannt ist dagegen, daß Ulrich Gering aus Konstanz, Michael Friburger aus Colmar und Martin Kranz aus Basel ihr Unternehmen an der Sorbonne sehr zügig vorantrieben.

Sie druckten für bürgerliche Leser billige Ausgaben von *»Fiérabras«* und *»Merlin l'Enchanteur«*, Machwerke, die ein Krämer von anno dazumal schwerlich ein zweitesmal gelesen und derer er sich wohl nie angenommen hätte, hätte er die Handschrift um teures Geld bei einem Kopisten anfertigen lassen müssen. Den Gebildeten und Gelehrten dagegen stellten diese Drucker Ausgaben von Sallust und Cicero, Valerius Maximus und Florus zur Verfügung, Texte, die dank der Drucktechnik mit beweglichen Typen auf den Probeabzügen so lange korrigiert werden konnten, bis eine korrekte Fassung vorlag. Mit ihrer Hilfe konnte die Gelehrtenwelt endlich an die Erforschung des Originaltextes gehen, der vielfach durch Generationen für Stücklohn, das heißt unter Zeitdruck arbeitender Kopisten verunstaltet worden war. Diese neue Möglichkeit begründete die Philologie.

Neben den Schriftstellern der Antike begegnete man auf den Ladentischen der Buchhändler den großen, lateinisch schreibenden Autoren der italienischen Frührenaissance: Lorenzo Valla, Bessarion, Gasparin. Einer mehr auf Zahl und Preis als auf Qualität achtenden Leserschaft dagegen, die den neuen, der römischen und karolingischen Minuskel nachgebildeten »humanistischen« Lettern die altgewohnten gotischen Schriftzeichen vorzog – boten dieselben Buchhändler schon in den achtziger Jahren des 15. Jahrhunderts die Meisterwerke der französischen Literatur an, so den 1485 von Guillaume Le Roy verlegten *»Pathelin«* und den von Pierre Levet 1489 gedruckten Villon. Von philologischer Sorgfalt war man hier allerdings noch weit entfernt: Durch schlampigen Nachdruck wurde der Text der neun vor Ende des 15. Jahrhunderts aufeinanderfolgenden Villonausgaben fortgesetzt entstellt, wie Clément Marot im folgenden Jahrhundert beim Lesen bemerkte.

Auch die Geschichtsschreibung erhielt im neuen, durch Gutenbergs Erfindung im Verlauf einer einzigen Generation grundlegend veränderten Bildungsgefüge ihren Platz. 1478 veröffentlichte Pasquier Bonhomme die erste Ausgabe der *»Grandes Chroniques de France«*.

All diese Strömungen verschmolzen um 1500 zu einem relativ einheitlichen neuen Geschmack. Der Dichter Jean Lemaire de Belges übersetzte Vergil und verfaßte seine bereits auf Ronsards *»Franciade«* vorausweisenden *»Illustrations de Gaule et singularités de Troie«* (»Drei Bücher zum Ruhm des belgischen Gallien«), die der historiographischen Literatur aus der Epoche der ersten Valois ebensoviel verdanken wie dem Vorbild von Tacitus und Titus Livius. Der Universitätsprofessor und Gelegenheitsdiplomat Robert Gaguin begründete in Paris einen Lehrstuhl für lateinische Literatur, korrespondierte mit Erasmus und verfaßte auf Lateinisch eine Geschichte der Franken. Der einer alten Familie hoher Kronbeamter entstammende Jurist, Philologe und königliche Sekretär Wilhelm Budé lehrte Griechisch und Latein und bildete durch Rückkehr zu den Quellen einen französischen Humanismus aus, der sich vom italienischen Vorbild löste, ohne zu verleugnen, was er ihm verdankte. Das systematische Streben nach Harmonie in Komposition und Ausdruck spiegelt sich in einer zarten Lyrik wider, die zusammen mit einem facettenreichen Platonismus das Hauptmerkmal dieses Humanismus bildet.

Doch der an der offenbar gar nicht so verknöcherten Pariser Sorbonne entwickelte Buchdruck war nicht nur ein Ableger des wiederauflebenden Humanismus, sondern zählte mehr und mehr auch zu den neuen Domänen der Gewerbe- und Handelsaktivität. Der Pariser Markt entfaltete die gleiche Anziehungskraft wie die alten Kollegien, und binnen zwanzig

Jahren war durch die großen Messestädte auch die Karte des künftigen Verlagswesens festgelegt. In Lyon wurde schon ab 1473, in Toulouse vor 1476 gedruckt. Rouen, Caen, Rennes, Tours, Angers waren neben Lyon Vertriebszentren, in denen auch die Produktion mehr oder minder festen Fuß faßte. Die Zeit des Universitätsbuchdrucks war in Frankreich abgelaufen, das Buch stellte nun bereits ein Gewerbeerzeugnis dar.

Doch der Buchdruck war nicht das einzige Ergebnis der Wirtschaftsbelebung, die sich von den vierziger Jahren des 15. Jahrhunderts an im Alltagsleben bemerkbar machte und nach 1460 auch den weniger Bemittelten zugute kam. Im Zuge der Umgestaltung der Städte – ihrer Funktionen wie auch ihres Aufgabencharakters – wurden die von der militärischen und geistlichen Aristokratie nicht mehr benötigten Residenzen in Kollegien umgewandelt. Nunmehr gründete man Kollegien, wie man im 11. Jahrhundert ein Priorat gründete, erforderte doch der Ausbau des Staatsdienstes – des Dienstes für den Fürsten wie für seine Untertanen – die Vervielfachung und Differenzierung der Bildungsmaßnahmen. Die Bildungsanstalten spezialisierten sich. Wer bei Philosophen von Rang studieren wollte, ging ans Collège de Navarre, doch wer es schlicht auf eine Anstellung als Gerichtsschreiber anlegte oder als Advokat zu Geld kommen wollte, konnte unter dreißig anderen Möglichkeiten wählen.

Die wiedererstarkende Wirtschaft führte auch zur Wiederaufnahme der Bautätigkeit und zur Verbesserung der Ausstattung. Neue Kirchen und Schlösser tauchten in der Landschaft auf, neue Orgeln ertönten in den Gemeinden, allenthalben entfaltete die Spätgotik, der *Style flamboyant* mit dem beweglichen Spiel der Flächen und irrationalem Zierat, ihren barocken Überschwang. Fischblasen-Maßwerk beherrschte nun die Fenster und funktionslosen, die architektonische Gliederung betonenden Balustraden. Der Schlußstein, der eigentlich das Gewölbe tragen sollte, wurde nun endgültig von ihm getragen, das Schmuckwerk geriet zur Inszenierung. Von Saint-Maclou in Rouen bis Saint-Pol-de-Léon, in Saint-Séverin wie bald darauf in Saint-Étienne-du-Mont tauchten die gleichen Stileigenarten auf, die scheinbar alles aus einer irrationalen Traumwelt schöpften oder sich schlicht phantastisch gaben, obwohl sie in Wahrheit in allem der gotischen Tradition verhaftet waren.

Die neue Freiheit der Formen fand in den nichttragenden Rippen der Sterngewölbe wie in den Gärten der neuen Landschlösser ihren Niederschlag, brachte in der Kleidung exotische Elemente in Mode und legte den

Bühnengestalten der *»Farce de maître Pathelin«* oder des *»Franc-Archer de Bagnolet«* die Sprache von Krämerladen und Schenke in den Mund. Die nicht mehr ernsthaft an Kreuzzug denkenden Generationen gaben sich gern einer spielerischen Vorliebe für den Orient hin, schrieben Reiseberichte ab und sammelten fremdartige Gegenstände.

Die Kirchenmusik befreite sich von einer mathematischen Strenge, die mit ihrer Definition als Kunst höchster Ausgewogenheit unauflöslich verknüpft schien, und schlug mit Josquin des Prés im subtilen Einklang von Text und Musik neue Wege einer ausdrucksstarken Harmonie und melodischen Konstruktion ein. Gleichzeitig verzichtete das Lied auf die rigorose Form der – von Villon noch um 1460 geschätzten – Ballade zugunsten spontanerer Formen wie Bergeronnette oder Rondeau. Dieses goldene Zeitalter des Liedes nahm sich so kunstvoller Themen wie der unsterblichen höfischen Minne an – Gilles Binchois vertonte damals Alain Chartier –, aber auch der urwüchsigen Motive des Trinkliedes und der lasterhaften *chanson paillarde*.

Doch bald schon kündigte sich die Rückbesinnung auf das klassische Altertum an, allerdings nicht mehr wie die ersten Ansätze des Humanismus zur Zeit Karls VI. in den Kanzleien, sondern an den Universitäten. Im Streben nach strenger Wissenschaftlichkeit verband die Gelehrtenwelt die philologisch-textkritische Forschung mit der philosophischen Analyse des bis dahin durch Quellenverderbnis entstellten antiken Denkens. An die Stelle der Rhetorik trat die Kenntnis der Sprachgesetze, an die der Symbolik die Etymologie. Der im 14. Jahrhundert von den besorgten Kirchenlehrern beiseite geschobene Nominalismus gelangte wieder zu Ehren und wurde auf die Bibel wie auf Plato angewandt.

Ähnliche Bestrebungen führten die Musiker zu neuen Ansätzen in der Polyphonie. So verbanden Gilles Binchois am Hof Philipps des Guten und vor allem Guillaume du Fay zur Zeit Karls des Kühnen die Freiheit der Erfindung mit einem überaus kunstvollen Gleichgewicht der Stimmen. Josquin des Prés vollzog dann den Übergang von diesen Erben einer fortwährend erneuerten mittelalterlichen Musik zu den großen polyphonen Komponisten der Renaissance. Des Prés, in den sechziger Jahren des 15. Jahrhunderts Chorknabe in Saint-Quentin, wirkte 1474 am Hof der Sforza, zur Zeit Alexanders VI. als päpstlicher Kapellsänger in Rom, dann als Kapellmeister Ercoles I. von Ferrara und schließlich am Hof Ludwigs XII. von Frankreich. Mit geschärftem Sinn für die Ausgewogenheit des musikalischen Aufbaus entfaltete er in seinen Motetten und Chansons einen sehr persönlichen Stil, der eigenständige Erfindungsgabe mit der umfassenden Bildung eines weitgereisten Musikers, der viel gehört hat, verquickt.

Obwohl die Sensibilität jener Zeit, für die Italien ein Land voll fremdartiger Sehenswürdigkeiten blieb, ihren kraftvollsten Ausdruck noch immer in der Spätgotik fand, brach doch allenthalben bereits die Renaissance hervor. Das neapolitanische Abenteuer, vor allem aber die Aufenthalte in Mailand hatten die Franzosen mit neuen Geschmacksrichtungen und Werken bekannt gemacht. In Gaillon verhalf Georg von Amboise mit einer italienischen Loggia, die zu den wichtigsten Zierelementen seines zwischen 1502 und 1509 erbauten Schlosses zählt, der italienischen Renaissance zum Zuge. In Amboise arbeiteten Italiener, und Ludwig XII. gab bei dem in Paris wirkenden Guido Mazzoni eine Plastik für das Grabmal Karls VIII. in Auftrag.

Das alles darf jedoch nicht zu der Vorstellung verführen, Frankreich habe damals dem italienischen Geschmack haltlos gefrönt. So beschränken sich etwa bei dem insgesamt recht konventionellen Grabmal, das Herzogin Anna 1502 beim Bildhauer Michel Colombe nach den Entwürfen Jean Perréals für Franz II. von der Bretagne in Auftrag gab, die Anleihen beim neuen Stil auf die zum Lobpreis des Verstorbenen dargestellte Allegorie der Tugenden. Die Gotik erfuhr hier wohl eine Verfeinerung, verleugnet sich aber nicht. Und das Meisterwerk eines bereits in der Grablegung von Tonnerre (1453) anklingenden Expressionismus, die 1496 geschaffene *»Mise au Tombeau«* von Solesmes, übernahm vom italienischen Geschmack nur die Pilaster, erscheint im übrigen aber gleichfalls als Vollendung der mittelalterlichen Kunst. Ebenso verdankt der leichte Turmhelm, mit dem Jean de Beauce um 1510 die Kathedrale von Chartres krönt, den feinen gotischen Schmuckelementen mehr als der neuen architektonischen Linienführung. Das Schloß von Gaillon gibt sich insgesamt betont französisch, und ein so bedeutendes Bauwerk des mittelalterlichen Barock wie Saint-Maclou in Rouen findet im überreichen Gebrauch des spätgotischen Formenschmucks seine Vollendung.

Viele Franzosen begegneten einer ihrem Kunstempfinden fremden Italiennachahmung mit Vorbehalten. In der Tat wirkte der Anziehungskraft der italienischen Kunst die kraftvolle flämische und brabantische Kunsttradition entgegen, an die seit der Zeit Claus Sluters und der Brüder

Limburg viele im strengen Sinn französische Kunstströmungen anknüpften. So entwickelten zahlreiche Künstler im Spannungsfeld zwischen Norden und Midi ein eigenständiges Bild des Menschen und der Gesellschaft oder fingen auch nur schlicht das Licht des Loiretals ein. Die Hofmaler Karls VIII. und Ludwigs XII., Jean Perréal und Jean Bourdichon, verstanden sich wie der »Meister des Triptychons von Moulins« auf die Kunst des Maßhaltens, die trotz Neuerungen und bereichernden Anleihen ihre Tradition nicht verleugnet.

Die Ideen zirkulierten ebenso rasch wie die Menschen, und der für die Zeitgenossen eines Thomas von Aquin selbstverständliche Universalismus der Universität erschien auch zur Zeit eines Wilhelm Fichet wieder ganz normal: Der Dekan der kirchenrechtlichen Fakultät zu Paris und Trinitariergeneral Robert Gaguin begründet in unmittelbarer Verbindung zu den Neuplatonikern in Rom und Florenz den neuen Französischen Humanismus; Pico della Mirandola hält sich 1485 in Paris auf, Marsilius Ficinus schickte seinen Pariser Briefpartnern neue Texte und Textdeutungen aus Florenz; Lefèvre d'Étaples setzt seinen Schülern und Lesern eine Synthese des klassischen Gedankenguts vor, die Homer ebensoviel verdankt wie Juvenal und die erstmals die Staatslehre des Aristoteles mit der Moral Plutarchs verknüpft. Damit waren Humanismus und Renaissance zu austauschbaren Begriffen geworden.

SCHLUSS

Welches Vermächtnis nun haben die zwanzig Generationen, mit deren Geschichte sich das vorliegende Buch befaßt, dem neuzeitlichen Frankreich hinterlassen?

Zunächst einmal ein zusammenhängendes Staatsgebiet in Form eines Sechsecks, in dem aus der beginnenden Überlagerung von politischem Bewußtsein und wirtschaftlichen Interessen ein mehr oder minder starkes, jedenfalls im Inland wie im Ausland bereits als solches empfundenes Nationalgefühl erwuchs. Durch seine großzügige Öffnung nach drei Meeren wie nach Kontinentaleuropa hin brachte dieses Sechseck alle Voraussetzungen für weitgespannte Auslandsbeziehungen mit. Es deckte seinen Eigenbedarf an Nahrungsmitteln und gewerblichen Erzeugnissen überwiegend selbst, war dadurch gegen die schlimmsten Spannungen und Krisen gesichert und konnte eine auf den Handelsverkehr über mittlere Entfernungen gestützte Wirtschaft aufbauen.

Das im Verlauf dieser Jahrhunderte entstandene, über die praktischen Vertragsbindungen des Lehnswesens hinausgreifende Staatsgefüge beruhte auf einer öffentlichen Ordnung, die mehr Sicherheit für den einzelnen, seine Güter und Geschäfte garantierte: einer öffentlichen Ordnung, die nun nicht mehr als Verwirklichung des göttlichen Schöpfungsplans, sondern als natürliche Aufgabe der für das Gemeinwohl Verantwortlichen erscheint. Ein Stab von Verwaltungsfachleuten und Richtern, eine dem Gerichtsuntertan und Regierten zur Seite stehende Helfer- und Vermittlerschar trugen zu dieser Sicherheit bei, ohne die es weder bindende Vorschriften noch Vertrauen in die Justiz geben konnte. Damit aber gewann der Staatsdienst nicht nur für den persönlichen Werdegang einzelner und das Schicksal ganzer Familien vorrangige Bedeutung, sondern beeinflußte auch die unmittelbaren Verhaltensweisen des Alltags. Da man in allem große Erwartungen auf den Fürsten setzte, trugen auch alle zu den Fortschritten des Absolutismus bei. Ein festgefügtes Privatrecht –

und damit eng verzahnte Gesellschaftsbeziehungen – und eine auf die gemeinsamen Wirtschaftsinteressen abgestimmte Politik dienten diesem Absolutismus, den jeder als Schiedsrichter für seine Zwecke einzuspannen versuchte, als Köder beim Aufbau einer einheitlichen Zentralgewalt, über die man sich andererseits wiederum beklagte, der man aber gleichwohl Vorschub leistete.

Auch die Kirche war in diesen Prozeß einbezogen. Ihr langes Schwanken zwischen päpstlichem Führungsanspruch und Autonomiebestrebungen samt den daraus folgenden Strukturreformen und Maßnahmen zur Hebung der Moral führten auf direktem Weg zur Definition der Hoheitsrechte des Königs. Die Kirche von Frankreich hatte damit zwar den Herrn gewechselt, sollte aber im Zeichen des Gallikanismus ebenso unbequem bleiben wie vordem unter der päpstlichen Theokratie.

Inzwischen verfügte Frankreich über eine verfeinerte, klar strukturierte, reichere Sprache. Die *langue d'oïl* vereint in ihrer subtilen Semantik neben Spuren des alten gallischen Erbes den für das Alltagsleben wie für die intellektuelle Spekulation wesentlichen lateinischen Fundus und die aufeinanderfolgenden Ablagerungen, die von den germanischen und nordischen Zutaten bis zu den späten Anleihen beim Gelehrtenarabisch die verschiedenen Beiträge zu jenem Komplex widerspiegeln, der sich schließlich als französische Kultur darstellt. Doch die Herausbildung dieser gemeinsamen *langue d'oïl* ist ihrerseits nur Folge jener Vereinheitlichungs- und Zentralisierungstendenz, der die Mundarten der *langue d'oc* schon bald zum Opfer fallen sollten. Die hier behandelten fünf Jahrhunderte sind die Glanzzeit dieser südfranzösischen Dialekte, die schließlich der Verwaltungspraxis und der Ausbreitung des Buchdrucks weichen mußten.

Doch zum geistigen Rüstzeug zählt nicht nur eine reiche und präzise Sprache. Als späte Frucht der karolingischen Renaissance hatte sich mit der langsam heranreifenden Scholastik und der schrittweisen Entdeckung der platonischen Dialektik und der aristotelischen Logik eine Methode des Analysierens und Schlußfolgerns herausgebildet, die der künftigen klassischen Logik und dem als Neuerung empfundenen Cartesianismus zugute kommen sollte.

Erscheint der technische Fortschritt, soweit es sich um die wissenschaftlichen Grundlagen der Beherrschung, Übertragung und Nutzung der natürlichen Energien handelt, nur gering, muß man den nach dem Jahr

1000 geborenen Generationen auf der bescheidenen Ebene der Praxis viele mutige Versuche und Erfolge attestieren. Die Franzosen hatten mit Gewölben großer Spannweite und aufgelockerten Wänden mit weit versetzten Gewölbeanfangssteinen den umbauten Raum meistern gelernt. Sie hatten die Kriegskunst grundlegend umgestaltet: die Kunst der Verteidigung durch Abschaffung der toten Winkel und veränderte Funktion der befestigten Punkte; und die Kunst des Angriffs durch Einsatz der Artillerie bei der Belagerung und etwas später auch auf dem Schlachtfeld. Damit entfaltete sich in den fürstlichen Burgen wie in den vom Bürgertum besiedelten stark befestigten Städten eine neue Lebensweise. Indem sie manche Neuerungen – wie Kompaß oder zentrales Steuerruder mit Steuerrad – mit gesundem Wirklichkeitssinn übernahmen, andere – wie die verbesserten Buchhaltungs- und Banktechniken – dagegen ablehnten, weil sie ihnen, gemessen am dürftigen Resultat, zu kompliziert erschienen, hatten sich diese Generationen eine Geschäftspraxis zurechtgezimmert, die Frankreich zwar gewiß nicht zur Vorhut Europas erhob, dafür aber wohl den geographischen Realitäten, geistigen Strukturen und sozialen Triebkräften des Königreichs der Kapetinger und Valois entgegenkam. Die Landwirtschaft wurde, obwohl man nahezu unbesehen an der überlieferten Art der Bestellung und an den alten Gerätschaften festhielt, dank der guten Böden und ihrer geschickten kollektiven Nutzung durch eifriges Pflügen, durch Teilung der Risiken und eine kluge, am Markt und seinen Möglichkeiten orientierte Auslese des Saatguts, der Investition, ja sogar der Spekulation erschlossen.

Das Vermächtnis des Mittelalters an das neuzeitliche Frankreich stellt sich uns unter dem Bild der Windmühle, des Schwingpfluges, des Spitzbogens dar. Es besteht im Ertrag des Sommergetreides, im Licht, das Säle und Kirchenschiffe durchflutet, in einer Kleidung, die Bewegungsfreiheit gestattet. Es ist in den rigorosen Syllogismen der Gelehrten und den geordneten Registern der Schreiber gegenwärtig. Es umfaßt den Reichtum des Humanismus und weist eigene Wege zu Vermögen und Wohlstand. Es trägt bereits den Keim einer politischen Entwicklung im Zeichen einer Monarchie in sich, für die der »königliche Wille« der ungeteilten Verantwortung für das »Gemeinwohl« entsprach, für die die guten Städte Städte »des Königs« und die Kirche die Kirche »von Frankreich« waren. Und es brachte schließlich einen Verwaltungsapparat hervor, der in der Staffelung seiner Machtebenen das bekannte Zentralisations- und Konzentrationsschema der Lehnspyramide übernahm, das trotz der späten Entfaltung partikularistischer, anstelle der alten Autonomie bewilligter Institutionen deutlich zutage tritt.

Fünf Jahrhunderte – davon drei im Zeichen der Expansion und zwei im Zeichen von Krisen und Reifung – waren vergangen. Eine neue Gesellschaft hatte sich herauskristallisiert, an deren Entstehung die ökonomischen und sozialen Kräfte der städtischen Zivilisation ebenso beteiligt waren wie die Entwicklung von Industrie und Großhandel mit ihren spezifischen Interessen und Abläufen und wie ein dynamischer Staatsdienst, der sich gleichzeitig als Dienst für den Fürsten und als Dienst an den Verwalteten, den Steuerzahlern und Gerichtsuntertanen, verstand.

Der Horizont hatte sich nach allen Seiten hin erweitert. Frankreichs Geschichte spielte sich von nun an in einer Welt ab, die den mediterranen Orient ebenso einschloß wie England und Schottland, deren Schwerpunkt in den germanischen Ländern und in Italien lag und deren Grenzen vor Granada und vor Budapest verliefen. Die von anderen bewerkstelligte Öffnung nach Afrika und zum Atlantik jedoch hatten die Franzosen verpaßt. Und da sie sich zu spät für die Seidenstraße interessierten, hatten sie auch die Straße des Goldes verfehlt.

Zumindest jedoch spiegelt dieser erweiterte Horizont eine wirklich einheitliche Betrachtungsweise wider. Mochten die Interessen von Lyon bis Montpellier und von Brügge bis Bordeaux auch auseinandergehen, man spielte doch überall das gleiche Spiel.

Im behandelten Zeitraum hat Frankreich zu einer Einheit gefunden, die letztlich nichts mehr mit dem karolingischen Erbe gemein hat. Das Frankreich des Jahres 1000 war zutiefst zersplittert, sein Horizont vielfältig gebrochen. Die als Antwort der politischen Praxis auf das Bedürfnis nach Ordnung und Sicherheit alles andere als planvoll entstandenen Territorien stellen das Werk von Fürsten (Herzögen, Grafen) dar, die mit ihren Eroberungen die Landkarte Frankreichs im Zeitalter der Lehnsherrschaft bestimmten. Die zu neuen Konzentrationen führenden großen politischen Konstruktionen der folgenden Jahrhunderte gehen vor allem auf die mit Apanagen ausgestatteten Prinzen aus dem Königshaus der Kapetinger, dann der Valois zurück. Diese Konzentrationen erfolgten vielfach gegen den König oder zumindest auf seine Kosten, wobei nicht nur der Krieg, sondern auch die Erb- und Heiratspolitik als Mittel dienten.

Diese letzte Welle von großen Fürstentümern kam letztlich dem Souverän zugute: Indem er die eine oder andere Erbschaft antrat – nicht ohne, wenn nötig, seine Streitkräfte in Erinnerung zu bringen –, profitierte er von dem, was andere zusammengetragen hatten.

Ebenso erhob auch das Streben der Kirche nach Autonomie, das in seinen Anfängen das kirchliche Leben auf Lokalsynoden unter Ausschluß des Papsttums gründete und das durch die Intervention des Königs für eine mehr oder minder gegen die Autorität Roms rebellierende Kirche besiegelt wird, letztlich den König zum Herrn über seine Kirche.

Als mit der vollen Ausbildung einer politischen Konstruktion, die wir »Monarchie« nennen, die Krone durch die Inkorporierung großer Territorialkomplexe in den Genuß der Früchte des geduldigen Wirkens der »Ländersammler« kam, war das Zeitalter der Fürstentümer am Ende angelangt. Entstanden in Jahrhunderten, in denen das Königtum schwach war, gingen sie jetzt in der Einheit Frankreichs auf.

ZEITTAFEL

996–1031	Robert II., der Fromme, König von Frankreich
999–1003	Silvester II. (Gerbert von Aurillac), Papst
1006–1019	Bau von Saint-Philibert in Tournus
1016–1037	Eroberung der Touraine durch Fulko Nerra, Graf von Anjou
1020	Skulptierter Türsturz von Saint-Genis-des-Fontaines
1021	Gottesfriedenseid zwischen Amiens und Corbie
1023	Ketzerverbrennung in Orléans
1023	Erwerb der Champagne durch Odo II. von Blois
1024–1084	Bau des Kirchenschiffs von Mont-Saint-Michel
1027	Weiterentwicklung des Gottesfriedens zur »Treuga Dei«
1031–1060	Heinrich I., König von Frankreich
1033	Hungersnot
1033	Angliederung des Königreichs Burgund an das Imperium der Salier
1035	Wilhelm der Bastard, Herzog der Normandie
1049–1109	Hugo von Semur, Abt von Cluny
1049	Konzil von Reims: Absetzung der Bischöfe, die sich ihr Amt käuflich erworben hatten
1050–1130	Bau von Sainte-Foy in Conques
1054	Bruch zwischen Rom und Konstantinopel
1057	Orléans erhält die *charte de franchise*
1060–1108	Philipp I., König von Frankreich
um 1062–1080	Bau von Saint-Étienne und La Trinité in Caen
1063	Einweihung von Moissac
1066	Eroberung Englands durch die Normannen

1070	Städtische Emanzipationsbewegung in Le Mans
1073–1085	Gregor VII., Papst
1081–1096	Bau von Saint-Eutrope in Saintes
1084	Gründung der Chartreuse durch den heiligen Bruno
1087	Tod Wilhelms des Eroberers
1088	Baubeginn von Cluny III
1095	Synode von Clermont: Aufruf zum Kreuzzug
1096–1099	Erster Kreuzzug
1098	Gründung von Cîteaux
um 1100	Rolandslied
um 1100	Fresken von Saint-Savin-sur-Gartempe
1100	Kreuzgang von Moissac
um 1100	Anfänge der höfischen Dichtung
1108–1137	Ludwig VI., der Dicke, König von Frankreich
1108	Gründung von Saint-Victor bei Paris
1109–1148	Alphonse Jourdain, Graf von Toulouse
1112	Aufstand der Kommune von Laon
1115	Gründung von Clairvaux durch den heiligen Bernhard
1119	Einweihung der Kathedrale von Cahors
1119	Sieg Heinrichs I. Beauclerc über Ludwig VI. bei Brémule
1119	Konzil von Toulouse: Verdammung der Katharer
1120	Gründung von Prémontré
1122–1156	Petrus Venerabilis, Abt von Cluny
1124	Feldzug Ludwigs VI. gegen Kaiser Heinrich V.
1125	Tympanon von Sainte-Foy in Conques
1127	Ermordung Karls des Guten, Graf von Flandern
1127	Stephan von Garlanda fällt in Ungnade
1128	Konzil von Troyes: Approbation der Templer-Regel
um 1130	Gregori Bechada, »*Canso d'Antiocha*«
1132	Kreuzrippengewölbe im Chorumgang von Morienval
1132	Tympanon von Vézelay
1135	Baubeginn der Kathedrale von Sens
1137	Vermählung Ludwigs VII. mit Eleonore von Aquitanien
1137–1180	Ludwig VII., König von Frankreich
1140	»*Decretum Gratiani*«, Grundlage einer selbständig arbeitenden Kirchenrechtswissenschaft
1140	Konzil von Sens: Verurteilung Abaelards

um 1140	*»Chanson de Guillaume«*
1144	Weihe der Abtei von Saint-Denis
um 1145	Königsportal von Chartres
1146	Kreuzzugspredigt des heiligen Bernhard
1147–1148	Zweiter Kreuzzug
1148	Organisierte Ketzerbekämpfung
um 1150	Abschluß der Bauarbeiten von Sainte-Madeleine in Vézelay
um 1150	Glasmalerei in Chartres
1152	Vermählung Eleonores von Aquitanien mit Heinrich Plantagenet
1152	Petrus Lombardus, *»Livre des Sentences«*
1153	Tod des heiligen Bernhard
1154	Tod des englischen Königs Stephan von Blois
um 1160	Thomas *»Tristan et Iseut«*
um 1160	Fertigstellung der Kathedrale von Sens
1163	Beginn der Bauarbeiten an Notre-Dame in Paris
1165	Benoît de Sainte-Maure, *»Le Roman de Troie«*
1174	Messeprivilegien für die Champagne
1177–1179	Chrétien de Troyes, *»Le Chevalier à la charette«*
1180–1223	Philipp II. August, König von Frankreich
1181	Errichtung der Pariser Hallen in Champeaux
1182	Chrétien de Troyes, *»Perceval«*
1187	Französischer Angriff auf das Berry
1188	Treffen von Philipp II. August und Heinrich II. in Bonsmoulins
1189–1192	Dritter Kreuzzug
1193	Vermählung Philipps II. August mit Ingeborg von Dänemark
1194	Philipp II. August bei Fréteval geschlagen
1195	Tod des Troubadours Bernhard von Ventadour
1199	Tod des Richard Löwenherz
um 1200	Gründung der Universität Paris
1200	Vertrag von Le Goulet zwischen Philipp II. August und Johann Ohneland
1203	Tod Arthurs von der Bretagne
1203–1204	Belagerung von Château-Gaillard
1204	Vierter Kreuzzug. Einnahme von Konstantinopel
1204	Eroberung der Normandie durch Philipp II. August
1207	Predigttätigkeit des heiligen Dominikus im Languedoc
1209–1213	Albigenserkreuzzug

1210	Beginn der Bauarbeiten an der Kathedrale von Toulouse
1210–1236	Hauptfenster von Chartres
1212	Wahl Friedrichs II. zum Kaiser
1213	Sieg Simon von Montforts bei Muret
1214	Sieg Philipps II. August bei Bouvines
1215	Erste Statuten der Universität Paris
1217	Erste Dominikanerniederlassung in Paris
1220	Erste Statuten der Universität Montpellier
1220	Vollendung der Kathedrale von Chartres
1220	Baubeginn der Kathedrale von Amiens
1221	Tod des heiligen Dominikus
1223–1226	Ludwig VIII., König von Frankreich
1226–1270	Ludwig IX., der Heilige, König von Frankreich
1229	Vertrag von Paris zwischen dem König und dem Grafen von Toulouse
1230–1240	Guillaume de Lorris, »*Le Roman de la Rose*«
1231	Bulle »*Parens scientiarum*« für die Universität Paris
1233	Die Inquisition wird den Dominikanern übertragen
1234	Thibaut IV. von der Champagne wird König von Navarra
1242	Siege Ludwigs des Heiligen über Heinrich III. bei Saintes und Taillebourg
1242	Ermordung der Inquisitoren in Avignonnet
1243–1244	Belagerung von Montségur
1243–1248	Bau der Sainte-Chapelle in Paris
1245	Erstes Konzil von Lyon
1245	Aufruhr in Douai
1248–1254	Kreuzzug Ludwigs des Heiligen im Orient
1250	Schlacht bei Mansurah. Ludwig der Heilige von den Mamelucken gefangengenommen
1252–1259	Thomas von Aquin lehrt in Paris
1252	Tod Blancas von Kastilien
1254	Reform der königlichen Verwaltung
1254	Erstes Register des *Parlement* von Paris
1255	Einnahme der Katharerburg Quéribus (Dep. Aude)
1256	Schiedsspruch von Péronne über die Nachfolgeregelung in Flandern und im Hennegau
1258	Gründung eines Kollegiums durch Robert von Sorbon

1258	Vertrag von Corbeil: Frieden zwischen Frankreich und Aragon
1259	Vertrag von Paris mit Heinrich III. von England
1260	Baubeginn der Dominikanerkirche in Toulouse
1261	Rückeroberung von Konstantinopel durch die Griechen
1261	Verbot des Duells als Gottesurteils
1262	Städtische Reform
1263–1266	Münzreformen
1264	*Dit d'Amiens*: Schiedsspruch zwischen Heinrich III. und den englischen Baronen
1265	Karl I. von Anjou, König von Sizilien
um 1265	Thomas von Aquin, »*Summa theologica*«
1270	Verurteilung des Averroismus
1270	Kreuzzug Ludwigs des Heiligen nach Tunis
um 1270	»Das letzte Gericht« von Bourges
1270–1285	Philipp III., der Kühne, König von Frankreich
1271	Eingliederung der Grafschaft Toulouse in die Krondomäne
1273	Wahl Rudolfs von Habsburg zum römischen König
1275–1280	Jean de Meung, »*Le Roman de la Rose*« (2. Teil)
1277	Verdammung des christlichen Aristotelismus
1282	Baubeginn von Sainte-Cécile in Albi
1282	Sizilianische Vesper
1283	Philippe de Beaumanoir, »*Les Coutumes de Beauvais*«
1284	Einsturz des Chores der Kathedrale von Beauvais
1285–1314	Philipp IV., der Schöne, König von Frankreich
1291	Eroberung von Akkon durch die Mamelucken
1294	Einziehung der Guyenne
1295	Erste Abwertung der Rechnungsmünzen
1296	Ausbruch des Konfliktes mit dem Papsttum Bulle »*Clericis laicos*«
1297	Sieg des Königs über die Flamen bei Furnes
1297	Heiligsprechung Ludwigs IX.
1297	Waffenstillstand von Vyve-Saint-Bavon zwischen Frankreich und England
1301	Schwerer Zusammenstoß mit Bonifatius VIII. Bulle »*Ausculta fili*«
1302	Die Morgenvesper von Brügge und der flämische Aufstand
1302	Bulle »*Unam sanctam*«

1302	Französisch-englischer Vertrag von Paris
1303	Attentat auf Bonifatius VIII. in Anagni
1303	Sieg der Flamen bei Kortrijk
1303	Baubeginn von Saint-Ouen in Rouen
1303	Vollendung der Dominikanerkirche in Toulouse
1304	Sieg der Franzosen über die Flamen bei Mons-en-Pévèle
1305	Französisch-flämischer Vertrag von Athis
1306	Vertreibung der Juden
1307	*»Le Dévôt Christ«* von Perpignan
1307	Verhaftung der Templer
1309	Clemens V. verlegt Papstsitz nach Avignon
1312	Abtretung Flanderns
1312	Konzil von Vienne und Aufhebung des Templerordens
1314	Hinrichtung des Großmeisters und anderer Ritter des Templerordens
1314–1315	Feudalbündnisse
1314–1316	Ludwig X., der Zänker, König von Frankreich
1315	Schließung der letzten noch zur Prägung berechtigten lehnsherrlichen Münzstätten
1316	Umbildung des *Parlement*
1316	Einführung der Salzsteuer *(gabelle)*
1317	Tod des Jean de Joinville
1317–1322	Philipp V., der Lange, König von Frankreich
1320	Umbildung der Rechnungskammer
1322–1328	Karl IV., der Schöne, König von Frankreich
1328–1350	Philipp VI. von Valois, König von Frankreich
1328	Sieg des Königs über die aufständischen Flamen bei Cassel
1328	Erste Volkszählung nach Haushalten
1334–1342	Bau des ersten Papstpalastes zu Avignon
1337	Einziehung der Guyenne
1337–1345	Aufstand in Flandern; Jakob Van Artevelde
1339	Landung der Engländer
1340	Vernichtung der französischen Flotte bei Écluse
1340–1346	Münzverschlechterung und Inflation
1341	Tod Johanns III., Herzogs von der Bretagne Ausbruch der Nachfolgekrise
1343	Jean Pucelle, *»Le Bréviaire de Belleville«*

1343	Erste wirkliche Tagung der Generalstände
1344	Angliederung der Dauphiné an Frankreich
1344	Tod Simone Martinis in Avignon
1346	Sieg Eduards III. über Philipp VI. bei Crécy
1347	Übergabe von Calais
1348–1350	Große Pestepidemie
1349	Die »Flagellanten«
1349	Antisemitische Umtriebe
1350–1364	Johann II., der Gute, König von Frankreich
1351	Der Kampf der Dreißig
1351	Gründung des Sternordens
1351/1354	Königliche Erlasse über Gehälter und Preise
1354	Vertrag von Mantes zwischen Johann II. und Karl dem Bösen
1355	Politische Krise. Die Stände bestimmen die Steuer
1356	Verhaftung Karls des Bösen
1356	Niederlage Johanns des Guten bei Poitiers
1357	Die Generalstände als Reformer
1358	Aufstände in Paris. *La Jacquerie*
1360	Regelung der Münzordnung. Einführung des *franc à cheval*
1360	Vertrag von Brétigny-Calais
1361	Marodierende Söldnerheere
1361	Wiederaufflackern der Pest
1364	Sieg Du Guesclins über die Navarresen bei Cocherel
1364	Einführung des *Franc à pied*
1364–1380	Karl V., König von Frankreich
1364	Guillaume de Machaut, *»Le Livre du Voir Dit«*
1365	Erster Vertrag von Guérande
1367	Versuch Urbans V., nach Rom zurückzukehren
1369–1375	Rückeroberung Aquitaniens durch die Heere Karls V.
1369	Reiterfeldzug des Herzogs von Lancaster
1370	Reiterfeldzug Robert Knolles'
um 1370	Erste Holzschnitte
1371	Vertrag von Vernon zwischen Frankreich und Navarra
1372	Sieg der Franzosen über die Engländer in der Seeschlacht von La Rochelle
1373	Reiterfeldzug des Herzogs von Lancaster
1374	Nachfolgeregelungen Karls V.

1375–1381	Wandteppich der »Apokalypse«.
1378–1417	Das Große Schisma
1378–1382	Aufruhr in den Städten
1380	Reiterfeldzug Thomas von Buckinghams
1380–1422	Karl VI., König von Frankreich
1381	Aufstand der *Tuchins* im Languedoc
1382	Aufstand der *Maillotins* in Paris. *La Harelle* in Rouen
1387	Vermählung Ludwigs von Orléans mit Valentina Visconti
1388	Berufung der *Marmousets*
1388	Jacques d'Ableiges, *»Le Grand Coutumier de France«*
um 1390	Vollendung von Sainte-Cécile in Albi
1392	Ausbruch der Krankheit Karls VI.
1392	Entlassung der *Marmousets* durch die Regierung der Herzöge
1394	Vertreibung der Juden
1395	Jean Gerson, Kanzler der Universität Paris
1396	Bündnis Genuas mit Frankreich
1396	Untergang des Kreuzfahrerheeres bei Nikopolis
um 1397	Claus Sluter, »Mosesbrunnen«
1398–1403	Oboedienzentzug. Bestrebungen einer gallikanischen Kirchenorganisation
1399	Christine de Pisan, *»Épître au Dieu d'Amour«*
1402	Eroberung der Kanarischen Inseln durch Jean de Béthencourt und Gadifer de la Salle
1404–1419	Johann der Unerschrockene, Herzog von Burgund
1407	Ermordung Ludwigs von Orléans
1409	Konzil von Pisa
1409	Frieden von Chartres zwischen den Fürsten
1410–1416	Brüder von Limburg, Stundenbuch für Jean de Berry: *»Très riches Heures du duc de Berry«*
1412	Vertrag von Auxerre zwischen den Fürsten
1412	Feldzug des Herzogs von Clarence in der Normandie
1413	Generalstände und die Bewegung der *cabochiens*
1413–1418	Terror der Armagnaken in Paris
1414	Englisch-burgundischer Vertrag von Leicester
1414–1417	Konstanzer Konzil
1415	Sieg der Engländer bei Azincourt
1417	Beilegung des Großen Schismas. Wahl Martins V.

1417–1418	Eroberung der Normandie durch die Engländer
1418	Aufruhr und Besetzung von Paris durch die Burgunder
1419	Ermordung Johanns des Unerschrockenen
1419	Die Engländer in Rouen
1419–1467	Philipp der Gute, Herzog von Burgund
1420	Vertrag von Troyes. Heinrich V. Lancaster erbt Frankreich
1422	Tod Heinrichs V. und Karls VI.
1422–1461	Karl VII., König von Frankreich
1422–1471	Heinrich VI., König von England
1422	Gründung der Universität Dole
1424	Sieg der Engländer bei Verneuil
1427	Sieg der Franzosen bei Montargis
1429	Jeanne d'Arc. Befreiung von Orléans
1429	Salbung Karls VII.
1431	Prozeß und Hinrichtung der Jungfrau von Orléans
1431–1449	Konzil von Basel
1432	Gründung der Universität Caen
1432	Van Eyck, »Anbetung des mystischen Lammes«
1433	Besetzung Brabants und des Hennegaus durch Burgund
1435	Vertrag von Arras: Aussöhnung zwischen Frankreich und Burgund
1436	Richemont zieht in Paris ein
1437	Baubeginn von Saint-Maclou in Rouen
1438	Versammlung des Klerus und Pragmatische Sanktion von Bourges
1440	*La Praguerie:* Aufstand der Fürsten
1443–1453	Jacques Cœur in Bourges
1443	Ende des angevinischen Königreiches Neapel
1443–1446	Rogier van der Weyden, »Das Jüngste Gericht« (Beaune)
1444	Druckereiversuche in Avignon
1444	Waffenstillstand zwischen Frankreich und England in Tours
1445	Militärreform: Verteilung der Armee in kleinen Ordonnanz-Kompanien über Frankreich
1445	Privilegierung der Messen von Lyon durch den König
1450	Sieg der Franzosen über die Engländer bei Formigny
um 1451	Jean Fouquet, Diptychon von Melun für Étienne Chevalier
1452	Arnoul Gréban, *»Le vrai mystère de la Passion«*

1452	Reform der Universität Paris
um 1452	Enguerran Quarton, *»Couronnement de la Vierge«*
1453	Einnahme Konstantinopels durch die Türken
1453	Aufstand in Gent
1453	Sieg der Franzosen über die Engländer bei Castillon
1453	Die *»Mise au Tombeau«* von Tonnerre
1453	Prozeß gegen Jacques Cœur
1454	Erlaß von Montils-lès-Tours: Justizreform
1455	Eroberung des Armagnac
1456	Rehabilitierung der Jungfrau von Orléans
1458	Prozeß gegen Herzog Johann II. von Alençon
1461–1483	Ludwig XI., König von Frankreich
1461	François Villon, *»Le Testament«*
1462	Einmarsch der Franzosen in Katalonien
um 1464	*»La Farce de maître Pathelin«*
1465	Die *Ligue du Bien public* (Liga für das Gemeinwohl)
1465	Tod Karls von Orléans
1467–1477	Karl der Kühne, Herzog von Burgund
1469	Erste Italienreise Guillaume Fichets
1470	Einrichtung einer Druckerei in der Sorbonne
1473	Die »niedere Vereinigung« im Elsaß
1473	Druckerei in Lyon
1475	Vertrag von Picquigny zwischen Frankreich und England
1475	Eroberung Lothringens durch Karl den Kühnen
1476	Niederlagen Karls des Kühnen bei Grandson und Murten
1477	*»Tombeau de Philippe Pot«*
1477	Karl der Kühne vor Nancy gefallen
1477	Vermählung Marias von Burgund mit Maximilian von Habsburg
1478	Gallikanisches Konzil von Orléans
1480	Tod König Renés von Anjou
1481	Tod Jean Fouquets
1482	Angliederung der Provence an Frankreich
1482	Vertrag von Arras: Eingliederung Burgunds in die Krondomäne
1483–1498	Karl VIII., König von Frankreich
1484	Generalstände von Tours
1485	Der »Verrückte Krieg«
1485	Frankreichreise Picos de la Mirandola

1488	Sieg des Königs bei Saint-Aubin-du-Cormier
1491	Vermählung Karls VIII. mit Anna von der Bretagne
1494–1496	Feldzug Karls VIII. nach Neapel
1496	Die *»Mise au Tombeau«* von Solesmes
1499	Besetzung Mailands durch die Franzosen
1499–1515	Ludwig XII., König von Frankreich
1502	Michel Colombe, *»Tombeau de François II«* in Nantes
1502–1509	Bau des Schlosses von Gaillon für Georg von Amboise
1509	Sieg der Franzosen über die Venezianer bei Agnadel
1511	Bildung der »Heiligen Liga« gegen Frankreich
1511	Konzil von Pisa
1511	Erste Arbeiten am Grabmal von Brou
1512	Sieg der Franzosen bei Ravenna
1515	Thronbesteigung Franz' I.

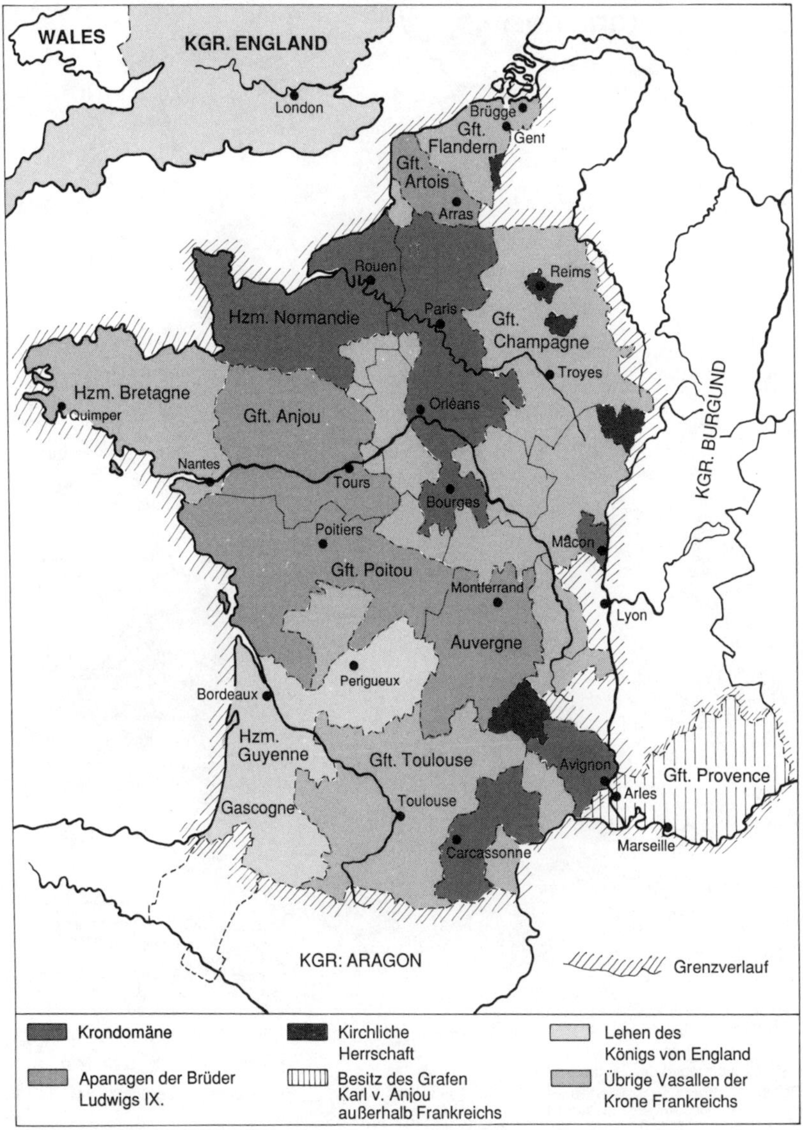

Frankreich nach dem Vertrag von Paris 1259

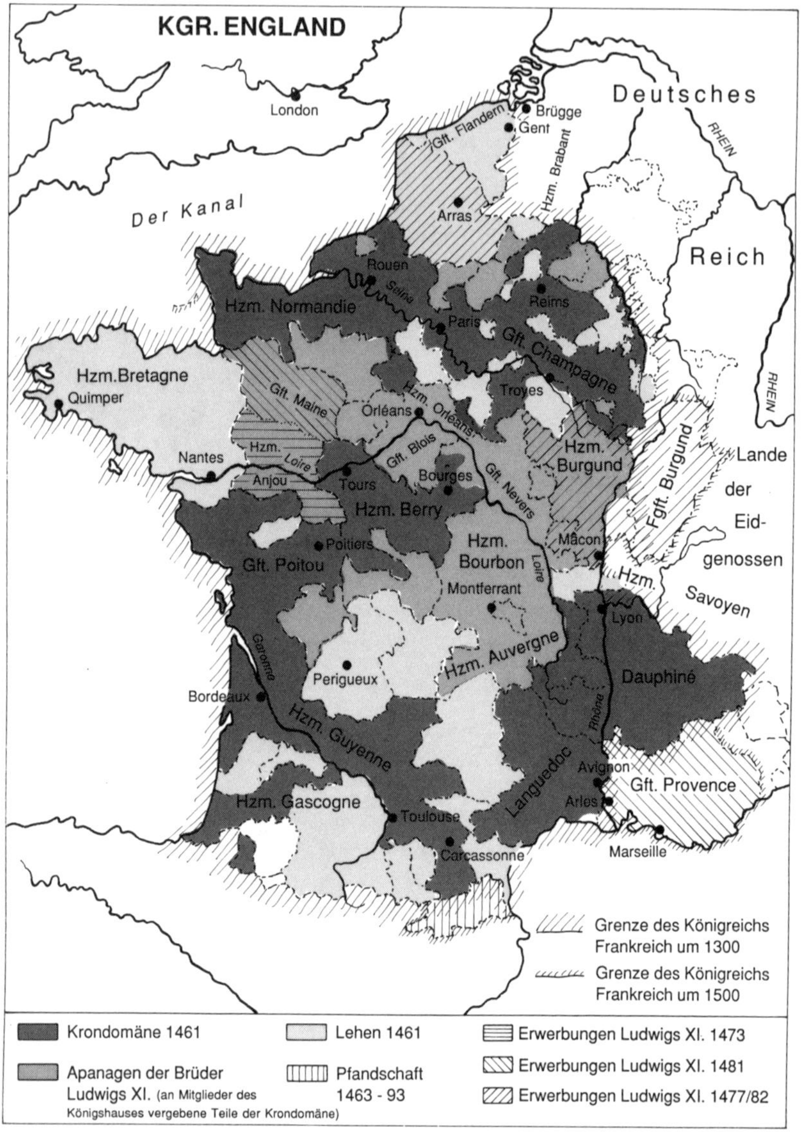

Frankreich zur Zeit Ludwigs XI. (1461–1483)

BIBLIOGRAPHISCHE HINWEISE

Da dieses Werk nicht der Ort ist, sämtliche Werke zur Geschichte Frankreichs von 1000 bis 1515 aufzuführen, und nicht wenige von ihnen einen älteren und zum Teil überholten Forschungsstand darstellen, beschränkt sich die Bibliographie auf die neuesten Arbeiten, in denen man die ältere Literatur berücksichtigt findet.

Für die deutsche Ausgabe wurde namentlich die Literatur in deutscher Sprache für das 11.–13. Jahrhundert durch Karl Ferdinand Werner, für das 13.–15. Jahrhundert durch Werner Paravicini (Kiel) ergänzt. Außerdem sei für die Hilfsmittel zur Geschichte Frankreichs und zu den einzelnen Lebensbereichen (Kirche, Wirtschaft etc.) wie historischen Methodenbereichen auf die ausführliche Bibliographie in Band I dieser »Geschichte Frankreichs« verwiesen. Die dort genannten Titel werden hier nur in Ausnahmefällen wiederholt. Innerhalb der Unterabschnitte sind die Titel chronologisch bzw. thematisch geordnet.

GESAMTDARSTELLUNGEN (ZUR FRANZÖSISCHEN BZW. EUROPÄISCHEN GESCHICHTE)

F. Braudel, L'Identité de la France, 3 Bde., Paris 1986–87

F. Braudel, Civilisation matérielle, économie et capitalisme, XVe–XVIIIe siècle, 3 Bde., Paris 1979 (mit Rückgriffen bis ins 11. Jh.)

J. Favier (Hrsg.), La France médiévale, Paris 1983

R. Delort, Le Moyen Age. Histoire illustrée de la vie quotidienne, Paris 1983

J. Le Goff, La Civilisation de l'Occident médiéval, Paris 1965

L. Genicot, Les lignes de faîte du Moyen Age, 7. A., Tournai 1975 (dt.: Das Mittelalter. Geschichte und Vermächtnis, Graz 1958)

R. Fossier (Hrsg.), Le Moyen Age, 3 Bde., Paris 1982

G. Duby, Le Moyen Age. De Hugues Capet à Jeanne d'Arc, 987–1460, Paris 1987 (Histoire de France Hachette, Bd. 1)

J. Ehlers, Geschichte Frankreichs im Mittelalter, Stuttgart 1987 (jüngste deutsche Gesamtdarstellung vom 9.–15. Jh., gute Bibliographie)

B. TÖPFER, Frankreich. Ein historischer Abriß, 2 Bde., hrsg. v. H. KÖLLER u. B. TÖPFER, Bd. 1: Von den Anfängen bis zum Tode Heinrichs IV., 4. A. Berlin (Ost) 1980

Handbuch der Europäischen Geschichte, hrsg. v. T. SCHIEDER, Bd. 2: Europa im Hoch- und Spätmittelalter, hrsg. v. F. SEIBT, Stuttgart 1987 (bes. R. FOLZ, Frankreich von der Mitte des 11. bis zum Ende des 15. Jh., S. 682–777 [ins Deutsche übertragen von Charlotte BEUMANN] mit reicher Bibliographie; vgl. auch den allgemeinen Teil S. 1–279)

G. DUBY, R. MANDROU, Histoire de la civilisation française, 2 Bde., 2. A. Paris 1975

HISTORIA MUNDI, hrsg. v. F. VALJAVEC, Bd. 6: Hohes und Spätes Mittelalter, Bern 1958 (vor allem die Beiträge von G. TELLENBACH u. O. BRUNNER und, zu Frankreich, von W. KIENAST [S. 104–120] u. K. F. WERNER [S. 121–189])

P. ARIÈS, G. DUBY (Hrsg.), Histoire de la vie privée, Bd. 2: De l'Europe féodale à la Renaissance, hrsg. v. G. DUBY, Paris 1985

SPEZIELL ZUM HOCHMITTELALTER

E. HALLAM, Capetian France, 987–1328, London 1980

K. HAMPE, Das Hochmittelalter. Geschichte des Abendlandes von 900–1250 (Neuausgabe des erstmals 1932 erschienenen Werks, mit einem Nachwort v. G. TELLENBACH), München 1949

J. LE GOFF, Das Hochmittelalter, Frankfurt 1965 (Fischer-Weltgeschichte Bd. 11)

K. F. WERNER, Das hochmittelalterliche Imperium im politischen Bewußtsein Frankreichs (10.–12. Jh.), in: Historische Zeitschrift 200 (1965), S. 1–60

W. KIENAST, Deutschland und Frankreich in der Kaiserzeit (900–1270). Weltkaiser und Einzelkönige, 3 Bde., Stuttgart 1974–75 (völlige Neubearbeitung des 1943 einbändig und ohne Untertitel erschienenen Werks; materialreich)

SPEZIELL ZUM SPÄTMITTELALTER

H. MÜLLER, Frankreich im Späten Mittelalter, 1250–1500. Literaturbericht (Hist. Zeitschrift, Sonderheft, in Vorbereitung. Für die vorhergehende Zeit ist der Bericht von J. EHLERS als Sonderheft 11, München 1982, erschienen)

F. SEIBT, Cabochiens, Lollarden, Hussiten. Zur sogenannten Krise des Spätmittelalters im europäischen Vergleich, in: Francia 12 (1984), S. 209–221

P. S. LEWIS, Later Medieval France. The Polity, London/New York 1968 (frz. Ausgabe: La France à la fin du Moyen Age, Paris 1977)

R. Romano, A. Tenenti, Die Grundlegung der modernen Welt. Spätmittelalter, Renaissance, Reformation, Frankfurt 1967 (Fischer Weltgesch. Bd. 12)

M. Mollat, Genèse médiévale de la france moderne, 2. A. Paris 1977

E. Hassinger, Das Werden des neuzeitlichen Europa 1300–1600, Braunschweig 1959

H. Thomas, Deutsche Geschichte des Spätmittelalters 1250–1500, Stuttgart 1983 (informationsreiche Darstellung eines Spezialisten der Beziehungen zwischen Frankreich und dem Imperium und der Grenzgebiete beider Reiche)

B. Guenée, L'Occident aux XIVe et XVe siècles. Les États, 2. A. Paris 1981

P. S. Lewis, Essays in Later Medieval French History, London 1985

POLITISCHE GESCHICHTE (ZU DEN EINZELNEN PERIODEN)

E. Lavisse (Hrsg.), Histoire de France, Bd. I–IX (in 18 Teilen), Paris 1900–1911 (Bd. II,2–IV,2 von A. Luchaire, Ch.-V. Langlois, A. Coville, Ch. Petit-Dutaillis)

Y. Sassier, Hugues Capet. Naissance d'une dynastie, Paris 1987

L. Theis, L'Avènement de Hugues Capet, Paris 1984

K. F. Werner, Die Legitimität der Kapetinger und die Entstehung des ›Reditus regni Francorum ad stirpem Karoli‹, in: Die Welt als Geschichte 12 (1952), S. 203–225

A. W. Lewis, Anticipatory Association of the Heir in Early Capetian France, in: The American Historical Review 83 (1978), S. 906–927

B. Guenée, Les généalogies entre l'histoire et la politique: la fierté d'être Capétien en France au Moyen Age, in: Annales E.-S.-C. 1978, S. 450–477

R. Fawtier, Les Capétiens et la France. Leur rôle dans sa construction, Paris 1942 (engl. Ausgabe: The Capetian Kings of France, London 1960)

K. F. Werner, Westfranken – Frankreich unter den Spätkarolingern und frühen Kapetingern 888–1060, in: T. Schieder (Hrsg.), Handbuch der Europäischen Geschichte, Bd. 1, hrsg. v. T. Schieffer, Stuttgart 1976, S. 731–783

J. Dunbabin, France in the Making, 843–1180, Oxford 1985

J. Dhondt, Quelques aspects du règne d'Henri Ier, in: Mélanges Louis Halphen, Paris 1951, S. 199–208

R.-H. Bautier, Anne de Kiev, reine de France et la politique royale au XIe siècle, in: Revue des Études slaves 57 (1983), S. 539–564

R.-H. Bautier, La prise en charge du Berry par le roi Philippe Ier, in: Media in Francia. Recueil de mélanges offert à K.F. Werner, Maulévrier 1989, S. 31–60

D. Bates, Normandy before 1066, London 1982

K.-U. Jäschke, Die Anglonormannen, Stuttgart 1981

J. le Patourel, The Norman Empire, Oxford 1976

D. Berg, England und der Kontinent. Studien zur auswärtigen Politik der anglonormannischen Könige im 11. und 12. Jahrhundert, Bochum 1987 (wichtig auch zur frz. Geschichte, neueste Bibliographie)

M. Pacaut, Louis VII et son royaume, Paris 1964

J. Boussard, Le gouvernement d'Henri II Plantegenêt, Paris 1956 (informiert umfassend über die weiten Teile Frankreichs, die zum »Angiovinischen Reich« gehörten)

J. Gillingham, The Angevin Empire, London 1984

W. L. Warren, Henry II, London 1973

J. W. Baldwin, The Government of Philip Augustus. Foundations of French Royal Power in the Middle Ages, Berkeley (Calif.) 1986

G. Duby, Le Dimanche de Bouvines, Paris 1973 (dt. Ausgabe, übersetzt von G. Osterwald, Der Sonntag von Bouvines, 27. Juli 1214, Berlin 1988)

R.-H. Bautier (Hrsg.), La France de Philippe Auguste, Paris 1982 (Sammelwerk mit wertvollen Beiträgen)

M. Powicke, The Loss of Normandy, 1189–1204, 2. A., Manchester 1961

W. Kienast, Die deutschen Fürsten im Dienste der Westmächte. Bd. 1, Utrecht 1924 (1066–1216); Bd. 2, 1, Utrecht 1931 (1219–1270; mehr nicht erschienen)

L. Genicot, Le XIIIe siècle européen, Paris 1968 (reiche Bibliographie)

M. Bloch, La France sous les derniers Capétiens, 1223–1328, Paris 1958

P. Belperron, La Croisade contre les Albigeois et l'union du Languedoc à la France (1209–1249), Paris 1942 (Neudruck 1967)

L. Kolmer, Ad Capiendas Vulpes. Die Ketzerbekämpfung in Südfrankreich in der 1. Hälfte des 13. Jh. und die Ausbildung des Inquisitionsverfahrens, Bonn 1982

E. Griffe, Le Languedoc cathare de 1190 à 1210, Paris 1971; Le Languedoc cathare au temps de la Croisade, 1973; Le Languedoc cathare et l'inquisition, 1229–1329, 1980

J. R. Strayer, The Albigensian Crusades, New York 1971

J. Sumption, The Albigensian Crusade, London 1978

J. Richard, Saint Louis, Paris 1983

G. Sivéry, Saint Louis et son siècle, Paris 1983

G. Sivéry, Marguérite de Provence. Une reine au temps des Cathédrales, Paris 1987

L. Buisson, König Ludwig IX., der Heilige, und das Recht, Freiburg 1954

L. Carolus-Barré (Hrsg.), Septième Centenaire de la mort de saint Louis. Actes des colloques de Royaumont et de Paris (1970), Paris 1976

B. Resmini, Das Arelat im Kräftefeld der französischen, englischen und angiovinischen Politik nach 1250 und das Einwirken Rudolfs von Habsburg, Köln/Wien 1980

P. Herde, Karl I. von Anjou, Stuttgart 1979

E. G. Léonard, Les Angevins de Naples, Paris 1954

M. W. Labarge, Gascony, England's First Colony, 1204–1453, London 1980

F. Trautz, Die Könige von England und das Reich (1272–1377), Heidelberg 1961 (auch zur frz. Politik)

C. D. Dietmar, Die Beziehungen des Hauses Luxemburg zu Frankreich in den Jahren 1247–1346, Köln 1983

W. Kienast, Der Kreuzzug Philipps III. von Frankreich gegen Aragon, in: Historische Vierteljahrschrift 28 (1934), S. 673 ff.

J. Favier, Philippe le Bel, Paris 1978

J. R. Strayer, The Reign of Philip the Fair, Princeton 1980

E. A. R. Brown, The Case of Philip the Fair, in: Viator. Medieval and Renaissance Studies 19 (1988), S. 219–246 (mit 16 Abbildungen)

H. Wieruszowski, Vom Imperium zum nationalen Königtum, Berlin/München 1933

H. Kämpf, Pierre Dubois und die geistigen Grundlagen des französischen Nationalbewußtseins um 1300, Berlin/Leipzig 1935, Neudruck Hildesheim 1972

O. G. Oexle, Utopisches Denken im Mittelalter: Pierre Dubois, in: Historische Zeitschrift 224 (1977), S. 293–339

L. Schmugge, Johannes von Jandun (1285/89–1328), Stuttgart 1966

K. F. Werner, Das Imperium und Frankreich im Urteil Dantes, in: Geschichtsschreibung und geistiges Leben im Mittelalter. Festschrift für Heinz Löwe, Köln/Wien 1978, S. 546–564

M. Barber, The Trial of the Templars, London 1978

M.-L. Bulst-Thiele, Sacrae Domus Militiae Templi Hierosolymitani Magistri. Untersuchungen zur Geschichte des Templerordens 1118/19–1314, Göttingen 1974

J. Fried, Freiwilligkeit und Geständnis um 1300. Der Prozeß des letzten Templer-Großmeisters Jacques de Molay, in: Historisches Jahrbuch 105 (1985)

A. Demurger, Vie et mort de l'ordre du Temple, 1118–1314, Paris 1985

F. Bock, Reichsidee und Nationalstaaten vom Untergang des alten Reichs bis zur Kündigung des deutsch-englischen Bündnisses im Jahre 1341, München 1943 (nicht unumstrittene Darstellung der west- und mitteleuropäischen Außenpolitik 1272–1341)

R. CAZELLES, La Société politique et la crise de la royauté sous Philippe de Valois, Paris 1958

E. PERROY, La guerre de Cent ans, Paris 1945

J. FAVIER, La guerre de Cent ans, Paris 1980

J. GLÉNISSON (Hrsg.), La France de la guerre de Cent ans, 1340–1450, Paris 1971

K. FOWLER (Hrsg.), The Hundred Year's War, London 1971

P. CONTAMINE, La guerre de Cent ans, 3. A. Paris 1977

P. CONTAMINE, La France aux XIVe et XVe siècles. Hommes, mentalités, guerre et paix, London 1981 (Sammlung wichtiger Aufsätze)

E. UITZ(-ENGELMANN), Einige Probleme der Volksbewegung in Frankreich 1356–1358, in: Ideologie und Gesellschaft im Hohen und Späten Mittelalter, Berlin (Ost) 1988, S. 274–285

K. A. FOWLER, The Age of Plantagenet and Valois. The Struggle for Supremacy 1328–1498, London 1967

J. J. N. PALMER, England, France and Christendom, 1377–1399, London 1972

M. VALE, English Gascony, 1399–1435, Oxford 1970

E. BARBER (Hrsg.), The Life and Campaigns of the Black Prince, Woodbridge 1986

R. BARBER, Edward, Prince of Wales and Aquitaine. A Biography of the Black Prince, Woodbridge 1978

H. THOMAS, Zwischen Regnum und Imperium. Die Fürstentümer Bar und Lothringen zur Zeit Kaiser Karls IV., Bonn 1973 (vgl. dazu J. SCHNEIDER, Entre le Royaume et l'Empire. A propos d'un livre récent, in: Annales de l'Est 1977, S. 3–27)

H. THOMAS, Die Luxemburger und der Westen des Reiches zur Zeit Kaiser Karls IV., in: Jahrbuch für westdeutsche Landesgeschichte 1 (1975), S. 59–128

H. THOMAS, Frankreich, Karl IV. und das Große Schisma, in: Zeitschrift für Historische Forschung 5 (1988), S. 69–104

F.-J. HEYEN (Hrsg.), Balduin von Luxemburg. Erzbischof von Trier – Kurfürst des Reiches, 1285–1354, Mainz 1985 (Beiträge zu einer politischen Schlüsselfigur des Zeitalters)

F. SEIBT, Zum Reichsvikariat für den Dauphin 1378, in: Zeitschrift für Historische Forschung 8 (1981), S. 129–158

A. ERLER, William Shakespeare – König Heinrich V. Die Lex Salica in der Deutung der Kronjuristen, Wiesbaden 1980 (Sitzungsberichte der wiss. Gesellschaft an der Universität Frankfurt, Bd. XVII,2)

F. AUTRANT, Charles VI, Paris 1986

H. Kimm, Isabeau de Bavière, reine de France, 1370–1435. Beitrag zur Geschichte einer bayerischen Herzogstochter und des französischen Königshauses, München 1969

T. Straub, Herzog Ludwig der Bärtige von Bayern-Ingolstadt und seine Beziehungen zu Frankreich in der Zeit von 1391 bis 1415, Kallmünz 1965

T. Straub, Isabeau de Bavière. Legende und Wirklichkeit, in: Zeitschrift für bayerische Landesgeschichte 44 (1981), S. 131–155

J. Schoos, Der Machtkampf zwischen Burgund und Orléans unter den Herzögen Philipp dem Kühnen, Johann Ohne Furcht von Burgund und Ludwig von Orléans, Luxemburg 1956 (materialreich, auch genealogisch; zentrale Figur ist Ludwig von Orléans)

J. Calmette, Les Grands Ducs de Bourgogne, Paris 1949 (dt. »Die großen Herzöge von Burgund«, München 1963)

R. Vaughan, Philip the Bold. The Formation of the Burgundian State, London 1962, 2. A., 1979

R. Vaughan, Valois Burgundy, London 1975

W. Prevenir, W. Blockmans, Die burgundischen Niederlande, Weinheim 1986

R. Vaughan, John the Fearless. The Growth of Burgundian Power, London 1966, 2. A. (Paperback) 1979

A. Leguay, Les Ducs de Bourbon pendant la crise monarchique du XVe siècle. Contribution à l'étude des Apanages, Paris 1962

E. Bourassin, La France anglaise, 1415–1453, Paris 1981

Actes du Colloque commémorant Jeanne d'Arc et le 550e anniversaire du siège de Compiègne (Compiègne 1982), Paris 1983

A. Fischer-Wilbert, Die Universität von Paris im Prozeß gegen Johanna von Orléans, Theologische Dissertation, Bonn 1974

G. Krumeich, Jeanne d'Arc in der Geschichte. Historiographie – Politik – Kultur, Sigmaringen 1989 (umfassende Studie der Historiographie des 19./20. Jh. zu Jeanne d'Arc im politischen Kontext der modernen Stellungnahmen zu ihr)

Jeanne d'Arc. Une époque, un rayonnement. Colloque d'histoire médiévale (Orléans 1979), Paris 1982

P. Bonenfant, Philippe le Bon, 3. A. Brüssel 1955

R. Vaughan, Philip the Good. The Apogee of Burgundy. London 1970

E. Bourassin, Philippe le Bon, Paris 1983

J. G. Dickinson, The Congress of Arras, 1435, Oxford 1955

J. Ferguson, English Diplomacy 1422–1461, Oxford 1972

R. Vaughan, Charles the Bold. The Last Duke of Burgundy, London 1972

W. Paravicini, Karl der Kühne. Das Ende des Hauses Burgund, Göttingen 1976

N. STEIN, Burgund und die Eidgenossenschaft zur Zeit Karls des Kühnen, Frankfurt 1979

P. M. KENDALL, Louis XI, London 1971 (frz.: »Louis XI, ›... L'universelle araigne...‹, Paris 1974; dt.: Ludwig XI., König von Frankreich, München 1979)

J. M. TYRELL, Louis XI, Boston 1980

K. BITTMANN, Ludwig XI. und Karl der Kühne. Die Memoiren des Philippe de Commynes als historische Quelle, B. 1 (in 2 Teilen), Göttingen 1964, Bd. 2, 1. Teil (mehr nicht erschienen) 1970 (Versuch einer Commynes-Kritik aufgrund der Akten)

F. ERNST, Zeugniswert und Ziel der Memoiren des Philipp von Commynes, in: Die Welt als Geschichte 9 (1943), S. 195–214

F. ERNST (Hrsg.), Philippe de Commynes. Memoiren. Europa in der Krise zwischen Mittelalter und Neuzeit, Stuttgart 1952 (mit wichtiger Einleitung; die dt. Übersetzung durch M. KRABUSCH-SCHÄFER)

J. DUFOURNET, Études sur Philippe de Commynes, Paris 1975

J. VOSS, Philippe de Commynes und sein Memoirenwerk in der Forschung seit 1945, in: Deutsches Archiv 29 (1973), S. 224–235

W. PARAVICINI, Der Briefwechsel Karls des Kühnen. Ein Editionsprojekt, in: Journal of Medieval History 11 (1985), S. 347–364

Cinq-centième anniversaire de la bataille de Nancy (1477). (Actes du colloque... Nancy, 22–24 sept. 1977), Nancy 1979 (Annales de l'Est, Mémoire n° 62)

L. HOMMEL, Marie de Bourgogne ou le grand héritage, Brüssel 1945

P. C. HARTMANN, Die Deutschen, Deutschland und das Heilige Römische Reich im Urteil der französischen und frankoburgundischen Historiographie und Memorialistik in der 2. Hälfte des 15. Jh., in: Historisches Jahrbuch 101 (1981), S. 129–142

H. WIESFLECKER, Kaiser Maximilian I., 5 Bde., München 1971–1986

H. DE CHABANNES, J. DE LINARES, Anne de Beaujeu, Paris 1955

Y. LABANDE-MAILFERT, Charles VIII et son milieu (1470–1498). La jeunesse au pouvoir, Paris 1975

Y. LABANDE-MAILFERT, Charles VIII, Paris 1986

P. S. LEWIS (Hrsg.), The Recovery of France in the Fifteenth Century, London 1971

La Reconstruction après la guerre de Cent ans, Paris 1981 (Actes du 104e Congrès national des sociétés savantes)

VERFASSUNG UND POLITISCH-ADMINISTRATIVE STRUKTUREN

J.-F. Lemarignier, La France médiévale. Institutions et société, Paris 1970

M. Pacaut, Les structures politiques de l'Occident médiéval, Paris 1969

P.-C. Timbal, A. Castaldo, Histoire des institutions politiques et des faits sociaux, Paris 1970

H. Mitteis, Der Staat des hohen Mittelalters. Grundlinien einer vergleichenden Verfassungsgeschichte des Lehnszeitalters, 4. A., Weimar 1953 (seither mehrere unveränderte Auflagen des Werks, in dem fünfmal der Rundgang durch die europäischen Hauptstaaten unternommen wird, zu Frankreich S. 127ff., 150ff., 204ff., 282ff., 368ff.)

H. Mitteis, Lehnrecht und Staatsgewalt. Untersuchungen zur mittelalterlichen Verfassungsgeschichte, Weimar 1933 (Neudruck Darmstadt 1958)

F. L. Ganshof, Qu'est-ce que la féodalité? 3. A. Brüssel 1957 (dt. von R. u. D. Groh, Was ist das Lehnswesen?, Darmstadt 1961)

M. Bloch, La Société féodale. Bd. 1: La formation des liens de dépendance, Paris 1939, 2. A. 1949 (u.ö.), Bd. 2: Les classes et le gouvernement des hommes, Paris 1940, 2. A. 1949 (u.ö.) (engl.: Feudal Society, London/Chicago 1961; dt.: Die Feudalgesellschaft, Berlin 1982)

R. Boutruche, Seigneurie et féodalité, 2 Bde., 2. A. Paris 1968

G. Fourquin, Seigneurie et féodalité au Moyen Age, Paris 1970

C. Petit-Dutaillis, La Monarchie féodale en France et en Angleterre (X^e–XIIIe siècle), Paris 1950 (engl.: The Feudal Monarchy in France and England, London 1963)

G. Duby, Les trois ordres ou l'imaginaire du féodalisme, Paris 1978

W. Kienast, Untertaneneid und Treuvorbehalt in England und Frankreich, Weimar 1952

P. E. Schramm, Der König von Frankreich. Das Wesen der Monarchie vom 9. bis zum 16. Jh. Ein Kapitel aus der Geschichte des abendländischen Staates, 2 Bde., 2. A. Weimar 1960

A. W. Lewis, Royal Succession in Capetian France: Studies on Familial order and the State, Cambridge (Mass.) 1981 (frz.: Le sang royal. La famille capétienne et l'État. France, X^e–XIVe siècles, Paris 1986)

H. Scheidgen, Die französische Thronfolge (987–1500), Phil. Diss., Bonn 1976

F. Kern, Gottesgnadentum und Widerstandsrecht im früheren Mittelalter. Zur Entwicklungsgeschichte der Monarchie, 2. A., hrsg. v. R. Buchner, Darmstadt 1954

J.-P. Poly, E. Bournazel, La Mutation féodale, X^{e}–XIIe siècles, Paris 1980 (reiche Bibliographie)

J.-F. Lemarignier, Le gouvernement royal aux premiers temps capétiens (987–1108), Paris 1965

E. Bournazel, Le gouvernement capétien au XIIe siècle, 1108–1180. Structures sociales et mutations institutionnelles, Paris 1975

W. M. Newman, Le domaine royal sous les premiers Capétiens (987–1180), Paris 1937

M. Bloch, Les rois thaumaturges. Étude sur le caractère surnaturel attribué à la puissance royale particulièrement en France et en Angleterre, Straßburg 1924 (Neudruck Paris 1961, Neuausgabe mit Einleitung durch J. Le Goff, Paris 1983)

A. Erlande-Brandenburg, Le Roi est mort. Étude sur les funérailles, les sépultures et les tombeaux des rois de France jusqu'au XIIIe siècle, Paris 1975

L. Hamon, G. Lobrichon (Hrsg.), L'élection du Chef de l'État en France de Hugues Capet à nos jours, Paris 1988 (dort Y. Sassier, Au temps de Hugues Capet et des premiers Capétiens, S. 25–34, und Diskussion S. 35–43)

U. Reuling, Die Kur in Deutschland und Frankreich. Untersuchungen zur Entwicklung des rechtsförmlichen Wahlaktes bei den Königserhebungen im 11. und 12. Jh., Göttingen 1979

K. F. Werner, Royaume und ›regna‹. Le Pouvoir en France comme enjeu entre le roi et les grands, in: E. Magnou-Nortier (Hrsg.), Pouvoirs et libertés: les choix qui ont créé la France. Actes du colloque de Noyon, organisé par l'Université de Picardie, Paris 1989 (im Druck)

K. F. Werner, Königtum und Fürstentum im französischen 12. Jahrhundert: Probleme des 12. Jahrhunderts, Konstanz/Stuttgart 1968 (Vorträge und Forschungen, Bd. 12), S. 177–225 (behandelt auch die Entwicklung im 11. Jh.)

K. F. Werner, La genèse des duchés en France et en Allemagne, in: Settimane di studio del Centro italiano di studi sull'alto medioevo, Bd. 27, Spoleto 1981, S. 175–207

W. Kienast, Der Herzogstitel in Frankreich und Deutschland (9.–12. Jh.), München/Wien 1968

F. Lot, R. Fawtier (Hrsg.), Histoire des institutions françaises au Moyen Age, Bd. 1: Institutions seigneuriales, Paris 1957 (14 Beiträge zu den großen französischen Fürstentümern; vgl. weiter unten die Monographien zur Regionalgeschichte)

A. Wolf, Die Gesetzgebung der entstehenden Territorialstaaten in Europa, in: H. Coing (Hrsg.), Handbuch der Quellen und Literatur der neueren europäischen Privatrechtsgeschichte, Bd. 1: Mittelalter, München 1973, S. 517–800 (vgl. dort S. 627 ff. zu Burgund, Franche Comté, Savoyen, Dauphiné,

Provence; S. 639–666 zu Bourgogne, Champagne, Flandern, Normandie, Bretagne, Anjou, Maine, Touraine, Gascogne, Guyenne, Béarn, Languedoc und zu frz. Städten; eine auch bibliographisch umfassende Information, die häufig übersehen wird)

Les principautés au Moyen Age. Actes du Congrès de la Société des historiens médiévistes ..., Bordeaux 1979

G. POST, Studies in Medieval Legal Thought. Public Law and the State 1100–1322, Princeton (N.J.) 1964

J. R. STRAYER, C. H. TAYLOR, Studies in Early French Taxation. Cambridge (Mass.), 1939 (zum Spätmittelalter s. weiter unten)

C. BRÜHL, Fodrum, Gistum, Servitium Regis. Studien zu den wirtschaftlichen Grundlagen des Königtums im Frankreich und in den fränkischen Nachfolgestaaten Deutschland, Frankreich und Italien vom 6. bis zur Mitte des 14. Jahrhunderts, 2 Bde., Köln/Graz 1968

P. CONTAMINE (Hrsg.), La Noblesse au Moyen Age, XIe–XVe siècles, Paris 1976

T. REUTER (Hrsg.), The Medieval Nobility. Studies on the Ruling Classes of France and Germany from the Sixth to the Twelth Century, Amsterdam 1978

K. F. WERNER, Du nouveau sur un vieux thème. Les origines de la »noblesse« et de la »chevalerie«, in: Académie des Inscriptions et Belles-Lettres. Comptes rendus, Paris 1985, S. 186–200 (spätrömische Wurzeln)

J. RICHARD, Aux origines d'un grand lignage: des Palladii à Renaud de Châtillon, in: Media in Francia. Recueil de mélanges offert à K. F. Werner, Maulévrier 1989, S. 409–418 (verblüffender Kontinuitätsbeweis)

G. DUBY, Hommes et structures du Moyen Age. Recueil d'articles, Paris/Den Haag 1973 (vor allem: La noblesse dans la France médiévale. Une enquête à poursuivre, S. 145–166, und: Les origines de la chevalerie, S. 325–334)

G. DUBY, Guillaume le Maréchal ou le meilleur chevalier du monde, Paris 1984

Europäische Stammtafeln, begründet v. F. Baron FREYTAG VON LORINGHOVEN. Neue Folge, hrsg. v. D. SCHWENNICKE, Bd. III, Teilband 4: Das feudale Frankreich und sein Einfluß auf die Welt des Mittelalters, Marburg 1989 (besonders für Fürsten und Adel in Frankreich wichtiger Band, mit Literaturnachweisen zu den zahlreichen genealogischen Tafeln; für 1990 ist angekündigt Bd. XIII: Les familles féodales de France, I)

P. CONTAMINE, Guerre, État et société à la fin du Moyen Age. Études sur les armées du roi de France 1337–1494, Paris 1972

P. CONTAMINE, La guerre au Moyen Age, Paris 1980

G. FOURNIER, Le château dans la France médiévale, essai de sociologie monumentale, Paris 1978

C. B. Bouchard, Consanguinity and Noble Marriages in the Tenth and Eleventh Centuries, in: Speculum 56 (1981), S. 268–287 (auch zur kapetingischen Ehepolitik)

G. Duby, Le chevalier, la femme et le prêtre. Le mariage dans la France féodale, Paris 1981 (besonders zum kapetingischen Königshaus)

K.-H. Bender, König und Vasall. Untersuchungen zur Chanson de Geste des 12. Jh., Heidelberg 1967

T. N. Bisson, Assemblies and Representation in Languedoc in the Thirteenth Century, Princeton (N.J.) 1964

T. N. Bisson, The General Assemblies of Philip the Fair: Their Character Reconsidered, in: Studia Gratiana 15 (1972), S. 537–564

B. Töpfer, Stände und staatliche Zentralisation in Frankreich und im Reich in der 2. Hälfte des 15. Jh., in: Jahrbuch für Geschichte des Feudalismus 1 (1977), S. 233–272

H. Gilles, Les États de Languedoc au XVe siècle, Paris 1965

N. Bulst, Louis XI et les États généraux de 1468, in: La France de la fin du XVe siècle – Renouveau et apogée, Paris 1985 (Colloques internationaux du CNRS), S. 91–104 (dort weitere Literatur zu den ständischen Vertretungen)

N. Bulst, The Deputies on the French Estates General of 1468 and 1484. A Prosopographical Approach, in: Medieval Prosopographie 5 (1984), S. 65–79

J. R. Strayer, Die mittelalterlichen Grundlagen des modernen Staates, Köln 1975

F. J. Pegues, The Lawyers of the Last Capetians, Princeton (N.J.) 1962

J. R. Strayer, Les gens de justice du Languedoc sous Philippe de Bel, Toulouse 1970

B. Guenée, Tribunaux et gens de justice dans le baillage de Senlis à la fin du Moyen Age (vers 1380–vers 1550), Strasbourg 1963

R. Fédou, Les hommes de loi lyonnais à la fin du Moyen Age. Étude sur les origines de la classe de robe, Paris 1964

J. Bartier, Légistes et gens de finances au XVe siècle. Les conseillers des ducs de Bourgogne Philippe le Bon et Charles le Téméraire, Brüssel 1955

W. Paravicini, Guy de Brimeu. Der burgundische Staat und seine adlige Führungsschicht unter Karl dem Kühnen, Bonn 1975

W. Paravicini, Administrateurs professionnels et princes dilettantes. Remarques sur un problème de sociologie administrative à la fin du Moyen Age, in: W. Paravicini, K. F. Werner (Hrsg.), Histoire comparée de l'Administration (IVe–XVIIIe siècles), München 1980, S. 168–181 (dort mehrere andere wichtige Aufsätze zur Verwaltungsgeschichte)

P. Cockshaw, Le personnel de la chancellerie de Bourgogne-Flandre sous les ducs de Bourgogne de la maison de Valois, 1387–1477, Courtrai 1982

R. Berger, Nicolas Rolin, Kanzler der Zeitenwende im burgundisch-französischen Konflikt 1422–1461, Freiburg im Üchtland 1971

W. Paravicini, Soziale Schichtung und soziale Mobilität am Hof der Herzöge von Burgund, in: Francia 5 (1978), S. 127–182

W. Paravicini, Zur Biographie von Guillaume Hugonet, Kanzler Herzog Karls des Kühnen, in: Festschrift für Hermann Heimpel, Bd. 2, Göttingen 1972, S. 443–481

W. Paravicini (Hrsg.), Die Hofordnungen Herzog Philipps des Guten von Burgund. Edition, I–IV, in: Francia 10 (1983), S. 131–166; 11 (1984), S. 257–301; 13 (1986), S. 191–211; 15 (1988), S. 183–231

M. Harsgor, Recherches sur le personnel du Conseil du roi sous Charles VIII et Louis XII, 4 Bde., Lille 1981

A. Lapeyre, Les notaires et secrétaires du roi sous les règnes de Louis XI, Charles VIII et Louis XII, 1461–1515, 2 Bde., Paris 1978

N. Bulst, Studium und Karriere im königlichen Dienst in Frankreich im 15. Jh., in: Vorträge und Forschungen 30 (Sigmaringen 1986), S. 375–405

K. Böse, Die Ämterkäuflichkeit in Frankreich vom 14.–16. Jh., in: I. Mieck (Hrsg.), Ämterhandel im Spätmittelalter und im 16. Jh., Berlin 1984, S. 83–111

F. Autrand, Naissance d'un grand corps d'État. Les gens du Parlement de Paris, 1345–1454, Paris 1981

J. H. Shennan, The Parlement of Paris, London 1968

G. Dupont-Ferrier, Études sur les institutions financières de la France à la fin du Moyen Age, 2 Bde., Paris 1930–32

J. Favier, Finances et fiscalité au Bas Moyen Age, Paris 1971

F. Lyon, A. Verhulst, Medieval Finance. A Comparison of Financial Institutions in North-Western Europe, Brügge 1967

J. B. Henneman, Royal Taxation in Fourtenth Century France. The Development of War Financing, 1322–1356, Princeton (N.J.) 1971

M. Rey, Le domaine du Roi et les finances extraordinaires sous Charles VI, 1388–1413, Paris 1965

M. Rey, Les finances royales sous Charles VI. Les causes du déficit, 1388–1413, Paris 1965

A. Van Nieuwenhuysen, Les finances du duc de Bourgogne Philippe le Hardi, 1384–1404, Brüssel 1984

J. Favier, Les contribuables parisiens à la fin de la guerre de Cent ans. Les rôles d'impôt de 1421, 1423 et 1438, Genf 1970

H. Jassemin, La Chambre des Comptes de Paris au XVe siècle, Paris 1933

R. Schneider (Hrsg.), Das spätmittelalterliche Königtum im europäischen Vergleich, Sigmaringen 1986

J. KRYNEN, Idéal du prince et pouvoir royal en France à la fin du Moyen Age, 1380–1440. Étude de la littérature politique de temps, Paris 1981 (vgl. H. MÜLLER, Historisches Jahrbuch 103 [1983], S. 131–145)

B. GUENÉE, Espace et État dans la France du Bas Moyen Age, in: Annales, E.-S.-C. 1968, S. 744–758

B. GUENÉE, État et nation en France au Moyen Age, in: Revue historique 237 (1967), S. 17–30

FRANKREICH UND DER ORIENT. DIE KREUZZÜGE

Les relations entre l'Orient et l'Occident au Xe siècle, Dijon 1979 (Annales de Bourgogne)

E. DELARUELLE, L'idée de croisade au Moyen Age, Turin 1980

H. E. MAYER, Bibliographie zur Geschichte der Kreuzzüge, 2. unveränd. A., Hannover 1965

C. ERDMANN, Die Entstehung des Kreuzzuggedankens, Berlin 1935 (Neudruck Darmstadt 1955)

H. E. MAYER, Geschichte der Kreuzzüge, Stuttgart 1965, 6. A. 1985

S. RUNCIMAN, A History of the Crusades, 3 Bde., Cambridge 1951–54

L. u. J. HILL, Raymond IV de St-Gilles, comte de Toulouse, 1041 (ou 1042) –1105, Toulouse 1959 (Kreuzfahrerbiographie, nicht Territorialgeschichte)

J. PRAWER, Le royaume latin de Jérusalem, 2 Bde., Paris 1970

W. C. JORDAN, Louis IX and the Challenge of the Crusade. A Study in Rulership, Princeton (N.J.) 1979

L. BOEHM, De Karlingis imperator Karolus, princeps et monarcha totius Europae. Zur Orientpolitik Karls I. von Anjou, in: Historisches Jahrbuch 88 (1968), S. 1–35

J. LONGNON, L'Empire latin de Constantinopel et la principauté de Morée, Paris 1949

J. LONGNON, Les compagnons de Villehardouin. Recherches sur les croisés de la quatrième croisade, Genf 1978

J. RICHARD, La papauté et les missions d'Orient au Moyen Age, Paris/Rom 1977 (École française de Rome)

K. M. SETTON, The Papacy and the Levant, 2 Bde., Philadelphia 1978

S. RUNCIMAN, Die Sizilianische Vesper, München 1959 (aus d. Engl.)

A. S. ATIYA, The Crusade of Nicopolis, London 1934

K. M. SETTON, H. W. HAZARD (Hrsg.), A History of the Crusades, Bd. 3: The Fourteenth and Fifteenth Centuries, Madison (Wisc.) 1975

WIRTSCHAFTS- UND SOZIALGESCHICHTE

G. FOURQUIN, Histoire économique de l'Occident médiéval, Paris 1969

R. FOSSIER, Histoire sociale de l'Occident médiéval, Paris 1970

R.-H. BAUTIER, The Economic Development of Medieval Europe, London 1971

C. M. CIPOLLA, K. BORCHARDT (Hrsg.), Europäische Wirtschaftsgeschichte, Bd. 1: Mittelalter, Stuttgart/New York 1978

H. KELLENBENZ (Hrsg.), Handbuch der Europäischen Wirtschafts- und Sozialgeschichte, Bd. 2: Europäische Wirtschafts- und Sozialgeschichte im Mittelalter, hrsg. v. J. A. VAN HOUTTE, Stuttgart 1980, dort, außer den Partien für Gesamteuropa, vor allem J. FAVIER, Frankreich im Hoch- und Spätmittelalter, S. 297–326

R. FOSSIER, Enfance de l'Europe. Aspects économiques et sociaux, Bd. 1: L'homme et son espace, Bd. 2: Structures et problèmes, Paris 1982

M.-T. CARON, La société en France à la fin du Moyen Age, Paris 1977

H. DUBOIS, Frankreich und die europäische Wirtschaft im ausgehenden Mittelalter, Nürnberg 1979 (Vorträge zur Wirtschaftsgeschichte, Heft 1, 21 S.)

AGRARGESCHICHTE

G. DUBY, L'économie rurale et la vie des campagnes dans l'Occident médiéval (France, Angleterre, Empire, IXe–XVe siècles) 2 Bde., Paris 1962

G. DUBY, A. WALLON (Hrsg.), Histoire de la France rurale, 4 Bde., Paris 1975

M. BLOCH, Les caractères originaux de l'histoire rurale française, Bd. 1, 2. A. Paris 1952, Bd. 2 (Supplément établi d'après les travaux de l'auteur, 1931–1944, par R. DAUVERGNE) Paris 1968

W. JANSSEN, D. LOHRMANN (Hrsg.), Villa-curtis-grangia. Landwirtschaft zwischen Loire und Rhein von der Römerzeit zum Hochmittelalter, München 1983 (mit Beiträgen in dt. und frz. Sprache)

C. H. BERMANN, Medieval Agriculture, the Southern French Countryside and the Early Cistercians, Philadelphia 1986

C. HIGOUNET, La grange de Vaulerent, Paris 1965 (klassische Studie zur Cisterzienserwirtschaft)

M. LACHIVER, Vins, vignes et vignerons. Histoire du vignoble français, Paris 1988

F. DESPORTES, Le Pain au Moyen Age, Paris 1987

INDUSTRIE UND TECHNIK

J. Gimpel, La révolution industrielle du Moyen Age, Paris 1975

L. White jr., Medieval Technologie and Social Change, Oxford 1962 (frz.: Technologie médiévale et transformations sociales, Paris/Den Haag 1969)

B. Gille, Esprit et civilisation technique au Moyen Age, Paris 1952

M. Mollat (Hrsg.), Le rôle du sel dans l'histoire, Paris 1968

J.-F. Bergier, Une histoire du sel, Paris 1982

R. Sprandel, Das Eisengewerbe im Mittelalter, Stuttgart 1968

P. Benoît, P. Braunstein (Hrsg.), Mines, carrières et métallurgie dans la France médiévale, Paris 1983 (Actes du Colloque du CNRS)

STADTWIRTSCHAFT UND HANDEL

L. Musset, La renaissance urbaine des Xe et XIe siècles dans l'ouest de la France: problèmes et hypothèses de traivail, in: Mélanges E.-R. Labande. Études de civilisation médiévale, Poitiers 1974, S. 563–576

T. Mayer (Hrsg.), Studien zu den Anfängen des europäischen Städtewesens, Konstanz 1958, Neudruck Darmstadt 1965 (Vorträge und Forschungen Bd. 4) (Beiträge zu Frankreich von H. Ammann u. H. Büttner, Y. Dollinger-Leonard u. F. Petri)

G. Duby (Hrsg.), Histoire de la France urbaine, 4 Bde., Paris 1980, Bd. 2 hrsg. v. J. Le Goff: La ville médiévale des Carolingiens à la Renaissance

R. S. Lopez, La révolution commerciale dans l'Europe médiévale, Paris 1974

R. Delort, Le commerce des fourrures en Occident à la fin du Moyen Age, 2 Bde., Paris/Rom 1978

J. Favier, De l'or et des épices. Naissance de l'homme d'affaires au Moyen Age, Paris 1987

P. Wolff, Commerces et marchands de Toulouse (vers 1350–vers 1450), Paris 1954

H. Dubois, Les foires de Chalon et le commerce dans la vallée de la Saône à la fin du Moyen Age (vers 1280–vers 1430), Paris 1976

H. Thomas, Beiträge zur Geschichte der Champagne-Messen im 14. Jahrhundert, in: Vierteljahresschrift für Sozial- und Wirtschaftsgeschichte 64 (1977), S. 433–467

M. Suttor, La navigation sur la Meuse moyenne des origines à 1650, Liège/Louvain 1986

M. Mollat, Le commerce maritime normand à la fin du Moyen Age, Paris 1952

H. TOUCHARD, Le commerce maritime breton à la fin du Moyen Age, Paris 1967

J. BERNARD, Navires et gens de mer à Bordeaux (vers 1400–vers 1550), 3 Bde., Paris 1968

R. VOLLAND, Die Rolle Bordeauxs im Handel zwischen den Hansestädten und Westfrankreich im Mittelalter, besonders im 15. Jh., Diss. Hamburg 1962

G. DESPY, Les tarifs de tonlieux, Turnhout 1976 (Typologie des sources de l'Occident médiéval, 19)

J. HUBERT (Hrsg.), Les Routes de France, depuis les origines jusqua'à nos jours, Paris 1959

M. BLOCH, Esquisse d'une histoire monétaire de l'Europe, Paris 1954

E. FOURNIAL, Histoire monétaire de l'Occident médiéval, Paris 1970

J. H. MUNRO, Wool, Cloth and Gold. The Struggle for Bullion in Anglo-Burgundian Trade 1340–1476, Brüssel 1973

M.-R. THIELEMANS, Bourgogne, Angleterre. Relations politiques et économiques entre les Pays Bas bourguignons et l'Angleterre, 1435–1467, Brüssel 1966

R. SPRANDEL, Die wirtschaftlichen Beziehungen zwischen Paris und dem deutschen Sprachraum im Mittelalter, in: Vierteljahrsschrift für Sozial- u. Wirtschaftsgeschichte 49 (1962), S. 289–319

SOZIALGESCHICHTE

M. MOLLAT (Hrsg.), Études sur l'histoire de la pauvreté, 2 Bde., Paris 1974

M. MOLLAT, Les pauvres au Moyen Age, Paris 1978 (dt.: Die Armen im Mittelalter, München 1984)

B. GEREMEK, Inutiles au monde. Truands et misérables dans l'Europe moderne, 1350–1600, Paris 1980

B. GEREMEK, Les marginaux parisiens aux XIVe et XVe siècles, Paris 1976

W. PARAVICINI, Die Krise der französischen Gesellschaft im Zeitalter des Hundertjährigen Krieges, in: F. SEIBT, W. EBERHARD (Hrsg.), Europa 1400: Die Krise des Spätmittelalters, Stuttgart 1984, S. 210–221

G. FOURQUIN, Les soulèvements populaires au Moyen Age, Paris 1972

E. ENGELMANN, Zur städtischen Volksbewegung in Südfrankreich. Kommunefreiheit und Gesellschaft. Arles 1200–1250, Berlin (Ost) 1959

E. FARAL, La vie quotidienne au temps de saint Louis, Paris 1942

J. HOOCK, F. IRSIGLER (Hrsg.), Bevölkerung, Wirtschaft und Gesellschaft. Stadt-Land-Beziehungen in Deutschland und Frankreich, 14. bis 19. Jahrhundert, Trier 1983 (mit Auswahlbibliographie 1970–1983)

B. Blumenkranz (Hrsg.), Histoire des Juifs en France, Toulouse 1972
A. Grabois, Du crédit juif à Paris au Temple de saint Louis, in: Revue des études juives. Historia judaica, 129 (1970), S. 5–22

KIRCHENGESCHICHTE, RELIGIOSITÄT

J. Chélini, Histoire religieuse de l'Occident médiéval, Paris 1968
H. Jedin (Hrsg.), Handbuch der Kirchengeschichte, Bd. III,2: Die mittelalterliche Kirche, 2: Vom kirchlichen Hochmittelalter bis zum Vorabend der Reformation, von H.-G. Beck, K. A. Fink, J. Glazik, E. Iserloh, H. Wolter, Freiburg/Basel/Wien 1968 (Neudruck 1985)
A. Leroi, Quinze siècles de vie religieuse, Paris 1965
G. Le Bras, Institutions ecclésiastiques de la Chrétienté médiévale, Paris 1964 (Histoire de l'Eglise, begründet von A. Fliche, Bd. 12, von der auch die anderen Bände zum entsprechenden Zeitalter heranzuziehen sind)
F. Lot, R. Fawtier (Hrsg.), Histoire des Institutions françaises au Moyen Age, Bd. 3: J.-F. Lemarignier, J. Gaudemet, Mgr. G. Mollat, Institutions ecclésiastiques, Paris 1962
G. Le Bras (Hrsg.), Histoire du Droit et des Institutions de l'Eglise en Occident, Bd. 7: L'Age classique, 1140–1378. Sources et théorie de droit, Paris 1965 (von G. Le Bras, C. Lefebvre, J. Rambaud)
M. Pacaut, La théocratie. L'Eglise et le Pouvoir au Moyen Age, Paris 1957
R. Foreville, Gouvernement et vie de l'Eglise au Moyen Age. Recueil d'études, London 1979
T. Schieffer, Die päpstlichen Legaten in Frankreich vom Vertrag von Meersen (870) bis zum Schisma von 1130, Berlin 1935
W. Janssen, Die päpstlichen Legaten in Frankreich vom Schisma Anaklets II. bis zum Tode Coelestins III. (1130–1198), Köln/Graz 1961
R. Kaiser, Bischofsherrschaft zwischen Königtum und Fürstenmacht. Studien zur bischöflichen Stadtherrschaft im westfränkisch-französischen Reich im frühen und hohen Mittelalter, Bonn 1981 (behandelt alle Diözesen des kapetingischen Frankreich)
R. Sprandel, Ivo von Chartres und seine Stellung in der Kirchengeschichte, Stuttgart 1962
M. Pacaut, Louis VII et les élections épiscopales dans le royaume de France, Paris 1957
V. Martin, Les origines du Gallicanisme, 2 Bde., Paris 1939
K. Schleyer, Anfänge des Gallikanismus im 13. Jahrhundert. Der Widerstand des frz. Klerus gegen die Privilegierung der Bettelorden, Berlin 1937

P. CHAUNU, Le temps des réformes. La crise de la Chrétienté: l'éclatement. 1250–1550, Paris 1975

E. DELARUELLE, E.-R. LABANDE, P. OURLIAC, L'Eglise au temps du Grand Schisme et de la crise conciliaire, 1378–1449, Paris 1962 (Histoire de l'Eglise, begr. v. A. FLICHE, Bd. 14)

H. MÜLLER, Die Franzosen, Frankreich und das Basler Konzil (1431–1449), 2 Bde., Paderborn 1989

G. DE LAGARDE, La naissance de l'esprit laïque au déclin du Moyen Age, 2. A., 5 Bde., Louvain 1956–70

J. FAVIER, Les finances pontificales à l'époque du Grand Schisme d'Occident, Paris 1966

G. MOLLAT, Les papes d'Avignon 1305–1378, 9. A. Paris 1949

B. GUILLEMAIN, La cour pontificale d'Avignon 1309–1376, Paris 1962

W. NIGG, Saint-Benoît, le père des moines de l'Occident, Paris 1981

D. KNOWLES, Les moines chrétiens, Paris 1969

J. DECARREAUX, Les moines et la civilisation en Occident, Paris 1962

H. RICHTER (Hrsg.), Cluny. Beiträge zu Gestalt und Wirkung der cluniazensischen Reform, Darmstadt 1975 (Wege der Forschung, Bd. 241)

J. WOLLASCH, Wer waren die Mönche von Cluny vom 10. bis zum 12. Jahrhundert?, in: Mélanges Jacques Stiennon, Lüttich 1982, S. 663–678

N. BULST, Untersuchungen zu den Klosterreformen Wilhelms von Dijon (962–1031), Bonn 1973

P. und M. L. BIVER, Abbayes, monastères et couvents de Paris. Des origines à la fin du XIIIe siècle, Paris 1973

D. BERG, Zur Sozialgeschichte der Bettelorden im 13. Jahrhundert, in: Wissenschaft und Weisheit. Zeitschrift für augustinisch-franziskanische Theologie... 43 (1980), S. 55–64

G. MLYNARCZYK, Ein Franziskanerinnenkloster im 15. Jahrhundert. Edition und Analyse von Besitzinventaren aus der Abtei Longchamp, Bonn 1987

M.-H. VICAIRE, Histoire de saint Dominique, 2 Bde., Paris 1957

E. LESNE, Histoire de la propriété ecclésiastique en France, 6 Bde., Lille 1910–43

D. LOHRMANN, Kirchengut im nördlichen Frankreich. Besitz, Verfassung und Wirtschaft im Spiegel der Papstprivilegien des 11. und 12. Jahrhunderts, Bonn 1983

J. IMBERT (Hrsg.), Histoire des hôpitaux, Toulouse 1982

P. RICHÉ, G. LOBRICHON (Hrsg.), Le Moyen Age et la Bible, Paris 1984

B. SMALLEY, The Study of the Bible in the Middle Ages, 3. A. Oxford 1984

Y. Bottineau, Der Weg der Jakobspilger. Die Wallfahrtsstraßen nach Santiago de Compostela in Deutschland, Frankreich und Spanien, Bergisch Gladbach 1987

A. Borst, Die Katharer, Stuttgart 1953

C. Thouzellier, Hérésie et hérétiques. Vaudois, Cathares, Patarins, Albigeois, Rom 1969

C. Thouzellier, Catharisme et valdéisme en Languedoc à la fin du XIIe et au début du XIIIe siècle, Paris 1966

E. Le Roy Ladurie, Montaillou, village occitan, de 1294 à 1324, Paris 1975 (auch in dt.; vgl. zur Methode: H. Grundmann, Ketzerverhöre des Spätmittelalters als quellenkritisches Problem, in: Deutsches Archiv 27 [1965], S. 519–575)

H. Grundmann, Religiöse Bewegungen im Mittelalter, 2. A. Darmstadt 1961 mit Anhang: Neue Beiträge zur Geschichte der religiösen Bewegungen im Mittelalter

J. Le Goff, La naissance du Purgatoire, Paris 1981

F. Rapp, L'Eglise et la vie religieuse en Occident à la fin du Moyen Age, Paris 1971

J.-L. Gazzaniga, L'Eglise du Midi à la fin du règne de Charles VII 1444–1461, Paris 1976

A. Vauchez, La sainteté en Occident aux derniers siècles du Moyen Age, Paris/Rom 1981

B. Guenée, Entre l'Eglise et l'État. Quatre vies de prélats français à la fin du Moyen Age (XIIIe–XVe siècle), Paris 1987

KULTUR, LITERATUR, KUNST

KULTUR UND WISSENSCHAFT

X. Barral i Altet (Hrsg.), Le Paysage monumental de la France autour de l'An mil, Paris 1987

A. J. Gurjewitsch, Mittelalterliche Volkskultur, München 1987 (aus dem Russischen übers. v. M. Springer)

J. Paul, Histoire intellectuelle de l'Occident médiéval, Paris 1969

P. Wolff, L'éveil intellectuel de l'Europe, 1971

J. Le Goff, Les intellectuels au Moyen Age, Paris 1960

Enseignement et vie intellectuelle (IXe–XVIe siècle). (Actes du 95e Congrès des sociétés savantes, Reims 1970), Paris 1975

L.-H. Parias (Hrsg.), Histoire générale de l'enseignement et de l'éducation en France, Bd. 1, Paris 1981

J. Verger, Les Universités au Moyen Age, Paris 1973

A. Graboïs, Écoles et structures sociales des communautés juives dans l'Occident aux IX–XIIe siècles, in: Settimane di studio del Centro di studi sull'alto medioevo Bd. 26, Spoleto 1978, S. 937–962

R. L. Benson, G. Constable, C. D. Lanham, Renaissance and Renewal in the Twelfth Century, Oxford 1982

M. de Gandillac, E. Jeaunau (Hrsg.), Entretiens sur la Renaissance du XIIe siècle, Paris/Den Haag 1968

Pierre Abélard, Pierre le Vénérable (Abbaye de Cluny 2 au 9 juillet 1972), Paris 1975 (Colloques internationaux du CNRS, n° 546)

W. Dotzauer, Deutsche in westeuropäischen Hochschul- und Handelsstädten, vornehmlich in Frankreich, bis zum Ende des alten Reichs: Nation, Bruderschaft, Landsmannschaft, in: Festschrift L. Petry, Bd. 2, entspricht Bd. 5 der Zeitschrift Geschichtliche Landeskunde (1969), S. 89–159

W. Dotzauer, Deutsches Studium und deutsche Studenten an europäischen Hochschulen (Frankreich, Italien) und die nachfolgende Tätigkeit in Stadt, Kirche und Territorium in Deutschland, in: E. Maschke, J. Sydow (Hrsg.), Stadt und Universität im Mittelalter und in der Frühen Neuzeit, Sigmaringen 1977, S. 112–141

A. Zimmermann (Hrsg.), Die Auseinandersetzungen an der Pariser Universität im 13. Jh., Berlin 1976 (Miscellanea Mediaevalia)

D. Illmer, Die Rechtsschule von Orléans und ihre deutschen Studenten im späten Mittelalter, in: Vorträge und Forschungen Bd. 30, Sigmaringen 1986, S. 407–438

J. Verger, J. Jolivet, Bernard, Abélard, ou le cloître et l'école, Paris 1982

B. Guenée (Hrsg.), Le métier d'historien au Moyen Age. Études sur l'historiographie médiévale, Paris 1977

B. Guenée, Histoire et culture historique dans l'Occident médiéval, Paris 1980

K. F. Werner, Gott, Herrscher und Historiograph. Der Geschichtsschreiber als Interpret des Wirkens Gottes in der Welt und Ratgeber der Könige (4. bis 12. Jahrhundert), in: Deus qui mutat tempora. Festschrift für Alfons Becker, Sigmaringen 1987, S. 1–31

R. C. Dales, The Scientific Achievements of the Middle Ages, Philadelphia 1973

R. Taton (Hrsg.), Histoire générale des Sciences, Bd. 1, Paris 1966

W. Bergmann, Innovationen im Quadrivium des 10. und 11. Jahrhunderts. Studien zur Einführung von Astrolab und Abakus im lateinischen Mittelalter, Stuttgart 1985

LITERATUR

P.-Y. Badel, Introduction à la vie littéraire du Moyen Age, Paris 1969

P. Zumthor, Histoire littéraire de la France médiévale, VIe–XIVe siècles, 2. A. Genf 1973

D. Boutet, A. Strubel, Littérature, politique et société dans la France du Moyen Age, Paris 1979

J. De Ghellinck, S.J., L'Essor de la littérature latine au XIIe siècle, 2 Bde., Brüssel/Paris 1946

R. R. Bezzola, Les origines et la formation de la littérature courtoise en Occident, 5 Bde., Paris 1944–63

H. R. Jauss (Hrsg.), Grundriß der romanischen Literaturen des Mittelalters, Heidelberg 1980ff. (erscheint in Lieferungen)

D. Poirion, Le poète et le prince, Grenoble 1965

J. Favier, François Villon, Paris 1982

A. P. Saccaro, Französischer Humanismus des 14. und 15. Jahrhunderts, München 1975

KUNST

G. Demians d'Archimbaud, Histoire artistique de l'Occident médiéval, Paris 1968

J. Hubert, L'art préroman, 2. A. Paris 1974

M. Durliat, L'art roman, Paris 1982

J. Gantner, M. Pobé, J. Roubier, Gallia Romanica. Die hohe Kunst der romanischen Epoche in Frankreich. 3. A. Wien 1966

K. J. Conant, Carolingian and Romanesque Architecture, 800 to 1200, 2. A. Harmondsworth 1966

R. Liess, Der frühromanische Kirchenbau des 11. Jh. in der Normandie, München 1967

M. Aubert, L'art français à l'époque romane. Architecture et sculpture, 4 Bde., Paris 1929–50

H. Swarzenski, Monuments of Romanesque Art. The Art of the Church Treasures in North-Western Europe, 2. A. Chicago/London 1967

L. Grodecki, Ivoires français, Paris 1947

J. Babelon, L'orfèvrerie française, Paris 1946

G. Duby, Le temps des cathédrales. L'art et la société, 980–1420, 2. A. Paris 1976

H. Sedlmayr, Die Entstehung der Kathedrale, Zürich 1950

X. Barral i Altet, F. Avril, D. Gaborit-Chopin, Le temps des croisades, Paris 1982 (Collection »Univers des formes«; auch in dt.)

H. FOCILLON, Art d'Occident, 4. A. Paris 1963
F. SALET, L'art gothique, Paris 1963
L. GRODECKI, Architecture gothique, Paris 1979
A. ERLANDE-BRANDENBURG, L'art gothique, Paris 1983
U. ALBRECHT, Von der Burg zum Schloß. Französische Schloßbaukunst im Spätmittelalter, Worms 1986

WERKE ZUR REGIONAL- UND LOKALGESCHICHTE

Generell sei auf die Bibliographie zu Band 1 der deutschen Ausgabe verwiesen (S. 551–558 zur Regional- und Stadtgeschichte) sowie auf folgende Reihenwerke, die alle Provinzen Frankreichs berücksichtigen:

Univers de la France. Collection d'histoire régionale, hrsg. v. P. WOLFF, Toulouse 1967ff., später mit erweitertem Titel: Univers de la France et des pays francophones (gute Sammelwerke, von Sachkennern herausgegeben; auch eine Serie zur Stadtgeschichte)
Collection Hexagone. L'Histoire de France par les documents. Étude des départements français de la Préhistoire à nos jours, hrsg. v. J. BRIGNON, Saint-Jean-d'Angély, 1980ff.

Im folgenden sind vor allem Werke genannt, die auf regionaler bzw. lokaler Ebene grundlegende neue Ergebnisse zu den politischen Strukturen und zur Wirtschafts- und Sozialgeschichte über den engeren behandelten Bereich hinaus vorlegen konnten.

ZUR REGIONALEN ENTWICKLUNG DER POLITISCHEN STRUKTUREN

C. LAURANSON-ROSAZ, L'Auvergne et ses marges (Velay, Gévaudan) du VIIIe au XIe siècle, Le Puy-en-Velay 1987
E. MAGNOU-NORTIER, La société laïque et l'Église dans la province ecclésiastique de Narbonne (zone cispyrénéenne) de la fin du VIIIe à la fin du XIe siècle, Toulouse s.a. (1974)
J.-P. POLY, La Provence et la société féodale 879–1166. Contribution à l'étude des structures dites féodales dans le Midi, Paris 1976
M. BUR, La formation du comté de Champagne, vers 950–vers 1150, Nancy 1977

A. Debord, La société laïque dans les pays de la Charente, X^{e}–XIIe siècles, Paris 1984

O. Guyotjeannin, Episcopus et Comes. Affirmation et déclin de la seigneurie épiscopale au nord du royaume de France (Beauvais-Noyon, X^{e}–début XIIIe siècle) Genf/Paris 1987

H. Bitsch, Das Erzstift Lyon zwischen Frankreich und dem Reich im Hohen Mittelalter, Göttingen 1971

M. Parisse, Noblesse et chevalerie en Lorraine médiévale, Nancy 1982

O. Guillot, Le comte d'Anjou et son entourage au XIe siècle, 2 Bde., Paris 1972

J. Richard, Les ducs de Bourgogne et la formation du duché du XIe au XIVe siècle, Paris 1954

A. Chédeville, N.-Y. Tonnerre, La Bretagne féodale XIe–XIIIe siècle, Rennes 1987

R. Brondy, B. Demotz, J.-P. Leguay, La Savoie de l'an mil à la Réforme (XIe–début XVIe siècle), Rennes 1984

T. Evergates, Feudal Society in the Bailliage of Troyes under the Counts of Champagne, 1152–1284, Baltimore 1975

W. M. Newman, Les seigneurs de Nesle en Picardie (XIIe–XIIIe siècle) 2 Bde., Paris 1971 (Bd. 1: Étude sur la noblesse ecclésiastique et laïque)

A. Leguay, Le Bourbonnais pendant la guerre de Cent ans, Moulins 1969

ZUR GESCHICHTE EINZELNER STÄDTE

J. Boussard, Paris de la fin du siège de 885–886 à la mort de Philippe Auguste, Paris 1976 (Nouvelle histoire de Paris)

R. Cazelles, Paris de la fin du règne de Philippe Auguste à la mort de Charles V, 1223–1380, Paris 1972 (Nouvelle histoire de Paris)

J. Favier, Paris au XVe siècle, 1380–1500, Paris 1974 (Nouv. hist. de Paris)

C. Higounet (Hrsg.), Histoire générale de Bordeaux, 7 Bde., Bordeaux 1962–72, vgl. darin Y. Renouard, Bordeaux sous les rois d'Angleterre, 1965

P. Desportes, Reims et les Rémois aux XIIIe et XIVe siècles, Paris 1979

B. Chevalier, Tours, ville royale, 1356–1520, Paris/Louvain 1975

R. Favreau, La ville de Poitiers à la fin du Moyen Age. Une capitale régionale, Poitiers 1978

A. Higounet-Nadal, Périgueux aux XIVe et XVe siècles. Étude de démographie historique, Bordeaux 1978

A. Rigaudière, Saint-Flour, ville d'Auvergne au bas Moyen Age. Étude d'histoire administrative et financière, 2 Bde., Paris 1982

ZUR REGIONALEN AGRAR- UND SOZIALGESCHICHTE

G. Duby, La société aux XIe et XIIe siècles dans la région mâconnaise, Paris 1963 (Neudruck 1971)

R. Fossier, La terre et les hommes en Picardie jusqu'à la fin du XIIIe siècle, 2 Bde., Paris/Louvain 1968

A. Chédeville, Chartres et ses campagnes, XIe–XIIe siècle, Paris 1973

P. Bonassie, La Catalogne du milieu du Xe à la fin du XIe siècle. Croissance et mutation d'une société, 2 Bde., Toulouse 1975–76

G. T. Beech, A Rural Society in Medieval France: The Gâtine of Poitou in the Eleventh and Twelfth Centuries, Baltimore 1964

R. Boutruche, La crise d'une société. Seigneurs et paysans du Bordelais pendant la guerre de Cent ans, Paris 1947

M.-T. Lorcin, Les campagnes de la région lyonnaise aux XIVe et XVe siècles, Lyon 1974

G. Fourquin, Les campagnes de la région parisienne à la fin du Moyen Age, Paris 1963

G. Bois, Crise du féodalisme, économie rurale et démographie en Normandie orientale du début du XIVe siècle, Paris 1976

H. Neveux, Les grains du Cambrésis (fin du XIVe–début du XVIIe siècle). Vie et déclin d'une structure économique, Lille 1974

SONSTIGE STUDIEN ZUR REGIONALEN WIRTSCHAFTS- UND SOZIALGESCHICHTE

L. Stouff, Ravitaillement et alimentation en Provence aux XIVe et XVe siècles, Paris/Den Haag 1970

F. Piponnier, Costume et vie sociale. La cour d'Anjou, XIVe et XVe siècle, Paris/Den Haag 1970

B. Geremek, Le salariat dans l'artisanat parisien aux XIIIe–XVe siècles, Paris/Den Haag 1968

M.-T. Lorcin, Vivre et mourir en Lyonnais à la fin du Moyen Age, Paris 1981

PERSONENREGISTER

ABAELARD, Peter, Theologe und Philosoph 106, 124
ADALBERO, Erzbischof von Reims 24 f.
ADALBERO, Bischof von Laon 18, 25, 33, 75
ADAM DE LA HALLE, Gelehrter 234 f.
ADELA VON DER CHAMPAGNE, Königin von Frankreich, Witwe Ludwigs VII. 153, 220
ADOLF VON NASSAU, dt. König 262, 268 f., 271
ADORNO, Antonio, Doge von Venedig 368 f.
AGNES VON MERAN, Königin von Frankreich 162
AISCELIN, Gilles, Erzbischof von Narbonne 270
ALBERTUS MAGNUS, Theologe, Philosoph, Naturgelehrter 183, 233
ALBIGENSER 167, 171, 204
ALBORNOZ, Ägidius, Legat 309
ALBRECHT VON HABSBURG, dt. König 269, 271
ALBRET, Alain von 453 f.
ALBRET, Arnaud-Amanieu von, Fürst 300, 347
ALBRET, Johann von, König von Navarra, s. Johann von Albret
ALBRET, Karl von, Konnetabel 383, 388, 410, 436
AL CHWARISMI, arab. Mathematiker 125
ALENÇON, Johann I., Herzog von 397 ff.
ALENÇON, Johann II., Herzog von 410, 436 ff., 440, 443
ALENÇON, Karl von Valois, Herzog von, s. Valois
ALENÇON, René, Herzog von 438
ALEXANDER II., Papst 75, 83, 96
ALEXANDER IV., Papst 211, 213
ALEXANDER VI. BORGIA, Papst 455 ff., 468
ALEXIOS I. KOMNENOS, byzant. Kaiser 100
ALEXIOS III. ANGELOS, byzant. Kaiser 185
ALFONS VIII., König von Kastilien 159
ALFONS X., König von Kastilien 227
ALIX, Königin von Zypern 200
ALIX VON FRANKREICH 154 f.
AL-MUSTANSIR, Emir 231
AMBOISE, GEORG VON, Erzbischof von Rouen 456 f., 469
ANAKLET, Gegenpapst 106
ANGOULÊME, Aymar II., Graf von 160
ANJOU, Fulko III. Nerra, Graf von 25, 28, 40 f., 97, 109
ANJOU, Fulko V., Graf von 109, 113, 136

ANJOU, Gottfried II. Martel, Graf von 41 f.
ANJOU, Gottfried V., der Schöne, Plantagenet, Graf von 113, 116
ANJOU, Isabella, Herzogin von, s. Lothringen, Isabella
ANJOU, Johann von, Herzog von Kalabrien 409
ANJOU, Karl I., Graf von, König von Sizilien 203, 221 ff., 225, 227 f., 230 ff., 257, 259
ANJOU, Karl II., Graf von, König von Sizilien 262, 267, 275
ANJOU, Ludwig I., Herzog von, König von Neapel 336, 338, 349 f., 352, 354, 356 f., 360 f., 363 ff.
ANJOU, Ludwig II., Herzog von, König von Neapel 364, 375 f., 383
ANJOU, René, Herzog von, König von Neapel, Herzog von Bar u. Lothringen 407, 409, 413, 420 ff., 424, 435, 443 f., 452 ff., 460
ANJOU, René II., Herzog von Lothringen, s. Lothringen, René II..
ANNA VON DER BRETAGNE, Königin von Frankreich 453 f., 456, 458, 469
ANNA VON KIEW, Königin von Frankreich 30
ANSELM VON CANTERBURY, scholastischer Denker 124
ANSELM VON CHARTRES 86
ANTIOCHIEN, Fürsten von, s. Bohemund und Tankred
AQUITANIEN, Bernhard Plantapilosa, Herzog von 38
AQUITANIEN, Guido Gottfried, Herzog von 75
AQUITANIEN, Wilhelm V., Herzog von 27, 40, 42 f.
AQUITANIEN, Wilhelm VI., Herzog von 80
AQUITANIEN, Wilhelm VII., Herzog von 80
AQUITANIEN, Wilhelm IX., Herzog von 101, 110, 112, 131
AQUITANIEN, Wilhelm X., Herzog von 113
ARAGON, Könige von, s. Blanca, Ferdinand I., Jakob I. u. II., Johann II., Martin, Peter II. u. III.
ARCHIMEDES, Mathematiker aus Syrakus 125
ARISTOTELES, griech. Philosoph 14, 124 f., 213, 233 f., 252, 343, 470
ARLES, Graf von 28
ARMAGNAC, Bernhard VII., Graf von, Konnetabel 383, 385, 388 f., 393
ARMAGNAC, Gerhard II., Graf von 80
ARMAGNAC, Johann I., Graf von 300, 325, 346 f.
ARMAGNAC, Johann IV., Graf von 410
ARMAGNAC, Johann V., Graf von 410, 438, 441, 443
ARMAGNAC, Karl, Graf von 441
ARNAUD-AMAURY, Legat 172
ARTEVELDE, Jakob Van, Stadthauptmann von Gent 304, 306, 357
ARTEVELDE, Philipp Van, Statthalter von Flandern 357, 359
ARTOIS, Mahaut, Gräfin von 298, 302
ARTOIS, Philipp, Graf von 301
ARTOIS, Robert I., Graf von 203, 207
ARTOIS, Robert II., Graf von 262, 265, 301 f.
ARTOIS, Robert III., Graf von 301 f.

ARUNDEL, Graf von 401
AUBERT, Étienne, s. Innozenz VI.
AUBRIOT, Hugo, Profoß von Paris 361
AUDREHEM, Arnoul von, Marschall 324
AUGUSTINUS, Kirchenvater 75, 213, 234, 373
AVERROES (IBN ROSCHD), arab. Philosoph u. Arzt 124, 233 f.
AVESNES, Familie 201, 226 f.
AVICENNA (IBN SINA), islam. Denker u. Arzt 124, 233
AYMAR VON MONTEIL, Legat 99

BALDUIN II., Graf von Courtenay, Kaiser von Konstantinopel 136, 186, 204, 223, 226
BALDUIN IX., Graf von Flandern, Kaiser von Konstantinopel 184, 186, 225
BALDUIN I. VON BOULOGNE, König von Jerusalem 99, 101, 136
BALDUIN III., König von Jerusalem 138
BALUE, Jean, Kardinal 437
BARBAVERA, Admiral 304
BARBETTE, Étienne 252
BARRAL, Podestà von Mailand 223
BAUDRICOURT, Robert von, Hauptmann 397
BAUDRY VON BOURGUEIL 104
BAUDRY, Bischof von Noyon 74
BAYERN, Isabeau von, s. Isabeau
BAYERN, Jakobine von, s. Hennegau, Jakobine
BAYERN, Ludwig II., Herzog von 384
BAYERN, Stephan II., Herzog von 362
BAYERN, Welf von 101
BAYERN, Wilhelm III. von, Graf von Hennegau u. Holland 362, 412
BÉARN, Gaston VII. von 136
BEAUCE, Jean de 469
BEAUJEU, Familie 197, 439–442, 454, 463
BEAUJEU, Anna von 440
BEAUJEU, Imbert von 175
BEAUJEU, Peter von, Herzog von Bourbon 438, 440
BEAUMARCHAIS, Eustache de, Seneschall 257
BEAUMONT-SUR-OISE, Seigneurs von 45, 111
BEAUNEVEU, André, Bildhauer 373
BEAUVAIS, Hugo, Graf von 28
BECKET, Thomas, Erzbischof von Canterbury 124
BEDFORD, Johann, Herzog von 393, 395, 398 f., 401 f., 416
BÉHUCHET, Nicolas, Admiral 304
BELA III., König von Ungarn 185
BENEDIKT XI., Papst 275
BENEDIKT XII., Papst 287, 309 f., 312
BENEDIKT XIII., Papst 374–377
BENOÎT DE SAINTE-MAURE, Dichter 132, 179
BERENGAR VON TOURS, Theologe 83
BERNARD VON VENTADOUR, Troubadour 129, 131
BERNHARD VON CLAIRVAUX, Kirchenlehrer, Gründer des Zisterzienserordens 15, 86, 105–108, 110, 123, 127, 135, 137
BERNHARD, Marquis von Gothien 38
BÉROUL, altfrz. Dichter 131

BERRY, Johann, Herzog von 357, 361–365, 367, 373, 379, 381, 383
BERSUIRE, Peter, Humanist 312
BERTHA, Gräfin von Rouergue 80
BERTHA VON BURGUND, Königin von Frankreich 28 f.
BERTRADA VON MONTFORT, Königin von Frankreich 108
BERTRAND, Graf von Tripolis 101
BERTRAND DE BORN, Vicomte d'Hautefort, Troubadour 131
BESSARION, Johannes, Kirchenfürst 465
BESSONNEAU, Pierre 404 f.
BÉTHENCOURT, Jean de 369
BÉZIERS, Raimund Trencavel, Vizegraf von 199
BÉZIERS, Roger Trencavel, Vizegraf v. B. u. Carcassonne 135
BINCHOIS, Gilles 468
BIRGITTA VON SCHWEDEN, Mystikerin, Ordensgründerin 355
BLANCA VON ARTOIS, Königin von Navarra 257
BLANCA VON ARTOIS, Gräfin von der Marche 282
BLANCA VON KASTILIEN, Königin von Frankreich 159, 175, 194, 199, 203 f., 207 f., 221, 256
BLANCA VON NAVARRA, Königin von Aragon 449
BLOIS, Karl von, Herzog der Bretagne, s. Bretagne
BLOIS, Ludwig, Graf von 185
BLOIS, Odo II., Graf von 25, 28 f., 39 ff., 44
BLOIS, Stephan von, König von England, s. Stephan
BLOIS, Theobald IV., Graf von 113
BLOIS, Theobald V., Graf von, Seneschall 141, 153 f., 169
BLOIS, Theobald VI., Graf von 201
BOCCACCIO, Giovanni, ital. Dichter u. Humanist 316
BOCCANEGRA, Ambrogio, Admiral 351
BOETHIUS, Anicius Mantius Torquatus Severinus, röm. Staatsmann u. Denker 124, 373
BOGUMIL, Pope 134
BOHEMUND I. VON TARENT, Fürst von Antiochien 100 f.
BOHEMUND V., Fürst von Antiochien 205
BÖHMEN, Könige von, s. Mathias und Ladislaus
BOILEAU, ÉTIENNE, Profoß von Paris 217, 251
BONHOMME, Pasquier 466
BONIFATIUS VIII., Papst 247, 249, 253, 264, 266–269, 271–277, 279, 311
BONIFATIUS IX., Papst 375
BORGIA, Alexander, s. Alexander VI.
BORGIA, Cesare 456
BOSO, König von Burgund 38
BOUCHARD VON AVESNES 226
BOUCICAULT, Jean Le Meingre (genannt B.), Marschall 370
BOULOGNE, Balduin I. von, König von Jerusalem, s. Balduin
BOULOGNE, Renaud de Dammartin, Graf von, s. Dammartin
BOURBON, Haimon Vaire-Vache, Fürst von 112
BOURBON, Jakob von, Konnetabel 325
BOURBON, Johann von, Graf von Clermont 397, 408, 420, 435, 440

BOURBON, Karl, Herzog von 407
BOURBON, Ludwig I., Herzog von 350, 360
BOURBON, Ludwig II., Herzog von 383, 408
BOURBON, Peter von Beaujeu, Herzog von, s. Beaujeu
BOURDICHON, Jean, Maler 470
BOUSSAC, Jean de Brosse, Fürst von, Marschall 397
BRABANT, Johanna, Herzogin von 362
BRAQUE, Familie 324
BRAUNSCHWEIG, Otto von, s. Otto IV.
BRETAGNE, Herzöge der 419 f.
BRETAGNE, Alan II. Barbetorte, Herzog der 42
BRETAGNE, Alan III., Herzog der 42
BRETAGNE, Anna, Herzogin der, s. Anna
BRETAGNE, Arthur I., Herzog der 159 f., 167, 302
BRETAGNE, Conan, Herzog der, Graf von Rennes 41
BRETAGNE, Franz I., Herzog der 408
BRETAGNE, Franz II., Herzog der 436 ff., 441 f., 453 f., 469
BRETAGNE, Gottfried, Herzog der 154, 159
BRETAGNE, Johann der Rote, Graf der 201
BRETAGNE, Johann III., Herzog der 302
BRETAGNE, Johann IV. von Montfort, Herzog der 306, 339, 351 f., 363
BRETAGNE, Johann V., Herzog der 389
BRETAGNE, Karl von Blois, Herzog der 303, 305
BRETAGNE, Nominoé, Herzog der 452
BRETAGNE, Peter Mauclerc, Herzog der 167, 195 ff., 201, 204, 452
BRÉZÉ, Pierre de 411
BRIÇONNET, Guillaume, Bischof 454
BRIENNE, Johann I. von, König von Jerusalem, s. Johann von B.
BRIENNE, Radulf von, Graf von Eu, Konnetabel 306, 320
BRION, Simon von, s. Martin IV.
BRUCE, Robert, schottischer Nationalheld 287
BRUNO, Gründer des Kartäuserordens 86
BUCH, Captal von, s. Grailly, Johann von
BUCY, Simon de 324
BUDÉ, Wilhelm, Philologe u. königl. Sekretär 466
BUREAU, Jean u. Gaspard 405
BUREAU DE LA RIVIÈRE, Familie 363
BURGUND, Herzöge von 116, 412
BURGUND, Anton von, Graf von Rethel u. Limburg 412
BURGUND, Boso, König von, s. Boso
BURGUND, Hugo IV., Herzog von 201, 203 f., 230
BURGUND, Johann der Unerschrokkene, Herzog von 362, 366 f., 378, 380–392, 402, 412
BURGUND, Karl der Kühne, Herzog von 409, 422, 435 ff., 443–446, 448, 450 ff., 458, 462 f.
BURGUND, Margarete von, Gräfin von Hennegau u. Holland 412

BURGUND, Maria, Herzogin von, s. Maria
BURGUND, Odo II., Herzog von 302
BURGUND, Philipp von Rouvre, Herzog von 283, 319
BURGUND, Philipp der Kühne, Herzog von B. u. Graf von Flandern 359–363, 365 ff., 373 f., 378 ff., 412, 468
BURGUND, Philipp III. der Gute, Herzog von 392 f., 395, 398 f., 401 f., 406 f., 409, 411 ff., 416–419, 421 f., 433, 435 f., 446, 458, 461, 468
BURGUND, Robert I., Herzog von 28 f., 75
BURGUND, Rudolf III., König von, s. Rudolf

CABOCHE, Metzger, Volksaufrührer 385
CAETANI, Familie 274
CAETANI, Benedetto, s. Bonifatius VIII.
CALIXTUS II., Papst 105, 113
CAPELUCHE, Henker 390 f.
CARLE, Guillaume 332
CAUCHON, Pierre, Bischof von Beauvais 367, 399 f.
CERVOLE, Arnaud de, Erzpriester 340
CHAMPAGNE, Adela von der, Königin von Frankreich, s. Adela
CHAMPAGNE, Heinrich der Freigebige, Graf der 150, 153
CHAMPAGNE, Heinrich III., Graf der 201, 256
CHAMPAGNE, Theobald IV., Graf der, König von Navarra, s. Theobald IV.
CHAMPAGNE, Theobald V. von Navarra, Graf der 228, 232, 256
CHAMPAGNE, Marschälle der 330
CHANDOS, Jean 327
CHARLOTTE VON SAVOYEN, Königin von Frankreich 411, 451
CHARNAY, Gottfried von, Präzeptor der Normandie 280
CHARTIER, Alain, Schriftsteller 421, 468
CHARTIER, Jean, Geschichtsschreiber 422
CHASTELLAIN, Georges, Dichter 421 f.
CHÂTEL, Tanguy du, Prévôt 390, 392
CHÂTILLON, Jakob von, Gouverneur 264
CHEVALIER, Étienne, königl. Schatzmeister 422
CHLODWIG, König der Franken 52, 124
CHRÉTIEN DE TROYES, altfrz. Dichter 129 ff.
CHRISTINE DE PISAN, Schriftstellerin 17, 236, 372 f.
CICERO, Marcus Tullius, röm. Staatsmann 312, 373, 465
CLAIRVAUX, Bernhard von, s. Bernhard von Clairvaux
CLAMANGES, Nicolas de 373
CLARENCE, Thomas, Herzog von 386
CLEMENS IV., Papst 223, 230
CLEMENS V., Papst 253, 266, 275–281, 308
CLEMENS VI., Papst 309 f., 312, 317 f.
CLEMENS VII., Papst 354, 363 f., 368, 374

Clementia von Ungarn, Königin von Frankreich 282
Clermont, Johann von Bourbon, Graf von, s. Bourbon, Johann
Clermont, Robert von 203
Clisson, Olivier de 305, 350, 363
Coincy, Gautier de, Dichter 430
Col, Gontier 373
Cölestin III., Papst 162, 182
Cölestin V., Papst 267, 274
Coletta von Corbie 355
Colombe, Michel, Bildhauer 469
Colonna, Ägidius, Erzbischof 311
Colonna, Sciarra 274 f.
Comminges, Bernard IV., Graf von 136, 173 f.
Comminges, Bernard VII., Graf von 270
Commynes, Philipp von 434, 437
Conan, Graf von Rennes, s. Bretagne
Cornouaille, La, Graf von 42
Cossa, Balthasar, s. Johannes XXIII.
Coucy, Enguerran von la Fère, Fürst von 111
Coucy, Enguerran VII., Fürst von 369
Coucy, Thomas von Marle, Fürst von 111
Cœur, Jacques, Ratgeber Karls VII., 427 ff., 459
Courtecuisse, Jean 367
Courtenay, Balduin, Graf von, Kaiser von Konstantinopel, s. Balduin II.
Courtenay, Peter von, lat. Kaiser in Konstantinopel, s. Peter von C.
Courtenay, Robert von, lat. Kaiser in Konstantinopel, s. Robert von C.
Courzon, Robert von, Legat 182
Cuvelier, Historiograph 372

Daimbert von Pisa, Legat 101
Dammartin, Seigneur von 45
Dammartin, Renaud de, Graf von Boulogne 164 f.
Dampierre, Familie 226 f.
Dampierre, Guido von, Graf von Flandern 226, 260, 262–266, 300
Dampierre, Wilhelm von 226
Dandolo, Enrico, Doge von Venedig 186
Délicieux, Bernard, Franziskaner 270 f., 275 f.
Derby, Herzog von, s. Heinrich IV., König von England
Deschamps, Eustache, Diplomat u. Dichter 372, 431
Despenser, Hugh 286
Diego, Bischof von Osma 171
Dietrich von Elsass, Graf von Flandern, s. Flandern
Divion, Johanna von 302
Dominikus Guzmán, Stifter des Dominikanerordens 171 f., 174, 179
Dschingis-Khan, mongol. Herrscher 205
Dubois, Peter, Pamphletist 278
Duèse, Jakob, Kardinal, s. Johannes XXII.
Du Guesclin, Bertrand, Konnetabel 338 ff., 342, 349–352, 372
Dunois, Graf von Saint-Pol, Herzog von Alençon 396, 408, 436

Eduard der Bekenner, angelsächs. König 77 f., 163
Eduard I., König von England 229, 231 f., 256, 262–265, 268

EDUARD II., König von England 264, 282, 286
EDUARD III., König von England 285 ff., 299, 303 ff., 307, 319 f., 322 f., 325 f., 333–338, 346 ff., 350 ff., 386 f.
EDUARD IV. VON YORK, König von England 437, 442 ff., 448 f.
EDUARD, Prinz von Wales, Fürst von Aquitanien, genannt der »Schwarze Prinz«, 320, 325 f., 340 f., 346 f., 350 ff., 378
ELEONORE, Herzogin von Aquitanien, Gemahlin Ludwigs VII. und Heinrichs II. von England 114, 116, 130, 133, 136, 206, 335, 364, 386
ENGUERRAN VON LA FÈRE, Fürst von Coucy, s. Coucy
ERASMUS, Desiderius, Humanist 466
ERCOLES I. VON FERRARA, Kapellmeister 468
ESSARTS, Pierre des, Finanzier 308, 321
ESTOUTEVILLE, Wilhelm von, Kardinal 405, 438
EUGEN III., Papst 106
EUKLID, griech. Mathematiker 125

FAY, Guillaume du 468
FELIX V., Gegenpapst 403
FERDINAND I. VON ARAGON, König von Neapel 450, 455, 457 f.
FERRER, Vinzenz, Prediger 355
FICHET, Wilhelm, Rektor der Sorbonne 465, 470
FICINUS, Marsilius, ital. Arzt u. Philosoph 470
FLANDERN, Balduin IV., Graf von 26
FLANDERN, Balduin V., Graf von 43 f.
FLANDERN, Balduin VII. »La Hache«, Graf von 109
FLANDERN, Balduin IX., Graf von, Kaiser von Konstantinopel, s. Balduin IX.
FLANDERN, Dietrich von Elsaß, Graf von 112
FLANDERN, Ferrand (Ferdinand) von Portugal, Graf von 163–166, 196
FLANDERN, Guido von Dampierre, Graf von, s. Dampierre
FLANDERN, Johanna von, s. Johanna
FLANDERN, Johanna, Gräfin von 196, 226
FLANDERN, Karl der Gute von Dänemark, Graf von 109, 112
FLANDERN, Ludwig von Male, Graf von 357 f., 360
FLANDERN, Ludwig von Nevers, Graf von 280, 287, 300, 358
FLANDERN, Margarete, Gräfin von 225 ff.
FLANDERN, Margarete von, Herzogin von Burgund 412
FLANDERN, Philipp von Elsaß, Graf von 153, 158
FLANDERN, Robert II., Graf von 99
FLANDERN, Robert von Béthune, Graf von 264 ff., 280, 300
FLORUS 465
FLOTE, Peter, Kanzler Philipps des Schönen 252 f., 269 f., 272 f., 280
FOIX, Eleonore von Aragon, Gräfin von 449
FOIX, Franz Phoebus, Graf von, König von Navarra, s. Franz Phoebus

FOIX, Gaston von, König von Navarra, s. Gaston
FOIX, Gaston Phoebus, Graf von 357, 364, 419
FOIX, Gaston IV., Graf von 410, 435, 449 ff.
FOIX, Johann von Grailly, Graf von 396
FOIX, Katharina von Navarra-Foix 451
FOUQUET, Jean, Maler 422
FOURNIER, Jacques, s. Benedikt XII.
FRANZ VON ASSISI 179
FRANZ I., König von Frankreich 458 f.
FRANZ PHOEBUS, Graf von Foix, König von Navarra 451
FRÉAUVILLE, Nikolaus von, Beichtvater Philipps des Schönen 280
FRIBURGER, Michael, Drucker 465
FRIEDRICH I. BARBAROSSA, dt. Kaiser 119, 155 f., 163 f., 222
FRIEDRICH II. VON HOHENSTAUFEN, dt. Kaiser 164, 197, 204 f., 213, 221 f., 226, 246, 276
FRIEDRICH III. VON HABSBURG, dt. Kaiser 418, 444, 446
FRIEDRICH VON LOTHRINGEN, Abt von Monte Cassino 82
FROISSART, Jean, Schriftsteller 429
FULBERT, Bischof von Chartres 35, 56
FULCHER VON CHARTRES, Priester u. Geschichtsschreiber 104
FULKO VON NEUILLY 184

GAGUIN, Robert 466, 470
GALEN, Galenus, griech.-röm. Arzt 125
GARLANDA, Stephan von, Seneschall 110 f.
GASCOGNE, Herzog der 44
GASPARIN VON BERGAMO, Dichter 465
GASTON, Graf von Foix, König von Navarra 458
GAUDRY, Bischof von Laon 95, 119
GAUTIER D'ARRAS, altfrz. Dichter 130
GELDERN, Wilhelm, Herzog von 362, 379
GENF, Robert von, s. Clemens VII.
GEOFFREY OF MONMOUTH, Kleriker 131
GERBERT VON AURILLAC, Erzbischof v. Reims, später Papst Silvester II. 25, 56
GERHARD, Bischof von Cambrai 33
GERING, Ulrich, Drucker 465
GERSON, Jean, Theologe, Kanzler der Pariser Universität 373, 381
GIOVANETTI, Matteo di, ital. Maler 312
GOT, Bertrand de, Erzbischof von Bordeaux, s. Clemens V.
GOTTFRIED VON BOUILLON, Herzog von Niederlothringen, Herzog des Hl. Grabes 99 ff., 103, 136, 156
GRAILLY, Johann von, Captal von Buch 299 f., 327, 330, 334 f., 338 f., 351
GRAILLY, Johann von, Graf von Foix, s. Foix
GRÉBAN, Arnoul, Organist von Notre-Dame 430
GREGOR VII., Papst 48, 75, 77, 83 ff.
GREGOR IX., Papst 182, 187
GREGOR X., Papst 257, 281

Gregor XI., Papst 310 f., 352 f.
Gregor XII., Papst 376
Gregor von Tours, Geschichtsschreiber 21
Grimaldi, Rainier 351
Grimoard, Wilhelm, s. Urban V.
Guérin, Bischof von Senlis 168
Guibert, Abt von Nogent-sous-Coucy 74
Guichard, Bischof von Troyes 277
Guido von Lusignan, König von Jerusalem 156, 184
Guigue, Abt von Chartreuse 86, 104
Guillaume de Lorris, Lyriker 234 f.
Gutenberg, Johannes 466

Hagenbach, Peter von, Landvogt im Elsaß 444
Harancourt, Louis de, Bischof von Verdun 437
Harcourt, Gottfried von 299 f., 306
Harcourt, Johann von 324
Harding, Stephan, Abt von Cîteaux 105
Harold, König von England 78
Haudry, Stephan 86
Heinrich, Katharermönch 135
Heinrich II. der Heilige, dt. Kaiser 26 f.
Heinrich III., dt. Kaiser 44
Heinrich IV., dt. Kaiser 77, 84
Heinrich V., dt. Kaiser 74, 112, 116
Heinrich VI., dt. Kaiser 158, 163, 222
Heinrich VII. von Luxemburg, dt. Kaiser 276, 280
Heinrich I., König von Frankreich 28 f., 44, 47, 57
Heinrich I. Beauclerc, König von England 108, 112 f., 116, 130
Heinrich II. Plantagenet, König von England, Herzog der Normandie u. Graf von Anjou 116–119, 132, 136, 140, 153–156, 158–161, 163 f., 167, 171
Heinrich III. Plantagenet, König von England 195–199, 204, 221 f., 225, 228 f., 256, 298
Heinrich IV. von Lancaster, Herzog von Derby, König von England 378 f., 386 f.
Heinrich V. von Lancaster, König von England 387 ff., 391 ff., 396
Heinrich VI., König von England u. Frankreich 393, 402, 406 ff., 442
Heinrich VII. Tudor, König von England 454
Heinrich VIII., König von England 458
Heinrich II. von Trastámara, König von Kastilien 340 f., 348, 351
Heinrich III., König von Kastilien 370
Heinrich IV., König von Kastilien 450
Heinrich von Hennegau, lat. Kaiser in Konstantinopel 185 f.
Heinrich der Jüngere, Sohn Heinrichs II. Plantagenet 154
Heinrich von Luxemburg 227
Hennegau, Balduin von Avesnes, Graf von 227
Hennegau, Bouchard von Avesnes, Graf von 226

HENNEGAU, Heinrich von, lat. Kaiser in Konstantinopel s. Heinrich von Hennegau
HENNEGAU, Isabella von, s. Isabella von Hennegau
HENNEGAU, Johann von Avesnes, Graf von 226f.
HENNEGAU, Jakobine von Bayern, Gräfin von Hennegau u. Holland 412f.
HENNEGAU, Margarete von Burgund, Gräfin von, s. Burgund
HESDIN, Jacquemart de, Buchmaler 373
HEYNLIN, Johann, Prior der Sorbonne 465
HILDEBRAND, toskanischer Mönch 82f.
HINKMAR, Erzbischof von Reims 138
HIPPOKRATES, griech. Arzt 125
HOHENSTAUFEN, Konradin von, Sohn Konrads IV. 222, 225
HOHENSTAUFEN, Philipp von, Herzog von Schwaben 163f.
HOLLAND, Jakobine von Bayern, Gräfin von Hennegau u. Holland, s. Hennegau
HOLLAND, Wilhelm, Graf von, König von Rom 226f.
HOMER, griech. Dichter 470
HONORIUS III., Papst 174, 179
HORAZ, Quintus Horatius Flaccus, röm. Dichter 373
HUGO, Sohn Roberts II. 28
HUGO DER GROSSE, Herzog von Francien 24f.
HUGO CAPET, König von Frankreich 23ff., 27, 29, 41, 44, 78, 220, 270
HUGO VON DIE, Legat, Erzbischof von Lyon 83
HUGO VON PAYNES, Gründer des Templerordens 107
HUGO VON SEMUR, Abt von Cluny 81f.
HUGO VON LE PUISET 111, 169
HÜLÄGÜ, Mongolen-Khan 229, 231
HUMBERT VON MOYENMOUTIER, Kardinal 82
HUMBERT II., Dauphin von Viennois 319

IBN ROSCHD, s. Averroes
IBN SINA, s. Avicenna
INGEBORG, Königin von Frankreich 161ff.
INNOZENZ II., Papst 106, 159
INNOZENZ III., Papst 162ff., 172, 179, 184f.
INNOZENZ IV., Papst 205, 210, 213, 221
INNOZENZ VI., Papst 309, 339
ISAAK II. ANGELOS, byzant. Kaiser 185f.
ISABEAU VON BAYERN, Königin von Frankreich 362, 366f., 369, 371, 379, 383, 390f.
ISABELLA VON ARAGON, Königin von Frankreich 232, 257
ISABELLA VON DER CHAMPAGNE, Königin von Navarra 228
ISABELLA VON FRANKREICH, Königin von England 264, 282, 285f., 387
ISABELLA VON FRANKREICH, Tochter Karls VI., Königin von England 378
ISABELLA VON HENNEGAU, Königin von Frankreich 153f., 162, 220

Isabella von Kastilien 450, 455
Isabella Taillefer, Königin von England 160, 197
Ivo, Bischof von Chartres 18, 74, 84, 86, 110
Jagiello, Wladislaw, König von Böhmen u. Ungarn 454
Jakob I. der Eroberer, König von Aragon 223
Jakob II. (Jaime) der Gerechte, König von Aragon 262
Jaroslaw, Großfürst von Kiew 29, 30
Jaufré Rudel, provenz. Troubadour 131
Jean Le Moine, Kardinal 273
Jeanne d'Arc, Johanna von Orléans, Nationalheldin 395, 397–400, 410
Jerusalem, Könige von, s. Balduin, Johann, Guido
Joachim de Fiore 210
Johann I., König von Frankreich 283
Johann II. der Gute, Graf von Montfort, König von Frankreich 294, 300, 302 f., 305 f., 312, 315, 318–327, 330, 333 f., 336, 338, 341, 383, 453
Johann IV. von Montfort, Herzog der Bretagne, s. Bretagne
Johann Ohneland, König von England 154 ff., 158 ff., 162–166, 195, 197, 228, 298, 302
Johann II., König von Aragon 443, 449 f.
Johann I., König von Kastilien 362
Johann von Albret, König von Navarra 451
Johann I. von Brienne, König von Jerusalem 186, 204
Johann von Luxemburg, König von Böhmen 307
Johann von Paris, Dominikaner 273
Johann-Tristan, Sohn Ludwigs IX. 232
Johanna von Anjou, Königin von Neapel 361, 452
Johanna von Flandern, Gemahlin Johanns von Montfort 305 f.
Johanna von Frankreich, Herzogin von Orléans 440, 456
Johanna von Navarra, Königin von Frankreich 201, 256 f., 283
Johanna II. von Navarra 282 f., 285
Johanna von Penthièvre 302 f., 305 f., 339, 352
Johanna von Toulouse 175, 199, 256
Johannes XXII., Papst 280 f., 290, 309, 312
Johannes XXIII., Papst 376 f.
Johannes von Salisbury, engl. Kleriker, Bischof von Chartres 124
Joinville, Jean de, Baron von, Seneschall der Champagne 230, 251
Josquin des Préz, Komponist 468
Jouvenel, Jean, Advokat 370, 385
Juge, Bofille de, Generalstatthalter Ludwigs XI. 450
Julius II., Papst 455, 457 f.
Justinian, röm. Kaiser 14, 100, 125
Juvenal, Decimus Junius Juvenalis, röm. Dichter 470
Juvénal des Ursins, Guillaume, Erzbischof von Reims 422

KAPETINGER 27, 38 f., 43, 79 f., 108, 113, 118, 127, 163, 170, 187, 194 f., 201, 203, 211, 220 f., 256 f., 260, 282 f., 299, 334, 412, 451, 470
KARL I. DER GROSSE, röm. Kaiser, König der Franken 45, 215, 270
KARL II. DER KAHLE, röm. Kaiser, König des Westfränk. Reichs 26, 30, 93, 218, 242
KARL IV. VON LUXEMBURG, dt. Kaiser 310, 324, 345, 361
KARL IV. DER SCHÖNE, König von Frankreich 282 f., 285 f.
KARL V. DER WEISE, König von Frankreich 118, 243, 252, 293, 296, 306, 319, 321, 324, 327–330, 332 f., 337 f., 340–354, 358, 360–363, 365, 367, 372 f., 412, 419 f., 452
KARL VI., König von Frankreich 296, 344, 357 f., 360, 362–366, 368, 371, 375, 378, 380, 382, 386 f., 389, 392 f., 419 f., 468
KARL VII., König von Frankreich 247, 316, 335, 365, 389–393, 396–399, 402 ff., 406–411, 413, 416 f., 419 f., 422, 424, 439, 449, 451, 459, 461
KARL VIII., König von Frankreich 439, 442, 448, 454 ff., 464, 469 f.
KARL II. DER BÖSE, Graf von Évreux, König von Navarra 283, 285, 299, 320 f., 323 f., 329, 331 f., 334 f., 340, 351 ff., 378
KARL III. DER EDLE, König von Navarra 378
KARL VON FRANKREICH, Bruder Ludwigs XI. 434–439, 443
KARL DER KÜHNE, s. Burgund
KARL VON LOTHRINGEN, Herzog von Niederlothringen 24 f.
KARL VON DER MARCHE, s. Karl IV.
KARL VON SPANIEN, s. Spanien
KAROLINGER 23, 30, 37 f., 42 f., 56, 59, 63, 138, 141, 218, 220, 243
KASTILIEN, Könige von, s. Alfons, Heinrich, Johann I., Peter, Sancho, s. a. Blanca
KATHARINA VON SIENA 355
KATHERINA VON FRANKREICH, Königin von England 392
KNOLLES, Robert, General 326, 348 ff.
KNUT, König von Dänemark 162
KONRAD, Legat 183
KONRAD II., der Salier, dt. Kaiser 27, 41, 116
KONRAD III., dt. König 137
KONRAD IV., von Hohenstaufen, dt. König 222, 225, 227
KONRADIN, s. Hohenstaufen
KONSTANZE VON ARLES, Königin von Frankreich 28, 133
KONSTANZE, Königin von Sizilien 164
KONSTANZE VON SIZILIEN, Königin von Aragon 223, 257
KRANZ, Martin, Drucker 465

LADISLAUS DER GROSSHERZIGE, König von Neapel 376
LA FORÊT, Pierre de 324
LA GRANGE, Johann de, Kardinal 354
LA MARCHE, Olivier de, Dichter 421
LANCASTER, Johann, Herzog von (Johann von Gent) 325 f., 335, 348 f., 352, 362, 378
LANDAIS, Peter 441
LANFRANC, ital. Mönch 183

LANGTON, Stephan, Erzbischof von Canterbury 162 f.
LA SALLE, Gadifer de 369
LA TRÉMOILLE, Georg von 396, 453
LE BOUVIER, Gilles, Geschichtsschreiber 422
LE COQ, Robert, Bischof von Laon 323 f., 328 ff.
LE DAIM, Olivier, Barbier 433, 440
LEFÈVRE D'ÉTAPLES, Jacques, Theologe 470
LE FRANC, Martin, Hofdichter 421
LEMAIRE DE BELGES, Jean, Dichter 457, 466
LE MERCIER, Familie 363
LEO IX., Papst 82 f.
LEO X., Papst 458
LE ROY, Guillaume 466
LEVET, Pierre 466
LIMBURG, Brüder von 374, 470
LIVIUS, Titus, röm. Geschichtsschreiber 312, 466
LORRIS, Robert von, Finanzmann 321, 324
LOTHAR I., röm. Kaiser 26
LOTHAR, Sohn Ludwigs IV., König von Frankreich 24
LOTHRINGEN, Gottfried, Herzog von 29
LOTHRINGEN, Isabella von, Herzogin von Anjou 445
LOTHRINGEN, Karl II., Herzog von 397, 413
LOTHRINGEN, René II. von Anjou, Herzog von 441, 443 ff., 447 f., 453
LUDWIG I. DER FROMME, dt. Kaiser 218
LUDWIG IV. DER BAYER, dt. König und Kaiser 287, 303
LUDWIG V., König von Frankreich 24
LUDWIG VI. DER DICKE, König von Frankreich 74, 93, 95, 108, 110–114, 118, 120, 138, 149, 152, 167, 169, 201
LUDWIG VII. DER JUNGE, König von Frankreich 94, 103, 113 f., 116–120, 127, 133, 137 ff., 141 f., 150, 153, 171, 204, 218, 241, 270
LUDWIG VIII. DER LÖWE, König von Frankreich 159, 162, 165, 167 f., 173 f., 189, 194 f., 203 f., 453
LUDWIG IX. DER HEILIGE, König von Frankreich 127, 142, 167–170, 177, 179 f., 182, 187, 194 f., 198, 200 f., 203–208, 211, 213–217, 219–223, 225–231, 236 f., 241 f., 244, 246 ff., 251–257, 259, 267, 269, 298, 301, 334, 356, 387, 412, 452
LUDWIG X. DER ZÄNKER, König von Frankreich 248, 282 f., 299
LUDWIG XI., König von Frankreich 298, 407, 409 ff., 419 f., 428, 433–446, 448–454, 456, 460–463
LUDWIG XII., Herzog von Orléans, König von Frankreich 439–442, 453–458, 468 ff.
LUNA, Pedro de, s. Benedikt XIII.
LUSIGNAN, Guido von, König von Jerusalem, s. Guido
LUSIGNAN, Hugo IX. von, Graf der Marche 160, 195, 197 ff.
LUSIGNAN, Peter von, König von Zypern 338

MAGDALENA VON FRANKREICH, Gräfin von Foix 451

Mahaut, Gräfin, s. Artois
Maignelais, Antoinette von, Geliebte Karls VII. 411
Maine, Karl von, Graf der Provence 453
Male, Ludwig von, s. Flandern
Mallorca, König von 259, 276
Manfred, König von Sizilien 222 f., 230
Marcabru, provenz. Troubadour 131
Marcel, Étienne, Pariser Kaufmann 321, 324, 328–333, 343
Margarete von Anjou, Königin von England, Gemahlin Heinrichs VI. 442
Margarete von Burgund, Königin von Navarra 282 f.
Margarete von Österreich, s. Savoyen
Margarete von der Provence, Königin von Frankreich 206, 221
Maria von Brabant, Königin von Frankreich 257
Maria von Burgund, Tochter Karls des Kühnen 439, 445 f., 448
Maria Tudor, Königin von Frankreich 458
Marie von Anjou, Königin von Frankreich 411
Marie de France, erste frz. Dichterin 131
Marigny, Enguerran von, Oberaufseher d. Finanzen unter Philipp dem Schönen 250, 266, 279 f., 297
Marigny, Johann, Bischof von 285
Marigny, Philipp von 279
Marle, Heinrich von, Kanzler 390
Marle, Thomas von, s. Coucy
Marot, Clément 466
Martial d'Auvergne 422
Martin, Bischof v. Tours, Heiliger 128
Martin, König von Aragon 375
Martin IV., Papst 259
Martin V., Papst 377
Martini, Simone, ital. Maler 312
Mathias Corvinus, König von Böhmen u. Ungarn 444
Mathilde, Königin von England 113, 116
Maximilian I. von Habsburg, dt. Kaiser 439, 441 f., 446, 448, 453 ff., 457 f.
Mazzoni, Guido, Bildhauer 469
Medici, Giuliano 452
Medici, Lorenzo il Magnifico 452
Medici, Pietro de' 455
Melun, Wilhelm von, Erzbischof von Sens 335 f., 342
Meung, Jean de, Schriftsteller 236
Michault, Pierre, Hofdichter 421
Michael VIII. Palaiologos, byzant. Kaiser 230
Michel, Jean, Medizinprofessor 430
Midi, Nikolaus 400
Mirandola, Pico della, ital. Humanist 470
Molay, Jakob von, Großmeister des Templerordens 277 f., 280
Molinet, Jean, Dichter 421
Montferrat, Bonifatius von, König von Thessalonike 185 f.
Montferrat, Konrad von 156
Montfort, Amaury von 174
Montfort, Johann Graf von, s. Johann II. der Gute
Montfort, Johann IV., Herzog der Bretagne, s. Bretagne

MONTFORT, Simon von 172 ff., 228
MONTFORT, Simon von, Graf von Leicester 228 f.
MONTHLÉRY, Fürst von 80, 117
MONTMORENCY, Mathieu de 262
MONTREUIL, Jean de 373
MORNAY, Pierre de 272
MORTIMER, Roger 286
MURET, Jean de 373
MUSCIATO, Guido dei Franzesi, genannt »Mouche« (Mücke) 264, 272

NAMUR, Johann von 265
NARBONNE, Wilhelm IV., Herzog von 80
NAVARRA, Könige von, s. Blanca, Franz, Gaston, Johann, Johanna, Karl, Philipp, Sancho, Theobald
NAVARRA, Katharina von Navarra-Foix, s. Foix
NEAPEL, Könige von, s. Anjou, Aragon, Kastilien, s. a. Johanna von Anjou, Ladislaus der Großherzige
NEMOURS, Herzog von 436, 438, 444
NEVERS, Ludwig von, Graf von Flandern, s. Flandern
NEVERS, Odo von Burgund, Graf von 230
NEVERS, Wilhelm II., Graf von 101
NIEDERLOTHRINGEN, s. Gottfried von Bouillon, Karl von Lothringen
NOGARET, Guillaume de, Kanzler unter Philipp IV. dem Schönen 273–277, 280
NORMANDIE, Richard II., Herzog der 39 f.
NORMANDIE, Robert I., le Magnifique, Herzog der 39 f., 77
NORMANDIE, Robert II. »Kurzstiefel« (Curthose), Herzog der 79, 99, 108, 112
NORMANDIE, Rollo, Herzog der 39
NORMANDIE, Wilhelm der Eroberer, Herzog der, s. Wilhelm
NUR-AD-DIN (NUREDDIN), Sohn Atabeg Sengis 137 f.

ODILO, Abt von Cluny 44, 48
ODO, westfränk. König 23
ODO VON CHÂTEAUROUX 226
ORESME, Nikolaus, Bischof von Lisieux 343
ORGEMONT, Peter von, Kanzler 361
ORLÉANS, Karl, Herzog von 383, 385 f., 388, 393, 407, 409, 420 ff., 453, 455
ORLÉANS, Ludwig von der Touraine, Herzog von 363–366, 368 f., 371, 373, 375, 378–382, 451
ORLÉANS, Ludwig II., Herzog von, s. Ludwig XII.
ÖSTERREICH, Heinrich II. Babenberg, Herzog von 158
OTTO II., dt. Kaiser 24
OTTO III., dt. Kaiser 25
OTTO IV. VON BRAUNSCHWEIG, dt. Kaiser 159, 163–166
OTTO VON LA ROCHE 186
OTTO WILHELM, Herzog von Burgund 26
OUTRE-MEUSE, Jean d', Schriftsteller 429
OVID, Publius Ovidius Naso, röm. Dichter 130 f., 373

Paschalis II., Papst 82
Peire Vidal 129, 131
Pembroke, Graf von 351
Penthièvre, Johanna von, s. Johanna
Périgord, Kardinal von 326
Pérotin, Komponist u. Organist von Notre-Dame 170
Perréal, Jean, Maler 469 f.
Peter (Pedro) II., König von Aragon 173, 221
Peter (Pedro) III., König von Aragon 223, 257, 260
Peter I. der Grausame, König von Kastilien 340
Peter von Courtenay, lat. Kaiser in Konstantinopel 186
Peter Mauclerc, Herzog der Bretagne, s. Bretagne
Petit, Jean, Theologe 382
Petrarca, Francesco Petracco, ital. Dichter u. Gelehrter 309, 312, 373
Petronilla von Aragon 130
Petrus von Amiens, genannt der Eremit 98 f.
Petrus von Bruys 106
Petrus von Capua, Legat 159
Petrus von Castelnau 172
Petrus Comestor, Geschichtsschreiber 124
Petrus Damianus, Kardinal 81
Petrus Lombardus, Bischof von Paris 124
Philaretes 96
Philipp I., König von Frankreich 30, 72, 80, 84, 93, 108
Philipp II. August, König von Frankreich 121, 140, 149, 152–156, 158–170, 176 f., 180, 194, 200 f., 204, 219, 244, 246, 251, 253
Philipp III. der Kühne, König von Frankreich 232, 236, 248, 256 f., 259 f.
Philipp IV. der Schöne, König von Frankreich 118, 170, 201, 228, 245, 247 f., 251 ff., 256, 260, 262–266, 268–271, 275–280, 282 f., 285, 295, 297, 300, 311, 334, 356
Philipp V. der Lange, Graf von Poitiers, dann König von Frankreich 255, 280, 282 f., 293
Philipp VI., Graf von Valois, König von Frankreich 285 ff., 300, 303 f., 318, 322, 327, 344, 387, 410
Philipp von Évreux, König von Navarra 283, 285
Philipp von Schwaben, s. Hohenstaufen, Philipp von
Philippa von Hennegau, Königin von England 307
Philippe Hurepel, Graf von Mortain 201
Pierre de Saint-Cloud 180
Pietro di Bernadone 179
Pius II., Papst 439
Plaisians, Wilhelm von 252, 273, 277
Plantagenets 116, 140, 153, 159, 214, 257, 260, 362, 396
Platon, griech. Philosoph 15, 124 f., 234, 468
Plutarch, griech. Philosoph u. Historiker 470
Poilevilain, Jean 308
Poitiers, Alfons, Graf von 175, 198, 200, 203, 225, 232, 241, 256
Poitiers, Raimund von, Fürst von Antiochia 136 ff.
Ponthieu, Graf von 120
Portugal, Heinrich, Graf von 75

SALAH-AD-DIN, Saladin, Sultan von Ägypten u. Syrien 156, 184, 204, 207
SALISBURY, Thomas de Montagu, Graf von 352, 396
SALLUST, Gaius Sallustius Crispus, röm. Geschichtsschreiber 465
SALVIATI, Francesco, Erzbischof von Pisa 452
SANCERRE, Stephan, Graf von 153
SANCHO IV., König von Kastilien 257
SANCHO VI., König von Navarra 201
SANCHO VII., König von Navarra 197, 201
SAVOYEN, Amadeus VIII., Herzog von, s. Felix V.
SAVOYEN, Beatrix von 228
SAVOYEN, Ludwig, Herzog von 411, 462
SAVOYEN, Margarete von Österreich, Herzogin von 448, 457f.
SAVOYEN, Yolande von Frankreich, Herzogin von 449, 451
SCHWARZE PRINZ, der, s. Eduard, Prinz v. Wales
SENECA, Lucius Annaeus, Philosoph 15
SENGI, Atabeg 136ff.
SFORZA, Francesco, Herzog von Mailand 435, 452, 456
SFORZA, Galeazzo, Herzog von Mailand 444, 449, 452
SFORZA, Giovanni Galeazzo 452, 455
SFORZA, Ludovico, »il Moro« 452, 455f.
SIGER VON BRABANT, niederl. Scholastiker 125, 183, 233f.
SIGISMUND VON LUXEMBURG, dt. Kaiser 377, 389, 401
SIGMUND, Herzog von Tirol 443, 445, 447
SILVESTER II., Papst, s. Gerbert von Aurillac
SIXTUS IV., Papst 439, 452
SIZILIEN, Könige von, s. Anjou, Manfred, Roger
SLUTER, Claus, niederl. Bildhauer 469
SOMERSET, Edmond of 408
SORBON, Robert von, Domherr u. Theologieprofessor 211
SOREL, Agnes, Geliebte Karls VII. 411, 422
SPANIEN, Karl von, Konnetabel 320
STEPHAN VON BLOIS, König von England 113, 116f.
STEPHAN VON THIERS, Abt von Grandmont 86
SUFFOLK, Herzog von 458
SUGER, Abt von Saint-Denis 105f., 110, 118, 128, 138f., 143, 193

TACITUS, Cornelius, röm. Geschichtsschreiber 466
TAILLEVENT, Michault, Hofdichter 421
TALBOT, John 398, 401, 408
TANCARVILLE, Jean, Graf von, Kämmerer 336
TANKRED, Fürst von Antiochien 100f.
TANKRED VON HAUTEVILLE, Baron 77
TEMPIER, Stephan, Bischof von Paris 234

THEOBALD IV., Graf der Champagne, König von Navarra 195 ff., 200 f., 204, 228, 256
THEOBALD V. VON NAVARRA, s. Champagne
THEODOR, Heiliger 192
THEODOSIUS, Kaiser 125
THEOPHIL, Diakon 128
THOMAS, anglonormann. Dichter 131
THOMAS VON AQUIN, Theologe u. Philosoph 125, 183, 211, 233 f., 236, 243, 470
THOMAS VON BUCKINGHAM, Sohn Eduards III. 348
TOSTIG, Bruder König Harolds von England 78
TOULOUSE, Alfons Jourdain, Graf von 110, 149
TOULOUSE, Raimund IV. von Saint-Gilles, Graf von 80, 97, 99 ff., 110
TOULOUSE, Raimund V., Graf von 135
TOULOUSE, Raimund VI., Graf von 135, 171 ff.
TOULOUSE, Raimund VII., Graf von 167, 174 f., 196–200, 221
TOULOUSE, Raimund Berengar IV., Graf von 130
TOULOUSE, Wilhelm III. Taillefer, Graf von 43
TOURAINE, Ludwig von der, s. Orléans, Ludwig

UNGARN, Könige von, s. Bela, Jagiello, Mathias
URBAN II., Papst 82, 84, 97 ff., 137, 187
URBAN V., Papst 309, 338, 340
URBAN VI., Papst 354, 374

VALERIUS MAXIMUS, röm. Schriftsteller 465
VALLA, Lorenzo, Schriftsteller 465
VALOIS, Karl von 259 f., 262, 264, 297, 307
VALOIS, Karl von, Herzog von Alençon 302, 306
VENTADOUR, Eble II. von 131
VERGIL, Publius Vergilius Maro, röm. Dichter 130, 466
VERMANDOIS, Albert, Graf von 24
VERMANDOIS, Rudolf I., Graf von 110
VIDAL, Peire s. Peire Vidal
VIENNE, Johann von, Admiral 342, 350, 352
VILLARD DE HONNECOURT, Architekt 189
VILLEHARDOUIN, Gottfried von 185 ff., 223
VILLIERS, Jean de, Seigneur de l'Isle-Adam 390
VILLON, François, frz. Dichter 15, 17, 213, 235, 421, 432, 466, 468
VISCONTI, Giangaleazzo 363 f., 368 f.
VISCONTI, Teobaldo, s. Gregor X.
VISCONTI, Valentina, Herzogin von Orléans 368, 382 f., 409, 456, 458

WACE, anglonormann. Dichter 129
WALTER VON HABENICHT 98
WARWICK, Graf von 442
WILHELM I. DER EROBERER, Herzog der Normandie, König von England 29, 39, 41 f., 73, 77 ff., 82, 84, 99, 108, 113, 117
WILHELM II., der Rote, König von England 79

Wilhelm, Erzbischof von Reims 153
Wilhelm von Roches 160
Wilhelm von Saint-Amour 210 f.
Wilhelm von Volpiano, ital. Reformer 47

Yolande von Aragon, Königin von Sizilien, Herzogin von Anjou 389, 396, 411, 438

Zannequin, Nikolaus 287

ORTSREGISTER

AACHEN 41, 88
AALST (Belgien) 44
ABBEVILLE (Somme) 120
ABRUZZEN 222
ADRIA (Königreich) 364, 368, 451
ADRIATISCHES MEER 185
AFRIKA 231, 474
AGEN (Lot-et-Garonne) 135, 350
AGENAIS 172, 350, 355, 411
AGNADELLO (Italien) 457
ÄGYPTEN 198, 203–208, 226, 230
AIGUES-MORTES (Gard) 206, 231, 241, 427, 461 f.
AIGUILLON (Lot-et-Garonne) 306, 350
AIME (Savoyen) s. Saint-Martin-d'Aime
AIRE (Pas-de-Calais) 112, 163
AISNE 39, 188
AKKON 100, 156, 158, 204, 208, 230, 232
ALBI (Tarn) 54 f., 71, 135, 199, 271
ALBIGEOIS 172
ALENÇON (Orne) 39, 203, 408
ALEPPO (Syrien) 136 f., 207
ALÈS (Gard) 357
ALEXANDRIA (Ägypten) 207, 220, 428
ALGERIEN 97
ALPEN 132, 149, 281, 308, 310, 444, 460
ALTHAM (Vertrag von) 386
AMALFI (Italien) 77
AMBOISE (Indre-et-Loire) 55, 469
AMIENS 51, 72 f., 120 f., 154, 178, 190, 192 f., 286 f., 313, 359, 443
ANAGNI (Italien) 272, 274 f.
ANCONA 368
ANGERS (Maine-et-Loire) 55, 81, 109, 120, 165, 189, 193, 211, 420, 430, 467
ANGEVINISCHES REICH 117
ANGOULÊME (Charente) 283, 320, 346
ANGOUMOIS 351, 425
ANJOU 29, 42, 53, 90, 109, 113, 117, 127, 140, 154 f., 160 f., 189, 203, 259, 309 f., 335, 365, 386, 407, 420 f., 452 f.
ANTIOCHIA (Türkei) 77, 96, 100 f., 136, 138, 156, 208, 230
ANTWERPEN 416, 462
AOSTATAL 26
APULIEN 77
AQUITANIEN (s. a. Guyenne) 26, 37 ff., 42, 44, 50, 53 f., 68, 80 f., 116, 118, 121, 135, 149, 154, 158, 161, 196 ff., 208, 221, 225, 227 f., 260 ff., 264, 285 ff., 300, 306, 308, 314, 334–338, 340 f., 346 f., 350 ff., 386, 396, 408, 443, 460
ARAGON 97, 198 ff., 217, 225, 257, 259, 262, 274, 340, 354, 377, 444, 450, 454, 457
ARELAT 119, 257

Argenton-sur-Creuse (Indre) 54
Ariège 135
Arles (Bouches-du-Rhône) 43, 71, 121
Arles (Königreich von) 27
Arles-sur-Tech (Pyrenäen) 58
Armagnac 44, 325, 346, 388, 438
Ärmelkanal 78 f., 149, 153, 260, 286, 351
Armenien 96, 230
Arras (Pas-de-Calais) 23, 52, 71, 120, 134, 235, 240, 265, 338, 402, 406, 413, 430, 448
Arsuf (Israel) 184
Artois 53, 104, 153 f., 158 f., 161, 203, 285, 298, 301 f., 322, 349, 366, 393, 412, 447 f.
Asien 96
Assisi 179
Asti 368
Athen 186
Athis 265, 280
Atlantik 132, 351, 462, 474
Aubazine (Corrèze, Abtei) 106
Auch (Gers) 242
Aulnay-de-Saintonge (Charente-Maritime) 188
Aumale (Seine-Maritime) 201
Aunis 240, 351
Auray (Morbihan) 339
Autun (Saône-et-Loire) 38, 430
Auvergne 44, 68, 112, 161, 356, 407, 411
Auxerre (Yonne) 44, 57, 59, 120, 176, 386, 402, 413
Auxonne (Côte-d'Or) 416
Aversa (Italien) 77
Avesnes-sur-Helpe (Nord) 197, 448
Avignon (Vaucluse) 121, 174, 177, 276, 281, 290, 308–313, 317, 338 f., 354 f., 360 f., 363 f., 367, 373–376, 403, 465
Avignonnet 199
Azay-le-Rideau (Indre et Loire, Frieden von) 155
Azincourt (Pas-de-Calais) 333, 388, 391, 407

Baden 443
Bagdad 96, 205
Bar (Meuse), Barrois 228, 262, 413, 441, 445, 452 f.
Bar-le-Duc 41
Bar-sur-Aube (Aube) 149 f.
Bar-sur-Seine (Aube) 402
Barcelona 43, 313, 428, 449 f., 462
Bari (Italien) 354, 361
Barnet (Großbritannien) 442
Basel 443, 465
Basel (Konzil von) 402
Baugé (Maine-et-Loire) 395
Bayern 362, 418 f.
Bayeux (Calvados) 71
Bayonne (Pyrénées-Atlantiques) 161, 189, 240, 261, 334, 353, 408
Béarn 161, 196 f.
Beaucaire (Gard) 174, 241, 461
Beauce 26, 68, 111, 330, 460
Beaugency (Loiret) 28, 398
Beaumont-en-Argonne (Ardennes) 120
Beaune (Côte-d'Or) 312, 384, 416
Beauvais (Oise) 72, 74, 120, 188
Bec-Hellouin (Eure, Abtei) 81, 183
Beirut 156
Benevent (Italien) 222

BERN 445
BERNAY (Eure) 289
BERRY 26, 54, 80, 154 f., 158, 160 f., 192, 237, 336, 420, 422, 425, 435, 437
BESANÇON (Doubs) 119
BÉTHUNE (Pas-de-Calais) 266
BÉZIERS (Hérault) 121, 135, 172, 189, 357
BICÊTRE (Val-de-Marne) 383
BIGORRE 334
BLAYE (Gironde) 196
BLOIS (Loir-et-Cher) 41 f., 44, 113, 120, 153, 158, 161, 197, 201, 303, 397, 409, 420
BLOIS (Grafschaft) 39
BÖHMEN 307, 419, 465
BOIS DE BOULOGNE 332
BOLOGNA 179, 183, 296, 368, 376, 458 f.
BONSMOULINS (Orne) 155
BORDEAUX (Gironde), BORDELAIS 19, 71, 80, 135, 161, 176, 240, 276, 308, 325, 327, 346, 349, 353, 370, 378, 386, 405, 407 ff., 461, 474
BOSNIEN (Jugoslawien) 277
BOULOGNE (Pas-de-Calais) 109, 163, 166, 305, 334, 378
BOULONNAIS 447
BOURBON, BOURBONNAIS 325, 349, 407, 411, 420, 435
BOURGES (Cher) 50, 71, 80, 120, 178, 189, 191, 193, 311, 396, 402 f., 406, 416, 419, 427 ff., 433, 438, 441
BOURGNEUF (Loire-Atlantique) 240
BOUVINES (Nord) 166, 196
BOVES (Somme, Vertrag von) 154
BRABANT 99, 109, 164, 203, 227, 262, 302, 306, 401, 412 f., 427, 436
BRAUNSCHWEIG 166
BRÉMULE (Eure) 113
BRENNER (Paß) 289
BRESCIA 458
BRESSE 312, 411
BREST (Finistère) 305, 352, 378
BRETAGNE 19, 39, 42, 146, 148, 160 f., 168, 196 f., 201, 261, 298, 302 f., 305 f., 314, 320, 326, 334, 339, 349, 351 f., 378, 407, 409, 419 f., 440 f., 452 ff., 456, 460, 462
BRETEUIL-SUR-ITON (Eure) 326
BRÉTIGNY-SUR-ORGE (Essonne, Friede von) 333–339, 387, 391
BRIE 330
BRIENNE 197
BRIGNAIS (Rhône) 340
BRÜGGE 19, 44, 109, 112, 148 f., 165, 240, 263 f., 287, 289, 304, 313, 352, 357, 368 f., 374, 419, 462, 474
BRÜSSEL 289, 416 f., 420
BUDAPEST 474
BULGARIEN 134
BURGUND, BOURGOGNE 26, 29, 38 ff., 42 ff., 54, 58, 68, 96, 118 f., 149, 167, 201, 203, 228, 230, 283, 311, 314, 319, 330, 335, 342, 361, 365, 373, 375, 377–381, 387, 393 f., 396, 399, 401 f., 406, 409, 412 f., 418 ff., 422 f., 430, 435, 442 f., 447 ff., 451 f., 454 f., 458, 460, 463
BURGUND (Freigrafschaft) s. Franche-Comté
BYZANZ 25, 29, 99 ff., s. a. Konstantinopel

CAEN (Calvados) 39, 54, 71, 89, 127, 306 f., 320, 389, 407 f., 462, 464, 467
CAGLIARI (Italien) 231
CAHORS (Lot) 135, 177, 309

CALAIS (Pas-de-Calais) 305, 307 f., 335 ff., 347 ff., 378, 387 f., 443, 458
CAMBRAI (Nord) 26, 44, 73 f., 120
CAMBRÉSIS 460, 463
CANOSSA (Italien) 84
CARCASSONNE (Aude) 172, 174, 199, 217, 271, 276, 314, 325, 461
CÄSAREA (Israel) 100, 208, 230
CASSEL (Nord) 165, 300, 307, 331
CASTILLON (Gironde) 405, 408
CAUX (Pays de) 68, 348, 387
CERDAGNE 450
CHALON-SUR-SAÔNE (Saône-et-Loire) 149, 290, 462
CHÂLONS-SUR-MARNE (Marne) 71, 189
CHÂLUS (Haute-Vienne) 159
CHAMPAGNE 39 f., 44, 96, 105, 107, 112, 119 f., 123, 129, 148 ff., 152 ff., 161, 167, 185 f., 189, 197, 200 f., 220 f., 239 f., 259, 283, 289, 298, 314, 320 f., 330, 349, 359, 393, 398, 417
CHAMPMOL (Côte-d'Or) 373
CHANTILLY (Oise) 330
CHAPAIZE (Saône-et-Loire) 59
CHARENTE 198
CHARITÉ-SUR-LOIRE, LA (Nièvre) 398
CHAROLAIS 393, 412
CHARROUX (Vienne) 50
CHARTRES (Eure-et-Loire) 55, 111, 123, 127 ff., 178, 190–193, 201, 211, 233, 383, 469
CHARTREUSE (Isère, Abtei) 86, 104 f., 123
CHÂTEAU-GAILLARD (Eure) 158, 161, 282, 399
CHATEAUROUX (Indre) 54
CHÂTILLON-SUR-SEINE (Côte-d'Or) 58 f.
CHERBOURG (Manche) 19, 305, 348, 352, 378, 391, 408
CHINON (Indre-et-Loire) 54, 155, 396 f., 420
CHIOS (Griechenland) 428
CIMIEZ 52
CÎTEAUX (Côte-d'Or, Abtei u. Orden) 86, 105 f., 123, 188, 209
CLAIRVAUX (Aube, Abtei) 105 f.
CLERMONT-EN-BEAUVAISIS (Oise) 203, 335, 420
CLERMONT-FERRAND (Puy-de-Dôme) 84, 88, 97, 110
CLUNY (Saône-et-Loire, Abtei u. Orden) 37, 48, 54 f., 58 f., 81 f., 86 f., 89, 104 ff., 123, 128, 178, 188
COCHEREL (Eure) 338 f.
COGNAC (Charente) 54
COLMAR (Haut-Rhin) 443, 465
COLOMBIERS (Indre-et-Loire, Friede von) 155
COMMINGES 161, 173 f., 270, 325, 346, 410
COMPIÈGNE (Oise) 24, 120 f., 330, 358 f., 399
COMTAT VENAISSIN 281, 308, 317
CONDOM (Gers) 350
CONFLANS (Val-de-Marne) 436
CONQUES (Aveyron) 56, 87 f., 178
CORBEIL (Essonne, Vertrag von) 198
CORBIE (Somme) 51, 55, 73, 120, 308
COSENZA (Italien) 232
COTENTIN 306, 326, 352, 379, 386
COUCY 109
COURCELLES (Oise) 159

Crécy-en-Ponthieu (Somme) 307 f., 327, 333, 387
Creil (Oise) 332

Dalmatien 134, 223
Damaskus 137 f., 204, 427
Damiette (Ägypten) 206 f.
Damme (Belgien) 165
Dauphiné 53, 311, 317, 319, 332, 407, 451
Den Haag 417
Deutschland 106, 164, 204, 222, 262, 276, 317, 435
Dieppe (Seine-Maritime) 39, 401
Dijon (Côte-d'Or) 59, 373, 417, 420, 458
Dinant (Belgien) 289
Djakovo (Jugoslawien) 277
Dole (Jura) 416, 448
Donau 22, 99
Donzère (Drôme) 53
Dordogne 350
Douai (Nord) 240, 263, 266, 288
Dover 262
Dreux (Eure-et-Loire) 24, 40, 201
Duero 75
Durham (Großbritannien) 187

Edessa (Türkei) 96, 100 f., 136, 138
Elne (Pyrénées-Orientales) 51, 259
Elsass 317, 340, 419, 443 ff., 447
England 78 f., 82, 106, 113, 116, 154, 156, 160, 162–165, 220 f., 225, 228 f., 240, 259, 262, 265, 275, 285 ff., 298, 302, 306, 325, 335 f., 338, 346, 348 f., 354 f., 357 f., 360, 362 ff., 369, 372, 378, 388, 405, 408, 410, 442, 448, 453, 457, 464, 474
Entre-deux-Mers 423
Epirus (Griechenland) 223
Ermenonville (Oise) 331
Esplechin (Belgien) 305
Étampes (Essonne) 80, 88
Euphrat 96
Eure 424
Evensham (Großbritannien) 229
Évreux (Eure) 127, 158, 160, 352

Falaise (Calvados) 160, 289
Fécamp (Seine-Maritime) 39, 81, 379
Flandern 23, 26, 29, 90, 109, 112, 115 f., 118, 120, 140 f., 149, 151, 153 f., 158, 161, 165 f., 196, 208, 226 f., 240 f., 247, 260–266, 268, 270, 274, 276, 279 f., 285, 291, 303 f., 306 f., 314, 355, 357–361, 363, 366, 374, 393, 401, 412, 440, 442, 447 f.
Fleury-sur-Loire (Abtei) s. Saint-Benoît-sur-Loire
Florenz 289, 357, 369, 376, 452, 455, 470
Foix (Ariège) 153, 172 ff., 197, 270, 320
Fontainebleau (Seine-et-Marne) 143
Fontenay (Côte-d'Or) 127
Fontevrault (Maine-et-Loire, Abtei) 86, 104 f., 126
Fontfroide (Aude, Abtei) 127
Forcalquier (Alpes-de-Haute-Provence) 54, 221, 228
Forez 242
Formigny (Calvados) 408, 420, 435, 440
Fougères (Ille-et-Vilaine) 408
Franche-Comté 186, 412, 448
Fréteval (Loire-et-Cher) 159, 170
Friesland 412

GAETA (Italien) 77
GAILLON (Eure) 469
GALILÄA 205
GARGANO (Italien), s. Monte Gargano
GARONNE 43, 135, 148, 171, 228, 306, 350
GASCOGNE 43 f., 47, 80, 131, 149, 197 f., 239 f., 242, 262, 346, 350, 353, 425, 460, 462
GÂTINAIS 26, 80, 120
GAZA 205
GELDERN 443
GENF 290, 426, 462 f.
GENFER SEE 312
GENT 44, 112, 165, 227, 240, 261, 263 f., 288, 304, 357, 359 f., 417
GENUA 206, 313, 364, 368 f., 376, 409, 451 f., 462
GERMIGNY (Loiret) 88
GERONA 259
GÉVAUDAN 80
GIBRALTAR (Straße von) 289
GISORS (Eure) 113, 154 f., 159, 426
GIVRY (Saône-et-Loire) 314
GLOUCESTER (Großbritannien) 187
GOULET (Eure) 160
GRANADA 340, 474
GRANDMONT (Haute-Vienne, Abtei) 86, 105
GRANDSON (Schweiz) 445
GRAVELLE, LA (Mayenne) 395
GRENOBLE (Isère) 86, 104, 407
GROSSER SANKT BERNHARD (Paß) 149
GUÉRANDE (Loire-Atlantique) 240, 306, 339, 352 f.
GUINES (Grafschaft) 336
GUYENNE (s. a. Aquitanien) 161, 342, 378, 396, 437

HARFLEUR (Seine-Maritime) 149, 387 f.
HASTINGS (Großbritannien) 78 f.
HATTIN (Israel) 156
HAUTECOMBE (Savoie) 106
HENNEGAU 44, 155, 158, 221, 225 ff., 262 f., 362, 373, 412 f., 447 f.
HERSEK (Türkei) 99
HOLLAND 165, 227, 262, 362, 412, 447
HONFLEUR (Calvados) 289
HONOL (Meuse) 41
HOUGUE, LA (Manche) 389
HUREPOIX 423
HYÈRES (Var) 312

ILE-DE-FRANCE 26, 66, 90, 108, 168, 170, 192, 349, 370, 423
ILLYRIEN 77
INDIEN 70
IRAN 96
IRLAND 317
ISSOUDUN (Indre) 154
ITALIEN 25, 27, 77, 106, 149, 164, 200, 204, 220, 222, 233, 246, 248, 274, 276, 289 f., 310, 353, 355 f., 361, 363 f., 367 f., 370, 374 f., 409, 427, 439, 451 f., 455–459, 462, 469, 474
IVOIS (Ardennes) 27, 155

JAFFA (Israel) 156, 184, 208, 230
JERUSALEM 41, 52, 56, 87, 96 f., 99 ff., 107, 136 ff., 156, 184, 204 f., 208, 214, 231 f.
JERUSALEM (Königreich) 136, 184, 207, 452
JOSSELIN (Morbihan) 305
JOUGNE, COL DE (Paß) 149
JUDÄA 204

JUMIÈGES (Seine-Maritime, Abtei) 59, 87 f.
JURA 26, 151
JUVISY (Essonne) 308

KAIRO 204, 206 f., 231
KALABRIEN 77
KANARISCHE INSELN 369
KARTHAGO 231
KASTILIEN 75, 203, 221, 257, 262, 274, 340, 354, 361 f., 375, 451
KATALONIEN 51, 58, 81, 449 f.
KLEINASIEN 77, 96, 99 f., 156, 185
KÖLN 26
KONSTANTINOPEL 96, 100, 185 ff., 204, 223, 225, 230, 422 (s. a. Byzanz)
KONSTANZ 377, 465
KONSTANZ (Konzil von) 377
KORTRIJK (Belgien) 265, 272, 289
KRIM 313

LA FERTÉ (Saône-et-Loire, Abtei) 106
LAGNY (Seine-et-Marne) 149 f., 197
LAIGLE (Orne) 326
LA MARQ 166
LANGEAIS (Indre-et-Loire) 41
LANGUEDOC (Langue d'oc) 37, 50, 58, 68, 75, 80, 110, 121 f., 135, 146, 171, 173–176, 189, 195, 198 ff., 215, 221, 225, 241, 269 ff., 275 f., 389, 308, 311, 314, 326, 328, 333, 338 f., 341 f., 357, 361–364, 370, 391, 396, 404, 406, 423, 426, 435, 437, 443, 447, 460–464
LAON (Aisne) 25, 111, 119 f., 123, 127, 188 ff., 193, 233, 330, 358
LA RÉOLE (Gironde) 352
LA ROCHE-AUX-MOINES (Maine-et-Loire) 165
LA ROCHELLE (Charente-Maritime) 176, 198, 240 f., 351
LAURAGAIS 175, 199, 460
LAVAL (Mayenne) 399
L'ÉCLUSE (Niederlande) s. Sluis
LECTOURE (Gers) 350, 438, 443
LEICESTER (Großbritannien, Vertrag von) 387
LE MANS (Sarthe) 42, 73, 109, 120, 189, 193
LE PUY (Haute-Loire) 47, 51, 53, 71, 88, 99, 127, 149, 357
LES BAUX 223
LEULINGHEM (Pas-de-Calais) 378
LIGNY-EN-BARROIS (Meuse) 228
LILLE (Nord) 44, 149, 166, 240, 263, 266, 417
LIMBURG (Herzogtum) 165, 412
LIMOGES (Haute-Vienne) 44, 52, 55, 71, 86, 350
LIMOUSIN 106, 131, 159, 196, 198, 242, 309, 349, 425
LIMOUX (Aude) 276
LINCOLN 303
LOCHES (Indre-et-Loire) 326, 396, 420, 457
LOCRONAN (Finistère) 54
LOIRE 39, 53, 80, 113, 148, 165, 227, 326, 350, 395 ff., 401 f., 419, 423, 470
LOMBARDEI 88, 222 f., 452, 455
LONDON 23, 327, 333, 335 f., 338, 357, 368, 442
LORRIS (Loiret) 120, 200
LOT 306
LOTHRINGEN (LOTHARINGIEN) 26, 29, 40 f., 58, 307, 311, 330, 340, 400, 413, 419, 443 ff., 452
LOUVIERS (Eure) 399
LOUVRE (Paris) 159, 166, 170, 256, 273, 345

Löwen (Belgien) 289, 416
Lucca (Italien) 312, 374
Lugdunum (Lyon) 52
Lusignan 44
Lüttich 134, 313, 413, 436
Luxemburg 228, 262, 412 f., 417
Lyon (Rhône), Lyonnais 52, 71, 151, 189, 205, 209, 221, 257, 290, 340, 359, 426, 445, 456 f., 461–464, 467, 474

Maas 23, 53, 59, 155, 228, 239, 362, 409, 413
Mâcon (Saône-et-Loire), Mâconnais 44, 93, 204, 402, 413, 423
Maghreb 124, 231
Mailand 223, 363 f., 368 f., 409, 411, 427, 445, 451 f., 455–459, 469
Maine 41 f., 78, 109, 155, 160, 203, 349, 389, 453
Makedonien 186
Malestroit (Morbihan) 305
Mallorca 259, 276, 312 f.
Mansurah (Ägypten) 206 f.
Mantes (Yvelines) 120 f., 321, 339
Marignan (Italien) 459
Marmande (Lot-et-Garonne) 173
Marmoutier 308
Marne 332
Marseille (Bouches-du-Rhône) 23, 148, 240 f., 290, 313 f., 368, 453, 462
Mazedonien 100
Meaux (Seine-et-Marne) 71, 120, 197, 332
Mecheln (Belgien) 289, 312
Mello (Oise) 332
Melun (Seine-et-Marne) 80, 381, 390
Messina (Sizilien) 313
Metz (Moselle) 176
Meulan (Yvelines) 339
Meung (Loiret) 398
Minervois 172
Mirebeau (Côte-d'Or) 160
Mirepoix (Ariège) 135
Mittelmeer 43, 119, 149, 221, 242, 257, 260, 289, 462
Moissac (Tarn-et-Garonne) 54 f., 71, 88, 189
Monaco 411
Mons (Belgien) 417
Mons-en-Pévèle (Nord) 265
Montagnac (Hérault) 463
Montargis (Loiret) 395
Montauban (Tarn-et-Garonne) 110, 172
Montbazon (Indre-et-Loire) 41
Mont Cenis (Col du) 149
Montdidier (Somme) 402, 412
Monte Cassino 82
Monte Gargano (Italien) 77, 87
Montereau (Seine-et-Marne) 201, 392, 401, 411
Montils-lès-Tours (Indre-et-Loire) 405, 420
Monthléry (Essonne) 111, 435
Montpellier (Hérault) 43, 110, 126, 148, 171, 176, 178, 183 f., 210, 217, 240 f., 243, 290, 295, 310, 314, 357, 368, 406, 426, 474
Montreuil-sur-Mer (Pas-de-Calais) 264
Mont-Saint-Michel (Manche) 54, 59, 87 f., 178, 188
Montségur (Ariège) 173, 199 f.
Morea (Griechenland) 186, 206, 223
Morienval (Oise) 187 f.
Morimond (Haute-Marne) 106
Mortagne (Nord) 166

MORTAGNE-AU-PERCHE (Orne) 155
MORTAIN (Manche) 201, 283, 352
MORVAN (Zentralmassiv) 416, 423
MOSEL 148, 409, 412, 419
MOULINS (Allier) 420
MÜLHAUSEN 443
MURET (Haute-Garonne) 173
MURTEN (Schweiz) 445

NAJERA (Spanien) 340
NAMUR (Belgien) 155, 226 f., 289
NANCY (Meurthe-et-Moselle) 445
NANTES (Loire-Atlantique) 41 f., 117, 165, 305, 420, 454
NARBONNE (Aude) 43, 50, 53, 71, 121, 148, 177, 199, 368
NARBONNE (Herzogtum) 80
NAVARRA 203, 257, 259, 283, 299, 320, 328, 330, 338 f., 348, 354, 375, 378, 410, 419, 442, 449, 451
NEAPEL 14, 223, 259, 354, 356, 454 f.
NEAPEL (Königreich) 276, 309 f., 354, 356, 364, 367 f., 383, 451 f., 457
NEMOURS 378
NEUENBURGER SEE 445
NEVERS (Nièvre) 44, 407, 412, 436
NIEDERLANDE 448, 461
NIKAIA (Nicaea, Türkei) 186
NIKOPOLIS (Bulgarien) 372
NIL 206
NÎMES (Gard) 71, 121, 357
NIVERNAIS 239, 393, 412
NIZZA (Alpes-Maritimes) 19, 52, 121, 451, 463
NOGENT-LE-ROTROU (Eure-et-Loire) 54
NORDSEE 149, 289, 412 f., 444, 462
NORMANDIE 23, 26, 29, 39 f., 42, 44, 48, 54, 58, 66, 77 ff., 81 f., 89 f., 106, 108, 112 f., 115–119, 127, 140 ff., 149, 152, 154, 158, 160 f., 164, 183, 188 f., 192, 197, 214, 240, 261, 283, 289, 299, 306, 314, 320 ff., 324 ff., 329 f., 334 f., 340, 342, 359, 361, 386, 389, 391, 393, 395, 399, 401, 410, 426, 436 f., 462
NORWEGEN 39
NOTRE-DAME (Paris, Kathedrale) 127, 170, 178, 182, 188 f., 192, 272, 430
NOVARA (Italien) 456, 458
NOYON (Oise) 24, 71 f., 74, 120, 127, 188 f.

OISE 39, 80, 188
ORLÉANS (Loiret) 14, 23 f., 39, 73, 80, 85, 111, 120, 123, 134, 149, 168, 211, 217, 243, 295, 366, 379, 387 f., 395–398, 439, 441, 456
ORONTES 96, 138
OSTSEE 240
OXFORD 183

PADUA 296
PALÄSTINA 230
PALERMO 257
PAMIERS (Ariège) 173
PAMPLONA 201, 353
PARIS 14, 23, 38, 57, 71, 111, 113, 119, 121, 123, 127, 149, 153, 158, 160, 165, 168, 170, 176–179, 181 f., 190, 193, 197, 211, 217, 233 ff., 237, 240, 242, 249, 253, 259, 261 f., 267, 275 f., 279, 288 ff., 294 f., 303, 306, 314, 316, 321, 328 ff., 332, 334 f., 345 f., 356–359, 361, 367–371, 374, 376, 378 ff., 382–385, 387 f., 390 f.,

393, 395 f., 398, 402, 405 f., 408, 416, 419, 422, 426, 430, 433, 435, 442, 465 f., 469 f.
PARIS (Konzil von) 83
PARIS (Parlement) 286, 410, 423, 438
PARIS (Verträge von) 175, 198, 229, 264
PARISER BECKEN 65, 189, 330, 460
PARTHENAY (Deux-Sèvres) 54
PATAY (Loiret) 398
PECCAÏS (Gard) 312
PEÑISCOLA (Spanien) 377
PENTHIÈVRE 42, 167, 303
PERCHE 42, 155, 167
PÉRIGORD 44, 131, 196, 198, 326, 350
PÉRIGUEUX (Dordogne) 52, 71, 126 f., 350
PÉRONNE (Somme) 159, 166, 177, 402, 412, 436 f.
PERPIGNAN 260
PÉZENAS (Hérault) 463
PICARDIE 66, 68, 146, 168, 187, 298, 307, 314, 348, 359, 393, 430, 436, 442, 447 f., 460
PICQUIGNY (Somme) 443, 448
PIEMONT 223, 425, 451 f.
PISA 206, 455, 457
PLOËRMEL (Morbihan) 305
PLYMOUTH 348
POITIERS 38, 50, 54, 71, 80 f., 110, 191, 278, 282, 326, 349, 351, 396 f., 406 f.
POITIERS (Schlacht von) 326, 336, 349
POITOU 54, 89, 148, 203, 214, 334, 407
POLEN 205
PONT-DE-L'ARCHE (Eure) 289
PONTHIEU 120, 335
PONTIGNY (Yonne) 106, 127
PONTLEVOY (Loir-et-Cher) 40
PONTOISE (Val-d'Oise) 391, 436
PORTUGAL 196, 274, 355
PROUILLE (Aude) 172, 179
PROVENCE 22, 43 f., 58, 80, 110, 116, 121, 135, 203, 221, 223, 225, 228, 314, 317, 424 f., 430, 444, 452 f., 460
PROVINS (Seine-et-Marne) 149 f.
PYRENÄEN 43, 110, 114, 117, 153, 171, 196, 225, 259 f., 396, 436, 451

QUERCY 173, 198, 334, 350
QUÉRIBUS (Aude) 200, 217
QUIMPER (Finistère) 189

RAVENNA 368, 458
REDON (Ille-et-Vilaine) 71
REIMS (Marne) 25, 40, 55, 71, 82, 86, 113, 120, 123, 134, 178, 189, 192 f., 244, 270, 313, 335, 338, 398
RENNES (Ille-et-Vilaine) 41 f., 420, 454, 467
RETHEL (Herzogtum) 412
RHEIN 26, 37, 419
RHÔNE 23, 53, 149, 171, 173, 175, 199, 221, 275, 281, 310, 339, 462
RIVESALTES (Pyrénées-Orientales) 312
ROM 35, 56, 82, 87, 99, 137, 162, 164, 171, 200, 222, 267, 269, 271, 274 ff., 278, 281, 309–312, 353, 355 f., 359, 374 f., 422, 455, 468, 470, 475
RONCEVAUX 102
RONCO (Italien) 458
ROOSEBEKE (Belgien) 359
ROUEN (Seine-Maritime) 23, 39, 73, 88, 116, 120 f., 148 f., 158, 160 f.,

176 ff., 190, 192 f., 240 f., 288 f., 309, 321, 323 f., 326, 334, 348, 357–360, 370, 389, 391, 408 f., 430, 436, 462, 464, 467, 469
Rouergue 80, 173, 350
Roussillon 259, 436, 440, 450, 455
Royan (Charente-Maritime) 198, 261
Royaumont (Val-d'Oise) 210
Roye (Somme) 402, 412

Saint-Aubin-du-Cormier (Ille-et-Vilaine) 442, 453 f.
Saint-Benoît-sur-Loire (Loiret, Abtei) 55
Saint-Denis (Seine-Saint-Denis, Abtei) 127, 143, 149, 166 f., 188, 193, 308, 338, 385
Saint-Genis-des-Fontaines (Pyrénées-Orientales) 59
Saint-Germain-des-Prés (Paris) 55, 59, 127, 149, 179, 390
Saint-Gilles-du-Gard (Gard) 55 f., 126
Saint-Jean-d'Angély (Charente-Maritime) 54, 71, 73, 121
Saint-Leu-d'Esserent (Oise) 330
Saint-Lô (Manche) 289, 306
Saint-Martin-d'Aime 58
Saint-Martin-du-Canigou (Pyrénées-Orientales) 58
Saint-Maur-des-Fossés (Val-de-Marne) 436
Saint-Michel-de-Cuxa (Pyrénées-Orientales) 58, 81
Saint-Omer (Pas-de-Calais) 26, 112, 120, 163
Saint-Pol-de-Léon (Finistère) 197, 436, 444, 467
Saint-Quentin (Aisne) 74, 358, 468
Saint-Sardos (Lot-et-Garonne) 286
Saint-Sauveur-le-Vicomte (Manche) 352
Saint-Savin-sur-Gartempe (Vienne) 88, 191
Saint-Sever (Landes) 55
Saintes (Charente-Maritime) 53, 71, 198 f.
Saintonge 42, 89, 161, 351
Sancerre (Herzogtum) 197, 201
Sangette (Pas-de-Calais) 307
Santiago de Compostela (Spanien) 56, 87
Saône 149, 339, 370
Sardinien 97
Saulien (Côte-d'Or) 126
Saumur (Maine-et-Loire) 41, 54
Savigny (Manche, Abtei) 106
Savona (Italien) 232, 376
Savoyen 262, 312, 317, 409, 411, 438, 444 f., 451, 462 f.
Schelde 53, 239, 362
Schottland 287, 354, 474
Schwarzes Meer 185, 368
Schweden 39
Schweiz 445, 459
Seeland 227, 265, 412
Seine 22 f., 37, 39, 80, 113, 121, 176, 182 f., 239 f., 334, 339, 345, 370, 387, 389, 419, 436
Senanque (Vaucluse) 188
Senlis (Oise) 24, 111, 120, 127, 129, 192, 270 f.
Sens (Yonne) 24, 71, 80, 127, 188 f., 279, 370
Sidon (Libanon) 208
Siena 312
Silvacane (Bouches-du-Rhône, Abtei) 127

SIZILIEN 77, 95, 97f., 156, 222f., 225, 228, 230ff., 259
SLUIS (Niederlande) 304f.
SOISSONS (Aisne) 71, 119f., 127, 134, 163, 178, 188ff.
SOLESMES (Sarthe) 469
SOLEURES (Schweiz) 443
SOMME 80, 388
SOMPORT (Paß) 43
SORBONNE (Universität von Paris) 182, 233f., 310, 318, 367, 375, 381, 399f., 439, 457, 465f.
SOUBISE (Charente-Maritime) 351
SOUTHAMPTON 368
SPANIEN 56, 75, 87, 98, 100, 124, 221, 310, 340f., 347, 449f.
SPOLETO 222, 368
STRASSBURG 443
SURGÈRES (Charente-Maritime) 351
SYRIEN 203–208, 427

TAGLIACOZZO (Italien) 222
TAILLEBOURG (Charente-Maritime) 198, 205
TARASCON (Bouches-du-Rhône) 121, 420
TEWKESBURY (Großbritannien) 442
THESSALONIKE 186
THRAKIEN 186
TINCHEBRAY (Orne) 108
TONNERRE (Yonne) 469
TOSKANA 222f., 242, 269, 289, 311, 356, 427, 455
TOUL (Meurthe-et-Moselle) 82, 413
TOULOUSE (Haute-Garonne) 43f., 54, 59, 71, 110, 122, 126, 129, 131, 135, 140, 148, 153, 155, 158, 169, 171–174, 176, 178, 189, 197, 199, 203, 217, 221, 234, 242f., 295, 325, 328, 356, 376, 406, 426, 461, 467
TOULOUSE (Grafschaft) 80, 110, 175, 197, 199f.
TOURAINE 40ff., 109, 155, 356, 406, 420, 433, 462
TOURNAI (Belgien) 119, 166, 238, 265
TOURNUS (Saône-et-Loire) 59, 87f.
TOURS (Indre-et-Loire) 42, 55, 71, 123, 177, 219, 253, 278, 326, 408, 418, 420, 439f., 464, 467
TRAPEZUNT (Türkei) 368
TRIER 444
TRIPOLIS 101, 156, 208
TROUVILLE (Seine-Maritime) 389
TROYES (Aube) 107, 149f., 370, 392f., 395, 398
TUNESIEN 97
TUNIS 231, 257
TWEED (Schottland) 117
TYRUS (Libanon) 156

UNGARN 223, 340

VALENCE (Drôme) 411
VALENCIENNES (Nord) 26, 71, 74, 95, 166, 263, 430
VALENTINOIS (Herzogtum) 456
VALOGNES (Manche) 321
VALOIS 39, 68, 203, 291, 303, 330, 423
VANNES (Morbihan) 305, 420
VAUCOULEURS (Meuse) 164, 397
VAUCRESSON (Haute-de-Seine) 143
VENAISSIN, s. Comtat Venaissin
VENDÔME (Loir-et-Cher), VENDÔMOIS 42, 88, 155, 193
VENEDIG 185, 187, 313, 369, 444, 452, 457f.
VERDUN (Meuse) 41, 413

VERDUN-SUR-LE-DOUBS (Saône-et-Loire) 50
VERMANDOIS 39, 154, 158, 239, 260, 298, 322
VERNEUIL-SUR-AVRE (Eure) 395
VERNON (Eure) 159, 326, 338, 351
VEURNE (Belgien) 263
VEXIN 80, 112, 116, 155, 158, 188
VÉZELAY (Yonne) 54, 56, 87, 106, 126ff., 134, 137, 178, 188
VIENNE (Isère) 71, 250, 275, 279, 281, 308
VIGNORY (Haute-Marne) 59
VINCENNES (Val-de-Marne) 214, 285, 345
VIRE (Calvados) 426
VITERBO (Italien) 312
VOGESEN 151
VYVE-SAINT-BAVON 264

WALES 262, 340, 348
WINDSOR 303

YONNE 39
YPERN (Belgien) 149, 165, 288

ZARA (Jugoslawien) 185
ZENTRALASIEN 208, 313
ZENTRALMASSIV 146, 341
ZUIDERSEE 419
ZYPERN 156, 184, 206